Israël et Palestine 2022/23

Cofondateurs : Philippe GLOAGUEN et Michel DUVAL

Directeur de collection et auteur
Philippe GLOAGUEN

Secrétaire général
Gavin's CLEMENTE-RUIZ

Rédacteurs en chef
Amanda KERAVEL (France)
Benoît LUCCHINI (Étranger)

Directrice administrative
Bénédicte GLOAGUEN

Conseiller à la rédaction
Pierre JOSSE

Responsable voyages
Carole BORDES

Direction éditoriale
Élise ERNEST

Rédaction
Isabelle AL SUBAIHI
Emmanuelle BAUQUIS
Mathilde de BOISGROLLIER
Thierry BROUARD
Marie BURIN des ROZIERS
Diane CAPRON
Véronique de CHARDON
Laura CHARLIER
Florence CHARMETANT
Fiona DEBRABANDER
Anne-Caroline DUMAS
Géraldine LEMAUF-BEAUVOIS
Olivier PAGE
Alain PALLIER
Anne POINSOT
André PONCELET

hachette

La paix ? On n'a rien trouvé de mieux.

L'Irlande du Nord a enduré la plus longue guerre d'Europe au XXe s : 40 ans ! Plus qu'une guerre entre nationalistes irlandais et armée britannique… un vrai casse-tête, puisque s'y mêlaient aussi les questions de religion ! De plus, les deux communautés n'avaient pas les mêmes droits.

Des murs de 10 mètres érigés entre quartiers catholique et protestant à Belfast. En 1995, je me souviens avoir franchi la frontière entre Dublin et Belfast : des miradors, des véhicules blindés, des soldats ultra-armés, des barbelés partout aux postes-frontières…

Et tous ces morts inutiles, tous ces enfants tués. Un terrible ressentiment rendait la paix impossible…

Et puis, en 1997, les opposants de toujours entamèrent des négociations secrètes. Une trêve suivie d'accords de paix furent approuvés par un référendum écrasant.

Après tout, aucun peuple ne veut la guerre. Une bonne leçon : la paix est venue par les politiques soutenus par leur peuple.

La paix paraît invraisemblable. L'Irlande nous prouve qu'elle est possible.

Philippe Gloaguen,
directeur du Routard

TABLE DES MATIÈRES

PRÉAMBULE

ARRIVER – QUITTER

HISTOIRE

ISRAËL

Actus Voyageurs

Entre deux parutions du *Routard,* des événements fortuits (conditions sanitaires, catastrophes naturelles, mais aussi formalités, taux de change, conditions d'accès aux sites, fermetures inopinées, etc.) peuvent modifier vos projets de voyage. Pour éviter les déconvenues, nous vous recommandons de consulter la rubrique « Guide » par pays de notre site • *routard.com* • et plus particulièrement les dernières ***Actus voyageurs.***

UNE PANDÉMIE INOUÏE !

Depuis toujours, ***Le Routard*** **se plaît à dénicher hôteliers et restaurateurs** qui accueillent nos lecteurs avec sourire et professionnalisme. Malgré toute notre vigilance, certains d'entre eux auront fermé quand ce livre sortira. De même, les horaires et modalités d'accueil de certains sites et musées auront été momentanément modifiés. Cette terrible **pandémie de coronavirus** a, on le sait, des conséquences importantes pour tous les professionnels du tourisme. **Nous sommes de tout cœur avec eux !**

« OSONS LE PAS DE CÔTÉ »

Le surtourisme ? Tous concernés. Et pourtant, à l'écart des grands flux touristiques, il existe plein de pépites méconnues, souvent oubliées des circuits trop encombrés. Ici un site ignoré ; là un quartier secret ; plus loin un village caché au charme discret, avec un troquet d'une autre époque. Il existe une infinité de lieux peinards que l'on a envie de mettre en avant avec ce pictogramme. Un vagabondage enfin calme favorisé aussi par les **visites aux heures creuses**. Vive le *slow trip* !

#osonslepasdecote

Balade sur le site de Qumrân

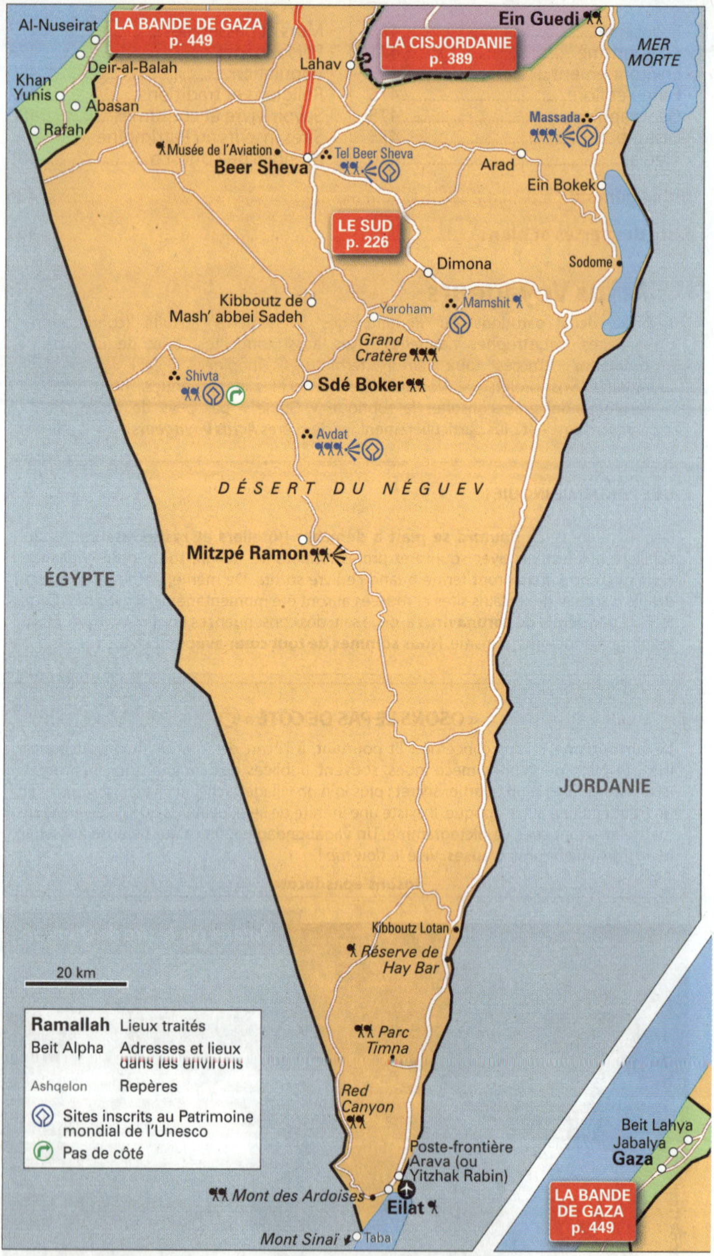

Al-Nuseirat
LA BANDE DE GAZA p. 449
Deir-al-Balah
Khan Yunis
Abasan
Rafah
Lahav
LA CISJORDANIE p. 389
Ein Guedi
MER MORTE
Massada
Musée de l'Aviation
Beer Sheva
Tel Beer Sheva
Arad
Ein Bokek
LE SUD p. 226
Dimona
Sodome
Kibboutz de Mash' abbei Sadeh
Yeroham
Mamshit
Grand Cratère
Shivta
Sdé Boker
Avdat
DÉSERT DU NÉGUEV
Mitzpé Ramon
ÉGYPTE
JORDANIE
Kibboutz Lotan
Réserve de Hay Bar
20 km
Parc Timna
Red Canyon
Poste-frontière Arava (ou Yitzhak Rabin)
Mont des Ardoises
Eilat
Mont Sinaï
Taba
Beit Lahya
Jabalya
Gaza
LA BANDE DE GAZA p. 449
Ramallah Lieux traités
Beit Alpha Adresses et lieux dans les environs
Ashqelon Repères
Sites inscrits au Patrimoine mondial de l'Unesco
Pas de côté

ISRAËL ET PALESTINE

LA RÉDACTION DU ROUTARD

(sans oublier nos 50 enquêteurs, aussi sur le terrain)

Jean-Sébastien, Olivier, Mathilde, Thierry, Alain, Gavin's, Éléonore, Anne-Caroline, André, Laura, Florence, Véronique, Isabelle, Géraldine, Fiona, Amanda, Benoît, Emmanuelle, Bénédicte, Philippe, Carole, Diane, Anne, Marie.

La saga du *Routard* : en 1971, deux étudiants, Philippe et Michel, avaient une furieuse envie de découvrir le monde. De retour du Népal germe l'idée d'un guide différent qui regrouperait tuyaux malins et itinéraires sympas, destiné aux jeunes fauchés en quête de liberté. 1973. Après 19 refus d'éditeurs et la faillite de leur première maison d'édition, l'aventure commence vraiment avec Hachette. Aujourd'hui, le *Routard*, c'est plus d'une cinquantaine d'enquêteurs impliqués et sincères. Ils parcourent le monde toute l'année dans l'anonymat et s'acharnent à restituer leurs coups de cœur avec passion.

Merci à tous les routards qui partagent nos convictions : liberté et indépendance d'esprit ; découverte et partage ; sincérité, tolérance et respect des autres.

NOS SPÉCIALISTES ISRAËL-PALESTINE

Isabelle Al Subaihi : une émigration outre-Manche à l'âge de 4 mois, forcément, ça laisse des traces et un goût prononcé pour l'exotisme ! Depuis, elle cherche à transmettre sa passion du voyage. Ce qu'elle aime partager : un bon plat, des éclats de rire, l'émotion d'un paysage qui bouleverse. Et surtout, une vision décalée grâce à des rencontres surprenantes.

Mathilde de Boisgrollier : après avoir poussé dans les contrées bien ensoleillées, elle est aujourd'hui armée d'un solide coup de fourchette et d'un petit sac à dos qui ne la quitte pas. Elle aime partager et relayer ses rencontres et découvertes ; celles du bout de la rue ou du bout du monde.

Fabrice Doumergue : tous ses chemins mènent… au bout du monde. Passionné d'histoire(s), d'architecture, d'art et de gastronomie, il ouvre à qui veut ses coins secrets, côté nature et côté culture. Et chaque bout du monde en appelant un autre, il a parcouru en 30 ans 70 contrées sur les 5 continents. Son pays préféré ? Heu… tous !

Pierre Mitrano : fils de Marseille, petit-fils des congés payés, Pierre plante sa première tente à 6 mois… et endosse son premier sac à l'âge de la carte Interrail. Puis, de pirogue en cargo, de cheval en van ou en montgolfière, il rejoint l'équipe du *Routard,* conscient de passer de l'autre côté du miroir pour faire partager à d'autres les pays des merveilles.

UN GRAND MERCI À NOS AMI(E)S SUR PLACE ET EN FRANCE

Pour cette nouvelle édition, nous remercions particulièrement :

- **Fadi** pour son enthousiasme et ses coups de gueule, sa logistique et son soutien ;
- **Murad** pour son engagement et son aide ;
- **Raphaël,** nazaréen d'adoption, pour son regard précis et ses suggestions gourmandes.
- **Yaki** pour ses bonnes adresses ; mais aussi **Kholood, Beata, Noor, Raed** et **Rula,** qui nous ont épaulés et fourni de précieuses infos ;
- un grand merci également à **Dalia** pour son immersion au cœur de Jérusalem ;
- **Hélène** et **Noémie** de l'Institut français Chateaubriand de Jérusalem pour leurs bons tuyaux ;
- **Katell** pour son soutien et son regard ;
- à Nazareth, merci à **sœur Béatrice** et à **Jean-Pierre** pour leur accueil et leur aide ;
- **Florence,** dont les longues journées n'entament ni la curiosité, ni la bonne humeur !
- **Fouad Muaddi,** de l'office de tourisme de Ramallah.

Pictogrammes du Routard

Établissements

- Hôtel, auberge, chambre d'hôtes
- Camping
- Restaurant
- Terrasse
- Boulangerie, sandwicherie
- Pâtisserie
- Glacier
- Café, salon de thé
- Café, bar
- Bar musical
- Club, boîte de nuit
- Salle de spectacle
- Boutique, magasin, marché

Infos pratiques

- Office de tourisme
- Poste
- Accès Internet
- Hôpital, urgences
- Adapté aux personnes handicapées

Sites

- Présente un intérêt touristique
- Point de vue
- Plage
- Spot de surf
- Site de plongée
- Recommandé pour les enfants
- Inscrit au Patrimoine mondial de l'Unesco
- Pas de côté

Transports

- Aéroport
- Gare ferroviaire
- Gare routière, arrêt de bus
- Station de métro
- Station de tramway
- Parking
- Taxi
- Taxi collectif
- Bateau
- Bateau fluvial
- Piste cyclable, parcours à vélo

I.S.B.N. 978-2-01-713076-5

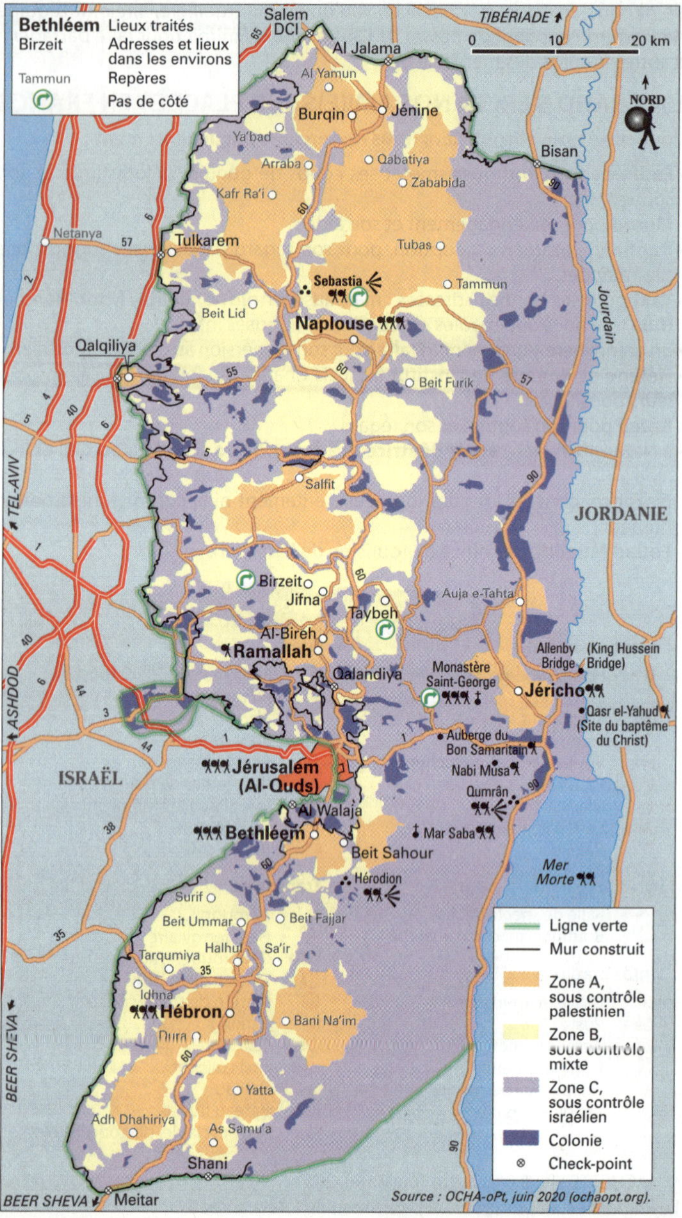

LA CISJORDANIE

« Les hommes construisent trop de murs et pas assez de ponts. »
Isaac Newton

Siroter un café à la cardamome dans une échoppe de la vieille ville de Jérusalem, assister au coucher du soleil sur la Ville sainte du sommet du mont des Oliviers et au lever du soleil sur la mer Morte du haut de la forteresse de Massada, traverser Tel-Aviv à pied et le désert du Néguev en jeep, dormir dans une auberge de jeunesse datant de l'époque des croisés, passer une nuit à la belle étoile dans un vieux cratère rocailleux, boire le thé avec un Bédouin : **le voyage en Israël est à la fois un voyage dans l'espace et dans le temps.**
« Vous avez aimé le Livre (la Bible), vous adorerez le pays » : pour une fois, un slogan touristique a raison ! Le berceau du judaïsme et du christianisme accueille chaque année des centaines de milliers de pèlerins venus y retrouver les origines de leur foi. Et Jérusalem est aussi le 3e Lieu saint des musulmans. **Tout périple dans ce pays passe obligatoirement par la vieille ville** où l'on circule, sur moins de 1 km^2, entre les 3 grandes religions monothéistes (judaïsme, christianisme et islam).
Bien sûr, un voyage en Cisjordanie dépend de la conjoncture politique, mais si le climat est propice, alors cette partie de la Palestine se révèle une destination incomparable. Elle se découvre avec pudeur et respect, loin des clichés. Elle se vit au contact d'**un peuple accueillant, digne et attachant, inventif et créatif,** heureux de montrer la diversité et la splendeur de son patrimoine. Une terre traversée par d'innombrables civilisations, une histoire dont les vestiges permettent de remonter aux premiers temps bibliques et qui constitue une richesse extraordinaire.
Un voyage qui bouscule, qui émeut, un voyage pas comme les autres…

Dans le désert du Néguev

NOS COUPS DE CŒUR

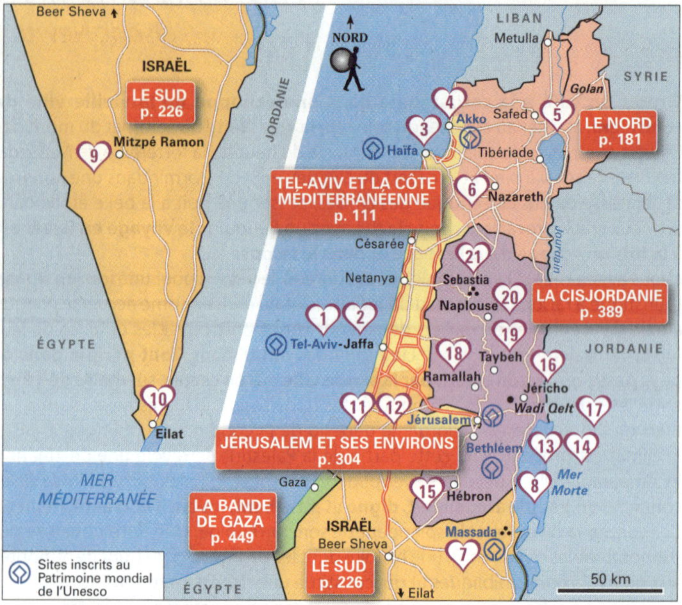

(1) Prendre l'apéro sur l'une des plages de Tel-Aviv, les pieds dans le sable, face au soleil couchant.

À Tel-Aviv, on est très loin de la spiritualité de Jérusalem, l'ambiance est plus à la fête et au sport qu'à l'élévation de l'âme. Tel-Aviv, c'est le haut lieu du théâtre et de la musique, de l'architecture Bauhaus, des galeries d'art, des cafés… Et puis il y a les plages et le front de mer aménagé en une longue promenade ; magique avec la lumière de fin de journée ! Pour le retour, on peut enfourcher un vélo en libre-service. *p. 142*

© Alex Segre/Alamy/Hemis

2 Flâner dans les rues du marché aux puces de Jaffa, le plus beau et le plus célèbre de Tel-Aviv.

Depuis un promontoire s'avançant dans la mer, l'antique Jaffa scrute les gratte-ciel de Tel-Aviv. Au pied de la tour de l'Horloge ottomane, tel un point de ralliement, le fabuleux marché aux puces est le cœur battant de la ville. Très vivant, et l'on y déniche vraiment de tout ! *p. 146*

***Bon à savoir :** le souk HaPishpeshim a lieu tous les jours sauf le samedi ; mieux vaut y aller le matin dès l'ouverture des boutiques, vers 9h30-10h. Le vendredi, il y a du monde !*

© Yaacov Dagan/Alamy/Hemis

3 Arpenter, ébahi, les étonnants jardins bahaïs et leur mausolée, lieu de pèlerinage dans la ville de Haïfa.

Haïfa est connue pour son dynamisme. C'est le plus grand port maritime d'Israël. Elle a de faux airs de San Francisco, avec ses escaliers raides et ses rues pentues. Mais ses jardins bahaïs la rendent tout à fait unique. La religion bahaïe, d'origine iranienne, prône l'union de toutes les religions, de toutes les races et l'égalité des sexes. Ici cohabitent pas moins de 5 communautés de cultes. Les très beaux jardins à la française dévalent la colline en une succession de 19 terrasses de part et d'autre du mausolée où repose un des fondateurs de cette foi. *p. 166*

***Bon à savoir :** visite guidée gratuite du mausolée et des jardins.*

4 **Se balader sur les fortifications de Saint-Jean-d'Acre, point de départ de la 3e croisade et du périple de Marco Polo.**

Saint-Jean-d'Acre (Akko), ville médiévale par excellence, a conservé ses remparts datant des croisés, remaniés par Saladin et ses successeurs. Il faut se promener au hasard des ruelles, des souks et du marché, visiter l'incroyable citadelle souterraine, le tunnel des Templiers, se poser sur une terrasse de café aménagée dans un vénérable caravansérail et se laisser porter par le charme de la cité. À coup sûr, l'un des endroits les plus magiques en Israël ! *p. 176*

(5) Partir sur les traces du Christ, autour du lac de Tibériade, un lac fascinant, entouré de sommets.

Cet immense plan d'eau baigne ses rives dans un environnement très nature que seule perturbe la ville de Tibériade. Jésus est venu sur cette « mer de Galilée » poser les jalons de ce qui inspirera le Nouveau Testament et la foi chrétienne. Il recruta à Capharnaüm une partie de ses apôtres, pêcheurs pour beaucoup, multiplia les pains à Tabgha, prononça le Sermon sur la montagne au mont des Béatitudes… Pour compléter cette béatitude cultuelle, des sites archéologiques, bains romains, centre d'art essaiment le pourtour du lac, à découvrir en voiture ou à vélo (65 km, tout de même)… *p. 208*

Bon à savoir : évitez Tibériade le samedi (shabbat), elle est alors ville morte.

(6) Goûter la belle cuisine orientale dans l'une des auberges réputées de Nazareth… après la visite, au long de pentes ardues, du souk et des églises de la vieille ville.

Voici la localité où Jésus passa sa jeunesse et son adolescence. Longtemps de majorité chrétienne, Nazareth est devenue progressivement à dominante musulmane. Son vieux centre offre quelques ruelles typiques. L'ambiance orientale qui y règne et le fait qu'on y trouve les meilleurs restaurants de cuisine levantine et pâtisseries moyen-orientales du pays justifient à eux seuls le détour ! Laissez-vous guider par votre flair… et nos modestes conseils ! *p. 219*

Bon à savoir : évitez d'y aller un dimanche car presque tout est fermé ce jour-là.

7 Faire l'ascension du plateau de Massada, pour découvrir un site chargé d'histoire, et une vue grandiose sur la mer Morte.

Massada est sans doute le plus beau site du pays. En plein cœur du désert de Judée, une forteresse dresse sa silhouette massive au sommet d'un promontoire rocheux. De ce palais construit par Hérode, roi paranoïaque en quête d'un refuge imprenable, il subsiste d'admirables vestiges. Du haut de cette paroi aride, on profite d'un panorama époustouflant sur le désert et la mer Morte. *p. 232*

***Bon à savoir :** on y accède soit en téléphérique (en 5 mn impressionnantes), soit à pied par un sentier assez éprouvant (environ 45 mn de grimpette).*

8 Défier la loi de la gravitation et se laisser porter par les eaux tièdes de la mer Morte, sans le moindre effort.

Entre Israël et la Jordanie se trouve un site fascinant, unique au monde. Cet immense lac intérieur contient tant de sel qu'aucun organisme vivant ne peut y survivre… excepté l'*Homo touristicus,* qui y flotte comme un bouchon. Ne vous privez pas d'une baignade, l'expérience est étonnante, la sensation étrange… et on en ressort avec une véritable peau de bébé ! *p. 226*

***Bon à savoir :** au niveau d'Ein Bokek, une série de plages publiques équipées de douches (bien utiles) s'étire le long d'une promenade de plusieurs kilomètres.*

9 **S'asseoir au sommet de la falaise du makhtesh Ramon, à Mitzpé Ramon, le cratère le plus impressionnant du Néguev.**

Mitzpé Ramon est une toute jeune ville construite au bord du makhtesh Ramon, le plus grand des 3 cratères du désert du Néguev. Il est gigantesque : 40 km de long, une dizaine de kilomètres de large et plus de 400 m de profondeur ! Depuis le sommet de la falaise qui le surplombe, le spectacle est sublime et envoûtant, plus encore au soleil couchant. *p. 248*

Bon à savoir : *le cratère est parcouru de sentiers balisés ; une carte les répertorie dans les établissements de Mitzpé Ramon.*

© Getty Images/Photostock-Israël/ Science Photo Library

10 **Plonger dans les eaux chaudes de la mer Rouge et se laisser émerveiller par les récifs coralliens et le spectacle des poissons multicolores.**

La mer Rouge est l'une des destinations de plongée les plus prisées au monde. Les conditions y sont idéales et les fonds marins particulièrement riches. À l'extrême sud du pays, à Eilat, un simple masque et un tuba permettent déjà d'admirer de superbes coraux et des brassées de poissons multicolores : un véritable aquarium en plein air… ou plutôt en pleine mer ! *p. 254*

***Bon à savoir :** on peut tremper ses palmes toute l'année, mais préférer avril et mai pour le climat agréable et les vents calmes.*

© SIME/SimePhoto RF/Photononstop

11 **Se perdre dans la vieille cité de Jérusalem, l'une des plus fascinantes villes du monde !**

On y accède par l'une des 8 portes de la muraille de Soliman le Magnifique. Peu étendu, le Vieux Jérusalem est divisé en 4 quartiers : musulman, chrétien, arménien et juif. Les frontières y sont invisibles, mais, en se lançant dans le dédale de ces vieilles ruelles, en observant les passants, on se rend vite compte qu'on change de quartier, de culture, de religion, dans une imbrication de fragrances, de sons, de couleurs. Ville sacrée des 3 religions monothéistes, il y règne une énergie culturelle palpable… *p. 339*

12 **Depuis le mont des Oliviers, attraper le saisissant lever du soleil sur la vieille ville.**

Le mont des Oliviers est l'une des 4 collines sacrées de Jérusalem. Vénéré par les chrétiens, ce serait le lieu de l'Ascension. Le long de ses pentes s'égrènent de nombreux sites historiques, églises, jardins et le plus ancien cimetière juif au monde. S'y rendre au lever du jour : vision sublime sur l'illumination montante des remparts, le premier vol de colombes, la mosquée d'Omar, les immenses cimetières juifs et arabes… *p. 349*

13 À Bethléem, se laisser envahir par l'émotion dans la basilique de la Nativité, où se trouve la crèche de Jésus, berceau du christianisme.
Les pèlerins débarquent du monde entier pour visiter la plus ancienne basilique du pays, datant du IVe s. Une partie de la structure est encore d'origine, mais l'ensemble a été maintes fois remanié, détruit, rebâti, ornementé, négligé. Son histoire résume celle de la ville, où vivent de nos jours en harmonie Palestiniens musulmans et chrétiens. Ne pas manquer non plus de faire un tour dans la vieille ville et dans le souk (sauf le vendredi). *p. 400*
Bon à savoir : *venir tôt – la basilique ouvre dès 6h30 en été, 5h30 en hiver –, car il y a foule.*

© Westend61 / Photononstop

14 Éprouver toute la charge émotionnelle contenue dans les messages, peintures, photos et graffitis inscrits sur le mur de séparation.
De la politique à l'état brut. Une façon d'appréhender les Palestiniens dans toute leur diversité et leur complexité, leurs traditions et leur modernité, leurs souffrances et leurs espoirs, leur dignité, leurs belles leçons de vie. Puis discuter à bâtons rompus, de tout et de rien, mais surtout de foot et de géopolitique : avec 2 mots d'arabe et 3 d'anglais, on arrive toujours à se comprendre ! *p. 389, 403*
Bon à savoir : *Les témoignages près du check-point sont facilement accessibles à pied de Bethléem. Voir également le musée du* Walled Off Hotel *consacré à l'histoire du mur, créé par le graffeur Banksy.*

© Getty Images/Anthony Asael/
Art in All of Us/Contributeur

© Stefano Baldini/Age fotostock

15 **Déambuler dans la vieille ville d'Hébron, avant de monter vers le tombeau des Patriarches où repose Abraham.**

L'histoire ancienne d'Hébron se reflète dans sa grande richesse culturelle et patrimoniale. On sillonne les ruelles voûtées de cette vieille ville qui date principalement des époques mamelouke (XIIIe-XVIe s) et ottomane, puis on rejoint le tombeau des Patriarches, vénéré aussi bien des juifs que des musulmans, ce qui n'est pas sans poser quelques problèmes. *p. 410*

Bon à savoir : *du fait de l'existence d'une colonie au sein de la vieille ville et de la forte présence militaire israélienne, la ville est régulièrement le théâtre d'incidents. Avant de s'y rendre, se tenir informé sur • diplomatie.gouv.fr •*

© Raffael/Leemage

16 **S'émerveiller devant les splendides mosaïques du palais Hisham, à Jéricho.**

L'une des plus anciennes cités du monde (les 1res occupations humaines remonteraient à 9000 av. J.-C.) a conservé les vestiges d'un palais d'hiver édifié au VIIIe s par un calife omeyyade féru d'arts. Malgré sa rapide destruction par un tremblement de terre, on peut toujours y admirer des mosaïques de toute beauté et l'Étoile de Jéricho, une élégante sculpture particulièrement photogénique. *p. 416*

Bon à savoir : *Jéricho est la ville la plus basse du globe (- 248 m sous le niveau de la mer). Préférer y venir en hiver ; en été, la chaleur est étouffante.*

17 **Crapahuter dans le wadi Qelt, canyon grandiose qui s'étire à l'ouest de Jéricho, avant d'atteindre le monastère Saint-Georges, un des derniers de la région.**

Parmi tous les monastères construits à partir des Ve et VIe s dans le wadi Qelt, seul le monastère Saint-Georges est demeuré. Accroché à la falaise, l'édifice est niché dans une nature de toute beauté, marquée par les récits bibliques. On conseille de le rejoindre en suivant à pied le wadi (attention, en été, le soleil cogne !) : l'environnement est absolument superbe. *p. 418*

(18) **Changer de régime, se taper la cloche dans un des excellents restos de Ramallah et faire la fête jusqu'au bout de la nuit.**

Ville cosmopolite, siège de l'Autorité palestinienne et de nombreuses ONG, Ramallah est à part, vivante et dynamique. On visite peu, mais on s'encanaille dans les gargotes de rue avec du houmous et des falafels, avalés vite fait sur le trottoir, et le soir dans un des bars ou restos branchés au cadre et à l'ambiance orientaux ou plus internationaux. Il y en a pour tous les goûts et budgets. *p. 428*

(19) **Assister à l'Oktoberfest dans le village de Taybeh, qui accueille l'une des rares brasseries de Cisjordanie.**

Eh oui, ici les Palestiniens sont chrétiens ! Comme son nom ne l'indique pas, la célèbre fête de la Bière se déroule en septembre, comme à Munich ! Le reste de l'année, on se laisse tenter par une bouteille de cet excellent breuvage. Hips ! On en profite pour faire un tour dans le village, très bien restauré. *p. 434*

Bon à savoir : la brasserie ouvre tous les jours sauf le dimanche 8h-16h.

20 Déguster un *knafeh* dans le souk de Naplouse, succulente pâtisserie à base de cheveux d'ange orangés et de fromage fondu, debout au coude à coude avec les locaux.

La vieille ville de Naplouse, qui date principalement de l'époque ottomane, est un vrai dédale de ruelles bordées d'échoppes et de passages couverts. Une ville de traditions aussi bien dans la cuisine que dans les savoir-faire. Elle abrite les plus vieux hammams de Palestine, et toujours quelques savonneries, dont la production est connue et exportée dans tout le monde arabe. *p. 442*

Bon à savoir : *tradition oblige, pas d'alcool à Naplouse et une tenue vestimentaire plutôt couvrante.*

© Getty Images/Shalom Rufeisen/500px

21 Passer une nuit à Sebastia et découvrir le site archéologique, véritable nid d'aigle surplombant les vallées d'oliviers.

En 30 av. J.-C., alors que les Romains dominent la région, l'empereur Auguste cède la ville à Hérode le Grand, qui l'enrichit d'un temple, d'un stade, d'un théâtre… En haut du village, on peut admirer les vestiges datant de cette époque, ainsi qu'une magnifique rue à colonnades, en contrebas, ancienne artère principale de la ville romaine. Un bien bel endroit que cette ancienne cité perchée au sommet de sa colline ! *p. 444*

Bon à savoir : *le village est à 400 m d'altitude, suffisamment haut pour se rafraîchir en été, mais aussi… dès l'automne ; ne pas oublier la petite laine !*

© CSP_javax/Fotosearch LBRF/Age fotostock

Ruelle de la vieille ville de Nazareth

ITINÉRAIRES CONSEILLÉS

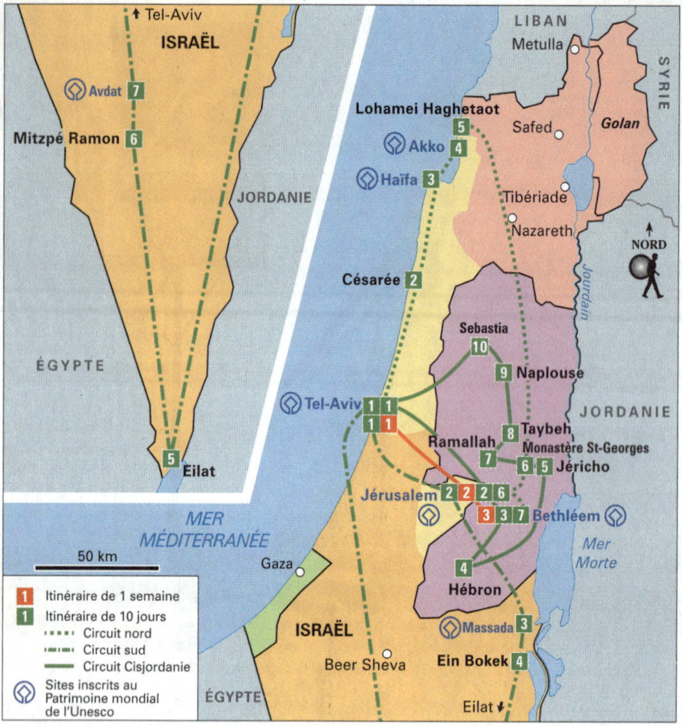

– **Très important :** toujours consulter les conseils aux voyageurs sur le site *• diplomatie.gouv.fr •*, pour vérifier les conditions de sécurité des différentes zones.

Une semaine

• Tel-Aviv (1). Dans « la ville qui ne dort jamais », les offres culturelle, artistique et balnéaire répondent à toutes les envies : entre les musées (celui des Arts, du Peuple juif, le Rabin Center…), l'architecture Bauhaus, les galeries d'art, les souks (dont celui de Jaffa), l'apéro sur la plage, les restos qui mettent à l'honneur tous les apports culinaires de la population et les boîtes ultra-branchées, on hésite entre y passer 2 ou 3 jours complets.

• Jérusalem (2). Autre ambiance. On se perd dans les quartiers arménien, juif, musulman et chrétien de la vieille ville. On prend de la hauteur à la citadelle de David, sur l'esplanade des Mosquées et au mont des Oliviers. On emprunte la via Dolorosa et on bifurque vers le Saint-Sépulcre. On s'arrête devant le mur des Lamentations. Dans la ville nouvelle, les passionnés, aussi bien d'art moderne que d'histoire, ne manqueront pas le très beau musée d'Israël et celui des Pays de la Bible, tandis que le mémorial de Yad Vashem constitue un hommage à toutes les innocentes victimes de la Shoah. Compter 3 ou 4 jours selon le temps consacré à Tel-Aviv.

• **Bethléem (3).** La ville où naquit le Christ se trouve en territoire palestinien. On la rejoint en bus depuis Jérusalem. Au programme : la basilique de la Nativité, le souk de la vieille ville. À ne pas manquer également, le musée et la galerie d'art du *Walled Off Hotel* créé par Banksy. Juste en face, les témoignages, dessins et graffitis sur le mur, près du check-point. Prévoir 1 jour, de préférence en logeant sur place, ou en effectuant un aller-retour depuis Jérusalem.

Dix jours (avec un circuit nord, un circuit sud, un circuit Cisjordanie)

Nord

• **Tel-Aviv (1 ; 3 j.).** Voir l'itinéraire d'une semaine.

• **Césarée (2) – Haïfa (3).** En 2 jours, à condition d'être motorisé. On rejoint d'abord le site fondé par les Romains au Ier s av. J.-C., avec un détour par la ville nouvelle de Césarée, où le musée Ralli présente des œuvres d'artistes espagnols ; en route, s'arrêter au village d'artistes d'Ein Hod créé par le dadaïste Marcel Janco. Haïfa, 3e ville du pays, est connue pour son nombre impressionnant de musées, son multiculturalisme, la vue depuis le mont Carmel et ses jardins bahaïs (classés au Patrimoine mondial de l'Unesco). Ne pas manquer non plus le musée d'Archéologie et de Peinture de Reuben et Édith Hecht, sur le campus de l'université.

• **Akko (4).** 1 jour n'est pas de trop pour profiter de cette belle ville croisée ceinte de remparts. Elle a conservé sa citadelle souterraine, ses bains turcs et ouvert d'intéressants musées. Avant de redescendre sur Jérusalem, ne surtout pas manquer le musée des Combattants des ghettos à **Lohamei Haghetaot (5),** juste au nord d'Akko.

• **Jérusalem (6 ; 3 j.) et Bethléem (7 ; 1 j.).** Voir l'itinéraire d'une semaine.

Sud

• **Tel-Aviv (1 ; 2 j.) et Jérusalem (2 ; 3 j.).** Voir l'itinéraire d'une semaine, puis :

• **Massada (3).** Consacrer 1 jour à cette ancienne résidence royale du temps d'Hérode, perchée sur son promontoire, devenue le symbole de la résistance juive, à l'époque face aux Romains. Le site est classé au Patrimoine mondial de l'Unesco.

• **La mer Morte et Ein Bokek (4).** Se remettre de ses émotions en se baignant dans ce lac 6 à 8 fois plus salé que la Méditerranée, à l'incomparable flottabilité. On est à l'endroit le plus bas de la terre (424 m sous le niveau de la mer). 1 jour de farniente.

• **Eilat (5).** Expérimenter cette fois les dessous de l'eau, dans la station balnéaire où il fait beau et chaud 330 jours par an. Envie de plonger, de nager avec les dauphins, de découvrir le monde sous-marin de la terre ferme depuis l'observatoire ou simplement de se poser pendant 2 jours ?

• **Mitzpé Ramon (6) et les sites nabatéens (7).** En remontant vers Tel-Aviv, s'arrêter dans le désert du Néguev, aux paysages étonnants comme en témoigne le makhtesh Ramon, le plus grand des 3 cratères de la région. On peut même se balader à l'intérieur. La route bifurque ensuite vers 3 sites nabatéens. Avdat est sans doute l'un des plus beaux sites archéologiques du pays, avec Massada. Il est classé au Patrimoine mondial de l'Unesco, tout comme Shivta et Mamshit (à voir aussi, en fonction du temps disponible). Compter 1 jour dense. Retour sur Tel-Aviv.

Cisjordanie

• **Tel-Aviv, Jérusalem et Bethléem.** Reprendre l'itinéraire d'une semaine, puis :

• **Hébron (4).** La capitale économique de la Cisjordanie abrite toujours une très belle vieille ville et le tombeau des Patriarches, lieu de culte aussi bien des musulmans que des juifs. L'occasion aussi d'appréhender une situation politique très complexe (se renseigner avant et, si le climat le permet, ne pas hésiter à prévoir 1 jour sur place, voire une nuit chez l'habitant).

• **Jéricho (5).** Via le monastère de Mar Saba et Qumrân, direction Jéricho pour le palais Hisham, un ancien palais d'hiver aux mosaïques très bien conservées ; le mont de la Tentation et une balade dans le somptueux wadi Qelt où se niche le **monastère Saint-Georges (6).** 1 jour.

• **Ramallah (7).** Capitale, administrative cette fois, de la Cisjordanie. On y vient autant pour l'authenticité de sa vieille ville que pour les restos et bars branchés. Pour faire la fête, c'est ici. Y passer donc au moins une soirée.

• **Naplouse et Sebastia.** En quittant Ramallah, arrêtez-vous au village de **Taybeh (8).** On y produit une excellente bière palestinienne. Puis filer jusqu'à **Naplouse (9).** Son souk vaut le détour, tout comme ses savonneries, une des spécialités de la ville réputée dans tout le monde arabe. Ne pas manquer ensuite de grimper jusqu'à **Sebastia (10),** ancienne cité royale juchée sur un promontoire dominant toute la région. C'est aujourd'hui un charmant village. Prévoir minimum 1 jour pour les 2 villes.

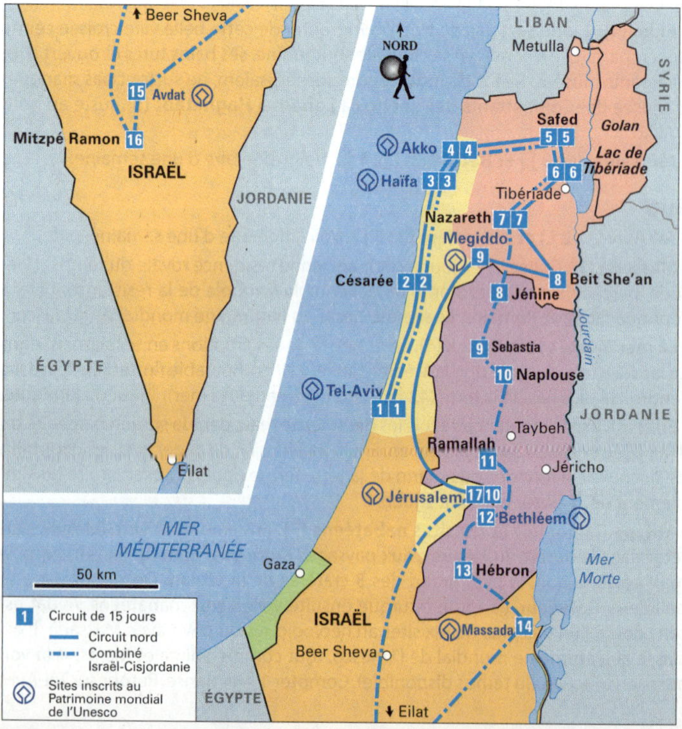

Terrasse dans le quartier de Kerem Hateimanim

© Renault Philippe/hemis.fr

Quinze jours

Circuit nord jusqu'à Akko (soit 6 jours) et poursuivre vers :

• **Safed (5).** L'ancienne cité croisée, une des villes les plus saintes pour les Juifs, brille par son dynamisme artistique et spirituel. Nombreuses synagogues et beau cimetière. Prévoir 1 jour.

• **Le lac de Tibériade (6)** et ses sites bibliques. Compter bien 1 journée pour faire le tour du lac en s'arrêtant, entre autres, à Tabgha (basilique de la Multiplication des pains), à Capharnaüm ou encore au mont des Béatitudes. La région de Tel Beit Saïda est tranquille et magnifique.

• **Nazareth (7).** La vieille ville, avec ses ruelles pentues et ses beaux édifices, vaut le détour. Côté patrimoine biblique, visitez la basilique de l'Annonciation.

• **Beit She'an (8).** Cap à l'est pour admirer ce beau site archéologique occupé par de nombreuses civilisations, des Égyptiens aux Grecs en passant par les Hébreux. Vaste panorama depuis la colline surplombant les vestiges. Sur la route, ne pas manquer le **parc national de Megiddo (9).**

• Continuer vers **Jérusalem (10),** soit par la Cisjordanie (1 ou 2 jours) via Jéricho et Bethléem, soit par Israël.

Combiné Israël-Cisjordanie

Reprendre le début du circuit précédent jusqu'à **Nazareth,** puis, si le contexte politique le permet, traverser la Cisjordanie du nord au sud, de **Jénine (8)** à Hébron (se renseigner avant) en passant par **Sebastia (9), Naplouse (10), Ramallah (11 ; 1 j.), Bethléem (12), Hébron (13 ; 1 j.),** puis poursuivre vers **Massada (14 ; 1 j.),** soit descendre jusqu'à **Mitzpé Ramon (16)** via le site nabatéen d'**Avdat (15 ; 1 j.),** soit revenir directement vers **Jérusalem (17)** et y consacrer 4 jours.

Voir les courts descriptifs de villes dans les différents itinéraires proposés.

SI VOUS ÊTES…

Plutôt culture : n'oubliez pas, ***à Tel-Aviv :*** le musée des Arts de Tel-Aviv (art contemporain), le musée Eretz Israël (archéologie, anthropologie, histoire), le quartier Florentin (street art) et le Bauhaus, le musée du Peuple juif (le Beit HaTfutsot), les nombreuses galeries d'art, ainsi que le théâtre Habimah (une véritable institution). ***Au nord d'Israël :*** Césarée ; les musées de Haïfa, particulièrement le musée de Reuben et Édith Hecht et le sanctuaire bahaï ; à Akko, le musée Okashi, le musée des Combattants des ghettos à Lohamei Haghetaot ; les antiquités cananéennes de Tel Hazor ; le site de Zippori ; celui de Beit She'an et, non loin, la mosaïque de Beit Alpha. ***Au sud :*** la forteresse de Massada ; les anciennes cités nabatéennes de Mamshit, Shivta et Avdat, classées au Patrimoine mondial de l'Unesco. ***À Jérusalem :*** le musée d'Israël (beaux-arts et archéologie), le musée des Pays de la Bible, le musée d'Art islamique, Yad Vashem (mémorial de la Shoah), le musée archéologique Rockefeller, la Cour suprême (chef-d'œuvre d'architecture contemporaine), le jardin archéologique et le Davidson Center. ***En Cisjordanie :*** l'ancienne cité royale de Sebastia ; le site de Qumrân, où furent découverts les manuscrits de la mer Morte ; l'Hérodion, proche de Bethléem ; à Jéricho, Tell-es-Sultan et le palais Hisham pour ses magnifiques mosaïques ; le musée d'Art et d'Ethnographie de l'université de Birzeit ; les vestiges de l'antique Sichem, Tell Balata à Naplouse ; le Freedom Theater de Jénine.

Nature : ***côté Israël,*** le mont Carmel à Haïfa ; la réserve Hula dans le Nord pour voir, en saison, les oiseaux migrateurs ; la réserve de Tel Dan et la richesse de sa flore, non loin, le musée de la Nature de Beit Ussishkin ; la réserve d'Ein Guedi et ses gorges ; le désert du Néguev et la mer Morte ; le canyon En Avedat et l'ancienne Avdat, cité fondée par les Nabatéens ; le cratère de Ramon au cœur du Néguev ; l'observatoire sous-marin d'Eilat et le centre d'observation des oiseaux ; les magnifiques paysages du parc Timna ; les grottes de Beit Guvrin et du Tel de Maresha, près de Jérusalem. ***En Palestine :*** le wadi Qelt près de Jéricho et au bout la réserve d'Ein Fawwar ; le site de Sebastia où la nature se mêle intimement à la culture ; la vue sur toute la campagne environnante depuis l'église (sans toit) El-Khader à Taybeh ; la région de Jerusalem Wilderness avec vue sur la Jordanie, au loin.

Plutôt en pèlerinage : ne manquez pas, selon affinités, ***à Jérusalem :*** la via Dolorosa, le Saint-Sépulcre, le mur des Lamentations, le mont des Oliviers, la basilique Sainte-Anne (de l'époque des croisés), l'esplanade des Mosquées. Et, dans la proche banlieue, l'abbaye bénédictine Sainte-Marie-de-la-Résurrection d'Abu Gosh. ***À Bethléem :*** la basilique de la Nativité et, plus à l'est, le monastère de Mar Saba. ***À Hébron :*** le tombeau des Patriarches. ***À Jéricho :*** le mont de la Quarantaine où le Christ fut tenté par le diable. ***À Sebastia :*** la sépulture supposée de saint Jean-Baptiste. ***À Nazareth :*** la ville et la basilique de l'Annonciation, le mont Thabor, lieu de la Transfiguration. ***Dans les pas du Christ*** autour du lac de Tibériade et le mont des Béatitudes. ***À Safed :*** les anciennes synagogues. ***À Haïfa :*** les sanctuaires bahaïs.

Amateur de souks : ne manquez pas les vieilles villes de Jérusalem, Akko, Nazareth, Naplouse et Hébron, sans oublier le marché du Carmel à Tel-Aviv, celui aux puces de Jaffa et le marché de Mahané Yehuda à Jérusalem-Ouest.

Noctambule et branché : la vie nocturne de Tel-Aviv, les boîtes à Eilat, les bars de Ramallah, l'Oktoberfest de Taybeh.

Interview #experienceroutard

Par la rédaction du *Routard*

L'endroit qui nous a le plus marqués ?

Jérusalem, une ville d'une grande intensité et diversité, à vivre pleinement. On passe d'une ambiance à l'autre, d'une ferveur à l'autre, simplement en changeant de trottoir. On s'est mêlés aux chants des orthodoxes dans une église russe, on a croisé de jeunes Français venus faire leur alya, discuté avec les habitués d'un bar gay ; on a découvert la fabrication du halawé dans la vieille ville où le sésame est écrasé à l'ancienne ; on s'est régalés dans un resto branché du marché de Mahané Yehuda, on a été bouleversés à Yad Vashem, on a écouté de l'oud (instrument à cordes) à Jérusalem-Est, vu des soldats protéger des colons, des drapeaux israéliens et palestiniens, côte à côte, à Silwan, chacun revendiquant le territoire... Le voyageur a le privilège de pouvoir tisser un fil dans cette cité esthétiquement belle, historiquement passionnante et politiquement inextricable.

Une activité à conseiller ?

À quelques minutes en bus de Jérusalem, Bethléem accueille souvent les touristes juste le temps d'une visite à la basilique de la Nativité. On conseille vraiment de prolonger son séjour en faisant son marché au souk, à la rencontre de petits agriculteurs venus proposer leurs herbes aromatiques et leurs légumes. On s'arrête chez le boulanger pour acheter du pain pita encore tout chaud, puis on va chez l'épicier le garnir de fromage, sans oublier de se fournir en huile d'olive, excellente, et on se constitue un bon pique-nique avant ou après la foule de la basilique. Un petit plaisir tout simple.

À lire, à regarder ?

Les *Chroniques de Jérusalem,* de Guy Delisle, un roman graphique dans lequel l'auteur canadien suit sa compagne employée à MSF. Il tente de s'adapter à sa nouvelle vie et de comprendre la situation. À la fois drôle et réaliste.

La production cinématographique israélienne est (presque) aussi riche que sa littérature. Elle s'est illustrée depuis déjà quelques années par la qualité de ses séries, notamment d'espionnage : *HaTufim,* sans doute la plus connue, qui a inspiré *Homeland,* la version US ; mais aussi psychologiques avec *BeTipul,* diffusée en Israël dès 2005, qui a donné la série française à succès *En thérapie.* Sans oublier l'excellent *Unorthodox* filmant l'incroyable chemin parcouru par une jeune New-Yorkaise ultra-orthodoxe qui cherche sa voie/voix à Berlin.

LES QUESTIONS QU'ON SE POSE AVANT LE DÉPART

➢ Quels sont les documents nécessaires pour entrer en Israël et en Palestine ?

Aux formalités ci-dessous pourront s'ajouter des mesures spécifiques liées à la pandémie. Elles peuvent constamment évoluer. Bien se renseigner avant le départ auprès de l'ambassade d'Israël en France (● *embassies.gov.il/paris* ●) et du ministère français des Affaires étrangères (● *diplomatie.gouv.fr* ●).

Habituellement, pour entrer en Israël, il faut un passeport valable encore 6 mois minimum après la date d'entrée. Pas besoin de visa. Notez que le tampon israélien est apposé sur un reçu volant (ne pas le perdre !). Un passeport qui comporte le tampon d'un pays arabe est accepté, les autorités israéliennes risquent juste de vous poser plus de questions.

On peut facilement se rendre en Cisjordanie... tant que la situation est calme. Les mêmes formalités s'appliquent. On y accède soit par Israël et l'un des check-points situés le long du mur, soit par la Jordanie et le pont Allenby (le poste-frontière est israélien). Le passage peut parfois prendre un peu de temps selon l'heure de la journée. Ni check-point ni mur pour rejoindre Jérusalem depuis l'aéroport de Tel-Aviv. En revanche, les touristes n'ont pour l'instant pas accès à la bande de Gaza.

➢ Quelle est la meilleure période pour y aller ?

De fin mars à mai et de septembre à novembre. L'été peut être très chaud et étouffant au bord de la mer Morte et à Jéricho, janvier très froid à Jérusalem et dans le désert du Néguev.

➢ Quel budget prévoir ?

La vie est plus chère en Israël, au regard des normes européennes, question logement, restauration et transports. Mais les petits budgets peuvent trouver des AJ privées, des petits restos populaires, des taxis collectifs... Elle l'est un peu moins en Cisjordanie. Un bémol toutefois : en dehors de Bethléem, la région manque de logements pour petits budgets. En revanche, on s'en sort très bien côté transports collectifs et nourriture... à condition d'aimer les falafels et les *mezze* !

➢ Comment se déplacer ?

En Israël, pour musarder sur les petites routes du nord de la Galilée ou du Néguev, il vaut mieux louer une voiture. Mais pour relier les grandes villes entre elles, les réseaux de bus sont largement suffisants. Seul problème, il est pratiquement impossible de voyager en bus et en train pendant le shabbat (ils ne fonctionnent pas). Difficile aussi de visiter à cette période certaines villes comme Safed, Tibériade et Jérusalem-Ouest, car la plupart des musées et des sites sont alors fermés, tout comme les restaurants d'ailleurs.

En Cisjordanie, le réseau de taxis *services* (minibus de 7 places) et de bus se révèle assez dense et pratique pour rejoindre les grandes villes et les villages. En revanche, là encore, si l'on se balade sur les petites routes, une voiture s'avère utile. Attention, la signalétique fait parfois défaut, et une voiture avec chauffeur revient très cher.

➢ Y a-t-il des problèmes de sécurité ?

Toujours se renseigner sur le site du ministère des Affaires étrangères français (● *diplomatie.gouv.fr* ●) avant de partir, et même avant tout déplacement à l'intérieur d'Israël ou de la Cisjordanie. Néanmoins, les attentats sont rares. Les endroits touristiques sont sous haute surveillance (pas moins de 300 caméras de rue dans la vieille ville de Jérusalem). Présence militaire et policière (qui sait rester discrète, sauf à Jérusalem). Fort peu de vols... Il est néanmoins recommandé de rester vigilant dans les lieux publics.

➢ Quel est le décalage horaire ?

Il y a 1h de décalage avec la France. Quand il est 12h à Paris, il est donc 13h à Jérusalem.

➢ Quel est le temps de vol ?

Environ 4h30 en vol direct.

➢ Côté santé, quelles précautions ?

Bien suivre les recommandations du pays hôte dans le cadre de la lutte contre la pandémie. Aucun vaccin n'est exigé à l'heure où nous bouclons le guide. Celui contre l'hépatite A est recommandé. Celui contre la fièvre typhoïde est conseillé à ceux qui se rendent en Cisjordanie. Vérifiez que vous êtes à jour dans vos vaccinations traditionnelles (tétanos, polio, etc.). Sur le plan de l'hygiène alimentaire, on ne constate pas de problème particulier en Israël, en revanche elle est plus aléatoire en Cisjordanie. Emporter de quoi soigner une turista. Partout, bien se protéger du soleil (et du froid en hiver).

➢ Peut-on y aller avec des enfants ?

La situation politique est bien sûr le 1er élément à prendre en considération. Pour la question sanitaire, lire ci-dessus. En période calme, les petits curieux adoreront les vieilles forteresses, les plages de Tel-Aviv, le musée de la Science, de la Technologie et de l'Espace à Haïfa, le cratère de Mitzpé Ramon dans le désert du Néguev, la plongée, l'observatoire sous-marin d'Eilat, le Saint-Sépulcre à Jérusalem, la basilique de la Nativité à Bethléem (dans ces 2 sites, la longue attente pour accéder au lieu le plus sacré peut toutefois être un frein)...

➢ Quel est le taux de change ?

La monnaie est le shekel (Shk) que l'on obtient facilement sur place aux distributeurs, dans les banques ou bureaux de change. Mi-2021, 1 € valait environ 4 Shk.

➢ Quelles langues parle-t-on ?

En Israël, on parle principalement l'hébreu, ainsi que l'arabe dans certaines villes comme Nazareth ou Akko où la communauté palestinienne demeure importante. Connaître quelques mots facilitera la relation, même si le reste de la conversation se poursuit en anglais... langue par ailleurs très répandue, que ce soit en Israël ou en Palestine. En Israël, le français est parlé grâce aux immigrants juifs francophones.

➢ Peut-on parler facilement de la situation politique ou doit-on s'abstenir ?

Que ce soit en Israël ou en Palestine, on peut tout à fait évoquer la situation politique. Les Palestiniens sont souvent très demandeurs. Dans tous les cas, il faut toujours aborder les questions avec tact et justesse. Savoir les poser et surtout écouter pour tenter de comprendre, au-delà de ce que vous aurez pu lire et entendre de cette situation particulièrement complexe.

➢ Qu'y a-t-il à voir en Cisjordanie ?

Entre la région de Jerusalem Wilderness à la beauté sauvage (comme son nom l'indique), les vallées d'oliviers et de vignes aux faux airs provençaux, le palais Hisham à Jéricho et la basilique de la Nativité à Bethléem, les vieilles villes construites aux époques mamelouke et ottomane comme à Naplouse, sans oublier les souks et leurs étals colorés, on sillonne une terre qui n'a rien perdu de sa mémoire ni de son patrimoine millénaire.

➢ Est-il possible d'assister à une messe de Noël à Bethléem ?

Oui, en s'adressant bien à l'avance au *Franciscan Pilgrim's Office* à Jérusalem : ● *cicts.org* ● La messe ne peut pas se dérouler dans la grotte qui a vu naître Jésus, faute de place. Elle a lieu dans l'église Sainte-Catherine adjacente.

ARRIVER – QUITTER

EN AVION

Les compagnies régulières

▲ AIR FRANCE

Rens et résas au ☎ 09-69-39-36-54 (appel non surtaxé), sur • airfrance.fr •, et en agences de voyages. Également à votre écoute tlj et 24h/24 sur Messenger, Facebook et Twitter.

➢ Au départ de Paris-Roissy-Charles-de-Gaulle, Air France propose jusqu'à 2 vols directs/j. pour ***Tel-Aviv.*** Air France permet à de nombreuses villes de province d'être reliées à Paris pour une connexion vers Tel-Aviv.

Air France propose à tous des tarifs attractifs toute l'année. Pour consulter les offres et promotions du moment sur Internet, consultez la page « Nos meilleures offres » sur *• airfrance.fr • Flying Blue,* le programme de fidélité gratuit d'Air France-KLM, permet de gagner des *Miles* en voyageant sur les vols Air France, KLM et grâce à de nombreux partenaires aériens et non aériens... Les *Miles* peuvent ensuite être échangés contre des billets d'avion ou des services (surclassement, bagage supplémentaire, menu à la carte...) ainsi qu'auprès des partenaires. Pour en savoir plus, rendez-vous sur *• flyingblue.com •*

▲ EL AL

Rens et résas : ☎ 01-40-20-90-90. • elal.com •

➢ EL AL dessert ***Tel-Aviv*** depuis Paris-Roissy-Charles-de-Gaulle, terminal 2A, avec 2-4 vols directs/j. (sauf sam) ; depuis Marseille avec 2 vols/sem ; et en été des vols directs de Nice vers Israël. Pendant les fêtes et les vacances scolaires, EL AL ajoute des vols en fonction de la demande.

▲ ASL AIRLINES

Rens et résas : ☎ 0825-825-849 (0,20 €/mn + prix appel). • aslairlines.fr • Et dans les agences de voyages.

➢ La compagnie française relie Paris-Roissy-Charles-de-Gaulle, terminal 3, à ***Tel-Aviv*** avec 2 vols/sem, en saison seulement.

▲ KLM

Rens et résas : ☎ 0892-702-608 (service 0,35 €/mn + prix appel). • klm.fr • Résas par tél, sur Internet, dans les agences Air France ou les agences de voyages.

➢ KLM dessert ***Tel-Aviv*** au départ d'Amsterdam-Schipol à raison de 1 vol direct/j. Pour se rendre à Amsterdam, il existe de nombreux départs de Paris et de province.

▲ LUFTHANSA

Rens et résas : ☎ 01-70-48-91-70. • lufthansa.com •

➢ La compagnie allemande dessert ***Tel-Aviv*** plusieurs fois par jour au départ de Paris-Roissy-Charles-de-Gaulle et d'Orly, via Francfort ou Munich.

▲ SWISS

Rens et résas : ☎ 01-57-32-46-52. • swiss.com •

➢ SWISS dessert ***Tel-Aviv*** 2-3 fois/j. au départ de Paris-Roissy-Charles-de-Gaulle, via Zurich. Également des vols au départ de Nice et Bordeaux via Zurich.

Les compagnies *low cost*

▲ EASYJET

Infos et résas : ☎ 09-77-40-77-70. • easyjet.com •

➢ Easyjet propose 4-6 liaisons/sem avec ***Tel-Aviv*** au départ de Paris-Roissy-Charles-de-Gaulle, Bâle-Mulhouse (4 vols/sem), Genève (6 vols/sem), ainsi que Lyon et Nice (2 fois/sem).

▲ VUELING

Infos et résas : ☎ 01-84-88-69-48. • vueling.com/fr •

➢ Vueling assure des vols au départ de Paris-Orly à destination de Tel-Aviv via Barcelone, tlj sauf sam.

LES ORGANISMES DE VOYAGES

En France

▲ CERCLE DES VOYAGES

– Paris : 4, rue Gomboust (angle 31, av. de l'Opéra, 75001). ☎ 01-40-15-15-13. • cercledesvoyages.com • Ⓜ Pyramides ou Opéra. Lun-ven 9h-20h, sam 10h-18h30.

Le vrai voyage sur mesure, à destination du Moyen-Orient dont Israël.

Cercle des Voyages propose un large choix de voyages adaptés à chaque client : voyages au volant de votre voiture de location, trekkings, safaris dans le désert, circuits en petits groupes, combinés safari et plages, voyages de noces... Les experts Cercle des Voyages partagent leurs conseils et leurs petits secrets pour faire de chaque voyage une expérience inoubliable. Cercle des Voyages offre également un service liste de mariage gratuit.

▲ INTERMÈDES

– Paris : 10, rue de Mézières, 75006. ☎ 01-45-61-90-90. • intermedes.com • Ⓜ Saint-Sulpice.

Spécialiste du voyage culturel, Intermèdes organise des séjours en Israël, à Jérusalem, Bethléem, Ramallah et Jéricho, sous forme de circuits, accompagnés par des conférenciers spécialistes, ou de voyages sur mesure. Possibilité de compléter par un circuit en Jordanie.

▲ LA ROUTE DES VOYAGES

Agences ouv lun-ven 9h-19h (18h ven). Rdv conseillé.

• laroutedesvoyages.com •

– Paris : 10, rue Choron, 75009. ☎ 01-55-31-98-80. Ⓜ Notre-Dame-de-Lorette.

– Angers : 6, rue Corneille, 49000. ☎ 02-41-43-26-65.

– Annecy : 4 bis, av. d'Aléry, 74000. ☎ 04-50-45-60-20.

– Bordeaux : 19, rue des Frères-Bonie, 33000. ☎ 05-56-90-11-20.

– Lorient : 42, av. de la Perrière, 56100. ☎ 06-15-48-82-69. Sur rdv lun-mer.

– Lyon : 59, rue Franklin, 69002. ☎ 04-78-42-53-58.

– Toulouse : 27, rue Perchepinte, 31000. ☎ 05-62-27-00-68.

Plus de 25 ans d'expérience de voyage sur mesure sur les 5 continents ! 15 pays en Europe complètent à présent leur offre. Cette équipe de voyageurs passionnée a développé un vrai savoir-faire du voyage personnalisé : écoute, conseils, voyages de repérage réguliers et des correspondants sur place soigneusement sélectionnés avec qui elle travaille en direct. Son engagement à promouvoir un tourisme responsable se traduit par des possibilités de séjours solidaires à insérer dans les itinéraires de découverte individuelle. Elle a aussi créé un programme de compensation solidaire qui permet de financer des projets de développement locaux.

▲ PARTIRENISRAEL.COM

– Paris : 61, rue de Chabrol, 75010. ☎ 01-79-99-36-36. • partirenisrael.com •

Tour-opérateur spécialisé dans les vols, séjours et circuits en Israël. Partirenisrael.com propose à des prix compétitifs des voyages qui collent aux besoins de chacun : longs week-ends, voyages sur mesure, voyages événementiels, séjours festifs à Tel-Aviv pour les jeunes, séjours de santé sur la mer Morte, circuits culturels.

▲ SUPERSTAR

Rens et résas : ☎ 01-44-55-14-55. • superstar.fr •

Superstar, tour-opérateur de la compagnie EL AL, propose des packages billets d'avion + séjours : week-ends, circuits découverte et excursions en Israël. Cette agence dispose d'un large choix d'hébergements, du kibboutz à l'hôtel de luxe.

▲ TERRE ENTIÈRE

– Paris : 10, rue de Mézières, 75006. ☎ 01-44-39-03-03. • terreentiere.com • Ⓜ Saint-Sulpice.

Terre Entière organise aussi bien des voyages spirituels que des pèlerinages en Israël et en Palestine, ou des combinés avec la Jordanie. Spécialiste de la destination, l'agence propose de se rendre en toute sécurité dans les lieux les plus emblématiques, mais aussi de rencontrer des interlocuteurs sur

les questions politiques et religieuses. Les pèlerinages sont proposés sur une durée de 8 à 11 jours. L'agence propose aussi du sur-mesure pour les individuels.

▲ **VOYAGEURS DU MONDE**
Voyageurs en Israël et en Palestine. • *voyageursdumonde.fr* •
– Paris : La Cité des Voyageurs, 55, rue Sainte-Anne, 75002. ☎ 01-42-86-17-90. Ⓜ Opéra ou Pyramides. Lun-sam 9h30-19h. Avec une librairie spécialisée sur les voyages.
– Également des agences à Bordeaux, Grenoble, Lille, Lyon, Marseille, Montpellier, Nantes, Nice, Rennes, Rouen, Strasbourg et Toulouse, ainsi qu'à Bruxelles, Genève, Montréal et Québec.
Parce que chaque voyageur est différent, que chacun a ses rêves et ses idées pour les réaliser, Voyageurs du Monde conçoit, depuis plus de 40 ans, des projets sur mesure. Les séjours proposés sur 150 destinations sont élaborés par leurs 200 conseillers voyageurs. Spécialistes par pays et même par région, ils vous aideront à personnaliser les voyages présentés à travers une trentaine de brochures d'un nouveau type et sur le site internet où vous pourrez également découvrir les hébergements exclusifs et consulter votre espace particulier. Au cours de votre séjour, vous bénéficiez des services personnalisés Voyageurs du Monde, dont la possibilité de modifier à tout moment votre voyage, l'assistance d'un concierge local, la mise en place de rencontres et de visites privées et l'accès à votre carnet de voyage via une application iPhone et Android. Voyageurs du Monde est membre de l'association ATR (Agir pour un tourisme responsable) et bénéficie de la certification Tourisme responsable AFAQ AFNOR.

> Conservez, dans votre bagage cabine, vos médicaments, vos divers chargeurs et appareils ainsi que vos objets de valeur (clés et bijoux). Et on ne sait jamais, ajoutez-y de quoi vous changer si vos bagages n'arrivaient pas à bon port avec vous.

Comment aller à Roissy et à Orly ?
Toutes les infos sur notre site • *routard.com* • à l'adresse suivante : • *bit.ly/aeroports-routard* •

> Voir aussi au sein de chaque ville les agences locales que nous avons sélectionnées.

En Belgique

▲ **HLA TOURS (HOLY LAND ADVENTURE TOURS)**
– Bruxelles : 50, rue Dillens, 1050. ☎ 02-644-99-43. 📱 0475-423-662. • hla-tours.net • Le siège se trouve à Bethléem. Voir plus loin dans le chapitre « Palestine utile » la rubrique « Tourisme alternatif et solidaire ».
Cette agence francophone organise des circuits et séjours en individuel ou en groupe, avec logement chez l'habitant, en hôtel 1 à 5 étoiles, en auberge de jeunesse ou dans des communautés religieuses en Palestine, Israël et dans la région du Proche-Orient.

▲ **VOYAGEURS DU MONDE**
– Bruxelles : chaussée de Charleroi, 23, 1060. ☎ 02-543-95-50. • voyageursdumonde.com •
Voir texte dans la partie « En France ».

En Suisse

▲ **LA ROUTE DES VOYAGES**
☎ 078-400-83-94. • laroutedesvoyages.com • Rdv par tél.
Voir texte dans la partie « En France ».

▲ **VOYAGEURS DU MONDE**
☎ 022-519-12-10. • voyageursdumonde.com •
– Genève : 19, rue de la Rôtisserie, 1204. Lun-ven 9h30-19h, sam 9h30-18h30.
– Lausanne : rue du Bourg, 6 (2e étage), 1003. Lun-ven 9h-18h30, sam sur rdv.
Le spécialiste du voyage en individuel sur mesure.
Voir le texte dans la partie « En France ».

Au Québec

▲ **TOURS CHANTECLERC**
• *tourschanteclerc.com* •
Tours Chanteclerc est un tour-opérateur qui publie différentes brochures de

voyages, dont une sur le Bassin méditerranéen en circuits ou en séjours. Il s'adresse aux voyageurs indépendants qui réservent un billet d'avion, un hébergement, des excursions ou une location de voiture.

QUITTER ISRAËL

Taxe de sortie

La taxe de sortie est incluse dans le prix du billet d'avion. En revanche, lorsqu'on quitte le territoire par voie terrestre, il faut acquitter une taxe qui s'élève à 110 Shk environ.

L'aéroport

Avertissement !

Un système de contrôle à l'embarquement, fondé sur la psychologie, a été mis en place. Des jeunes gens (filles ou garçons) peuvent soumettre les voyageurs à un feu roulant de questions simples, mais assez inquisitrices, pour les amener, éventuellement, à se contredire. L'une des préoccupations principales de la sécurité israélienne est de vérifier si quelqu'un d'autre a préparé ou approché les bagages avant le vol. C'est un procédé irritant, mais nécessaire à leurs yeux (et sûrement très efficace). Sachez que toute rébellion au procédé ne fait qu'allonger l'interrogatoire et vous risquez, à terme, de louper votre vol. Il faut donc VRAIMENT arriver 3h à l'avance à l'aéroport Ben Gourion pour passer la sécurité, pouvoir enregistrer et se soumettre à de nouveaux contrôles.

Pour la Jordanie

Il existe 2 postes-frontières entre Israël et la Jordanie ; un 3e se trouve en Cisjordanie (voir plus bas).

Le ***visa*** est nécessaire aux ressortissants de l'Union européenne qui se rendent en Jordanie. Il peut s'acheter directement à la frontière du pont Sheikh Hussein (au nord) ou s'obtenir au poste d'Arava/Aqaba dans le Sud, son prix ou sa gratuité dépendent du nombre de jours prévus dans le royaume, lire plus bas (sur ce dernier point, mieux vaut toutefois vous renseigner avant le départ auprès de l'ambassade de Jordanie soit de votre pays d'origine, soit de Tel-Aviv pour ne pas vous retrouver coincé à Eilat en cas de changements de procédure). Pour ceux qui restent au moins 3 nuits en Jordanie, il est possible d'acheter en ligne, avant le départ, le ***Jordan Pass.*** Il comprend le visa et l'entrée à 40 sites (dont Pétra).

Fouille assez sévère du côté israélien. Impossible de passer la frontière avec une voiture de location ou un taxi. Un tampon israélien sur son passeport ne pose pas de problème pour passer la frontière jordanienne.

■ ***Ambassade de Jordanie*** *(Tel-Aviv – Centre nord (plan I), hors plan par D2)* **:** *14, Abba Hillel, Ramat Gan. ☎ (03) 751-77-22. Dans la banlieue de Tel-Aviv. Dim-jeu 9h30-12h30.* Pour se rendre en Jordanie via le pont Allenby (poste qui ne délivre pas de visa), il est possible de se faire faire un visa ici. Sachez toutefois qu'il coûte plus cher que dans son pays d'origine. Plus de détails dans les « Adresses utiles » de Tel-Aviv.

Liaisons en bus

➢ ***Jérusalem-Amman :*** depuis la porte de Damas, taxis collectifs jusqu'au pont Allenby (ou King Hussein Bridge), puis bus ou taxi « service » jusqu'à Tabarbour ou Muhajirin Stations.

➢ ***Nazareth-Amman*** *(via le poste-frontière de Sheikh Hussein et Irbid)* **:** bus de la compagnie *Nazarene Tours* (vente en ligne par *Abraham Tours* : ● *abrahamtours.com* ●), en principe tlj en été (3 bus/sem hors saison). Résa à l'avance conseillée. On franchit la frontière à pied, le bus vous récupérant juste après. Durée : env 6h.

➢ Pas de bus entre Eilat et Aqaba. Lire plus bas le « poste-frontière Yitzhak Rabin ».

Les horaires d'ouverture des points de passage sont donnés à titre indicatif et sont susceptibles de changer à tout moment ; mieux vaut vérifier.

– ***Poste-frontière du pont Sheikh Hussein :*** *près de Beit She'an. ☎ (04) 658-64-42. Dim-jeu 6h30-21h, ven-sam 8h-19h.* Un taxi permet de relier la gare centrale de Beit She'an à la frontière. Conserver quelques shekels pour monter dans le bus qui relie les 2 postes-frontières. Visa délivré sur place.
C'est un poil labyrinthique, mais voici la marche à suivre.
– Quitter son véhicule pour gagner le 1er contrôle des passeports. Laisser ses bagages à l'entrée.
– Au 1er guichet, payer la taxe de sortie (en principe 110 Shk).
– Au guichet d'à côté, contrôle des passeports. Puis longer le *duty-free* pour gagner la sortie et, à droite, trouver la salle d'attente des bus.
– Bus environ toutes les 30 mn pour franchir les 2 km du no man's land et parvenir à l'autre poste-frontière. Mettre son bagage en soute et payer son ticket (5 Shk).
– Côté jordanien, laisser à nouveau ses bagages à l'entrée du bâtiment *(Immigration Arrivals).* Puis présenter son *Jordan Pass* ou acheter son visa au guichet à gauche (40 dinars jordaniens). Possibilité de demander à avoir son visa sur une feuille volante (le visa indique le lieu d'émission comme étant la frontière avec Israël).
– Puis passage de la douane à gauche et arrivée sur un grand parking. Prendre un taxi pour quitter la zone frontalière et retrouver, à 2 km, les bus et taxis jordaniens.

– ***Poste-frontière Yitzhak Rabin (ou Arava) :*** *au sud du pays, à 4 km d'Eilat. ☎ (08) 630-05-55 ou 633-67-53. Tlj 6h30 (8h ven-sam)-20h. Fermé pdt Yom Kippour et Ras el-Am (Nouvel An musulman).* Pour rejoindre la frontière, seule solution : le taxi. Passage des 2 frontières à pied (500 m de marche), puis à nouveau taxi de l'autre côté de la frontière pour rejoindre Aqaba. Compter ensuite 2h en bus entre Aqaba et Pétra.
Notez qu'à ce poste-frontière les formalités sont un peu différentes : les voyageurs doivent remplir un formulaire, appelé « manifeste », en précisant le nombre de jours envisagés dans le pays. S'ils restent plus de 3 nuits, incluant une visite de Pétra, le visa sera alors gratuit. Ne pas oublier de faire tamponner le « manifeste » par le *Visitors' Centre* de Pétra pour prouver son passage.
S'ils restent moins de 3 nuits en allant à Pétra, les frais de visa payables en quittant le territoire s'élèvent à 40 JD, et à 60 JD pour moins de 3 nuits sans aller à Pétra.

QUITTER LA PALESTINE

Pour Israël

Le franchissement s'effectue par différents check-points le long du mur, en fonction du mode de transport (en bus, à pied ou en voiture). Se reporter plus loin à la partie « Palestine utile », rubrique « Check-points ».

Pour la Jordanie

Taxe de sortie : 175 Shk.
– ***Le pont Allenby*** *(ou* ***King Hussein Bridge****) : à une dizaine de km à l'est de Jéricho. ☎ (02) 548-26-00. Dim-jeu 8h-minuit, ven-sam 8h-15h. Fermé pour Yom Kippour. Mieux vaut téléphoner avt pour vérifier les horaires, car les frontières peuvent parfois fermer plus tôt.* Officiellement ce n'est pas un poste-frontière mais un point de passage, qui ***ne délivre pas de visas.*** Il est donc indispensable d'en avoir fait la demande auprès du consulat de Jordanie dans son pays d'origine, à Tel-Aviv ou à Ramallah.
Pour rejoindre le pont Allenby, bus ou taxi « service » depuis Jérusalem ou taxi de Jéricho, puis taxi israélien pour traverser la frontière.

UNE PANDÉMIE INOUÏE !

Depuis toujours, le *Routard* apporte son soutien aux hôteliers et restaurateurs qui accueillent nos lecteurs avec sourire et professionnalisme. Inlassablement, nos enquêteurs sont à l'affût de ces établissements, pour le plus grand bonheur de nos lecteurs. Malgré toute notre vigilance, certains d'entre eux auront fermé quand ce livre sortira. Cette terrible pandémie de coronavirus a, on le sait, des conséquences importantes pour tous les professionnels du tourisme. Des adresses familiales et accueillantes que nous continuerons à soutenir et mettre en valeur. Nous sommes de tout cœur avec eux !

HISTOIRE

Placée en début de guide, l'histoire brossée ici est celle d'une région (quel que soit son nom au fil des siècles) et des peuples qui l'ont façonnée. Terre de brassage, berceaux spirituels et carrefour économique, cette partie du monde conjugue depuis toujours des sensibilités, des perceptions et des revendications différentes, mais aussi bien des espoirs.

LES PEUPLES ANCIENS DE PALESTINE

– ***Les Cananéens*** *(IIIe millénaire av. J.-C.)* **:** des Sémites habitant la terre de Canaan qu'ils partageaient avec les Amorrites et les Hivvites.
– ***Les Hébreux*** *(XVIIIe s av. J.-C.)* **:** des Sémites originaires de Mésopotamie, qui migrèrent vers la terre de Canaan, guidés, selon la tradition biblique, par Abraham.
– ***Les Moabites*** *(XIIIe s av. J.-C.)* **:** peuple nomade qui s'établit à l'est de la mer Morte.
– ***Les Philistins*** *(XIIe s av. J.-C.)* **:** habitants non sémitiques de la côte, des Indo-Européens, qui dominaient les villes de Gaza, Ashqelon et Ashdod. D'origine probablement grecque, ils donnèrent du fil à retordre au roi David.
– ***Les Phéniciens*** *(XIIe-IXe s av. J.-C.)* **:** habitants de la plaine côtière, ils fondèrent Sidon, Byblos, Tyr. L'invention de l'alphabet leur est attribuée. Ils utilisaient une langue sémitique proche de l'hébreu.
– ***Les Araméens*** *(Xe-VIIIe s av. J.-C.)* **:** nomades sémites qui s'installèrent en Mésopotamie, c'est-à-dire essentiellement sur les territoires de l'actuelle Syrie et de l'Irak.
– ***Les Nabatéens*** *(VIe s av. J.-C.-IIe s apr. J.-C.)* **:** Sémites, tribu arabe nomadisante, ils s'installèrent au VIe av. J.-C. en Arabie septentrionale et fondèrent de grandes cités fortifiées dans le désert afin de s'assurer le contrôle du commerce avec l'Orient. Leur capitale était Pétra, aujourd'hui en Jordanie.
– ***Les Séleucides*** *(355-280 av. J.-C.)* **:** dynastie hellénistique qui reçut la Syrie en héritage de l'empereur Alexandre le Grand.
– ***Les Omeyyades*** *(660-750)* **:** dynastie musulmane fondée par Mu'âwiya, qui avait Damas comme capitale.
– ***Les Abassides*** *(750-1258)* **:** 2e dynastie des califes de l'Islam, qui fit de Bagdad sa capitale.
– ***Les Ayyubides*** **:** dynastie musulmane fondée par Salah ed-Din (Saladin ; 1171-1250).

DES ORIGINES LOINTAINES JUSQU'AU PREMIER EXIL DU PEUPLE HÉBREU (586 AV. J.-C.), LA TERRE DE CANAAN

On ne possède que peu d'informations relatives aux Cananéens, peuple sémite qui habitait principalement les plaines. Aux Cananéens de l'Antiquité, il faut également associer les Amorrites qui vivaient dans la montagne, les Jébuséens et les premiers habitants de Jérusalem. Le pays était alors divisé en villes indépendantes relevant plus ou moins de l'autorité égyptienne. Les Phéniciens, grands navigateurs et inventeurs de l'alphabet, vivaient, eux, sur la côte, où ils avaient fondé de nombreux établissements portuaires. Puis vinrent les Hébreux, dont l'origine est à chercher dans le « Croissant fertile ». Cela remonte au XVIIIe s av. J.-C. Il y a tout lieu de croire que ce sont les Habirou (ou Apirou) des archives babyloniennes (de Mari) ou encore égyptiennes (de Tell-el-Amarna), mentionnés soit comme esclaves, soit comme brigands, qui se sont rassemblés formant l'entité appelée « Ivrim » (Hébreux) par la Torah.

Selon la tradition, ***les Hébreux s'installèrent en terre de Canaan,*** la « Terre promise », sur les traces de leur chef, le grand Abraham. Celui-ci eut 2 fils : Ismaël, de son esclave Agar, et Isaac, de son épouse Sara. Le 1er devint le « père des Arabes », le 2d engendra la 1re branche de la longue généalogie du peuple hébreu. C'est de Jacob-Israël, fils d'Isaac, que naquirent 12 fils (Juda, Levi, Simon, Dan, Asher...) dont les noms (comme ceux de leurs grand-père et arrière-grand-père) sont à comprendre comme des patronymes tribaux : ***les 12 tribus*** du peuple hébreu étaient nées.

Affaiblies par de fréquentes famines, ces tribus nomades furent contraintes de descendre dans la fertile vallée du Nil (par vagues, sans doute). Devenues esclaves du pharaon, elles y restèrent 2 à 3 siècles avant de suivre un Hébreu d'Égypte : ***Moïse.***

C'est à cette époque, vers 1200 av. J.-C., durant le règne du pharaon Mérenptah, que le nom d'« Israël » apparaît pour la 1re fois. Dotés d'une foi en un dieu unique, invisible, omnipotent et omniscient, un dieu qui « s'était allié à Abraham » et « lui avait promis la prospérité, à lui et à sa descendance », les fils d'Israël reçoivent par l'intermédiaire de Moïse au mont Sinaï la ***Torah*** (la Loi, à vrai dire l'« Enseignement »), les Dix Paroles *(Divroth)* et les 613 préceptes *(Mitsvoth).* Dès lors, confortés dans leur foi en une « Terre promise », c'est dans un ***combat autant politique que religieux*** pour sa reconquête qu'ils s'engagent. Reprenant, par le glaive, une partie de la « Terre promise » – sous le commandement de Josué –, les fils d'Israël s'installent en terre de Canaan, principalement dans les régions montagneuses de la Judée, de la Samarie et de la Galilée, mais aussi en Transjordanie (Gad et Ruben).

LA TRAVERSÉE DE LA MER ROUGE

La Bible relate ce miracle édifiant où Moïse conduit son peuple alors que les eaux se sont retirées. En 2010, 2 chercheurs américains évoquent un vent d'est qui, soufflant à 100 km/h, chasse la mer pendant quelques heures. Une explication qui ne manque pas d'air !

Viennent alors, de 1200 à 1000 av. J.-C. (grosso modo), 2 siècles durant lesquels les 12 tribus vivent sous la tutelle de juges *(shoftim),* comme Samson, Gédéon et Déborah, sortes de législateurs et de chefs religieux, politiques et militaires. Le centre religieux, autour de la tente d'Assignation (et de ses Tables), est alors à Shiloh, au nord de Jérusalem.

Ce régime de mosaïque de tribus étant menacé par la pression militaire des Philistins, le « Conseil des Anciens » décide d'instaurer l'inéluctable royauté. Après le court et tragique règne de Shaoul (Saül), ***David*** (de la tribu de Juda) ***prend le pouvoir,*** et fait (pour des raisons politiques) du site de ***Jérusalem la capitale administrative et religieuse du royaume uni d'Israël,*** royaume qui ne durera guère plus que le temps de David et de son non moins illustre fils, Salomon (qui fit construire le 1er Temple).

Mais, mécontentes de la suprématie de la tribu de Juda, les 10 tribus du Nord (ou d'Israël) se séparent des 2 tribus du Sud, Juda et Benjamin. Depuis ce schisme (en 924 av. J.-C.) et jusqu'en 722 av. J.-C., il y eut 2 royaumes, 2 dynasties, 2 capitales (Jérusalem et Samarie), tantôt en paix, tantôt en guerre.

En 722 av. J.-C., ***les Assyriens détruisent la Samarie et le royaume d'Israël,*** au Nord. Les 10 tribus sont exilées, puis éparpillées, ne laissant comme seules traces que les samaritains. Jadis nombreux, ils forment aujourd'hui une toute petite communauté endogame, accrochée au mont Garizim, près de Naplouse, et pratiquent encore tous les rites bibliques, tels les sacrifices pascals.

Le royaume de Juda, quant à lui, résiste encore un siècle et demi aux assauts de ses ennemis septentrionaux.
C'est l'époque, en Judée, des 3 grands prophètes (Isaïe, Jérémie et Ézéchiel) et des 12 petits prophètes (Amos, Osée, Michée...). Le culte du dieu unique est centralisé (par le roi Josias) en un seul lieu, Jérusalem. Mais, ***en 586 av. J.-C.,*** le roi babylonien ***Nabuchodonosor détruit Jérusalem*** et son Temple. C'est le début de ce que les Hébreux appellent le 1er exil.

DU PREMIER EXIL (586 AV. J.-C.) AU SECOND EXIL (135 APR. J.-C.)

En 586 av. J.-C., les fils de Juda sont soit emmenés en captivité à Babylone, soit partis se réfugier en Égypte, mais sans y être disséminés. Le peuple hébreu doit alors se fondre dans d'autres nations. Dès lors, il ne s'agira plus des Hébreux (peuple caractérisé par une langue, une religion et un territoire communs), mais des Juifs (aux origines et à la religion communes). Leur chance sera la montée en puissance des Perses achéménides (au détriment des Babyloniens) et la venue au pouvoir du grand satrape libéral ***Koresh*** (Cyrus) : il ***leur permet dès 538 de revenir en Judée,*** ce qu'ils font, conduits par le prophète Néhémie et le scribe Ezra, pour reconstruire le Temple à partir de l'an 515 avant notre ère.
Cette époque de l'exil puis de la domination babylonienne est riche en évolution : les fils de Yéhouda prendront le nom de *Yéhoudim,* Juifs ; à cette même époque, ils adoptent l'écriture araméenne carrée – encore en vigueur aujourd'hui – et se mettent à réfléchir à la codification du Tanakh (la Bible hébraïque).
Des 180 ans de domination perse, nous ne savons presque rien, si ce n'est que les Juifs jouissent d'une certaine autonomie religieuse, politique et financière, en Judée, autour de Jérusalem.
Nous voici maintenant en 333 av. J.-C. Un jeune Macédonien plutôt génial et ambitieux, du nom d'***Alexandre,*** nourrit un rêve, le rêve le plus long de l'Antiquité : ***l'union entre l'Orient et l'Occident.*** C'est le début d'une immense épopée : à son apogée, s'étendant de l'Atlantique jusqu'au fleuve Indus, des bords de la mer Caspienne à la Nubie, l'hellénisme s'affirme comme une expérience culturelle d'extrême importance, qui a convaincu de nombreux peuples. Sauf le peuple juif, cristallisé autour d'un livre, d'une mémoire, d'une perception du monde, d'une règle de vie. Certes, l'hellénisme a séduit certains Juifs, les ***« Juifs hellénisés »,*** mais, de l'autre côté, la petite Judée est, elle aussi, parvenue à charmer par les mystères de sa profondeur. Aux IIIe et IIe s av. J.-C., la Bible fut traduite en grec à l'usage des Juifs hellénisés – mal, bien sûr ! – à Alexandrie (la célèbre Septante).
De l'hellénisme universel ou du judaïsme tribal, lequel des 2 allait l'emporter ? La réponse se résume en 4 lettres : Rome. Rome et ses 25 légions. Nous sommes en ***63 av. J.-C.*** Mettant fin à un siècle mouvementé de reprise du pouvoir par des Juifs qui s'adonnent à l'hellénisme (les Asmonéens, à la fois rois et grands prêtres), ***Pompée et sa puissance militaire instaurent la Pax Romana*** dans une Judée effervescente. Devenue *Provincia Judea,* celle-ci est tiraillée entre l'hellénisme, le nationalisme, le messianisme (voire l'eschatologie) et aussi un judaïsme rabbinique, qui interprète, ***codifie la « Loi écrite », et crée la « Loi orale » ou Mishnah.***
En 37 av. J.-C., un certain ***Hérode,*** Iduméen judaïsé, éduqué à Rome et partagé entre sa judaïté et sa fidélité à l'Empire romain, ***accède au pouvoir en Judée.*** Plus roi de Judée que roi des (archi-divisés) Juifs, ce dernier est un bâtisseur génial et mégalomane, sans doute paranoïaque (haï par les Juifs, car il n'est pas issu de la famille de David), sans doute un peu fou. Ami intime de Marc Antoine, puis de son triomphant rival, Octave Auguste, Hérode va régner (non sans effusion de sang) sur une Judée bouillonnante, en quête d'un « messie libérateur ». Judéo-Romain, il fait construire le plus beau temple de la région ***(le 2d Temple de Jérusalem),***

mais aussi des cités païennes, telles que Césarée-Maritime et Sébaste, en Samarie (ainsi que de nombreux palais et forteresses).
Pendant ce temps, dans un tout petit patelin galiléen, Nazareth, un certain ***Yéshoua (Jésus) grandit et apprend la Torah...***
De nouveau, du messianisme, nationalisme-hellénisme ou pharisianisme (le judaïsme rabbinique), lequel allait l'emporter ?
D'un côté, les esséniens (ascètes juifs puristes) se retirent dans le désert, copient la Bible et écrivent leurs Mémoires, persuadés d'être les élus de Dieu. De l'autre, dominateurs selon leur habitude, les Romains essaient d'imposer leur loi, celle du *divinus imperator.* De l'autre encore, des rabbins sont tiraillés entre une interprétation douce *(Beit-Hillel)* ou rigoriste *(Beit-Shammaï)* de la Torah. La *Halakah,* c'est-à-dire la loi orale, n'est pas si loin. Et, çà et là, dans une atmosphère électrisée, des personnages charismatiques, qu'ils soient chiromanciens, magiciens, prophètes ou encore « messies », séduisent un peuple désemparé, lui promettant monts et merveilles.
En l'an 70, ayant osé se rebeller (4 ans plus tôt) contre l'écrasante force militaire d'un Empire romain à son apogée, ***les Juifs voient leur Temple réduit en cendres ! Les Romains triomphent,*** ce qui n'est pas pour déplaire à un certain Shaoul (Paul) de Tarse, pharisien devenu diffuseur infatigable du message nouveau laissé par ce Jésus qui a été crucifié (en 30 ou 33). Synthétisant judaïsme, hellénisme et enseignements de Jésus, Shaoul réussit à séduire beaucoup de païens en déroute spirituelle. C'est la ***naissance du christianisme.*** Le paulinisme christique de la Trinité l'emporte à la fois sur le judaïsme (devenu talmudique) et sur une Rome vaincue par les Barbares et aussi par ses propres excès.

LE RÔLE FONDAMENTAL DE SAINT PAUL

De son vivant, Jésus ne convertit que 120 fidèles. Saint Paul, citoyen romain, commença par persécuter les chrétiens puis devint un fidèle acharné suite à l'apparition de Jésus sur le chemin de Damas. En voyageant en Turquie puis en Grèce, il parvint à créer des communautés chrétiennes en convertissant notamment des non-juifs et des femmes. En 3 siècles, le christianisme vint à bout du polythéisme de l'Empire romain, aboutissant à la conversion de l'empereur Constantin. Un vrai chemin de Damas !

Bien avant cela cependant, ***les Juifs se révoltent contre Rome,*** d'abord à Alexandrie, en 115, puis en Judée, en 132. Redoutant la menace que fait peser sur le judaïsme l'empereur Hadrien (armé de mesures antijuives), la Judée en arrive à la révolte générale. À sa tête, ***Bar Kokhba,*** un chef militaire, nanti d'une auréole messianique. La contrée connaît alors, entre 132 et 135, 3 années d'une guérilla impitoyable, puis d'une contre-guérilla non moins terrible. Bien sûr, ***Rome finit par l'emporter,*** et les Juifs, une fois de plus, prennent le chemin de l'exil, à Rome, en Cyrénaïque, à Babylone ou ailleurs. C'est le début du 2^{d} exil (qui va durer 1 813 ans !). Un tournant capital dans leur histoire.

DU SECOND EXIL (135) JUSQU'À LA FIN DE L'EMPIRE OTTOMAN

Puissance triomphante, Rome paganise Jérusalem, la rebaptise *Ælia Capitolina,* et ***la Judée devient Palestine.*** En 333, avec la conversion de l'empereur Constantin, ***le christianisme*** devient la ***religion d'État*** de l'empire. Et voici qu'affluent les premiers (et nombreux) pèlerins chrétiens qui visitent le Saint-Sépulcre, ledit tombeau de Jésus-Christ ; voici aussi de nombreux sanctuaires dédiés à Marie Théotokos (« Mère de Dieu »). La Palestine devient chrétienne elle aussi, la vie monastique s'y développe et, sous Théodose Ier, on n'utilise plus que le grec, la langue de l'Empire byzantin tout-puissant. ***En 614, les Perses*** mettent fin à l'hégémonie byzantine et ***envahissent la Palestine,*** saccageant ses nombreux sanctuaires. Puis, peu avant sa mort en 632, du fond de son Arabie désertique, Muhammad (Mahomet) voit les choses en grand. Tout juste mort, il enfourche un cheval ailé pour filer à Jérusalem d'où il monte au paradis. Jérusalem devient ainsi l'une des villes sacrées du 3e monothéisme naissant.

La conquête musulmane commence. La vieille terre palestinienne passe aux mains des Arabes musulmans omeyyades de Damas (de 660 à 750), qui érigent sur le site du Temple la mosquée d'Omar (ou Dôme du Rocher) en 691. Les Arabes abbassides de Bagdad (de 750 à 1070) règnent ensuite sur le territoire. Puis, en 1077, les Turcs seldjoukides prennent Jérusalem et s'y installent pendant 20 ans. Pas plus, car les croisés d'Occident rappliquent en ordre de bataille pour libérer le tombeau du Seigneur, mort grosso modo 1 000 ans plus tôt.

Suivent 2 siècles épiques dans le royaume latin de Jérusalem. ***2 siècles de croisades,*** nettement divisés entre une 1re période (de 1099 à 1187) durant laquelle les Francs triomphent, poussant jusqu'au Caire, à Damas et en Transjordanie, et une période (de 1187 à 1291) de déclin où les croisés campent sur un espace restreint, entre Gaza et Saint-Jean-d'Acre (leur capitale).

Dès 1187, le grand ***Saladin*** (kurde et sultan d'Égypte !), partisan convaincu d'une expansion de l'islam, ***reprend en partie la Palestine.*** Et en 1291 a lieu l'ultime offensive contre les croisés : c'est la fin du royaume latin de Jérusalem. Nouveaux maîtres sur le terrain, les musulmans mamelouks y dictent leur loi et défont les Mongols.

En 1267, la communauté juive de Jérusalem peut se reformer autour de l'érudit Moïse ben Nachman, dit Nachmanide. Après les mamelouks, ce sont ***les Turcs*** de l'Empire ottoman qui prennent le relais, ***en 1517,*** et ***administrent le pays*** comme l'une de leurs nombreuses provinces ***jusqu'en 1917.***

L'ÂGE D'OR

Avant la Première Guerre mondiale, l'occupant était ottoman. La coexistence entre juifs, musulmans et chrétiens était plutôt harmonieuse. On s'entendait bien contre les Turcs, ces ennemis communs qui abusaient souvent de leur domination, notamment vis-à-vis de l'impôt.

TERRE PROMISE

Rien n'est simple avec le judaïsme. Son histoire multimillénaire ne saurait se confondre avec celle de l'État d'Israël et réciproquement, ni avec celle de la Palestine. Car même si la Terre sainte et Jérusalem occupent une place centrale dans la conscience juive, la religion, la philosophie et l'éthique juives ne peuvent se réduire à la seule question de l'État d'Israël.

Le sionisme

L'idée d'un État juif a pris corps dès le milieu du XIXe s avec la ***naissance des mouvements sionistes,*** principalement parmi les populations juives d'Europe de l'Est. Dès les années 1880, des Juifs russes créent le mouvement des Amants de Sion, qui prône le retour du peuple juif sur sa terre ancestrale. Les Juifs sont alors divisés en 2 grands courants : les assimilationnistes surtout présents en France et en Allemagne, et les socialistes qui se recrutent parmi les couches prolétarisées du judaïsme d'Europe orientale. C'est l'époque où le Bund, parti social-démocrate juif, est le seul mouvement révolutionnaire vraiment structuré en Russie.

En 1894, le journaliste et dramaturge juif (et laïc) hongrois, ***Theodor Herzl,*** qui a couvert le procès du capitaine Dreyfus, est convaincu que les Juifs ne peuvent assurer leur salut que dans le cadre d'un État. Dans son livre *L'État des Juifs,* Herzl explique ***comment les Juifs doivent nécessairement créer un État.*** Excédés par un virulent antisémitisme (voir les pogroms en Pologne et en Russie, ou encore l'affaire Dreyfus), de jeunes Juifs résolus décidèrent d'en finir avec leur condition humiliante de « Juifs diasporiques honteux » et de se réenraciner dans le pays d'Israël tant rêvé.

C'est le sionisme, un ambitieux projet, donc, conçu par quelques jeunes idéalistes décidés à créer dans l'ancien Israël une structure politique juive indépendante, un État pour les Juifs du monde entier. De partout, de jeunes Juifs affluent vers la Palestine et fondent de petites communautés agricoles, bercés par les idéaux du printemps des nations et du communisme. En parallèle, leurs efforts diplomatiques auprès des Anglais se soldent par la promesse de ces derniers de créer un « National Jewish Homeland » (c'est la ***déclaration Balfour,*** de novembre ***1917***).

EN TERRE AFRICAINE

Convaincu de la nécessité du retour du peuple juif sur la terre d'Israël, Theodor Herzl rencontra l'empereur Guillaume II, le pape Pie X et le sultan Abdul Hamid afin d'arracher un bout de terre et d'y établir une nation juive affranchie. Les réticences des divers interlocuteurs furent telles que Herzl, en désespoir de cause, et pour accueillir en urgence les survivants des pogroms d'Europe de l'Est, en vint à considérer favorablement, à titre provisoire, la proposition de lord Chamberlain, celle d'un projet d'implantation... en Ouganda, un protectorat britannique. Mais l'idée fut rapidement abandonnée.

Herzl veut créer une banque nationale chargée d'acquérir des terres et commence à réunir des fonds pour le ***rachat de la Palestine.*** Celle-ci, dont la population est alors majoritairement arabe, est toujours sous la juridiction du sultan turc, et Herzl tente de négocier avec lui un prix, sans succès. La politique de rachat commence, financée par la Banque nationale juive et le Fonds national juif (fondé, lui, par le scientifique Chaïm Weizmann). Dès le départ, ces rachats suscitent des conflits, les paysans arabes se trouvant privés des terres vendues par les cheikhs (chefs de tribus et grands propriétaires terriens). ***Le 1er kibboutz est créé à Degania en 1909.***

Le mouvement sioniste est alors divisé en une multitude de courants dominés par une ***idéologie laïque*** franchement antireligieuse, ***d'inspiration socialiste.*** Le mouvement Poaleh Tzion, auquel appartient le futur 1er ministre David Ben Gourion, est ouvertement marxiste. Il prône la création d'un État collectiviste en Palestine. Certains de ses adhérents rejoindront les bolcheviks après 1917. Face à cette tendance, Zeev Vladimir Jabotinsky, fondateur du Mouvement sioniste révisionniste (ce terme signifiant la volonté de « réviser le sionisme »), laïc mais conservateur, est partisan d'un État juif sur l'ensemble de la Palestine biblique, à la différence des sionistes socialistes qui sont favorables à un compromis avec les Arabes.

Dans son essence, le conflit israélo-palestinien est donc un conflit territorial plus que religieux, un conflit armé entre 2 peuples qui revendiquent la même terre. « Un seul lit pour 2 rêves », tel pourrait être le titre de cette vieille lutte. Les origines de la discorde sont à chercher dans le bouleversement radical qui s'est produit dans cette partie du Moyen-Orient au début du XXe s.

LE TABAC EST DANGEREUX POUR LA SANTÉ

En 1917, les Britanniques apprirent que leurs ennemis ottomans étaient en pénurie de tabac. Ils larguèrent par avion des cigarettes imbibées... d'opium. Très vite, les Turcs furent incapables de se battre et furent capturés sans aucune résistance.

Essoufflé, dépassé, ***l'Empire ottoman s'effondre*** et laisse la place aux puissances de l'Occident. La triomphante ***Angleterre et la France se partagent*** alors (au terme de la Première

Guerre mondiale) ***le Proche-Orient*** (accord Sykes-Picot) : le Liban et la Syrie aux Français, la Transjordanie et la Palestine aux Anglais. Nous sommes en 1916. Sur le terrain vivent 750 000 Arabes et 58 000 Juifs.

Le mandat britannique

En 1917, pour remercier le chimiste Chaïm Weizmann d'avoir facilité l'effort de guerre britannique par ses brevets dans l'artillerie, le ministre des Affaires étrangères britannique, lord ***Balfour,*** se montre ***favorable à l'établissement d'un foyer national juif en Palestine.***

Après la Première Guerre mondiale, l'émir Fayçal d'Arabie, qui vient de lutter aux côtés des Anglais contre les Turcs, obtient l'indépendance et se déclare favorable à la souveraineté juive sur la Palestine. Mais ***dans les années 1920*** éclatent les ***premiers heurts judéo-arabes.*** Eh oui, sur cette terre vivent quelque 750 000 Arabes qui, naturellement, se sentent menacés. D'autant plus menacés que la promesse anglaise faite aussi pendant la guerre à tous les Arabes du Moyen-Orient de créer un grand État panarabique s'avère être une promesse de Gascon. Déçus, frustrés, les Arabes de Palestine (qui s'étaient jusque-là considérés comme des Syriens du Sud) commencent à développer, en réaction au sionisme naissant, leur propre conscience nationale.

LA DÉCLARATION BALFOUR

Un tournant de l'histoire sioniste : le 2 novembre 1917, lord Arthur James Balfour, alors ministre des Affaires étrangères britannique, écrivit à lord Rothschild, puis téléphona à Chaïm Weizmann, le futur président d'Israël, pour lui lire la lettre. « Le gouvernement de Sa Majesté envisage favorablement l'établissement en Palestine d'un foyer national pour le peuple juif et emploiera tous ses efforts pour faciliter la réalisation de ce but, étant clairement entendu que rien ne sera fait qui puisse porter atteinte ni aux droits civils et religieux des communautés non juives existant en Palestine ni aux droits et au statut politique dont les Juifs jouissent dans tous les autres pays. »

De leur côté, comme à leur habitude dans leurs colonies, ***les Britanniques jouent à fond la division*** entre peuples et ethnies, ici Juifs et Arabes. Ils favorisent donc la création du royaume de Transjordanie qui comprend la partie orientale de la Palestine. Dans la partie occidentale, les Juifs poursuivent et développent leur politique de rachat de terres, grâce à l'appui financier des milieux sionistes européens et américains, et créent de nouvelles villes comme Tel-Aviv (1909) ou Petah Tikvah. La Société des Nations entérine le ***mandat britannique sur la Palestine occidentale,*** tandis que sa partie orientale est confiée à Abdallah, frère du roi Fayçal, qui en fera le ***royaume de Transjordanie*** (renommé Jordanie en 1950).

Non seulement les tensions montent entre Arabes et Juifs, mais, de part et d'autre, le sentiment antibritannique prend de l'ampleur. Des incidents sanglants commencent à éclater, à Tel Haï (en haute Galilée) en 1921 (avec la mort de Trumpeldor), puis à Hébron, en 1929, où 67 Juifs sont massacrés.

Dans le même temps, ***des Juifs*** (d'Europe de l'Est, principalement) ***continuent à émigrer vers la Palestine.*** Avec eux s'ensuit une (relative) prospérité économique qui, elle-même, attire des Arabes des contrées avoisinantes. Les Juifs achètent des terres, lopin par lopin, de la main d'Arabes, souvent en cachette... Ils assèchent des marécages, construisent des routes et créent, à l'insu du gouvernement anglais, une infrastructure militaire clandestine. La tension monte.

Dès 1936, la violence des heurts entre Arabes et Juifs et les dissensions intérieures qui déchirent les 2 parties obligent la SDN et la Grande-Bretagne à ***envisager une partition de la Palestine occidentale en 2 États,*** l'un juif, l'autre arabe. Prosionistes au début, les Anglais retournent leur veste et limitent l'immigration des Juifs à 75 000 par an. Dès lors, la politique d'acquisition de terres que poursuit la communauté juive prend un caractère stratégique, puisqu'elle entend préfigurer les territoires à conserver.

En 1939, devant les tensions internationales grandissantes, les Britanniques tentent de ménager les populations arabes (le risque qu'elles s'allient à la Turquie, et donc à l'Axe contre les Alliés n'est pas négligeable). Ils publient le ***Livre blanc sur la Palestine,*** qui ***limite l'immigration juive sur le territoire.*** Moment plutôt mal choisi puisque les Juifs d'Europe, persécutés par les nazis, voient les portes de leur « Terre promise » se refermer à un ***moment tragique*** de leur histoire.

LE MUFTI DE JÉRUSALEM

Au début du XXe s, le Grand Mufti de Jérusalem, leader politique et religieux musulman, nationaliste arabe, crispa les relations entre juifs et musulmans, mais aussi entre Arabes et Britanniques. Anti-anglais, il fut expulsé de Palestine et se réfugia en 1941 en Allemagne, où il rencontra Hitler. Puis il aida à organiser une division SS de musulmans bosniaques en 1943. L'attitude du Mufti jeta l'opprobre sur les Palestiniens, qui furent pourtant plus nombreux à s'engager aux côtés des Alliés qu'auprès des nazis. Capturé par les troupes françaises, le Mufti resta en France après la défaite allemande avant de s'enfuir sous un faux nom.

Le terrorisme juif antibritannique

Pendant la Seconde Guerre mondiale, les Juifs de droite les plus extrémistes constituent le ***groupe Stern*** et continuent la lutte contre les Anglais, allant jusqu'à faire assassiner le gouverneur de Palestine, puis l'ambassadeur britannique en Égypte en 1944. Mais la majorité des mouvements sionistes opte pour la lutte contre les forces de l'Axe et constitue une brigade juive dans l'armée britannique.

De leur côté, les chefs spirituels palestiniens restent fidèles à la Turquie et, comme elle, misent sur la victoire de l'Allemagne nazie. Après la guerre, les Anglais, qui ont fait des promesses aux 2 camps, se retrouvent pris entre 2 feux. ***Entre 1945 et 1947,*** les terroristes juifs de ***l'Irgoun,*** sous les ordres des futurs 1ers ministres Menahem Begin et Yitzhak Shamir, ***multiplient les attentats contre les Britanniques,*** à tel point que ces derniers réclament une intervention des États-Unis (où la Diaspora juive a pris une certaine influence), pour accélérer le règlement du conflit. Une bombe explose à l'hôtel *King David* de Jérusalem et fait plus d'une centaine de victimes, dont de nombreux civils. Sur ce sujet, nous recommandons vivement la visite des musées de la Haganah et de l'Irgoun à Tel-Aviv. Pour recentrer leur action et alléger leur tâche, ***les Anglais finissent, en 1946, par accorder l'indépendance à la Transjordanie.*** Dans le même temps, ils arrêtent et exécutent plusieurs combattants indépendantistes et ***interdisent formellement toute nouvelle immigration juive en Palestine.***

OPÉRATION BERNHARD

Les nazis savaient que la fausse monnaie était un excellent moyen pour anéantir l'économie anglaise. L'Allemand Bernhard Krüger écuma les camps de concentration pour récupérer les meilleurs imprimeurs juifs. Les faux billets ainsi fabriqués ne furent guère utilisés par les nazis. En revanche, la résistance juive s'en servit pour financer sa lutte contre les Britanniques pour la création de l'État d'Israël.

L'odyssée de l'Exodus

En 1945, le monde découvre avec horreur l'extermination des Juifs par les nazis et va s'indigner pendant 2 longues années de ce que les Britanniques puissent refuser l'accès à la Palestine aux survivants qui croupissent depuis la fin de la guerre dans des camps de réfugiés en Europe. C'est à ce moment que se produit l'épisode de l'*Exodus*. L'impact de ce dramatique événement est immense dans l'opinion mondiale, et les Anglais finissent par accepter un ***plan de partage de la Palestine*** en un État juif dans la partie occidentale et un État arabe dans la partie orientale. Ce plan est défini en novembre 1947 dans le cadre de la résolution 181 de la toute récente Organisation des Nations unies, qui prévoit également un ***statut international pour Jérusalem.*** Il est accepté par la France, l'URSS, les États-Unis et le mouvement sioniste, mais refusé par les États arabes et les Palestiniens. C'est de ce désaccord que découlent toutes les guerres israélo-arabes et l'exode de centaines de milliers de Palestiniens.

EXODUS

En 1947, un vieux navire appareilla de Sète avec 4 554 rescapés de la Shoah. Le bateau sera éperonné 7 fois par les Britanniques (la Palestine était sous protectorat anglais). Arrivés à Haïfa, les réfugiés seront chassés vers Chypre, puis Gibraltar et Hambourg. Quelques mois plus tard, les immigrants atteindront enfin « la Terre promise ».

CRÉATION DE L'ÉTAT D'ISRAËL ET GUERRES ISRAÉLO-ARABES

« L'État d'Israël [...] développera le pays au bénéfice de tous ses habitants ; il sera fondé sur les principes de liberté, de justice et de paix enseignés par les prophètes d'Israël ; il assurera une complète égalité de droits sociaux et politiques à tous ses citoyens, sans distinction de croyance, de race ou de sexe ; il garantira la pleine liberté de conscience, de culte, d'éducation et de culture ; il assurera la sauvegarde et l'inviolabilité des Lieux saints et des sanctuaires de toutes les religions et respectera les principes de la Charte des Nations unies.
Nous tendons la main de l'amitié, de la paix et du bon voisinage à tous les États qui nous entourent et à leurs peuples. Nous les invitons à coopérer avec la nation juive indépendante pour le bien commun de tous. L'État d'Israël est prêt à contribuer au progrès de l'ensemble du Moyen-Orient. »
Déclaration d'indépendance d'Israël, 14 mai 1948, prononcée par David Ben Gourion.

Les premiers mois de 1948 sont marqués par l'amplification des affrontements sang lants entre les communautés. Le 9 avril, une centaine de terroristes de l'Irgoun massacrent 254 habitants du village arabe de Deir-Yassin. De nombreux Palestiniens sont chassés de chez eux par les Israéliens. D'autres s'enfuient devant les informations faisant état de l'horreur des massacres perpétrés par des Juifs ultranationalistes. ***Le 14 mai 1948,*** 8h avant l'expiration du mandat britannique, ***David Ben Gourion proclame l'indépendance de l'État d'Israël,*** aussitôt reconnue par l'URSS, puis par les États-Unis.

Dans les heures qui suivent, ***la Transjordanie, le Liban, l'Égypte et la Syrie attaquent l'État israélien.*** Plusieurs centaines de civils juifs sont massacrés par les troupes de la légion arabe commandée par un officier britannique. De leur côté, les terroristes juifs assassinent le diplomate suédois Folke Bernadotte mandaté par l'ONU pour trouver un compromis au conflit.

Au terme des hostilités, en juillet 1948, Israël conquiert le désert du Néguev et toute la Galilée, mais échoue devant les quartiers juifs de la vieille ville de Jérusalem. Du côté arabe palestinien, c'est la débâcle : entre 700 000 et 750 000 personnes (selon l'ONU) se retrouvent dans des camps de réfugiés, au Liban, en Syrie, en Transjordanie, mais surtout en Cisjordanie et dans la bande de Gaza, où ils sont toujours aujourd'hui. « L'histoire officielle » israélienne a occulté longtemps cet aspect de la guerre pour la création de l'État d'Israël. Ce n'est que dans les années 1980 que de jeunes historiens ont commencé à écrire la véritable histoire des années 1948-1949...

Les nouveaux historiens

Ils furent à l'origine d'un brûlant sujet : ***la remise en cause,*** grâce à l'ouverture des archives, ***de « l'histoire officielle des fondements de la nation »,*** base de tout enseignement en Israël ! La légende ayant forgé les mythes fondateurs, ces historiens, avec en tête Benny Morris, Tom Seguev, Shlomo Sand, Avi Shlaim, Ilan Pappé, questionnèrent le passé, révélant de grosses failles, celles essentiellement touchant à la guerre pour la création de l'État d'Israël et à la ***Naqba palestinienne (la « Catastrophe », l'exode massif de 700 000 à 750 000 Palestiniens).*** Benny Morris révéla que les Palestiniens furent dans certains cas expulsés de force et que certains dirigeants sionistes évoquaient déjà des transferts de population dans les années 1930-1940... bien avant 1948 ! Ces vérités furent considérées par l'establishment comme iconoclastes, voire sacrilèges au regard de l'existence même d'Israël. Benny Morris fut à l'époque, bien sûr, traité d'antisioniste, voire de négationniste. Son livre, *The Birth of the Palestinian Refugee Problem* (1989 ; traduit en français aux éditions Complexe en 2001), fit l'effet d'une bombe, mais fut cependant reconnu par les historiens. Depuis, avec l'ouverture de nouvelles archives, Benny Morris a modulé certaines de ses thèses.

Les premières années de l'État d'Israël

En mai 1949, la Cisjordanie et la partie est de Jérusalem, qui devaient constituer une partie de l'État palestinien arabe, ***sont annexées par la Transjordanie.*** Elle devient dès lors la Jordanie, après la ratification de l'annexion par le Parlement jordanien en 1950. Quant à ***la bande de Gaza,*** elle ***est annexée par l'Égypte.***
Le cessez-le-feu entre Israël et la Jordanie comporte une grande nouveauté : une clause qui assure aux Palestiniens expulsés lors de la guerre de 1948 le retour dans leurs familles. Ainsi Israël accepte-t-il de reconnaître une part de responsabilité dans le sort des réfugiés palestiniens.
Dans le même temps, ***plusieurs centaines de milliers de Juifs des pays arabes*** (Égypte, Yémen, Syrie, Libye, Liban, Irak, Maroc et Tunisie) ***émigrent en Israël.*** Ce sont les opérations « tapis volants ». L'arrivée massive de ces Juifs séfarades pauvres et souvent illettrés bouleverse les données ethniques et culturelles de la société israélienne, dominée par un establishment européen qui méprise souvent ceux qu'en yiddish on appelle les *Schwartze* (« Juifs noirs »). Le 1er recensement avait dénombré une population de 872 700 personnes (716 700 Juifs et 156 000 non-Juifs). Entre 1948 et 1952, ce sont près de 700 000 personnes qui « débarquent » en Israël, doublant la population du pays.
En 1949, Jérusalem est proclamée capitale (bien que les puissances étrangères ne reconnaissent que Tel-Aviv, Jérusalem étant établie comme zone internationale), ***et Israël devient le 59e État membre des Nations unies.*** Les rappels de l'ONU concernant la situation des Palestiniens demeurent toutefois sans effet, alors même que la résolution 194 de décembre 1948 prévoyait soit un rapatriement soit un dédommagement de ces réfugiés de la Palestine mandataire, qui ont tout perdu dans leur déplacement.
Pour Israël, les années 1950 sont celles de la pérennisation de l'État. Les campagnes font l'objet d'une intense mise en valeur grâce au système du kibboutz (ferme collective) et du *moshav* (coopérative). Une industrie lourde où des services se mettent en place. De nombreuses villes juives sortent de terre, souvent à l'emplacement de villages arabes.

EINSTEIN, PRÉSIDENT D'ISRAËL ?

Ben Gourion proposa la 2de présidence d'Israël à l'illustre savant, en 1952. Albert Einstein répondit qu'il ne se sentait pas suffisamment compétent pour assumer cette charge. Il mourut 3 ans plus tard, à 76 ans.

L'affaire de Suez

En 1956, les Français et les Britanniques, qui n'ont pas accepté la nationalisation du canal de Suez par le président égyptien Gamal Abdel Nasser, ***interviennent militairement en Égypte*** en s'alliant avec les Israéliens. À l'automne, l'action commune des 3 puissances permet l'occupation de la zone du canal et de celle du Sinaï. Les troupes israéliennes sont commandées par le général Moshe Dayan, célèbre pour son bandeau sur l'œil. Cette victoire fulgurante n'est pourtant que de courte durée. Sur intervention conjointe des Soviétiques et des Américains, Français, Britanniques et Israéliens doivent évacuer les zones conquises.

Quand bien même Israël a désormais accès à la mer Rouge, sa victoire est surtout morale. Le David israélien suscite l'admiration de la communauté occidentale pour avoir terrassé le Goliath arabe. En France, la popularité d'Israël est d'autant plus grande que l'Égypte soutient les indépendantistes algériens. Les autorités françaises apporteront une aide militaire précieuse à Israël, notamment en ce qui concerne ***l'arme nucléaire détenue mais non déclarée :*** Israël a toujours refusé que ses installations soient inspectées par l'AIEA (Agence internationale de l'énergie atomique), et ce, malgré une poignée de résolutions de l'ONU l'en enjoignant. D'ailleurs, Israël n'a jamais signé le Traité de non-prolifération des armes nucléaires (TNP).

La cote d'Israël est à son apogée lorsqu'en 1960 des agents secrets israéliens parviennent à enlever en Argentine le nazi Eichmann.

Du côté arabe, c'est le temps des rancœurs et de l'humiliation. C'est aussi l'époque de la guerre froide. Chacun choisit son camp. Les Soviétiques alimentent les réseaux de soutien au nationalisme arabe. Quant aux ***Américains,*** ils voient dans Israël la tête de pont de leurs intérêts au Proche-Orient, et ***entretiennent les rivalités qui animent la région*** : pas de risque, ainsi, d'un réel développement d'une puissance concurrente.

En 1964 naît l'Organisation de libération de la Palestine (OLP).

LA CAPTURE D'EICHMANN

Réfugié en Argentine sous une fausse identité, Adolf Eichmann, responsable de la mort de millions de Juifs, fut arrêté le 11 mai 1960 par le Mossad, les services secrets israéliens. Capturé devant son domicile à Buenos Aires, il avait été trahi par son fils, qui vantait les crimes paternels dans les camps de concentration pour épater sa petite amie. Il ignorait un détail... elle était juive ! Après un procès retentissant en Israël, il fut exécuté par pendaison le 1er juin 1962.

La guerre des Six Jours

En 1967, voulant effacer l'humiliation et les défaites, le raïs égyptien Nasser décide de réanimer le front commun arabe contre Israël.

Il entraîne la Jordanie et la Syrie dans cette entreprise. Après avoir demandé le retrait des troupes de l'ONU stationnées dans le Sinaï, Nasser décide le blocus du golfe d'Aqaba et interdit l'accès des navires au port israélien d'Eilat sur la mer Rouge. Considérant qu'il s'agit d'un *casus belli,* Israël lance une attaque le 5 juin. La guerre durera 6 jours, ***un désastre sans précédent pour les pays arabes.*** Gaza est reprise à l'Égypte, la Cisjordanie et la partie est de Jérusalem à la Jordanie et le plateau du Golan à la Syrie. Ces territoires conquis sont ceux que l'ONU appelle « les territoires occupés ».

La ***résolution 242*** du conseil des Nations unies, votée en novembre 1967, demande le retrait d'Israël de ces territoires en contrepartie de sa reconnaissance par les Arabes dans des frontières sûres et reconnues. Mais elle est ***ignorée par les 2 parties.*** Pensant que le temps va jouer en sa faveur, ***Israël se lance dans une politique de colonisation de la Cisjordanie, annexe la partie orientale de***

Jérusalem dont il expulse plusieurs centaines d'habitants palestiniens par le biais d'opérations immobilières. Politique du fait accompli, cette annexion n'est pas reconnue par l'ONU.
La cote d'Israël, dans l'opinion internationale, commence à s'effriter. La France, qui, en 1967, a refusé de livrer 50 Mirage commandés et payés par Israël, décrète, en 1969, l'embargo total des armes vers ce pays (5 vedettes de fabrication française parviennent tout de même au port de Haïfa). La politique des présidents Pompidou et Giscard d'Estaing sera résolument proarabe. De leur côté, tous les pays communistes, à l'exception de la Roumanie et de Cuba, rompent leurs relations diplomatiques avec Israël en 1967.
L'opinion découvre aussi l'existence du problème des réfugiés palestiniens au travers des ***actes terroristes menés par l'Organisation de libération de la Palestine.*** En 1972, l'émotion suscitée par la prise d'otages et le massacre d'athlètes israéliens aux Jeux olympiques de Munich n'inverse pas le mouvement de sympathie grandissant envers la cause palestinienne dans l'opinion internationale. Israël multiplie les raids de représailles dans les pays arabes. Seul le veto américain au Conseil de sécurité des Nations unies évite à l'État israélien d'être condamné par la communauté internationale.

La guerre du 6 octobre ou du Kippour

Le 6 octobre 1973, jour de Kippour, l'Égypte, qui veut récupérer le Sinaï, déclenche une ***attaque-surprise massive*** le long du canal de Suez, suivie d'une offensive syrienne. Israël réussit, non sans mal, à repousser les assaillants au terme d'une gigantesque bataille de chars. Les hostilités durent 18 jours, et l'armée israélienne ne doit son salut qu'au pont aérien mis en place par les Américains. Pour la 1re fois, l'invincibilité de Tsahal est violemment ébranlée. Cette guerre sera un des facteurs présidant au ***1er choc pétrolier,*** les pays de l'OPEP ayant brutalement augmenté de 70 % le prix du baril de pétrole brut et décrété un embargo (qui durera 5 mois) sur les livraisons aux États-Unis (en réaction au soutien de ces derniers à Israël). Effet boule de neige, le prix du baril flambera en quelques semaines de 3 à 18 $.

LA QUESTION PALESTINIENNE DE NOS JOURS

Les années 1970 voient la montée en puissance de la cause palestinienne. Alors que sur le terrain l'OLP multiplie les attentats, elle obtient le titre d'observateur aux Nations unies. En décembre 1975, l'ONU condamne l'attitude d'Israël dans les territoires occupés et assimile le sionisme à du racisme. En 1977, la victoire du Likoud, coalition de droite dirigée par l'ancien chef de l'Irgoun, Menahem Begin, met fin à 29 ans de suprématie travailliste.
Paradoxalement, l'isolement diplomatique d'Israël et la ligne nationaliste de ses dirigeants ne l'empêchent pas de progresser dans la voie de la paix avec l'Égypte. Le président Anouar el-Sadate se rend en Israël pour proposer la paix des braves et entamer des discussions qui aboutiront aux ***accords de Camp David.*** En 1978, Sadate et le 1er ministre israélien Begin reçoivent le prix Nobel de la paix pour leurs efforts au Proche-Orient. En 1980, Israël et l'Égypte échangent des ambassadeurs. ***Israël évacue totalement le Sinaï.*** Seul exemple, dans l'histoire moderne, d'un État acceptant d'abandonner un territoire occupé en échange de la paix.
Mais la question palestinienne n'est pas réglée pour autant. Le groupe d'Abou Nidal (condamné par l'OLP) multiplie les attentats contre des cibles juives en Europe. Israël lance l'opération « Paix en Galilée » en juin ***1982*** sous le commandement du général ***Ariel Sharon.*** Officiellement, il s'agit de débarrasser le Liban des bases palestiniennes qui menacent la sécurité du nord d'Israël. Mais l'alliance des Israéliens avec certaines factions chrétiennes accentue la tension entre les

communautés au ***Liban.*** L'aviation de Jérusalem pilonne Beyrouth. ***Le massacre*** d'un millier de civils palestiniens ***dans les camps de Sabra et Chatila*** par des phalangistes chrétiens dans une zone contrôlée par l'armée israélienne frappe d'horreur l'opinion israélienne et internationale. En Israël même, une commission d'enquête mettra en cause la responsabilité de certains militaires, et cet événement sera ***à l'origine de la plus grande manifestation de protestation de l'histoire de l'État israélien.***

Vers la paix ou la prolongation de la guerre ?

D'autres positions de la centrale palestinienne allant dans le sens de la modération vont suivre. ***Yasser Arafat reconnaît implicitement la légitimité de l'État d'Israël*** en déclarant caduque la charte de l'OLP qui prévoit la disparition de l'« entité sioniste ». Mais les heurts constants entre l'armée israélienne et des Palestiniens provoquent une révolte généralisée fin 1987, connue sous le nom d'***Intifada.*** Les patrouilles israéliennes sont régulièrement attaquées à coups de pierres, les soldats répliquent avec leurs armes, faisant de nombreuses victimes parmi les jeunes Palestiniens. On l'appela la « guerre des Pierres ».
Début 1991, la guerre du Golfe bouleverse l'équilibre des forces au Proche-Orient. L'Irak, 1re force militaire de la région, se retrouve isolé au sein du monde arabe. Réagissant à l'invasion du Koweït, les Occidentaux anéantissent le potentiel militaire de Saddam Hussein, tandis que celui-ci se taille une immense popularité parmi les masses arabes en osant envoyer quelques missiles Scud contre Israël, faisant des victimes civiles.
Forts de leur alliance avec la plupart des États arabes durant la guerre du Golfe, les États-Unis parviennent à convaincre ces derniers d'entamer des négociations avec Israël. De son côté, Israël accepte de négocier avec des Palestiniens proches de l'OLP. La pression américaine amène le gouvernement israélien autour de la table des négociations. À la conférence de Madrid fin 1991, Yitzhak Shamir, chef du gouvernement le plus à droite de l'histoire d'Israël, à l'époque, siège avec des représentants de tous les pays arabes, à l'exception de l'Irak et (officiellement) de l'OLP. Le dialogue israélo-arabe prend rapidement une nouvelle orientation avec ***le retour, en juin 1992, des travaillistes au pouvoir en Israël.*** Le 1er ministre, Yitzhak Rabin, et le ministre des Affaires étrangères, Shimon Peres, forment un gouvernement de coalition pacifiste.
Malgré l'Intifada, l'expulsion de 400 Palestiniens à la fin de 1992 et la poursuite de la colonisation dans les territoires occupés par Israël, la ***conférence de la paix*** prend un nouvel essor au printemps 1993. Israël accepte le principe d'un transfert de certains territoires à une Autorité palestinienne tandis que, à Gaza et dans certains milieux de Cisjordanie, les intégristes islamistes gagnent de l'influence. C'est au moment où les heurts n'ont jamais été aussi violents que, paradoxalement, la paix entre Israéliens et Arabes n'a jamais semblé aussi proche. ***Après la signature des accords intérimaires d'Oslo en septembre 1993, Rabin, Peres et Arafat reçoivent le prix Nobel de la paix.***
À la surprise générale, en quelques semaines de négociations, les gouvernements d'***Israël*** et du royaume de ***Jordanie concluent une paix signée le 26 octobre 1994.*** Qualifiée de paix « chaude » en Israël, elle est placée sous le signe de la coopération entre les 2 pays et apporte surtout à l'État israélien la sécurité sur sa plus longue frontière. Malheureusement, des extrémistes des 2 camps remettent en cause le processus : ***Yitzhak Rabin est assassiné le 4 novembre 1995*** par un jeune étudiant, membre de l'extrême droite nationaliste religieuse israélienne ; Shimon Peres devient 1er ministre. Entre fin février 1996 et début mars, des attentats terroristes menés par des Palestiniens font plusieurs centaines de victimes israéliennes. Ces événements permettent au Likoud, peu favorable au processus de paix, de remporter les élections, et ***Benyamin Netanyahou est élu 1er ministre le 29 mai 1996.***

La Palestine divisée

Entre 1994 et 1995, 8 villes palestiniennes (Gaza, Ramallah, Naplouse, Jénine, Qalqilya, Jéricho, Bethléem et Tulkarem) se retrouvent en zone A, et donc bénéficient d'une complète autonomie. Hébron est divisée à partir de 1997 en 2 zones, l'une palestinienne, l'autre sous contrôle israélien pour protéger les colons juifs de la ville. La zone B se retrouve sous administration palestinienne, mais sous contrôle militaire israélien. Tandis qu'Israël garde le contrôle total sur la zone C, soit 62 % de la Cisjordanie. Jérusalem reste pour l'instant, aux yeux des Israéliens, en dehors du cadre des négociations.

L'application des accords suspendus

L'objectif des accords d'Oslo (1993), qui était de transférer progressivement à l'Autorité palestinienne un territoire viable pour ***créer un jour un État palestinien,*** a été ***bafoué par tous les gouvernements,*** et celui de Netanyahou (1996-1999) plus que les autres. De nouvelles colonies juives ont été créées et d'autres agrandies en zone C. En 1998, des accords prévoyant la restitution de 13 % supplémentaires du territoire de Cisjordanie ont été signés ***(les accords de Wye Plantation),*** mais ceux-ci ont rapidement été suspendus. Il a alors fallu attendre ***l'élection du travailliste Ehud Barak,*** en mai 1999, pour que renaisse l'espoir d'une solution au conflit. En effet, peu de temps après son arrivée, le 1er ministre s'était engagé à appliquer les accords de Wye Plantation, et à mener jusqu'au bout les négociations sur le statut final des territoires occupés. Un an plus tard cependant, les accords de Wye, qui entre-temps sont devenus ceux de Charm-el-Cheikh (en septembre 1999), n'ont été que ***partiellement appliqués,*** et les négociations sur le statut final de la Palestine perdurent (ainsi que l'a montré l'échec du sommet de Camp David mené par le président américain Bill Clinton en juillet 2000). La ***reprise du dialogue avec la Syrie,*** en décembre 1999, et ***le retrait de l'armée israélienne du Sud-Liban,*** en mai 2000, constituaient malgré tout des signes encourageants et semblaient avoir manifesté la volonté d'Ehud Barak de conclure une paix durable avec ses voisins. Alors comment en est-on arrivé là ?

DES NÉGOCIATIONS DANS L'IMPASSE

Bilan de 7 ans de déception...

Que de remises en cause et de concessions il aura fallu de part et d'autre pour signer les accords d'Oslo en 1993 ! Les 2 entités se reconnaissaient mutuellement et acceptaient le principe de « la terre contre la paix ». Mais, très vite, l'application des accords a pris du retard sur le calendrier fixé. Certes, les extrémistes des 2 camps ont tout fait pour ralentir le processus (massacre des musulmans à Hébron, attentats meurtriers du Hamas), sans oublier l'assassinat de Yitzhak Rabin. Israël, estimant que les garanties de sécurité n'étaient pas suffisantes, avançait à reculons dans les négociations. En fait, ***le débat piétine sur 5 points essentiels*** : les colonies, l'accès aux ressources hydrauliques, le droit au retour des réfugiés palestiniens, la souveraineté de l'État de Palestine et le statut de Jérusalem.

Les 5 pierres d'achoppement

– Le principe de sécurité nationale, clé de voûte de la politique israélienne (tous gouvernements confondus), est brandi pour justifier entre autres le ***nombre de colonies*** qui n'a jamais cessé d'augmenter. Si bien qu'en regardant une carte de la Palestine on distingue un territoire constellé d'implantations juives à l'intérieur. Depuis 1993, des dizaines de milliers d'hectares de terres ont été confisqués par les Israéliens. Ces terres servent à développer ou à créer des colonies, mais aussi à construire des routes qui, tout en contournant les villages palestiniens, relient ces « forteresses » entre elles. En 2012, l'Autorité palestinienne ne dirigeait que 18 % de la Cisjordanie et possédait un contrôle partiel sur 20 % de cette région (zone B), Israël s'assurant la mainmise sur le reste. À Gaza, le Hamas exerçait un contrôle quasi total sur la bande de Gaza et un contrôle maritime sur seulement 3 miles ! Si les colonies de la bande de Gaza ont été démantelées en 2005, le raisonnement ne s'applique pas, pour l'instant, à la Cisjordanie.

– En s'appropriant la terre, les Israéliens récupèrent l'***eau,*** véritable or bleu de la région. D'ailleurs, les conquêtes israéliennes ont largement été motivées par la présence des nappes phréatiques au Sud-Liban, dans le Golan, en Cisjordanie le long du Jourdain. Les Israéliens gardent un contrôle total sur les ressources hydrauliques en construisant les colonies autour des sources et des puits et en interdisant aux Palestiniens d'en creuser de nouveaux dans les zones B et C (sous contrôle mixte ou total d'Israël, soit 82 % du territoire). Les experts considèrent que la situation, notamment à Gaza, est la plus dramatique du Proche-Orient. Voir aussi plus loin la rubrique « Environnement » dans le chapitre « Israël : hommes, culture, environnement ».

– Sur la ***question des réfugiés,*** les Palestiniens demandent une reconnaissance par Israël de sa responsabilité dans les exodes de 1948 et 1967, et donc d'un droit au retour, dont les modalités peuvent être discutées (sous forme d'indemnisations, par exemple). Aujourd'hui encore, on en est loin.

– En revanche, la perspective de voir aboutir la ***reconnaissance d'un État palestinien*** se révélait moins problématique. Israël en acceptait le principe. Le litige concernait bien entendu grandement les frontières. Arafat ne démordait pas de celles fixées par la résolution 242 des Nations unies, qui les ramène à 1967 avant l'occupation des territoires. À un moment donné, les négociateurs israéliens consentaient à certaines conditions : conserver plusieurs blocs de colonies en Cisjordanie, contrôler la vallée du Jourdain (pendant une période donnée), les frontières extérieures et interdire au futur État de lever une armée.

– Enfin, dernière pierre d'achoppement : le ***statut de Jérusalem*** et la ***gestion des Lieux saints.*** Capitale proclamée (mais non reconnue sur la scène internationale... même si le vent tourne) d'Israël et du futur État palestinien, la Ville sainte n'en finit pas de déchaîner les passions. C'est avant tout au problème du statut de Jérusalem (ajouté à la précipitation et au manque de préparation) qu'on impute l'échec du sommet de Camp David en juillet 2000. Le plus brûlant des sujets fut sans doute évoqué trop tôt. Et pourtant, Yossi Beilin, un proche du 1er ministre israélien Ehud Barak, se déclarait prêt à l'époque à instaurer la souveraineté palestinienne sur les quartiers de Jérusalem-Est. On n'était jamais allé aussi loin. Les experts israéliens de Camp David parlaient d'une autonomie de gestion de chacun des quartiers de la vieille ville. Aucun accord ne fut trouvé. Il faut dire que les marges de manœuvre étaient étroites en raison des mouvements d'opposition dans leurs camps respectifs.

Des leaders contestés

Côté Autorité palestinienne, on parle de corruption, d'un pouvoir législatif réduit à néant, du musellement et de l'incarcération des opposants, des atteintes aux Droits de l'homme, etc. ***Une image*** quelque peu ***ternie à l'extérieur comme à l'intérieur.*** Certains réclament une refonte totale de l'OLP. Tiraillé entre les revendications de la rue, les injonctions du Hamas et la pression internationale, Arafat érige le double langage en véritable politique.

En face, ***Ehud Barak*** est à peine mieux loti. Sommé de constituer un gouvernement d'union nationale après la défection de 6 ministres, le travailliste a opéré un ***rapprochement avec ses ennemis d'hier*** : la gauche laïque, les ultra-orthodoxes du Shass et le puissant parti de droite, le Likoud.

Entre les désillusions palestiniennes et la crise politique israélienne, ***Ariel Sharon*** tente sa chance. Dans le but de désarçonner son rival Benyamin Netanyahou et de porter un coup au processus de paix, le chef du Likoud ***se rend sur l'esplanade des Mosquées*** avec l'accord tacite d'Ehud Barak (ne voulant pas contrarier un allié potentiel). On est le 28 septembre 2000.

LA SECONDE INTIFADA

L'étincelle

Après l'échec de Camp David et de la réunion de Taba, une tension accrue se manifeste tant chez les Palestiniens que chez les Israéliens. Des attentes trop longtemps déçues : on se dit, avec du recul, que l'explosion était à prévoir. Ehud Barak n'a pourtant pas soupçonné l'onde de choc que la visite-provocation d'Ariel Sharon allait engendrer en pénétrant sur l'esplanade des Mosquées. Le chef du Likoud a une image équivoque depuis le massacre d'un millier de civils à Sabra et Chatila (2 camps palestiniens au Liban) en 1982, même si sa responsabilité est indirecte. Les Palestiniens libèrent une frustration accumulée pendant des années et retrouvent les gestes interrompus 7 ans plus tôt. Les pierres font bientôt face à la riposte israélienne. C'est la 2de Intifada. ***Le conflit dégénère.*** Pire, il ne semble plus être maîtrisé, du moins côté palestinien. Yasser Arafat, toujours en déplacement, a de plus en plus de mal à concilier les impératifs diplomatiques avec ceux de la rue. À côté des *chebabs,* les gamins qui traînent dans les rues, les *Tanzim* (milice du Fatah, parti d'Arafat), le Hamas et ses milices extrémistes s'organisent indépendamment de l'OLP.

L'escalade

Force est de constater que la nouvelle Intifada n'inscrit plus le conflit dans un contexte purement territorial, mais ***exacerbe son aspect religieux*** : « profanation » de l'esplanade des Mosquées, destruction à Naplouse du tombeau de Joseph par les Palestiniens, incendie d'une mosquée à Tibériade, puis d'une synagogue à Jéricho.

Les médias jouant le rôle d'amplificateur, les images sont utilisées comme autant de munitions émotionnelles. Ajoutons aux images celles symboliques que véhicule le Hezbollah auprès des Arabes. Nul doute que le fait d'avoir réussi à bouter Israël hors du Sud-Liban encourage les Palestiniens à agir de même.

Enfin, l'image des ***Israéliens arabes*** auprès de leurs concitoyens a été brouillée dès lors qu'ils ont manifesté leur soutien aux Palestiniens des territoires (ils n'étaient pas intervenus lors de la précédente Intifada). Les Israéliens se sont sentis trahis. Des violences rares à l'encontre des Arabes ont eu lieu à Nazareth et à Jaffa. Il est clair qu'Ehud Barak a négligé la frustration de ces citoyens « de seconde zone », victimes de discrimination, qui avaient pourtant voté à 95 % pour le leader travailliste.

Les Intifadas : mêmes noms, différentes réalités

Avec la 2de Intifada, appelée Intifada Al-Aqsa (2000), qui a démarré avec une extrême violence (300 morts en 2 mois et demi), la 1re décennie du nouveau millénaire enterre les espoirs et les acquis des années 1990. Bien qu'appelés tous les deux « Intifada », les soulèvements de 1987 et de 2000 recouvrent des réalités radicalement différentes. En 1987, l'Intifada des pierres était un soulèvement largement populaire, et généralement non armé.

Si la 2de Intifada a commencé sur le même mode que la 1re, opposant soldats israéliens et civils armés de pierres, elle a rapidement dégénéré. Apparus dans les années 1990, les attentats-suicides se sont multipliés, ternissant l'image des Palestiniens.

La réponse israélienne aux ***centaines de morts du terrorisme palestinien*** (502 personnes ont perdu la vie dans les attentats-suicides en Israël entre 2000 et 2004)

est d'envergure. Dès 2002, les Israéliens lancent l'opération « Rempart » : ***invasion militaire totale des villes palestiniennes,*** raids aériens, escadrons de la mort, troupes au sol et hélicoptères de combat. C'est dans ce contexte que se déroule en avril 2002 ***l'offensive israélienne contre le camp de réfugiés de Jénine,*** l'une des plus violentes de la 2de Intifada (selon l'ONU, au moins 52 Palestiniens tués et 150 habitations rasées ; 23 soldats israéliens morts). Les autorités israéliennes interdisent l'accès du camp aux médias, aux Nations unies et aux ambulances pendant plusieurs jours. Au même moment, le quartier présidentiel d'Arafat à Ramallah (la *Muqat'a*) est assiégé (à 2 reprises, pendant 5 mois au total), le leader palestinien étant accusé par Israël d'incitation au terrorisme. ***En 5 ans, l'Intifada a causé la mort de près de 6 000 personnes,*** dont près des ***trois quarts étaient des Palestiniens.***
La violence de cette période signe aussi la mise en place d'une série de pratiques qui resserreront l'étau sur la population palestinienne en posant les bases d'une politique toujours en vigueur : arrestations massives, confiscation des terres, démolition de maisons, et sévères restrictions de mouvement.
En janvier 2001, malgré tout, des pourparlers entre Israéliens et Palestiniens ont lieu à Taba, en Égypte. Les négociations avancent, mais le 6 février, lors d'élections anticipées qui suivent la démission du 1er ministre Ehud Barak, Ariel Sharon (Likoud), très peu conciliant avec les Palestiniens, le remplace. En mai 2002, au milieu des hostilités, la communauté internationale sous l'égide du Quartet (États-Unis, ONU, Union européenne et Russie) révèle sa feuille de route pour la paix. Elle appelle les 2 parties à la fin de la violence meurtrière et à faire des concessions. Le document sera rapidement rendu caduc par la violence continue.
En Palestine, la fonction de 1er ministre est créée sous la pression américaine comme contrepoids au pouvoir d'Arafat, sans partage depuis 3 décennies. ***Mahmoud Abbas devient 1er ministre*** en mars 2003.

UNE NOUVELLE DONNE

Le mur de séparation

Suite à la vague d'attentats-suicides de 2001 naît en Israël un mouvement populaire qui fait pression sur le gouvernement pour qu'il construise une « barrière de sécurité ». Une idée venant du Parti travailliste que le gouvernement d'Ariel Sharon approuve en 2002. Un mur de béton de 8 m de haut est érigé à l'intérieur de la ligne verte (la ligne d'armistice de 1949 entre Israël et la Palestine). Il isole la Cisjordanie de Jérusalem-Est et d'Israël, et est percé de quelques ouvertures – des check-points – qui permettent aux Palestiniens ayant le permis adéquat de passer de l'autre côté. Lire également plus loin sur le mur la rubrique « Murs et passerelles » dans le chapitre « Hommes, culture, environnement » d'Israël et la rubrique « Check-points » dans « Palestine utile ».

Leaders israéliens et palestiniens : la fin d'une ère

Entre 2004 et 2006, Israéliens et Palestiniens perdent leurs leaders charismatiques. En 2004, au cours d'une vaste opération, Israël tue Cheikh Ahmad Yassin, le fondateur du Hamas, ainsi que d'autres officiels du mouvement. Mais c'est ***la mort de Yasser Arafat*** qui ***marque la fin d'une ère.*** En 2005, lors de la 2e élection présidentielle palestinienne, ***Mahmoud Abbas devient président.*** Ce changement de leadership donne un nouveau souffle aux négociations et, quelques mois seulement après son élection, Abbas négocie avec Sharon un ***cessez-le-feu*** qui représente alors la plus grande avancée vers la paix des années 2000-2005. Sharon annonce alors qu'Israël démantèlera ses colonies de la bande de Gaza et évacuera les militaires de l'enclave côtière. La décision est relativement bien accueillie par l'opinion publique israélienne, moins parmi la communauté des colons et au sein du Likoud, qui se divise sur la question. Sharon quitte le parti pour obtenir le vote de la Knesset et crée Kadima (« En avant » en français). Shimon Peres quitte la tête du Parti travailliste pour cogérer Kadima avec Sharon. La création de ce parti de centre droit va affaiblir le Parti travailliste pour de bon et faire de l'ombre au Likoud (il le devance d'un siège en 2009).

En août 2005, l'armée israélienne impose le retrait des quelque 8 000 colons israéliens de Gaza, malgré une résistance farouche de ces derniers. La grande majorité des colons de Gaza seront relogés gratuitement dans le sud d'Israël, certains s'installeront dans l'une des 124 colonies juives de Cisjordanie. Début janvier 2006, ***Ariel Sharon*** est victime d'attaques cérébrales et placé en coma artificiel. Il ***décède en janvier 2014. Ehud Olmert,*** son second à Kadima, ***devient 1er ministre.***

La montée du Hamas

En 2006, le 2e scrutin législatif palestinien cristallise les espoirs de l'Occident qui y voit, après la fin du long règne d'Arafat, l'institutionnalisation de la démocratie palestinienne. Pourtant fervents supporters des élections, les États-Unis et l'Europe déchantent vite face au résultat des urnes. Une vague verte islamique déferle sur la Palestine et prend tout le monde par surprise, y compris le Hamas. Il y a de quoi : pour sa 1re participation électorale, ***le Hamas obtient une victoire écrasante,*** dépassant le Fatah, parti depuis toujours au pouvoir.

Plutôt qu'une victoire écrasante de l'islam politique, c'est ***un vote sanction*** contre le parti dominant : celui d'un peuple désillusionné par des années de négociations sans succès et fatigué par la corruption ambiante de la classe au pouvoir. La victoire du Hamas, qui ne reconnaît pas officiellement le droit d'Israël à exister, inquiète autant l'État israélien que l'Europe et les États-Unis. Pour ces derniers, le Hamas est une organisation terroriste (les brigades Al-Qassam, sa branche armée, ont initié les attentats-suicides dans les années 1990 et 2000), avec laquelle aucune relation, ni diplomatique ni financière, ne peut être établie.

L'Europe et les États-Unis ne reconnaissent pas le résultat d'un scrutin qu'ils avaient qualifié de « démocratique » (avant les résultats, bien sûr !) et boycottent le nouveau gouvernement. Un drame pour l'Autorité palestinienne qui dépend de la communauté internationale pour survivre. Durant plus de 9 mois, ***la manne financière internationale vers la Palestine s'assèche,*** gelant le salaire de centaines de milliers de fonctionnaires palestiniens et plongeant la Palestine dans une crise sociale.

Gaza : la descente aux enfers

Le 25 juin 2006, le jeune caporal franco-israélien ***Gilad Shalit est capturé*** juste à l'extérieur de Gaza ***par des militants du Hamas.*** 3 jours plus tard, Israël lance l'opération militaire « Pluie d'été » sur Gaza, à la fois pour libérer Shalit et pour répondre aux roquettes palestiniennes tirées sur le sud d'Israël. L'État israélien impose également un blocus naval pour empêcher le transfert de Shalit par voie maritime, mais interdit aussi du coup l'accès en mer aux pêcheurs gazaouis.

Parallèlement, le Hezbollah libanais enlève, en juillet 2006, 2 soldats israéliens à la frontière nord du pays en vue d'un échange contre des prisonniers libanais détenus en Israël. L'État israélien lance une offensive terrestre pour libérer les soldats. Pendant 1 mois, la guerre va faire 1 200 victimes libanaises, dont 270 membres du Hezbollah, et 158 victimes israéliennes, dont 117 soldats. Une commission d'enquête israélienne met en cause le 1er ministre Ehud Olmert pour sa gestion du conflit.

Côté palestinien, 18 mois après la victoire du Hamas, la rivalité entre les factions palestiniennes est à son comble. Un conflit idéologique entre le Hamas et le Fatah éclate, au terme duquel, en juin 2007, le Hamas opère un coup de force dans la bande de Gaza. S'ensuit ***pour la Palestine une aberration gouvernementale*** :

dans les faits, on compte depuis 2 gouvernements, celui du Hamas à Gaza et celui de Salam Fayyad, un économiste technocrate à la tête d'un gouvernement temporaire de Cisjordanie.
Israël s'inquiète du contrôle de Gaza par un gouvernement qui affirme vouloir sa perte, et déclare la bande de Gaza « entité ennemie ». La réponse israélienne est sans appel, avec l'imposition d'un ***blocus naval et terrestre total*** sur les mouvements des biens et des personnes ***depuis et vers Gaza*** : le but avoué est d'empêcher le transfert des armes et du matériel servant à les fabriquer.
Le blocus, tant israélien qu'égyptien, porte le coup de grâce à la situation humanitaire de la région. Une ***« punition collective »*** selon le Comité international de la Croix-Rouge, qui isole du reste du monde le million et demi d'habitants de la mince bande de terre. L'économie locale est mise hors-jeu par un embargo sur les imports-exports, et le chômage culmine à 40 %. Une série de produits sont interdits ou restreints d'accès sur le territoire comme certains aliments, médicaments, du matériel médical, le fuel pour les voitures, les centrales électriques, ou le traitement des eaux, l'engrais pour l'agriculture...
La pénurie provoque des conséquences qui affolent les indicateurs humanitaires. À Gaza, où l'on peine à traiter les malades chroniques, l'électricité n'est disponible que la moitié du temps. Sinon, il faut compter sur des générateurs, y compris pour les hôpitaux ! La bande de terre enclavée, où la densité de population atteint les 4 000 habitants au km^2, devient une poudrière. Les malades nécessitant une opération qui ne peut être pratiquée à Gaza doivent attendre, parfois des mois, un permis pour sortir et rejoindre l'Égypte ou la Jordanie. Les étudiants qui obtenaient des bourses à l'étranger se voient aussi refuser la sortie. Des centaines de tunnels de contrebande, parfois très larges, se creusent sous la frontière avec l'Égypte pour faire entrer ce dont Gaza manque : médicaments, nourriture, voitures et motos, même un lion pour le zoo de la ville... mais aussi du matériel de guerre (les tirs de « roquettes » vers Israël, pour inefficaces qu'ils soient, n'ont jamais vraiment cessé). Tout se trouve et se monnaie via les tunnels ! Mais le business des tunnels est risqué – surtout pour ceux qui les creusent –, car ils sont souvent bombardés par Israël, quand ils ne s'écroulent pas d'eux-mêmes.
Fin novembre ***2007, les négociations reprennent*** lorsque Olmert et Abbas se réunissent ***à Annapolis.*** Une série de questions épineuses (fracture croissante entre le Fatah et le Hamas, poursuite du processus de colonisation en Cisjordanie avec 30 000 colons supplémentaires en 3 ans) conduisent à ***l'échec.***

L'opération « Plomb durci »

Le processus de paix est dans l'impasse. Juste avant Noël 2008, Israël répond à ***l'augmentation des roquettes tirées depuis Gaza*** (plus de 3 000 tirs font 12 morts en 2008) par une offensive militaire de large envergure sur la bande de Gaza. C'est ***l'opération « Plomb durci »,*** qui commence le 27 décembre et durera 3 semaines. Bombardements et invasion terrestre s'enchaînent, y compris sur les écoles et les hôpitaux. Bilan : *Amnesty International* dénombre 5 000 blessés et environ 1 400 morts palestiniens, dont 300 enfants, et 13 Israéliens (dont 10 soldats) tués. Les dommages matériels sont immenses, alors que la zone, toujours sous blocus israélien, ne peut importer le matériel pour reconstruire. Une commission d'enquête de ***l'ONU*** présidée par le juge Goldstone ***accusera les 2 parties de crimes de guerre.***

Les Indignés d'Israël

Benyamin Netanyahou, élu en 2009 1er ministre d'une coalition de droite (partis Shass, Israel Beytenu), doit faire face durant l'été 2011 au Printemps israélien : des milliers de manifestants, tous milieux socio-économiques et religieux confondus, descendent dans les rues pour clamer leur opposition à ***la hausse continue du coût de la vie,*** en particulier le prix élevé des logements. Le pic en est une manifestation monstre de 300 000 personnes à Tel-Aviv. Les manifestants dénoncent également le manque de solutions économiques à long terme et la détérioration du système éducatif israélien. Ces Indignés militent pour plus de justice sociale, reléguant les questions de sécurité au second plan. Ces manifestations démocratiques montrent une évolution de la jeunesse israélienne fatiguée de ce climat de perpétuelles tensions.

LA PALESTINE À L'ONU

Mahmoud Abbas lance à l'été 2011 une ***offensive diplomatique*** qui vise à gagner une légitimité internationale pour impliquer tous les États du monde. En septembre 2011, Abbas introduit officiellement la demande d'adhésion de la Palestine pour accéder au statut de membre à part entière des Nations unies, devant une Assemblée générale qui accueille le discours par un tonnerre d'applaudissements hautement symbolique.

Finalement, près de 2 mois après la demande, le Comité d'admission s'est considéré dans l'impossibilité de présenter un avis favorable au Conseil de sécurité, face au ***désaccord de ses membres.***

En octobre 2011, Israël et le Hamas signent un accord historique sur l'échange de prisonniers. Gilad Shalit, en captivité depuis 5 ans, est libéré en échange d'environ 1 000 prisonniers palestiniens.

LOBBY AMÉRICAIN

On surévalue la puissance du lobby juif américain pour contrer la reconnaissance de l'État palestinien. Il ne pèse que 2 % de l'électorat. En revanche, les évangélistes montent en puissance et prônent le Grand Israël avec l'annexion de la Cisjordanie.

Après l'échec de l'adhésion à l'ONU en tant que membre à part entière, le président palestinien remporte une victoire diplomatique historique : fin octobre, ***la Palestine est admise à l'Unesco*** et, cette fois, bien comme membre à part entière. Dès le lendemain, les États-Unis annoncent l'arrêt de leur participation financière à l'Unesco, tandis qu'Israël, d'une part, menace de suspendre les paiements des rentrées fiscales qu'il perçoit au nom de l'Autorité palestinienne et, d'autre part, annonce qu'il accentue sa politique de colonisation en Cisjordanie et à Jérusalem-Est. La reconnaissance culturelle de la Palestine par la grande majorité de l'Unesco est assimilée à un acte belliqueux par Israël.

Le morcellement de la Palestine, que ce soit à l'intérieur de la Cisjordanie ou entre Gaza et la Cisjordanie, permet-il la création d'un État viable ? Certains intellectuels et politiciens, tant israéliens que palestiniens, en doutent. Cette solution est-elle devenue plus utopique qu'un seul État dans lequel Palestiniens et Israéliens vivraient côte à côte ?

En attendant, le 29 novembre ***2012, la Palestine accède au statut d'« observateur permanent » aux Nations unies.*** 138 États ont voté pour (notamment la France, la Belgique et la Suisse), 9 contre (dont Israël, les États-Unis et le Canada) et 41 se sont abstenus (parmi eux, le Royaume-Uni).

Que va changer ce statut ? À l'instar du Saint-Siège, qui bénéficie du même statut, la Palestine peut désormais rejoindre certaines agences de l'ONU, et notamment la Cour pénale internationale, dont la Palestine est membre officiel depuis le 1er avril 2015. La procureure de la CPI s'est d'ailleurs saisie du dossier déposé une 1re fois en 2015 par l'Autorité palestinienne contre Israël pour crimes de guerre ou liés à l'occupation, puis à nouveau en 2018. De quoi agacer la partie israélienne, farouchement opposée au mandat de la CPI. Par ailleurs, grâce à l'Unesco, le village de Battir a été classé sur la liste du Patrimoine mondial de l'humanité en 2014. Ce qui a sans doute pesé dans la balance lorsque la Haute Cour de justice a prononcé en janvier 2015 le gel de la construction du mur qui devait scinder le village et le priver de ses terres.

DU MARASME AU CHAOS

Des élections sur fond de malaise social

Malgré le soutien d'une (petite) majorité au Parlement israélien, Benyamin Netanyahou annonce la tenue d'***élections anticipées*** pour janvier 2013. Au plus haut dans les sondages, le 1er ministre entend bien profiter de sa popularité pour s'assurer en toute légitimité une marge de manœuvre le plus large possible, d'une part pour faire voter l'augmentation du budget « défense », d'autre part pour agir contre l'Iran si la « ligne rouge » fixée par Israël devait être franchie par Téhéran. Pour l'instant, les 2 pays maintiennent un « équilibre de la terreur ». Le chef du gouvernement israélien préfère, en effet, placer au cœur de la campagne ces problématiques sécuritaires plutôt qu'un bilan économique et social controversé.
Côté palestinien, l'accord de Doha, signé le 6 février 2012 entre Mahmoud Abbas, président du Fatah et de l'Autorité palestinienne (AP), et Khaled Mechaal, chef du bureau politique du Hamas, jetait les bases d'un gouvernement transitoire en charge de la Cisjordanie et de la bande de Gaza, qu'aurait dirigé Mahmoud Abbas. Mais ***la réconciliation est encore fragile,*** et les sujets de crispation ne manquent pas (notamment l'arrestation par l'Autorité palestinienne de 70 membres du Hamas en Cisjordanie).
Au même moment, le Fatah doit faire face à un malaise social grandissant. Les revendications vont bon train, notamment en ce qui concerne ***le protocole de Paris*** qui régit les relations commerciales entre Israël et l'OLP (lire également la rubrique « Économie. Quels accords entre les 2 entités ? » dans la partie « Palestine : hommes, culture, environnement »). Même les élections municipales d'octobre 2012 remportées par le Fatah n'ont pas redoré le blason du parti. Une participation de 55 % des électeurs, considérée comme faible, révèle une ***population désabusée.*** Or, seule l'union entre le Fatah et le Hamas peut faire aboutir le long chemin vers la reconnaissance d'un État palestinien.

Opération sur Gaza

À l'alternance de raids israéliens et de tirs de roquettes palestiniens succède une offensive aérienne de la part d'Israël. Au bout des 8 jours que va durer la guerre, on dénombrera 135 morts palestiniens (dont 33 enfants) et 1 400 blessés. Côté israélien, 2 soldats et 4 civils ont été tués, 224 blessés.
L'Égypte a joué un rôle de médiateur primordial dans le conflit, parvenant à un cessez-le-feu le 21 novembre et à un allégement du blocus imposé par Israël sur Gaza. De son côté, le Hamas, et plus particulièrement ***Khaled Mechaal,*** le chef du parti en exil, soutenu par le Qatar (et ses millions), ***sort renforcé de ce conflit.*** Il s'est même offert un bain de foule à Gaza début décembre, territoire où il ne s'était jamais rendu jusqu'à présent (il a quitté la Cisjordanie en 1967, puis a vécu en exil en Syrie et dernièrement au Qatar).
Khaled Mechaal, devenu un modéré au sein du Hamas, est-il aujourd'hui le nouvel interlocuteur incontournable, même pour le Fatah ? Une (énième) réconciliation avec Mahmoud Abbas a, en effet, eu lieu au Caire début janvier 2013, sous l'égide du président Morsi. La réélection de Mechaal à la tête du Hamas, pour la 4e fois consécutive en avril 2013, confirme son rôle majeur sur l'échiquier politique et diplomatique palestinien, mais les États-Unis s'opposent toujours au rapprochement entre les 2 formations politiques, l'agitant même comme un obstacle à la reprise des pourparlers.

Nouvelles configurations

En 2013, ***Benyamin Netanyahou sort affaibli*** par les élections législatives qu'il a lui-même voulues. Son parti, allié à la droite ultranationaliste d'Avigdor Lieberman, comptabilise 31 sièges, soit 11 de moins que lors de son précédent mandat.

Côté palestinien, toujours pas d'élections législatives en vue, mais des changements à la tête de l'Autorité : ***Salam Fayyad a démissionné*** de son poste de 1er ministre en juin 2013, en raison de ses divergences de plus en plus marquées avec Mahmoud Abbas. Celui-ci, comme l'ensemble de la vieille garde et d'une partie de la population, le juge trop proche des idées israéliennes, « bradant » les revendications historiques contre ***« la paix par l'économie ».*** Or, il s'agit d'un levier bien fragile car ***soumis à la bonne volonté d'Israël*** (voir plus loin la rubrique « Économie. La croissance palestinienne : succès ou leurre ? » dans la partie « Palestine : hommes, culture, environnement ») et Salam Fayyad en fait les frais. Rami Hamdallah, un universitaire, lui a succédé, sans être reconnu par le Hamas qui n'a pas été consulté sur cette nomination. Si le « fayyadisme » n'a rien apporté en termes de concessions politiques de la part d'Israël, reste à l'Autorité palestinienne de trouver une autre voie. Celle des négociations s'est une nouvelle fois soldée par un échec.

À Gaza, le Hamas est fragilisé à la suite du renversement de Mohammed Morsi et de la lutte contre les Frères musulmans. De son côté, le Qatar retire peu à peu son soutien à l'organisation.

DE LA TENTATIVE DE PAIX À LA GUERRE

Relance des pourparlers

Dans ce contexte, Barack Obama a profité de l'affaiblissement du 1er ministre sur le plan intérieur pour relancer les négociations israélo-palestiniennes. En mars 2013, pour la 1re fois depuis son élection en 2008, le président américain s'est rendu dans la région. Les pourparlers ont été teintés, comme toujours, d'optimisme de la part des Américains (du moins au début), émaillés de conditions par les Palestiniens, jugées « inacceptables » par les Israéliens : frontière d'avant 1967, gel de la colonisation, libération des prisonniers enfermés avant 1993. Toutefois, suite à la pression américaine qui lui demandait de lâcher du lest sur un de ces points, Benyamin Netanyahou a accepté de libérer 104 prisonniers en 4 vagues. Cette option a été préférée au gel de la colonisation par calcul politique : ***ne pas contrarier la droite nationaliste*** de Naftali Bennett, membre de sa coalition gouvernementale.

Du coup, on a assisté à une salve d'annonces, portant d'une part sur la construction de logements en Cisjordanie et à Jérusalem-Est (environ 7 500 entre août 2013 et janvier 2014), d'autre part sur la légalisation de plusieurs colonies sauvages. Sans parler des destructions de maisons qui ont continué (159 entre août et novembre 2013).

Cette ***intensification du processus de colonisation*** place Mahmoud Abbas en posture délicate vis-à-vis de son parti et de la population. D'autant que ses moyens de pression sont limités, puisqu'il s'est engagé à ne pas déposer de candidature palestinienne auprès d'une instance de l'ONU, ni à présenter de dossier à la Cour pénale internationale (CPI), tant que les négociations ne sont pas arrivées à leur terme. Nombreux sont ceux qui réclament un retrait des pourparlers.

En avril 2014, force est de constater que ces énièmes négociations ont abouti à un ***énième échec.*** Mahmoud Abbas se considère libéré de son engagement et compte effectuer les démarches auprès de l'ONU et surtout de la CPI.

« Bordure protectrice »

Au cours de l'été 2014, l'État d'Israël et les forces paramilitaires de la coalition Hamas-Djihad islamique s'affrontent au cours de raids menés par l'armée israélienne dans la bande de Gaza. Une intervention musclée qui conduira à un ***désastre humanitaire sans précédent*** faisant, selon l'ONU (rapport publié en juin 2015), 2 251 morts côté palestinien (parmi lesquels 1 462 civils, dont 551 enfants), 9 000 blessés et 100 000 personnes obligées de quitter leur logement détruit par les bombardements, sans compter 1,5 million de Gazaouis privés d'électricité et d'accès à l'eau potable. Il s'agit du bilan le plus meurtrier depuis 1967. Côté israélien, 67 soldats et 6 civils ont été tués. Une disproportion relevée par l'ensemble de la communauté internationale.

C'est l'assassinat de 3 adolescents israéliens au mois de juin 2014 qui met le feu aux poudres. Un acte qui sera suivi par l'arrestation en Cisjordanie de 400 membres du Hamas par l'armée israélienne. La réponse du Hamas ne se fait pas attendre : une série de roquettes est envoyée sur plusieurs grandes villes israéliennes. Israël lance l'opération « Bordure protectrice ». Opération qui vise à la fois à désarmer le Hamas et à mettre fin à son approvisionnement en armes en détruisant ses tunnels qui relient la bande avec le Sinaï. Le but de la coalition paramilitaire palestinienne, elle, est de faire lever le blocus de la bande de Gaza, en vigueur depuis 2007.

Après avoir bombardé pendant une dizaine de jours les tunnels par voie aérienne dans un 1er temps, l'armée israélienne mène une opération terrestre. Le cessez-le-feu permanent n'interviendra que fin août. En septembre, le coordinateur de l'ONU pour le Proche-Orient annoncera un accord entre les parties sur la reconstruction de Gaza. Alors que la commission indépendante, mandatée par l'ONU, ne peut conduire d'enquête sur le terrain faute d'autorisation, le rapport publié en juin 2015 conclut à des violations des Droits de l'homme de la part de Tsahal et des combattants palestiniens.

RADICALISATION DES POSITIONS

Et de quatre pour Netanyahou !

Suite à l'échec des négociations des pourparlers de paix entériné en avril 2014 et à la guerre de Gaza, l'automne est marqué par des ***tensions croissantes entre Juifs et Palestiniens.*** Plusieurs victimes ont été dénombrées de part et d'autre (dont un ministre palestinien qui manifestait contre un avant-poste israélien illégal), et 6 Arabes israéliens dans le nord du pays, ce qui est rare. L'annonce de construction de nouveaux logements pour les colons de Jérusalem-Est attise encore un peu plus les rancœurs. Par ailleurs, la politique tant sécuritaire qu'économique et sociale du 1er ministre suscite de plus en plus de mécontentement au sein de la population, mais aussi de son propre gouvernement. Pour renforcer sa marge de manœuvre et former une nouvelle coalition plus « compréhensive », Benyamin Netanyahou dissout la Knesset en décembre 2014 et appelle des ***élections législatives anticipées*** pour mars 2015.

Comme 2 ans plus tôt, il est donné perdant, mais c'est compter sans sur sa capacité à mobiliser son électorat en usant de ficelles aussi grosses qu'efficaces : la diabolisation de l'adversaire (la gauche, les Palestiniens de nationalité israélienne et des territoires, les Iraniens, tout le monde y passe). En détournant l'attention vers les « ennemis » de l'intérieur et de l'extérieur, Netanyahou se dispense de débat sur son bilan économique et social. Dans une dernière tentative pour siphonner les voix de l'extrême droite, il déclare s'opposer à la création d'un État palestinien et brandit « le spectre » de votes massifs de la part des Arabes israéliens.

Le 17 mars, son parti arrive en tête, les travaillistes en 2e position, tandis que la Liste arabe unie obtient un très bon score grâce à une mobilisation exceptionnelle. Toutefois, pour obtenir la majorité des sièges, il lance des tractations difficiles qui n'aboutiront que le 7 mai. Sa ***nouvelle coalition,*** formée in extremis, regroupe le Likoud, Koulanou (centre), le Foyer juif de Naftali Bennett (nationaliste et ultra-orthodoxe) et le Shass (ultra-orthodoxe). Malgré tout, avec seulement une voix d'avance, il compose une majorité extrêmement fragile. À noter que le 1er ministre

cumule les postes de : ministre des Affaires étrangères, des Communications, de la Coopération régionale et... de la Santé. Un bon moyen de minimiser les contestations !
Entre-temps, il a rassuré la communauté internationale en affirmant qu'il approuvait en fait « une solution durable et pacifique à 2 États », tout en relançant quelques jours plus tard la colonisation à Jérusalem-Est, histoire de conforter l'aile la plus à droite de son futur gouvernement. Mais tout comme la presse israélienne, Shimon Peres met en garde le 1er ministre contre cette politique ambiguë, qui n'est pas sans lien avec la ***montée de la violence entre les communautés,*** aussi bien en Israël qu'en Palestine. En juillet 2015, plusieurs événements reflètent de façon morbide cette recrudescence (lire la chronologie, plus loin). L'alternance de tensions, provocations, attentats à l'arme à feu et au couteau, répressions atteint son paroxysme à l'automne 2016. Le cercle de violences n'en finit pas, tandis qu'aux États-Unis l'élection de Donald Trump, qui satisfait le gouvernement Netanyahou et l'extrême droite, ne rassure pas la communauté internationale quant à une éventuelle reprise des pourparlers sur la base d'une solution à 2 États.

TROP DE DÉMOCRATIE TUE LA DÉMOCRATIE

Les élections législatives sont effectuées à la proportionnelle à un tour. Jamais aucun parti n'a obtenu la majorité absolue. Résultat, les coalitions avec les petits partis sont systématiques. Un système qui favorise les extrémistes et les ultra-religieux, ce qui crispe les négociations de paix.

Benyamin Netanyahou poursuit sa politique de colonisation, démolitions, accaparement des terres (légalisé par un vote de la Knesset en février 2017) face à des dirigeants palestiniens usés par le pouvoir, gangrenés par des soupçons de corruption. Difficile pour les Palestiniens de Cisjordanie de garder l'espoir d'une vie meilleure. Quant à ceux de Gaza, la lutte fratricide entre le Hamas et l'Autorité palestinienne d'une part et le blocus imposé par Israël d'autre part ont gravement détérioré leurs conditions de subsistance. Depuis avril 2017, ils souffraient d'une pénurie d'électricité en plus d'un mal-logement consécutif à la guerre de 2014. Certains observateurs s'alarmaient de cette crise humanitaire et craignaient une reprise d'un conflit ouvert avec les forces israéliennes.
Mais, c'est à Jérusalem que la tension s'accroît. En juillet 2017, 3 Palestiniens de nationalité israélienne lancent une attaque depuis l'esplanade des mosquées et tuent 2 soldats israéliens d'origine druze. Un fait inédit de par l'origine de l'offensive et l'identité à la fois des assaillants et des cibles : des Arabes de nationalité israélienne. Le gouvernement réagit en installant des portiques de sécurité devant l'esplanade, et remet donc en cause le *statu quo* qui régit le Lieu saint, car ni le pouvoir jordanien ni le *Waqf,* la fondation religieuse jordanienne en charge de l'esplanade, n'ont été consultés. Les manifestations et heurts s'intensifient, les musulmans refusent d'aller prier sur l'esplanade. La Jordanie négocie directement avec Israël : les portiques, puis les caméras qui les avaient remplacés sont finalement retirés.
L'affaire n'aura pas suffi à faire oublier les 3 enquêtes pour soupçon de corruption qui visent Benyamin Netanyahou et son entourage.

Une politique confortée par les États-Unis

Quelle victoire pour Benyamin Netanyahou, lorsqu'en décembre 2017 ***le président américain reconnaît Jérusalem comme capitale de l'État d'Israël !*** Sans que ne soient jamais mentionnés les Palestiniens. Donald Trump rompt ainsi avec la politique de ses prédécesseurs les plus récents qui avaient opté pour une position plus médiane. Peu de temps après, il ferme la représentation palestinienne à Washington, interrompt les financements à l'UNRWA (Office de secours et de travaux des Nations unies pour les réfugiés palestiniens), fait voter une loi au Congrès (Anti-Terrorism Clarification Act) permettant à chaque Américain de poursuivre en justice un organisme étranger recevant de l'aide des États-Unis et soupçonné de « complicité dans des actes de guerre ». Résultat : par crainte de procès aux États-Unis, l'Autorité palestinienne renonce aux 60 millions de dollars d'aide américaine destinés à ses forces de sécurité.

Aucune condamnation non plus lorsque les colonies poursuivent leur expansion ou lorsque ***la Knesset vote une loi fondamentale (constitutionnelle) qui reconnaît Israël comme « l'État-nation du peuple juif »***, dans laquelle « l'État considère le développement de l'implantation juive comme un objectif national ». Par ailleurs, l'arabe n'est plus considéré comme une langue officielle à côté de l'hébreu. Plus symbolique ? Difficile. Le président Reuven Rivlin estime qu'il s'agit d'« une loi mauvaise pour Israël et mauvaise pour le peuple juif ». Elle va à l'encontre de la Déclaration d'indépendance de 1948, qui affirmait « les principes de liberté, de justice, et de paix » pour tous les habitants.

La négation de l'autre est avalisée et soutenue outre-Atlantique : en mars 2019, ***Donald Trump reconnaît la légitimité israélienne sur le plateau du Golan.*** Il viole ainsi les résolutions 242 et 338 des Nations unies et invalide l'idée qu'Israël puisse revenir aux frontières d'avant 1967. Ce que confirme aussi l'ambassadeur US à Jérusalem, David Friedman qui, en juin 2019, déclare que le gouvernement israélien a « le droit », « sous certaines circonstances », « de conserver une partie, mais pas toute de la Cisjordanie ».

Malgré tout, Donald Trump annonce que le processus de paix israélo-palestinien n'est pas mort. C'est Jared Kushner, son gendre, qui est chargé de le relancer et de faire venir Mahmoud Abbas à la table des négociations. Le ***« Deal du siècle »,*** comme l'appelle l'administration Trump, doit « enfin » résoudre le conflit qui dure depuis plus de 70 ans. À la suite de John Kerry en 2013 et de l'échec de son miniplan Marshall, une conférence est organisée au Bahreïn en juin 2019 pour aborder l'aspect économique du plan. Palestiniens et Israéliens sont absents. Il promet un monorail entre Gaza et la Cisjordanie, la 5G, un million d'emplois, le doublement de la croissance, etc. Or, les freins au développement de la croissance palestinienne sont connus (lire la rubrique « Économie » dans la partie « Palestine : hommes, culture, environnement »). Un appât, selon les Palestiniens, pour leur faire accepter le volet politique du dossier. Mais celui-ci verra-t-il le jour ? Car après les élections israéliennes, en septembre 2019, a commencé la période électorale aux États-Unis.

Benyamin Netanyahou dans la tourmente

Fort de cet appui américain, mais tout de même embarrassé par les procédures judiciaires en cours, ***Benyamin Netanyahou dissout le Parlement*** en décembre 2018. Il entend s'assurer une majorité confortable qui lui permettrait, entre autres, de faire passer une loi (appelée « French law » !), lui accordant l'immunité en cas de mise en examen (il finira par y renoncer début 2020). Ses opposants s'organisent. Les plus sérieux, de centre droit, forment une coalition « Bleu et Blanc » avec Benny Gantz à sa tête. La campagne, fragmentée par de nombreux partis, est qualifiée de « violente ». Le 9 avril 2019, le Likoud du 1er ministre et « Bleu et Blanc » obtiennent chacun 35 sièges : ***pas assez pour gouverner.*** Le président Reuven Rivlin demande néanmoins au candidat sortant de former un gouvernement.

Mais coup de théâtre : avant la date fatidique des 50 jours de délai, Avigdor Lieberman, son ancien ministre et directeur de cabinet le lâche. En cause, une exigence du parti nationaliste qui demande la fin progressive de l'exemption de service militaire pour les dizaines de milliers d'étudiants des *yeshivot* (écoles talmudiques), ce que refuse le 1er ministre allié aux partis ultra-orthodoxes. Le 30 mai, ***le Parlement est dissout*** et de ***nouvelles élections*** sont prévues pour le 17 septembre.

À la suite du vote, le procureur devait entendre Benyamin Netanyahou dans 3 affaires : pour « corruption » (impliquant des membres de sa famille), pour « abus de confiance » et « fraude », 2 dossiers qui mettent en cause ses liens avec la presse (lire plus loin la rubrique « Médias. Liberté de la presse » dans « Israël : hommes, culture et environnement »).

Et les Palestiniens aussi

La question palestinienne, très peu évoquée par les candidats lors des élections législatives, peu soulevée aussi par la communauté internationale et notamment l'Union européenne, laisse les habitants de Cisjordanie et de Gaza à leur sort... et face à leurs dirigeants. ***La situation s'aggrave sans discontinuer.*** Dans ***la bande de Gaza,*** la population entame une nouvelle forme de résistance pacifique, appelée la ***« Grande Marche du retour »,*** qui se déroule chaque vendredi depuis mars 2018. Non sans tragédies et morts de manifestants qui ont succombé aux tirs israéliens. Le Hamas n'est pas à l'origine de l'événement mais le tolère. Il faut dire que le décalage continue de se creuser entre les Gazaouis et leurs leaders. En mars 2019, des milliers d'habitants ont manifesté contre leurs conditions de vie, mettant aussi en cause ses dirigeants. Les rassemblements ont été durement réprimés par le Hamas. ***La situation économique, sociale, sanitaire est d'une extrême gravité.*** Et l'enclave ne peut espérer aucun soutien de Mahmoud Abbas. Le président de l'Autorité palestinienne sape tout rapprochement entre Israël et le Hamas par crainte de se voir évincé de la scène géopolitique. Il n'hésite pas non plus à asphyxier financièrement son voisin, qui fait donc face à 2 blocus (israélien et égyptien), plus à des mesures retorses des dirigeants palestiniens eux-mêmes.
En Cisjordanie, les vieux caciques s'accrochent au pouvoir. Et rien n'évolue. En décembre 2018, Mahmoud Abbas a dissous le parlement qui ne s'est pas réuni depuis 2007, si bien que les élections législatives, censées se tenir 6 mois plus tard, n'ont pas eu lieu. Le 1er ministre Rami Hamdallah a démissionné. ***La corruption gangrène complètement le pouvoir*** et siphonne les fonds. La population exsangue veut des changements.

Des peuples sans dirigeant

Comme les précédentes, les élections de septembre 2019 ne dégagent pas de majorité claire. Le président Rivlin déclare Benyamin Netanyahou le plus apte à former un nouveau gouvernement. Sans succès. Benny Gantz, appelé à son tour, ne fait pas mieux. De nouvelles élections sont annoncées pour le 2 mars 2020. Les Israéliens assistent au même scénario. Si bien que l'improbable se produit : les 2 hommes forment « un ***gouvernement d'union et d'urgence*** », provoquant un schisme au sein de la coalition « Bleu et Blanc ». Benny Gantz, contraint à de nombreux renoncements, promis au poste de 1er ministre par alternance 18 mois après un 1er mandat assumé par Benyamin Netanyahou, reste le grand perdant de l'affaire. Qu'à cela ne tienne ! En avril 2020, la sortie de crise est enfin proclamée après 3 élections successives, 16 mois de batailles, de compromis et de blocages. Le mariage forcé se maintient tout de même 8 mois au pouvoir, rompu par les députés qui rejettent un texte sur le budget. Le parlement est dissous le 22 décembre, les Israéliens retourneront voter le 23 mars 2021 pour la 4e fois en moins de 2 ans. Pendant toute cette période, le gouvernement de transition, toujours dirigé par Benyamin Netanyahou, se contente de gérer les affaires courantes. À cette crise politique sans fin s'ajoutent les ralentissements et coups d'arrêt liés à la pandémie... qui a aussi parfois bon dos. Ainsi, les tribunaux fonctionnent au ralenti, ce qui conduit à un ***énième report du procès du 1er ministre,*** qui devait s'ouvrir le 17 mars 2020. Après une 1re audience de quelques heures en mai 2020, il faut attendre février 2021 pour que la Cour de Jérusalem reprenne le procès, peu avant les élections.
Indéboulonnable, Mahmoud Abbas l'est aussi. Le président de l'Autorité palestinienne (AP) est en poste depuis 2005 et n'a pas organisé d'élections depuis 2006.

En 2020, il a mené une ***croisade diplomatique contre « le plan de paix » de Donald Trump*** auprès de l'ONU, de la Ligue arabe et de l'Union africaine. Mais la signature des accords entre Israël et plusieurs États arabes (Bahreïn, Émirats arabes unis, Maroc) lui porte un nouveau coup rude, alors même que de jeunes militants réclament la dissolution de l'AP et que ***la perspective des 2 États s'éloigne chaque année un peu plus.*** Le vieux raïs, affaibli, ne s'avoue toujours pas vaincu. Pour repousser la perspective d'un éventuel échec, il annule de nouveau les élections qui devaient se tenir en 2021, officiellement en raison des heurts à Jérusalem-Est. Officieusement, par crainte de perdre les élections au profit du Hamas. Quelle crédibilité possèdent encore les dirigeants palestiniens auprès de leur propre population et sur la scène internationale ?

Des politiques à l'épreuve de la Covid

À l'approche de la pandémie, Israël fait partie des premiers États à fermer leurs frontières, dès le 5 mars 2020, et à confiner leur population. Ce qui ne va pas sans créer de la colère parmi les Israéliens, qui dénoncent dans la rue une crise démocratique sans précédent : blocage politique, absence de parlement, mesures autoritaires prises pour tracer les portables de personnes contaminées sans leur accord, et les inculpations dont fait l'objet le 1er ministre. ***Le vide gouvernemental ne favorise pas une politique de santé publique cohérente.*** Si le bilan de la 1re vague reste malgré tout moins mauvais que dans bien d'autres pays, grâce à des décisions précoces, en revanche, la 2e vague, qui sévit à partir de l'été 2020, est beaucoup plus meurtrière. Benyamin Netanyahou reconfine le pays en septembre 2020.
Parmi les victimes de la Covid, les ultra-orthodoxes ont payé un lourd tribut. Plus du tiers des décès lors de la 1re vague appartenait à cette communauté densément peuplée, qui a refusé d'appliquer les gestes barrières (ils leur ont ensuite été imposés par les forces de sécurité).
Que ce soit ***en Cisjordanie ou à Gaza, les limitations de déplacements,*** qui ont déjà cours depuis des décennies, ***sont encore plus strictes qu'à l'accoutumée***. À Gaza, le Hamas a déclaré l'état d'urgence fin août 2020 et imposé un confinement à l'ensemble de la population, dégradant encore plus les conditions de vie des habitants. Le nombre de suicides, sans doute sous-évalué, a augmenté (y compris chez les femmes, et même les enfants). Israël, contrôlant les frontières, a laissé traverser les urgences sanitaires les plus graves (lire aussi en fin de guide, la partie consacrée à Gaza). En Cisjordanie, les attaques de colons ou les démolitions de maisons par l'armée israélienne ont continué à un rythme soutenu pendant la crise sanitaire, ajoutant encore plus de précarité à des situations déjà difficiles.
Dès la fin 2020, le gouvernement israélien a commandé massivement des vaccins Pfizer et mené une ***campagne offensive de vaccination.*** Fin mars 2021, la moitié de la population avait reçu ses 2 doses, bien avant le reste du monde. En Cisjordanie, alors même que de nombreux travailleurs rejoignent quotidiennement Israël, la vaccination a commencé mi-mars 2021, grâce au dispositif ***Covax*** et à la Chine (les colons ont, quant à eux, été pris en charge par Israël). Les Gazaouis ont reçu des doses russes.
Début août 2021, face à une recrudescence de cas dus au variant Delta, Israël déplorait 698 morts pour 1 million d'habitants, 690 en Palestine (1 712 en France à la même période).

Nouvelle escalade de violence

Le Hamas a-t-il privé la jeunesse palestinienne d'une contestation pacifique et populaire ? Un mouvement civique qui, depuis plusieurs années, a pris de l'ampleur en Cisjordanie (***les manifestations du vendredi***) et à Gaza (avec la « Grande Marche du retour »), à chaque fois sans l'appui des dirigeants. Or, ***aussi bien le Hamas que l'Autorité palestinienne et le gouvernement israélien se trouvent déstabilisés*** par ces rassemblements qu'ils ne contrôlent pas. Face à la contestation, le Hamas et Israël n'ont d'autre voie d'expression que la violence.

Ces mobilisations cassent surtout le « rituel » d'affrontements entre, désormais, 2 forces militaires. Au milieu, les Palestiniens cherchent une autre solution, tant à Jérusalem qu'en Cisjordanie ou à Gaza.
Dans un climat politique tendu, nourri par le poids croissant de l'extrême droite, les étincelles peuvent vite s'embraser. Face aux suprémacistes juifs qui scandent, en avril 2021, « mort aux Arabes ! » lors de marches aux abords de la vieille ville de Jérusalem, des Palestiniens ont manifesté 2 semaines durant contre les limitations de circulation imposées par l'armée israélienne, qui cherchait à éviter les interactions entre les groupes. Parallèlement, une protestation, commencée sur les réseaux sociaux, s'est amplifiée dans la rue pour dénoncer l'expulsion de plusieurs familles dans le quartier de Sheikh Jarrah, à Jérusalem-Est. Ces rassemblements ont été durement réprimés par les forces de l'ordre israéliennes.
L'ONG israélienne La Paix Maintenant rappelle, dans un rapport publié en avril 2021, que les tribunaux ont autorisé depuis début 2020 l'expulsion de 36 familles palestiniennes, soit 165 personnes, habitantes du quartier de Silwan et de Sheikh Jarrah. Plus d'une centaine d'autres familles se retrouvent sous le coup de procédures similaires engagées par des organisations de colons. Les familles ne reçoivent pas de compensation, ne sont pas relogées et doivent, de plus, payer les frais de justice ! Les juges se basent sur une loi de 1970 selon laquelle les Juifs peuvent revendiquer des habitations, qui appartenaient à leur communauté (aucun lien familial n'est demandé), avant que la Jordanie n'occupe l'est de la ville à partir de 1948. Les Palestiniens qui les habitent depuis 1956 sont des réfugiés installés ici avec l'aide de l'UNRWA (Office de secours et de travaux des Nations unies pour les réfugiés palestiniens). Conformément à la loi israélienne de 1950, ils n'ont pas le droit de récupérer leurs biens perdus à Jérusalem-Ouest ou ailleurs en Israël après la guerre. Selon les Nations unies, ***ces expulsions***, qui se déroulent ***« dans un contexte d'expansion des colonies israéliennes »***, tant à Jérusalem-Est qu'en Cisjordanie, ***« constitueraient une violation du droit international »***. Après un report d'audience à la Cour suprême début mai 2021, la décision du procureur général se fait toujours attendre. Ces événements ont retenti avec force dans le reste de la Palestine, mais aussi en Israël et en Occident. Des heurts entre Juifs et Arabes israéliens ont eu lieu dans plusieurs villes mixtes d'Israël. Ce qui reste rare. L'esplanade des Mosquées a aussi été le théâtre d'affrontements entre musulmans et policiers israéliens. Le Hamas est entré en scène le 10 mai en envoyant des roquettes, certaines ayant déjoué le bouclier antimissile israélien. Privé d'élections (annulées par le Fatah), désireux de s'ériger en unique défenseur des Palestiniens, apportant une autre visibilité aux tensions israélo-palestiniennes, il a fait des Gazaouis les principales victimes du conflit : 256 morts (12 côté israélien) et 2 257 blessés (357 Israéliens). En Israël, plus de 2 000 personnes, essentiellement des Arabes, ont été arrêtées.
L'Égypte et la Jordanie ont servi d'intermédiaires pour négocier un cessez-le-feu, fragile, puisque les hostilités ont temporairement repris mi-juin suite à une marche organisée (et autorisée) à Jérusalem-Est par les nationalistes et l'extrême droite israélienne.
Ces événements tragiques se sont déroulés alors qu'une nouvelle tentative de former un gouvernement mobilisait les dirigeants israéliens après les élections du 23 mars. Ils ont peut-être contribué à souder les opposants de Benyamin Netanyahou autour d'un même objectif : l'évincer du pouvoir.

Changement d'ère ?

Après des semaines de tergiversations et de manœuvres politiciennes, Yaïr Lapid (parti du centre) annonce le 2 juin 2021 la ***formation d'un gouvernement de coalition, alliant pas moins de 8 partis***, de l'extrême droite religieuse à la gauche, en passant par le centre et un parti islamiste (pour la 1re fois dans l'histoire d'Israël). La société israélienne, aujourd'hui fragmentée comme jamais, a obtenu des leaders

politiques une alliance qui reflète tout le panel de ses opinions : à la fois conservatrice, religieuse et progressiste d'une population juive et arabe.
Naftali Bennett fut directeur de cabinet de Benyamin Netanyahou de 2006 à 2008 avant de créer son propre parti nationaliste et religieux, le Foyer juif. C'est lui qui prendra la tête du gouvernement jusqu'en 2023, date à laquelle ***Yaïr Lapid*** devrait le remplacer. Comment un tel mariage pourra-t-il durer ?
Comment concilier des positions opposées sur plusieurs thématiques ? Qu'en sera-t-il des pourparlers avec les Palestiniens entre un Naftali Bennett qui soutient l'annexion des territoires palestiniens, une gauche qui la refuse, tout comme le leader islamiste, Mansour Abbas ? Les différentes personnalités devront s'entendre, au risque de voir Benyamin Netanyahou s'imposer de nouveau.
Quel avenir pour les Palestiniens eux-mêmes ? Le Hamas poursuit son régime autocratique et tente toujours d'exister au-delà de Gaza. Cherchera-t-il à saper les projets du nouveau gouvernement ? La Cisjordanie reste politiquement archi-sclérosée par des dirigeants déconnectés de la population et de la jeunesse, et de plus en plus répressifs à l'égard de la moindre opposition. Celle-ci soulève l'espoir d'une nouvelle ère. Encore faudrait-il que des élections démocratiques leur redonnent une voix et un avenir.

PRINCIPALES DATES HISTORIQUES

Avant J.-C.

- ***IIIe millénaire av. J.-C. :*** les Cananéens, un peuple sémite, partagent la terre de Canaan avec les Amorrites et les Hivvites.
- ***Vers 1000 :*** le roi David fait de Jérusalem la capitale de son royaume.
- ***969-930 :*** règne de Salomon. Il entreprend la construction du temple de Jérusalem.
- ***586 :*** Nabuchodonosor, roi de Babylone, envahit le royaume, détruit le Temple et déporte une grande partie de la population.
- ***538 :*** Cyrus, roi des Perses, prend Babylone. Les exilés peuvent retourner à Jérusalem et reconstruire le Temple.
- ***332 :*** fin de la domination perse, occupation grecque.
- ***IVe-IIIe s :*** développement de la Diaspora dans l'Empire grec.
- ***167 :*** révolte des Maccabées.
- ***63 :*** la Judée est rattachée à l'Empire romain.

Après J.-C.

- ***66-74 :*** révolte des Juifs contre l'occupant.
- ***70 :*** les Romains détruisent le Temple et Jérusalem.
- ***73 :*** chute de Massada, dernière citadelle juive.
- ***132-135 :*** révolte contre les Romains dirigée par Simon Bar Kokhba, elle s'achève dans le sang ; fin de la souveraineté juive.
- ***Ve-VIIIe s :*** peuplement progressif par les Arabes venus du désert.
- ***VIIe s :*** naissance de l'Islam.
- ***634-644 :*** califat d'Omar.
- ***660-750 :*** règne des Omeyyades.
- ***710 :*** construction de la mosquée Al-Aqsa à Jérusalem.
- ***750-1258 :*** règne des Abbassides.
- ***1099 :*** les croisés conquièrent Jérusalem.
- ***1187 :*** les chrétiens sont défaits à Hittim par Salah ed-Din (Saladin).
- ***1291 et années suivantes :*** les croisés perdent leur dernière position, Saint-Jean-d'Acre. Les mamelouks se rendent maîtres de la Palestine.
- ***1517-1917 :*** domination des Turcs ottomans.
- ***1901 :*** Herzl crée le Fonds national juif.

– ***1909 :*** 1er kibboutz en Palestine.
– ***1917 :*** déclaration du ministre anglais Balfour, promettant l'établissement d'un Foyer national juif en Palestine. Les Juifs américains et britanniques participeront à l'effort de guerre contre l'Allemagne. Le général Allenby entre à Jérusalem.
– ***1922 :*** mandat de l'Angleterre sur la Palestine.
– ***1933 :*** Hitler prend le pouvoir en Allemagne. Des dizaines de milliers de Juifs émigrent en Palestine.
– ***1946 :*** Begin, chef de l'Irgoun, armée secrète qui lutte contre les Anglais, fomente un attentat contre l'armée britannique (explosion à l'hôtel *King David*).
– ***1947 :*** décision de l'ONU en faveur du partage de la Palestine ; partage rejeté par les Arabes.
– ***1948 :*** Ben Gourion proclame, le 14 mai, l'indépendance d'Israël.
– ***1948-1949 :*** guerre israélo-arabe.
– ***1949 :*** Israël entre à l'ONU.
– ***1956 :*** campagne du Sinaï.
– ***1967 :*** guerre des Six-Jours, après laquelle les troupes israéliennes occupent le Sinaï, la bande de Gaza, la rive occidentale du Jourdain, le quartier oriental de Jérusalem et les hauteurs du Golan.
– ***1973 :*** l'Égypte et la Syrie lancent une attaque-surprise le long du canal de Suez et sur le Golan. C'est la guerre du Kippour. Décès de David Ben Gourion, considéré comme le père de l'État d'Israël.
– ***1977 :*** Menahem Begin, 1er ministre. Visite de Sadate à Jérusalem.
– ***1978 :*** accords de Camp David.
– ***1979 :*** le Conseil de sécurité de l'ONU déclare dans sa résolution 446 que « la politique et les pratiques israéliennes consistant à établir des colonies de peuplement dans les territoires palestiniens et autres territoires arabes occupés depuis 1967 n'avaient aucune validité en droit et faisaient gravement obstacle à l'instauration d'une paix générale, juste et durable au Moyen-Orient ».
– ***1982 :*** début de l'opération « Paix en Galilée », Israël envahit le Sud-Liban. Israël, par ailleurs, finit de restituer à l'Égypte tout le Sinaï.
– ***1985 :*** retrait des troupes israéliennes du Liban.
– ***1987-1988 :*** manifestations violentes dans les territoires.
– ***1989 :*** c'est l'Intifada, la « guerre des Pierres ». Réveil de la conscience nationale des Palestiniens. Durcissement des positions des colons de Cisjordanie sous l'influence de l'extrême droite religieuse. Cabinet d'union nationale travaillistes-Likoud en crise. Premiers contacts entre la diplomatie américaine et l'OLP.
– ***1990 :*** début de la vague d'immigration des Juifs de l'ex-Union soviétique. Environ 900 000 immigrants arrivent en quelques années.
– ***1991 :*** la guerre du Golfe et ses conséquences ont montré l'urgence d'un dialogue entre les différentes communautés.
– ***1992 :*** le 23 juin, victoire électorale des travaillistes aux élections législatives. Ce tournant politique conduira aux négociations directes entre Israéliens et Palestiniens.
– ***1993 :*** septembre, accords d'Oslo : reconnaissance mutuelle de l'OLP et d'Israël, projet de gestion des territoires de Gaza et de Jéricho contresigné par les 2 parties ; israéliens et palestiniens. C'est la fameuse poignée de main Rabin-Arafat à Washington le 13 septembre. Shalom, Salam...
– ***1994 :*** le 4 mai, au Caire, signature de l'accord reconnaissant l'autonomie palestinienne dans la bande de Gaza et à Jéricho. Le 9 mai, la police palestinienne prend possession de son quartier général à Gaza et, en juillet, c'est le retour triomphal de Yasser Arafat à Gaza après 27 ans d'exil. Le 26 octobre 1994, Israël signe un accord de paix avec la Jordanie, lui assurant la sécurité sur sa plus longue frontière.
– ***1995 :*** le 28 septembre, à Washington, signature de l'accord de Taba sur l'extension de l'autonomie palestinienne en Cisjordanie par Yitzhak Rabin et Yasser Arafat. Le 4 novembre, assassinat du 1er ministre Yitzhak Rabin par un activiste juif d'extrême droite.

– ***1996 :*** avril, opération « Raisins de la colère » au Liban. En mai, Benyamin Netanyahou (coalition droite-extrême droite) succède à Shimon Peres à la tête du gouvernement israélien.
– ***1997 :*** en janvier, signature d'un accord qui prévoit un retrait partiel de l'armée israélienne d'Hébron. En février, Benyamin Netanyahou annonce la création d'un nouveau quartier juif à Jérusalem-Est. Cette décision ranime les tensions du côté palestinien.
– ***1998 :*** accords de Wye Plantation qui prévoient un retrait israélien complémentaire de 13 % de la Cisjordanie. Le 30 avril, jubilé (50 ans) de l'État d'Israël.
– ***1999 :*** le travailliste Ehud Barak remporte les élections au mois de mai et devient 1er ministre. En septembre, modifications des accords de Wye Plantation à Charm-el-Cheikh et reprise des négociations sur le statut des territoires palestiniens. Le 25 octobre, ouverture d'un axe de circulation entre Gaza et la Cisjordanie, permettant aux Palestiniens d'aller et venir librement entre ces 2 zones.
– ***2000 :*** des négociations s'ouvrent entre Israël et la Syrie. En mai, retrait des troupes israéliennes du Sud-Liban. En juillet, échec des négociations sur le statut final de la Palestine à Camp David. Le 1er août, Moshe Katsav (de la droite israélienne) succède à Ezer Weizmann (démissionnaire) à la présidence du pays. Le 28 septembre, Ariel Sharon, encadré de soldats israéliens, se rend sur l'esplanade des Mosquées. Cette visite, vécue comme une provocation, marque le début d'une nouvelle Intifada qui tourne peu à peu à la guerre (300 morts en 10 semaines). Le 12 novembre, mort de Leah Rabin, grande militante pour la paix. En décembre, démission du 1er ministre Ehud Barak.
– ***2001 :*** Ariel Sharon (Likoud) devient 1er ministre. L'armée israélienne assassine Abou Ali Mustafa, le chef du parti communiste palestinien (FPLP). Des membres dudit parti assassinent ensuite à Jérusalem Rehavam Zeevi, le ministre israélien du Tourisme.
– ***2002 :*** le Conseil de sécurité de l'ONU adopte la résolution 1387 qui mentionne la perspective de 2 États vivant côte à côte, à l'intérieur de frontières reconnues et sûres. Après une série d'attentats-suicides en Israël, l'armée lance l'opération « Rempart » et réoccupe les principales villes palestiniennes. Le quartier présidentiel de Ramallah est assiégé. Début de la construction du mur.
– ***2003 :*** Mahmoud Abbas devient 1er ministre de Palestine. Sharon et Abbas acceptent la feuille de route pour la paix proposée par le Quartet en 2002.
– ***2004 :*** Sheikh Ahmad Yassine, fondateur du Hamas, est assassiné à Gaza. Yasser Arafat décède à l'hôpital militaire de Clamart en France. 3 attentats-suicides (en août, octobre et novembre), revendiqués tour à tour par le Hamas ou le Djihad islamique, sont perpétrés en Israël, faisant 27 morts et près de 150 blessés. La Knesset approuve la proposition de Sharon du désengagement des colonies de Gaza. La Cour internationale de justice (CIJ) déclare le mur illégal et demande son démantèlement.
– ***2005 :*** Mahmoud Abbas devient président de l'Autorité palestinienne. Israël démantèle ses dernières colonies de Gaza et l'armée évacue 8 000 colons.
– ***2006 :*** victoire du Hamas lors des 2es élections législatives de Palestine. Les États-Unis et l'Europe gèlent l'aide financière à la Palestine. Après des attaques cérébrales, Ariel Sharon est placé en coma artificiel ; il est remplacé par Ehoud Olmert. Le soldat franco-israélien Gilad Shalit est enlevé par le Hamas. Israël riposte par une vaste offensive militaire sur Gaza. La 2e guerre israélo-libanaise (et 6e guerre israélo-arabe) éclate suite à la capture de 2 soldats israéliens dans le sud du Liban par le Hezbollah.
– ***2007 :*** le Hamas prend le contrôle de la bande de Gaza. Israël impose un blocus sur Gaza. Fatah et Hamas s'affrontent dans des heurts violents qui font une centaine de victimes. La Palestine a 2 gouvernements, le Hamas est élu à Gaza et un gouvernement intérimaire en Cisjordanie.
– ***2008 :*** à Annapolis, Olmert et Abbas négocient un traité de paix d'ici à la fin de 2008. Au lendemain de Noël, Israël lance l'offensive militaire « Plomb durci » sur

la bande de Gaza suite à des tirs de roquettes continus depuis Gaza. Raids aériens et invasion terrestre tuent 1 400 Palestiniens et 13 Israéliens.

– ***2009 :*** Benyamin Netanyahu (Likoud) est élu 1er ministre. Avigdor Lieberman, membre du parti nationaliste Israel Beytenu (Israël Notre Maison) devient ministre des Affaires étrangères en Israël.

– ***2010 :*** Israël rejoint l'OCDE.

– ***2011 :*** en mars, une bombe à la gare routière de Jérusalem fait un mort et 31 blessés. En juillet-août, protestations sociales en Israël. Des centaines de milliers d'Indignés réclament le droit à un logement abordable. En septembre, Mahmoud Abbas introduit une requête officielle d'adhésion à l'ONU, demande refusée 2 mois plus tard. En octobre, le soldat Gilad Shalit, capturé en 2006, est libéré contre 1 000 prisonniers palestiniens. Fin octobre, la Palestine devient membre de l'Unesco.

– ***2012 :*** en janvier, manifestations massives des laïcs israéliens contre les atteintes aux droits des femmes par les extrémistes juifs religieux. Le 6 février, réconciliation officielle entre le Fatah et le Hamas à Doha. Le 14 mai, l'administration pénitentiaire israélienne répond aux demandes de 4 700 prisonniers palestiniens (fin de la détention administrative et de l'isolement carcéral, possibilité pour les familles gazaouies de rendre visite aux détenus), mettant un terme à la plus longue grève de la faim menée dans les prisons israéliennes.

En juin, regain de tensions entre la bande de Gaza et Israël, ainsi qu'à la frontière égyptienne. Bilan : plusieurs morts côté palestinien, blessés côté israélien. L'ancien 1er ministre israélien Yitzhak Shamir décède à l'âge de 96 ans.

En octobre, le Fatah remporte la majorité des municipalités en Cisjordanie. Pendant ce temps, le Parlement israélien s'est autodissous.

En novembre, Benyamin Netanyahou relance la construction de 2 713 logements pour les colons de Jérusalem-Est et de Cisjordanie. Le 14 novembre, Israël lance l'opération « Pilier de défense » sur la bande de Gaza. L'Égypte joue les intermédiaires pour obtenir un cessez-le-feu, annoncé le 22 novembre. Bilan : 135 morts et 1 400 blessés côté palestinien, 6 tués et 224 blessés côté israélien. Le 29 novembre, la Palestine accède au statut d'observateur, non membre, à l'ONU. Suite à ce vote, Israël annonce la construction de plus de 3 400 nouvelles habitations, près de Jérusalem (côté cisjordanien), avec pour but de relier Ma'ale Adumim, la grande colonie israélienne (7 km à l'est de Jérusalem) aux blocs d'implantations de Jérusalem-Est. Un plan, baptisé « E1 », qui risque de couper totalement Jérusalem du reste de la Cisjordanie, selon Ban Ki-moon, sans compter le déplacement forcé des familles qui habitent la région.

– ***2013 :*** en janvier, Khaled Mechaal (Hamas) et Mahmoud Abbas (Fatah) tentent une réconciliation au Caire. Le parti de Benyamin Netanyahou remporte les législatives, mais en sort affaibli. Il doit s'allier à la fois aux centristes et à l'extrême droite. Côté palestinien, le 1er ministre Salam Fayyad démissionne en juin. Il est remplacé par Rami Hamdallah. En octobre, fort taux d'abstention (58 %) aux municipales en Israël, l'Autorité palestinienne ayant appelé au boycott à Jérusalem-Est. En novembre, près de 2 000 Bédouins et Arabes israéliens manifestent contre ***le plan « Prawer »*** qui prévoit le déplacement de 30 000 à 40 000 Bédouins du Néguev (expropriation de terres et destruction de villages). Projet finalement suspendu à l'époque, mais qui n'a pas empêché les démolitions et expropriations de se poursuivre jusqu'à aujourd'hui. Fin novembre, Benyamin Netanyahou rejette l'accord sur le nucléaire signé entre l'Iran et le Conseil de sécurité (plus l'Allemagne). Les relations avec les États-Unis se crispent un peu plus. Le pays est isolé sur la scène internationale. En décembre, les scientifiques français confirment que Yasser Arafat est décédé de mort naturelle et contredisent leurs homologues suisses, qui avaient soutenu l'éventualité d'un empoisonnement au polonium. Le Parlement israélien vote une loi sanctionnant de 1 an de prison (sans procès) toute personne entrée clandestinement en Israël.

– ***2014 :*** début janvier, 30 000 demandeurs d'asile originaires d'Afrique (majoritairement d'Érythrée et du Soudan) manifestent à Tel-Aviv, puis à Jérusalem pour protester contre la politique d'immigration d'Israël. Le 11 janvier, Ariel Sharon meurt après 8 ans de coma. Le 2 juin, le Hamas et le Fatah annoncent la création d'un gouvernement d'union nationale. En juillet, assassinat de 3 adolescents juifs. En représailles, Israël mène l'opération « Bordure protectrice » dans la bande de Gaza, qui provoque une catastrophe humanitaire (2 251 morts côté palestinien, signant là le plus grand nombre de victimes civiles depuis 1967, 100 000 personnes déplacées à l'intérieur du territoire). Une intervention disproportionnée aux yeux de la communauté internationale. Le 2 décembre, l'Assemblée nationale française vote à une large majorité la reconnaissance d'un État palestinien. Un vote symbolique. Le 9 décembre, Benyamin Netanyahou dissout la Knesset.

– ***2015 :*** le 3 mars, Netanyahou prononce un discours devant le Congrès américain contre l'administration Obama qui négocie un accord avec l'Iran. Le 17 mars, il remporte les élections législatives et forme un gouvernement, très marqué à l'extrême droite. Le 1er avril, la Palestine intègre la Cour pénale internationale. Le 13 mai, le Vatican reconnaît l'État de Palestine. Le 17 juin, le Fatah et le Hamas renoncent à un gouvernement d'union nationale. Dans le même temps, Israël entame des pourparlers avec le Hamas. Le 22 juin, une commission indépendante diligentée par l'ONU rend son rapport sur l'opération « Bordure protectrice » et conclut à des crimes de guerre commis à la fois par les Israéliens et les Palestiniens.

En juillet et août, mort de 2 jeunes Palestiniens (en Cisjordanie et dans la bande de Gaza) : s'ensuit une montée de la violence entre Palestiniens et forces armées israéliennes. L'armée israélienne restreint l'accès à l'esplanade des Mosquées. Violence accrue aussi de la part des Juifs extrémistes : plusieurs personnes blessées et une jeune fille qui manifestaient à la Gay Pride de Jérusalem assassinée. Des colons incendient une maison en Cisjordanie faisant 2 morts (dont un bébé) et 2 blessés graves. Netanyahou promet « une tolérance zéro » face à cet « acte terroriste ». Le 22 août, Mahmoud Abbas démissionne de son poste de président de l'OLP. Le 30 septembre, le drapeau palestinien est hissé devant le siège des Nations unies à New York.

En octobre, l'armée israélienne tue un enfant de 13 ans. Les funérailles dégénèrent en affrontement. Nouvelle escalade de violences, qui fera en 2 mois 99 morts côté palestinien, 17 côté israélien. Un millier de personnes sont emprisonnées. Manifestations quotidiennes au niveau des check-points. Les Palestiniens attaquent le tombeau de Joseph à Naplouse, sacré pour les Juifs. En novembre, l'Union européenne met en place l'étiquetage des produits fabriqués dans les colonies de Cisjordanie.

– ***2016 :*** en janvier, attaque d'un bar à Tel-Aviv par un Palestinien israélien. Bilan : 2 morts et 7 blessés. En mars, pour mettre fin à la grève des enseignants, Mahmoud Abbas consent à une hausse de salaire prévue depuis... 2013. En juin, attentat à Tel-Aviv faisant 4 victimes. L'Égypte se pose en médiateur du conflit israélo-palestinien. En septembre, Shimon Pérès meurt suite à un AVC.

– ***2017 :*** en février, la Knesset vote une loi légalisant l'expropriation de terres palestiniennes en Cisjordanie par des colons qui créent des avant-postes, en contradiction avec la loi en vigueur dans les territoires occupés depuis 1967. Des organisations de défense des Droits de l'homme saisissent la Cour suprême. En avril, entre 900 et 1 600 prisonniers palestiniens entament une grève de la faim qui s'achèvera 40 jours plus tard. En mai, les élections municipales se tiennent en Cisjordanie. Ismaïl Haniyeh remplace Khaled Mechaal à la tête du Hamas. Le parti modifie sa charte pour reconnaître l'éventualité d'un État palestinien dans les frontières de 1967. Visite de Donald Trump en Israël et en Cisjordanie. La position du nouveau président américain reste floue.

Grave crise humanitaire à Gaza. En juin, les Gazaouis ne bénéficient plus que de 3h d'électricité par jour suite à l'arrêt de l'unique centrale. L'Autorité palestinienne

a cessé de financer son fonctionnement depuis le mois d'avril, et Israël a réduit sa distribution en juin. Le gouvernement égyptien, en froid avec le Hamas, propose toutefois de dépanner son voisin.
En juillet, de nouveaux heurts ont lieu devant l'esplanade des Mosquées. Le 6 décembre, Donald Trump reconnaît Jérusalem comme capitale d'Israël et annonce le déménagement de l'ambassade des États-Unis de Tel-Aviv à la Ville sainte (plusieurs pays lui emboîteront le pas). Le 30 décembre, 2 mois après l'annonce du retrait des États-Unis, Israël officialise à son tour son départ de l'Unesco (effectif dans un délai d'un an). Il est reproché à l'organisation d'avoir un parti pris anti-israélien. En cause, l'admission de la Palestine en 2011 et les polémiques sur Jérusalem et Hébron.
– ***2018 :*** en mars, une manifestation palestinienne, la « Grande Marche du retour », est brutalement réprimée par les forces israéliennes dans la bande de Gaza. En un peu plus d'un an, plus de 200 personnes côté palestinien mourront lors des manifestations ; et un soldat israélien. Le 14 mai, à l'occasion du 70e anniversaire de la naissance de l'État d'Israël, l'ambassade des États-Unis est inaugurée à Jérusalem. Le même jour, 60 Gazaouis sont tués par l'armée israélienne au cours de la manifestation pacifique. En juillet, la Knesset adopte une loi fondamentale définissant Israël comme « l'État nation du peuple juif » : Jérusalem est décrétée « capitale complète et unifiée ». En fin d'année, le roi Abdallah de Jordanie refuse le renouvellement d'un bail israélien sur les enclaves de Baqoura (au nord) et de Ghoumar (à l'extrême sud). Il s'agit de 10 km² fertiles, contenus dans des baux de 25 ans, annexés au traité de paix Jordanie-Israël de 1994. En décembre, le Parlement est dissous, de nouvelles élections se tiendront au printemps 2019.
– ***2019 :*** le 1er ministre froisse le pouvoir polonais en déclarant que « les Polonais ont collaboré avec les Allemands pour tuer les Juifs pendant la Seconde Guerre mondiale ». En mars, Donald Trump reconnaît la légitimité d'Israël sur le plateau du Golan. Un coup de pouce inespéré à la veille des élections législatives... mais pas suffisant puisque Benyamin Netanyahou arrive ex æquo avec la coalition « Bleu et Blanc » formée par Benny Gantz. Le président Rivlin lui confie néanmoins la formation du nouveau gouvernement. En avril, Mohammed Shtayyeh devient le nouveau chef du gouvernement de Cisjordanie. En mai, une confrontation armée meurtrière marque la frontière entre la bande de Gaza et Israël : 4 civils israéliens tués et plusieurs dizaines de victimes gazaouies. Fin mai, Benyamin Netanyahou, dans l'incapacité de former un gouvernement de coalition, dissout le Parlement pour la 2e fois en 5 mois et convoque de nouvelles élections pour le 17 septembre. Juste avant, pour conforter les ultranationalistes, il promet l'annexion de la vallée du Jourdain et des colonies de Cisjordanie.
– ***2020 :*** le 28 janvier, Donald Trump annonce « un plan de paix » dans lequel Israël obtient la souveraineté sur la vallée du Jourdain et annexe les colonies, qui deviennent partie intégrante de l'État israélien. Les Palestiniens le rejettent immédiatement, suivis, le 1er février, par la Ligue arabe. Le 7 mai, la Knesset valide le nouveau gouvernement d'union formé par Benyamin Netanyahou et Benny Gantz. Le 1er juillet, Benyamin Netanyahou renonce, pour l'instant, à l'annexion d'une partie de la Cisjordanie. Manœuvres diplomatiques tous azimuts de la part du président américain pour normaliser les relations entre Israël et plusieurs États arabes afin d'assurer une ligne de front contre l'Iran. Des accords sont signés le 13 août entre Israël et les Émirats arabes unis, le 11 septembre avec le Bahreïn, le 10 décembre avec le Maroc. Un rapprochement est également à l'œuvre avec le Soudan d'une part, le Kosovo d'autre part (reconnaissance mutuelle).
– ***2021 :*** le 3 mars, la CPI annonce l'ouverture d'une enquête pour les crimes qui se sont déroulés dans les territoires palestiniens depuis 2014. Le 23 mars, Benyamin Netanyahou arrive en tête aux élections, sans pour autant parvenir à une majorité à la Knesset. Le 30 avril, un pèlerinage juif orthodoxe au mont Méron est endeuillé par la mort de 45 personnes suite à une gigantesque bousculade. Le 21 mai, une trêve est conclue entre le Hamas et le gouvernement israélien après 11 jours de

conflits. Le 27 mai, le Conseil des Droits de l'homme de l'ONU adopte une résolution qui autorise une enquête internationale sur les crimes commis dans les territoires palestiniens occupés. Le 2 juin, Isaac Herzog devient le nouveau président d'Israël pour 7 ans. Élu par les députés, l'ex-chef du parti travailliste suit une tradition familiale : son père, Chaïm Herzog avait déjà occupé ce poste entre 1983 et 1993. Le 13 juin, le parlement valide le nouveau gouvernement de coalition, sans Benyamin Netanyahou pour la 1re fois depuis 12 ans. Le 24 juin, Nizar Banat, un activiste arrêté par la police palestinienne, meurt dans des conditions suspectes. Plusieurs manifestations réclament le départ de Mahmoud Abbas, qui, dans un déni de démocratie, a annulé les élections et réduit au silence toute opposition. Les protestations sont durement réprimées. Fin juillet, lors d'un rassemblement contre une colonie sauvage, les soldats israéliens blessent 150 manifestants palestiniens.

L'affaire Pegasus, du nom d'un logiciel espion développé par NSO, une entreprise israélienne, enflamme la communauté internationale. Elle interroge sur la régulation de l'industrie de surveillance électronique à l'échelle planétaire. Les clients de NSO, majoritairement des États répressifs, ciblent les opposants de leur régime, les défenseurs des droits de l'homme, les journalistes, et aussi des dirigeants étrangers (comme un des portables d'Emmanuel Macron espionné par le Maroc). Une façon aussi pour l'État israélien, qui autorise ces exportations de technologie, de nouer de nouvelles alliances commerciales et... diplomatiques avec les acheteurs.

ISRAËL UTILE

ABC d'Israël

- ***Population :*** 9 086 000 hab. en 2019 (6 720 000 Juifs, soit 74,2 % de la population ; 1 900 000 Arabes, soit 20,9 %, dont 85,1 % de musulmans sunnites, 7,1 % de chrétiens et 7,5 % de Druzes ; 466 000 personnes d'origines diverses : Arméniens, Circassiens...).
- ***Superficie :*** 20 770 km², dont 440 km² d'eau.
- ***Densité :*** 436 hab./km².
- ***Langue officielle :*** l'hébreu.
- ***Capitale :*** Jérusalem (936 400 hab., dont 36,9 % de Palestiniens). Cependant, de nombreux pays étrangers ne reconnaissent pas Jérusalem comme capitale et ont leur ambassade à Tel-Aviv.
- ***Villes principales :*** Tel-Aviv (460 600 hab.), Haïfa (285 300 hab.), Beer Sheva (209 700 hab.).
- ***Espérance de vie :*** 80 ans pour les hommes, 84 pour les femmes.
- ***Indice de développement humain :*** 0,919 ; soit 19e sur 189 pays.

AVANT LE DÉPART

Adresses et sites utiles

En France

Office national israélien de tourisme : *pas d'accueil de public. ☎ 01-42-61-85-88 ou 84. • infos@goisrael.gov.il • citiesbreak.com • Facebook : voyage.en.israel. Accueil tél lun-ven 9h-17h (13h ven).* Sur demande (par e-mail ou téléphone), envoi d'une documentation gratuite, dont une carte routière et une carte des pèlerins de Terre sainte, augmentée de renseignements historiques.

Ambassade et consulat d'Israël : *3, rue Rabelais, 75008 Paris. ☎ 01-40-76-55-00. • embassies.gov.il/paris • consularinfo@paris.mfa.gov.il • Ⓜ Franklin-D.-Roosevelt. Lun-ven 9h30-12h30, sur rdv seulement.*

En Belgique

Office de tourisme : *pas de bureau en Belgique, contacter l'office de tourisme à Paris (voir plus haut).*

Consulat d'Israël : *av. de l'Observatoire, 40, 1180 Uccle. ☎ 02-373-56-81. • embassies.gov.il/brussels • consular@brussels.mfa.gov.il • Service consulaire ouv lun-ven 9h30-12h30, sur rdv seulement.*

En Suisse

Office de tourisme : *pas de bureau, les Suisses francophones peuvent contacter l'office de tourisme à Paris (voir plus haut).*

Consulat d'Israël (Konsulat des Staates Israel) **:** *Alpenstrasse, 32, 3000 Berne 6. ☎ (031) 356-35-00. • embassies.gov.il/bern • Service consulaire lun-ven 10h30-13h30 (12h-14h par tél).*

Au Canada

Office de tourisme d'Israël : *180, Bloor St West, suite 700, Toronto (Ontario) M5S 2V6. ☎ 416-964-3784. • info.goisrael.com/en/canada • israel.*

travel • Lun-ven 8h30-17h. Ne reçoit pas de public.

■ ***Consulat général d'Israël :*** *2, Bloor St East, suite 400, Toronto (Ontario) M4W 1A8. ☎ 437-989-1948. • embassies.gov.il/toronto • Lun-ven 9h30-12h30, sur rdv seulement.*

Sur Internet

• ***routard.com*** • Le site de voyage n° 1 avec 750 000 membres et des millions d'internautes chaque mois. Partagez vos expériences avec la communauté de voyageurs : forums de discussions, avis, bons plans et photos. Pour s'inspirer et s'organiser, plus de 250 fiches pays actualisées avec les infos pratiques, les incontournables et les dernières actualités, ainsi que des reportages terrain et des carnets de voyage. Enfin, vous trouverez tout pour vos vols, hébergements, activités et voitures pour réserver votre voyage au meilleur prix. Routard.com, votre voyage de A à Z !

– Le ministère du Tourisme israélien a mis en place l'appli ***Goisrael*** pour smartphone, et une assistance en ligne sur WhatsApp au *☎ (972) (0)50-900-04-00.*

Formalités

Dans le cadre de la lutte contre la pandémie, ***des mesures spécifiques*** ont été mises en place par les autorités israéliennes. ***Elles évoluent en fonction de la situation sanitaire*** et concernent aussi bien les conditions d'entrée en Israël, que de retour dans son pays d'origine (il peut vous être demandé un test PCR négatif, une quarantaine, une autorisation spéciale...). Restez informé sur le site de l'ambassade d'Israël en France *(• embassies.gov.il/paris •)*, celui de l'ambassade de France en Israël *(• il.ambafrance.org •)*, celui du ministère français de l'Intérieur *(• interieur.gouv.fr •)*, ainsi que des Affaires étrangères *(• diplomatie.gouv.fr •)*, rubrique « Conseils aux voyageurs ». N'hésitez pas non plus à contacter votre compagnie aérienne ou votre agence de voyages.

Ces mesures s'ajoutent aux formalités nécessaires en temps normal :

– pour les ressortissants français, belges, suisses et canadiens, ***aucun visa*** n'est requis pour un séjour touristique de moins de 3 mois en Israël. Ils doivent présenter un ***passeport*** encore valable au moins 6 mois après la date de retour. À l'arrivée, la police israélienne (contrôle des passeports à l'aéroport Ben Gourion ou aux frontières terrestres) délivre un reçu volant avec photo et coordonnées. Plus de tampon sur le passeport ! Attention à ne pas le perdre : on vous le réclamera dans les hôtels au moment de l'enregistrement et à la sortie du territoire.

– Pour rester plus de 3 mois sur le territoire israélien, il faut déposer une demande de visa (payant) auprès du ministère de l'Intérieur en Israël avant la date d'expiration qui figure sur le document remis à l'arrivée.

– Il faut en outre pouvoir présenter un billet d'avion aller-retour ou de continuation.

– Notez qu'on peut, en principe, entrer en Israël avec n'importe quel visa arabe tamponné sur le passeport, et même un visa iranien. Dans ce cas, s'attendre à plus de questions que d'habitude.

– Les ***mineurs*** doivent être munis de leur propre passeport. Lorsque les enfants ne sont pas accompagnés par un responsable légal, chaque pays a mis en place sa propre régulation. Ainsi, les mineurs français doivent être munis d'une ***autorisation de sortie du territoire,*** en plus de leur passeport, d'un formulaire signé par l'un des parents titulaires de l'autorité parentale et de la photocopie de la pièce d'identité du parent signataire. Renseignements auprès des services de votre commune et sur *• service-public.fr •*

Pensez à scanner passeport, carte de paiement et *vouchers* d'hôtel. Ensuite, adressez-les-vous par e-mail, en pièces jointes, en même temps que votre billet électronique. En cas de perte ou vol, rien de plus facile pour les récupérer. Les démarches administratives en seront bien plus rapides.

Ayez les bons réflexes sur le site du ministère de l'Europe et des Affaires étrangères

– ***Consultez les conseils aux voyageurs :*** préparez soigneusement votre voyage (risques liés à la sécurité, formalités de séjour, conseils et obligations sanitaires...) en vous connectant sur • *diplomatie.gouv.fr* • ou via l'application mobile.
– ***Inscrivez-vous sur Ariane :*** en quelques clics, créez votre compte sur • *diplomatie.gouv.fr* • pour recevoir par e-mail ou SMS des alertes et des consignes de sécurité, en cas de nécessité.

Assurances voyage

Conséquence de la pandémie, Israël, comme d'autres États, exige la souscription à une assurance portant la mention « Covid ». Elle doit couvrir les éventuels frais de santé liés au virus (rapatriement, quarantaine, hospitalisation...). Mais cela peut évoluer. Renseignez-vous absolument avant de partir auprès de votre assurance, carte de paiement et de l'office de tourisme.

■ ***Routard Assurance par AVI International :*** *10, av. de l'Arche, 92400 Courbevoie. ☎ 01-44-63-51-00. • routard@avi-international.com • avi-international.com •* Enrichie année après année par les retours des lecteurs, *Routard Assurance* reste l'assurance voyage référence des globe-trotters. Tout y est inclus, même les soins liés à la Covid : frais médicaux, assistance rapatriement, bagages, responsabilité civile... Avant votre départ, contactez *AVI* pour un conseil personnalisé. Besoin d'une attestation Covid, d'un conseil médical ou d'une prise en charge dans un hôpital ? Téléchargez l'appli mobile *AVI International* pour garder le contact avec *AVI Assistance* et disposez d'un vaste réseau médical à travers le monde. *AVI Assistance* est disponible 24h/24 pour une réponse en temps réel. De simples frais de santé en voyage ? Envoyez les factures à *AVI* dès votre retour, ils vous remboursent sous une semaine.

■ ***AVA*** *(Assurance Voyages et Assistance)* ***:*** *25, rue de Maubeuge, 75009 Paris. ☎ 01-53-20-44-20. • ava.fr • Ⓜ Cadet.* Un autre courtier fiable pour ceux qui souhaitent s'assurer en cas de décès-invalidité-accident lors d'un voyage à l'étranger, mais surtout pour bénéficier d'une assistance rapatriement, perte de bagages et annulation. Attention, franchises pour leurs contrats d'assurance voyage.

■ ***Pixel Assur :*** *18, rue des Plantes, BP 35, 78601 Maisons-Laffitte. ☎ 01-39-62-28-63. • pixel-assur.com • RER A : Maisons-Laffitte.* Assurance de matériel photo et vidéo tous risques (casse, vol, immersion) dans le monde entier. Devis en ligne basé sur le prix d'achat de votre matériel. Avantage : garantie à l'année.

Carte internationale d'étudiant (carte ISIC)

Elle prouve le statut d'étudiant dans le monde entier et permet de bénéficier d'avantages, services et réductions dans les domaines du transport, de l'hébergement, de la culture, des loisirs, du shopping...
La carte ISIC permet aussi d'accéder à des avantages exclusifs (billets d'avion spécial étudiants, hôtels et auberges de jeunesse, assurances, cartes SIM internationales, locations de voitures...).

Renseignements et inscriptions

– ***En France :*** *• isic.fr • 13 € en version numérique ; 15 € pour une carte physique. Validité : 16 mois, du 1er sept au 31 déc de l'année suivante.*
– ***En Belgique :*** *• isic.be •*
– ***En Suisse :*** *• isic.ch •*
– ***Au Canada :*** *• isiccanada.com •*

Carte d'adhésion internationale aux auberges de jeunesse (carte FUAJ)

Cette carte vous ouvre les portes des 4 000 auberges de jeunesse du réseau *HI-Hostelling International* en France et dans le monde. Vous pouvez ainsi loger dans plus de 80 pays à des prix avantageux et bénéficier de tarifs préférentiels avec les partenaires des auberges de jeunesse *HI.* Enfin, vous intégrez une communauté mondiale de voyageurs partageant les mêmes valeurs : plaisir de la rencontre, respect des différences et échange dans un esprit convivial. Il n'y a pas de limite d'âge pour séjourner en auberge de jeunesse. Il faut simplement être adhérent.

Renseignements et inscriptions

- ***En France :*** • *hifrance.org* •
- ***En Belgique :*** • *lesaubergesdejeunesse.be* •
- ***En Suisse :*** • *youthhostel.ch* •
- ***Au Canada :*** • *hihostels.ca* •

Si vous prévoyez un séjour itinérant, vous pouvez réserver plusieurs auberges en une seule fois en France et dans le monde sur • *hihostels.com* •

ARGENT, BANQUES, CHANGE

Monnaie

La monnaie aussi bien en Israël qu'en Palestine est le ***nouveau shekel*** souvent abrégé NIS (parfois ILS). Nous utilisons l'abréviation Shk dans cet ouvrage.
1 shekel est divisé en 100 ***agoroth.*** Jetez un œil sur la pièce de 10 shekalim (pluriel de shekel), dont le motif date de l'Antiquité.
Il existe des pièces de 10 et 50 agoroth (0,50 shekel), 1 shekel, 2, 5 et 10 shekalim. À cela s'ajoutent des billets de 20, 50, 100 et 200 shekalim.
Mi-2021, 1 € valait environ 4 shekalim (Shk).

Change

Pas de souci pour changer vos devises. Le mieux est d'aller dans les bureaux de change *(change office)* qui pratiquent des taux tout à fait raisonnables, sensiblement identiques les uns aux autres. Ils sont ouverts en général du dimanche au jeudi, de 9h à 19h, le vendredi de 8h30 à 14h (ou 15h). Change possible aussi dans la plupart des bureaux de poste et dans certaines banques, mais les taux ne sont pas forcément concurrentiels. Évitez de changer dans les hôtels, les taux ne sont pas intéressants.

Cartes de paiement

Avertissement

Si vous comptez effectuer des retraits d'argent aux distributeurs, il est **très vivement conseillé d'avertir votre banque** avant votre départ (pays visités et dates). En effet, **votre carte peut être bloquée dès le 1er retrait** pour suspicion de fraude. C'est de plus en plus fréquent. Bonjour les tracasseries administratives pour faire rentrer les choses dans l'ordre, et on se retrouve vite dans l'embarras !

Avant le départ, informez-vous auprès de votre banque sur la commission perçue à chaque retrait ou à chaque paiement (ça peut vite revenir cher !) et sur le

plafond de retrait hebdomadaire autorisé. Toutefois, certaines banques proposent une option internationale qui comprend un certain nombre de retraits et de paiements directs avec la carte bancaire, sans commission de leur part, moyennant une adhésion mensuelle. Intéressant, mais bien penser à la supprimer au retour. Renseignez-vous avant de partir.
Afin d'éviter les frais lors de chaque paiement ou retrait en dehors de la zone euro, ***certaines banques offrent la gratuité des retraits*** dans leurs propres distributeurs (DAB) dans le monde entier (comme *HSBC* pour ses clients) ou dans les banques avec qui elles ont un accord selon les pays (se renseigner avant le départ). Les néo-banques comme *Max, My French Bank, Revolut* ou *N26* proposent des cartes gratuites qui ne facturent aucune commission pour les paiements et retraits. Les banques en ligne *Boursorama* et *Fortuneo* proposent elles aussi ce type de cartes gratuites (carte *Ultim* et carte *Fosfo*) permettant à la fois de payer en devises et d'en retirer sans frais. Renseignements sur le site internet de chaque banque.
Il y a des distributeurs partout. Pour la carte *Visa,* aucun problème mais assurez-vous que le logo figure sur le distributeur avant d'introduire votre carte. En revanche, la carte *Eurocard MasterCard* n'est pas acceptée dans toutes les banques ni dans tous les distributeurs.
Attention : certains distributeurs permettent de retirer des shekalim, bien entendu, mais aussi des dollars et des euros. Ne vous faites pas avoir, appuyez sur le bon bouton !
Les ***cartes de paiement*** sont acceptées dans tous les hôtels (sauf certaines *guesthouses* et les *B & B*), la plupart des restaurants, ainsi que dans les magasins (attention cependant au montant de la commission qui peut être important).

Précautions

- Avant de partir, notez bien le numéro d'opposition propre à votre banque (il figure souvent au dos des tickets de retrait ou sur votre contrat), ainsi que le numéro à 16 chiffres de votre carte. Bien entendu, conservez ces informations en lieu sûr et séparément de votre carte.
- En cas de perte, de vol ou de fraude de votre carte de paiement, voir les contacts à la rubrique « Urgences » à la fin du chapitre « Israël utile ».
- N'oubliez pas aussi de ***vérifier la date d'expiration de votre carte de paiement*** avant votre départ !
- Si vous retirez de l'argent dans un distributeur, utilisez de préférence les distributeurs attenants à une agence bancaire. En cas de pépin avec votre carte (carte avalée, erreurs de code secret...), vous aurez un interlocuteur dans l'agence pendant les heures ouvrables.

Besoin urgent d'argent liquide

- Vous pouvez être dépanné en quelques minutes grâce au système ***Western Union Money Transfer.*** L'argent vous est transféré en moins de 1h. La commission est payée par l'expéditeur. Possibilité d'effectuer un transfert dans un bureau de poste ou dans les agences *Western Union* ou, plus rapide, en ligne, par carte de paiement (*Visa* ou *MasterCard*).

Même principe avec d'autres organismes de transfert d'argent liquide comme ***MoneyGram, PayTop*** ou ***Azimo.*** Transfert en ligne sécurisé, en moins de 1h.
Dans tous les cas, se munir d'une pièce d'identité. Toutefois, en cas de perte/vol de papiers, il peut être convenu d'une question/réponse type pour pouvoir récupérer votre argent. Ces organismes possèdent aussi des applications disponibles sur smartphone.
Consulter les sites internet pour connaître les pays concernés, les conditions tarifaires (frais, commissions) et trouver le correspondant local le plus proche : • *westernunion.com* • *moneygram.fr* • *paytop.com* • *azimo.com/fr* •

ACHATS

– ***Artisanat :*** carrefour de l'Orient et de l'Occident, Israël propose des produits très divers : services à café, peaux de chèvres, plateaux de cuivre, sacs en cuir, colliers, tapis orientaux, bijoux yéménites, poteries, objets de culte. *Attention,* pour les bijoux en or : le métal titre parfois 14 carats (c'est indiqué), mais on trouve de plus en plus de bijoux en or 18 carats, comme en Europe.
– ***Alimentaire :*** avant votre retour, un petit tour au supermarché ou chez le boulanger vous permettra de rapporter les produits alimentaires typiques : la pita (pain rond et plat), le houmous (purée de pois chiches), le *tahini* (pâte de sésame) ou encore le *sabra* (liqueur d'orange). Quant au vin, on peut en acheter une bouteille pour marquer le coup au retour, mais rien d'exceptionnel au regard du prix.
– ***Cosmétiques de la mer Morte :*** les eaux et les boues de la mer Morte sont très riches en minéraux. Il existe une véritable industrie de cosmétiques (lotions, crèmes, savons, etc.) et de produits revitalisants bourrés de potassium, magnésium, silice, calcium, etc. C'est l'occasion de rapporter un petit pot de la fameuse boue noire ! Plusieurs marques se disputent le marché (certaines sont fabriquées dans les colonies de Cisjordanie). Tâchez tout de même d'être vigilant sur la composition des produits.

BUDGET

En Israël, le coût de la vie est élevé, et correspond à celui que l'on connaît en Europe. À Tel-Aviv, les cafés et les restaurants sont même souvent plus chers qu'à Paris. Mais que les petits budgets ne s'affolent pas pour autant, ils circuleront en bus, dormiront dans les *hostels* (en dortoirs) et déjeuneront bien le matin (les petits déjeuners sont souvent hyper copieux !), avaleront un falafel ou un *shawarma* le midi (ça gave son routard), et mangeront plus le soir.
Nos prix sont donnés à titre indicatif et peuvent changer en fonction des aléas économiques (taux de change, inflation, etc.).

Hébergement

Les fourchettes indiquées correspondent au prix d'une *chambre double,* petit déjeuner généralement compris. Une exception pour la catégorie « Très bon marché » : il s'agit habituellement du tarif pour un lit d'une personne, en dortoir. Selon la situation sanitaire, certaines auberges ont tendance soit à fermer leurs dortoirs, soit à les louer en entier et non par lit. Dans ce cas, les prix sont à multiplier par le nombre de places. Se renseigner avant.
Dans la plupart des cas, les établissements (y compris les auberges de jeunesse) affichent des tarifs haute et basse saison. La différence entre les 2 est parfois importante, surtout dans des villes comme Tel-Aviv ou Eilat ! Sur les rivages de la Méditerranée et de la mer Rouge, la haute saison correspond aux 2 mois d'été. Dans le désert, c'est l'inverse : de juin à septembre, la hausse des températures fait fondre les prix ! Les tarifs sont au plus fort également lors de la Pâque juive (Pessah), du Nouvel An juif (Rosh Hashana) et de Soukoth. Durant ces fêtes, certains établissements demandent d'ailleurs un séjour minimum de 3 ou 4 nuits. Hors saison, n'hésitez pas à négocier une petite réduction. Le week-end (vendredi soir et samedi soir, plus rarement la nuit du jeudi), certains établissements augmentent leurs tarifs.
Les touristes sont exonérés de la taxe de 17 % sur les nuitées, pensez à vérifier la note.
Sachez enfin que les hébergements des catégories « Chic », et au-delà, expriment parfois leurs tarifs en dollars US.
– ***Bon marché :*** de 80 à 250 Shk (environ 20 à 62,50 €).
– ***Prix moyens :*** de 250 à 440 Shk (environ 62,50 à 110 €).

- ***Chic :*** de 440 à 600 Shk ou environ 130 à 170 $ (environ 110 à 150 €).
- ***Plus chic :*** de 150 à 300 $ (environ 127 à 254 €).
- ***Très chic :*** plus de 300 $ (environ 254 €).

Pour Tel-Aviv et Jérusalem, les fourchettes doivent être revues à la hausse et nous avons ajouté une catégorie « Prix modérés » :
- ***Très bon marché :*** moins de 100 Shk (environ 25 €).
- ***Bon marché :*** de 100 à 250 Shk (25 à 62,50 €).
- ***Prix modérés :*** de 250 à 350 Shk (62,50 à 87,50 €).
- ***Prix moyens :*** de 350 à 500 Shk (87,50 à 125 €).
- ***Chic :*** de 500 à 750 Shk ou environ 150 à 225 $ (environ 125 à 190 €).
- ***Plus chic :*** de 200 à 300 $ (environ 170 à 254 €).
- ***Très chic :*** plus de 300 $ (environ 254 €).

Nourriture

Les fourchettes que nous indiquons correspondent à un plat, dont on se contente la plupart du temps. Pour ménager le budget (pas le gras sur les hanches !), les stands de kebabs et falafels foisonnent.
Attention, ***les prix affichés dans les restaurants ne comprennent généralement pas le service.*** Une mention le précise sur l'addition et parfois le serveur vous le rappelle lorsqu'il vous la remet. Prévoir 12 % en plus.
- ***Bon marché :*** moins de 40 Shk (10 €).
- ***Prix moyens :*** de 40 à 80 Shk (10 à 20 €).
- ***Chic :*** de 80 à 120 Shk (20 à 30 €).
- ***Très chic :*** de 120 à 220 Shk (30 à 55 €).

Fourchettes pour Tel-Aviv et Jérusalem :
- ***Bon marché :*** moins de 50 Shk (12,50 €).
- ***Prix moyens :*** de 50 à 100 Shk (12,50 à 25 €).
- ***Chic :*** de 100 à 150 Shk (25 à 37,50 €).
- ***Très chic :*** de 150 à 250 Shk (37,50 à 62,50 €).

CLIMAT

Pour résumer, le climat est méditerranéen... le long de la Méditerranée, et désertique... dans le désert. Intéressant, non ? Le soleil cogne très fort en juillet et en août. Le port du chapeau ou de la casquette est vivement conseillé. S'exposer au soleil lorsque celui-ci est au zénith frise l'inconscience. Les hôpitaux israéliens regorgent, en été, de touristes souffrant d'insolation. Ne pas hésiter à boire au minimum 2 à 3 l d'eau par personne et par jour.
L'été dure d'avril à octobre, chaud et sans pluie sur la côte, caniculaire dans l'Est et le Sud. L'hiver est froid dans les régions montagneuses (où il neige) et la nuit dans le désert du Néguev.
En hiver, la nuit tombe vers 16h. En été, le soleil se lève à 4h (à partir de juin).
● *ims.gov.il* ● Pour connaître la météo

DANGERS ET ENQUIQUINEMENTS

Dans un contexte calme, et sous réserve de toujours se renseigner avant le départ sur la situation sur le site du ministère français des Affaires étrangères (● *diplomatie.gouv.fr* ●, rubrique « Conseils aux voyageurs »), il n'y a pas de problème particulier, si ce n'est que de nombreux espaces publics comme les bureaux de poste, les gares routières et ferroviaires, les centres commerciaux (certains restos, bars et hôtels également) sont gardés par un vigile qui vous demandera d'ouvrir votre sac... comme désormais dans de nombreuses villes européennes.

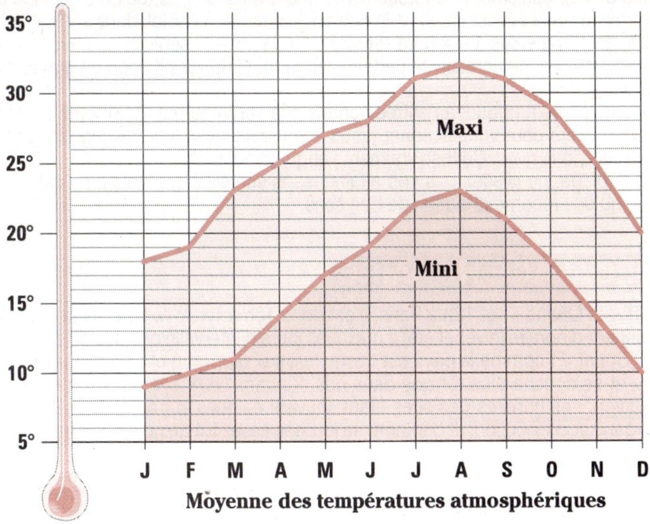

Moyenne des températures atmosphériques

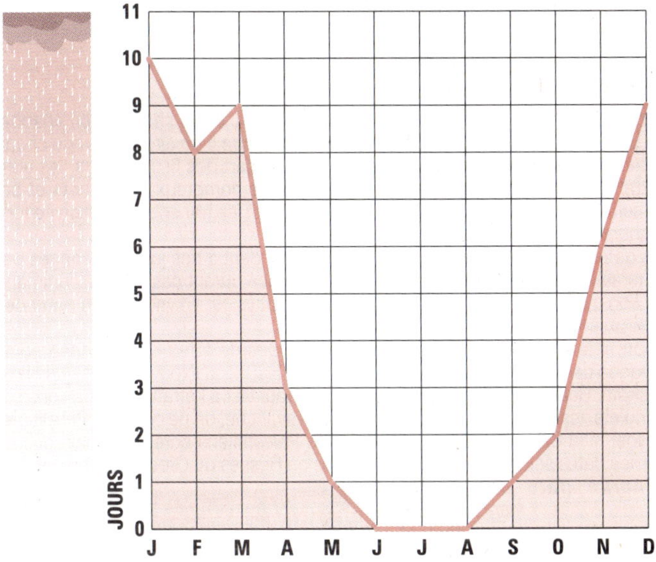

Nombre de jours de pluie

ISRAËL (Tel-Aviv)

Vous devrez également composer avec une ambiance pas toujours propice à la courtoisie : cela se ressent dans la qualité de service, à l'hôtel, dans les restos, les bars, les commerces. Le sourire est rarement de mise, la serviabilité encore moins. Sans compter une agressivité certaine sur la route. C'est dit : rien de grave, mais en tenir compte.
Dans la même rubrique, à l'entrée comme à la sortie du pays, comptez aussi sur les douaniers pour vous scanner jusqu'à la moelle avec leur faisceau roulant de questions intrusives. Ça frise vraiment l'enquiquinement !
Sur la plage, ne laissez pas vos affaires sans surveillance. Mais ce n'est, après tout, qu'une recommandation de bon sens.

DÉCALAGE HORAIRE

GMT + 2. Quand il est 12h à Paris, il est donc 13h à Tel-Aviv. Israël et la Palestine changent d'horaire (hiver et été) à quelques jours d'intervalle par rapport à l'Europe de l'Ouest. Et comme le pays est très à l'est par rapport à chez nous, le soleil se lève et se couche plus tôt que dans nos contrées (vers 17h en automne et 16h en hiver). Les horaires des sites étant souvent calqués sur ceux du soleil, il faut s'organiser en fonction, et démarrer sa journée assez tôt de novembre à fin février.

ÉLECTRICITÉ

La tension est de 220 V. En principe, les prises sont identiques à celles utilisées en Europe, pas besoin d'un adaptateur.

FÊTES ET JOURS FÉRIÉS

La *number one* des fêtes juives, la plus fréquente, c'est le ***shabbat*** (ou *chabbat*), qui dure un peu plus de 25h. Elle s'invitera dans votre itinéraire de voyage chaque semaine, du vendredi soir au samedi soir : la plupart des lieux publics, les administrations, les commerces, certains musées, de nombreux restaurants et bars ferment leurs portes dès le vendredi après-midi, et les transports publics ne fonctionnent plus. Il faut le savoir.
Les dates des principales fêtes juives correspondent à des jours de congés pour les Israéliens. En clair, pour vous, cela signifie que durant ces jours-là l'animation bat son plein mais, comme pour le shabbat, le pays est en vacances à partir de la veille au soir.
Sinon, il faut retenir que les 2 grandes périodes de fêtes dans l'année sont à l'époque de Pâques (Pessah), puis entre Rosh HaShana (Nouvel An juif) et la fin de Soukoth. Beaucoup d'Israéliens en profitent pour filer à l'étranger. Les avions sont complets, les tarifs s'envolent eux aussi. En revanche, on ne célèbre officiellement ni Noël ni la Saint-Sylvestre, sauf chez les Palestiniens chrétiens (mais pas aux mêmes dates selon qu'ils sont catholiques ou Russes ou Grecs orthodoxes...).

– ***Pourim (fête des Sorts) :*** *17 mars 2022 et 7 mars 2023. Pourim* (« sort » en hébreu) commémore une histoire de la Bible qui commence très mal et qui finit bien. C'est rare ! Le roi de Perse avait un ministre cruel, nommé Haman, décidé à exterminer tous les Juifs présents dans son pays. Il alla jusqu'à tirer au sort le jour où cet abominable massacre devait

POURIM

Cette fête juive est surprenante : elle recommande de s'alcooliser sérieusement car on y fait la fête comme à Mardi gras. Même les ultra-orthodoxes jouent de la bouteille à s'en défriser les papillotes, ce qui n'est pas franchement dans leurs habitudes.

être accompli. Mais la reine Esther et son oncle Mardochée, avisés du complot, parvinrent à libérer le peuple juif de l'odieux Haman. Souvenir de cette délivrance, Pourim est aujourd'hui une fête particulièrement joyeuse, une sorte de petit carnaval où tout le monde se déguise, enfants comme adultes (la tradition veut que les riches se déguisent en pauvres et inversement) échangent des cadeaux, s'offrent des pâtisseries, dont une, la plus populaire, s'appelle *oznei Haman,* « les oreilles de Haman ».

– ***Pessah (Pâque juive) :*** *16-23 avr 2022 et 6-13 avr 2023.* Elle célèbre la sortie des Juifs d'Égypte dans les premières années du XIIIe s avant l'ère chrétienne (juste avant-hier). Souvenir incommensurable d'une des plus grandes délivrances de l'histoire du peuple hébreu. La veille de la fête, les familles se réunissent autour du repas traditionnel de la Pâque. On mange uniquement du pain azyme (c'est-à-dire non levé), conformément à la loi de Moïse et qui rappelle que, le jour de la fuite des Hébreux, le pain n'avait pas eu le temps de lever. À l'occasion de Pessah, de nombreux Juifs du monde entier se rendent en pèlerinage à Jérusalem. 7 jours durant, la plupart des épiceries et des marchés sont fermés ou travaillent au ralenti. Les magasins et restaurants casher ouvrent pendant la fête à condition d'avoir fait disparaître toute trace de pain dans leur établissement. Les transports en commun assurent un service minimal. Vous ne pourrez acheter ni pain ni bière ni quoi que ce soit à base de levure, sauf dans quelques (très rares) restaurants à Tel-Aviv ou dans les boutiques arabes à Jérusalem, Jaffa et Saint-Jean-d'Acre.

– ***Yom HaShoah (jour de la Shoah) :*** *28 avr 2022 et 18 avr 2023.* C'est tout sauf une fête. Le jour de la Shoah commémore le génocide de près de 6 millions de Juifs par les nazis. C'était hier... Personne n'a oublié, surtout en Israël, refuge des survivants des camps de la mort. À cette occasion, des sirènes retentissent dans le pays, invitant les Israéliens à se recueillir en silence pendant 1 mn. Soudain, tout s'arrête, on descend même de voiture, et on pense aux victimes. Personne ici n'emploie le mot « Holocauste », synonyme de sacrifice religieux, mais le terme *Shoah,* mot hébreu signifiant « destruction méthodique ». La veille au soir, tous les restaurants sont fermés en Israël.

– ***Yom HaAtzmaout (jour de l'Indépendance) :*** *5 mai 2022 et 26 avr 2023.* Le 20e jour après Pessah, on célèbre l'indépendance d'Israël proclamée le 14 mai 1948, et, 23 jours plus tard, la réunification de la ville de Jérusalem (guerre des Six Jours, 1967). Si vous êtes en Israël en mai, arrangez-vous pour être à Jérusalem ce jour-là. La veille au soir, on danse dans les rues au son des orchestres.

– ***Chavouoth (Pentecôte) :*** *5-6 juin 2022 et 26-27 mai 2023.* La Pentecôte juive est une fête religieuse, vieille de plus de 3 000 ans, qui rappelle le jour où, sur le mont Sinaï, Moïse reçut de Dieu les Dix Commandements, ainsi que la Loi (la Torah). Elle évoque aussi l'apogée de la moisson d'été : les enfants portent des corbeilles de fruits, les synagogues sont fleuries, on se nourrit de lait et de miel, symboles de Canaan, la Terre promise.

– ***Rosh HaShana (Nouvel An juif) :*** *26-27 sept 2022 et 16-17 sept 2023.* C'est le jour anniversaire de la création du monde et celui du Jugement. Une fête exclusivement religieuse où les fidèles sont appelés à la synagogue au son du *shofar* (corne de bélier). Tous les Juifs, croyants et pratiquants, doivent alors faire leur examen de conscience et prier l'Éternel. Les 8 jours qui suivent Rosh HaShana sont des jours de pénitence et de prière. À la fin de cette période d'ascèse et de recueillement arrive Yom Kippour.

– ***Yom Kippour (Grand Pardon) :*** *5 oct 2022 et 25 sept 2023.* La célébration la plus importante du monde juif. C'est le Grand Pardon, qui débute à la tombée du soleil du 10e jour après Rosh HaShana et se termine au coucher du soleil le jour suivant. On jeûne, on s'abstient de tous les plaisirs de la vie, on prie, on récite et on chante des prières. Les synagogues débordent de fidèles. Le pays entier suspend son activité (radio, TV, commerces, restaurants et aéroport fermés, transports publics et privés arrêtés). À Tel-Aviv, qui est une ville très affranchie, les jeunes profitent cependant de ce que les rues sont libres de circulation automobile pour chausser leurs patins et s'en donner à cœur joie.

Ce n'est pas la période idéale pour débarquer en Israël, mieux vaut y venir après. L'Égypte et la Syrie firent le raisonnement inverse lorsqu'en octobre 1973 ils attaquèrent Israël par surprise, en pleine fête. D'où le nom : la guerre du Kippour.

– ***Soukoth (fête des Tabernacles) :*** *9-18 oct 2022 et 29 sept-8 oct 2023.* Cette fête débute 5 jours après Yom Kippour et dure 1 semaine (mais c'est toujours la fête en Israël !). Pour commémorer la traversée du désert après la sortie d'Égypte, les Juifs pratiquants construisent sur leur balcon ou dans leur jardin des cabanes à l'aide de palmes et de branchages et vont chaque jour y prendre leur repas. Drôles de cantoches, qu'on trouve même dans certains hôtels ou restaurants. Pendant cette fête, des prières sont récitées en l'honneur des « 4 espèces sacrées » : la branche de palmier, le myrte, le saule et le cédrat, compagnons de l'Exode biblique des Hébreux dans le Sinaï.

– ***Simhat Torah (la Joie de la Loi) :*** *18 oct 2022 et 8 oct 2023.* Connaissez-vous beaucoup de fêtes religieuses dans le monde qui s'appellent ainsi « la Joie de la Loi » ? Elle clôt la période de 8 jours commencée par Soukoth. Encore une fête insolite. Dans les synagogues, on prie pour avoir de la pluie à la saison prochaine. Une des fêtes religieuses les plus gaies d'Israël. Même le mur Occidental (mur des Lamentations) sourit de voir les Juifs pieux, d'ordinaire si austères, dansant avec des rouleaux de la Torah dans les bras.

– ***Hanouka (fête des Lumières) :*** *18-26 déc 2022 et 7-15 déc 2023.* Commémore une victoire historique des Juifs. En l'an 165 avant notre ère, ils parvinrent à reconquérir Jérusalem et à libérer le Temple profané par les envahisseurs séleucides de Syrie. Seul témoin, miraculeusement préservé, une lampe à huile qui brûla pendant 8 jours. Un symbole. Lors de Hanouka, on allume chaque soir, une par une, les 8 branches d'un chandelier (ou *hanoukia*), tandis qu'une 9e branche sert à transmettre sa flamme aux autres. Et tout Israël allume des lumières : sur les façades des hôtels, des commerces, des administrations, partout on voit des chandeliers à 8 branches.

Autres fêtes juives

– ***Tou Bishvat :*** *17 janv 2022 et 6 fév 2023.* Le Nouvel An des arbres a lieu avant Pourim. À cette occasion, les enfants plantent des arbres. Selon la tradition, il faut goûter à 15 espèces de fruits et réciter des prières. La veille au soir, tous les restaurants sont fermés.

– ***Lag Ba'omer :*** *19 mai 2022 et 9 mai 2023.* Entre Pessah et Chavouoth, cette fête commémore une victoire de la résistance juive menée contre les Romains en 130-135 apr. J.-C. Elle est particulièrement suivie par les hassidim, qui se rendent en pèlerinage à Méron, près de Safed en Galilée, pour honorer la mémoire de Shimon Bar Yochaï (un rabbin lui-même rebelle aux interdits romains et considéré comme un héros de la « résistance » juive).

– ***Tisha Be'av :*** *7 août 2022 et 27 juil 2023.* Un jour de deuil, de jeûne et de lamentations devant le mur Occidental du temple de Jérusalem dont cette fête commémore la double destruction.

HÉBERGEMENT

Lire également la sous-rubrique « Budget. Hébergement », plus haut, ainsi qu'en fin de guide la rubrique propre à la Palestine.

Les campings

Il est possible de camper en Israël. La plupart du temps, il s'agit en fait d'emplacements réservés pour planter la tente, à l'écart d'un hébergement. Sanitaires, douches communes et, souvent, cuisine à disposition. Au bord de la mer Morte, on peut faire du camping sauvage sur les quelques plages publiques, itou sur le pourtour du lac de Tibériade et dans certains parcs naturels.

Les auberges de jeunesse *(youth hostels)*

On trouve 2 catégories d'auberges de jeunesse, les officielles et les privées, comme le réseau ILY *(Israel Hostels)*, une organisation indépendante. Notez que pendant la crise sanitaire, leur organisation a parfois changé. Mieux vaut les contacter avant.

– Les premières sont gérées par l'Association des auberges de jeunesse en Israël, et font partie du réseau *Hostelling International* (*infos et résas : ☎ 1-599-510-511 ; • iyha.org.il •*). On en compte une petite vingtaine dans tout le pays. Elles sont tenues à un certain standing (qualité de l'équipement, propreté) et sont généralement de bonnes adresses relevant plus de l'hôtel classique que de l'AJ à papa. Elles proposent des dortoirs (pas toujours) et des chambres doubles ou familiales. Le petit déjeuner est inclus dans le prix et elles disposent d'un resto. Mais sachez qu'elles sont souvent assez chères. Elles appliquent par ailleurs un supplément le vendredi soir et la demi-pension est parfois obligatoire si vous logez en chambre (sauf si vous avez réservé par le Net).

– Les auberges du réseau ILY, *Israel Hostels* (*infos et rens : • hostels-israel.com •*) : une trentaine de bonnes adresses, dans tout le pays, qui proposent dortoirs et chambres avec petit déjeuner.

Les hôtels

Pas de souci pour trouver un hôtel disposant de chambres confortables avec salle de bains, frigo, TV, climatisation. En revanche, trouver une adresse à prix tassés relève bien souvent du parcours du combattant. Les hôtels sont chers, très chers même, surtout dans les grandes villes ! Sachez aussi que certains hôtels disposent de chambres ou d'appartements avec cuisine équipée. Ce peut être pratique pour économiser sur le budget resto.

Les établissements pour pèlerins

De nombreux couvents chrétiens proposent des chambres pour pèlerins et touristes. On peut loger seul, mais attention, si c'est à 2 il faut parfois être marié. Prix intéressants et propreté au rendez-vous en général. Il est prudent de réserver à l'avance. La très grande majorité est située à Jérusalem et à Nazareth.

Les chambres d'hôtes

Ce type de logement n'est pas très répandu en Israël. N'hésitez pas à vous renseigner auprès des offices de tourisme, qui disposent parfois d'une liste de logements chez l'habitant. Cette solution peut être financièrement intéressante.

Les kibboutzim

Un certain nombre de kibboutzim proposent des structures hôtelières ouvertes aux touristes. Généralement, elles sont très confortables, au sein de jolis espaces soignés, et l'on se retrouve dans l'ambiance si particulière des kibboutzim, intéressante à vivre au moins une fois. Malheureusement, les prix sont alignés sur ceux des hôtels. Bref, ça revient cher.

HORAIRES

– ***Les boutiques et magasins :*** en principe, ouverts du dimanche au jeudi de 9h à 19h (certains font une pause de 13h à 16h). Les grandes surfaces ferment en général à 22h. Tous les commerces et les services sont fermés pendant le shabbat, du vendredi vers 14h au samedi soir ou au dimanche matin. Certains magasins ou services baissent également le rideau le mercredi. Sachez aussi que les boutiques tenues par les musulmans ferment le vendredi.

– ***Les bureaux de change :*** ouverts du dimanche au jeudi de 9h à 19h, le vendredi de 8h30 à 14h (ou 15h). Fermés le samedi.

– ***Les banques :*** en général, ouvertes de 8h30 à 13h (12h le vendredi). Certaines ouvrent de 16h à 18h30, 2 fois par semaine. Le samedi, elles sont fermées.

– ***Les bureaux de poste :*** les bureaux principaux sont ouverts du dimanche au jeudi de 8h à 18h, le vendredi de 8h à 12h. Fermés le samedi. Pour les bureaux « secondaires », ça dépend de la ville. Certains ferment le mercredi à 13h30 ; d'autres font une pause de 12h30 à 15h30, 2 fois par semaine.

– ***Les musées :*** relativement variables d'un musée à l'autre. Grosso modo, ouverts du dimanche au jeudi de 10h à 16h (ou 18h), le vendredi jusqu'à 13h environ. Le samedi, ils ferment vers 14h ou 15h ou bien n'ouvrent pas de la journée.

– ***Les parcs et réserves naturelles :*** en moyenne, ouverts tous les jours, y compris le samedi, de 8h à 17h (16h d'octobre à avril) ; fermeture 1h plus tôt les vendredi et veilles de jours de fête.

LANGUES

Depuis 2018 et le vote de la loi fondamentale sur « l'État-nation du peuple juif », seul l'hébreu est désormais langue officielle en Israël. L'arabe est relégué à un « statut spécial ».

Mais vous n'aurez aucune difficulté à vous faire comprendre en anglais, parfois même en français, souvent en russe, hormis dans le Néguev où tout est inscrit en hébreu (y compris les panneaux de signalisation) et où les habitants parlent rarement une autre langue.

L'hébreu

Fait unique dans l'Histoire, l'hébreu véhiculaire est une langue qui n'a pas été utilisée pour la vie de tous les jours (mais qui restait lue et écrite) pendant près de 2 000 ans, et qui a resurgi grâce à la volonté d'écrivains et de linguistes, dont le plus connu est certainement Eliézer Ben Yehuda. Leur objectif était de refaire de l'hébreu une langue nationale. Cette langue est celle qu'apprennent les Juifs du monde entier quand ils s'établissent en Israël (des cours sont d'ailleurs financés par l'État pendant 5 mois). Avec la religion, l'hébreu est le ciment qui a permis – et permet toujours – d'unir des gens qui n'avaient guère de points communs entre eux.

L'hébreu, langue sémitique, trouve ses origines dans les langues d'Ougarit et l'akkadien babylonien et assyrien, compte 22 consonnes, s'écrit de droite à gauche et s'organise à partir d'un système de racines trilittères, c'est-à-dire de 3 lettres (consonnes).

Un système de vocalisation sous forme de points-voyelles apparaît dans les textes bibliques, la liturgie, ou encore la poésie.

L'hébreu moderne, issu de l'hébreu biblique et des commentaires araméens du Talmud, a subi une profonde restructuration à fin du XIXe s en Russie et en Pologne avec des écrivains comme Mendele Mocher Sefarim, et l'ouverture d'écoles purement hébraïques.

En hébreu, les voyelles ne s'écrivent pas. Voilà pourquoi le vocabulaire indiqué plus bas vous sera bien utile.

EN ATTENDANT LE MESSIE...

À Mea She'arim, un quartier de Jérusalem, les haredim (intégristes) refusent de parler l'hébreu... car, selon leur lecture des textes religieux, cette langue ne pourra être utilisée qu'au retour du Messie. En attendant, ces Juifs ultra-orthodoxes ne s'expriment qu'en yiddish. Mais non... mais si !

Eliézer Ben Yehuda

L'artisan majeur de cette renaissance linguistique fut, en Israël, Eliézer Ben Yehuda (1858-1922), qui dès 1889 fonda l'Académie de la langue hébraïque, consacra son existence à promouvoir l'utilisation au quotidien de l'hébreu et élabora un très vaste dictionnaire faisant foi aujourd'hui encore.
L'hébreu biblique et classique étant dépourvu de termes adaptés au monde contemporain, Ben Yehuda forgea des concepts nouveaux répondant aux besoins de la technologie, de la médecine, de la politique du droit et de la presse, ce à partir de racines hébraïques.
Ses détracteurs – nul n'est prophète en son pays –, les ultra-religieux, lui reprochant ses critiques à l'égard des cercles traditionnels, n'hésitèrent pas à le dénoncer aux autorités turques, laissant entendre qu'il s'agissait d'un dangereux conspirateur. Ben Yehuda fut incarcéré au *qalabush* ou *qisleh,* la célèbre et sinistre geôle de la tour de David à Jérusalem.

L'araméen

Proche de l'hébreu, mais encore plus de l'arabe, l'araméen, jadis utilisé en Syrie et en Mésopotamie (les territoires d'Aram), s'est vite répandu en raison de son alphabet simplifié auprès des nombreux peuples des Proche et Moyen-Orient.
L'araméen intermédiaire fut utilisé dès le IVe s avant l'ère chrétienne, dans ce qui constitue aujourd'hui Israël, la Palestine et la Syrie, pendant la période du 2d Temple, pour devenir une langue internationale utilisée par les Assyriens et dans l'Empire perse.
Ce fut, ne l'oublions pas, la langue du Christ. Le Talmud fit usage de l'araméen oriental et après la conquête musulmane, au VIIe s, l'arabe remplaça l'araméen local (syriaque), y compris parmi les Juifs.
À l'heure actuelle, l'araméen, qu'il faut considérer comme une langue presque morte, est encore pratiqué à Ma'aloula en Syrie et dans quelques quartiers... de New York. On le retrouve dans la liturgie des chrétiens orientaux et de l'Église syrienne occidentale (jacobite), ainsi qu'au Kurdistan, où les Juifs utilisaient un dialecte issu de l'araméen oriental.

Vocabulaire

– *Shalom* (paix) *:* le mot usuel de salutation en hébreu. Ne pas hésiter à l'utiliser. Cela fait toujours plaisir.
L'hébreu possède un son guttural proche de la « jota » espagnole. Il est souvent traduit en alphabet latin par le groupe de lettres : kh.
Les marques de pluriel se traduisent par « im » et « ot ». Exemple : un shekel, des shekalim.

Formules de politesse

oui	*ken*
non	*lo*
d'accord	*béséder*
sois le bienvenu	*baroukh haba*
sois la bienvenue	*broukha haba'ah*
soyez les bienvenus	*broukhim haba'ime*
bonjour	*boker tov*
bonsoir	*erev tov*
au revoir	*lèhitra'otte*
s'il vous plaît, s'il te plaît	*bevakacha*
merci (beaucoup)	*toda (rabba)*

pardon	*slikha*
je ne comprends pas	*lo mévine* (masculin), *ani lo mévina* (féminin)

Notion de temps, direction

hier	*etmolle*
aujourd'hui	*hayom* (h = le h aspiré)
demain	*makhar*
quelle heure est-il ?	*ma hacha'a ?*
où ?	*eifo ?*
à gauche	*smola*
à droite	*yemina*

Achats

combien ?	*kamma ?*
l'addition	*khechbone*
assez	*maspik*
c'est (trop) cher	*zé yakar (midaille)*

Lieux

bureau de tourisme	*missrade hataillaroute*
gare routière	*tahana mercazit*
compteur (de taxi)	*moné*
poste	*do'ar*
police	*michtara*
banque	*banque*
garage	*mossakh*
hôtel	*malonne*
restaurant	*miss'ada*
boulevard	*sderot*
route	*derech*
place	*kikar*
rue	*rehov*

Boissons

eau	*mayime*
vin (rouge, blanc)	*yaïn adom, lavan*
café	*café*
thé	*thé*
lait	*khalave*
froid	*kar*
chaud	*khamme*

Au restaurant

pain	*lékhem*
yaourt	*lében*
bon	*tov*
mauvais	*ra*
service compris	*chéroute kaloule*
toilettes	*chéroutime*

Quelques mots-clés

le, la, les	*ha*
petit	*katan*
plus	*yotère*
boire	*lichtotte*

manger	*lé-ékholle*
dormir	*lichonne*

Quelques mots proches ou similaires dans les 2 langues, hébreu et arabe

Hébreu	**Arabe**	**Français**
adam	*adam*	homme
aïn	*ein*	œil
akhi	*ahouï*	mon frère
arba'a	*arba'a*	quatre
asara	*a'shra*	dix
baït	*beit*	maison
bein	*bein*	entre
ehad	*ouahad*	un
maïm	*maï*	eau
michtav	*mactoub*	lettre
rosh	*ras*	tête
shalom	*salam*	paix
shemesh	*shamash*	soleil
smol	*shmal*	gauche
yamin	*yamin*	droite
yad	*id*	main
yom	*yom*	jour
zeman	*zaman*	temps

Pensez à l'appli ***Google Traduction*** qui permet de scanner des mots et d'obtenir leur traduction quasi immédiate.

L'arabe

Il est pratiqué par les Palestiniens de nationalité israélienne, y compris chez les chrétiens (qui prient Allah, c'est-à-dire « Dieu » en arabe). La langue arabe est aussi connue de nombreux fonctionnaires israéliens et enseignée dans les écoles et les universités. Ajoutons que les Juifs originaires de pays arabes pratiquent fort bien l'arabe « dialectal ». Pour plus d'infos sur la langue arabe, se reporter plus loin au chapitre consacré à la Palestine.

LEXIQUE

– ***Agence juive :*** cet organisme, créé dans les années 1920, a organisé l'immigration en Israël de centaines de milliers de Juifs. À l'époque du mandat britannique, l'Agence juive était un organisme politique représentant l'organisation sioniste mondiale. C'est aujourd'hui une extension du ministère de l'Intégration israélien avec des bureaux dans le monde entier. Elle organise toujours le « retour à la Terre promise » des Juifs de la Diaspora, auxquels elle offre un « panier d'intégration » valable l'année de leur arrivée.

– ***Aliya :*** signifie littéralement « montée ». Ce terme désigne le retour en terre d'Israël pour les Juifs du monde entier qui souhaitent devenir israéliens.

– ***Ashkénaze :*** les Juifs de rite ashkénaze sont, à l'origine, les Juifs d'Allemagne. Par extension, ce terme désigne l'ensemble des Juifs d'Europe, centrale et orientale.

LA LOI DU RETOUR

L'aliya est la possibilité qu'ont tous les Juifs de s'établir en Israël. La loi israélienne stipule qu'il suffit d'avoir un grand-parent juif. Les règles rabbiniques, elles, sont plus restrictives. En effet, pour les religieux, la mère doit obligatoirement être juive.

– ***Bar-mitsva :*** cérémonie religieuse au cours de laquelle le jeune homme de 13 ans est admis dans la communauté. Les filles, quant à elles, célèbrent la ***bat-mitsva.***
– ***Barachot :*** prières, implorations.
– ***Betha Israël :*** les Juifs d'Éthiopie ; le terme *Falacha* est à proscrire parce qu'humiliant (il signifie « exilé »).
– ***Bund :*** parti social-démocrate révolutionnaire juif créé en Russie à la fin du XIXe s sur le modèle du parti socialiste allemand. Mouvement culturel et politique, il s'opposera politiquement aux sionistes.
– ***Cacherout :*** ensemble de règles de pureté concernant principalement l'alimentation. Ces règles régissent notamment l'abattage des animaux de boucherie et l'interdiction de mélanger les produits laitiers à la viande.
– ***Circassiens ou Tcherkessim :*** musulmans ayant fui la Russie et qu'accueillirent les autorités ottomanes au XIXe s. Ils sont 4 000 à 5 000 à vivre en Israël, principalement dans 2 villages de Galilée.
– ***Circoncision :*** rite majeur qui remonte à Abraham (Genèse XVII, 10-12 : « Tous vos mâles seront circoncis... ce qui sera le signe d'alliance entre vous et moi »). Elle a lieu chez les Juifs le 8e jour après la naissance. Même si les couteaux existaient déjà à l'époque, elle se pratiquait jadis avec un silex (ouille !).
– ***Diaspora :*** terme grec désignant la dispersion des Juifs dans le monde après la destruction du 2d Temple de Jérusalem (en 70 apr. J.-C.) par le général romain Titus, qui deviendra empereur par la suite.
– ***Druzes :*** ces ismaéliens (une branche schismatique de l'Islam) vivent en Galilée et dans le Golan et possèdent leurs propres institutions.
– ***Eretz Israël :*** la terre d'Israël. Terme souvent employé par les partisans du Grand Israël.
– ***Exode :*** sortie d'Égypte des Hébreux en route vers la Terre promise à travers le désert du Sinaï.
– ***Galout :*** l'exil des Juifs vivant hors d'Israël.
– ***Gentils :*** vieux terme français pour désigner les non-juifs.
– ***Ghetto :*** quartier des Fonderies à Venise, dans lequel vivaient les Juifs au XVIe s. Par la suite, ce terme a été utilisé pour désigner les quartiers de confinement de différentes minorités.
– ***Goush Emounim :*** le « Bloc de la foi », partie des colons.
– ***Goy*** (pluriel : *goyim*) ***:*** terme hébreu condescendant, voire un peu péjoratif, pour désigner les non-juifs. Le peuple « non élu », quoi !
– ***Haaretz :*** quotidien lu par les intellectuels de gauche. Possède une version en anglais.
– ***HaAvoda :*** le Parti travailliste israélien, fondé en 1968 sur les bases d'Akhdut HaAdova (parti des travailleurs créé en 1919). Il est aujourd'hui présidé par Avi Gabbay.
– ***Haganah :*** « défense » en hébreu. Nom de l'armée de libération nationale des Juifs palestiniens durant la guerre contre les Britanniques.
– ***Halakah :*** ensemble de règles et de lois qui régit la vie quotidienne au sein du judaïsme. Une jurisprudence à laquelle le juif pratiquant doit se référer.
– ***Haloutsik*** (mouvement) ***:*** ensemble des organisations de jeunesse sionistes.
– ***Hanouka :*** fête juive célébrant la purification du Temple suite à la victoire des Maccabées sur les Séleucides.
– ***Haredim :*** les ultra-orthodoxes, dits les « Craignants de Dieu ». Ils parlent yiddish entre eux.
– ***HaShomer HaTsaïr :*** « la jeune garde », mouvement de la jeunesse juive et laïque d'inspiration socialiste.
– ***Haskala :*** judaïsme des Lumières. Mouvement libéral amorcé au XVIIIe s en Allemagne sous l'impulsion du philosophe Moses Mendelssohn.
– ***Hassidisme :*** mouvement religieux né en Russie au XVIIIe s. Il se caractérise par une grande ferveur religieuse teintée d'exubérance, et par une foi aveugle dans la parole de certains rabbins.

– ***Herout :*** parti politique de droite formé par les anciens membres de l'Irgoun, prônant l'établissement d'Israël dans ses frontières bibliques. A donné naissance au Likoud.
– ***Histadrout :*** syndicat unique des travailleurs fondé dans les années 1920. Très lié au Parti travailliste.
– ***Holocauste :*** sacrifice total. C'est l'un des termes employés pour désigner le massacre massif des Juifs d'Europe par les nazis et leurs alliés durant la Seconde Guerre mondiale. Le terme de « Shoah » lui est préféré dans le monde juif (voir plus loin).
– ***Irgoun :*** organisation militaire terroriste de droite fondée dans les années 1920 pour lutter contre les Britanniques et construire le Grand Israël.
– ***Israël :*** nom donné à Jacob après sa lutte avec l'Ange. Signifie « qui lutte avec Dieu ». Par extension, désigne les descendants du patriarche : « Nations d'Israël »
– ***Juif :*** habitant des monts de Judée, descendant de la tribu de Juda, la plus importante des 12 tribus issues du patriarche Jacob-Israël.
– ***Kabbale :*** mystique juive permettant d'approcher Dieu par l'étude symbolique et occulte des textes sacrés.
– ***Ketouba :*** contrat de mariage religieux.
– ***Khamsin :*** vent chaud du désert.
– ***Kibboutz*** (pluriel : *kibboutzim*) ***:*** ferme collective où l'on pratique un style de vie communautaire.
– ***Kippa :*** calotte. Obligatoire pour les hommes dans les synagogues. Le port de la kippa n'a pas de signification religieuse à l'origine ; son usage s'est répandu au fil des siècles ; un usage qui s'est, pour certains, mué en devoir. Quant au sens du port de la kippa, selon l'explication la plus répandue, il serait un signe de soumission à Dieu. On dit aussi que le port de la kippa se serait développé en Occident pour prendre le contre-pied de l'usage chrétien, qui exigeait à l'inverse, qu'on se découvre en rentrant dans une église.
– ***Knesset :*** Parlement israélien.
– ***Kotel :*** nom hébreu pour le mur des Lamentations à Jérusalem.
– ***Ladino :*** dialecte des Juifs originaires d'Espagne. Longtemps parlé par les Juifs de Turquie, de Grèce et des Balkans.
– ***Likoud :*** parti de droite libérale créé en 1973 par Menahem Begin sur les bases du Herout (voir plus haut).
– ***Maguen David :*** étoile à 6 branches devenue le symbole du judaïsme et d'Israël au XIXe s. Également appelée « bouclier de David » ou « sceau de Salomon » (à ne pas confondre avec l'étoile à 5 branches, symbole des francs-maçons).
– ***Mapaï :*** parti sioniste-socialiste fondé à la fin des années 1920. A donné naissance au Parti travailliste.
– ***Menorah :*** ce chandelier à 7 branches est tout bonnement le plus ancien symbole du judaïsme. Il figure sur les armoiries de l'État d'Israël.
– ***Mezouza :*** morceau de parchemin contenant des passages de la Torah. Roulé dans un étui, il se place sur le chambranle à l'entrée des maisons juives et des pièces de la maison, voire des chambres d'hôtel pour attirer la protection divine. Il est de tradition de le toucher de la main droite, puis de baiser ses doigts avant d'entrer.
– ***Mishnah :*** ensemble des lois juives orales.
– ***Moshav*** (pluriel : *moshavim*) ***:*** ferme coopérative plus « libérale » que le kibboutz.
– ***Mossad :*** le service israélien de renseignements et d'« opérations spéciales » à l'extérieur d'Israël.
– ***Olim :*** littéralement « les montants », c'est-à-dire les immigrants juifs en Israël.

NOKMIN : LES VENGEURS JUIFS

Après la dernière guerre, peu de criminels nazis furent arrêtés. Des rescapés des camps partirent à leur recherche par commandos de 3 ou 4. Une fois repérés avec certitude, les coupables étaient tués sans arme, généralement par strangulation.

– ***Oulpan :*** centre d'enseignement de l'hébreu à l'usage des nouveaux immigrants.
– ***Palmah :*** troupes d'élite des forces clandestines à l'époque du mandat britannique sur la Palestine.
– ***Peot :*** mèches de cheveux spiralées – ou papillotes – encadrant le visage des juifs orthodoxes, qui découle de l'interprétation d'un verset du Lévitique (un livre de l'Ancien Testament).
– ***Piyoutim :*** poèmes liturgiques.
– ***Sal Klita :*** « panier d'intégration » offert aux nouveaux immigrants qui font leur aliya, à leur arrivée et valable 1 an : un billet d'avion aller simple, une aide financière, des cours d'hébreu financés pendant 5 mois, de nombreuses réductions de taxes et d'imposition, soutien scolaire...

SABRA

C'est ainsi que l'on appelle les Juifs nés sur le territoire d'Israël. Cela signifie aussi « figue de Barbarie », un fruit piquant à l'extérieur et doux à l'intérieur. Faut-il y voir un lien ?

– ***Séfarade :*** Juif d'origine espagnole et, par extension, originaire du Bassin méditerranéen ou d'Orient.
– ***Shalom Archav ou Akhshav*** (« La Paix maintenant ») ***:*** mouvement pacifiste israélien prônant le dialogue avec les Palestiniens.
– ***Shekel :*** l'unité de la monnaie israélienne (reprise du « sicle » biblique, unité de poids qui vaut environ 11,2 g).
– ***Shema Israël :*** « Écoute Israël ». Début de la principale prière journalière.
– ***Shin Beth :*** sigle désignant les services de renseignements intérieurs et dans les territoires palestiniens.
– ***Shoah :*** catastrophe. Terme souvent employé à la place d'« Holocauste » (sacrifice) car, pour la plupart des Juifs, le génocide orchestré par les nazis ne peut avoir valeur de sacrifice.
– ***Shtreimel :*** chapeau noir à large bord orné de fourrure ou de velours porté par les hassidim.
– ***Soukoth :*** fête des Tabernacles ou fête des Cabanes.
– ***Tahanat rakévet :*** gare ferroviaire.
– ***Talith :*** châle bleu et blanc porté par les Juifs lors de la prière.
– ***Talmud :*** ensemble des commentaires rabbiniques sur la Torah formé de la Mishnah et de la Guemara.
– ***Tefilin*** (ou phylactères) ***:*** boîtiers cubiques contenant des versets de la Torah, que les Juifs observants fixent à chaque bras et au front par des lanières de cuir, pour la prière du matin. D'autres tefilin se portent autour de la tête.
– ***Torah*** ou ***Sefer Torah :*** livre de la Loi juive désigné par les chrétiens sous le nom d'Ancien Testament.
– ***Tsadik :*** un homme saint.
– ***Tsahal :*** ensemble des troupes de défense israéliennes.
– ***Yeshiva*** (pluriel : *yeshivot*) ***:*** école talmudique.
– ***Yiddish :*** langue des Juifs d'Europe centrale et orientale, tirée du bas-allemand mais s'écrivant avec des lettres hébraïques.
– ***Yishouv :*** ensemble des Juifs de Palestine avant la création de l'État d'Israël.
– ***Yom Kippour :*** jour du Grand Pardon, qui célèbre la fin d'une période durant laquelle Dieu fait le compte des péchés du monde. Jour de jeûne, de repos et de prière.

LIVRES DE ROUTE

Histoire, religions et documents

– ***De leurs socs, ils ont forgé des glaives*** (2009), d'Arno J. Mayer (histoire), Fayard. « Comment le rêve d'un peuple, la création d'un État juif, est devenu le cauchemar d'un autre ? » Arno J. Mayer délivre ici une histoire critique d'Israël. Un méticuleux travail de recherche et de présentation des points de vue, ne perdant jamais de vue le désir parallèle d'autodétermination des Arabes de Palestine, né en même temps que le rêve sioniste. Désir occulté par le sentiment de culpabilité de l'Europe et des États-Unis au lendemain de la tragédie du peuple juif et par la volonté de se faire pardonner en contribuant à la création de l'État d'Israël... Du début à la période contemporaine, tous les événements sont analysés, replacés dans leur contexte mondial et critiqués. L'une des grandes qualités de cet ouvrage est d'avoir accordé une place importante aux critiques intérieures (comme celles de Martin Buber) qui, dès le début, mirent en garde contre les risques explosifs de la question arabe.

– ***Histoire des relations entre juifs et musulmans*** (2013), ouvrage collectif codirigé par Abdelwahab Meddeb et Benjamin Stora, Albin Michel. ● *juifsetmusulmans.fr* ● Une véritable encyclopédie sur l'histoire des 2 communautés depuis les débuts de l'islam. Une œuvre gigantesque qui se souvient de la proximité des peuples et permet d'éclairer sous des angles multiples les conflits actuels.

– ***L'État des Juifs*** (rééd. 2008), de Theodor Herzl, suivi d'*Essai sur le sionisme* par Claude Klein, La Découverte. Par le fondateur du sionisme.

– ***Ô Jérusalem !*** (1971), de Dominique Lapierre et Larry Collins (histoire-reportage), Pocket (2006). 14 mai 1948, le jour même de sa naissance, l'État d'Israël lutte pour sa survie contre 5 armées arabes. Lapierre et Collins, qui ont bénéficié d'une documentation aussi abondante qu'exclusive, font revivre presque heure par heure le déroulement du conflit, apportant une réelle dimension humaine à ce qui n'est pas uniquement un problème géopolitique. Ce pavé, au rythme soutenu, est devenu un classique du grand reportage.

– ***Géopolitique d'Israël*** (2011), de Frédéric Encel et François Thual, Le Seuil. Sous forme de dictionnaire, un ouvrage de référence pour saisir tous les enjeux de la région et du conflit. Du même auteur *Géopolitique de Jérusalem* (2015), Flammarion ; *L'Atlas géopolitique d'Israël, les défis d'une démocratie en guerre* (2018), Autrement.

– ***Sur la frontière*** (2002), de Michel Warschawski (autobiographie), Stock. L'auteur, né dans une famille juive profondément religieuse, parti à 16 ans en Israël pour y suivre des études talmudiques, est devenu l'une des figures de la gauche israélienne et un militant déterminé pour la paix et l'autodétermination du peuple palestinien. Plus qu'une autobiographie, c'est le passionnant récit de l'expérience d'un acteur, d'un citoyen véritablement engagé dans les luttes. Avec son cri d'amour pour Jérusalem, ses amitiés, ses indignations, mais aussi son lot d'échecs et d'avancées, d'espoirs, de déceptions et de découragement... Un itinéraire exceptionnel là aussi, plein d'enseignements et d'émotion sur la société israélienne de la part d'un homme à la frontière de 2 communautés et faisant tout pour les faire vivre ensemble. Du même auteur : *Au pied du mur* (Éditions Syllepse, 2011). Et *Destins croisés* (2009, Riveneuve Éditions ; rééd. 2012). Les destins de 2 familles, une juive, une arabe, sur 4 générations. Mémoires parallèles des 2 peuples exprimées dans leurs diversités d'opinions.

– ***Aidez-nous à divorcer ! Israël Palestine : deux États maintenant*** (2004), d'Amos Oz, Gallimard. Un état des lieux et le désir d'en finir, un divorce, oui, coûte que coûte afin que cet interminable conflit où s'opposent 2 vérités trouve une issue.

– ***Le Nouvel Israël. Un pays en quête de repères*** (2008), d'Emmanuel Faux, Le Seuil. Le journaliste, qui a longtemps vécu à Jérusalem, dresse le tableau d'un pays mosaïque en pleine mutation, qui contraste avec l'image qu'on peut avoir de l'extérieur d'un État qui serait « seulement » englué dans ses rapports avec les Palestiniens. Un ouvrage qui aide à comprendre la complexité de la société actuelle et celle d'un peuple multiple dans son rapport à l'autre, israélien ou palestinien.

– ***Dans les coulisses du Proche-Orient. Mémoires d'un journaliste diplomate*** (2012), d'Éric Rouleau, Fayard. Le jeune journaliste juif égyptien expulsé de son pays natal arrive en France, où, en 1955, il devient collaborateur du *Monde,* chargé des affaires du Proche et du Moyen-Orient. Durant 2 décennies, il croise la route de tous les acteurs majeurs de la région, et se retrouve au cœur de ses conflits. Le spécialiste embrassera ensuite une carrière diplomatique. Une histoire « de l'intérieur » du conflit israélo-palestinien.

– ***Le Roman que je n'ai pas écrit. Mémoires d'Israël*** (2007), de Linda Grant, Intervalles. Romancière et journaliste britannique, Linda Grant part en reportage à Tel-Aviv. Dans ce pays qu'elle ne connaît pas, elle voit le moyen d'entretenir une mémoire familiale, et décide d'écrire un roman, ce qu'elle ne réussit pas à faire, comme l'indique le titre. En revanche, elle revient avec un livre plus proche du reportage littéraire, fait de rencontres passionnantes, drôles et touchantes, pour mieux comprendre la complexité de ce pays. Elle a reçu le prix « Lettre Ulysses Award ».

– ***10 jours en terre ceinte*** (2017), de Bernard Bloch, Magellan. Journal de bord qui relate le voyage de l'auteur, comédien et metteur en scène athée au milieu d'un groupe de chrétiens. Il couche ici les émotions contradictoires qui le traversent durant ce séjour israélo-palestinien sur la terre où il fit sa bar-mitsva quelques décennies plus tôt.

Les grands classiques

– ***Itinéraire de Paris à Jérusalem*** (1806, rééd. Gallimard, coll. « Folio classique », 2005), de François René de Chateaubriand. Le livre de route par excellence ; les Lieux saints revus par un classique du XIXe s. « Ce peuple a assisté 17 fois à la ruine de Jérusalem, et rien ne peut l'empêcher de tourner ses regards vers Sion », nous dit ce pèlerin en Orient.

– ***Jérusalem*** (1895, rééd. Petite bibliothèque Payot, 2017), de Pierre Loti. Une Jérusalem vue par un monstre sacré des voyageurs-chroniqueurs du XIXe s. De son voyage dans la Ville sainte en 1894, il rapporte un patchwork d'impressions. Un instantané passionnant de cette cité éternelle.

– ***Terre d'amour et de feu. Israël 1926-1961*** (Tallandier, collection Texto, 2018), de Joseph Kessel. De 1926 à 1961, Joseph Kessel a suivi par 3 fois l'essor d'Israël, depuis les premières colonies dans le désert jusqu'à sa souveraineté, en passant par la guerre qui a accompagné sa naissance officielle. *Terre d'amour et de feu* est le témoignage irremplaçable d'un grand reporter doublé d'un poète, et le cri du cœur d'un homme que ses origines plongent dans l'aventure israélienne.

– ***La Bible de Jérusalem*** (2000), sous la direction de l'École biblique de Jérusalem, Pocket (2003).

– ***Dictionnaire des Messies juifs de l'Antiquité à nos jours*** (2009), de Yankel Mandel, Berg International Éditeurs. De Jésus au Loubavitcher, de Shabbataï Zvi à Yaakov Frank, cette quête perpétuelle du Messie rédempteur. Remarquable travail d'érudit, arrivant, à l'aide d'un style d'une grande fluidité, malgré un sujet assez pointu, à captiver le lecteur...

Romans et B.D.

– ***Le Judaïsme pour débutants 1 – Les principes fondamentaux de la religion juive*** (2006), de Charles Szlakmann, La Découverte poche. Avec sa plume et son crayon, l'auteur nous offre une lecture aussi instructive que distrayante sur la religion juive ; pari réussi ! Le contenu est riche – bien qu'il y ait très peu de texte – et servi par des croquis, simples et humoristiques. Tome 2 : *Le Regard juif sur le monde.*

– ***Chroniques de Jérusalem*** (2011), de Guy Delisle, Delcourt. Cette volumineuse B.D. est un reportage en Israël et en Palestine de l'auteur, qui suit sa femme en mission pour MSF. Vie quotidienne, émotions, rencontres. Tout y passe avec beaucoup de tact et de justesse.

– ***Les Aventures extraordinaires de Sa'îd le Peptimiste*** (1987), d'Émile Habibi, Gallimard. Chef-d'œuvre absolu de la littérature arabe d'Israël. L'auteur, prix Israël et prix Arafat – une prouesse –, nous relate les tracas d'un homme pris au piège de cette double identité : un optimiste qui, au gré des circonstances tragiques, rocambolesques, se rit de lui-même, de sa condition ambiguë, des siens et de sa ville tant aimée.

– ***Une femme fuyant l'annonce*** (2011), de David Grossman, Points (2020). Ora, une femme, très sensible, volontaire, quitte Jérusalem et part vagabonder en Galilée avec un amour de jeunesse. Pour fuir son angoisse de voir son fils tué à la guerre. Si elle disparaît, en principe, il ne lui arrivera rien. L'auteur apprit la mort de son fils pendant la guerre du Liban en 2006, en pleine écriture de son livre. Ouvrage plein de tendresse, ode à la vie qui a obtenu le prix Médicis étranger et un grand succès en Israël et en France. Du même auteur, *Voir ci-dessous : amour* (1991 ; Points, 1995). Le roman des fils de rescapés, l'art comme thérapie d'un traumatisme. Et en 2015, *Un cheval entre dans un bar* (Points, 2016), qui évoque les rapports entre 2 amis d'enfance, l'un trahi par l'autre à un moment cruel de son existence. Entre règlement de comptes et rédemption.

– ***Une nuit, Markovich*** (2016), d'Ayelet Gundar-Goshen, 10/18 (2017). En 1939, 2 jeunes Juifs palestiniens se rendent en Allemagne pour épouser des coreligionnaires, les sauver du nazisme et les ramener en Palestine. L'auteure, une militante engagée pour la paix, signe là un 1er roman plein d'humour, salué par la critique en Israël et à l'étranger.

– ***Une histoire d'amour et de ténèbres*** (2004), d'Amos Oz, Gallimard, coll. « Folio » (2005). Sans doute l'œuvre la plus symptomatique d'un auteur déjà fort connu. Amos Oz relate le quotidien de son enfance à Jérusalem lors des combats de 1948, l'atmosphère spécifique de la ville assiégée, ce dans un contexte familial douloureux où chacun s'attend à une fin programmée.

– ***Mon Michaël*** (1968), d'Amos Oz, Calmann-Lévy ; Gallimard, coll. « Folio » (rééd. 1998). Dans le journal qu'elle tient pour prouver sa propre existence, Hanna voit s'enliser, dans la nostalgie de son enfance en Palestine, ses espérances rattrapées par une réalité qui n'offre aucune issue.

– ***Arabesques*** (1991), d'Anton Shammas, Actes Sud (rééd. 2009). Un Palestinien de Galilée évoque son village, les réfugiés, le désarroi, le déracinement, la guerre, l'exil. Le roman fut rédigé en hébreu par son auteur, Palestinien de renom.

– ***Meurtre au kibboutz*** (1995), de Batya Gour, Fayard ; Gallimard, coll. « Folio policier » (rééd. 2006). Une enquête policière au kibboutz. Michel Ohayon, le commissaire chargé de l'enquête, tente de s'initier aux mystères de cette société exclusive qui ne se laisse guère analyser par des agents extérieurs. L'un des ouvrages les plus pertinents qui soient sur le kibboutz, ses non-dits ; très critique vis-à-vis de ce que l'on considéra longtemps comme un modèle de société.

– ***Vie amoureuse*** (2000), de Zeruya Shalev, Gallimard, coll. « Folio » (rééd. 2005). Amour, haine, angoisse, culpabilité sont les ingrédients de ce roman magistral ; la vie érotique d'une jeune femme soumise à ses désirs.

– ***Moi Anastasia*** (2008), d'Alona Kimhi, Gallimard, coll. « Folio » (2009). Par l'auteur de *Suzanne, la pleureuse,* un recueil de 4 nouvelles, portraits de femmes névrosées dans un contexte fantastique ; Alona Kimhi, connue pour ses positions d'extrême gauche, brise les tabous et fustige l'establishment politique et social israélien.

– ***Le Temps des prodiges*** (2004), d'Aharon Appelfeld, Le Seuil, coll. « Points ». L'auteur de *Badenheim,* bien que son œuvre soit hantée par le passé, refuse d'être un écrivain de la Shoah. Il est l'auteur dépossédé, écartelé, déplacé qui apprend à nouveau à parler et à écrire.

– ***Et en fin de compte*** (1992), de Yaakov Shabtaï, Actes Sud, coll. « Babel » (rééd. 2008). Une forme de testament où l'auteur prend conscience de la vanité des choses de la vie et du parcours qui mène inéluctablement vers une fin morne, triste, ce dans une ville, Tel-Aviv, qu'il ne voit plus qu'au travers de cette sinistre introspection.

– ***Le Palais des vases brisés*** (1978), de David Shahar, Gallimard (1983 pour le 1er tome). Œuvre magistrale en 7 volumes, se situant dans la Jérusalem dans les années 1930, un véritable inventaire de cette cité mythique où évoluent des personnages burlesques aux prises avec leurs rêves, fruits d'une mythologie maléfique.
– ***Petit pays au sud de la ville*** (2007), de Moshe ben Shaul, traduit par Yankel Mandel, éd. Caractères. « Dans un alphabet qui fut le mien avant que ne tombent les pétales, chante Vissotski, il chante et parle sans fin ; des phrases toutes faites, toutes dites. »

D'occasion ou en bibliothèque

– ***Monsieur Mani*** (1994), d'A. B. Yehoshua, Calmann-Lévy. Une épopée familiale, chronique couvrant l'histoire de 6 générations. La transmission du père au fils, l'héroïsme des pères, l'ingratitude des fils.
– ***L'Humour juif expliqué à ma mère*** (2017), de Franck Medioni, Chiflet. Une anthologie présentée sous la forme d'un dialogue fils-mère. À feuilleter pour découvrir les bons mots de tous horizons, plus qu'à lire ligne à ligne.
– ***Anthologie de la poésie en hébreu moderne*** (2001), Gallimard. La poésie hébraïque 3 fois millénaire se trouve à la fin du XIXe s à un tournant décisif ; l'hébreu est né, avec lui, Nathan Alterman, Yehouda Amichaï, David Avidan, Chaïm Nachman Bialik, T. Carmi, Lea Goldberg, Chaïm Gouri, Dan Pagis, Dalia Ravikovitch et bien d'autres...

POSTE

Informations sur le site • *israelpost.co.il* •
Se reconnaît à son logo rouge représentant une tête de cerf sur fond blanc, censé symboliser la rapidité du service... Les bureaux principaux sont ouverts tous les jours sauf le samedi, de 8h à 18h (12h le vendredi). Certains bureaux secondaires ferment le mercredi à 13h30, d'autres font une pause de 12h30 à 15h30, 2 fois par semaine. La plupart des bureaux de poste ont un comptoir de change et disposent du service *Western Union,* transfert d'argent rapide.
Attention, pour ceux qui se rendent en Cisjordanie, mieux vaut poster son courrier de Jérusalem ou d'Israël, il mettra nettement moins de temps (voir plus loin la partie consacrée à la Palestine).

POURBOIRE

Dans les ***bars et restaurants,*** le service n'est pas compris dans l'addition. Parfois, on y ajoutera la mention *service not included.* Il faut compter 12 % du total (10 % est un minimum). Vous pouvez même aller jusqu'à 15 % si vous êtes très satisfait. À l'inverse, si vous ne laissez pas assez, on ne manquera pas de vous le faire remarquer !
Les Français, peu (ou pas) habitués au pourboire chez eux, ont souvent une réticence à laisser quelque chose. Il faut savoir que la plupart des serveurs et des serveuses sont des étudiants, et que le pourboire représente souvent leur seul salaire, le fixe étant ridiculement bas. Une précision encore : il arrive parfois que le restaurateur ajoute le service d'office sur la note et, si c'est écrit en hébreu, vous ne vous en apercevez pas forcément. Vérifiez donc les additions, histoire de ne pas payer 2 fois le service ! Un petit pourboire dans les ***hôtels*** sera toujours apprécié.

SANTÉ

Avec la Covid, les gestes barrières sont entrés dans notre quotidien. Ce qui diminue également le risque d'attraper les autres virus. Même si dans les établissements touristiques les règles d'hygiène ont été renforcées, il reste conseillé de :

– se laver les mains très régulièrement à tout moment de la journée, soit avec du savon (n'importe lequel est efficace contre les infections, pourvu que le lavage soit vigoureux), soit en utilisant une solution hydroalcoolique ; privilégiez les ongles courts ;
– suivre les recommandations en vigueur dans le pays.
– Hotline dédiée au coronavirus : ☎ *5400. Rens en français : ☎ (03) 568-46-90.

Vaccinations

– Aucun vaccin n'est exigé pour les voyageurs en provenance d'Europe à l'heure où nous bouclons ce guide.
– Les ***vaccins « universels »*** (tétanos, polio, diphtérie, coqueluche et hépatite B) doivent être à jour.
– Le vaccin contre l'***hépatite A*** (par exemple *Vaqta*) est fortement recommandé par l'OMS, car c'est une des maladies qui se contracte le plus facilement (par l'alimentation). Le vaccin contre la ***fièvre typhoïde*** est conseillé à ceux qui se rendent dans les territoires palestiniens occupés.

Conseils généraux

L'infrastructure médicale est excellente en Israël.
Au Proche-Orient, gare au ***soleil*** ! N'oubliez pas chapeau, lunettes de protection et crème solaire. En été, les zones à basse altitude (mer Rouge, mer Morte) se transforment en fournaise : évitez de sortir aux heures les plus chaudes, sous peine d'insolation ! De toute façon, le sable vous brûlera les pieds, même avec des sandales... Comme le temps est très sec, les personnes fragiles des yeux penseront à apporter du collyre ou des larmes artificielles (surtout pour les porteurs de lentilles). Pensez à vous hydrater régulièrement (boire 2 à 3 l d'eau par jour et par personne). En Israël, l'***eau du robinet*** est potable. Prévoir également le désagréable contraste entre l'***air conditionné,*** souvent trop violent, et l'air extérieur, souvent trop violent aussi !
En hiver, c'est du ***froid*** qu'il faudra vous protéger (sauf dans la vallée du Jourdain). On s'enrhume vite sans une petite laine.
Côté ***bébêtes,*** scorpions et serpents sont présents dans le désert et sur les sites archéologiques. Mieux vaut, par sécurité, secouer ses chaussures avant de les enfiler et son sac de couchage avant de se coucher.
Les moustiques, quant à eux, ne transmettent pas le palu, mais peuvent être à l'origine de quelques cas de leishmaniose ou propager le virus du Nil. Autant se protéger des piqûres de ces vilaines bêtes. Éviter aussi les contacts avec les chiens, surtout dans le sud du pays, qui peuvent transmettre l'hydatidose.
Enfin, en ***mer Rouge,*** se méfier des coraux (certains coupent et brûlent), des oursins et des poissons venimeux (dont la rascasse volante) : le mieux est de se protéger les pieds avec des sandalettes en plastique. Tant pis pour l'esthétisme... Attention également aux requins, aux méduses et aux physalies, une variété de grandes méduses (ne pas se baigner après une tempête et ne jamais s'approcher de ce qui pourrait ressembler à un sac plastique transparent).
Si vous pratiquez la ***plongée sous-marine*** pour la 1re fois, n'oubliez jamais que la profondeur peut entraîner des lésions graves : suivez les conseils des moniteurs, respectez la règle des paliers et ne plongez pas si vous avez des problèmes oto-rhino (rhume, sinusite, otite, etc.). Pour plus de détails sur les précautions à prendre, reportez-vous plus loin à la rubrique « Plongée sous-marine » dans « Israël : hommes, culture et environnement ».
– ***Le sida :*** l'usage de préservatifs demeure naturellement indispensable (on en trouve dans toutes les pharmacies).

■ ***Catalogue Santé Voyages :*** les produits et matériels utiles aux voyageurs, assez difficiles à trouver, peuvent être achetés par correspondance sur le site de *Santé Voyages* • astrium.com • Infos complètes toutes destinations, boutique web, paiement sécurisé, expéditions So Colissimo (48h) ou Chronopost (24h). ☎ 01-45-86-41-91.

TÉLÉPHONE ET COMMUNICATIONS

Comment téléphoner ?

– ***France → Israël :*** composer le 00 (tonalité) + 972 (970 pour la Palestine, mais le 972 fonctionne aussi la plupart du temps) + indicatif de la ville (sans le 0, réservé aux communications intérieures) + numéro du correspondant.
– ***Israël → France :*** composer le 00-33 + numéro à 9 chiffres du correspondant (c'est-à-dire le numéro à 10 chiffres sans le 0 qui précède l'indicatif de la région). Depuis les téléphones publics, à la place du 00, composer le 012, le 013, ou le 014, correspondant chacun à un opérateur différent.
– ***Israël → Israël ou Palestine → Israël :*** pour téléphoner d'une ville à l'autre, il est nécessaire de composer l'indicatif de la ville. Exemple : de Tel-Aviv à Ramallah, on compose le 02, suivi du numéro du correspondant. En revanche, dans une même ville, on ne compose que le numéro du correspondant, sans l'indicatif de la ville.
– N'oubliez pas qu'il faut composer l'indicatif de région avant un numéro fixe depuis un portable.
– Renseignements téléphoniques en Israël : ☎ 144.
– Renseignements téléphoniques internationaux : ☎ 188.

Les portables

En Israël, les principaux opérateurs sont *Cellcom, Partner Orange* et *Pelephone.*

Le téléphone portable en voyage

On peut utiliser son propre téléphone portable en Israël avec l'option « international ». Mais certains forfaits incluent Israël d'emblée. Renseignez-vous auprès de votre opérateur.
– ***L'option « international »*** est, en général, activée par défaut. Pensez sinon à contacter votre opérateur pour souscrire à l'option (gratuite) au moins 48h avant votre départ.
– ***Le « roaming » ou itinérance :*** c'est un système d'accords internationaux entre opérateurs. Concrètement, cela signifie que lorsque vous arrivez dans un pays, le nouveau réseau local s'affiche automatiquement. Vous recevez rapidement un SMS de votre opérateur vous proposant un ***pack voyageurs*** plus ou moins avantageux, incluant un forfait limité de consommations téléphoniques et de connexion internet.
– ***Forfaits étranger inclus :*** certains opérateurs proposent des forfaits où ***35 jours de roaming par an sont offerts*** dans le monde entier. On peut donc cumuler plusieurs voyages à l'étranger sans se soucier de la facture au retour. Attention, si SMS, MMS et appels sont souvent illimités, la connexion Internet est, elle, limitée. D'autres opérateurs offrent carrément le ***roaming toute l'année vers certaines destinations.*** Renseignez-vous auprès de votre opérateur.
– ***Tarifs :*** ils sont propres à chaque opérateur et varient en fonction des pays (le globe est découpé en plusieurs zones tarifaires). ***N'oubliez pas qu'à l'international, vous êtes facturé aussi bien pour les appels sortants que les appels entrants, idem pour les textos.*** Donc quand quelqu'un vous appelle à l'étranger, vous payez aussi (mais moins). Soyez bref !
– ***À savoir :*** un téléphone tri-bande ou quadri-bande n'est pas nécessaire en Israël, sauf pour bénéficier d'Internet. Pour s'assurer que votre appareil est compatible avec votre destination, renseignez-vous auprès de votre opérateur.

– ***Acheter une carte SIM sur place :*** une option avantageuse pour certaines destinations. Il suffit d'acheter à l'arrivée une carte SIM locale prépayée chez l'un des opérateurs représentés dans les boutiques de téléphonie des principales villes du pays et à l'aéroport. Compter en moyenne 100 à 150 Shk pour des SMS illimités (mais pour des portables israéliens seulement), des appels locaux (les options avec appels de numéros à l'international sont bien plus chères) et une quantité de données mobiles (c'est ce qui influe généralement sur le prix). Attention, on ne peut plus vous joindre sur votre numéro habituel mais uniquement sur ce nouveau numéro (sauf si votre téléphone admet 2 cartes SIM, la vôtre et celle du pays). Avant de payer, essayez cette carte SIM dans votre téléphone – préalablement débloqué – afin de vérifier si celui-ci est compatible. Ensuite, les cartes pour recharger votre crédit de communication s'achètent facilement dans ces mêmes boutiques.

La connexion internet en voyage

– ***Se connecter au wifi*** à l'étranger est le seul moyen d'avoir accès au Web gratuitement si vous ne disposez pas d'un forfait avec *roaming* offert.
Le plus sage consiste à ***désactiver la connexion*** « données à l'étranger » (ou « données cellulaires »). On peut aussi mettre le portable ***en mode « Avion »*** et activer ensuite le wifi. Attention, le mode « Avion » empêche, en revanche, de recevoir appels et messages.
De plus en plus d'hôtels, restos, bars et mêmes certains espaces publics disposent d'un réseau, le plus souvent gratuit.
– Une fois connecté au wifi, vous avez accès à tous les services de la ***téléphonie par Internet,*** comme ***WhatsApp, Messenger, Viber, Skype.***

Attention piratage !

Les wifi publics sont devenus de véritables passoires ! Il est très facile, même pour un débutant, de pirater un réseau. La seule parade véritablement fiable est de ne fréquenter que des sites « certifiés ». Ils commencent par « https:// » et affichent souvent un petit cadenas à côté de l'adresse. Dans ce cas, vos transmissions sont cryptées et donc sécurisées. Les sites les plus sensibles et populaires, comme les banques, ont tous une connexion certifiée.
Enfin, si vous utilisez un ordinateur en libre-service, évitez, dans la mesure du possible, d'entrer votre mot de passe ou toute information sensible ! Une quantité phénoménale de ces postes est infectée par des « enregistreurs de frappes », qui peuvent transmettre vos données à un destinataire mal intentionné. Et si, malgré tout, vous utilisez ces postes, pensez à bien vous déconnecter et à ne pas cliquer sur l'option « enregistrer mon mot de passe ».

TRANSPORTS INTÉRIEURS

Le bus

Il existe à peine une petite dizaine de compagnies de bus. La principale compagnie, *Egged,* dessert l'ensemble du pays avec un réseau dense et pas trop cher *(☎ *2800 depuis Israël ; • egged.co.il •).* Les bus ne fonctionnent pas pendant le shabbat. Ils reprennent leur service le samedi vers 17h.
Infos sur l'ensemble des différentes compagnies sur *• bus.co.il •*

Le train

Moins cher que le bus, mais peu développé. Il dessert Nahariya, Akko, Haïfa, Tel-Aviv et Beer Sheva. Une ligne relie Tel-Aviv à Jérusalem. Attention, comme les bus, les trains ne circulent pas pendant le shabbat.
*Rens et résas : ☎ *5770. • rail.co.il •*

Le *sherout*

Ce sont des minibus d'une dizaine de personnes qui partent quand le véhicule est plein. Contrairement aux bus, ils circulent 24h/24, y compris pendant le shabbat. À peine plus cher que le bus (prix majorés lors du shabbat).

L'avion

▲ ***Arkia Airlines :*** ☎ *(03) 690-22-10/55.* ● *airarkia.fr* ●
▲ ***IsrAir :*** ☎ *(03) 510-95-89.* ● *israir.co.il* ●

EL AL : FERMETURE HEBDOMADAIRE !

EL AL est la seule compagnie aérienne au monde qui dispose d'un jour férié par semaine. 100 % casher par respect pour les ultra-orthodoxes, elle ne vole pas pendant le shabbat (interdiction d'utiliser les moteurs). Sa filiale non casher Sun d'Or (qui volait pendant le shabbat) a perdu son autorisation de vol.

La voiture

Location de voitures

– Certaines compagnies imposent un âge minimum et maximum pour le loueur : ***si vous avez moins de 24 ans ou plus de 70 ans, renseignez-vous bien avant.*** Le permis de conduire national suffit.
– Jusqu'à 23 ans, vous êtes considéré comme jeune conducteur et il faut alors souscrire une assurance spécifique qui peut coûter cher.
Attention, il existe une ***différence entre une carte de débit et une carte de crédit,*** et il arrive que certaines agences refusent votre location de voiture en cas de paiement par carte de débit. Certains loueurs acceptent les cartes de débit, mais ils vous demanderont alors de souscrire une assurance complémentaire souvent très chère en supplément. Il faut donc avoir une carte de crédit. Donc, vérifiez bien si la mention « CRÉDIT » (débit différé) ou « DÉBIT » (débit immédiat) est inscrite sur votre carte bancaire, sinon renseignez-vous auprès de votre banque (avant votre départ). Vous pouvez accéder à ces informations concernant les conditions de location des loueurs sur le site ● *bsp-auto.com* ● après avoir lancé votre recherche dans la rubrique « Informations détaillées ».
– Attention, la Highway n° 6 est payante (c'est la seule), mais vous ne verrez pas de péage (système de transpondeur). Sur les panneaux routiers, l'aspect payant de cette autoroute est signalé par 2 petites pièces (bon à savoir si vous ne comptez pas la prendre). Si, toutefois, vous l'empruntez, signalez-le au loueur quand vous rendrez la voiture. Il vous fera payer le péage à la remise des clés, sinon c'est l'amende assurée.
– À la prise du véhicule, insistez (lourdement parfois) pour que la vérification de la voiture soit contradictoire entre le loueur et vous-même, et pour que TOUS les impacts soient reportés sur le contrat, y compris ceux que le préposé aura omis de pointer... Les employés des grandes enseignes sont particulièrement expéditifs à la prise en charge, mais bien plus regardants à la restitution.
– ***Attention : la plupart des grandes compagnies ne possèdent pas une double assurance permettant de se rendre en Cisjordanie.*** En louant une voiture en Israël, il est toutefois possible de conduire sur les grandes routes qui traversent la zone C (sous contrôle exclusif israélien). Pour rejoindre

ensuite les zones urbanisées A et B, il faut se garer en zone C et prendre un taxi. Pas très pratique. Mieux vaut s'adresser à des petits loueurs de Jérusalem-Est ou de Ramallah (voir les « Adresses utiles » de ces villes) en leur faisant bien préciser qu'ils possèdent la double assurance avant de signer le contrat. De même, louer une voiture en Cisjordanie n'autorise pas toujours la circulation en Israël. Là encore, se renseigner.

■ ***BSP Auto :*** ☎ *01-43-46-20-74 (lun-ven 9h-21h30, w-e 9h-20h).* • *bsp-auto.com* • Les prix proposés sont attractifs et comprennent le kilométrage illimité et les assurances. *BSP Auto* vous propose exclusivement les grandes compagnies de location sur place, vous assurant un très bon niveau de services. Les plus : vous ne payez votre location que 5 jours avant le départ. Remise spéciale de 5 % aux lecteurs de ce guide avec le code « ROUTARD22 ».

Circuler en voiture

– Le réseau routier est bien entretenu. Pas de problème pour se repérer, les localités sont indiquées par des panneaux trilingues en hébreu, en arabe et en anglais.

– L'essence coûte environ 6 Shk le litre de SP 95 (soit 1,50 €) ; le diesel est plus cher. Dans les stations-service, vous remarquerez, la plupart du temps, 2 prix pour le même carburant. Le moins cher correspond au tarif du carburant en self-service ; l'autre prix sera appliqué si un employé vient vous servir. La différence n'est pas négligeable.

– La conduite est assez sportive (tous véhicules confondus). Les klaxons retentissent à tout bout de champ et les dépassements dangereux ou passages forcés (plus communément appelés « queues de poisson ») sont nombreux. Si la courtoisie entre automobilistes est mise à mal, les limitations de vitesse sont relativement respectées (radars nombreux) et les stops, feux tricolores (flashs fréquents aussi), passages pour piétons sont strictement marqués.

– Petite précision, le feu vert se met à clignoter avant de passer orange, puis rouge. Dans l'autre sens, le feu rouge s'éclaire orange-rouge (simultanément) avant de passer au vert. Ça permet d'anticiper.

– Au centre-ville, le stationnement est généralement payant en semaine, gratuit le week-end (vendredi après-midi et samedi). Les classiques horodateurs cèdent peu à peu la place à un paiement en ligne via une appli téléchargeable sur smartphone (se renseigner localement). Attention, les pervenches israéliennes sont rapides et efficaces.

– Les emplacements interdits et autorisés pour le stationnement sont indiqués par un code couleur le long des trottoirs. Un marquage blanc et rouge désigne les endroits où il est formellement interdit de stationner, de jour comme de nuit. Le marquage blanc et bleu indique les zones payantes en journée (grosso modo de 8-9h à 17-19h ; gratuit la nuit ; les horaires sont mentionnés sur les horodateurs et sur les panneaux... en hébreu !). Attention en ville, certaines zones de stationnement sont strictement réservées aux seuls résidents dotés d'un macaron (de jour comme de nuit). Là où il n'y a pas de couleur, on peut se garer gratuitement. En cas de doute, n'hésitez pas à demander confirmation sur place.

CODE MILITAIRE

En Israël, on pratique le stop comme partout ailleurs en levant le pouce. Mais les militaires, s'ils sont appelés d'urgence, font du stop le pouce en bas. Les automobilistes arrêtent leur « char » manu militari.

– Attention, le taux d'alcool dans le sang est limité à 0,1 g/l, autant dire tolérance zéro et ça ne rigole pas ! Défaut de ceinture, téléphone au volant, tout ça verbalisé et payable sur-le-champ (ils prennent la carte de paiement).
– En hiver (de novembre à mars), les feux de croisement sont théoriquement obligatoires, même de jour.

Les applis de cartes embarquées

Sans connexion mais à télécharger avant le départ :
– *CityMapper :* idéal pour les villes, avec temps de trajet, numéro de bus, tram et autres, et temps d'attente en temps réel.
– *Maps.me :* itinéraire sur plan (silencieux).
Avec connexion et à télécharger avant le départ :
– *Google Maps / Waze :* indique en temps réel la qualité du réseau, les points radar, limitations de vitesse, et autres incidents sur le réseau routier.

Les taxis

Les taxis fonctionnent (normalement) avec un compteur. Il existe un tarif de jour (de 5h30 à 20h59), et un tarif de nuit (de 21h à 5h29) valable également durant le shabbat (les prix sont majorés de 30 % environ). Lors d'une course, le chauffeur doit mettre le compteur. Dans les grandes villes, aux heures de pointe, à cause des embouteillages, mieux vaut négocier un forfait, histoire d'éviter de payer une trop grosse somme, à condition, bien sûr, d'avoir déjà une idée du tarif habituel.

URGENCES

■ ***Ambassade et consulat de France à Tel-Aviv :*** *📱 054-667-00-47 (en cas d'urgence et de situations vraiment graves).*
■ ***Police :*** *☎ 100.*
■ ***Ambulances :*** *☎ 101.*

Pour les cartes de paiement

En cas de perte, de vol ou de fraude, quelle que soit la carte que vous possédez, chaque banque gère elle-même le processus d'opposition.
Le plus simple est de faire opposition en ligne via le site de votre agence bancaire ou son application mobile, ou en les appelant directement. Sinon, voici les numéros des centres d'assistance des différentes cartes :

– ***Carte Visa :*** *n° d'urgence en Israël, ☎ 1-80-941-1605. • visa.fr •*
– ***Carte MasterCard :*** *n° d'urgence en Israël, ☎ 1-80-941-8873. • mastercard.fr •*
– ***Carte American Express :*** *n° d'urgence, ☎ (00-33) 1-47-77-72-00. • americanexpress.com •*

Il existe aussi un serveur interbancaire d'opposition qui, en cas de perte ou de vol, vous met en contact avec le centre d'opposition de votre banque : *en France : ☎ 0892-705-705 (prix d'un appel + 0,35 €/mn) ; depuis l'étranger : ☎ + 33-442-605-303.*

Besoin urgent d'argent liquide

Voir plus haut la rubrique « Argent, banques, change ».

Distances en km	EILAT	BEER SHEVA	JÉRUSALEM	MASSADA	BEN GURION AIRPORT	TEL-AVIV	NETANYA	NAZARETH	TIBÉRIADE	HAÏFA	SAFED	METULLA
EILAT	0	241	307	214	351	354	385	444	473	427	439	471
BEER SHEVA	241	0	81	105	110	115	144	217	246	200	269	293
JÉRUSALEM	307	81	0	90	45	59	93	131	176	131	194	214
MASSADA	214	105	90	0	141	153	171	230	242	213	225	257
BEN GURION AIRPORT	351	110	45	141	0	15	44	109	137	115	157	199
TEL-AVIV	354	115	59	153	15	0	29	102	131	95	162	195
NETANYA	385	144	93	171	44	31	0	72	100	58	135	166
NAZARETH	444	217	131	230	109	102	72	0	29	44	70	91
TIBÉRIADE	473	246	176	242	137	131	100	29	0	57	35	62
HAÏFA	427	200	131	213	115	95	64	37	57	0	74	115
SAFED	439	269	194	225	157	162	135	70	35	74	0	46
METULLA	471	293	214	257	199	195	166	91	62	115	46	0

En cas de perte ou de vol de votre téléphone portable

Suspendre aussitôt sa ligne permet d'éviter de douloureuses surprises au retour du voyage ! Le plus simple est de faire la démarche depuis le site internet ou l'appli de votre opérateur. Voici sinon les numéros des 4 opérateurs français, accessibles depuis la France et l'étranger :

– ***Free :*** ☎ *3244 depuis la France ;* ☎ *+33-1-78-56-95-60 depuis l'étranger.*
– ***Orange :*** ☎ *3900 depuis la France ;* ☎ *+33-969-39-39-00 depuis l'étranger.*
– ***SFR :*** ☎ *1023 depuis la France ;* 📱 *+ 33-6-1000-1023 depuis l'étranger.*
– ***Bouygues Télécom :*** ☎ *1064 depuis la France ;* 📱 *+ 33-6-60-61-46-14 depuis l'étranger.*

Avant de partir, notez (ailleurs que dans votre téléphone portable !) votre numéro IMEI, utile pour bloquer à distance l'accès à votre téléphone en cas de perte ou de vol. Pour obtenir ce numéro, il suffit de taper sur votre clavier *#06#.

ISRAËL

TEL-AVIV ET LA CÔTE MÉDITERRANÉENNE

Tel-Aviv, c'est un peu Miami-sur-Méditerranée. Ville d'art et de créativité, tournée vers la mer, elle est une cité moderne et cosmopolite, ancrée dans l'histoire et avide de nouveautés.
Au nord, la côte alterne stations balnéaires (comme Netanya) et cités historiques (Césarée, Akko). Un parcours non dénué de spiritualité (Haïfa, mont Carmel) entre passé et présent, où l'art et la mémoire ont toute leur place.

TEL-AVIV

460 600 hab. IND. TÉL. : 03

• Plan d'ensemble *p. 113* • Centre nord (plan I) *p. 116-117* • Centre sud (plan II) *p. 120-121* • Neve Tsedek et quartier Florentin (zoom) *p. 125* • Jaffa *p. 145*

Surnommée « la Bulle », la ville est le poumon économique du pays. Cette métropole hyperactive – pourtant 2 fois moins peuplée que Jérusalem – est en pleine métamorphose urbanistique. Ici, point trop de religion, Tel-Aviv revendique son penchant pour les arts, la fête et le sport : théâtre, musique, danse contemporaine, musées et galeries d'art, ateliers de créateurs, sans compter les dizaines de restos et de bars dont on ressort à l'aube et, pour finir, la plage évidemment...
Avec un revenu par habitant de 20 % supérieur à la moyenne nationale, Tel-Aviv est une ville riche, une ville de start-uppers principalement orientés vers les nouvelles technologies. Désir de ville modèle, désir de ville d'avenir, elle a la volonté d'incarner la réussite d'un système, et ce depuis le jour où elle a réellement pris son envol dans les années 1930. À l'époque, le Bauhaus, courant artistique novateur, vient d'être interdit par l'Allemagne nazie ; il trouvera ici matière à s'exprimer dans l'architecture (certaines parties du centre-ville sont d'ailleurs inscrites au Patrimoine mondial de l'Unesco). Enfin, avec son front de mer aménagé « à la californienne » (longue promenade piétonne, piste cyclable et rollers), des bars-restos de plage et de quoi faire chauffer sa carte bancaire lors de sessions shopping, Tel-Aviv attire en masse les adeptes de la conso : Européens, Russes et aujourd'hui Asiatiques.

UN PEU D'HISTOIRE

Tel-Aviv est la 1re ville moderne au monde où l'on parle l'hébreu. Au départ, quelques rues au milieu des dunes constituent le quartier d'Ahouzat Bayit. À partir de 1909, la ville commence à se développer. 10 ans plus tard, elle acquiert le nom de Tel-Aviv (« la Colline du Printemps »). En 1920, elle se sépare administrativement de Jaffa, cette dernière devenant de plus en plus un bastion du nationalisme arabe. Entre 1932 et 1940, avec l'arrivée de ceux qui fuyaient l'Europe nazie, Tel-Aviv connaît un fort développement. Dans le même temps, la révolte arabe de 1936 contraint les Juifs à construire leur propre port à Tel-Aviv. En 1947, peu avant la création de l'État, la ville comptait 220 000 habitants. En 1950 ont lieu les retrouvailles entre Tel-Aviv et Jaffa. Depuis, elles appartiennent à la même municipalité.

LE BAUHAUS, L'ARCHITECTURE D'UNE ÉPOQUE

Au début des années 1930, la construction en Israël a été largement influencée par le Style international ou le mouvement Bauhaus. Tel-Aviv en reste l'illustration la plus éloquente. Ce style s'est développé en Allemagne au lendemain de la Première Guerre mondiale grâce à l'école d'art, de design et d'architecture, le Bauhaus, créée en 1919 par Walter Gropius à Weimar. L'idéologie de ce courant réside dans la recherche de la complémentarité entre l'art et les technologies industrielles. « Le fonctionnel, voilà le beau ! » et « À bas les enjolivures » pourraient en résumer l'esprit. Sous l'impulsion de grands maîtres comme Klee, Kandinsky, Mies Van der Rohe, artisans et artistes conjuguent leurs compétences et les consacrent à l'architecture, à la création d'objets et de meubles. Dans l'entre-deux-guerres, l'école accueille des étudiants juifs. En 1933, dès leur arrivée au pouvoir, les nazis ferment l'école. Mais l'esprit Bauhaus aura eu le temps, en quelques années seulement, d'imprégner les architectes du XXe s qui se dispersent à travers le monde. À la veille de la Seconde Guerre mondiale, ceux qui optent pour la Palestine participent à l'effort de construction en vue de reloger « la 5e aliya », une masse grandissante de réfugiés juifs fuyant la montée du nazisme. Tel-Aviv double sa population dans les années qui suivent. La ville fleurit d'immeubles de 2 ou 3 étages, montés sur pilotis, aux angles arrondis, aux façades dépouillées et aux toits plats. Joseph Neufeld, Carl Rubin et Erich Mendelsohn figurent parmi les architectes influents.

LE DOS À LA MER

Le cœur de Tel-Aviv s'est développé dans les années 1930 avec les migrants juifs qui fuyaient le régime nazi. Ashkénazes d'origine allemande, ils n'avaient pas la culture de la mer. Pas étonnant alors que les premiers bâtiments Bauhaus aient été construits loin de la plage, ce qui leur permet aujourd'hui d'être assez bien préservés.

Aujourd'hui, la ville compte près de 4 000 bâtiments de style Bauhaus. Construits en béton, certains se sont fortement dégradés. D'autres en revanche ont été admirablement restaurés. On peut en voir dans les rues Bialik, le long du boulevard Rothschild (partie sud) et autour de la place Dizengoff. Pour vous aiguiller dans vos pérégrinations, voilà quelques édifices qui méritent le détour : entre les nos 13 et 115, sderot Rothschild *(plan II, F-G5)* ; nos 75 et 64, sderot Ben Gurion *(plan I, B3)* ; 9, rehov Gordon *(plan I, A-B3)* ; le *Cinema Hotel* sur la place Dizengoff *(plan II, F4)* ; le bâtiment bateau à Montefiore *(plan II, H5* ; un peu excentré, à l'est de la ville). Le mieux est de passer au *Bauhaus Center* (se reporter à la rubrique « À voir ») qui propose une carte des immeubles répartis dans la ville et une visite guidée audio pour découvrir cette architecture si particulière.

Arriver – Quitter

En avion

✈ ***Aéroport international Ben Gourion*** *(hors plan d'ensemble)* **:** *à 20 km env au sud-est de Tel-Aviv.* ☎ *(03) 975-33-33.* • *iaa.gov.il* • Il existe 2 terminaux opérationnels : le terminal 3 (vols internationaux) et le

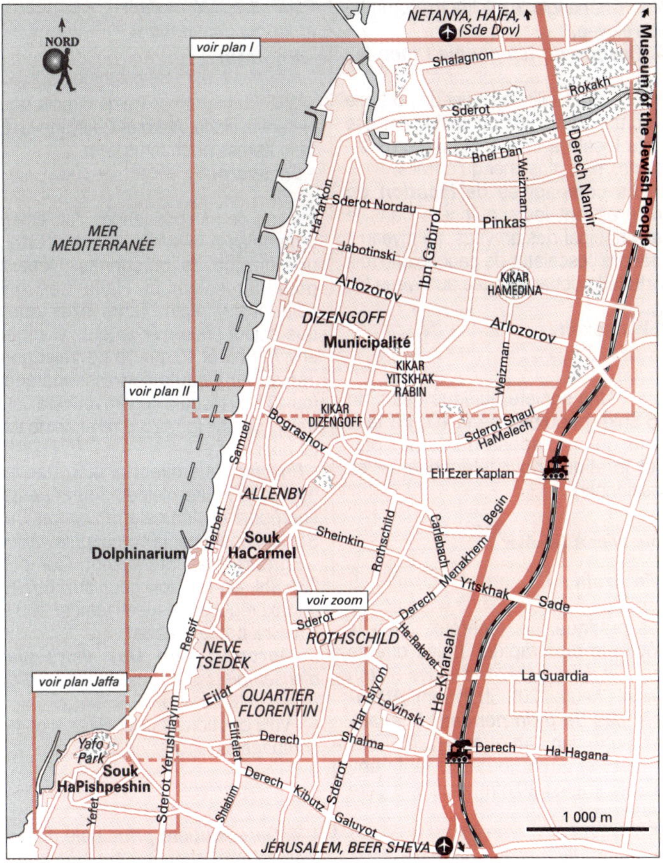

TEL-AVIV – PLAN D'ENSEMBLE

terminal 1 (vols pour Eilat et quelques compagnies *low cost*). Navette gratuite *(shuttle service)* entre les 2 terminaux (départ au 3e étage du terminal 3), ttes les 15-20 mn.

– À l'arrivée, les ***formalités*** sont assez rapides. À la place du tampon sur le passeport, la police israélienne vous remet un visa à part (ne pas le perdre, il faudra le présenter à l'arrivée dans les hôtels et le remettre à la sortie du territoire). ***Attention : au retour, arriver à l'aéroport 3h avant votre vol. Les formalités peuvent être longues et les contrôles de sécurité très rigoureux.***

i *Bureaux d'informations touristiques :* *dans la salle des bagages. Ouv 24h/24.* 2 bureaux, l'un à côté de l'autre. Celui de gauche « Information » donne des infos sur l'aéroport et les transports pour rejoindre Tel-Aviv ou les autres villes du pays ; celui de droite « Ministry of Tourism » *(☎ (03) 975-42-60).* Également un bureau d'info dans le hall principal des arrivées au niveau G (à côté d'un bureau de change).

■ ***Bureaux de change et distributeurs :*** *dans la salle de retrait des bagages ainsi que dans le hall principal des arrivées. Bureaux de change tlj,*

24h/24. Changer le minimum, commission élevée.

■ ***Kiosque de téléphonie / mobile :*** *dans le hall des arrivées, niveau G. Ouv 24h/24.* Possibilité de louer un portable avec une carte SIM ou seulement une carte locale à insérer dans son téléphone, mais plus cher qu'en ville.

■ Les compagnies de ***location de voitures*** ont leurs guichets dans le hall principal des arrivées, au niveau 1 (prendre l'escalator de gauche une fois sorti de la douane située au niveau G). *Tlj, 24h/24.*

■ ***Wemakeit ! :*** *à l'arrière des comptoirs des loueurs de voitures, niveau 1. ☎ (03) 975-44-55. ● wemakeit.co.il ●* Une société qui loue des iPad (75 Shk/j.) équipés de la 4G, de telle sorte qu'on dispose d'Internet partout (pratique pour téléphoner et se positionner).

Pour aller à Tel-Aviv

– ***En train :*** *au rdc du terminal 3 (porte 3). ☎ 577-40-00. ● rail.co.il ●* Très pratique, peu onéreux, c'est le moyen le plus rapide. Trains directs pour Tel-Aviv, 24h/24, ttes les 30 mn (ttes les heures 20h-5h et ven). ***Attention, pas de train pendant le shabbat*** (entre ven 14h et sam 19h30 env en hiver et 21h30 en été). Tarif : env 16 Shk. Trajet : 20 mn jusqu'à la gare d'Arlosoroff.

– ***En taxi :*** *au rdc du terminal 3 (porte 24).* Ils ont un compteur. Mais pour rejoindre le centre-ville, les prix sont généralement forfaitaires à cause des bouchons. Compter env 140 Shk (env 160 Shk pdt le shabbat et 21h-5h30 du mat), + 4 Shk/bagage. Trajet : env 30-45 mn selon trafic. Également des taxis *low cost* (sortie 21, au 3e étage) ; compter respectivement 120 et 140 Shk (en sem et pdt le shabbat).

– ***En bus :*** pas de bus direct entre l'aéroport et Tel-Aviv. Pour ceux qui y tiennent vraiment : bus n° 5 depuis le terminal 3 (départs ttes les 20 mn depuis le 2e étage tlj sauf shabbat 5h20-23h30) jusqu'à El Al Junction (Tsomat Elal), à 5 km env de l'aéroport ; de là, le bus n° 475 rejoint la gare routière centrale. Vraiment pas pratique.

Pour aller à Jérusalem et autres destinations

– ***En train :*** *au rdc du terminal 3 (porte 3). Achat des billets aux machines. CB acceptées.* Trains directs pour Netanya, Haïfa, Akko et Beer Sheva. Et train Xpress pour Jérusalem.

– ***En sherout :*** *départ depuis le terminal 3 seulement (porte 2), 24h/24.* Il s'agit de minibus jaunes, facilement repérables à la sortie. Ils transportent une dizaine de personnes. Départs pour Jérusalem et Haïfa dès que celui-ci est plein. Tarifs fixes quels que soient l'heure et le jour : compter env 70 Shk et 45 mn-1h de trajet pour Jérusalem jusqu'à l'adresse indiquée (ou 40 Shk jusqu'à la gare routière centrale) ; 85 Shk (ou 120 Shk) et 2h de trajet pour Haïfa.

– ***En bus :*** bus direct n° 485, ttes les heures (à heure pleine), 24h/24, entre l'aéroport et Jérusalem *(Central Bus Station)* opéré par la compagnie *Afikim*.

– ***En taxi :*** pas intéressant. Compter 230 Shk en taxi *low cost* ou 260 Shk en taxi régulier (respectivement 280 et 310 Shk pdt le shabbat).

✈ ***Aéroport Sde Dov*** *(hors plan d'ensemble)* ***:*** *à 4-5 km env au nord de Tel-Aviv. ☎ 698-45-00. ● iaa.gov.il ●*

➢ Vols quotidiens pour ***Eilat*** avec les compagnies *Israir* et *Arkia.*

En bus

🚌 ***Gare routière principale*** *(tahana mercazit ; plan II, G6,* ***1****)* ***:*** *108, rehov Levinski. Rens (en anglais) : ☎ 072-258-87-87 ou *8787 (sauf pdt le shabbat). ● bus.co.il ●* Liaisons avec le centre-ville : bus n° 4 sur les av. Ben Yehuda et Allenby et bus n° 5 sur la rue Dizengoff. Dans un immense centre commercial. Kiosques, restos et boutiques par dizaines. Les compagnies de bus partent des niveaux 6 et 7.

■ ***Bureau de la compagnie Dan :*** *au 7e étage. ☎ 639-44-44. ● dan.co.il ● Dim-ven 8h-18h (13h ven).* Dessert Tel-Aviv et ses environs. On y achète la carte *Rav Kav* qui permet de bénéficier de réductions sur les transports en commun de la ville.

■ ***Bureau de la compagnie Egged*** *(départs quais 601 à 614)* ***:*** *au 6e étage, face au quai 601. ☎ 694-88-88 ou*

2800. • egged.co.il • Dim-ven 6h30-21h30 (14h30 ven), sam 17h-23h. Départs pour tt le pays et quelques lignes dans Tel-Aviv. En achetant le ticket, n'oubliez pas de demander de quelle porte et de quel étage part le bus.
Les différentes liaisons :
➢ ***Jérusalem :*** bus *Egged* ttes les 20 mn, 6h-minuit.
➢ ***Haïfa :*** départs très fréquents avec la compagnie *Egged,* 6h25-23h30. Trajet : env 1h.
➢ ***Netanya :*** bus ttes les 15 mn, 5h30-minuit avec *Nateev Express (☎ 1-599-559-559 ou *3553 ; • nateevexpress.com •).* Départs quais 615 à 617. Trajet : env 40 mn. On achète son ticket dans le bus.
➢ ***Beer Sheva :*** bus *Metropoline (☎ *5900 ; • metropoline.com •).* Départs quais 625 à 628 ttes les 15-30 mn, 6h-23h env. Trajet : 1h15.
➢ ***Eilat :*** une dizaine de bus/j. 6h30-minuit (dernier départ à 15h ven, 1er départ à 14h30 sam), de jour comme de nuit avec *Egged.* Trajet : env 6h30.

Gare routière Arlosoroff *(plan I, D3,* ***2****) : rehov Arlosoroff. Tt près de la gare ferroviaire principale.* C'est la 2e gare routière de Tel-Aviv, plus petite. Moins de trafic.

En train

Le mieux est de télécharger l'application d'*Israel Railways* • *rail.co.il/en* • ***Attention, en raison du shabbat, derniers trains vers 15-16h ven et à partir de 21h sam.***

Il existe 3 gares ferroviaires :
Gare principale Tel-Aviv Savidor *(plan I, D3) : 10, rehov Parashat Derashim (prolongement de rehov Arlosoroff). ☎ (08) 683-12-22 ou *5770. • rail.co.il • Ouv 24h/24.*
2 autres gares : HaShalom *(plan II, H4),* près du grand centre commercial *Azrieli,* ferme vers minuit, et ***HaHagana*** *(plan II, G-H6),* près de la gare routière principale, ouv 24h/24.
Depuis ces 3 gares, liaisons avec :
➢ ***Netanya, Haïfa, Akko, Nahariya :*** départs ttes les 30 mn ou ttes les heures. Durée : respectivement, env 30 mn, 1h, 1h30 et 1h40.
➢ ***Jérusalem :*** départs ttes les heures ou ttes les 2h. Trajet : 1h25.
➢ ***Beer Sheva :*** départs ttes les 30 mn ou ttes les heures. Trajet : 1h20.

ISRAËL

En *sherout* (taxi collectif)

Se prennent dans la rue Tzemach David, à la sortie de la gare routière principale *(tahana mercazit ; plan II, G6).* Départs 24h/24, dès que le véhicule est plein. Pratiques pendant le shabbat, lorsque les bus et les trains ne circulent plus.
➢ *Sherout* pour ***Jérusalem*** (trajet : 1h env), ***Haïfa*** (trajet : 2h env), ***Beer Sheva*** (trajet : 1h) et ***Netanya*** (trajet : 30 mn env). Pas de *sherout* pour Eilat, ni pour Mitzpé Ramon.

En taxi

Le prix de chaque destination est indiqué sur un écran. Bagages en sus. Majoration pendant le shabbat et si plus de 2 passagers.

Adresses utiles

2 Gare routière Arlosoroff (D3)
11 Ambassade de Suisse (A2)
8 Ambassade de Jordanie (hors plan par D2)
12 Hôpital Ichilov (C3)
13 Superpharm (B3)
14 Moshenson's Pharmacy (A3)
29 ISSTA (A3)

Où dormir ?

43 130 Rock Apartments (B3)
47 Dave Gordon Hotel (A3)
48 Arbel Suites Hotel (B3)
56 Yam Hotel (B2)

Où manger ?

32 Benedict (B2)
47 Xoho (A3)
70 Bread & Co (A3)
71 Barbunia (B2)
72 Goocha (B3)
91 Restaurants de l'ancien port (B1)
98 Sushi Bar Bazel (A3)

Galeries

161 Galerie Stern (A3)
164 Galerie Givon (B3)

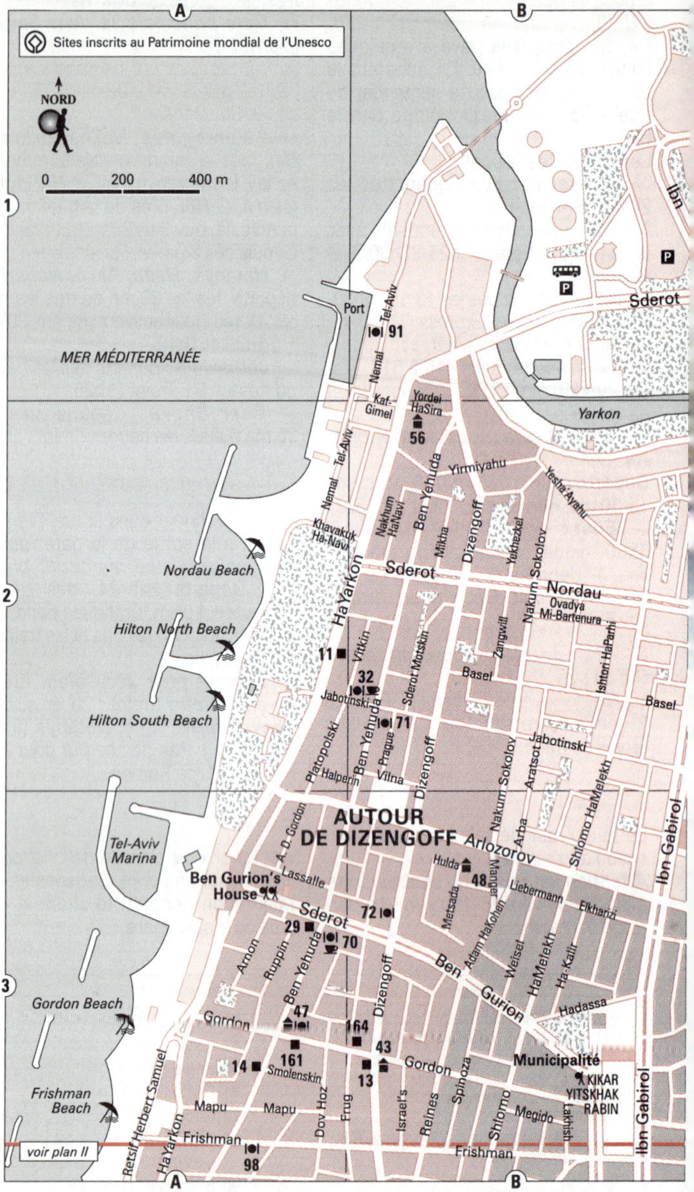
Sites inscrits au Patrimoine mondial de l'Unesco
NORD
0 200 400 m
MER MÉDITERRANÉE
Port
Nemal Tel-Aviv
91
Kaf-Gimel
Yordei HaSira
56
Yarkon
Sderot
Ibn
Yirmiyahu
Yesha'Ayahu
Nakhum HaNavi
Ben Yehuda
Mikha
Dizengoff
Yekhezkel
Sokolov
Khavakuk Ha-Navi
Nordau Beach
Hilton North Beach
Hilton South Beach
HaYarkon
Sderot
Nordau
Ovadya Mi-Bartenura
Nakum Sokolov
Zangwill
Ishtori HaParhi
Basel
11
Vitkin
32
Jabotinski
Sderot Motskin
71
Prague
Platopolski
Halperin
Vilna
Jabotinski
Aratsot
Shlomo HaMelekh
AUTOUR DE DIZENGOFF
Arlozorov
A. D. Gordon
Tel-Aviv Marina
Lassalle
Ben Gurion's House
Hulda
48
Manger
Liebermann
Elkharizi
Ibn Gabirol
Sderot
72
29
70
Metsada
Adam HaKohen
Weisel
HaMelekh
Ha-Kalir
Arnon
Ruppin
Ben Gurion
Hadassa
Gordon Beach
47
164
43
Gordon
14
161
Smolenskin
13
Gordon
Spinoza
Municipalité
KIKAR YITSKHAK RABIN
Frishman Beach
Retsif Herbert Samuel
Mapu
Mapu
Dov Hoz
Frug
Israel's
Reines
Shlomo
Megido
Lakhish
HaYarkon
Frishman
98
Frishman
voir plan II

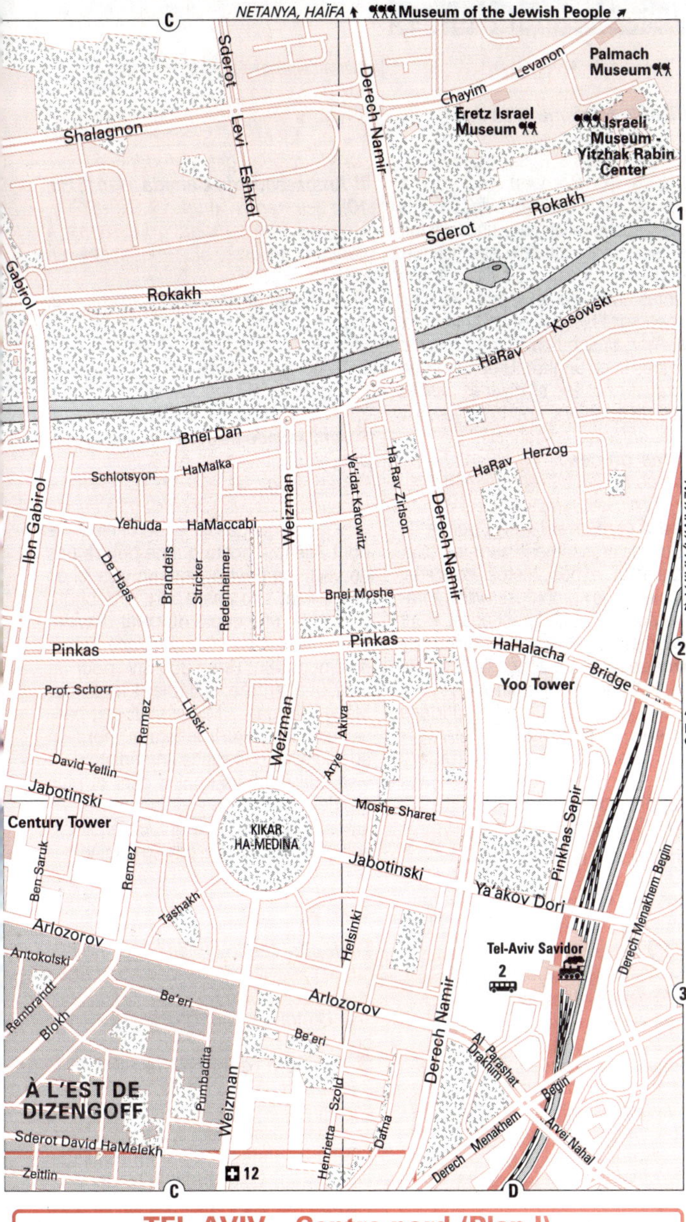

TEL-AVIV – Centre nord (Plan I)

Adresses et infos utiles

Infos touristiques

Office de tourisme (plan II, E4) **:** *46, rehov Herbert Samuel. ☎ 516-61-88. • visit-tel-aviv.com • Tlj sauf sam 9h30-18h30 (17h30 nov-mars), ven 9h-14h (13h en hiver).* Nombreux documents gratuits : brochures et magazines d'information sur la vie culturelle et artistique, notamment le *Time Out*. La ville propose différentes visites guidées, gratuites pour certaines sur l'histoire et l'architecture de Tel-Aviv, ainsi qu'un tour au marché (super idée !), en anglais. Brochures *Tel-Aviv gratuit* (musées et galeries, visites guidées de quartiers, sports...), *Tel-Aviv avec des enfants...* en français.

Autres offices : *11, sderot Rothschild (zoom, F5), ouv sam-jeu 9h-21h, ven 9h-17h ; et à Jaffa (voir plus loin).*

• timeout.com/israel • À la pointe de l'actu du divertissement pour les citadins (balades, expos, restos, concerts, spectacles...) de nombreuses villes à travers le monde ; et en Israël aussi. Pour la version papier, direction les offices de tourisme, les supermarchés *AMPM* et la chaîne de librairies *Steinmatzky*.

• secrettelaviv.com • Plein d'idées d'activités dont profiter à Tel-Aviv : *escape games*, visites, ateliers manuels, concerts, bonnes adresses de shopping, de restos ou de bars...

Change et banques

■ **Banques et bureaux de change :** nombreux le long des rues Ben Yehuda et Dizengoff.

Représentations diplomatiques

■ **Consulat de France** (plan II, F4, **9**) **:** *1-3, rehov Ben Yehuda (immeuble Migdalor, 11e étage). ☎ 520-85-00. 📱 054-667-00-47 (en cas d'urgence et de situations vraiment graves). • il.ambafrance.org • Ne cherchez pas de drapeau ; rien n'indique la présence du consulat dans l'immeuble. Par tél, lun-jeu 8h30-13h, 14h-17h ; ven 8h30-12h30.*

■ **Ambassade de Belgique** (hors plan d'ensemble) **:** *12, rehov Abba Hillel Silver, Ramat Gan. ☎ 613-81-30. En cas d'urgence seulement : 📱 054-467-95-36. • israel.diplomatie.belgium.be/fr • Au 15e étage. Section consulaire : sur rdv uniquement, à prendre en ligne.*

■ **Ambassade du Canada** (plan II, H5, **10**) **:** *3-5, rehov Nirim. ☎ 636-33-00. • canadainternational.gc.ca/israel • Section consulaire : lun-mar et jeu-ven 8h-11h.*

■ **Ambassade de Suisse** (plan I, A2, **11**) **:** *228, rehov HaYarkon. ☎ 546-44-55. En cas d'urgence : ☎ (00-41) 800-247-365. • eda.admin.ch/telaviv • Section consulaire : lun 13h-16h, mar-ven 8h-11h30. Sur rdv seulement.*

■ **Ambassade de Jordanie** (hors plan I par D2, **8**) **:** *14, rehov Abba Hillel Silver, Ramat Gan. ☎ 751-77-22. Service consulaire : dim-jeu 9h30-13h30. Fermé ven-sam.* Pour passer en Jordanie via le pont Allenby (poste qui ne délivre pas de visa), on peut obtenir un visa ici en présentant son passeport, une photo d'identité, une copie du billet d'avion, un formulaire à remplir sur place. Délai : minimum 48h. Prix : 360 Shk pour un visa une entrée, valable 1 mois sur place. Dissuasif ! Mieux vaut soit passer par un poste-frontière au nord ou au sud avec délivrance immédiate d'un visa à la frontière (moins cher et plus rapide), soit avoir prévu son voyage en amont et obtenu soit un *Jordan Pass*, soit un visa dans son pays d'origine.

Santé

Hôpital Ichilov (plan I, C3, **12**) **:** *6, rehov Weizman ; urgences : bât. Sourasky, aile C. ☎ 697-34-10 (urgences).* Très central ; service d'urgence dernier cri.

■ **Médecin généraliste :** *Dr Éric Samama. 📱 054-587-48-27. • samama.eric@gmail.com • Consultation à domicile l'ap-m seulement à partir de 16h.* Médecin-conseil de l'ambassade de France. Liste indicative de praticiens francophones via le site de l'ambassade : *• il.ambafrance.org/medecins-francophones •*

■ **Superpharm :** *partout en ville. 4, sderot Shaul HaMelekh (à l'angle d'Ibn*

ISRAËL

*Gabirol ; plan II, G4, **13**).* ☎ *777-29-00. Ouv 24h/24 sauf ven jusqu'à 16h30 et sam 18h30-1h. 129, rehov Dizengoff (au croisement avec la rue Gordon, au 1er étage ; plan I, B3, **13**). Dim-ven 8h-minuit (18h ven), sam 20h-minuit. Une autre au pied de la tour Shalom (zoom, F5, **13**).* Sorte de grande pharmacie qui vend également des produits de beauté.

■ ***Moshenson's Pharmacy*** *(plan I, A3, **14**)* **:** *83, sderot Ben Yehuda.* ☎ *522-24-81. Tlj sauf sam 8h-19h30 (15h ven).* On y parle le français.

Transports

La ville se découvre très bien à pied. Mais, pour ceux qui en ont plein les pattes, voici les alternatives possibles, en attendant ***l'ouverture de la 1re ligne de tram prévue en 2022*** (3 lignes de tram et 3 lignes de métro devraient, à terme, relier la ville à sa banlieue, notamment sud).

Bus : ● *bus.co.il* ● *Mis à part le bus Egged qui dessert le front de mer (bus n° 222), c'est la compagnie Dan qui gère le réseau intra-urbain tlj 5h30-minuit* **sauf shabbat (aucun bus).** *Télécharger l'appli « Moovit » (plan consultable hors connexion) ou passer prendre un plan du réseau – une poignée de shekalim – à l'office de tourisme).* Le réseau est bien développé. Attention, on ne peut plus acheter de ticket à l'unité auprès du conducteur ; il faut acheter une carte *Rav Kav* (5 Shk sans photo) que l'on crédite ; elle permet de bénéficier de réductions sur le réseau de bus de la ville. On peut l'acheter à l'aéroport, dans les gares routières et dans les offices de tourisme. On la recharge, entre autres, aux bornes de vélos en libre-service *Tel-O-Fun.*

La ligne n° 4 relie la gare routière principale au nord de la rivière Yarkon, via Allenby et Ben Yehuda. La ligne n° 5 la relie à la gare ferroviaire principale *Savidor* via le bd Rothschild et la rue Dizengoff. Un *sherout* prend le relais de ces 2 lignes pendant le shabbat.

Taxis : fonctionnent avec des compteurs. Petit rappel : il existe un tarif de jour (5h30-20h59), et un tarif de nuit (21h-5h29, majoration 25 %) également valable durant le shabbat. Prise en charge : environ 15 Shk. Aux heures de pointe ou si vous faites une course à l'extérieur de Tel-Aviv, mieux vaut négocier un forfait, à condition d'avoir une idée des prix. Sinon, optez toujours pour le compteur.

ISRAËL

Adresses utiles

- Office de tourisme (E4)
- Station de *sherouts* (G6)
- **1** Gare routière principale (G6)
- **9** Consulat de France (F4)
- **10** Ambassade du Canada (H5)
- **13** Superpharm (G4)
- **26** Librairie du Foyer (G4)
- **27** Auditorium Charles Bronfman ou Mann Auditorium (G4)
- **28** Suzanne Dellal Center (E6)
- **30** Kibbutz Volunteers Program Center (G-H4)

Où dormir ?

- **44** Beit Immanuel Christian Hostel (E6)
- **45** HaYarkon Hostel (F4)
- **53** Central Hotel (F4)
- **54** Center Chic Hotel (F4)
- **55** Cinema Hotel (F4)

Où manger ?

- **74** La Shuk (F4)
- **75** Piccola Pasta (F4)
- **76** Café Bialik (F4)
- **77** Dok et Ha'achim (G4)
- **78** Kukiza (F4)
- **80** Falafel Gabay (F4)
- **81** Dallal – The Bakery (E6)
- **82** Café Shneor (F4)
- **85** Miznon (G4)
- **92** Manta Ray (E6)
- **94** Bistro Tchernichovsky 6 (F4-5)
- **95** Humus HaKarmel (F5)
- **96** Baba Yaga (E5)

Où boire un verre ?

- **76** Café Bialik (F4)
- **86** Suzana Bar (E6)
- **120** The Prince (F5)

Où sortir ?

- **76** Café Bialik (F4)
- **131** Tepale (F4)
- **140** HaMinzar (F5)
- **141** The Block (G6)
- **142** Clara (E5)
- **143** Pasaz (F5)
- **147** Shpagat (F5)
- **149** Morfium Forte Club (G4)

Galerie

- **168** Galerie Chelouche (F5)

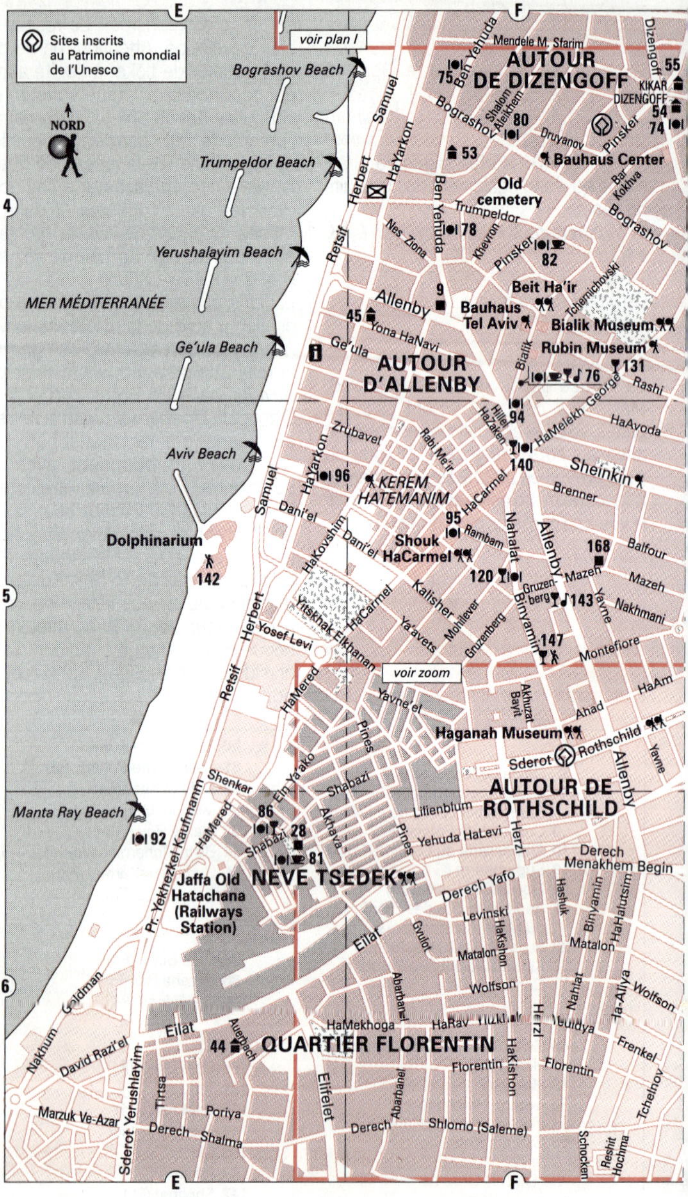
Sites inscrits au Patrimoine mondial de l'Unesco
NORD
MER MÉDITERRANÉE
voir plan I
voir zoom
Bograshov Beach
Trumpeldor Beach
Yerushalayim Beach
Ge'ula Beach
Aviv Beach
Dolphinarium
Manta Ray Beach
AUTOUR DE DIZENGOFF
AUTOUR D'ALLENBY
KEREM HATEMANIM
AUTOUR DE ROTHSCHILD
NEVE TSEDEK
QUARTIER FLORENTIN
KIKAR DIZENGOFF
Bauhaus Center
Old cemetery
Beit Ha'ir
Bauhaus Tel Aviv
Bialik Museum
Rubin Museum
Shouk HaCarmel
Sheinkin
Haganah Museum
Jaffa Old Hatachana (Railways Station)
Mendele M. Sfarim
Ben Yehuda
Dizengoff
Samuel
HaYarkon
Herbert
Retsif
Bograshov
Shalom Aleikhem
Druyanov
Pinsker
Bar Kokhva
Trumpeldor
Nes Ziona
Khevron
Tchernichovski
Allenby
Yona HaNavi
Ge'ula
Bialik
Rashi
HaMelekh George
HaAvoda
Hillel HaZaken
Zrubavel
Rabi Me'ir
HaCarmel
Brenner
Dani'el
HaKovshim
Rambam
Nahalat Binyamin
Balfour
Mazeh
Gruzenberg
Yavne
Nakhmani
Kalisher
Mohilever
Ya'avets
Yitskhak Elkhanan
Yosef Levi
Montefiore
HaMered
Yavne'el
Akhuzat Bayit
Ahad HaAm
Pines
Sderot Rothschild
Shabazi
Ein Ya'ako
Shenkar
Akhava
Lilienblum
Yehuda HaLevi
Herzl
Derech Menakhem Begin
Pr. Yekhezkel Kaufmann
Derech Yafo
Levinski
HaKishon
Hashuk
HaHalutsim
Matalon
Gvulot
Eilat
Abarbanel
Wolfson
Nahlat
Ha-Aliya
HaMekhoga
HaRav
Frenkel
Florentin
Tchelnov
Goldman
Nakhum
David Razi'el
Auerbach
Sderot Yerushalayim
Tirtsa
Poriya
Elifelet
Marzuk Ve-Azar
Derech Shalma
Derech
Shlomo (Saleme)
Schocken
Reshit Hochma
75
55
54
74
80
53
78
82
9
45
131
76
94
96
140
95
168
120
143
147
142
86
28
92
81
44
E
F
4
5
6

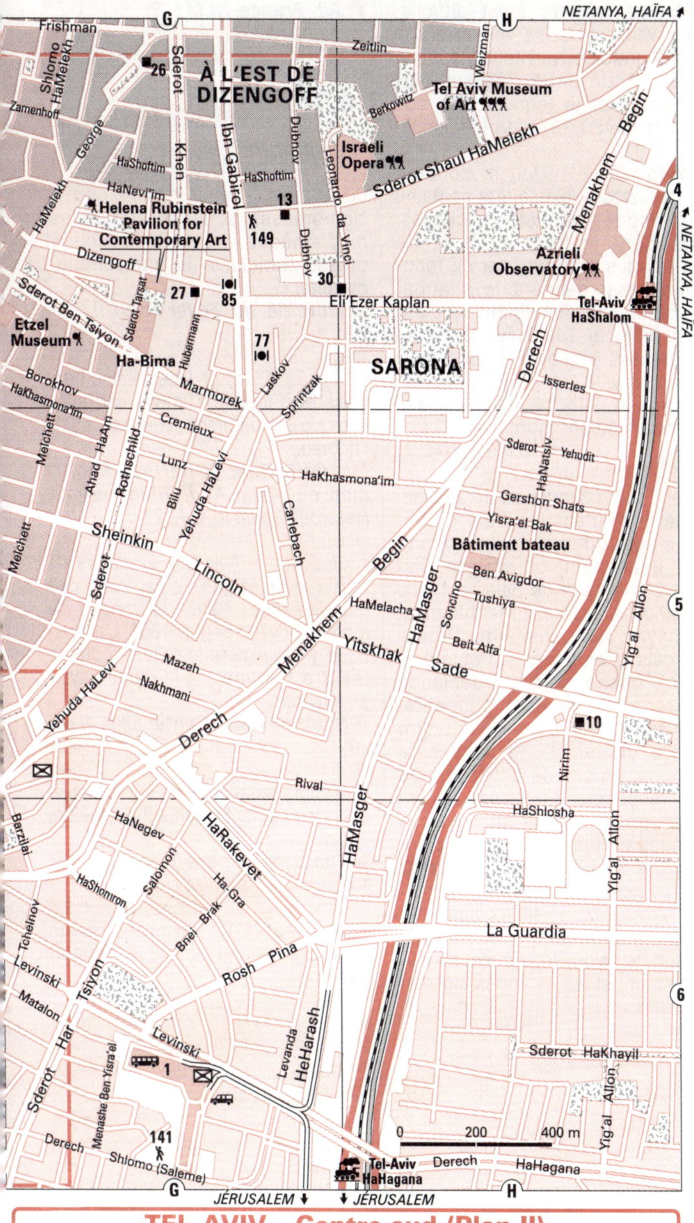

TEL-AVIV – Centre sud (Plan II)

Stationnement : c'est difficile. Mieux vaut laisser sa voiture sur le parking gratuit ouvert tous les jours, 24h/24, situé entre l'ancien port réaménagé et le terminal des bus *Reading* (GPS : 15, sderot Rokach ; *plan I, B1*).

Vélo : Tel-Aviv fait le bonheur des cyclistes. Il existe une centaine de kilomètres de pistes cyclables, notamment le long du front de mer. Le plus pratique, car ça fonctionne aussi pendant le shabbat contrairement aux loueurs, c'est le *Vélib'* local **Tel-O-fun** avec de nombreuses stations dispersées à travers la ville *(• tel-o-fun.co.il •)*. Fonctionne 24h/24, sur la base d'un abonnement journalier *(17 Shk env pour les premières 30 mn, puis 6 Shk/30 mn ; plus cher w-e et j. fériés)*, pour 3 jours ou 1 semaine, auquel s'ajoutent les frais d'utilisation (gratuit moins de 30 mn). Achat à une borne ou en ligne. Disposer d'une carte de paiement (elle fait office à la fois d'identifiant et de moyen de paiement). Procédure décrite en français. Petite précision : quand on vous demande d'entrer votre numéro d'identité, taper sur « → » ; idem quand votre numéro de téléphone vous sera demandé. En cas de difficultés, on vous renseigne par téléphone en hébreu ou en anglais (quand vous entendez de l'hébreu, appuyez sur la touche 3). Sinon vous trouverez aussi de nombreux loueurs *(compter 60-70 Shk/j.)*. Mais vérifiez bien l'état du matériel ! L'avantage des loueurs : location de vélos électriques, de sièges enfant ; et les locations incluent le casque.

Compagnies aériennes

■ **EL AL :** ☎ *977-11-11 ou *2250. • elal.com •*

■ **Air France-KLM :** ☎ *755-50-50 (résas) ou 57 (réclamations) ; dim-jeu 8h30-17h. • airfrance.fr •*

Culture, loisirs

■ **Institut français** *(zoom, F5,* ***25****) : 7, sderot Rothschild.* ☎ *796-80-00. • institutfrancais-israel.com •.* Nombreuses activités culturelles, médiathèque *(lun-ven 9h-13h)* et presse française (en consultation gratuite).

■ **Librairie du Foyer** *(plan II, G4,* ***26****) : 14, kikar Masaryk.* ☎ *524-38-35. • librairiedufoyer.com • Tlj sauf sam 9h-19h30 (15h ven).* Une librairie française bien fournie. L'intérêt est qu'on y trouve de nombreux livres traduits de l'hébreu.

■ **Auditorium Charles Bronfman ou Mann Auditorium** *(heichal Hatarbut ; plan II, G4,* ***27****) : 1, rehov Huberman.* ☎ *543-07-77. • hatarbut.co.il/english •* Avis aux amateurs de musique classique : c'est l'une des plus fameuses salles de concert du monde, ouverte depuis 1957. L'acoustique y est exceptionnelle. À côté, le ***théâtre Habimah,*** à la remarquable architecture.

■ **Suzanne Dellal Center** *(plan II, E6,* ***28****) : 5, rehov Yehieli, Neve Tsedek.* ☎ *510-56-56. • suzannedellal.org.il •* Programmation axée sur la danse contemporaine. Également du théâtre et des concerts.

■ **The Israeli Opera** *(plan II, G-H4) : 19, Shaul HaMelech.* ☎ *692-77-77. • israel-opera.co.il • À côté du musée d'Art.* Programmation contemporaine et classique, riche et variée.

Divers

■ **ISSTA** *(plan I, A3,* ***29****) : 109, rehov Ben Yehuda.* ☎ *777 77-77 • issta.co.il • (en hébreu). Tlj sauf sam 9h-18h*

(8h30-13h ven). Une agence de voyages où les étudiants et les moins de 26 ans bénéficient de réductions.

■ ***Kibbutz Volunteers Program Center*** *(plan II, G-H4,* ***30****) : 13, rehov Leonardo Da Vinci. ☎ 524-61-54/6. • kibbutzvolunteers.org.il • Dim-jeu 8h30-14h30.* Pour ceux, entre 18 et 35 ans (voire plus), qui, juifs ou pas, veulent travailler dans un kibboutz – ferme collective – pour une période comprise entre 2 mois et 1 an. Le pays en compte quelque 270.

Où dormir ?

De bon marché à prix moyens (moins de 500 Shk /125 €)

Little Tel-Aviv Hostel *(zoom, F5,* ***42****) : 51, rehov Yehuda Ha'Levi. ☎ 559-50-50. • littletlvhostel.com • Dortoirs (dont un pour femmes) 4-6 lits, 25-40 $/pers ; doubles 110-140 $; petit déj-buffet 20 Shk. Clim.* Une petite auberge de jeunesse, à l'atmosphère cocooning, rénovée et très bien tenue. Toutes les chambres doubles donnent sur un balcon. Chouette terrasse végétalisée. Location de vélos.

Roger's House Hostel *(zoom, E-F6,* ***41****) : 17, Aharon Chelouche lane. ☎ 74-706-93-90. • rogerhostel.com • Dortoirs (18-45 ans) de 6, 7, 8 ou... 30 places (!), dont un pour femmes (10 places) 80-150 Shk/pers. Doubles 300-350 Shk ; triples, quadruples et studio pour 6 pers. 2 pancakes inclus en guise de petit déj. Clim. Mini-caravanes et fourgons env 330-500 Shk pour 2.* Les murs aujourd'hui aux couleurs vives ont réveillé la vieille bâtisse de caractère du début du XXᵉ s, qui a conservé vastes volumes et carreaux de ciment anciens. Chaque lit dispose d'un rideau. Très belle cuisine bien équipée (on peut accompagner son repas d'une bière artisanale brassée sur place !). Pas mal de propositions : séances de yoga, balade *street art, shabbat diner* le vendredi, tournée des bars, soirées thématiques... Location de vélos. Terrasse. Une escale un poil bohème d'une centaine de places, avec un petit supplément d'âme.

Abraham Hostel *(zoom, G5,* ***40****) : 21, rehov Levontin. ☎ 624-92-00. • abrahamhostels.com • Dortoirs 4-12 pers (mixtes ou non) 90-140 Shk/pers. Doubles 300-410 Shk, petit déj inclus ; suite pour 4 et familiale jusqu'à 6 pers.* Amateurs d'atmosphère intimiste, passez votre chemin, car le groupe auquel appartient cette auberge de jeunesse super dynamique et colorée voit les choses en XXL : 370 lits, du divertissement tous azimuts (fiestas, concerts, billard, babyfoot, expos photos dans les couloirs, séance de yoga quotidienne, hamacs, *shabbat diners...*) ; et une sorte d'agence de voyages intégrée. Ça dépote ! Bel espace cuisine ouverte-salle à manger-bar. Cerise sur le gâteau, un *rooftop* où se mettre la tête dans les étoiles. Mon tout impeccable et bien orchestré.

HaYarkon Hostel *(plan II, F4,* ***45****) : 48, rehov HaYarkon. 077-536-47-69. • hayarkonhostel.business.site • Résa conseillée. Compter 81-90 Shk/pers en dortoirs 4-8 lits ; env 330-420 Shk pour une double sans ou avec sdb, petit déj inclus.* Une agréable auberge de jeunesse, restaurée (façade jaune pétard, inratable !), très bien tenue et fort bien située (la plage est à 100 m). C'est le type d'endroit où l'on aime poser son sac. Plein d'infos à glaner, ambiance sympa et décontractée ; pas mal de propositions chaque semaine (cours de zumba, tour au marché, cours de cuisine, *pub crawls, shabbat diner...*). Côté confort, toutes les chambres, y compris les dortoirs, sont climatisées sans supplément, et avec la télé. Privilégier celles qui ne donnent pas sur HaYarkon. L'ensemble est propre et les sanitaires communs nickel. Et puis plein d'avantages : téléphone gratis, cuisine à disposition ouverte sur une pièce commune avec billard (un peu tristoune), laverie, casiers de sécurité (à louer) et coffre-fort. *Rooftop.* Location de vélos presque en face.

ISRAËL

Beit Immanuel Christian Hostel *(plan II, E6, **44**) : 8, rehov Auerbach. ☎ 682-14-59. • cmj-israel.org/beit-immanuel • ♿ Dans une rue tranquille, perpendiculaire à rehov Eilat. Bus nº 41 de la gare routière principale. Compter 150-160 Shk/pers en dortoir ou chambre quadruple ; doubles sans ou avec sdb 430-450 Shk ; triples et quadruples. Petit déj inclus.* Une adresse pour pèlerins en transit vers Jérusalem, qui présente le gros avantage d'être très bien tenue et située dans un quartier tranquille. Sol carrelé, lits séparés, vous ne ferez pas de folies. La bonne nouvelle, c'est que 2 d'entre elles possèdent leur propre cuisine (sans supplément) alors réservez-les en premier ! Les portes ferment à 23h, mais on peut vous donner une clé.

Central Hotel *(plan II, F4, **53**) : 38, rehov Ben Yehuda. ☎ 602-01-22. • centraltlv.com • Doubles 380-450 Shk selon saison. Pas de petit déj.* En retrait de la rue, un petit écrin néoromantique composé d'une douzaine de chambres climatisées. Elles sont toutes différentes, pas immenses, et celles du rez-de-chaussée ne possèdent que de petites fenêtres. Mais l'ensemble se révèle vraiment charmant avec ses meubles en bois peint. Mignonne cour rénovée à l'arrière pour se poser loin de l'agitation et terrasse couverte pour le petit déj. Loue des vélos pas cher. Bon accueil. Un excellent rapport qualité-prix-situation.

De chic à plus chic (140-300 $ / 125-270 €)

Dave Gordon Hotel *(plan I, A3, **47**) : 17, rehov Gordon. ☎ 757-90-00. • brownhotels.com • Doubles 200-350 $, petit déj en sus.* Chambres aménagées dans un bâtiment Bauhaus bien placé pour arpenter à pied les différents quartiers de la ville. Déco fantasque et vintage chinée. La couleur rouge et le décor excentrico-bohème du lobby donnent le ton. Bien plus soft côté chambres ; certaines ont une salle de bains ouverte, d'autres un balcon. Demander une chambre à l'arrière, car celles côté rue sont bruyantes. Et pour buller, selon l'humeur et la température, jolie petite cour intérieure ou toit-terrasse. Location de vélos.

130 Rock Apartments *(plan I, B3, **43**) : 130, rehov Dizengoff. ☎ 522-93-93. • 130rock.co.il • Réception tlj 9h-18h. Studios 470-980 Shk selon saison. Min 2 nuits à certaines dates. Pas de petit déj sur place.* En plein centre, un immeuble entièrement réhabilité de 27 studios tout confort et équipés d'une cuisinette. Le tout selon une thématique omniprésente : la musique – passion du proprio – et plus précisément les K7 ! Les couleurs vert vif, gris et noir, servent un intérieur contemporain. La guitare à dispo à la réception en dit long sur cette adresse dans laquelle on échange aussi des livres. En fin de journée, on se retrouve sur le *rooftop* (musique 24h/24) pour apprécier le coucher du soleil. Accueil gentil comme tout.

Arbel Suites Hotel *(plan I, B3, **48**) : 11, rehov Hulda. ☎ 522-54-50. • arbelhotel.com • ♿ Pour 2, 120-250 $ selon saison et confort. Petit déj en sus. Parking 10 $/j.* Dans un quartier résidentiel très calme mais pourtant en plein centre, une grande maison orchestrée par Aaron et son jeune frère, qui tiennent désormais l'affaire familiale. Suites de tailles différentes mais plutôt grandes pour 2 à 4 personnes, avec ou sans terrasse. Tout confort. La déco est à la fois sobre et de bon goût, jouant agréablement sur les textures et la lumière, avec fenêtres à jalousie. Copieux petit déj servi sur la terrasse (couverte), qui donne sur la rue. Prêt de vélos, échange de livres. Excellent accueil.

Cinema Hotel *(plan II, F4, **55**) : 1, rehov Zamenhoff, qui donne sur la pl. Dizengoff. ☎ 520-71-00 ou 542-55-55 (résas). • atlas.co.il • Doubles 220-310 $, petit déj compris. Parking gratuit, mais réserver car il y a peu de places.* Sur cette place bordée de splendides immeubles de style Bauhaus, un hôtel entièrement dédié au dieu Cinéma et remarquablement rénové. Ancien *Esther Cinema* des années 1930, l'un des premiers de la ville. Élégant escalier d'origine.

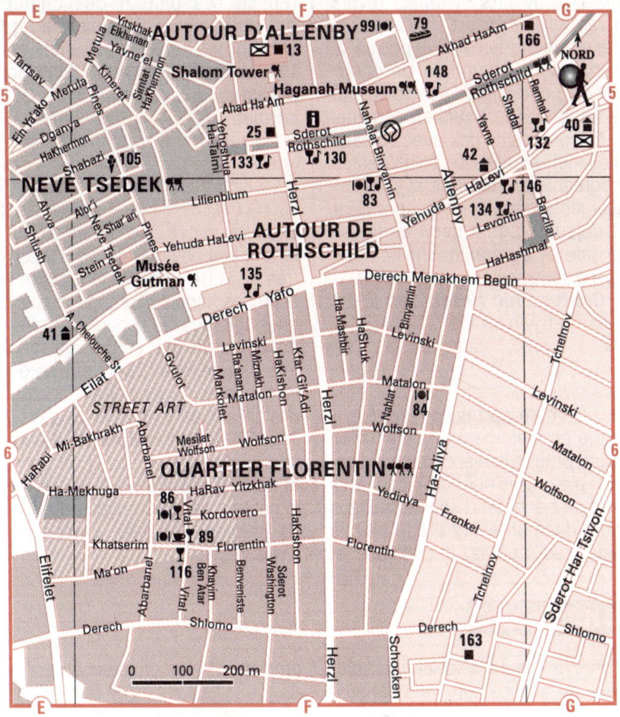

TEL-AVIV – Neve Tsedek et quartier Florentin (Zoom)

■ Adresses utiles

- 🛈 Office de tourisme (F5)
- **13** Superpharm (F5)
- **25** Institut français (F5)

Où dormir ?

- **40** Abraham Hostel (G5)
- **41** Roger's House Hostel (E-F6)
- **42** Little Tel-Aviv Hostel (F5)

Où manger ?

- **79** Jasmino (F5)
- **83** North Abraxas (F6)
- **84** Ouzeria (F6)
- **86** Mezcal (F6)
- **89** Cafe Casbah (F6)
- **99** Port Said (F5)

Où déguster une bonne glace ?

- **105** Anita (F5)

Où boire un verre ?

- **89** Cafe Casbah (F6)
- **116** Perla Bar (F6)
- **130** Rothschild 12 (F5)

Où sortir ?

- **83** Abraxas Bar (F6)
- **130** Rothschild 12 (F5)
- **132** Radio EPGB (G5)
- **133** The Breakfast Club (F5)
- **134** Levontin 7 (F6)
- **135** Teder (F6)
- **146** Kuli Alma (F6)
- **148** Buxa (F5)

■ Galeries

- **163** Galerie Dvir (F6)
- **166** Galerie Noga (G5)

Affiches, souvenirs et objets divers, tout rappelle le 7e art. L'hôtel a su marier l'atmosphère de l'époque au contemporain. Chambres de caractère et de grand confort avec baignoire (3 seulement avec douche), certaines avec balcon (même prix avec ou sans) et kitchenette. Salles de bains petites. Fort agréable toit-terrasse avec rafraîchissements gratuits en saison. Beau petit déjeuner-buffet servi dans une salle gaie et agréablement éclairée. Vélos à disposition.

Center Chic Hotel *(plan II, F4,* ***54****) : 2, rehov Zamenhoff. ☎ 526-61-00 ou 542-55-55 (résas). • atlas.co.il • Doubles 190-310 $ selon période, petit déj compris (on le prend au Cinema Hotel).* Comme son nom l'indique, il est situé en plein centre. L'animation est toute proche, mais, comme le secteur est piéton, les nuits sont calmes. Il s'agit d'un bel hôtel de style Bauhaus restauré dans un esprit *urban* chic, à la déco très étudiée, audacieuse et réussie. La plupart des chambres ont un balcon qui domine le square Dizengoff. Terrasse-solarium sur le toit. Vélos à disposition. Une bonne adresse, si votre budget vous le permet.

Yam Hotel *(plan I, B2,* ***56****) : 16, Yordei Hasira str. ☎ 545-50-00. • atlas.co.il/yam-hotel-tel-aviv • Doubles 195-300 $, petit déj inclus.* La réception à la déco vitaminée et chaleureuse donne le ton. Les chambres – on n'y est pas très au large – se révèlent sobrement blanches hormis quelques petites touches colorées bien choisies. Celles qui donnent côté mer et avec balcon sont très lumineuses. Bon petit déjeuner. Atmosphère hédoniste et déco autour de l'univers de la plage et du sport. Affichage de la température de l'eau et des conditions pour le surf. Prêt de vélos et de serviettes de plage, et, cerise sur le gâteau, généreux *happy hour* en fin de journée. Terrasse. Équipe pro et chaleureuse.

Où manger ?

À Tel-Aviv, on peut s'attabler partout et à n'importe quelle heure ; le bonheur ! Des réjouissances qui commencent dès l'heure du petit déj – véritable art de vivre à Tel-Aviv – autour de saveurs toutes méditerranéennes ou plus occidentales. Et puis, *street food* ou cuisine de chef, les options sont éclectiques et le métissage des cultures est au rendez-vous !

Ne pas manquer non plus les adresses de Jaffa, au sud de la ville, mentionnées plus loin, après Tel-Aviv.

Autour et à l'est de Dizengoff

Bon marché (moins de 50 Shk / 12,50 €)

Falafel Gabay *(plan II, F4,* ***80****) : 25, rehov Bograshov. ☎ 629-70-60. Tlj sauf sam 10h30-22h30.* On commande au comptoir avant d'aller s'asseoir : soupe, viandes grillées (entrecôte, boulettes...), *shakshuka,* houmous, falafels, omelette... C'est généreusement servi, dans une assiette ou un pain pita (demi ou entier). Service expéditif qui a le mérite d'être efficace.

Café Shneor *(plan II, F4,* ***82****) : 20, rehov Pinsker. ☎ 629-65-19. Tlj 7h (9h sam)-22h (19h ven). Coffee shop* de quartier à l'angle de 2 petites rues calmes et verdoyantes. Curry de légumes, *parpadelle* au saumon, boulettes de poulet... Belle carte dès le petit déjeuner. Fraîcheur, variété, et des plats aussi bons qu'appétissants ! Jolie terrasse.

Bread & Co *(plan I, A3,* ***70****) : 128, rehov Ben Yehuda. ☎ 624-71-00. Tlj 7h-21h (17h30 ven).* En pleine animation de 2 axes fréquentés, l'œil est d'abord attiré par la belle déclinaison de pains puis par l'espace, inondé de lumière. Longer le comptoir vitré est la meilleure façon de céder à la tentation... Plein de bonnes choses dans les assiettes, et ce dès le petit déjeuner. Service pas toujours pro, mais une fois la table garnie, on ne regrette rien, puisque c'est bon et que les portions sont généreuses.

ISRAËL

|●| ☂ ***Xoho*** *(plan I, A3,* ***47****)* **:** *17, rehov Gordon. ☎ 561-67-45. Tlj 9h-16h.* Petit resto végétarien où tout est fait maison, de la soupe aux gâteaux en passant par la quiche ou la tarte du jour. Cuisine ouverte sur la salle, chaises dépareillées, tables recouvertes de mosaïques pour une atmosphère chaleureuse. Terrasse de poche en contrebas de la rue. *Live* tous les lundis (entrée libre).

|●| ***Miznon*** *(plan II, G4,* ***85****)* **:** *23, rehov Ibn Gabirol. Dim-ven 12h-1h, sam 13h-minuit. Sur place ou à emporter.* On fait la queue pour commander une pita à la viande (steak cuit minute, kebab d'agneau, foie de poulet...) ou végétarienne, un chou-fleur grillé (entier, le chou-fleur) en se frayant un chemin parmi les habitués déjà accoudés au comptoir. Le tout dans un joyeux brouhaha (musique à fond, employé qui tente de hurler le nom des clients dès que la commande est prête...). Ça a l'air simple, mais les produits, frais, ont du goût, et les viandes sont excellentes.

Prix moyens (50-100 Shk / 12,50-25 €)

|●| ☕ ***Benedict*** *(plan I, B2,* ***32****)* **:** *171, rehov Ben Yehuda, à l'angle de Jabotinsky. ☎ 686-86-57 (résas via serveur automatique). Tlj 8h-23h.* Du bois clair et des chaises de bistrot, voilà pour le décor convivial. La maison s'est fait une spécialité du petit déjeuner ; elle en sert du monde entier ! Aussi des salades et des sandwichs pour ceux qui déjeunent avec un lance-pierre. Pas de terrasse, mais de grandes baies vitrées qui s'ouvrent largement. Autre adresse 29, rehov Rothschild, à l'angle de rehov Allenby *(☎ 686-86-57 ; même carte, mêmes horaires).* Clientèle jeune et plutôt dorée. Terrasse au bord du boulevard.

|●| ☂ ***Goocha*** *(plan I, B3,* ***72****)* **:** *171, rehov Dizengoff, à l'angle avec Ben Gurion. ☎ 522-28-86. Tlj 13h (12h sam)-minuit.* Cadre et décor contemporains pour une cuisine de la mer de grande qualité. Hautes tables ou comptoir pour les pressés, terrasse et longues banquettes pour les autres. Cuisine ouverte. Musique pop au goût du jour (mais pas assommante) et clientèle réjouie. Spécialités de poisson et fruits de mer, dont des moules d'une belle fraîcheur aux sauces parfumées. C'est du pro, du sérieux, doublé d'un service jeune, souriant et alerte.

|●| ***Ouzeria*** *(zoom, F6,* ***84****)* **:** *44, rehov Matalon. ☎ 533-08-99. Tlj sauf sam 12h-23h30. Pas de résa.* Un resto d'angle qui fait le plein. On peut s'installer au comptoir du bar et observer la préparation des petits plats méditerranéens : ravioles de betterave, artichauts grillés crème de maïs, moules à l'ouzo... Assiettes goûteuses et soigneusement présentées et des desserts qui ne sont pas en reste (hmm, la fameuse glace à la pistache maison, crémeuse à souhait !). Ambiance festive (et musique forte), notamment le vendredi à la fermeture du marché Levinsky voisin. Joli petit choix d'ouzos pour les amateurs. Pas de terrasse.

|●| ☂ ***Dok*** *(plan II, G4,* ***77****)* **:** *8, rehov Ibn Gabirol. ☎ 609-81-18. Tlj sauf ven 19h-minuit.* Les 2 frères, déjà aux commandes du *successfull Ha'achim* voisin, ont encore frappé ; ils ont fait de cette escale de poche un terrain d'expérimentation, où leur créativité se libère, utilisant uniquement des produits israéliens, et de saison. Le résultat est à la fois simple et original. Les portions de tapas incitent à partager et découvrir plusieurs associations de saveurs souvent surprenantes et souvent aussi réussies, jusqu'aux desserts. Pas de cuisine, tout se passe derrière l'étroit comptoir, qui offre également quelques places.

|●| ☂ ***Ha'achim*** *(plan II, G4,* ***77****)* **:** *12, rehov Ibn Gabirol ☎ 691-71-71. Tlj 12h (8h30 ven)-minuit.* Souvent plein comme un œuf. Une courte carte qui fait la part belle aux grillades de viande et de poisson ; ceux qui sont d'humeur végétarienne opteront pour les légumes, grillés aussi, ou rôtis dans un four à charbon. Du simple, revu à la sauce contemporaine, à déguster sur fond de playlist concoctée par un DJ. Jolie carte de cocktails très abordables. Salle claire et spacieuse ouverte sur une vaste terrasse.

Mezcal (zoom, F6, **86**) **:** *2, Vital St. ☎ 518-79-25. Tlj 12h-2h30.* Happy hours *17h-20h.* Une escale mexicaine dont le succès ne se dément pas, qui tient son nom d'une eau de vie traditionnelle. Frida Kahlo et le drapeau national veillent sur un cadre vitaminé et chaleureusement arrangé. *Ceviche, chili con carne,* et autres propositions où avocat, tortillas, tacos et *quesadillas* ne sont jamais loin ! Assiettes généreuses, et, dans les verres, tequila à l'honneur. Pas de terrasse.

Sushi Bar Bazel (plan I, A3, **98**) **:** *20A, rehov Frishman. 077-996-84-44. Tlj 11h30-22h30.* En plus des sushis, pas mal de savoureuses spécialités japonaises : tempuras bien frites, yakitoris, soupes d'*udon* ou de *ramen,* grand choix de sashimis très frais, salades d'algues, etc. À déguster en salle, au comptoir ou encore sur l'agréable terrasse ombragée (vendredi seulement). Fond musical dans l'air du temps.

La Shuk (plan II, F4, **74**) **:** *92, rehov Dizengoff. 603-31-17. À l'angle de la pl. Dizengoff. Tlj sauf ven 12h-minuit.* Happy hours *17h-19h.* Sur l'une des places les plus stratégiques de Tel-Aviv, dans le décor un peu désuet d'un ancien grand café avec cuisine ouverte, haut de plafond, un long comptoir de bois, une terrasse et une mezzanine. Pris d'assaut, plus on avance dans la nuit, par des hordes de clients *trendy.* Jolie carte terre-mer très méditerranéenne lorgnant subtilement vers des tendances fusion, à des prix qui savent rester modérés...

Barbunia (plan I, B2, **71**) **:** *192 et 163, rehov Ben Yehuda. ☎ 524-09-61. Tlj sauf ven soir 12h-minuit.* 2 bons restos de poisson, pratiquement l'un en face de l'autre aux décors sans grand intérêt. L'un est ouvert pendant le shabbat (impair), l'autre pas. Dans le plus petit (côté pair), c'est à la bonne franquette. On s'installe dans la petite salle ou en terrasse après avoir choisi son poisson et ses entrées (variété de salades orientales à volonté comprises dans le prix). Côté impair, plus spacieux, on trouve aussi un bar ; terrasse.

Piccola Pasta (plan II, F4, **75**) **:** *53, rehov Ben Yehuda. ☎ 529-06-43. Tlj sauf sam 18h-0h45.* Un bon resto italien, guère plus grand qu'un mouchoir de poche, à l'ambiance chaleureuse et intime. Ceux qui préfèrent s'accouder au comptoir ou s'asseoir dans des fauteuils grimperont au 1er étage, qui fait office de bar à vins (plus de 300 étiquettes, principalement des crus israéliens et italiens). La spécialité de la maison, ce ne sont pas les pizzas, mais les pâtes. Une adresse à la fois simple et raffinée. Pas de terrasse.

Autour et à l'est d'Allenby

De bon marché à prix moyens (moins de 100 Shk / 25 €)

Jasmino (zoom F5, **79**) **:** *97, Allenby. Enseigne en hébreu, mais repérable à la queue qui se forme aux heures de pointe ! Tlj sauf ven 12h (19h sam)-2h. À emporter uniquement.* Un incontournable de la *street food* de la Ville blanche, niché dans un quartier de noctambules. Ici officient des rois de la pita. Un choix de 3-4 viandes différentes (mouton, veau, poulet, abats), parfois marinées, parfaitement grillées et assaisonnées.

Café Bialik (plan II, F4, **76**) **:** *2, rehov Bialik. ☎ 620-08-32. Presque à l'angle avec Allenby. Tlj 8h-minuit. Dans la partie basse de la fourchette.* Un des premiers cafés culturels de Tel-Aviv. Cadre coloré et déco vintage. Nombreuses affiches de spectacle et des flyers pour se mettre au jus de la vie nocturne. Une clientèle hétéroclite décontractée s'attable le temps d'un petit déj ou d'un café. Terrasse ombragée quasi dans la rue. Musique acoustique live tous les soirs vers 23h : blues, jazz, rock, etc.

Kukiza (plan II, F4, **78**) **:** *20, rehov Ben Yehuda. ☎ 516-91-36. Tlj sauf sam 10h-22h. Menus déj à prix moyens ; prix « chic » le soir.* Les tables, revêtues de toile cirée, se serrent soit dans une agréable salle, soit sur une terrasse fermée donnant sur l'avenue. Un service efficace y fait circuler des plats d'une cuisine ménagère axée sur la tradition (houmous, *schnitzel...*), qui sait aussi se faire originale (tajine de bœuf ou burger de lentilles). Une clientèle de touristes hébergés dans le coin ou d'habitants du quartier favorisant l'option « à emporter ». Un bon choix.

Humus HaKarmel *(plan II, F5,* ***95****) :* *11, HaCarmel (au débouché de rehov Rambam). Tlj sauf sam 8h-16h (ferme plus tôt s'il ne reste rien).* Au cœur de l'animation du marché, une ancienne bâtisse transformée en cantine rappelant une synagogue avec vitraux, rouleaux de la Torah... curieux ! On n'y mange que du houmous et du *foul,* vite fait, bien fait. C'est pas cher et ça cale.

Chic (100-150 Shk / 25-37,50 €)

Baba Yaga *(plan II, E5,* ***96****) :* *12, rehov HaYarkon. ☎ 517-51-79. Tlj 12h-23h (minuit ven-sam). Musique live jeu-ven soir dès 19h30. Résa conseillée.* Dans un quartier tranquille, on a le choix entre un intérieur cosy aux tables bien dressées et nappées de blanc, baigné d'une petite musique jazzy, et un petit jardin ombragé. Au menu, cuisine européenne (foie gras, osso buco), mais également russe (*pelmeni,* bœuf strogonoff). Le poisson est aussi à l'honneur. Service aussi efficace qu'attentionné. Le sommelier pousse un peu à la conso ; 2 fois moins cher, le vin maison est tout à fait convenable. Desserts savoureux.

Port Said *(zoom, F5,* ***99****) :* *5, Har Sinai St. ☎ 620-74-36. Tlj sauf sam 12h-17h, 18h-2h. Pas de résa.* Face à la grande synagogue, la grande terrasse (bien orientée à l'heure du déjeuner) attire la jeunesse branchée de Tel-Aviv qui vient ici dîner dans une joyeuse ambiance (DJ chaque soir). À l'intérieur, aux murs recouverts de vinyles et de légumes, c'est l'effervescence en cuisine. On patiente en buvant quelques verres avant de prendre place pour goûter aux plats simples et délicieux d'Eyal Shani – chef israélien, déjà connu pour ses restos *North Abraxas* et *Miznon.* Il sait notamment mettre en valeur les légumes ; mais les carnivores ne regretteront pas leur escale non plus. On partage un *tahini,* des aubergines grillées ou une salade de pain (excellente !), servis avec un pain brioché tendre à souhait. Tout est frais et savoureux.

Bistro Tchernichovsky 6 *(plan II, F4-5,* ***94****) :* *5, rehov Tchernichovski. ☎ 620-87-29. Lun-jeu 18h45-minuit ; ven-sam 12h30-16h, 18h30-minuit. Fermé dim. Formule déj, sinon à la carte.* Plats bien travaillés à base de produits frais pour ce bistrot-bar à vins portugais chic à l'atmosphère feutrée. La fameuse morue y est déclinée selon l'humeur, et le *portugese fishermen stew* est une spécialité, tout comme un plat qui s'apparente au bœuf bourguignon. Service aimable mais un peu « pousse à la conso ». Joli choix de vins au verre. Petite terrasse.

Autour de Rothschild

De prix moyens à chic (50-150 Shk / 12,50-37,50 €)

North Abraxas *(zoom, F6,* ***83****) :* *40, rehov Lilienblum. ☎ 516-66-60. Dim-jeu 12h-16h, 18h-2h ; ven-sam 12h-14h30. Résa conseillée.* Cohortes de bobos tendance *trendy,* au comptoir ou en terrasse. C'est Eyal Shani, un chef de renom, qui a élaboré cette étonnante gastronomie. Il casse les codes de la cuisine traditionnelle et fait le pari d'une simplicité totale à coups de produits locaux ultrafrais. Son credo : le souci de préserver le goût des choses, tout en leur donnant des saveurs réjouissantes et personnelles. Original système de miniplats, de grosses tapas révélant une subtile créativité. Fort de son succès, le chef a ouvert plusieurs enseignes à Tel-Aviv *(Miznon, Port Said, Romano...)* et à travers le monde.

Quartier Neve Tsedek

Dallal – The Bakery *(plan II, E6,* ***81****) :* *7, rehov Kol Israel Haverim. ☎ 510-92-92. Dim-ven 7h-16h. Fermé sam. Commande au comptoir.* Idéal quand il fait beau pour profiter de la belle terrasse qui donne sur cette petite rue plutôt calme ; quelques places seulement à l'intérieur, et le long des clients qui font la queue... Délicieux gâteaux et viennoiseries très variées ;

muffin choco-framboise, gâteau au pavot... on se régale ! Les pains ne sont pas en reste. Pizzas à la coupe ou tartes salées pour grignoter à l'heure du déjeuner.

Quartier Florentin

Bon marché (moins de 50 Shk / 12,50 €)

Cafe Casbah *(zoom, F6, **89**) : 3, rehov Florentin. ☎ 518-21-44. Tlj 8h-1h. Formule déj, sauf le w-e. Happy hours 17h-20h.* Dans une maison entourée d'un jardin verdoyant, voilà un bar-resto-salon de thé aux multiples facettes fait de bric et de broc avec des trucs de récup'. Certains y prennent encore leur petit déj, alors que d'autres avalent déjà leur déjeuner le nez sur leur ordi ou leur bouquin. Expos photos et bonne musique. Une adresse à l'ambiance chaleureuse, jeune et décontractée.

En bord de mer

De prix moyens à chic (50-150 Shk / 12,50-37,50 €)

Au nord de la ville, l'ancien port *(namal)* et les hangars ont été restaurés. De nombreux ***bars et restaurants*** *(plan I, B1, **91**)* alignent leurs terrasses face au bassin et à la mer. Sans oublier les magasins de fringues qui ferment très tard. C'est avec ***Sarona*** (l'ancienne colonie allemande) et ***Hatachana*** (l'ancienne gare) l'un des endroits de la Tel-Aviv « aseptisée » qui attire les foules les vendredi et samedi. Tous les franchisés y ont ouvert enseigne. Les espaces sont tirés au cordeau, c'est propre mais ça manque franchement de vécu, en plus de ça, côté restauration, le rapport qualité-prix est discutable...

Très chic (plus de 150 Shk / 37,50 €)

Manta Ray *(plan II, E6, **92**) : Alma Beach. ☎ 517-47-73. Tlj 9h-minuit, brunch jusqu'à 11h45. Résa conseillée le soir en fin de sem. Plats env 90-150 Shk (propositions végétariennes moins chères).* Les pieds dans le sable, la *Raie Manta* rassemble toujours autant d'accros sous son aile. Au bar en plein air, pour une ambiance très « beach and snacks » (musique, corps bronzés, bière au goulot...) ou plus smart, dans la superbe salle vitrée donnant sur le large et le promontoire de Jaffa. La maison sert du poisson (pas donné), alors ceux qui viennent pour la vue éviteront de casser leur tirelire en optant pour les *mezze* ou les plats végétariens. Bien aussi pour un petit déj.

Où déguster une bonne glace ?

Anita *(zoom, F5, **105**) : angle des rues Shabazi et Pines. ☎ 624-63-83. Dans le quartier de Neve Tsedek. Tlj sauf shabbat 8h-minuit.* Surnommée la *Mamma del gelato*. Des montagnes de glaces parfumées qui régalent tous les habitants et visiteurs de ce quartier néobobo ! Beaucoup de monde. Petite terrasse. Et, dans la boutique juste en face – de l'autre côté de la rue Pines – c'est la version glace au yaourt (avec un grand choix de *toppings*) qui est proposée. Plusieurs enseignes un peu partout en ville.

Où boire un verre ?

Tel-Aviv Nights : *052-837-50-31 (Ido). ● tlvnights.com ● Pub crawls jeu, ven et sam soir 100 Shk (réduc si achat en ligne). Lieux de rdv indiqués sur le site ou par tél.* Les *pub crawls* sont une habitude typiquement anglo-saxonne qui consiste à passer d'un bar à l'autre jusqu'à ce qu'on n'en puisse plus. Très sympa pour rencontrer du monde.

Autour et à l'est d'Allenby

Café Bialik (plan II, F4, **76**) : *voir « Où manger ? ».*

The Prince (plan II, F5, **120**) : *18, rehov Nahalat Binyamin. 058-606-18-18. Dim-jeu 10h-minuit, ven 10h-19h, sam 17h-minuit.* Entrée très discrète, c'est plutôt sa terrasse à l'étage qui s'avance en proue au coin de la rue qu'on aperçoit en 1er. C'est bien là-haut que poètes et artistes s'installent à l'extérieur devant un verre ou un plat végétarien, sur fond musical planant. Relaxant.

Neve Tsedek et le quartier Florentin

Depuis que la « bétonite » sévit dans les parages, le quartier Florentin semble avoir connu ses heures de gloire en ce qui concerne l'activité nocturne. Désormais, les folles nuits, c'est plutôt du côté de Rothschild que ça se passe. Cela dit, il reste quand même quelques récalcitrants. Quant à Neve Tsedek, il ravit toujours les amateurs de *before* et de brunch du samedi matin.

Suzana Bar (plan II, E6, **86**) : *9, rehov Shabazi. ☎ 517-75-80. Tlj 10h-23h45.* Face au centre Suzanne-Dellal, café-resto très agréable avec une grande terrasse ombragée par des ficus géants. Clientèle jeune et milieu de la danse. L'une des adresses les plus sympa du quartier. Beaucoup de monde au bar sur le toit en été.

Dans le quartier Florentin, on trouve quelques bars à l'angle des rues Florentin et Vital. Les prix sont un peu moins élevés qu'ailleurs ; du coup, pas mal d'étudiants. On a bien aimé le **Perla Bar** *(zoom, F6, **116** ; 8, rehov Florentin ; tlj de 16h jusqu'au dernier client),* qui propose pas moins de 24 sortes de bière pression (dont une huitaine 100 % du cru). Mais n'hésitez pas à suivre votre feeling.

Cafe Casbah (zoom, F6, **89**) : *dans le quartier Florentin. Voir « Où manger ? ».*

Près de Rothschild

Rothschild 12 (zoom, F5, **130**) : *voir « Où sortir ? ».*

Où sortir ?

Tel-Aviv *by night* ne ressemble à aucune autre ville de ce côté de la Méditerranée. Troublante métropole où les lieux à la mode sont tellement européens qu'on n'y est pas vraiment dépaysé. Tout va très vite dans cette ville en perpétuelle effervescence, mais le plus fort de la nuit se concentre dans les environs immédiats de sderot Rothschild. Pour ceux qui veulent danser, c'est plutôt les *dance bars* que les boîtes de nuit. Pour se tenir informé plusieurs sites internet, dont : • *timeout.fr/israel* • *tlvnights.com* •

Les bars

Ce sont les adresses où l'on traîne volontiers jusqu'à minuit, 1h du mat', parce qu'il y a de la bonne musique live ou que la bière est bonne. Après, on continue dans les *dance bars* ou les boîtes, c'est selon...

Teder (zoom, F6, **135**) : *9, derech Jaffa. Facebook. Tlj sauf dim, à partir de 20h.* Dans la cour d'un ancien petit immeuble de bureaux, un repaire de *hipsters* protéiforme, tout à la fois station de radio et bar, où grignoter sur le pouce. *The place to be* à Tel-Aviv ! Entre *DJ sets,* concerts, soirée ciné ou marché aux puces, il s'y passe souvent quelque chose. Et puis, hmm... les fameuses pizzas d'Eyal Shani, qui officie à l'étage, au resto *Romano,* dernier-né de la galaxie du chef *(Port Said, Miznon...)* !

HaMinzar (plan II, F5, **140**) : *60, rehov Allenby. Tlj 24h/24.* Bar-resto à dimension humaine plein à craquer à l'heure de l'apéro du soir, qui attire notamment une clientèle de créateurs et d'artistes plutôt engagée. Beau choix de bières pression. Ici, les prix sont ras les pâquerettes et les produits viennent du marché, alors c'est frais. La cuisine ? Elle peut faire le tour du monde, on y a même vu des pieds de cochon !

Tepale *(plan II, F4,* ***131****) : 4, rehov HaMelekh George. 050-832-98-28. Sam-jeu 18h30 (20h sam)-3h ; ven 11h-18h.* Bar à tapas très en vogue. En semaine, 50 % de réduc sur la bouffe et les boissons jusqu'à 21h, alors, forcément, c'est bondé ! Le tout, c'est de réussir à se faufiler jusqu'au bar pour commander.

Rotschild 12 *(zoom, F5,* ***130****) : 12, sderot Rothschild. ☎ 510-64-30. Tlj de 7h-2h.* Un bar très connu. À l'arrière se cache une sorte de café-concert où se produisent quotidiennement des groupes à partir de 23h (gratuit). Principalement du rock, parfois funk, fusion, R'n'B, etc. Possibilité de grignoter sur place.

Abraxas Bar *(zoom, F6,* ***83****) : 40, rehov Lilienblum. ☎ 510-44-35. Tlj.* Un resto-bar très apprécié pour sa cuisine. Il attire une clientèle mélangée, la trentaine-quarantaine. Son de très bonne qualité. Billard à l'étage. Beaucoup de monde le week-end.

Café Bialik *(plan II, F4,* ***76****) : voir « Où manger ? ».* Tous les soirs vers 23h, propose des concerts gratuits avec des groupes qui font leurs premiers pas.

Levontin 7 *(zoom, F6,* ***134****) : 7, rehov Levontin. ☎ 560-50-84. Facebook. Bar tlj 19h30-min 2h. 2 concerts/j., vers 20h30 et 23h.* Un bar au rez-de-chaussée où l'on joue du coude à coude au comptoir, mais le vrai spectacle se passe au sous-sol. Bonne programmation plutôt éclectique : rock, hard, country, heavy metal... En général, 2 groupes se succèdent au cours de la soirée. Gratuit ou payant *(max 30 Shk).*

Dance bars et boîtes de nuit (ou club)

En principe, l'entrée est gratuite en semaine, payante les jeudi et vendredi (autour de 100 Shk). On trouve la programmation sur leur page Facebook.

Radio EPGB *(zoom, G5,* ***132****) : 7, rehov Shadal. ☎ 560-36-36. Tlj de 21h30 jusqu'au dernier client.* Bar musical très sympa en sous-sol, avec un petit côté underground revendiqué. Projections de vidéos sur les murs en béton coloré, long comptoir et fauteuils pour s'affaler. Très enfumé et bruyant, il faut alors jouer du corps à corps pour se frayer un chemin jusqu'au bar.

Pasaz *(plan II, F5,* ***143****) : 94, rehov Allenby. Tlj de 22h jusqu'au dernier client.* Bar musical super, organisé autour d'un ancien bureau de poste au sous-sol d'un immeuble. Plusieurs bars, déco crado-déglinguée, clientèle jeune et pas prise de chou pour un sou. Bonne musique live, il y a même une boutique avec des vinyles introuvables.

Kuli Alma *(zoom, F6,* ***146****) : 10, mikve Yisrael. Entrée rose bonbon, nom écrit en hébreu. Tlj de 21h30 jusqu'au dernier client.* Bar musical très aéré, moitié dedans moitié dehors, avec un son d'enfer et des bars autour desquels s'égosillent des mecs plus ou moins tirés à quatre épingles et des filles sur leur trente-et-un. DJs réputés. Une escale incontournable de la nuit tel-avivienne !

Buxa *(zoom, F5,* ***148****) : 31, sderot Rothschild. Tlj de 21h jusqu'au dernier client.* En sous-sol, un espace organisé autour d'un bar central, installé dans une sorte de musée de figurines japonaises en plastique. Expos temporaires.

The Breakfast Club *(zoom, F5,* ***133****) : 6B, derech Rothschild. ☎ 510-01-01. Tlj à partir de 23h. Entrée parfois payante.* Une valeur sûre des nuits de Tel-Aviv. Selon les soirs, musique techno, house, des années 1980 ou plus rock.

Morfium Forte Club *(plan II, G4,* ***149****) : 2, sderot Shaul HaMelech (angle Ibn Gabirol, dans le centre commercial London Minister). Tlj de 22h jusqu'à l'aube.* Boîte hyper sophistiquée, conçue pour mettre en valeur les DJs qui s'y produisent. Pour les *clubber hardcore,* celles et ceux qui veulent du *vibe,* du vrai. Consos pas données en revanche (empruntez la carte de paiement d'un pote !).

Une boîte célèbre, à ciel ouvert, qui ne fonctionne que l'été : ***Clara*** *(plan II, E5,* ***142****),* dans l'enceinte du Dolphinarium. Un endroit branché pour les « young and bioutifoul ». Pas d'hommes seuls.

The Block *(plan II, G6,* ***141****)* **:** *157, Salame Rd, derrière la gare routière principale. ☎ 537-80-02. Mer-sam, à partir de 22h30 (voire plus tôt selon le programme).* La boîte antibranchitude : on vient ici avant tout pour danser et écouter de la bonne musique. Pas de *dress code,* et tout le monde peut entrer, mais à chaque soir son style.

La vie nocturne gay

À Tel-Aviv, la communauté gay est importante. La *gay pride,* en juin, rassemble plusieurs dizaines de milliers de personnes. Mais ici, pas de ghettos, et rares sont les bars exclusivement gay. Tout ce que vous voulez savoir sur • *gaytelavivguide.com/events/* •

Les principales soirées : le **Shpagat** *(plan II, F5,* ***147*** *; 43, rehov Nahalat Binyamin ; tlj à partir de 21h ; pour les plus de 23 ans)* est un bar sympa qui accueille DJs et artistes. Enfin, grande soirée mecs régulièrement organisée par ***FFF*** *(voir site Facebook ; entrée payante).* Le lieu change à chaque fois. En général, beaucoup de monde et grosse artillerie. Plusieurs centaines de garçons, marcels moulants ou torses nus (du 100 % pur jus !). L'entrée n'est pas interdite aux filles mais il faut qu'elles viennent avec leurs potes !

ISRAËL

À voir

En 1er lieu, passer à l'office de tourisme, pour y prendre une carte où figurent les différentes galeries d'art et musées du centre-ville et un plan où sont positionnés tous les ***points d'accès wifi gratuit*** de la ville.

Autour de Dizengoff

La ***rue Dizengoff*** est en quelque sorte l'épine dorsale de la ville, autrefois hâtivement considérée comme les Champs-Élysées de Tel-Aviv. Beaucoup de magasins, restos et cafés avec terrasses. Toujours très animée, en journée comme le soir. Au nord de la place Dizengoff, de part et d'autre de la rue Frishman, et jusqu'à la rue Frug, levez le nez et vous verrez quelques beaux exemples d'***immeubles Bauhaus,*** dont certains ont été très bien restaurés. En poursuivant vers le nord, on croise la ***rue Gordon.*** Pas mal de galeries d'art dans ce secteur, à découvrir le long des rues arborées qui vont vers la mer.

Etzel Museum *(musée de l'Etzel ; l'Irgoun ; plan II, G4)* **:** *38, rehov HaMelekh George. ☎ 528-40-01. • etzel.org.il • Tlj sauf ven-sam 8h30-16h. Entrée : 20 Shk.* Intéressant complément au musée de la Haganah et muséologie assez différente. L'Irgoun, organisation de résistance indépendante de la Haganah et plus radicale, s'est souvent opposée à elle. Son chef fut Menahem Begin (qui deviendra 1er ministre). Elle se distingua par des actions-choc, comme l'attaque de la prison d'Akko ou encore l'attentat contre le QG de l'armée britannique à l'hôtel *King David* de Jérusalem. Ici, on a plutôt mis l'accent sur de petits dioramas présentant les différentes attaques et phases des combats, ainsi que la présentation de nombreux documents, souvenirs, photos, tracts, cartes, journaux, etc. Ne pas manquer le film d'archives. Il permet, en plus des faits politiques et historiques, de saisir l'atmosphère de cette époque.

Bauhaus Center *(plan II, F4)* **:** *77, rehov Dizengoff. ☎ 522-02-49. • bauhaus-center.com • Dim-jeu 10h-19h, ven 10h-14h30. Fermé sam. GRATUIT.* Dédié au style Bauhaus et à l'architecture moderne, le centre abrite 3 espaces : la boutique, l'espace d'exposition au 1er étage, et les archives au 3e étage. On y trouve une carte détaillée (payante) indiquant les monuments Bauhaus les plus représentatifs de Tel-Aviv (il y en a eu 4 000 en tout) ainsi que de nombreux ouvrages sur l'architecture et plus généralement sur le tourisme.

➢ Le vendredi à 10h, le centre propose une visite guidée (en anglais) à travers le quartier pour découvrir l'architecture Bauhaus. Départ devant le centre *(compter 2h et 80 Shk/pers).* Possibilité également de partir en solo avec un audioguide (en français) après avoir visionné un petit film ; même tarif.

👍👍 ***Ben Gurion's House*** *(maison Ben Gourion ; plan I, A3)* **:** *17, sderot Ben Gurion. ☎ 522-10-10. • bg-house.org • Dim-ven 8h-15h (17h lun, 13h ven) ; sam 11h-14h. GRATUIT. Résa en ligne obligatoire (en période Covid). Audioguide et support de visite en français.* C'est l'ancienne résidence de Paula et David ben Gourion avant leur installation au kibboutz Sdé Boker. Tout est resté en l'état. Objets personnels sous vitrine. À l'étage, impressionnante bibliothèque avec 20 000 livres. Film de 20 mn en français.

👍 En continuant la balade sur la rue Dizengoff, vers le nord, boutiques de mode sympa, puis on arrive au coude que forme la rivière Yarkon avant de se jeter dans la mer. Elle annonce ***l'ancien port*** de Tel-Aviv. Il a été réhabilité, tout comme ***Hatachana*** (l'ancienne gare de Jaffa) et le quartier de ***Sarona*** (ancienne colonie allemande). Ces 3 entités, où l'on trouve de nombreux restaurants et boutiques, jouent la carte d'un espace public maîtrisé, propret, pour familles. Mais ça manque cruellement de charme, comparé aux quartiers demeurés encore un peu authentiques, comme le marché du Carmel, par exemple, Florentin, ou encore Neve Tsedek. Ici, les anciens hangars ont été transformés en boutiques ou en restaurants. Beaucoup de monde en fin de semaine.

À l'est de Dizengoff

👍 ***Kikar Rabin*** *(plan I, B3)* **:** c'est la place de l'hôtel de ville, anciennement place Malke Yisrael. C'est ici que fut assassiné le 1er ministre Yitzhak Rabin, le 4 novembre 1995, alors qu'il descendait les marches de l'escalier (après une manifestation monstre... en faveur de la paix !). Son mémorial est situé au pied de l'escalier, au début de la rue Ibn Gabirol (sur le côté droit de la mairie, en venant de la place).

👍👍👍 ***Tel Aviv Museum of Art*** *(musée des Arts de Tel-Aviv ; plan II, H4)* **:** *27, sderot Shaul HaMelech. ☎ 607-70-20. • tamuseum.org.il • Mar et jeu 12h-21h, mer 12h-18h, ven 10h-14h, sam 10h-18h. Fermé dim-lun. Entrée : 50 Shk ; réduc ; gratuit moins de 18 ans. Agréable cafétéria.*
Fondé en 1932, c'est le centre culturel le plus important du pays. Impressionnante collection d'art moderne constituée grâce à de généreux donateurs ; d'autant plus impressionnante que le pays est bien jeune ! Le Herta et Paul Amer Building, aile plus récente et œuvre de l'architecte Preston Scott Cohen de l'université Harvard, est en elle-même une œuvre d'art.
La visite commence au 1er étage, salle de droite par la collection Simon & Marie Jaglom, qui regroupe les ***impressionnistes*** et ***postimpressionnistes,*** point fort du musée : Renoir, Pissarro, Eugène-Louis Boudin, Monet *(Pommiers en fleurs),* Sisley, Cézanne, Caillebotte *(La Maison au bord de l'eau),* Bonnard, Vuillard...
La palette sombre de Liebermann *(Les Enfants qui jouent),* Leonid Pasternak, et une ***réinterprétation de La Bergère de Millet par Van Gogh.*** Un vrai feu d'artifice ! On en oublierait presque le bronze de Degas *(Danseuse regardant le sol).*
La visite se poursuit avec les ***pointillistes*** (Signac, Cross, Henri-Martin), puis par les ***figuratifs*** : Marie Laurencin, Modigliani *(Portrait de Gaston Modot),* les ***expressionnistes,*** Kokoshka, Soutine, von Jawlensky *(La Femme blonde).*
Parmi les Picasso, *L'Adieu au pêcheur* (1902, période bleue), *Femme à la jupe rouge* (1921) et *Mousquetaire à la pipe* (1968), qui permettent d'appréhender l'évolution de son style. Également Fernand Léger, Braque, Juan Gris, Albert Gleizes, Miró, Dufy *(La Moisson),* Soutine, Chagall *(La Femme-poisson)...*
Dans la collection Mizne-Blumenthal, qui regroupe les ***œuvres de la 1re moitié du XXe s,*** beaucoup d'œuvres de Picasso, mais aussi de Ludwig Meidner, un des rois

ISRAËL

de l'***expressionnisme allemand,*** ici dans *L'Usine qui brûle* (1912), on perçoit ce qu'il doit à Van Gogh et à Munch... Le *Coucher de soleil* de Max Pechstein, James Ensor, *Frederike Maria Beer* de Klimt, puis l'***abstraction*** et le ***surréalisme*** : Kandinsky, le flamboyant *Paysage avec maison verte* de Murnau, Magritte, Dalí, Calder, Arp, Max Ernst (bien représenté), Dubuffet *(Six poissons et un oiseau)*, Tanguy et Giorgio De Chirico et un grand format de Picabia *(La Femme à la fleur de lys)*...
– La collection Sam & Ayala Zacks regroupe les ***œuvres de la 2de moitié du XXe s,*** avec de remarquables Chagall, dont la *Grand-mère faisant les confitures* (1914). Autoportrait de Moïse Kisling, Jules Pascin, Soulages, Dubuffet, Tàpies, Alechinsky et un flamboyant Karel Appel. Puis Pollock, Willem De Kooning, Mark Rothko, Louis Morris, Arman, Jasper Jones, Roy Lichtenstein, Andy Warhol, le surprenant portrait de Chuck Close (1952) et pour terminer un Francis Bacon *(Trois études pour le portrait de George Dyer)*.
– On pénètre ensuite dans le pavillon regroupant les œuvres de Gideon Gechtman, Annette Messager, Kerry Stewart. Reprendre la grande rampe d'accès pour la collection Joseph et Rebecca Meyerhoff. On y découvre des installations d'art contemporain assez surprenantes ainsi que des créations vidéo.
– *Au sous-sol :* si vos jambes vous portent encore, les « vieux maîtres », les Rubens, Van Dyck, Rigaud, Van Loo, Reynolds, G. Romney, Brueghel le Jeune, Nicolas Tournier... Les sombres et réalistes toiles de Josef Israëls, Rembrandt *(Samson menaçant son beau-père)*, Ruysdael, Poussin et une belle vue de Dresde de B. Bellotto. Finissons sur le saisissant *Portrait de famille avec six enfants* de H. Noorderwiel ou la quiétude rassurante d'une famille bourgeoise.
– Très intéressantes expos temporaires.

Israeli Opera *(plan II, G-H4)* **:** *19, sderot Shaul HaMelech. ☎ 692-77-77. • israel-opera.co.il • À côté du musée d'Art.* Il s'agit d'un véritable manifeste architectural de marbre blanc au sein de l'ensemble culturel du *Tel-Aviv Performing Arts Center.* Construit dans le centre Golda Meir (centre réalisé dans les années 1950 pour accueillir des bâtiments publics). La tour et le portique d'entrée donnent un caractère monumental à l'ensemble.

Helena Rubinstein Pavilion for Contemporary Art *(pavillon Helena-Rubinstein d'Art contemporain ; plan II, G4)* **:** *6, sderot Tarsat. ☎ 528-71-96. • tamuseum.org.il/helena-rubinstein-pavilion • Pour s'y rendre, bus n° 5, arrêt Abima. Lun-jeu 16h-minuit, ven 10h-14h, sam 10h-18h. Fermé dim. GRATUIT.* Accueille des expos temporaires d'art contemporain consacrées essentiellement à la jeune scène israélienne.

Autour d'Allenby

Autre artère commerçante importante. Elle mène de la plage au boulevard Rothschild et dessert HaCarmel, le plus grand marché en plein air de Tel-Aviv, particulièrement actif les mardi et vendredi, quand les artisans et les artistes déballent sur rehov Nahalat Binyamin.

Rubin Museum *(musée Rubin ; plan II, F4)* **:** *14, rehov Bialik. ☎ 525-59-61. • rubinmuseum.org.il • Lun-ven 10h-15h (20h mar) ; sam 11h-14h. Fermé dim. Entrée : 20 Shk ; réduc ; gratuit moins de 18 ans. Audioguide en français : 10 Shk.* C'est la maison de Reuven Rubin, l'un des peintres israéliens les plus importants, dans laquelle il travailla de 1946 jusqu'à sa mort en 1974. On peut y admirer plusieurs de ses tableaux. À l'étage, son atelier est resté en l'état. Parfois des expos d'artistes israéliens.

Bialik Museum *(Beit Bialik ; plan II, F4)* **:** *22, rehov Bialik. ☎ 525-45-30. • beithair.org/en/bialik_house • ♿ Lun-jeu 9h-17h, ven-sam et j. fériés 10h-14h. Fermé dim (et certains sam). Entrée : 20 Shk ; réduc. Billet combiné avec Beit Ha'ir : 30 Shk ; réduc. Appli à télécharger pour une visite en français.* Datant des années 1930 et de facture ottomane, l'ancienne demeure du célèbre poète israélien Chaim Nachman Bialik a été restaurée de manière fidèle à l'esprit des lieux et notamment les couleurs des murs aux tons vifs façon *tadelakt.* On y voit le salon, son bureau, la bibliothèque et de nombreux objets personnels. Le carrelage ainsi que la mosaïque de l'entrée sont d'origine.

Beit Ha'ir *(plan II, F4)* **:** *27, rehov Bialik. ☎ 724-03-11. • beithair.org • Lun-jeu 9h-17h, ven-sam et j. fériés 10h-14h. Fermé dim. Entrée : 20 Shk ; réduc. Billet combiné avec le Bialik Museum : 30 Shk ; réduc. Panneaux en anglais.*
Située dans le périmètre « Ville blanche » classé Patrimoine de l'Unesco en raison du grand nombre de constructions de style Bauhaus qu'il recèle, l'ancienne mairie s'impose tout au bout de la rue Bialik. Le bâtiment fut construit par une riche famille juive dans les années 1920 et devait abriter un hôtel, mais c'est la municipalité qui s'y est installée de 1925 à 1965. La placette, piétonne, est charmante. La façade néoclassique du bâtiment et le carrelage en rez-de-jardin sont d'époque. Un saut en arrière illustré également au sous-sol par l'exposition permanente de photos de Tel-Aviv et de ses habitants au moment de sa fondation en 1909, ainsi que par la projection d'un film de 10 mn qui passe en boucle et évoque un siècle d'évolution de la ville depuis sa fondation.
À l'étage, le bureau de Meir (c'est vraiment son prénom !) Dizengoff, 1er maire, entre 1925 et 1936, a été en partie reconstitué, son couvre-chef est d'ailleurs toujours accroché au porte-manteau. Toute une section est consacrée à sa vie privée et publique.
Ce parcours historique est complété par des expos temporaires d'art contemporain.

Bauhaus Tel Aviv *(plan II, F4)* **:** *21, rehov Bialik. ☎ 620-46-64. Mer 11h-17h et ven 10h-14h. GRATUIT.*
Une galerie-boutique dédiée aux objets (et non plus à l'architecture) originaux (mobilier, objets usuels, etc.) de la période Bauhaus. L'expo change régulièrement. Un bon complément au Bauhaus Center (voir plus haut).
Juste en face, en sortant, ne pas manquer le bâtiment de style éclectique datant des années 1920, synthèse de Renaissance et d'inspiration orientale, très décoré. Alors que l'édifice plus à gauche, avec ses lignes droites, ses façades lisses, ses ouvertures longues et étroites (en raison de la chaleur), remonte aux années 1930 et représente le Style international (ou style Bauhaus). Intéressant de voir l'évolution architecturale qui s'est opérée dans la ville en l'espace de seulement 10 ans.

Shouk HaCarmel *(marché du Carmel ; plan II, F5)* **:** *le long de rehov HaCarmel, près de kikar Magen David. Tlj sauf sam 9h-18h env (16h ven).* Grand marché coloré, hyper animé, où l'ambiance orientale encore authentique avec ses marchands de barbaque, de fruits secs et de fruits et légumes, tranche radicalement avec l'environnement standardisé du Tel-Aviv en plein boom immobilier.
Coin intéressant, puisque, juste à l'est, sur la partie piétonne de la rue Nahalat Binyamin (angle avec Rambam et au-delà ; *plan II, F5*), un ***marché des arts et de l'artisanat*** *(Arts and Crafts Fair)* se déroule tous les mardis et vendredis *(10h-17h, 19h mar en été).* Original, vivant et coloré.

Le quartier Kerem HaTemanim *(plan II, F5)* **:** à l'ouest d'Allenby, derrière le shouk HaCarmel, le « vieux » quartier yéménite, autrefois peuplé par les petites gens, est aujourd'hui en voie de gentrification (il paraît que les Français y investissent en masse). C'est un dédale de petites rues calmes dont la plupart ont été repavées. Certaines ont pourtant conservé leur placette « carrefour-forum ». La nuit, quand c'est désert, on a l'impression de se promener dans un décor de théâtre.

Sheinkin Street *(rue Sheinkin ; plan II, F-G5)* **:** tout autour de cette rue, immeubles bas qui datent de l'époque du Bauhaus, ou blocs des années 1950, le tout noyé dans la végétation. Dans les années 1980, de nombreux intellectuels de gauche y ont élu domicile. Plus récemment, des magasins de vêtements de marque y ont ouvert une enseigne. Résultat : c'est un quartier où se côtoient musiciens, artistes, écrivains, faiseurs de mode et religieux ultra-orthodoxes. On y trouve des cafés assez branchés fréquentés par des nuées d'ados, ou, à l'inverse, des restaurants *glatt* casher (on ne peut pas faire plus strict).

Shalom Tower *(tour Shalom ; zoom, F5)* **:** *2-10, rehov Montefiore. Fermé pour shabbat.* Au rez-de-chaussée, une fresque en mosaïque de Nahum Gutman, chef-d'œuvre figurant l'histoire de Tel-Aviv. Juste en face, une autre fresque aussi somptueuse, œuvre de David Sharir. Au 1er étage, expo gratuite présentant des photos des débuts de la ville, quand les pionniers fraîchement arrivés d'Europe de l'Est se réunirent sur les dunes pour tirer au sort des lots. On passe de l'ambiance Far West des années 1910-1920 au rêve utopique d'une cité idéale, puis à la réalité de Tel-Aviv aujourd'hui.

UN PROJET QUI DÉRAILLE

Lors de son inauguration, en 1965, la tour Shalom avait de quoi être fière : c'était la 1re tour construite dans le pays et la plus haute du Proche-Orient ! Pourquoi s'arrêter en si bon chemin ? 2 ans plus tard, la 1re station de métro de Tel-Aviv y était inaugurée. La 1re, mais aussi l'unique pendant plus de 40 ans... le plan de métro ayant été abandonné peu de temps après. En 2011, un nouveau projet est sur les rails. Mais il faudra encore attendre une bonne décennie avant de voir trams et métros sillonner la ville.

Autour de Rothschild

Le boulevard Rothschild *(plan II, F-G5)* **:** c'est le quartier des yuppies le jour et des fêtards la nuit. Autour d'une longue et large promenade arborée et bordée de belles demeures, la plupart de style Bauhaus, s'élancent aujourd'hui vers le ciel d'élégantes tours de verre et d'acier. Sans doute le visage du Tel-Aviv de demain (rappelons que les prévisionnistes misent sur 4 millions d'habitants à l'horizon 2025).

Haganah Museum *(musée de la Haganah ; plan II, F5)* **:** *Beit Eliahu, 23, sderot Rothschild. ☎ 560-86-24. Dim-jeu 8h30-16h. Fermé ven-sam et veilles de fêtes. Entrée : env 20 Shk ; réduc. Présenter une pièce d'identité.*
Installé dans la demeure d'Eliyahou Golomb, l'un des fondateurs de la Haganah (organisation de défense juive qui se transformera en Tsahal par la suite), un bel édifice de 1923. Intéressant musée d'histoire pour ceux qui veulent approfondir leurs connaissances sur la création de l'État d'Israël.
– Fondation de Bar Giora, la 1re société secrète, ancêtre de la Haganah par Izhak ben Zvi qui deviendra le 2e président d'Israël. Création des *watchmen* (qui surveillaient les champs pendant les travaux agricoles) et du 1er bataillon juif pendant la Première Guerre mondiale (10 000 volontaires s'enrôlèrent dans l'armée anglaise). Création de la Haganah en 1920, puis son évolution jusqu'en 1948. Documents sur la 1re révolte arabe (1936). Salles consacrées à Eliyahou Golomb et à Ben Gourion. Après la publication par les Britanniques du *Livre blanc* en 1939, projet évidemment défavorable à la politique sioniste, Ben Gourion déclara : « Nous devons aider l'armée anglaise, comme s'il n'y avait pas de *White Paper* et nous opposer au *White Paper* comme s'il n'y avait pas la guerre »... Yitzhak Rabin, Moshe Dayan et Yigal Allon, qui étaient scouts à l'époque, aidèrent alors les troupes britanniques à lutter contre les troupes vichystes. C'est lors d'un de ces combats que Dayan perdit un œil.
– *2e étage :* la Haganah organise l'émigration en Palestine de 1945 à 1948. Épisode de l'*Exodus* en juillet 1947 lorsque 4 500 passagers furent empêchés de débarquer

par les autorités anglaises. Chypre et ses camps d'internement, fabriques d'armement clandestines, notamment des célèbres mortiers Davidka. Noter comment on peut cacher un revolver dans un livre (vitrine à côté de l'automobile). Histoire des attaques spectaculaires qui ont émaillé cette période de l'Histoire.
– *3e étage :* différentes étapes de la guerre de 1948. Tout sur les actions de la Haganah et du Palmach (ses commandos). De 1920 à avril 1949, 5 151 membres de la Haganah tombèrent. Transformation de la Haganah en armée d'État (l'IDF, *Israel Defense Forces*). Explications détaillées des différentes phases de la guerre : avancées, reculs, problèmes politiques divers... Documents sur la création officielle de l'État d'Israël.

Neve Tsedek *(plan II et zoom, E-F5-6)*

Entre Jaffa et le centre de Tel-Aviv, ancien petit village aux maisons qui datent du début du XXe s, avec ses ruelles étroites et pavées. Historiquement, ce sont les origines de Tel-Aviv. Entre 1887 et 1896, bien décidés à s'affranchir de la Jaffa ottomane – alors cité fortifiée au milieu de terres agricoles et majoritairement peuplée d'Arabes –, les pionniers juifs tentèrent d'y faire pousser des agrumes pour leur propre compte. Ils n'y sont pas arrivés, mais les orangers et les citronniers plantés sur la *piazza* du centre Suzanne-Dellal l'évoquent joliment. Aujourd'hui, le quartier est en pleine restructuration immobilière, les Israéliens l'appellent « le petit Paris ». Plus rien à voir avec la Neve Tsedek d'antan. C'est aujourd'hui un quartier branché, les bobos y prennent racine, et ceux qui n'y habitent pas viennent y « bruncher » le samedi. Neve Tsedek, c'est des boutiques de design ou de vêtements, des cafés-restos, des galeries d'art et surtout le ***centre Suzanne-Dellal,*** haut lieu de la danse contemporaine et du théâtre en Israël, dont la création, en 1989, a permis de booster le quartier ; sympa. On y trouve aussi une terrasse de café sur une placette, à l'écart de la circulation.
En marge du quartier, au no 2 boulevard Kaufmann, l'ancienne gare de Jaffa (Old Jaffa Railways Station), appelée ***Hatachana,*** construite à la fin du XIXe s et terminus de la ligne de Jérusalem, a été restaurée. C'est, à l'instar de ***Sarona*** et du ***nouveau vieux port,*** l'un des aménagements urbains qui attirent le plus les familles le week-end.

Nahum Gutman Museum *(musée Nahum Gutman ; zoom, F6)* **:** *21, rehov Shim'on Rokah. ☎ 516-19-70. ● gutmanmuseum.co.il ● Lun-ven 10h-14h, sam 10h-15h. Fermé dim. Entrée : 24 Shk ; réduc.* Petit musée niché dans l'une des plus anciennes maisons de la ville consacré à Nahum Gutman, peintre, mosaïste et illustrateur de livres pour enfants né en Bessarabie en 1898. Il grandit à Neve Tsedek et ses œuvres (peintures et quelques sculptures) sont très liées à Tel-Aviv et Jaffa. Il compte parmi les artistes israéliens les plus célèbres.

Au sud et à l'est de la ville

Le quartier Florentin *(zoom, E F6)* **:** *au sud de la ville, entre la rue Herzl et le début de Jaffa.*
C'est un Grec du nom de David Florentin qui, parce qu'il avait acheté un lopin de terre ici dès 1920, donna son nom au quartier. Rien à voir avec une quelconque ascendance toscane. Tout comme son voisin Neve Tsedek, Florentin est en plein boom urbanistique (entre 2000 et 2010, la population du quartier a même doublé !). Les tours y poussent comme des champignons. En journée, rehov Abarbanel et ses ruelles adjacentes concentrent une importante activité : chaudronniers, menuisiers, ateliers de sérigraphies, imprimeries, etc.
Allez-y le samedi matin, quand les rideaux métalliques des artisans sont baissés et que le quartier se transforme en un ***véritable musée à ciel ouvert.*** Ici, avec toute la rage du sursitaire, se sont exprimés les plus talentueux artistes du *street*

art (le périmètre de leurs œuvres est inscrit grosso modo du nord au sud d'Eilat à Ma'on et d'ouest en est d'Eifelet à Markolet). Vous trouverez facilement une balade guidée, si vous voulez être sûr de ne pas passer à côté des œuvres majeures.

Au nord-est du quartier Florentin, le ***shouk Levinsky*** *(zoom, F6)*, qui s'étire le long de la rue Levinsky, principalement entre HaHalutsim à l'est et HaShuk à l'ouest. C'est là que l'on trouve des *delicatessen* et des échoppes de fruits secs et d'épices appartenant surtout à des marchands juifs d'origine iranienne.

JE PANSE DONC JE SUIS...

Au fil de vos errances dans le quartier Florentin, sans doute apercevrez-vous des bombages représentant des pansements. C'est la marque de Dede, un artiste aujourd'hui mondialement reconnu puisqu'il expose en Europe et aux États-Unis. Son œuvre, résolument anti-establishment, a trouvé sa voie quand il a commencé à saupoudrer les murs de Tel-Aviv de pochoirs représentant des colombes de la paix. Faut dire qu'il sortait de son service militaire, et 3 ans, c'est long...

À l'ouest s'étend l'***American Colony.*** Juste après la *Beit Immanuel Christian Hostel (plan II, E6,* ***44****)*, au coin de la rue, quelques maisons en bois rescapées du XIXe s témoignent de la présence d'immigrants américains arrivés ici en 1866 sous l'impulsion de John Adams, le prêcheur d'une secte messianique. Un coin secret, aujourd'hui complètement décalé étant donné la fièvre architecturale qui s'est emparée du quartier.

Azrieli Observatory *(observatoire du centre Azrieli ; plan II, H4)* **:** *132, derech Menahem Begin. ☎ 608-11-79. Au 49e étage de la tour ronde (entrée par le 3e étage du centre commercial). En principe, dim-ven 9h30-minuit (15h ven), sam 19h-minuit, mais horaires variables (mieux vaut se renseigner avt car souvent utilisé pour des événements privés). Entrée : 25 Shk ; réduc, notamment à partir de la mi-journée.* Un vaste centre commercial de 3 immeubles. Intéressant pour la vue depuis le 49e étage, la plus belle que l'on puisse avoir sur Tel-Aviv. Au sommet, bar et resto.

Au nord de la ville

Eretz Israel Museum *(musée Eretz Israël ; plan I, D1)* **:** *2, Chaim Levanon, Ramat Aviv. ☎ 641-52-44.* • *eretzmuseum.org.il* • *Bus n°s 7, 13, 24, 25, 45, 127 (Dan) ou 270, 271 (Egged). Lun et mer 10h-16h, mar et jeu 10h-20h, ven 10h-14h, sam 10h-18h. Fermé dim. Entrée : 52 Shk ; réduc étudiants ; gratuit moins de 18 ans. Compter 2-3h de visite. Entrée combinée avec le planétarium (interdit aux moins de 6 ans), sam 11h-15h : 85 Shk. Fermeture des caisses 10 mn avt. Résa à l'avance pour une présentation en anglais, sinon en hébreu (☎ 745-57-10 ou 20).*

Le musée Eretz Israël est un grand complexe dans un jardin agréable, dont chaque pavillon, qui accueille une section d'expos temporaires, est un petit musée à lui seul.

– *Pavillon numismatique :* monnaies anciennes remontant à l'Antiquité et provenant du monde entier.
– *Pavillon de l'histoire postale et de philatélie Alexander :* zoom sur la période ottomane et les derniers 150 ans.
– *Pavillon des céramiques :* urne funéraire chalcolithique, poteries et terres cuites de toutes les périodes. À l'entrée, reconstitution d'une maison israélite du VIIe au Xe s.
– *Pavillon Nechushtan :* consacré au cuivre et à l'histoire de sa transformation à travers les âges (techniques de fonderie dans des décors reconstitués et fours anciens).
– *Pavillon du verre :* belles pièces rares de verre reflétant le travail autour de ce matériau introduit en Israël au XVe s.

– *Centre de l'homme et de son travail :* différents outils traditionnels, instruments domestiques et agraires, etc. Reconstitution d'échoppes. Presse à vin en basalte de l'époque byzantine.
– *Pavillon d'ethnographie et du folklore :* vêtements traditionnels et bijoux des différentes communautés juives dans le monde, art religieux, objets de rituels.
– *Pavillon Rothschild :* le rez-de-chaussée est dédié à la famille Rothschild, avec photos et documents. À l'étage, place à des expos temporaires d'art contemporain israélien.
– *Site de Tel Qasile : dans l'enceinte du musée.* Ce site a fait l'objet de fouilles à partir de 1948. Depuis, 12 strates ont été excavées, la plus ancienne remontant aux Philistins (XIIe s av. J.-C.). Point d'observation qui surplombe le site et d'où l'on aperçoit, entre autres, les beaux restes d'un temple philistin.

*🎈🎈🎈 **Israeli Museum – Rabin Center** (musée d'Israël ; plan I, D1) : dans le centre Yitzhak Rabin, 8, Chaim Levanon, Ramat Aviv. ☎ 745-33-13. • rabincenter.org.il • Un peu après l'Eretz Israel Museum, sur la droite. Mêmes bus que pour l'Eretz Israel Museum. Tlj sauf sam 9h-17h (19h mar et jeu, 14h ven). Dernière admission 1h30 avt. Entrée : 50 Shk ; réduc. Audioguide en français inclus. Déconseillé aux enfants de moins de 10 ans. Résa en avance fortement recommandée.*

ISRAËL

Dans le centre dédié à Yitzhak Rabin, plus de 180 documentaires et 1 500 photos retracent l'histoire d'Israël avec, en parallèle, sa biographie. Le long d'un parcours descendant en spirale : la vie privée et publique de Rabin sert de fil conducteur pour mieux explorer, dans les salles adjacentes, l'histoire du pays. Archives sonores, films, photos anciennes, discours imprimés en anglais évoquent le mandat britannique, les révoltes arabes et juives, la création de l'État et la succession de guerres qui s'est ensuivie : 1948, 1956 dans le Sinaï, les Six Jours de 1967, celle du Kippour en 1973, 1982 au Liban, les 2 Intifadas. Si les faits relatés sont évidemment présentés du point de vue israélien, des concessions linguistiques sont à porter au crédit des auteurs pour mieux exposer les différents points de vue. On peut en effet lire des termes comme *nakba,* mot employé par les Palestiniens pour désigner « la catastrophe », leur exil en 1948 après la création de l'État d'Israël, et rarement utilisé par les hommes politiques israéliens.
C'est qu'au milieu de toutes ces guerres des fragments de réconciliation pointent ici et là : la visite du président égyptien Sadate à Jérusalem en 1977 qui aboutit l'année suivante aux accords de Camp David, le rapprochement entre Rabin et les dirigeants palestiniens, la conférence de Madrid en 1991 qui pose les jalons des futurs accords d'Oslo en 1993 et du traité de paix avec la Jordanie en 1994. Rabin et Arafat qui reçoivent le prix Nobel de la paix en 1993. On y pose même le débat du caractère « juif et démocratique » de l'État voulu par les fondateurs.
La visite du musée s'ouvre et se termine par les discours de Rabin pour la paix. Et par son dernier, prononcé le 4 novembre 1995, sur la place Kings of Israel, juste avant son assassinat par un jeune extrémiste juif.

🎈🎈 **Palmach Museum** *(plan I, D1) : 10, Haïm Levanon. ☎ 545-98-00. • palmach_reservation@mod.gov.il • palmach.org.il • Visite guidée* ***sur rdv seulement,*** *par tél ou e-mail, dim-jeu 9h-15h (11h ven). Présenter une pièce d'identité. Compter 1h30. Entrée : 30 Shk ; réduc. Visite en hébreu mais audioguide en français. Interdit aux enfants de moins de 6 ans et déconseillé aux moins de 10 ans.* Ce musée, géré par le ministère de la Défense (comme celui de la Haganah, voir plus haut), utilise les technologies les plus modernes pour faire revivre l'histoire du Palmach, une émanation de la Haganah composée de troupes d'élite. L'organisation a été créée en 1941 pour lutter contre une éventuelle invasion de l'Allemagne. Après la tentative britannique pour la dissoudre, elle est entrée dans la clandestinité et a combattu l'occupant anglais tout en encourageant l'immigration juive. Son rôle dans la guerre de 1948 a été prépondérant. Suite à la création de l'État d'Israël, le groupe fut démantelé au profit de Tsahal, successeur de la Haganah, qui prit alors la tête d'un commandement unique.

Museum of the Jewish People (Beit HaTfutsot ; musée du Peuple juif ; hors plan I par D1) : 16, rehov Klausner, Tel-Aviv Campus University (porte 2), Ramat Aviv. ☎ 745-78-08. • anumuseum.org.il • Pour y aller du centre-ville : bus Egged nos 222, 271, 274 ou Dan nos 7, 25 ; ou train, arrêt Tel-Aviv-University, puis bus nos 7 et 45. Sam-mer 10h-17h (19h mar), jeu 10h-22h, ven 9h-14h. Entrée : 52 Shk ; réduc. Après des années de travaux, le nouveau musée s'articule désormais autour de 3 axes : l'histoire du peuple juif, l'identité juive à travers le monde et son multiculturalisme, ainsi qu'un espace participatif.

Galeries

Tel-Aviv compte de très nombreuses galeries d'art contemporain israélien, principalement autour de la rue Gordon, dans le quartier de Neve Tsedek, dans le quartier de Shapira (au nord du jardin zoologique, à l'est de Jaffa), ainsi que sur le port de Jaffa. L'office de tourisme distribue gracieusement une carte pour s'y retrouver.

Autour de la rue Gordon

■ ***Galerie Stern*** (plan I, A3, **161**) : 30, rehov Gordon. ☎ 524-63-03. • sternart.com • Dim-jeu 11h-19h, ven 10h-14h, sur rdv. Large panel de l'art contemporain israélien. Ici, des toiles d'artistes incontournables, tel Reuven Rubin, cohabitent avec celles des nouvelles tendances de la jeune scène locale.

■ ***Galerie Givon*** (plan I, B3, **164**) : 35, rehov Gordon. ☎ 522-54-27. • givonartgallery.com • Lun-jeu 11h-18h, ven-sam 11h-14h. Fermé dim. Art contemporain israélien et international.

■ ***Galerie Dvir*** (zoom, F6, **163**) : 3, HaMelech St. ☎ 604-30-03. • dvirgallery.com • Mar-sam 10h-14h. Fermé dim-lun. L'une des galeries les plus importantes de Tel-Aviv. Sur 5 étages, expos d'art contemporain, notamment d'artistes israéliens travaillant exclusivement pour la galerie.

Près de Rothschild et à Neve Tsedek

■ ***Galerie Noga*** (zoom, G5, **166**) : 60, rehov Ahad Ha'Am. ☎ 566-01-23. • nogagallery.com • Mer-jeu 12h-18h, ven-sam 11h-14h ; les autres jours sur rdv. Art (très !) contemporain. Pas mal de choix de livres et catalogues.

■ ***Galerie Chelouche*** (plan II, F5, **168**) : 7, rehov Mazeh. ☎ 620-00-68. • chelouchegallery.com • Lun-jeu 11h-19h, ven 10h-14h, sam 11h-14h. Fermé dim. Au 1er étage d'un café littéraire très sympa.

Au sud de Tel-Aviv – Holon

Design Museum Holon (musée du Design) : 8, rehov Pinhas Eilon, 5845400 Holon (entrée par rehov Orna Porat). 073-215-15-00. • dmh.org.il • Bus nos 3, 71, 89 depuis Tel-Aviv centre ; compter 30 mn de trajet. Mar 11h-18h, mer-jeu 10h-16h, ven 10h-14h, sam 10h-18h. Fermé dim-lun et parfois lors de la préparation de nouvelles expos. Entrée : 35 Shk ; réduc. Salué par la critique, ce musée (le 1er en Israël) est l'œuvre du designer Ron Arad. Le bâtiment en rubans d'acier est conçu comme une sculpture en ellipse. Dans un intérieur offrant des volumes d'une incroyable luminosité sont exposés des articles ménagers, ustensiles de la vie de tous les jours, meubles, chaussures, bijoux, ainsi que des créations dans le domaine du textile. Tout ça produit en grande quantité ou en série limitée. Une collection sans cesse renouvelée qui permet de voir évoluer les tendances. Allez-y avec vos enfants, car Holon est aussi un parc d'attractions.

ISRAËL

Les plages

De l'ancien port de Tel-Aviv, au nord de la ville, jusqu'aux portes de Jaffa, au sud, s'étirent près de 5 km de littoral bordé d'une longue promenade et de plages aménagées : douches et toilettes gratuites, casiers, espaces de jeux pour enfants, plages surveillées en saison, restos (qui offrent tous l'incontournable pastèque découpée-féta) et wifi gratuit. Voici le package de base ! Certaines proposent aussi des cours et location de matériel nautique, un terrain de volley, des livres à emprunter...
Le sable y est blanc et très fin. Si vous choisissez de vous allonger sur un transat surgira inévitablement un préposé qui vous demandera près de 15 Shk (petit supplément si vous utilisez un parasol). Pour étaler la serviette sur le sable, c'est gratuit. Pour les routardes seules, pas de problème : la drague peut être parfois lourde, mais pas méchante. À chaque plage son ambiance, sa population.
Attention aux méduses en été.

La plage ***Frishman*** *(plan I, A3)*, en face de l'ambassade de France, est très fréquentée par Français et Italiens. En été, il arrive même que le maître-nageur vous hèle dans la langue de Molière !

Plus au nord, peu après le *Hilton*, d'autres plages agréables. Une curiosité au passage : la plage des religieux ***(Nordau Beach*** *; plan I, A2)*, entourée de palissades, est réservée alternativement aux femmes et aux enfants, puis aux hommes selon les jours de la semaine. Juste avant (en venant du sud), un bout de plage est réservé aux toutous, qui n'ont pas le droit de batifoler sur les autres plages en été. Juste avant encore (sous le *Hilton*), la plage gay est à une portée de regard de celle des religieux. Ouf, les palissades sont là : l'honneur est sauf (on rigole) !

Au sud, juste à côté du Dolphinarium, l'***Aviv Beach*** *(plan II, E5)*. L'endroit est le rendez-vous des jeunes avec leurs percussions. L'été, on danse jusque tard dans la nuit. Plus bas, en allant vers Jaffa, sur la pelouse qui s'étale en bord de mer, c'est le rendez-vous du vendredi pour les familles musulmanes. Elles déboulent ici avec leurs barbecues et leurs couvertures bariolées pour des pique-niques endiablés, tandis que les garçons, toutes portes de leurs voitures ouvertes, arrosent l'assemblée de décibels.

Enfin, si l'on préfère avoir un peu plus d'espace (et de calme), et si l'on dispose d'une voiture, le mieux est de filer sur la plage de ***Sde Dov*** *(hors plan d'ensemble)*, l'aéroport des lignes intérieures. On voit les avions mais on les entend peu, et il y a moins de monde.

JAFFA (YAFO)

Avec son promontoire qui domine la mer, Jaffa semble embrasser Tel-Aviv de son regard bienveillant. Voilà 2 entités qui se côtoient, se tutoient au quotidien, à la fois si proches et si lointaines. C'est ici, au sud de Tel-Aviv, que tout a commencé. D'après les fouilles, le peuplement remonterait à plus de 4 000 ans, ce qui en fait l'un des plus vieux ports du monde. Mais ce n'est qu'au début du XXe s que des habitants quittèrent la ville pour établir le 1er quartier de Tel-Aviv, l'actuel Neve Tsedek.
Aujourd'hui, les choses se sont inversées. Jaffa, qui signifie « belle » en hébreu, est désormais un vaste faubourg de Tel-Aviv, aux multiples facettes. Juifs et Arabes y vivent dans une atmosphère apaisée comme nous le montre la réalisatrice Hilla Medalia dans son film *Dancing in Jaffa*, sorti en 2014, où l'on voit des enfants israéliens et palestiniens danser ensemble. Au-dessus du port s'élève le vieux Jaffa, un lacis de ruelles bordées d'anciennes demeures ottomanes, genre palais des Grimaldi à Monaco, et dans lesquelles résident les riches Israéliens qui les ont

réhabilitées. Plus au sud, c'est la partie nettement plus déglinguée, celle où vivent les Arabes israéliens. Sans oublier le marché aux puces, point de ralliement des oiseaux de nuit en partance et des « bruncheurs » du samedi matin.
Mais force est de constater que Jaffa a en partie perdu son âme devant l'appétit des promoteurs. En témoigne le récent *Setai Hotel,* 5 étoiles et 120 chambres au compteur, aménagé dans la partie la plus authentique des remparts : une forteresse édifiée par les Croisés puis occupée par les Ottomans, qui fut un temps une prison (dans laquelle le criminel de guerre nazi Eichmann fut secrètement pendu en 1962). La vieille ville de Jaffa, devenue branchée, s'est muée en ville-musée, et c'est bien dommage.

Un peu d'histoire

L'histoire de Jaffa remonte à la nuit des temps. Pendant près de 6 siècles, elle reste sous la domination égyptienne, avant de connaître une série d'invasions. Selon la Bible, c'est de là que Jonas aurait pris la fuite sur un bateau après avoir désobéi à Dieu. Le Tout-Puissant entra alors dans une grosse colère en déchaînant la mer, et Jonas se fit avaler par une baleine qui le garda 3 jours dans son gros ventre, avant de le recracher sur la plage.
Au Ier s av. J.-C., la cité est administrée par les Romains et l'empereur Marc-Antoine en fait don à Cléopâtre. Plus tard, elle passe sous le joug de l'Empire byzantin avant l'arrivée des Arabes au VIIe s. Lorsque les croisés y débarquent en 1099, ils en font le port de Jérusalem, vocation qu'elle gardera pendant plusieurs siècles. Au XVIIIe s, sous l'Empire ottoman, Jaffa connaît une période calme et prospère, jusqu'à l'arrivée, en 1799, d'un certain Napoléon Bonaparte qui la saccagera en partie.
En 1906, des Juifs quittent Jaffa, alors surpeuplée, pour fonder un faubourg résidentiel : Tel-Aviv. Dans les années 1930, la ville est le siège de révoltes et de grèves contre le mandat britannique, mouvements qui se solderont par la destruction de plusieurs quartiers. En 1947, l'ONU préconise que Jaffa soit une enclave du futur État arabe palestinien. Mais, en avril 1948, la cité est prise par la Haganah et l'Irgoun. Une grande partie de la population arabe quitte la ville, chassée par les combats, pour trouver refuge dans les zones tenues par les forces arabes. Jaffa restera israélienne. Depuis avril 1950, Jaffa et Tel-Aviv ne forment plus qu'une seule municipalité.
Aujourd'hui Jaffa est un lieu de balade très prisé des Tel-Aviviens le samedi (même si le souk est fermé ce jour-là), et le quartier fait le plein dès la fin de la matinée !

QUAND BONAPARTE FAIT SA PROMO

En 1799, les troupes de Napoléon saccagèrent une partie de Jaffa et massacrèrent plusieurs milliers de prisonniers turcs. Dans la foulée, une épidémie de peste décima l'armée française. Bonaparte passa alors une commande au peintre Antoine-Jean Gros, qui réalisa le célèbre tableau Les Pestiférés de Jaffa, *montrant le général touchant des pestiférés. Son courage fut glorifié ! Ce tableau (aujourd'hui exposé au Louvre) a participé à sa légende, alors que la réalité semble nettement moins glorieuse : le « généreux » Bonaparte aurait suggéré de tuer les malades !*

Arriver – Quitter

En bus : attention, gardez en tête que les bus ne fonctionnent pas pendant le shabbat. Bus n° 10 (à Tel-Aviv, se prend le long de la rue Ben Gourion et de l'av. Ben Yehuda ; arrêt près de la tour de l'Horloge à Jaffa) ; nos 25 et 125 (le long des av. Iben Gabirol et King George ; arrêt sur Jerusalem Blvd, à 300 m env de la tour de l'Horloge) ; nos 41 ou 83 de la *tahana* *mercazit* (*Central Bus Station* ; arrêt sur Jerusalem Blvd).

– ***À pied ou à vélo :*** balade agréable en longeant le bord de mer (une grande partie a été aménagée en piste cyclable). Compter env 45 mn-1h de marche depuis le centre de Tel-Aviv.

– ***En taxi :*** compter 30-40 Shk, hors shabbat.

Adresse et info utiles

Office de tourisme *(plan Jaffa, B1)* **:** *2, rehov Marzuk Ve-Azar. ☎ 516-61-88. À 100 m de la tour de l'Horloge. Avr-oct, dim-jeu 9h30-18h30 (17h30 le reste de l'année), ven-sam 9h30-17h30 tte l'année.* Nombreux documents. Propose 2 visites guidées gratuites *(tlj à 11h et 14h, quelle que soit la saison).* Sinon, un audiotour possible (dont une version pour les familles), avec support papier très complet.

– ***Toilettes publiques :*** *près de la Clock Tower (plan Jaffa, B1) et près d'Ilana Goor Museum & Gallery (plan Jaffa, A2).*

Où dormir ?

Old Jaffa Hostel *(plan Jaffa, B1-2,* ***59****)* **:** *13, rehov Ami'ad. ☎ 682-23-70. • telaviv-hostel.com • De la tour de l'Horloge, suivre la rue Yefet, puis 1re à gauche ; c'est à 100 m sur la droite. Min 18 ans. Doubles sans ou avec sdb et clim 340-600 Shk ; petit déj inclus. Dortoirs, non mixtes, 8-9 lits (non loués en période Covid). En été, possibilité de dormir sur la terrasse.* À l'entrée du marché aux puces, une auberge de jeunesse aménagée dans une bâtisse datant des années 1940. Côté déco : vieux bibelots et tapis (pas idéal pour l'hygiène). Côté chambres : bien la choisir, car celles qui donnent sur le marché sont bruyantes. Les espaces communs sont agréables, avec leur grande hauteur sous plafond et la multitude de petits coins pour s'isoler et bouquiner, notamment les différents espaces aménagés sur le toit. En parlant de toit, on y prend son petit déj. Mais l'ensemble manque clairement d'entretien. Cuisine à disposition, laverie.

Market House Hotel *(plan Jaffa, B1,* ***60****)* **:** *5, Beit HaEshel. ☎ 797-40-00 ou 542-55-55 (résas). • atlas.co.il • Doubles standard 290-330 Shk ; petit déj en sus.* Bâtiment d'angle construit sur les ruines d'une église byzantine, qui offre un bien bel espace réception-petit déjeuner, baigné de lumière et plein de cachet, surplombé par un salon en mezzanine. L'hôtel donne sur une petite zone piétonne. Ici, tout est fait pour raviver chez les résidents le sentiment de la Jaffa millénaire : vieilles photos, livres d'art à dispo, déco alliant à la fois design et authenticité. Les chambres évidemment sont au diapason : lit *king size*, certaines avec petite terrasse ouverte sur la mer. Rafraîchissements gratuits. Piano. Location de vélos.

Où manger ?

Bon marché (moins de 50 Shk / 12,50 €)

Boulangerie-pâtisserie Abou Elafia *(plan Jaffa, B1,* ***98****)* **:** *7, rehov Yefet. ☎ 681-23-40. Tlj, 24h/24. À emporter seulement.* Une boulangerie-pâtisserie, où l'on se bouscule à toute heure de la journée. On y fait les meilleures pitas du pays, des pains au sésame, à l'oignon, au fromage et de petites pizzas orientales. Tout est cuit au feu de bois. Une institution à Jaffa.

Ali Karavan *(plan Jaffa, A2,* ***99****)* **:** *1, rehov HaDolphin (repérez l'auvent vert). ☎ 682-03-87. Tlj sauf sam jusqu'au dernier houmous (vers 15h env)...* Un petit resto-cantine, un peu excentré, mais réputé préparer l'un des meilleurs houmous de la ville !

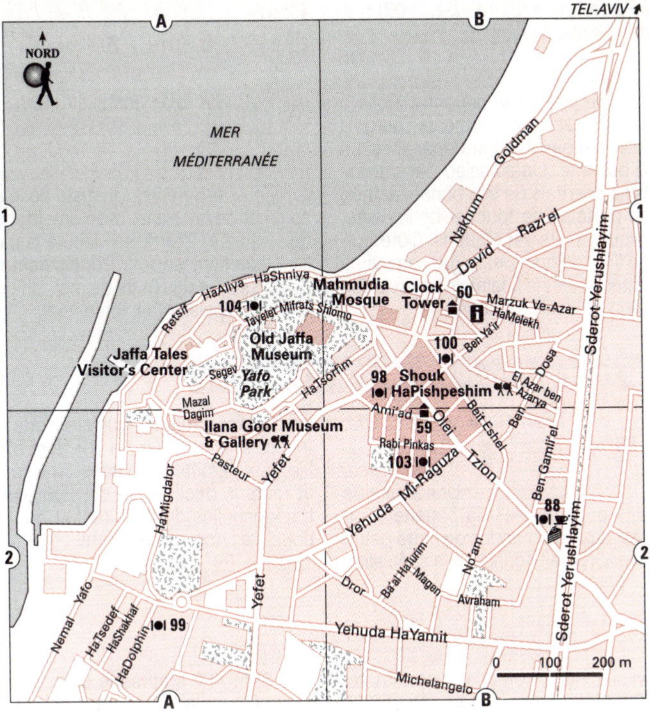

Adresse utile	**99** Ali Karavan (A2)
Office de tourisme (B1)	**100** Dr Shakshuka (B1)
Où dormir ?	**103** Puaa (B2)
59 Old Jaffa Hostel (B1-2)	**104** Aladin (A1)
60 Market House Hotel (B1)	**Où manger une bonne pâtisserie ?**
Où manger ?	**88** Leon Bakery (B2)
98 Boulangerie-pâtisserie Abou Elafia (B1)	

Prix moyens (50-100 Shk / 12,50-25 €)

***Dr Shakshuka** (plan Jaffa, B1, 100) :* *3, Beit Eshel. ☎ 682-28-42. De la tour de l'Horloge, prendre la rue Beit Eshel, c'est 20 m plus loin. Dim-jeu 8h-minuit ; fermé pdt shabbat.* En limite du marché aux puces, un restaurant libyen typique et touristique, avec de lourdes tables en bois, vieille pierre apparente à l'intérieur et des chaudrons suspendus. Grosse animation en salle comme sur la petite place couverte (à l'abri de la chaleur !) à laquelle on accède par un porche ; on s'installe alors sur des tables figurant toutes, en très gros plan, la photo du proprio... La spécialité de la maison, c'est la *shakshuka* (œufs cuits dans une sauce à la tomate), sans oublier le couscous. Vérifier votre commande.

ISRAËL

Puaa (plan Jaffa, B2, **103**) : 8, rehov Rabbi Yohanan (angle), au marché aux puces. ☎ 682-38-21. Dim-jeu 9h-minuit, ven 9h-18h. Fermé sam. Dans une petite rue piétonne, *Puaa* a investi une ancienne demeure : pergola fleurie, déco vintage et dépareillée, un peu bohème. On s'assied devant une cuisine orientale de très bonne facture, avec parfois une touche d'originalité. Quelques plats végétariens. Côté épicerie fine, de quoi prolonger votre virée méditerranéenne à la maison. Très bon rapport qualité-prix-cadre.

Chic (120-220 Shk / 30-55 €)

Aladin (plan Jaffa, A1, **104**) : 5, rehov Mifrats Shlomo. ☎ 682-67-66. De la tour de l'Horloge, prendre la rue qui monte vers la pl. Kedumim en longeant la mer. Tlj 11h-minuit. Un resto posé au sommet de la colline, avec une grande baie vitrée et 2 terrasses face à la mer. Emplacement super ! Principalement du poisson et des fruits de mer. Un peu chérot, on paie la vue, forcément...

Où manger une bonne pâtisserie ?

Leon Bakery (plan Jaffa, B2, **88**) : 17, Oley Zion Str. ☎ 683-31-23. Tlj 9h-19h (17h sam). Fermé dim. Sur place ou à emporter. Une affaire de famille puisque c'est la 3e génération qui est aux commandes de cette petite escale. On y fait honneur à la spécialité, les *burekas*, d'origine bulgare, sorte de friands à la croustillante et légère pâte filo, aux garnitures sucrées ou salées, et toute la déclinaison de pâtisseries traditionnelles dont on ne fait qu'une bouchée ! Accueil charmant.

ISRAËL

À voir

La vieille ville ottomane, reconstruite au début du XIXe s après le passage de Bonaparte, a beaucoup souffert en 1948. Elle a été restaurée et transformée en véritable musée à ciel ouvert avec galeries d'art, boutiques, restaurants... C'est très touristique. À voir, la ***Clock Tower*** (plan Jaffa, B1), l'ancienne tour ottomane, le ***Old Jaffa Museum*** (plan Jaffa, A-B1), où se tiennent régulièrement des expos temporaires (jeu et sam 10h-16h, ven 10h-14h ; entrée : 35 Shk). Pour une petite pause, le ***Yafo Park*** (plan Jaffa, A1), situé au-dessus de la place, avec, à son sommet, la *statue de la Foi*, une grande arche blanche qui représente le rêve de Jacob, le sacrifice d'Isaac et la conquête de Jéricho. La tradition veut que les jeunes mariés viennent poser devant.

➢ ***Visite guidée de Jaffa en anglais*** : tte l'année, tlj à 11h et 14h. Compter 2h. Départ devant la tour de l'Horloge (*plan Jaffa, B1* ; repérer la personne en tee-shirt rouge). Gratuit mais... généreux pourboire attendu (autour de 50 Shk par personne).

Le shouk HaPishpeshim (plan Jaffa, B1-2) : entre les rues Beit Eshel et Olei Tzion. Tlj sauf sam 9h30-17h30 (ven, fermeture env 2h avt la tombée de la nuit). Dans un quartier ancien s'étend le marché aux puces le plus célèbre de Tel-Aviv. On y trouve vraiment de tout. Marchander n'est pas seulement conseillé, c'est obligatoire ! On y découvre de vrais artisans : ébénistes, chaudronniers, dinandiers, etc. Très vivant !

Ilana Goor Museum & Gallery (musée et galerie Ilana Goor ; plan Jaffa, A2) : 4, rehov Mazal Dagim. ☎ 683-76-76. • ilanagoormuseum.org • Tlj 10h-16h (14h veilles de fêtes, 17h sam et j. fériés). Entrée : 30 Shk ; réduc. Dépliant en français. Dans cette superbe et ancienne auberge de pèlerins, qui est aussi sa demeure, Ilana Goor a aménagé un véritable musée d'art contemporain. Artiste protéiforme et autodidacte, elle y expose ses propres œuvres ; principalement des

sculptures, mais aussi du mobilier, des luminaires ou des bijoux, ainsi que celles d'artistes qu'elle a elle-même sélectionnés, ce qui donne un caractère très personnel à l'ensemble de la collection. Parmi les pièces remarquables, on retiendra *Les Hybrids* dans l'atrium (une série de sculptures en métal), une collection de 15 sièges dans la salle du mobilier, la sculpture monumentale *Le Seigneur des mouches* de Jacob Dorchin (1995), le couloir des statuettes et les créations selon le procédé *ready-made.* Dans le réfectoire des moines, noter le grand tableau des poupées du Pérou. La poupée accrochée en dehors du cadre représente l'artiste telle qu'elle se définit, c'est-à-dire en marge.
Admirer l'architecture et le raffinement de l'intérieur. Petit salon de lecture intime ; et, partout, des photos de l'artiste en compagnie de célébrités. Cuisine magnifique (lever les yeux au plafond), terrasse avec son jardin de sculptures et sa remarquable vue sur le port de Jaffa et la mer ; on peut même y déballer son pique-nique !

LA CÔTE MÉDITERRANÉENNE

• Carte La côte méditerranéenne et la Galilée *p. 148-149*

NETANYA

env 210 000 hab. IND. TÉL. : 09

• Plan *p. 151*

À 35 km environ au nord de Tel-Aviv, Netanya est une grosse station balnéaire à l'atmosphère familiale et très fréquentée en saison. Il faut dire qu'avec ses 10 km de plage au pied d'une haute falaise et ses 8 mois de belle saison l'endroit bénéficie d'une situation privilégiée. En revanche, la ville n'a pas de charme particulier, hormis sa longue promenade en front de mer. Beaucoup de francophones d'Afrique du Nord se sont installés ici, et une importante communauté de retraités français y a élu domicile pour profiter du climat clément. Surplombant la plage, petit auditorium où se tiennent des concerts en plein air.

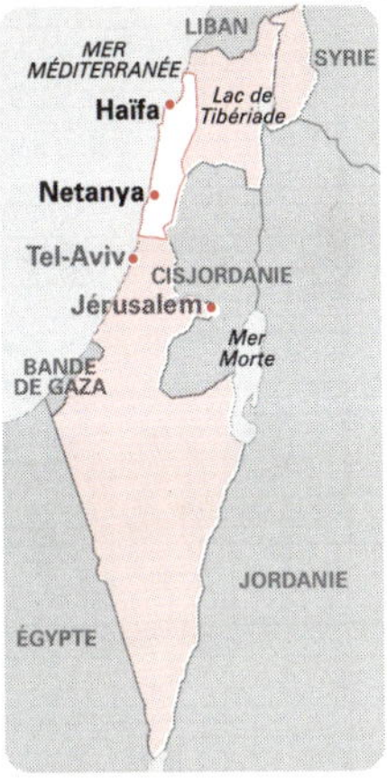

Arriver – Quitter

En bus

Gare routière (*tahana mercazit ; Central Bus Station ; plan B2*) **:** 3, sderot Binyamin. ☎ 694-88-88. Bus *Egged* (☎ *2800 ; • egged.co.il •) et *Metropoline* (☎ *5900 ; • metropoline.com •). Liaisons avec :

➢ **Tel-Aviv :** bus *Metropoline* nº 605, ttes les 15 mn, 5h30-minuit et

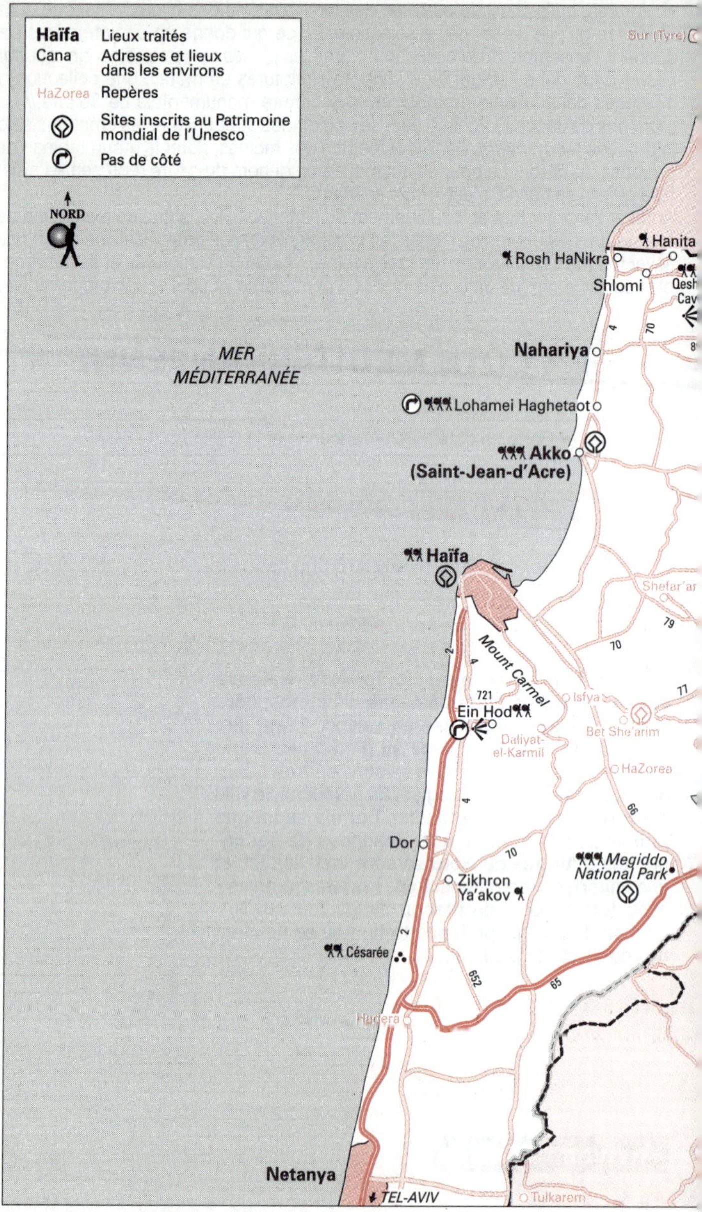
Haïfa Lieux traités
Cana Adresses et lieux dans les environs
HaZorea Repères
Sites inscrits au Patrimoine mondial de l'Unesco
Pas de côté
NORD
MER MÉDITERRANÉE
Sur (Tyre)
Hanita
Rosh HaNikra
Shlomi
Nahariya
Lohamei Haghetaot
Akko (Saint-Jean-d'Acre)
Haïfa
Shefar'am
Mount Carmel
Isfya
Bet She'arim
Ein Hod
Daliyat-el-Karmil
HaZorea
Dor
Zikhron Ya'akov
Megiddo National Park
Césarée
Hadera
Netanya
TEL-AVIV
Tulkarem
4
70
2
721
79
77
66
652
65

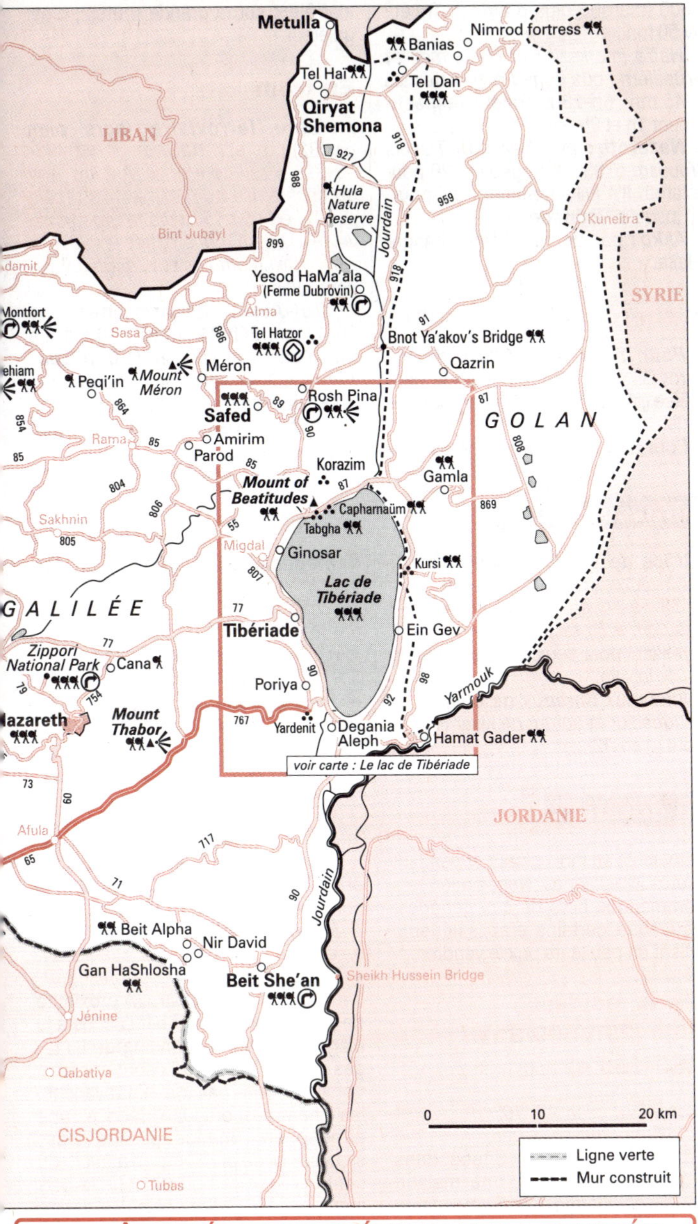

LA CÔTE MÉDITERRANÉENNE ET LA GALILÉE

nº 600 (marque plus d'arrêts). Trajet : env 50 mn.

➢ ***Haïfa** (merkazit Hof HaCarmel)* ***et Jérusalem :*** bus *Egged* nº 947 ttes les 25-45 mn, 6h-23h. Trajet : respectivement 1h et 2h env.

➢ ***Nazareth :*** bus *Nazareth Travels & Tourism* nº 833 et *Egged* nº 826 pour Nazareth Illit (ville nouvelle), qui poursuit jusqu'à ***Tibériade.***

➢ ***Akko :*** pas de bus direct, changer à Haïfa.

En *sherout* (taxi collectif)

➢ ***Pour Tel-Aviv :*** départs depuis sderot Binyamin, juste devant la gare routière *(plan B2).* Un peu plus cher que le bus.

➢ ***Pour Haïfa :*** oubliez les *sherouts* (ils s'arrêtent sur la grande route 2, c'est galère !).

En train

Gare ferroviaire *(hors plan par B2) :* *derech HaRakevet. ☎ 693-79-79. • rail.co.il/en • À 2 km env du centre-ville que relie le bus urbain nº 14. Le bus nº 50 relie la gare ferroviaire à la gare routière, ttes les 30 mn ; sinon, taxi (compter env 25 Shk).* Liaisons avec :

➢ ***Tel-Aviv :*** départs ttes les 30-40 mn, 24h/24. Trajet : 30 mn. Le train passe par l'***aéroport Ben Gourion*** (c'est le moyen le plus pratique pour rejoindre l'aéroport, sinon taxi).

➢ ***Haïfa :*** départs ttes les 30-50 mn. Trajet : 50 mn.

ISRAËL

Adresses utiles

Office de tourisme *(plan A2) : 1, kikar HaAtzmaout (kiosque côté mer). ☎ 882-72-86 ou 860-33-24. • gone tanya.com • Tlj sauf ven-sam 8h-16h.* Intéressant pour ceux qui cherchent un plan de la ville.

Nombreux ***bureaux de change*** et ***banques*** sur et autour de kikar HaAtzmaout *(plan A2).*

Médecin généraliste *(plan B2,* ***1****) : Dr Thierry Guedj (clinique Clalit), 13, rehov Remez (5e étage). ☎ 887-65-55. • clalit-global.co.il • Ouv dim, mar et jeu 8h-13h, 16h-19h ; mer et ven 8h-12h. Fermé sam.*

Superpharm *(plan B2,* ***2****) : à l'angle des rues David Remez et Smilanski. Tlj sauf sam 7h30-23h (17h30 ven).*

Où dormir ?

Prix majorés au mois d'août et pendant les fêtes israéliennes. Négociation très recommandée hors de ces périodes. À noter que certains établissements gonflent un peu leurs prix le vendredi.

De prix moyens à chic (250-600 Shk / 62,50-150 €)

Hotel Orit *(plan A3,* ***10****) : 21, sderot Chen. ☎ 861-68-18. • hotelorit.com • Doubles 280-370 Shk.* Située dans un quartier résidentiel, une maison entourée d'un jardin dont l'atmosphère paisible évoque plus la maison d'hôtes que l'hôtel. Les souriants propriétaires sont suédois. Une dizaine de chambres confortables, lumineuses, qui sentent le propre, dotées d'un balcon (sauf 2) et de touches de déco soignée. Une adresse où l'on se sent vraiment bien.

Margoa Hotel *(plan A2,* ***12****) : 9, rehov Gad Machnes. ☎ 862-44-34. • hotelmargoa.co.il • Doubles 350-500 Shk, petit déj inclus.* À proximité de l'ascenseur qui permet l'accès à la plage, un hôtel de standing de 6 étages et dont le hall, à l'esprit contemporain, en jette pas mal. En revanche, les chambres ont une déco et une atmosphère beaucoup plus classiques. Pas de problème en matière de confort. Si votre budget vous le permet, pour 100 Shk de plus, les *deluxe* situées au dernier étage disposent chacune d'une grande terrasse privée avec vue sur la mer. Accueil souvent francophone.

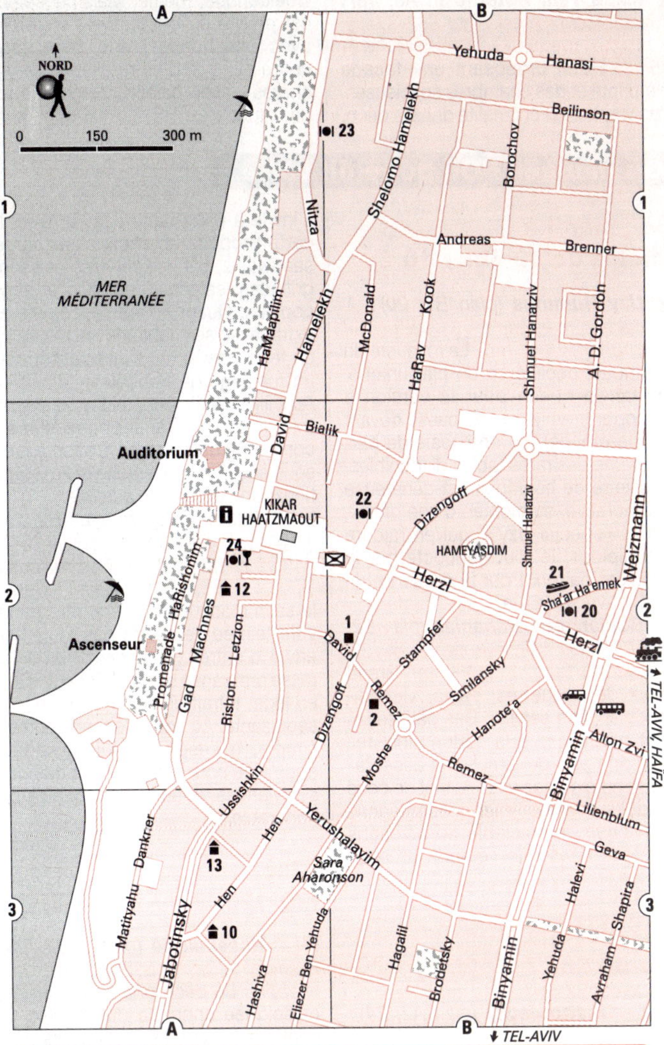

NETANYA

Adresses utiles

- Office de tourisme (A2)
- *Sherouts* pour Tel-Aviv (B2)
- 1 Médecin généraliste (B2)
- 2 Superpharm (B2)

Où dormir ?

- 10 Hotel Orit (A3)
- 12 Margoa Hotel (A2)
- 13 Mizpe Yam Hotel (A3)

Où manger ?
Où boire un verre ?

- 20 Uzy Hummus (B2)
- 21 Boulangerie Hananiah (B2)
- 22 Pundak Hayam (B2)
- 23 Rosemarine (A-B1)
- 24 Bistro Jacky (A2)

Mizpe Yam Hotel *(plan A3,* ***13****) : 1, rehov Jabotinsky.* ☎ *862-37-30.* • *mizpe-yam.co.il* • *Doubles 110-150 $.* Hôtel proposant une façade pimpante et des chambres spacieuses. Pas vraiment d'originalité dans la déco. Quelconque, même. Mais l'ensemble est propre et fonctionnel : chambres avec une bonne literie, clim, frigo, coffre et TV (2 d'entre elles – les plus chères – avec balcon). Reçoit parfois des groupes.

Où manger ? Où boire un verre ?

Bon marché (moins de 40 Shk / 10 €)

Uzy Hummus *(plan B2,* ***20****) : 2, Sha'ar ha-Emek.* ☎ *861-61-82. Tlj sauf sam 10h-18h (14h ven).* Le royaume du houmous, décliné en un plat unique. On fait la queue pour la version à emporter (tout le monde passe devant tout le monde), ou on essaie de partager une des rares tables disponibles. L'assiette de houmous est généreuse et roborative, surmontée d'une préparation « special Uzy », qui en rajoute côté lipides, le tout concocté par le truculent patron. Pour le dessert et le café, traverser la rue...

Boulangerie Hananiah *(plan B2,* ***21****) : 1, Sha'ar ha-Emek.* ☎ *973-87-33. Tlj sauf sam 6h-21h (15h ven).* Grand choix de baguettes, pains, viennoiseries en libre service. Des pâtisseries sont proposées à la coupe : insistez pour une part de dimension acceptable, la note grimpe vite ! Autant de bons produits à consommer accompagnés d'un choix appréciable de boissons chaudes dans une véranda dressée sur rue.

Prix moyens (40-80 Shk / 10-20 €)

Bistro Jacky *(plan A2,* ***24****) : 2, rehov Ussishkin.* ☎ *834-45-59. Tlj sauf ven soir et sam midi.* Un genre de bistrot à la française avec un agréable petit accent pied-noir : couscous (royal !) le mardi, *loubia* le jeudi, sans compter la *kémia* conséquente qui s'invite à votre table dès l'arrivée. La carte propose un choix assez large : sandwichs, pâtes, *schnitzel,* poissons, grillades, salade. C'est bon et super copieux. Quant à l'ambiance, elle est extra, avec ses habitués ancrés au bar en fer à cheval qui s'interpellent dans un mélange de français et d'hébreu. Au milieu de l'arène, Jacky, le sympathique patron francophone s'active comme un diable, avec le sourire facile sous sa petite moustache et l'œil facétieux. Une excellente adresse.

Pundak Hayam *(plan B2,* ***22****) : 1, rehov HaRav Kook.* ☎ *834-12-22. À 10 m en retrait de la pl. HaAtzmaout. Tlj sauf shabbat, jusqu'à 23h30.* Certes, la salle masquée derrière une grande vitre teintée ne donne pas forcément envie d'entrer... En revanche, la terrasse ombragée sur une placette située en léger retrait de l'animation est plus séduisante. Au final, c'est une adresse simple, à l'esprit populaire, autant appréciée pour ses poissons que pour ses viandes, et au rapport qualité-prix honorable.

Chic (80-120 Shk / 20-30 €)

Rosemarine *(plan A-B1,* ***23****) : 8, sderot Nitza.* ☎ *832-33-22. Tlj sauf shabbat.* La déco à la fois classique et soignée annonce du sérieux. On confirme ! C'est même l'un des meilleurs restos de poisson de la ville. Plaisante terrasse au bord de la rue, face à la promenade verdoyante qui surplombe le large. Accueil agréable et prix raisonnables.

À faire

– **Baignade :** c'est l'activité principale à Netanya ! En été, son littoral compte une dizaine de plages surveillées. À noter qu'au niveau de la promenade HaRishonim *(plan A2),* un ascenseur gratuit permet de rejoindre la plage située au pied de la falaise, sans se fatiguer ! Transats et parasols en location (compter respectivement 20 et 10 Shk). Douches, quelques restos et bars de plages.

– ***Balades à cheval :*** agréable le long de la plage.

– ***Parapente : Point of View,*** *052-525-75-41.* • *fly-pov.co.il* • Vols et cours.

CÉSARÉE (CAESAREA)

IND. TÉL. : 04

À 25 km au nord de Netanya et à 40 km au sud de Haïfa, Césarée est l'ancienne capitale administrative des Romains en Judée. Elle fut fondée au Ier s av. J.-C. par le roi Hérode, en lieu et place d'un ancien comptoir phénicien. Hérode la baptisa Caesarea en l'honneur d'Auguste César, fils adoptif de Jules César. Ce fut un port très actif et une oasis très fertile. Césarée connut des heures tragiques lorsque des milliers de Juifs y furent exécutés suite à leur révolte contre l'occupation romaine. Plus tard, la ville sera prise par les Arabes, les croisés, les mamelouks et les Ottomans, avant de disparaître sous le sable et de sombrer dans l'oubli. C'est un lieu chargé d'histoire et émouvant, même si une partie des ruines ont été transformées en galeries marchandes avec restos et boutiques de souvenirs, et que l'ancien port romain repose sous les eaux.

LE SACRÉ GRAAL POUR LES NULS

Lorsque les croisés s'emparèrent de Césarée au début du XIIe s, ils mirent la main sur un butin recelant une coupe, le Saint-Graal, qui aurait contenu le sang du Christ. Himmler, éleveur de poulets et fou d'ésotérisme, envoya des nazis au monastère de Montserrat à Barcelone pour le récupérer. Ce vase sacré lui aurait permis de gagner la guerre ! Dans Indiana Jones et la dernière croisade, *Spielberg raconte cette aventure authentique avec des nazis allumés.*

Comment y aller ?

Assez compliqué pour ceux qui ne sont pas motorisés : les bus *Egged* circulant entre Haïfa et Tel-Aviv s'arrêtent à *Or Akiva Interchange,* à 4 km env du site, sur la route 2. Sinon, bus *Kavim* nº 710 depuis Netanya jusqu'à l'arrêt *Haroshet Junction,* de là bus nº 76 (peu fréquent). Dernier recours, faire de l'auto-stop, en précisant bien que vous désirez vous rendre aux ruines (qui sont à 1 km de la ville).

Où dormir ? Où manger dans le coin ?

Merkaz Yami : *juste au sud du kibboutz* ***Sdot Yam.*** *636-46-09.* • *merkazyami.co.il* • *Depuis l'entrée sud du site archéologique, suivre sur 4 km la route qui contourne le kibboutz ; tourner ensuite à droite (signalétique en hébreu marquée d'une grande ancre marine couchée). Doubles avec sdb et clim env 600 Shk, petit déj inclus. ½ pens possible.* Il s'agit de l'hôtel d'un centre nautique, posé entre le kibboutz Sdot Yam et une moche centrale électrique. Chambres rénovées pour la plupart. La proximité de la plage est son principal atout. Et cela se sait : l'établissement est souvent complet les vendredi et samedi. Bar-resto sur place.

Les restos de la citadelle des croisés : *dans l'enceinte du site (par l'entrée nord) ; en journée, il faut payer le droit d'entrée au site ou bien 14 Shk pour accéder seulement à la partie occupée par les restos (accès gratuit à partir de 18h). Tlj, midi et soir.* Plusieurs restos avec terrasses se sont installés au sein d'anciens bâtiments de pierre restaurés, au bord du port. Sandwichs, salades ou plats plus cuisinés. Tout à fait correct et prix raisonnables.

À voir

Le site *(Caesarea Harbor National Park)* **:** ☎ *626-70-80. Il existe 2 entrées distantes de 300 m env : l'entrée nord au niveau de la citadelle des croisés, et celle située au sud du site, à proximité du théâtre romain. Tlj 8h-18h mai-août ; jusqu'à 17h en sept-oct ; 16h nov-avr ; 16h ts les ven et veilles de fêtes (15h nov-avr).* **Fermeture des caisses 1h avt.** *Entrée : env 40 Shk ; réduc. Baignade interdite sur le site.*

– **La citadelle des croisés :** c'est en quelque sorte un melting-pot de toutes les civilisations qui se sont succédé. Elle est délimitée par des ***fortifications*** édifiées au XIIIe s par Saint Louis qui s'empara de la ville et renforça ses défenses. Vestiges de ***maisons byzantines*** et de ***greniers arabes, entrepôts romains*** avec magasins voûtés, sans oublier les quelques restos et magasins de souvenirs dans des bâtiments restaurés... L'ancien ***port romain*** est totalement immergé. La ***jetée*** actuelle a été construite bien plus tard. Grimper sur la ***poterne*** (porte principale de la cité des croisés) pour prendre de la hauteur et apercevoir les douves, les restes de ***l'hippodrome*** et ***l'amphithéâtre***. Un espace muséographique *(Time Trek Audio Visual Display)* présente des films sur Césarée (projections en français) et une salle avec les principaux personnages historiques du site qui apparaissent en hologramme.

– **L'hippodrome et l'amphithéâtre :** *depuis la citadelle des croisés, accès par la poterne ou accès direct depuis l'entrée sud du site.* L'ancien hippodrome, plutôt bien conservé, s'étire le long du rivage. Le contraste entre cette longue esplanade dénudée, le bleu intense de la Méditerranée et les tours de la centrale électrique qui s'élèvent au loin crée une perspective et une atmosphère tout à fait particulières. Au bout de l'hippodrome, sur une langue de terre qui s'avance dans la mer, sommeillent les vestiges du ***palais du roi Hérode*** *(The Reef Palace).* À l'entrée du palais, une stèle romaine porte le nom de Ponce Pilate. Dans un bâtiment récent, projection d'un petit film de 10 mn environ sur l'histoire de Césarée, depuis le roi Hérode jusqu'à nos jours (projection en français sur demande). À deux pas se dresse l'amphithéâtre romain entièrement reconstitué. Ce fut l'un des plus beaux d'Orient. On y donne des spectacles de mai à octobre.

DANS LES ENVIRONS DE CÉSARÉE

Archeological Museum *(Musée archéologique)* **:** *dans le kibboutz de* ***Sdot Yam.*** ☎ *636-43-67.* • *caesareamuseum.com* • *Depuis l'entrée nord du kibboutz (à 200 m de la porte sud du site), garer la voiture à proximité de la plage puis suivre la rue côtière à pied sur 500 m vers le sud (c'est alors fléché à gauche). Depuis l'entrée sud du kibboutz, à la barrière, appeler le « musée », on vous ouvre à distance. Tlj sauf ven-sam 10h-16h. Entrée : 19 Shk ; réduc.* Expose les pièces archéologiques découvertes lors de la construction du kibboutz. Elles sont datées des époques hellénistique, romaine, byzantine, islamique et des croisades. La collection des poteries remontées des fonds marins est particulièrement intéressante.

Roman Aqueduct *(aqueduc romain)* **:** *à 4 km env au nord du site (bien fléché). GRATUIT.* Sur près de 11 km, il acheminait vers Césarée l'eau d'une source qui jaillit au pied du mont Carmel. Construit par Hérode le Grand, il fut restauré au IIe s par Hadrien. Les arcades s'offrent en perspective le long d'une belle plage sablonneuse. Photogénique...

☆☆ © **Ralli Museum** *(musée Ralli) : à 4 km au nord du site (bien fléché), dans la ville nouvelle de Césarée. ☎ 626-10-13. • rallimuseums.com • Ouv 10h30-17h (15h ven et 12h30 veilles de fêtes). Fermé dim et mer. GRATUIT.*
Impressionnant musée qui présente la collection personnelle de Harry Recanati, fondateur de plusieurs musées (à Marbella en Espagne, Punta del Este en Uruguay, Santiago au Chili). Dans un vaste bâtiment ***(Ralli 1),*** nombreuses œuvres d'artistes espagnols et sud-américains. Peintres contemporains et postimpressionnistes. Ce qui fait la force de cette expo, c'est la très belle ***collection de sculptures de Dalí,*** dont quelques incontournables : *Pendules molles, Femme-girafe, Rhinocéros cosmique* et *Éléphant de l'espace.* Au rayon sculpture, également Delcambre, Minne, Masson... Au sous-sol, intéressante exposition « Le rêve d'Hérode », qui décrypte les différentes époques de la cité jusqu'à sa fin, au travers d'objets tirés des fouilles archéologiques et de panneaux explicatifs en anglais, bien faits.
Un 2e bâtiment ***(Ralli 2),*** devancé par une grande cour à arcades mauresques, expose des tableaux de peintres européens du XVIe au XVIIIe s (italiens, français, espagnols, flamands et allemands) qui ont représenté des scènes bibliques. À l'intérieur, noter l'escalier central qui évoque la tour de Babel.

ISRAËL

HAÏFA

285 300 hab. IND. TÉL. : 04

• Plan d'ensemble *p. 158-159* • Zoom *p. 160-161*

Haïfa est le plus grand port et la 3e ville d'Israël. On a l'habitude de dire : « À Jérusalem, on prie, à Tel-Aviv, on s'amuse, à Haïfa, on travaille ! » C'est vrai que lorsqu'on arrive par les grands boulevards sans âme qui mènent au port, on est saisi par l'intense activité économique maritime. Mais dès que l'on tourne le regard vers la colline (le Carmel), on se dit que cette ville a de faux airs de San Francisco ou Valparaiso, avec ses escaliers raides et ses rues pentues.
Et puis, comme un mirage, apparaît une surprenante succession de jardins qui dévalent la colline en cascades et servent d'écrin à un majestueux dôme doré. Il s'agit de l'un des sanctuaires les plus importants de la religion bahaï, un haut lieu de pèlerinage. À Haïfa, 5 communautés de cultes se côtoient : juifs, musulmans, chrétiens, bahaïs et druzes.
De jour comme de nuit, l'activité touristique se concentre le long de la rue Ben Gourion, dans le quartier de la colonie allemande, avec ses jolies demeures restaurées et bien léchées. Pour s'en mettre plein les yeux, on grimpera au sommet du mont Carmel.
Haïfa possède de nombreux musées et près de 1,5 km de plage aménagée. Une ville qui mérite donc plus qu'un simple passage. D'autant que, riche en hébergements et animée le soir, elle peut éventuellement constituer une base arrière pour visiter la vieille ville de Saint-Jean-d'Acre en aller-retour.

UN PEU D'HISTOIRE

Port romain, byzantin, puis arabe, Haïfa est attaqué en 1099 par les ***croisés*** et résiste longtemps avant de tomber. Un siècle plus tard, la ville est rasée par Salah ed-Din (Saladin), puis conquise par Richard Cœur de Lion. En 1156, ***l'ordre du***

Carmel est fondé. En 1250, de nouvelles fortifications sont construites par Saint Louis, mais Baïbars le ***Mamelouk*** s'empare de la ville en 1265. C'est alors la ***fin de la domination franque.*** Au XVIe s, les ***Turcs*** s'imposent à leur tour. En 1799, Bonaparte s'empare de Haïfa.
Les ***Ottomans*** reprennent ensuite la ville. Des ***Allemands*** protestants arrivent en nombre vers 1870 et fondent le quartier de la colonie allemande. À l'aube du XXe s, la ville étouffe, et les remparts sont rasés. Grand port servant au trafic des produits agricoles de Galilée, Haïfa devient le ***port de l'immigration juive,*** mais aussi de nombreuses autres religions et ethnies. Des milliers d'Arabes de Galilée et du Hauran (en Syrie) cherchent de l'embauche. En 1918, les ***Britanniques*** succèdent aux Ottomans en déroute. La ville compte alors 20 000 âmes, dont la moitié de Juifs. Dans les années 1930, Haïfa est une ville ouvrière très ancrée à gauche, surnommée ***« Haïfa la Rouge ».***
Avec la victoire des nazis en Allemagne, de nombreux Juifs allemands rallient la Palestine, et la ville voit sa population augmenter. Mais avec la parution du *Livre blanc* en 1939 (arrêt de l'immigration juive), les Britanniques expulsent en masse, surtout à partir de 1945. Haïfa devient alors la « capitale » de l'immigration clandestine. En 1947-1948, pendant la guerre contre les Arabes, des combats acharnés ont lieu pour le contrôle de la ville. Après la défaite arabe, Haïfa compte 150 000 habitants (juifs pour les deux tiers). C'est l'une des rares villes du pays qui retient une partie de la population arabe (à l'appel du Conseil ouvrier juif de la ville). Aujourd'hui, Haïfa est la ville la plus industrielle du pays et possède un centre universitaire réputé.

BACHI-BOUZOUK

Ce juron du capitaine Haddock signifie « tête folle » en turc. C'est ainsi qu'on appelait les mercenaires enrôlés dans l'armée ottomane. Incontrôlables et violents, ils se livraient aux pires exactions. Leur sale réputation les précédait, et la guerre psychologique était gagnée avant le 1er coup d'épée !

Arriver – Quitter

En bus

Il existe 2 gares routières, desservies par *Egged* (☎ *2800 ; ● egged.co.il ●), *Nateev Express* (☎ 646-39-21 ; ● nateevexpress.com ●) et *GB Tours* (☎ 603-61-00 ; ● gb-tours.com ●).

Merkazit Hof HaCarmel (*plan d'ensemble, A3,* **1**) **:** *à 5,5 km au sud-ouest du centre-ville, à côté de la gare ferroviaire du même nom.* Pour rejoindre le centre-ville et la gare routière de *HaMifratz,* bus *Metronit* n° 1. Liaisons avec :

➢ ***Netanya et Jérusalem :*** bus *Egged* n° 947 ; départs ttes les 45 mn env, 6h-21h. Trajet : respectivement 1h et 3h env.

➢ ***Tel-Aviv*** *(gare routière principale)* **:** bus n° 910 direct ou via ***Netanya,*** ttes les heures, 6h-23h30. Trajet : 1h30.

➢ ***Eilat :*** 2 bus *Egged* n° 991 directs, tôt le mat, l'autre de nuit. Trajet : 6h. Mieux vaut réserver 2 ou 3 j. à l'avance.

Merkazit HaMifratz (*hors plan d'ensemble par D3,* **2**) **:** *à 5 km env à l'est du centre-ville et à quelques centaines de mètres de la gare ferroviaire du même nom.* Pour rejoindre le centre-ville et la gare routière de *Hot HaCarmel*, bus *Metronit* n° 1. Nombreux départs pour :

➢ ***Akko et Nahariya :*** bus *Nateev Express* n° 271, 5h30-23h30. Trajet : respectivement 30 mn et 50 mn env. Ou n° 251 pour **Akko** seulement.

➢ ***Akko et Safed :*** bus *Nateev Express* n° 361, 5h40-22h40. Trajet : respectivement 30 mn et 1h45.

➢ ***Tibériade :*** bus *Egged* nos 430 et 434, 6h30-23h30. Trajet : 1h.

➢ ***Nazareth :*** bus *GB Tours* n° 344, 7h-21h. Trajet : 50 mn. Le bus n° 331 (plus lent) peut se prendre dans le centre-ville sur sderot HaMeginim. Attention, les bus *Egged* vont à Nazareth Illit (la ville nouvelle) sans desservir la vieille ville.

En *sherout* (taxi collectif)

➢ ***Tel-Aviv et l'aéroport Ben Gourion*** *(zoom C2,* ***3****)* **:** se prennent dans rehov Hehalutz. Trajet : env 2h. Mieux vaut réserver 2 j. avt pour l'aéroport.
➢ ***Akko et Nahariya*** *(zoom D2,* ***4****)* **:** départs dans rehov Herzl, à l'angle de rehov Balfour. Repérer les *sherouts* bleu et jaune. Trajet : 15 mn pour Nahariya, env 40 mn pour Akko.

En train

Gare ferroviaire centrale HaShmona *(zoom C1)* **:** *derech HaAtsma'ut.* ☎ *(03) 611-70-00. • rail.co.il/en •*
Il existe 2 autres ***gares ferroviaires*** : *Hof HaCarmel (plan d'ensemble, A3),* à 5,5 km env au sud-ouest du centre-ville, près de la plage, et *Lev HaMifratz (hors plan d'ensemble par D3),* à env 5 km à l'est du centre-ville. Liaisons avec :
➢ ***Tel-Aviv et l'aéroport Ben Gourion* :** départs 24h/24 ttes les 30-50 mn. Marque l'arrêt à ***Netanya, Tel-Aviv Savidor, Tel-Aviv HaHagana*** (certains continuent vers ***Beer Sheva***). Durées respectives : 50 mn, 1h15 et 1h30 pour l'aéroport.
➢ ***Akko* :** nombreux départs 24h/24. Trajet : 20 mn.
➢ ***Jérusalem* :** pas de train direct. Il faut changer à l'aéroport Ben Gourion de Tel-Aviv. Trajet : 2h-2h30.

En avion

✈ ***Aéroport*** *(hors plan d'ensemble par D3)* **:** *à 6 km env à l'est du centre-ville, en direction d'Akko.* ☎ *847-61-01. • iaa.gov.il •* Bus *Metronit* nº 1 puis *Egged* nºs 8 ou 18X, compter 30 mn.
➢ Vols quotidiens pour ***Eilat*** avec *Israir (• israir.co.il •).*

En bateau

Terminal portuaire *(plan d'ensemble D1)* **:** *porte 5, proche de la gare ferroviaire du centre.*
➢ ***Haïfa-Akko* :** *Malkat Akko* assure la liaison mars-nov *(📱 077-778-66-14 ; • malkatakko.co.il • ; ticket en vente 40 mn avt le départ, 1h avt le sam ; CB acceptées).* Départs 2 fois/j. lun-mer (mat et ap-m) et 3 fois/j. sam (1 le mat, 2 l'ap-m). Pas de service jeu, ven, dim. Les liaisons peuvent être modifiées selon les conditions météo. Se renseigner le jour même auprès de la compagnie.

ISRAËL

Adresses et infos utiles

ℹ ***Office de tourisme*** *(zoom C2)* **:** *48, sderot Ben Gurion.* ☎ *853-56-06. • visit-haifa.org/eng/ • Dim-jeu 9h-17h, ven 9h-13h, sam 10h-15h.* Carte de la ville et documentation intéressante (plan plus détaillé en vente).
■ Plusieurs ***banques*** et ***bureaux de change*** au centre, notamment dans derech HaAtsma'ut *(zoom C-D2).*
■ **Consulat de France** (consulia Tsarfatit ; zoom C2, **5**) **:** *37, rehov HaGefen.* ☎ *813-88-22. En cas d'urgence, contacter le consulat à Tel-Aviv : 📱 054-667-00-47. • il.ambafrance.org • Lun-ven 9h-12h.*
■ ***Consulat honoraire de Belgique*** *(zoom C2,* ***6****)* **:** *2, sderot Khoury (14e étage, Migdal Hanevi'im).* ☎ *852-40-77.*
■ **Médecin généraliste** (zoom C2, **7**) **:** ***Dr Marc-Alain Levy,*** *3, rehov Jerusalem.* ☎ *862-88-85. Et* ***Dr Michel Rozenbaum,*** *63, rehov Moria, Merkaz Refoui Ahuza.* 📱 *054-469-66-37.* Médecins-conseils auprès de l'ambassade de France.
✚ **Hôpitaux :** ***Rambam Medical Center*** *(plan d'ensemble, C1), 8, HaAliya HaShniya.* ☎ *201-55-10.* ***Bnai Zion Medical Center*** *(plan d'ensemble C3), 47, rehov Golomb.* ☎ *837-19-73.* ***Carmel Medical Center*** *(hors plan d'ensemble par D2), 7, rehov Michal.* ☎ *825-02-11.* ***Haïfa Medical***

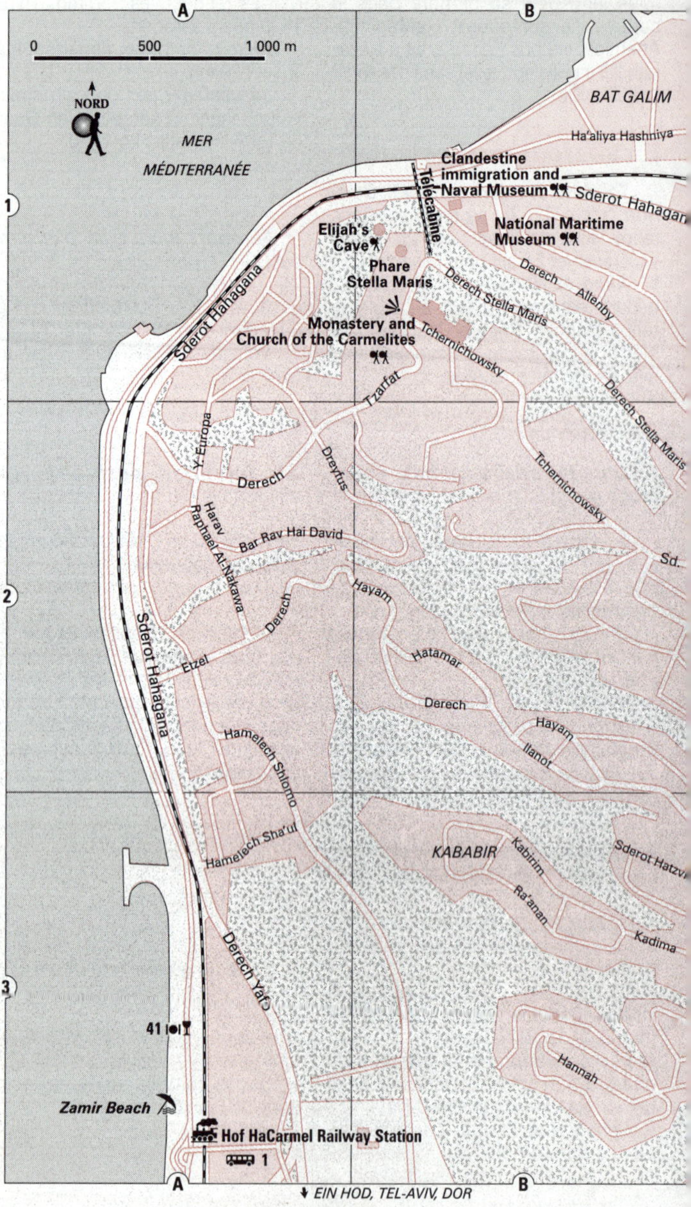
A
B
0
500
1 000 m
NORD
MER
MÉDITERRANÉE
BAT GALIM
Ha'aliya Hashniya
Clandestine immigration and Naval Museum
Sderot Hahagana
Télécabine
Elijah's Cave
National Maritime Museum
Phare Stella Maris
Derech Allenby
Derech Stella Maris
Monastery and Church of the Carmelites
Tchernichowsky
Tzarfat
Y. Europa
Derech
Dreyfus
Harav Raphael Al-Nakawa
Bar Rav Hai David
Hayam
Derech Etzel
Hatamar
Derech Hayam
Ilanot
Sd.
Hamelech Shlomo
Hamelech Sha'ul
KABABIR
Kabirim
Ra'anan
Kadima
Sderot Hatzvi
Derech Yafo
Hannah
41
Zamir Beach
Hof HaCarmel Railway Station
1
2
3
EIN HOD, TEL-AVIV, DOR

ISRAËL

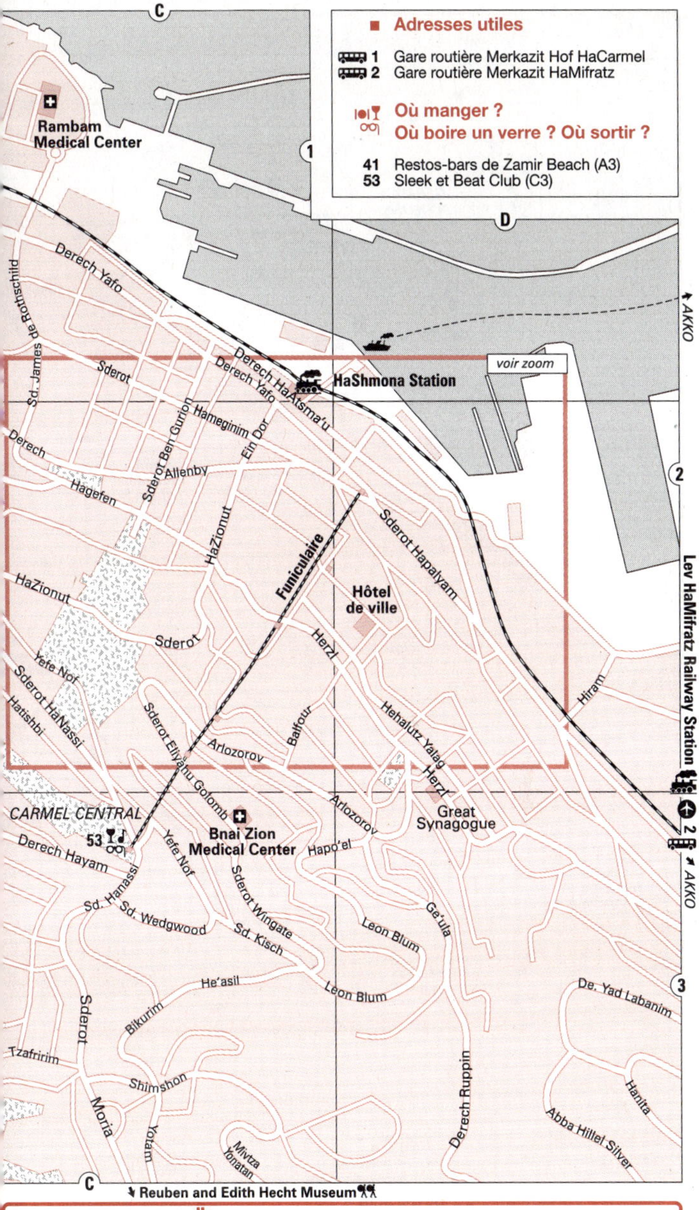

HAÏFA – PLAN D'ENSEMBLE

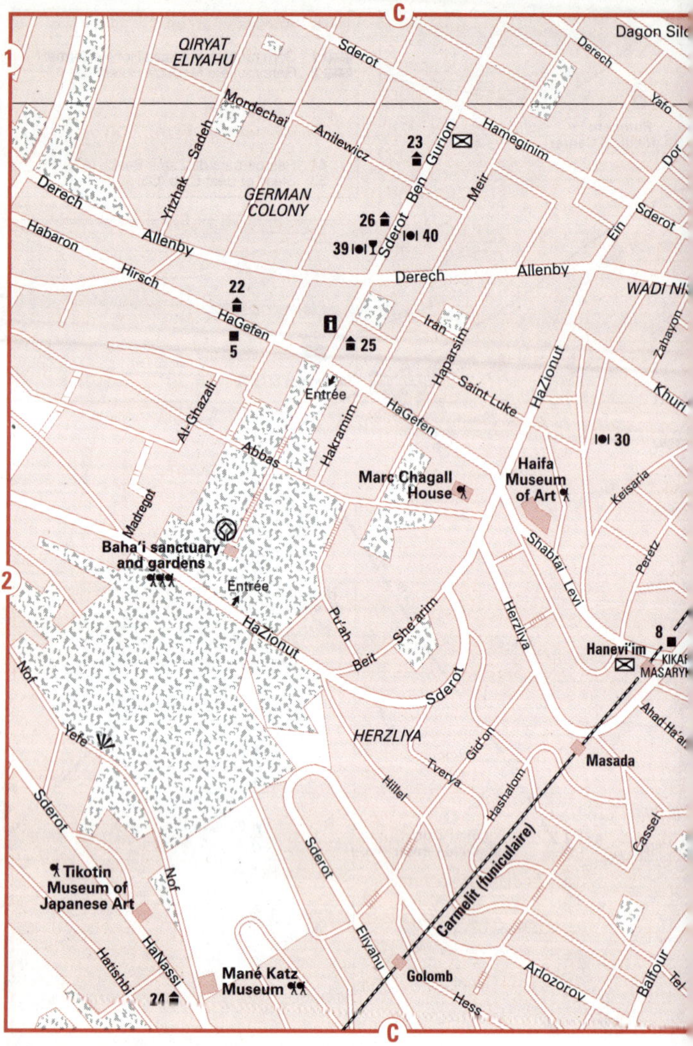

Adresses utiles

- Office de tourisme (C2)
- 3 *Sherouts* pour Tel-Aviv et l'aéroport Ben Gourion (C2)
- 4 *Sherouts* pour Akko et Nahariya (D2)
- 5 Consulat de France (C2)
- 6 Consulat honoraire de Belgique (C2)
- 7 Médecin généraliste (C2)
- 8 Superpharm (C2)
- 9 Laundry (D2)

Où dormir ?

- 9 Port Inn (D2)
- 21 1926 – Designed Apartments Hotel (D2)
- 22 G 38 Boutique Appartments (C2)
- 23 The Colony Hotel Haïfa (C2)

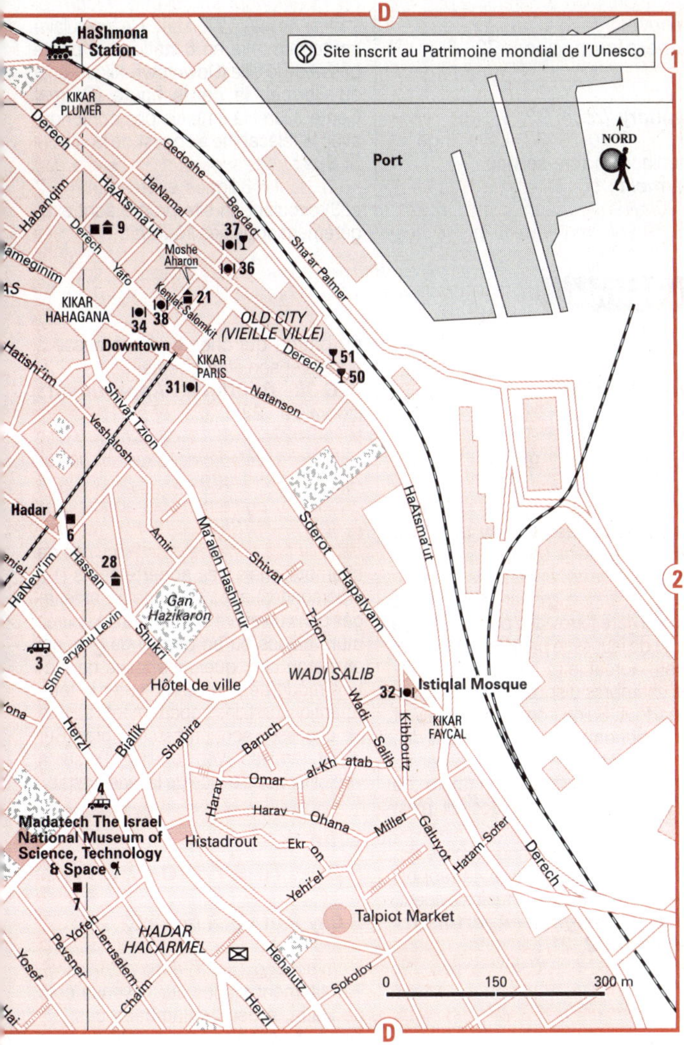

HAÏFA – ZOOM

24 Beth Shalom Carmel (C2)
25 City Port Hotel (C2)
26 Boutique Templers (C2)
28 Bay Club (D2)

Où manger ?

30 Nadima (C2)
31 Abu Youssef (D2)
32 Abu Maroun (D2)
34 Ma'Ayan Habira (D2)
36 Rola (D2)
37 Hanamal 24 (D2)
38 Jacko's (D2)
39 Fattoush (C2)
40 Douzan (C2)

Où boire un verre ?
Où sortir ?

37 Libira Brewpub (D2)
39 Fattoush (C2)
50 Kalman's Pub (D2)
51 Fattoush Bar (D2)

ISRAËL

Center *(hors plan d'ensemble par A3), 15, rehov Horev.* ☎ *830-52-22.*

■ **Superpharm** *(zoom C2,* **8***) : 16, sderot HaNevi'im. Tlj 8h-21h (23h ven-sam).*

■ **Laundry** *(zoom D2,* **9***) : 32, rehov Yafo. Tlj 7h30-22h30.* Lave-linge et sèche-linge en libre-service.

■ **Carmelit :** *ouv 6h-minuit (15h ven), sam 20h (19h en hiver)-minuit. Ticket : env 6,60 Shk (même tarif que le bus) ou 15 Shk pour un ticket à la journée. 1 rame ttes les 12 mn env.* Ce funiculaire souterrain relie en 6 stations la partie basse de la ville (Downtown-kikar Paris) au Carmel, la partie haute (Carmel Center-Gan Ha'em). Ne pas confondre avec la télécabine à l'ouest de la ville.

■ **Bus :** *infos sur • bus.co.il • et • dan north.co.il •* 3 lignes express (n°s 1, 2 et 3) circulant en site propre sont exagérément appelées *Metronit.*

Où dormir ?

ISRAËL

De bon marché à prix moyens (80-440 Shk / 20-110 €)

Port Inn *(zoom D2,* **9***) : 34, rehov Yafo.* ☎ *852-44-01. Dortoirs (9 lits) mixtes ou séparés 100 Shk/pers (130 Shk avec petit déj) ; doubles sans ou avec sdb 240-380 Shk, petit déj compris. Également 3 apparts avec cuisine pour 3-5 pers. Parking (payant).* À 5 mn à pied de la gare ferroviaire principale, une auberge de jeunesse parfaitement tenue, vraiment agréable et bien placée. Certaines chambres disposent d'un balcon. Clim partout. Salon commun avec TV et super jardin ombragé pour le petit déj, pour prendre un verre ou bouquiner au calme. Cuisine à disposition (thé, café et lait à volonté). Excellent accueil, plein d'infos utiles que l'on vous donne avec le sourire. Une vraie bonne adresse. En revanche, pour les apparts, le rapport qualité-prix est beaucoup moins évident.

1926 – Designed Apartments Hotel *(zoom D2,* **21***) : 3, rehov Moshe Aharon.* ☎ *866-53-20. 058-666-19-26 (WhatsApp). • 1926.co.il • Apparts pour 2-3 pers env 100 $. Min 2-3 nuits, mais si dispo, loc possible pour 1 seule nuit, téléphoner avt.* Dans une rue piétonne animée aux beaux jours par un marché et des concerts (le soir, jeudi et vendredi). Les 3 bâtiments contigus ont été rénovés dans un style coloré très contemporain et dotés de tout le confort. Les apparts sont fonctionnels, équipés d'une cuisine, de la clim, propres et carrelés. Certains possèdent un balcon sur la rue, d'autres, plus calmes, donnent sur l'arrière. Bon accueil du patron qui cherche sans cesse à améliorer son établissement.

G 38 Boutique Appartments *(zoom C2,* **22***) : 38, rehov HaGefen. 054-522-42-81. • g38.co.il • Résa obligatoire (pas de réception sur place). Apparts 350-400 Shk pour 2 (min 2-3 nuits). Également un appart plus petit (250-280 Shk) loué en single, mais de taille très correcte pour 2.* Ici, pas de chambre, mais des appartements (1 à 5 personnes) avec kitchenette, aménagés dans un esprit contemporain épuré : murs blancs ou en parpaings gris, sol en béton ciré, quelques toiles de facture moderne pour agrémenter le tout. Attention, certains appartements au rez-de-chaussée sont un peu sombres. Sur le toit, terrasse avec superbe vue sur la ville et la mer. Service de laverie gratuit.

Chic (130-170 $ / 110-150 €)

City Port Hotel *(zoom C2,* **25***) : 57, sderot Ben Gurion.* ☎ *983-57-57. • cityport.co.il • Doubles 115-130 $.* Parfaitement placée sur l'avenue chic de Haïfa, à deux enjambées des jardins bahaïs, cette adresse sait se faire discrète. Au 1er étage d'une bâtisse typique de cette *German Colony,* les chambres sont bercées de modernisme. Côté déco d'abord, avec des tons noir et blanc qui tranchent avec goût sur la pierre de certains murs. Côté équipement ensuite, avec tout le confort moderne et de très belles salles de bains dans l'air du temps, ornées de carrelage métro. Accueil gentil et serviable : le compte est bon !

☗ ***Beth Shalom Carmel*** (zoom C2, **24**) : *110, sderot HaNassi. ☎ 837-74-81. • beth-shalom.co.il • Quartier du Carmel. Bus nº 58 depuis la gare ferroviaire du centre-ville. Résa conseillée. Double env 110 $ avec petit déj. Parking gratuit (quelques places). CB acceptées.* Un hôtel bien tenu, qui propose des chambres pas bien grandes, à la déco sobre, un rien monacale. 2 d'entre elles ont la chance d'avoir un balcon (même tarif). Terrasse arborée à l'arrière et au calme. Rapport qualité-prix moyen. Pour ceux qui voudraient absolument dormir sur le mont Carmel...

Plus chic (plus de 150 $ / 127 €)

☗ ***Boutique Templers*** (zoom C2, **26**) : *36, sderot Ben Gurion. ☎ 629-77-77. • goldencrown.co.il • Doubles 740-800 Shk (suites plus chères) ; 2 nuits min les w-e en été.* Bâtiment typique de la fin du XIXᵉ s, époque de l'implantation des Allemands à Haïfa. À l'intérieur, changement de décor, ça décoiffe ! Des chambres toutes différentes et spacieuses, décorées avec chic et de façon vraiment originale (éclairage bleuté et salle de bains transparente, *terracota* pour la version toscane, design contemporain et balcon privé avec vue sur les jardins bahaïs pour d'autres). Pour tous les goûts et toutes les envies, si l'on n'est pas gêné aux entournures... Belle adresse, bel accueil.

☗ ***Bay Club*** (zoom D2, **28**) : *7, rehov Hassan Shukri. ☎ 811-97-00. • atlas.co.il • Funiculaire, arrêt Hadar. Doubles standard 175-230 $; petit déj en sus.* Ancienne demeure (XIXᵉ s) du fils du gouverneur de Haïfa, magnifiquement restaurée dans un style années 1930 avec une touche néoclassique dans la déco et un confort on ne peut plus moderne. Tout est impeccable, et les chambres sont sobres mais douillettes. Toit-terrasse et agréable véranda. Accueil pro.

☗ ***The Colony Hotel Haïfa*** (zoom C2, **23**) : *28, sderot Ben Gurion. ☎ 851-33-44. • colony-hotel.co.il • Doubles 175-210 $ (+ 30 $ le w-e et pdt les vac).* Dans une élégante bâtisse en pierre datant de 1905 et superbement restaurée, l'établissement propose une quarantaine de chambres confortables mais à la déco qui commence à dater un peu. Les chambres *deluxe* sont un peu plus spacieuses et bénéficient d'une vue plus agréable. La terrasse sur le toit offre un panorama de choix sur le sanctuaire bahaï. Accueil pro. L'adresse classico-chic dans cette rue huppée de la *German Colony.*

ISRAËL

Où dormir dans les environs ?

☗ ***Village de vacances Dor*** : *à* **Dor,** *à 22 km au sud de Haïfa, au bord de la mer. ☎ 639-91-21. • dortantura.co.il • À 30 mn depuis la gare routière de Hof HaCarmel par les bus nºs 202 ou 921, puis 694. Compter 530-900 Shk pour 2 en igloo ; cottages 670-1 100 Shk jusqu'à 5 pers.* Une grosse quarantaine d'igloos et une vingtaine de cottages alignés comme à la parade sur une vaste pelouse bien entretenue et ombragée par des palmiers. Tous disposent d'une cuisine. On sort de sa chambre et la plage est à portée de tongs ! En saison, l'adresse est prisée par les familles (les bambins peuvent gambader en toute liberté et un coin jeux leur est réservé). Hors saison, c'est plus calme. *Minimarket* et activités sportives.

Où manger ?

Bon marché (moins de 40 Shk / 10 €)

|●| Nombreux ***stands de falafels et shawarmas*** (zoom C2) au croisement de rehov Allenby avec sderot HaZionut, et aussi de rehov Hehalutz avec rehov HaNevi'im. Pour une poignée de pois chiches...

|●| ***Nadima*** (zoom C2, **30**) : *37, rehov Saint John's. Depuis la rue*

Khoury, c'est la ruelle du souk qui monte face à l'école épiscopale ; demander, tout le monde connaît. Tlj sauf dim 6h-15h (17h ven-sam). Au cœur du marché arabe des fruits et légumes, une petite gargote de quartier, ouverte sur la rue. Si Nadima a rejoint le paradis des « Mères », derrière les fourneaux son fils entretient la flamme et perpétue sa cuisine du levant. Pas de carte : on vous soulève les couvercles des fait-tout et vous choisissez votre pitance. Ce n'est pas de la haute gastronomie, mais on aime bien cette adresse attachante qui vous offre une salade de bienvenue et un café turc en cadeau d'au revoir...

Abu Youssef (zoom D2, **31**) : *1, kikar Paris. ☎ 866-37-23. Dans le wadi Nisnas, en face de la station de funiculaire. Tlj 9h-21h (17h ven).* Grande salle carrelée à la déco banale et à l'éclairage « néon », genre cantine, qui fait régulièrement le plein le midi. On choisit ses plats comme dans un self. Cuisine orientale et fraîcheur assurée.

Abu Maroun (zoom D2, **32**) : *1, rehov Kibboutz Galuyot. ☎ 631-25-75. Juste au pied du minaret de la mosquée. Tlj 8h30-16h30.* L'adresse est un peu excentrée, mais ici on détient le secret du meilleur houmous de la ville. Il paraît même qu'on vient de tout le pays pour le déguster ! En prime, la terrasse couverte dissimulée derrière un rideau de végétation, en contrebas de la rue, est bien agréable. Tout cela mérite bien un p'tit détour !

Prix moyens (40-80 Shk / 10-20 €)

Ma'Ayan Habira (zoom D2, **34**) : *4, rehov Natanson. ☎ 862-31-93. Tlj sauf sam 10h-17h (22h mar et jeu). Résa conseillée.* Petit resto-bar populaire à l'atmosphère familiale et à la déco volontairement surchargée (instruments de musique suspendus au plafond, photos, coupures de journaux épinglées au mur). Pas mal de vieux y ont leurs habitudes car la soupe est bonne et pas chère. Le soir, on installe tables et chaises dans la rue (alors interdite à la circulation). Un groupe grimpe parfois sur une petite estrade, et c'est parti pour la fiesta et un grand moment de convivialité. Un endroit plein de vie et de générosité. Une institution à Haïfa.

Douzan (zoom C2, **40**) : *35, sderot Ben Gurion. ☎ 852-54-44. Tlj de 9h jusqu'au dernier client.* Pas mal de restos et de terrasses le long de cette rue assez chicos. Celui-ci tire plutôt bien son épingle du jeu : pas de racolage abusif, intérieur rouge carmin et déco tendance mauresque, terrasse paisible pour se poser en soirée. Côté cuisine, pas véritablement de spécialités mais le choix est varié. Soupes, salades copieuses et appétissantes pour caler une petite faim, grillades, plats libanais, etc. Essayer aussi le *mahallabieh,* une crème aromatisée à l'eau de rose agrémentée de fruits secs. Le service court beaucoup mais n'est vraiment pas à la hauteur, dommage.

Chic (80-120 Shk / 20-30 €)

Rola (zoom D2, **36**) : *33, rehov HaNamal. ☎ 838-38-66. Tlj sauf dim 12h-minuit.* Kebab, *shish taouk, siniya, mujadara,* c'est bien une cuisine aux accents levantins qui s'exprime ici. Des viandes très tendres, des saveurs au rendez-vous et un service itou (« tendre » et au rendez-vous !). On se régale de tout cela dans une salle sans fard particulier ou une véranda sur rue, très lumineuse, entouré d'habitués heureux de cette bonne aubaine. Le soir, n'hésitez pas à réserver : l'adresse a sa réputation.

Hanamal 24 (zoom D2, **37**) : *24, rehov HaNamal. ☎ 862-88-99. En été, lun-sam 12h-21h30 (dernière commande) ; en hiver, ouv le soir lun-sam et midi ven-sam. Fermé dim. Menus au déj ; le soir (sauf ven), plats à la carte.* C'est dans un ancien entrepôt du port que s'est installé l'un des restos en vogue de Haïfa. Éclairage et déco très étudiés avec une succession de salles aux thèmes et à l'atmosphère différents : la pièce principale évoque la Toscane, plus loin, un salon romantique, une crémerie et une cave à vins. Dans les assiettes, cuisine raffinée d'inspiration méditerranéenne.

Jacko's *(zoom D2,* ***38****)* **:** *rehov Qehilat Saloniki. ☎ 866-88-13 ou 862-66-39. Tlj 12h-17h. Partie haute de la fourchette.* Une adresse réputée pour la fraîcheur de ses produits (notamment les poissons), et cela fait des années que ça dure. Cadre simple et plaisant (tables en bois, murs agrémentés de photos en noir et blanc). L'endroit est propre, l'ambiance sympa et populaire, même si ce n'est pas donné.

Fattoush (zoom C2, **39**) **:** *38, sderot Ben Gurion. ☎ 852-49-30. Tlj 7h-1h du mat env.* C'est à la fois un resto et un café-bar oriental chic fréquenté par toutes les classes d'âge qui en ont les moyens. Dans la salle voûtée avec banquettes et tapis, on se croirait dans une cossue maison orientale. Agréable terrasse verdoyante et ombragée, idéale pour se poser à toute heure de la journée. L'atmosphère y est paisible. Sandwichs, salades, petits plats de cuisine moyen-orientale et grillades pour se restaurer. Belle carte de desserts également, avec un coup de cœur pour le *sahlab,* une crème à la fleur d'oranger saupoudrée de pistache et de noix de coco. Bien pour boire un verre également.

Restos-bars de Zamir Beach *(plan d'ensemble, A3,* ***41****)* **:** *à 5 km env au sud-ouest du centre-ville, en direction de Tel-Aviv. Tlj midi et soir.* Une brochette d'établissements étale ses terrasses le long de la promenade aménagée en bord de plage. Pas d'adresse particulière à vous conseiller, suivez votre feeling. La cuisine n'a rien de mémorable, sans être mauvaise pour autant. On vient avant tout pour le cadre et pour la sieste sur la plage !

ISRAËL

Où boire un verre ? Où sortir ?

Dans la vieille ville, autour de *kika Paris,* mais aussi de *derech HaNamale,* l'animation va crescendo après 20h. Point d'orgue en fin de semaine. Beaucoup de bars, de restos, et de bars-restos pour grignoter, boire, manger, écouter de la zique. Il y a même quelques adresses gay à l'angle de HaNamale et de Sha'ar Palmer. Autre lieu de sortie, un peu plus chic, ***les terrasses qui bordent sderot Ben Gurion. Le quartier du Carmel*** est particulièrement fréquenté en fin de journée (et jusque tard dans la nuit).

Libira Brewpub (zoom D2, **37**) **:** *26, rehov HaNamal. ☎ 374-02-51. Tlj 12h-1h.* Les écumeurs de mousse flaireront la bonne affaire, avec 5 sortes de bières brassées sur place, « à la Belge ». Mais la carte propose également toutes les joyeusetés d'un bar qui se respecte. Tout le monde est à son affaire dans cette haute salle aux murs anthracite. Sans compter de bons petits plats, dont certains inventifs, pour ne pas trop tanguer en sortant (risotto alias « couscous à l'israélienne » ou *kadaif* salé font merveille).

Fattoush Bar *(zoom D2,* ***51****)* **:** *6, rehov HaNamal. ☎ 881-30-40. Tlj 10h-3h.* Vaste salle avec mezzanine, genre entrepôt à la déco hétéroclite : graffitis aux murs, tableaux, ici de gros tuyaux, là un requin suspendu, ou encore des cuivres comme prêts à pousser la note. Ça tombe bien, concerts ou DJ certains soirs. Parfait pour une bière entre potes (pourquoi pas une *Taybeh* palestinienne ?) et autres cocktails, sodas, verres de vin (pas donnés). Voir également **Fattoush** *(zoom C2,* ***39****)* dans la rubrique « Où manger ? ».

Kalman's Pub (zoom D2, **50**) **:** *3, rehov HaNamal. ☎ 862-05-25. Tlj sauf sam 17h-2h (minuit en hiver et fermé dim). Happy hours 18h-21h.* Dans le quartier du port, un pub à l'anglaise. On se croirait presque dans un faubourg londonien. Terrasse très sympa coiffée de palmiers au bout de cette rue tranquille. *Guinness* onctueuse et quelques petits plats pour grignoter.

🍸 ***Sleek*** *(plan d'ensemble C3,* ***53****) : 124, sderot HaNassi. 📱 052-560-88-84. Tlj 18h-4h.* Le bar qui a le vent en poupe dans ce coin animé du Carmel. Réputé pour ses cocktails, il s'y passe toujours un truc, soirées thématiques, par tranches d'âge... ou cours de barman !

♩ ***Beat Club*** *(plan d'ensemble C3,* ***53****) : 124, sderot HaNassi.* Salle de concert à la programmation éclectique allant du classique à la variété en passant par le théâtre et autres spectacles pour jeune public en lien avec le zoo tout proche.

🍸 ***Restos-bars de Zamir Beach*** *(plan d'ensemble A3,* ***41****) : voir « Où manger ? ». Bus Metronit nº 1.* Très bien pour l'apéro tout en admirant le coucher de soleil sur la mer.

À voir. À faire

– Pour plus d'infos sur les musées de la ville, consulter le site • *hms.org.il* •
– *Pass* à 70 Shk valable 7 jours pour le musée d'Art de Haïfa, les musées Titokim, maritime, Mané-Katz, celui de la ville et le musée Hermann Struck.

ISRAËL

Dans la ville basse

Baha'i Sanctuary and Gardens *(sanctuaire bahaï et ses jardins ; zoom C2) : sderot HaZionut (accès au temple).* ☎ *831-31-31.* • *ganbahai.org.il* • *Seul, on n'accède qu'aux 2 petites terrasses (tlj 9h-17h, sauf si le sol est mouillé, dans ce cas, c'est fermé), l'une située au bout de sderot Ben Gurion, au pied de la colline, l'autre sderot Yefe Nof (sur le mont Carmel).*
Bab, l'un des 2 fondateurs de la foi bahaï, est enterré dans son ***mausolée au dôme doré*** qui se repère de loin *(visite tlj 9h-12h).* Haut lieu de pèlerinage, c'est le sanctuaire le plus important de la religion bahaï. Depuis sderot Ben Gurion, la perspective sur les jardins et le temple est imposante, surtout la nuit avec les illuminations qui dévalent le versant de la colline. ***La religion bahaï,*** apparue en Iran au milieu du XIXe s, compte près de 7 millions de fidèles dans le monde. Elle prône notamment l'union de toutes les religions, de toutes les races et l'égalité des sexes. Elle n'a ni culte ni prêtre.
– **Les jardins :** *accès en visite guidée (en anglais), sur résa, mer-dim. Rdv sderot Yefe Nof (zoom B-C2 ; accès en bus nº 136 ; nº 23 seulement, sam). Durée : env 50 mn. GRATUIT. La balade s'achève 200 marches plus bas, par la visite d'un petit musée (projection parfois d'un film de 20 mn sur l'histoire du sanctuaire). Visite libre mer-dim 9h-16h. La sortie s'effectue au niveau de sderot HaZionut. Pour revenir en ville, taxi ou mêmes bus que pour l'entrée du site. Tenue correcte de rigueur.* Superbes jardins à la française qui dévalent la colline en une succession de 19 terrasses, de part et d'autre du mausolée. C'est le site le plus visité de Haïfa.

Haifa Museum of Art *(musée d'Art de Haïfa ; zoom C2) : 26, rehov Shabtai Levi.* ☎ *911-59-97.* • *hma.org.il* • *Sam-dim et mer 10h-16h, jeu 12h-20h, ven 10h-14h. Fermé lun-mar. Entrée : 35 Shk ; réduc. Billet combiné (voir en tête de chapitre).* Dans un édifice restauré, ce musée d'Art contemporain accueille des expositions temporaires.

Marc Chagall House *(maison dite de Marc Chagall ; zoom C2) : 24, sderot HaZionut.* ☎ *852-23-55. Tlj 10h-16h (13h sam et j. fériés). GRATUIT.* Rien d'exceptionnel, à part le fait que Marc Chagall a acheté cette maison pour en faire un lieu d'exposition. Elle est gérée aujourd'hui par l'association des peintres et sculpteurs de Haïfa qui y exposent leurs œuvres.

Madatech – Israel National Museum of Science, Technology & Space *(musée de la Science, de la Technologie et de l'Espace ; zoom C2) : 25, sderot*

Shmaryahu Levin ou 12, sderot Balfour. ☎ 861-44-44. • madatech.org.il • Funiculaire, arrêt Masada. Tlj 10h-15h (17h jeu et sam, 14h ven). Fermeture des caisses 1h avt. Entrée (chère) : 89 Shk ; réduc ; intéressante remise sur Internet.
Un 1er bâtiment, aux allures de fac vieillissante, est une sorte de musée de la Science, aménagé de manière interactive et ludique : ici, on a le droit de toucher ! On y aborde les technologies de communication, l'optique, la chimie, le monde de l'ADN, le son et les ondes, etc., en passant par l'aérodynamisme et les énergies vertes. Nombreux objets insolites ou stratégiques, comme le fax utilisé par Henry Kissinger pour transmettre ses documents manuscrits à la Maison-Blanche pendant les pourparlers de paix entre Israël et l'Égypte.
L'autre bâtiment, plus récent, ressemble davantage à une salle d'entraînement de cardio. On réalise un véritable parcours de santé pour comprendre comment fonctionne le corps (ou comment il ne fonctionne pas...). Également un cinéma en 3D.
À l'extérieur, un amphithéâtre où se déroulent différentes manifestations autour de la science.

National Maritime Museum *(Musée national maritime ; plan d'ensemble, B1)* **:** *198, derech Allenby. ☎ 853-66-22. • nmm.org.il • Bus Metronit nº 1 depuis sderot HaMenigim. Sam-dim et mer 10h-16h, jeu 12h-20h, ven 10h-14h. Fermé lun-mar. Entrée : 35 Shk ; réduc. Billet combiné (voir en tête de chapitre).*
Intéressante collection d'objets maritimes :
- Au 1er étage, tous les instruments de navigation que l'homme a pu imaginer (compas, jumelles, octants, quadrants, sextants, astrolabes et autre *qibla* utilisée par les navigateurs musulmans pour trouver la direction de la Mecque). Également une section grecque et romaine présentant une belle statuaire du IIIe s av. J.-C. au Ier s apr. J.-C. Dans la collection d'ancres de pierre, notez celle utilisée par les Turcs, vestige d'un édifice religieux et frappée d'une croix.
- Au sous-sol, de beaux objets fabriqués par des marins dans des matériaux variés : corde, dents de morse ou de cachalot finement sculptées, rostres de narval ou de poisson-scie, coquillages... Les fines lames apprécieront une belle collection d'armes blanches de marins venant du monde entier. Également une conséquente section de cartes anciennes de la Terre sainte. Notez celle en forme de fleur, très égalitaire (à défaut d'être exacte d'un point de vue géographique), représentant Jérusalem comme centre du monde, et 3 pétales de taille égale pour l'Asie, l'Europe et l'Afrique. Pour finir, des maquettes d'embarcations du monde entier, et d'autres de bateaux plus modernes (dont certains utilisés lors de l'exode des Juifs vers Israël).
- Au rez-de-chaussée, expos temporaires et salles d'éveil destinées aux plus jeunes (principalement titrées en israélien).

Clandestine Immigration and Naval Museum *(Musée naval et de l'Immigration clandestine ; plan d'ensemble, B1)* **:** *204, derech Allenby. ☎ 853-62-49. • amutayam.org.il • Entrée par un escalier qui descend en contrebas de la rue Allenby. Bus Metronit nº 1 depuis sderot HaMenigim. Tlj sauf ven-sam 10h-16h. Entrée : 20 Shk ; réduc.* Émouvant musée présentant des documents et témoignages inédits, notamment sur l'odyssée de l'*Exodus*. On apprend aussi qu'en 1940 environ 1 650 Juifs, après avoir échappé à l'Allemagne nazie, furent déportés par les Anglais... à l'île Maurice ! Chypre, pendant près de 3 ans, servit de camp de concentration... anglais ! En 1949, les 10 276 derniers internés furent ramenés en Palestine. Expo d'objets et lithos fabriqués dans les camps. Toute la presse, les tracts de 1945 à 1948. Une page d'histoire exceptionnelle !

Elijah's Cave *(grotte d'Élie ; plan d'ensemble, B1)* **:** *230, derech Allenby. ☎ 852-74-30. Accès par un petit chemin qui débute à 150 m env du Musée national maritime, sur le côté gauche de la rue. Bus Metronit nº 1 depuis sderot*

HaMenigim. Tlj sauf sam 8h-18h (17h en hiver ; 13h ven). GRATUIT. Un site religieux vénéré par les juifs, les chrétiens et les musulmans. C'est la grotte où Élie se serait réfugié après 40 jours de marche jusqu'au mont Horeb, et où Dieu lui serait apparu. Dans les faits, pas grand-chose à voir, et les abords pourraient être mieux entretenus...

La plage *(Zamir Beach ; plan d'ensemble, A3)* **:** *Hof HaCarmel, à 5,5 km env au sud-ouest du centre-ville, en direction de Tel-Aviv. Bus* Metronit *n° 1 depuis sderot HaMeginim.* Belle plage de sable fin et galets qui s'étend sur près de 1,5 km, le long de laquelle a été aménagée une promenade avec bars et restos. Un endroit très prisé des joggeurs matinaux et pour les balades familiales le week-end. En été, plage surveillée, location de transats et parasols.

Sur le mont Carmel

Surtout, et avant tout, le superbe ***panorama sur la baie de Haïfa*** du haut du mont Carmel. Points de vue sur *Yefe Nof (Panorama Road).* Le matin, le soir au coucher du soleil, la nuit, tout le temps, spectacle magnifique, superbe, changeant, que ne gâchent finalement pas les implantations industrielles du port.

– *Pour y monter, plusieurs possibilités :* le funiculaire *Carmelit* (voir « Adresses et infos utiles », plus haut) qui relie *kikar Paris* au mont Carmel. Sinon, la télécabine *(cable car)* grimpe au monastère des Carmes *(plan d'ensemble, B1)* depuis Bat Galim en bord de mer sur sderot HaHagana *(fonctionne tlj 9h-20h en été, 10h-18h en hiver ; départs ttes les 15 mn env ; tarif : env 20 Shk, ou 30 Shk A/R).* Dernière solution : le bus n° 58 depuis la gare ferroviaire du centre, via sderot Ben Gurion *(zoom C2).* Il parcourt toute la corniche jusqu'au monastère des Carmes, puis la crête.

Monastery and Church of the Carmelites *(monastère et église des Carmes ; plan d'ensemble, B1)* **:** *derech Stella Maris. ☎ 833-77-58. En face du phare Stella Maris et au débouché de la télécabine.* Son implantation date du XIIe s. Le monastère servit d'hôpital pendant la campagne militaire de Bonaparte en 1799. À sa défaite, 200 blessés furent abandonnés et massacrés par les Ottomans. Tout fut démoli. Il a été reconstruit en 1827. Possibilité de visiter la petite église *(Stella Maris Church ; tlj 6h30-12h30, 15h-18h).* L'endroit, à 150 m d'altitude, vaut surtout le détour pour le point de vue époustouflant sur la ville et le port.

Mané Katz Museum *(musée Mané-Katz ; zoom C2)* **:** *89, rehov Yefe Nof. ☎ 911-93-72. • mkm.org.il • Sam-dim et mer 10h-16h, jeu 12h-20h, ven 10h-14h. Fermé lun-mar. Entrée : 35 Shk ; réduc. Billet combiné (voir en tête de chapitre).* Expose des œuvres de Mané-Katz, un peintre né en Ukraine en 1894, naturalisé français, et mort à Tel-Aviv en 1962. Le musée est aménagé dans son ancien atelier. Des murs aux tons vifs mettent en valeur sa peinture très expressive, la puissance des couleurs, son réalisme teinté de symbolisme. Il a fait ses armes à Paris dans les années 1920 et on décèle l'influence de grands peintres du XXe s. Mais Mané-Katz reste très ancré dans la thématique du judaïsme : rabbins, danseurs et musiciens yiddish (voir les *Femmes bédouines,* de style très orientaliste), cohabitent avec un *Paysage avec meules,* des scènes de cirque ou de tauromachie et un envoûtant *Drowning Horse.*

Tikotin Museum of Japanese Art *(musée d'Art japonais Tikotin ; zoom C2)* **:** *89, sderot HaNassi. ☎ 838-35-54. • tmja.org.il • Accès : à 2 pas du musée Mané Katz, voir ci-dessus. Sam-dim et mer 10h-16h, jeu 12h-20h, ven 10h-14h. Fermé lun-mar. Entrée : 35 Shk ; réduc. Billet combiné (voir en tête de chapitre).* Petit musée à l'ambiance raffinée à la japonaise. Présente de très jolies pièces, notamment des estampes des XVIIIe et XIXe s, et près de 500 impressions (cartes d'invitation, de vœux, calendriers...) réalisées entre 1790 et 1830.

Manifestations

– ***Festival du Film :*** *1 sem en oct lors de la fête de Soukoth.* Programmation internationale.
– ***Fête des Fêtes :*** *les w-e en déc , dans le quartier du wadi Nisnas.* Un ensemble de manifestations culturelles axées sur les 3 religions monothéistes.

DANS LES ENVIRONS DE HAÏFA

***Reuben and Edith Hecht Museum** (musée de Reuben et Édith Hecht ; hors plan d'ensemble par C3) : sur le campus de l'université de Haïfa, à 7 km env du centre-ville (route 672). ☎ 825-77-73. • mushecht.haifa.ac.il • Bus n° 37 depuis sderot Ben Gourion ou n° 58 depuis la gare ferroviaire du centre. Tlj 10h-16h (19h mar, 13h ven, 14h sam). GRATUIT.* Remarquable musée privé qui présente la très riche collection de Reuben Hecht, grand passionné d'archéologie et de peinture. Grâce à une muséographie très soignée et des éclairages délicats, les pièces sont mises en valeur comme de véritables œuvres d'art. On a le sentiment que chacune d'elles a été choisie avec le plus grand soin. Le musée expose de nombreux objets depuis la période chalcolithique (entre le Néolithique et l'âge du bronze ; 4500 av. J.-C.) jusqu'à l'époque byzantine (VIIe s) : statuettes, poteries, lampes à huile, bijoux, pièces de monnaie, jouets en os, etc. Remarquables sarcophages des XIVe-XIIIe s av. J.-C. Pour compléter la visite, belle collection de tableaux de peintres français et juifs du milieu du XVIIIe s au début du XXe s (Monet, Modigliani, Soutine, Pissarro...). Également des expos temporaires. Un musée qui séduira aussi bien les experts que les néophytes.
Depuis la grande dalle de béton qui s'étend au pied de la tour de l'université, panorama exceptionnel sur la région !

PILE OU FACE ?

Le musée de Reuben et Édith Hecht expose une curieuse toile du peintre et sculpteur italien, Amedeo Modigliani, réalisée en 1908. D'un côté, le portrait de Maud Abrantes. De l'autre, et à l'envers, celui d'une femme nue, coiffée d'un chapeau. Probablement mécontent d'une 1re peinture, Modigliani utilisa le 2d côté de la toile par souci d'économie (procédé qui n'était pas rare à l'époque). En scrutant le portrait de Maud, on devine d'ailleurs en arrière-plan les traits d'un visage de femme, vestiges de son œuvre ratée.

***Ein Hod :** à 15 km env au sud de Haïfa. • ein-hod.org • En voiture, prendre la direction de Tel-Aviv via Zikhron Ya'akov (route 4) ; bien indiqué ensuite sur la gauche (route 7111). Compliqué en bus. Quelques restos dans le village (de prix moyens à chic).* Village fondé au XIXe s, vidé de ses habitants au moment de la guerre de 1948, mais non détruit, le commandant en charge de l'opération ayant été touché par son architecture.
Le dadaïste Marcel Janco, venu à Haïfa pour fuir la Seconde Guerre mondiale, est tombé amoureux de

À L'ARRACHE !

Lors de la guerre de 1948, 3 familles arabes se réfugièrent dans des grottes à 3 km d'Ein Hod, leur village d'origine. Pendant 63 ans, elles vécurent ici. Autorisées à bâtir 6 chambres seulement, elles multiplièrent les constructions illégales. Un arrêté de démolition fut annulé grâce à Yossi Sarid, journaliste et leader du parti de gauche Meretz. Les autorités israéliennes ont finalement reconnu le village en 2005, qui a ainsi pu être raccordé au réseau électrique du pays.

ISRAËL

cet endroit. Il y a fondé avec d'autres un village d'artistes aux règles assez strictes. Aujourd'hui encore ne peuvent y résider que des acteurs, musiciens, écrivains, poètes, peintres, sculpteurs... à tel point que lorsque l'un d'entre eux décède, si ses enfants ne sont pas artistes eux-mêmes, ils doivent quitter le village. L'arrivée d'un nouvel artiste se fait par cooptation. L'intensité créatrice de cet endroit est impressionnante. Il est possible de visiter plusieurs ateliers et galeries. Le samedi, c'est noir de monde.

– ***Janco Dada Museum*** *(musée Janco)* **:** *dans le village, à 10 m de la pl. principale. ☎ 984-23-50. ● jancodada.co.il ● Dim-jeu 10h-15h, ven 10h-14h, sam 10h-15h30. Entrée : 28 Shk ; réduc.* Expose des toiles remarquables de Janco et accueille des expositions temporaires. Pour rappel, le mouvement dada est né au cabaret *Voltaire* de Zurich en 1916. Au 1er étage, petite terrasse avec une des plus belles vues du village sur la mer.

Zikhron Ya'akov **:** *à 30 km env au sud de Haïfa. Bus nº 202 depuis la gare routière de Hof HaCarmel, compter 40 mn.* L'histoire de ce petit village débute véritablement à la fin du XIXe s, lorsque le baron Edmond de Rothschild crée l'un des premiers *moshavim* (implantation agricole) en Israël. Il y importe les meilleurs pieds de vigne de ses vignobles bordelais et fonde, en 1882, une exploitation vinicole, la *Carmel Winery.* Aujourd'hui, la petite rue principale du village, bordée de verdure, de maisons coquettes et de restaurants, est un lieu de promenade très prisé des familles le week-end.

■ ***Carmel Winery*** **:** *2, Winery St (à l'entrée du village). ☎ (04) 639-17-88. ● carmelwines.co.il/en/ ● Sur résa seulement, tlj sauf sam 9h30-17h ; ven 9h-14h. Interdit aux moins de 18 ans. Visites guidées avec dégustation (3 vins) : 30 Shk. Dégustation sans visite (5 vins) : 25 Shk.*

AKKO (SAINT-JEAN-D'ACRE)

46 300 hab. IND. TÉL. : 04

● Plan *p. 172-173*

À 22 km au nord de Haïfa, c'est une ville ancienne magnifique qui a conservé ses remparts et son plan datant des croisés. C'est à coup sûr l'un des endroits à ne pas manquer en Israël. Ne vous attendez pas à une cité proprette où l'on a caché les fils électriques pour faire plaisir aux gentils touristes. Les filets des pêcheurs s'étalent toujours sur le quai du petit port. Bref, c'est une cité bien vivante, véritable dédale enchevêtré de ruelles, souk arabe, bazar turc, dans lesquels on se perd volontiers pour voir surgir ici un clocher, là une voûte ou un minaret.

Le nom de Saint-Jean-d'Acre lui a été donné par les hospitaliers de Saint-Jean-de-Jérusalem à l'époque des croisades. En 1799, Bonaparte s'y est cassé les dents, mais c'est parce que les Anglais prêtaient main-forte à El-Jazzar, tyran local d'origine bosniaque, dit « le Boucher ». Enfin, pendant leur mandat, les Anglais installèrent dans la citadelle la prison centrale de Palestine où ils enfermèrent les Juifs activistes, notamment ceux de l'Irgoun et du groupe Stern. 8 d'entre eux y furent pendus. Si bien qu'Akko est pour l'État d'Israël un important lieu mémoriel.

AKKO ASSIÉGÉE

Le siège de Saint-Jean-d'Acre (1189-1191) est marqué par sa longévité : 2 ans. Pas moins de 3 souverains s'y opposèrent : Richard Cœur de Lion et Philippe Auguste d'un côté, Saladin de l'autre. 20 000 hommes périrent.

Arriver – Quitter

Au risque de se répéter, pas de transports publics pendant le shabbat.

En bus

Gare routière *(hors plan par C1)* **:** *devant la gare ferroviaire à 1,5 km de la vieille ville.* Préférer l'arrêt *Marine Officers School,* plus au sud et à 700 m de la vieille ville. Toutes les lignes suivantes y passent. Dessertes par *Nateev Express (☎ (04) 646-39-21 ; • nateevexpress.com •)* et *Nazareth Travels & Tourism (☎ (04) 657-05-77 ; • ntt-buses.com •)* pour :

➢ ***Haïfa :*** bus *Nateev Express* n°s 271 et 361. Compter 30 mn de trajet.

➢ ***Nahariya :*** bus *Nateev Express* n° 271. Trajet : 20 mn.

➢ ***Safed :*** bus *Nateev Express* n° 361. Trajet : 1h15.

➢ ***Nazareth :*** bus *Egged* n° 343, ttes les heures, 7h-19h30, ou bus *Nazareth Travels & Tourism* n° 353, arrêt au *Big Fashion Mall* (1 km à pied au sud de la vieille ville) ; même fréquence. Trajet : 1h.

En train

Gare ferroviaire *(hors plan par C1)* **:** *sur la route 8510, à l'extrémité est de la rue Herzl, à 1,5 km de la vieille ville. • rail.co.il/en •*

➢ Très nombreux trains **pour Haïfa** (30 mn), **Nahariya** (15 mn) et **Tel-Aviv** (moins de 2h).

En *sherout* (taxi collectif)

Très pratique et pas cher.

➢ ***Pour Haïfa :*** en face du terminal des bus, dans la ville nouvelle. Quelques-uns pour ***Safed.***

En bateau

➢ ***Akko-Haïfa :*** avec **Malkat Akko** *(plan C3 ; ☎ 991-38-90 ; • malkatakko.co.il • ; ticket en vente au port 40 mn avt le départ, 1h le sam ; CB acceptées).* Départ pour ***Haïfa,*** mars-nov, 2 fois/j., mat et ap-m, lun-mer, et 3 fois/j. sam, 1 le mat, 2 l'ap-m. Pas de services jeu, ven et dim. Les liaisons peuvent être modifiées selon les conditions météo. Se renseigner le jour même auprès de la compagnie.

ISRAËL

Adresses et infos utiles

Visitor's Center *(plan C1,* ***1****)* **:** *1, rehov Weizmann, à l'entrée de la citadelle. ☎ 995-67-06 (ou 07 pour la résa d'une visite guidée). • akko.org.il/fr • Sam-jeu 9h30-18h (17h en hiver) ; ven et veilles de fêtes 9h30-16h tte l'année.* Doc et plan en français. Film de 8 mn accessible avec le billet de la citadelle. Introduction sur les monuments de la ville. Accueil très pro et parfois francophone.

Western Galilee Tourist Information Center *(plan C2,* ***2****)* **:** *à l'arrière du souk. ☎ 601-55-33. • westgalil.org.il • Tlj 9h-17h (14h ven, 16h sam).* Produits et doc sur Akko et sa région.

- ***Change :*** peu de solutions, prendre ses précautions ou essayer le bureau de change à l'entrée du bazar turc *(plan C2 ; tlj 11h-17h).*

- ***Parking :*** si vous êtes véhiculé, garez-vous hors les murs, vous aurez plus de chance de trouver une place... et peut-être même gratuite.

Où dormir ?

De bon marché à prix moyens (80-440 Shk / 20-110 €)

Eco Akko *(plan C2,* ***10****)* **:** *rehov Salah ed-Din. ☎ 888-15-77. • ecoakkoil.wixsite.com/ecoakko-1 • Dortoirs 90-100 Shk/pers. Pas de petit déj, mais on peut se le préparer.* Cette AJ microscopique située au cœur de la cité propose des couchages superposés dans des lits carénés qui s'apparentent presque à des capsules d'hôtel japonais.

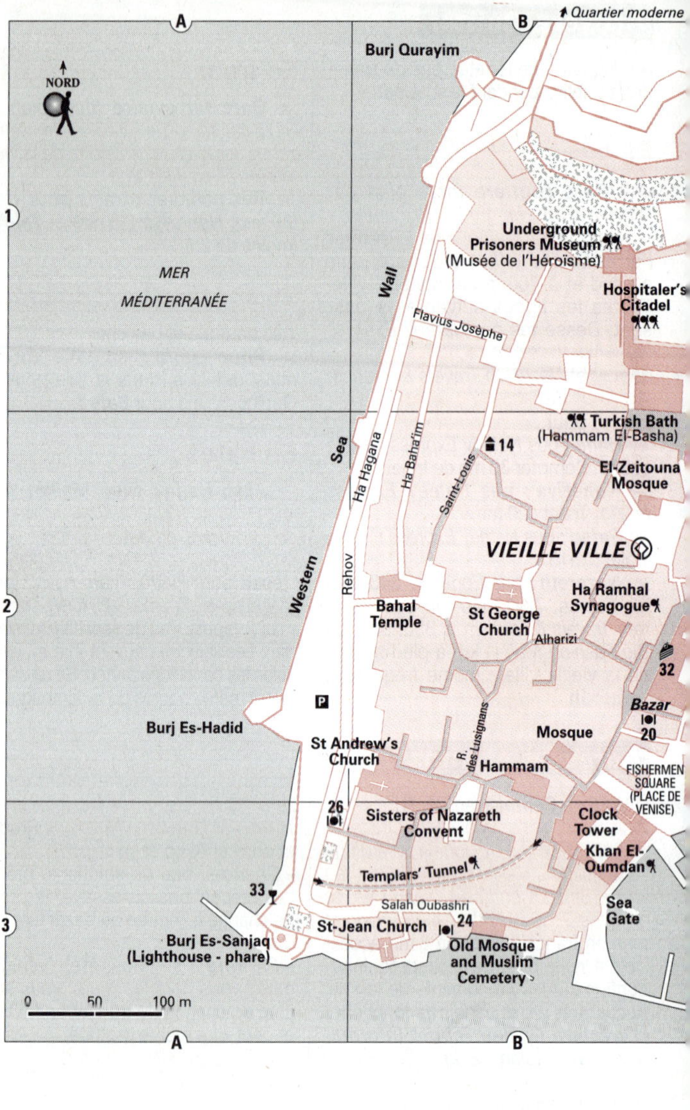

Adresses utiles

- 1 Visitor's Center (C1)
- 2 Western Galilee Tourist Information Center (C2)

Où dormir ?

- **10** Eco Akko (C2)
- **11** Akko Sands (C2)
- **12** Akko Knights Hostel & Guest House (C1)
- **13** Akkotel (D2)
- **14** Efendi Hotel (B2)

Où manger ?

- **20** Turkiz (B2)

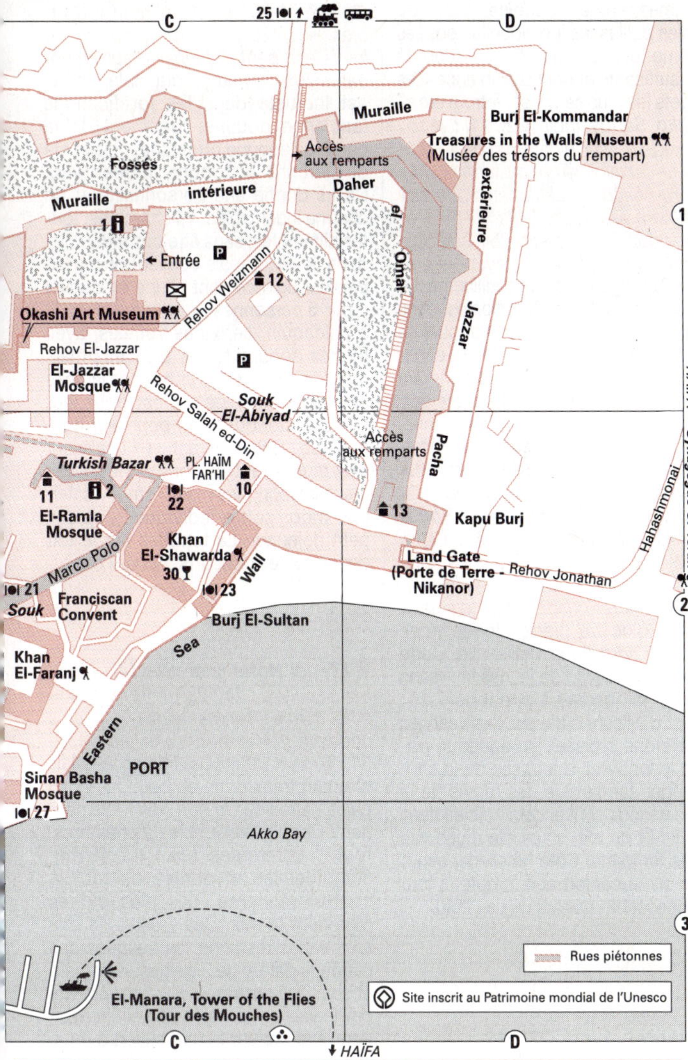

AKKO (Saint-Jean-d'Acre)

21 Humus Saïd (C2)
22 Arafi Falafel (C2)
23 El Bourj (C2)
24 Doniana (B3)
25 Siran
(hors plan par C1)
26 Uri Buri (A3)
27 El Marsa (C3)

Où boire un verre ou un thé ?
Où déguster une bonne pâtisserie ?

30 Cafés du khan
El-Shawarda (C2)
32 Qashash (B2)
33 Al Fanar (A3)

Une mezzanine accueille aussi de simples paillasses individuelles posées à même le sol. Sanitaires en quantité juste suffisante et bonne ambiance. Les budgets les plus serrés s'y retrouveront.

Akko Sands *(plan C2,* ***11****) : rehov Salah ed-Din, sur le côté sud de la mosquée El-Jazzar et du bazar turc (fléché).* ☎ *991-86-36.* • *akko.sand.hostel@gmail.com* • *Dortoirs 5 lits 80-90 Shk/pers ; doubles avec sdb 250-300 Shk. Pas de petit déj, mais on peut se le préparer.* Auberge au cadre fouillis, noyée dans la vieille ville. La réception est dans la lignée du bazar en marge duquel se situe l'adresse. Dortoirs (mixtes ou séparés), et chambres à la déco orientale correctement équipées (clim dans certaines), mais à la propreté trop moyenne, dommage. Thé et café gratuits à la cuisine. Accueil à la cool du proprio, un patron pêcheur. Terrasse avec vue.

Akko Knights Hostel & Guest House *(plan C1,* ***12****) : 2, rehov Weizmann.* ☎ *(02) 594-57-11.* • *iyha.org.il* • *Face à la citadelle. Doubles 300-420 Shk, petit déj inclus ; quadruples également.* Énorme bloc de pierre blonde posé à l'entrée nord de la vieille ville. Cette luxueuse « auberge de jeunesse » (sans dortoirs) fait penser à une forteresse ; elle est d'ailleurs bâtie sur des vestiges de l'époque croisée : un aqueduc traverse le lobby et la terrasse de la salle à manger, tandis que des ruines de la même période sont encore visibles dans la cour ! Et du toit, on profite d'une vue sur les remparts. Côté hôtellerie, rien à redire sur le confort et la propreté, tout est impeccable, quoiqu'un peu froid.

Plus chic (150-300 $ / 127-254 €)

Akkotel *(plan D2,* ***13****) : rehov Salah ed-Din (porte de la Terre).* ☎ *987-71-00.* • *akkotel.com* • *Doubles env 220-270 $ (plus chère pdt les fêtes), petit déj inclus ; également des suites.* Situation originale, l'hôtel est incrusté dans les fortifications (ancienne douane, logement de la garde à l'époque ottomane, puis école de garçons et tribunal après 1948). Ça lui donne une personnalité et un charme indéniables. 16 chambres, toutes différentes, sans être très modernes dans la déco, mais souvent originales par leur agencement : l'une en duplex (pour 5 personnes), une autre avec lit à baldaquin, certaines voûtées, avec pierres apparentes et alcôves ; mais rassurez-vous, si les anciennes latrines ont été conservées, c'est pour leur valeur historique, non pour leur côté pratique ! Calme garanti vu l'épaisseur des murs. Tout le confort possible : meubles fabriqués main, clim, TV satellite, frigo, coffre individuel, copieux petit déjeuner. La terrasse sur le toit donne sur les remparts. Accueil pro.

Spécial folies

Efendi Hotel *(plan B2,* ***14****) : rehov Saint Louis.* 📱 *074-729-97-99.* • *efendi-hotel.com* • *Doubles deluxe (les moins chères !) 1 450-1 750 Shk (env 450-540 $), petit déj inclus.* Immense palais ottoman transformé en boutique-hôtel par le patron du *Uri Buri* (voir « Où manger ? Chic »). Seulement 12 chambres, toutes différentes (de 24 à 48 m²), somptueuses et dotées de tout le confort moderne. Les plus chères regardent la mer. Des artistes italiens sont venus restaurer les fresques des plafonds datant de 2 siècles. Hammam et spa. Des terrasses et coursives, vue privilégiée sur la vieille ville et l'horizon depuis le bar sur le toit, ouvert à tous, somptueux pour les couchers de soleil.

Où manger ?

De bon marché à prix moyens (moins de 80 Shk / 20 €)

Turkiz *(plan B2,* ***20****) : juste au sud du souk.* ☎ *602-12-00. Tlj sauf lun 10h-22h. Prix moyens.* La ville fut ottomane ? Justement, voici une petite table turque bienvenue. On y sert des *msakhan* (poulet, oignons, pignons) et des pizzas à la viande, cuits au four. Parfait pour caler une faim. Salle toute proprette sur 2 niveaux.

Humus Saïd (plan C2, **21**) : *dans le souk. Tlj sauf sam 6h-14h30. Bon marché.* C'est propre, d'une blancheur immaculée, avec clim et ventilo. Réputé pour servir le meilleur houmous de la ville. Plein comme un œuf en tout cas et bon turn-over : les gens, venant essentiellement se nourrir, ne traînent pas à table...

Arafi Falafel (plan C2, **22**) : *rehov Salah ed-Din, dans le renfoncement du sq. Far'hi. Tlj sauf certains sam 8h30-16h. Bon marché.* C'est un stand tout simple. On y mange debout pour pas cher des sandwichs bourrés de falafels et habituel assortiment de salades, cornichons, sauce.

Chic (80-120 Shk / 20-30 €)

El Bourj (plan C2, **23**) : *khan El-Shawarda. 053-937-49-25. Tlj 10h-minuit.* Outre une agréable terrasse donnant sur le khan El-Shawarda, ce qui fait décidément la force de ce restaurant, ce sont ses 2 superbes et vastes salles voûtées. Les pierres s'y susurrent quelques secrets de templiers sur fond de musique moyen-orientale et de senteurs de narghilé. Les tables sont bien au large et le service est avenant. Cap sur l'assiette : les viandes ménagent le compte en banque, les moules s'y déclinent en tajine au *tahineh* et la brème de mer en *sineya*. Accompagnement en sus, ce qui alourdit la note.

Doniana (plan B3, **24**) : *accès par une rampe au pied du phare, puis continuer sur les remparts. ☎ 991-00-01. Tlj 12h-23h30.* On pourrait croire, vu sa situation, que c'est un piège à touristes. Or c'est un des rapports qualité-prix-cadre les plus intéressants de la ville. Choisissez entre la terrasse au-dessus de l'eau avec vue sur Haïfa ou la grande et élégante salle sur le rempart (tables panoramiques et bien séparées, clim, serviettes en tissu). Bon choix à la carte : croquantes salades, *mixed grill,* le savoureux *Doniana Casserole* (crevettes, calamars et moules) et quelques variations de poulet.

Siran (hors plan par C1, **25**) : *13-21, rehov Ben Ami (ville nouvelle). ☎ 824-54-44. Tlj 9h-minuit.* On ne regrette pas d'avoir laissé l'envoûtante vieille cité pour rejoindre ce restaurant de la ville nouvelle. La carte 100 % en arabe est patiemment détaillée par un staff très sympa. Du classique levantin (houmous, taboulé, kebab), agrémenté de poisson, de fruits de mer, et même de pâtes. Clientèle de trentenaires qui vient apprécier un agréable moment culinaire tendance un peu romantique dans un ensemble de petites salles et sur une terrasse couverte. Le tout décoré avec goût.

Uri Buri (plan A3, **26**) : *rehov HaHagana. ☎ 955-22-12. Tt près du phare. Tlj 12h-22h30. Résa conseillée, surtout le w-e.* Incendié pendant les heurts de mai 2021, le restaurant devait être reconstruit. On l'espère, car il s'agit de l'un des meilleurs restos de poisson de la côte. Une institution. Uri, le généreux patron à la barbe de patriarche, connaît et aime son métier. Il choisit lui-même chaque matin sa marchandise auprès des pêcheurs. Selon les arrivages, il saura vous conseiller. Il a fait tous les métiers, rapporté mille recettes de ses voyages et manifeste un prodigieux sens des épices et des saveurs. Comme ils sont déclinés en demi-portions, on peut même goûter à plusieurs plats. Quelques spécialités : bar en cocotte au lait de coco, *mix seasonal sea food...* Certes un peu cher, mais justifié. Belle carte des vins. Terrasse.

Très chic (120-220 Shk / 30-55 €)

El Marsa (plan C3, **27**) : *sur le port. ☎ 901-92-81. Tlj 12h-23h.* Agréable et grande véranda face au port avec ses bateaux qui dansent. Poissons, certes pas donnés (et ce n'est pas la beauté de la salle qui explique le prix), mais plutôt bien préparés. Par exemple, celui au *tahineh* ou le *barramundi* servi avec du *freekeh,* du blé vert. Service discret et efficace.

Où boire un verre ou un thé ? Où déguster une bonne pâtisserie ?

Dans la cour du ***khan El-Shawarda*** *(plan C2, **30**),* plusieurs terrasses pour boire un thé et fumer le narghilé en regardant les matchs de foot version grand large.

Qashash *(plan B2, **32**) : dans le souk. Tlj 8h30-22h.* Quelques marches pour descendre au cœur d'un univers de douceurs : très bon *knafeh,* dessert à base de fromage de chèvre fondu parsemé de cheveux d'ange... orange. Également délicieux baklavas et *halawe* (pâte de sésame). Laissez tomber le régime !

Al Fanar *(plan A3, **33**) : rehov HaHagana, sous le phare. ☎ 901-96-86. Tlj 8h-minuit. Pas d'alcool.* Surtout prisé pour sa terrasse sur les flots qui s'embrase au coucher de soleil, on y vient aussi pour son choix de cafés, jus de fruits, gâteaux (occidentaux) et glaces.

ISRAËL

À voir. À faire

La vieille ville

Promenez-vous au hasard. Il est si doux de se perdre dans un environnement où rêvent les chats ! Marchandez dans le souk et laissez-vous porter par le charme de la ville. Population musulmane ou chrétienne principalement, les Juifs vivant surtout dans la ville nouvelle. Au XIe s, les républiques de Gênes, Venise, Pise et Amalfi se partageaient la ville en quartiers.
Remarquez, autour du marché, les sortes de fresques qui ornent l'entrée des maisons. On trouve le même ornement dans le quartier musulman de la vieille ville de Jérusalem. Les fresques représentent généralement la Pierre noire de La Mecque et/ou le Dôme du Rocher de Jérusalem. Elles indiquent ceux qui ont fait le pèlerinage à La Mecque, auxquels est témoigné un respect particulier marqué par le titre honorifique de *Hadj* devant le nom.

The Hospitaler's Citadel *(citadelle des Hospitaliers ; plan B1) : 1, rehov Weizmann (le Jardin enchanté). Sam-jeu 9h30-18h (17h en hiver) ; ven et veilles de fêtes 9h30-16h tte l'année. Dernière admission 45 mn avt. Entrée : 40 Shk. Le billet comprend d'office les entrées au tunnel des Templiers, aux musées Okashi et des Trésors du rempart (musée ethnographique). En ajoutant le billet pour Rosh HaNikra : 82 Shk ; plus le hammam El Basha : 100 Shk ; réduc. Audioguide pour la citadelle en français inclus.*

À ne manquer sous aucun prétexte. C'est l'ancien quartier général des hospitaliers de Saint-Jean-de-Jérusalem, une succession de salles distribuées autour d'une vaste cour. Quand El-Jazzar arriva au XVIIIe s, il combla les ruines croisées afin d'ériger sa propre ville au-dessus. D'où cette impression fascinante, aujourd'hui, d'une citadelle souterraine.
– On descend des escaliers pour atteindre la ***salle des Prisonniers,*** voûtée d'ogives, qui rejoint ensuite une *rue* de l'ancienne ville croisée. On suit cette ***rue*** sur une

> **UNE ROYAUTÉ À LA FLEUR DE L'ÂGE**
>
> *Mais que vient faire la fleur de lys, symbole des rois de France, sur les pièces de 1 shekel ? Étonnant, non ? Eh bien, parce que cette fleur vient d'Orient où elle représente Dieu et les rois depuis la haute Antiquité. Suite à un voyage presque touristique en Terre sainte en 1148 (la 2e croisade), Louis VII (le Pieux) adopta cette fleur de lys comme emblème des Capétiens.*

petite centaine de mètres jusqu'à l'entrée du ***réfectoire,*** qui date du XIIIe s. Une salle superbement plantée de 3 piliers à la fois massifs et élégants qui supportent des voûtes gothiques. Des fleurs de lys, qui décoraient les chapiteaux de cette salle, il n'en reste que 2 gravées, peu visibles car érodées par le temps. On pourrait faire un jeu de piste, mais on est magnanimes, on vous file un coup de main : elles se situent sur le mur est (à gauche en entrant), à chaque angle, en hauteur.

– En sortant du réfectoire, on débouche sur la ***cour*** de la citadelle et ses larges arcades gothiques où les moines-soldats s'entraînaient au combat. El-Jazzar l'avait comblée pour y ériger sa résidence. Si bien que le niveau du sol à la période ottomane se situait en haut de la rampe d'escalier à gauche. On imagine le volume des gravats qui ont dû être déblayés au cours des fouilles ! Pas étonnant qu'elles aient duré 2 ans...

– Depuis l'angle sud-est de la cour, on pénètre ensuite dans la ***Grande Salle*** *(the Great Hall),* la 1re à avoir été découverte dans les années 1960. Lorsque les décombres qui la remplissaient ont été évacués, la voûte s'est effondrée à cause du poids de la citadelle. Consolidée et reconstruite selon des plans de l'époque, elle accueille désormais des ateliers présentant les métiers anciens, démonstrations à l'appui.

– Plus au nord, l'impressionnante ***salle des Chevaliers,*** plutôt une succession de salles, se tient là encore tout en voûte d'ogives, soutenues par d'énormes piliers. Sa hauteur sous plafond peut atteindre 12 m. Elle servait de logis aux moines-soldats. Tout au fond, en haut, à gauche, on remarque les traces de l'incendie perpétré par les mamelouks en 1291 et mises au jour lors des fouilles.

– On revient à la cour par l'angle nord-est. Côté nord-ouest, ne manquez pas de visiter les ***latrines publiques,*** dotées d'un sens bien singulier de l'intimité !

– Traversez la cour en diagonale, vers l'angle sud-est, pour emprunter un escalier discret menant à un incroyable ***tunnel*** souterrain de 70 m creusé dans le roc. Raccordé aux latrines, il semble avoir été originellement plus long et probablement relié à un vaste réseau de galeries utilisées comme passages secrets pour sortir de la ville assiégée.

– Ce tunnel émerge dans la ***crypte de l'église Saint-Jean,*** détruite en 1291, El-Jazzar en utilisa les pierres au XVIIIe s pour construire les autres édifices. Si bien qu'il ne reste que le rez-de-chaussée. Au bout, pierres tombales de l'évêque de Nazareth et d'un grand Maître.

PAR ICI LA MONNAIE !

Au XIIe s, forts de quelque 10 000 commanderies, les Templiers créent un système de « Lettre de change ». Le principe est simple. Un pèlerin dépose une somme dans une commanderie templière et reçoit, en retour, un billet certifié. Bien plus pratique et plus sûr à transporter qu'une grosse somme sur les chemins de l'Orient, sujets au brigandage. À destination, toute commanderie templière peut lui remettre de l'argent sur présentation de ce billet. Les moines soldats n'appliquent pas de commission (c'est contraire à leur règle monastique), mais jouent sur le taux de change pour gagner des sous. Eh eh !

Turkish Bazar *(bazar turc ; plan C2)* **:** *tlj jusqu'à 18h env (activité réduite en hiver).* Réhabilitées, 2 rues couvertes, perpendiculaires, accueillent désormais une brochette de petites échoppes proprettes d'artisanat et de bouche tenues par des commerçants de toutes les confessions.

Okashi Art Museum *(musée Okashi ; plan C1)* **:** *rehov El-Jazzar. Sam-jeu 9h30-18h (17h en hiver) ; ven et veilles de fêtes 9h30-16h tte l'année. Dernière admission 45 mn avt. Entrée : 10 Shk ou compris dans le billet de la citadelle (voir plus haut, en début de rubrique).* Avshalom Okashi est la fierté locale. Peintre de talent, il s'installa à Akko dès 1948 et y resta jusqu'à sa mort en 1980. Il acquit dans les années 1960 une renommée internationale et exposa dans d'importants musées et galeries à travers le monde. Le musée occupe son ancien studio réaménagé pour y accueillir ses œuvres, ainsi que des expositions temporaires. Immense salle voûtée de pierre, le lieu idéal. On notera son style extrêmement éclectique : collage, retouche sur photo, lavis, montages divers, dessins à la plume, gros traits noirs à la Tardi, bandes de couleur à la Rothko... Un talentueux touche-à-tout !

Turkish Bath *(hammam El-Basha ; plan B1-2)* **:** *près de la mosquée El-Jazzar. Sam-jeu 9h30-18h (17h en hiver) ; ven et veilles de fêtes 9h30-16h tte l'année. Dernière admission 45 mn avt. Entrée : 25 Shk ou billet combiné (voir plus haut la citadelle, en début de rubrique).* Construit au XVIIIe s par El-Jazzar (le Boucher). Il fonctionnait encore comme bain public jusqu'à la guerre de 1948. De tout temps, le hammam fut le centre de la vie sociale, lieu de rencontre, de repos et d'échange des informations. La visite de ce hammam, superbement restauré et mis en valeur, s'effectue sous une forme multimédia appelée « L'histoire du dernier Maître des Bains ». Évocation de la période ottomane, celle qui consacra la suprématie d'Akko, après plusieurs siècles de décadence. Des personnages et des illustrations restituent bien gestes et situations et, c'est le cas de le dire, tout ce merveilleux décor vous plonge vraiment dans le bain...

El-Jazzar Mosque *(mosquée El-Jazzar ; plan C1)* **:** *rehov El-Jazzar. Tlj 8h-19h (sauf au moment des prières). Entrée : 10 Shk. Un guide propose ses services (pourboire attendu).* Édifiée en 1782 sur le site de l'ancienne cathédrale de la Sainte-Croix. Très agréable jardin intérieur. Jolie fontaine à ablutions. Les colonnes à l'entrée proviennent de Césarée. Au fond, les immenses réservoirs d'eau datant des croisés (XIIe s) faisaient partie de la cathédrale avant de servir à stocker les eaux de pluie jusqu'à aujourd'hui. El-Jazzar et son fils sont enterrés dans le jardin, tandis qu'un bout de la barbe du prophète est, selon la tradition, conservé ici.

Underground Prisoners Museum *(musée de l'Héroïsme ; plan B1)* **:** *dans la partie construite au-dessus de la citadelle. Tlj sauf ven-sam 8h30-16h30 (13h30 ven et veilles de fêtes). Entrée : 15 Shk. Se munir d'une pièce d'identité.*
Forteresse au XVIIIe s, puis ancienne prison centrale des Anglais et aujourd'hui musée retraçant la lutte du peuple juif contre les Britanniques (photos, documents d'époque). On visite la ***salle des gardes,*** l'accueil des prisonniers, le ***mur des visiteurs*** (Moshe Dayan y reçut sa femme en 1939), les ateliers, etc. Vous y verrez les ***cellules des prisonniers*** de la Haganah, du *Etzel* (l'Irgoun), du *Lehi* et du groupe Stern. Explications détaillées pour chaque groupe (origine, leaders, activités). Salle d'exposition où est expliquée en détail la fameuse ***attaque de l'Irgoun, le 4 mai 1947,*** qui permit la libération de 221 détenus (la moitié y laissa la vie). Vous y apprendrez aussi comment on pouvait sortir le courrier clandestinement (papier à cigarettes ou de toilette caché dans un stylo, dans les gamelles, etc.). La ***cellule nº 11*** était la seule où l'on mêlait criminels juifs et arabes.
Poignants dans leur dénuement et leur atmosphère, la ***salle de la potence*** et son couloir de la mort, avec les portraits des activistes juifs qui y furent exécutés. À côté, ***Memorial Hall*** des héros (parfois fermé). Grimper sur la terrasse de la citadelle pour le panorama sur toute la ville.

Treasures in the Walls Museum *(musée des Trésors du rempart ; plan D1)* **:** *situé dans le burj El-Kommandar (la tour du Commandant). Sam-jeu 9h30-18h (17h en hiver) ; ven et veilles de fêtes 9h30-16h tte l'année. Entrée : 15 Shk ou compris dans le billet de la citadelle (voir plus haut, en début de rubrique).*
Appelé aussi *Musée ethnographique d'Acre et de Galilée,* installé dans l'ancienne garnison ottomane. Dans ce cadre de pierre majestueux, reconstitution particulièrement réussie d'un bazar ottoman en Galilée, il y a un siècle, avec ses boutiques et ses artisans traditionnels. Ainsi le vannier, le bourrelier, le potier, le réparateur de lampes, le dinandier, le ferblantier, l'atelier d'un menuisier (qui travailla jusqu'en 1984)... Plus le bijoutier, le tailleur, le forgeron, l'étameur et la plus vieille pharmacie de la région.

Somptueux salon traditionnel avec de beaux meubles marquetés de nacre, pittoresques collections de jouets (période plus moderne) et d'objets familiers. Quelques vitrines, genre cabinet de curiosités, présentent des objets insolites. Superbe vaisselle persane.

Khan El-Oumdan *(caravansérail des Piliers ; plan B3)* **:** *visible de l'extérieur seulement.* Caravansérail construit au XVIIIe s sur l'emplacement de bâtiments des douanes portuaires de l'époque des croisés. Splendide architecture intérieure dont les colonnes en granit sont originaires de Césarée. Les salles basses servaient d'entrepôts. Les chambres des voyageurs étaient installées au 1er étage. ***Tour de l'Horloge*** élevée en 1906 pour les 30 ans de règne du sultan ottoman.

Khan El-Faranj *(caravansérail des Francs ou des Européens ; plan B-C2)* et le **khan El-Shawarda** *(plan C2)* sont également d'anciens caravansérails. Juste avant le khan El-Shawarda (ou Es-Shuarda) s'élève le ***burj El-Sultan,*** pratiquement la seule vraie fortification datant des croisés (XIIIe s). Dans la baie du port, on voit la ***tour des Mouches,*** tas de ruines informes. C'est ce qui reste du phare des croisés.

Ha Ramhal Synagogue *(plan B2)* **:** *Ramhal St. Dim-jeu 9h30-18h (17h en hiver) ; ven et veilles de fêtes 9h30-16h tte l'année. Fermé sam.* Petite synagogue construite comme lot de consolation lorsque le sultan transforma la grande synagogue de la ville en mosquée. Mérite un p'tit coup d'œil.

ISRAËL

Templars' Tunnel *(tunnel des Templiers ; plan B3)* **:** *entrée près du khan El-Oumdan, sortie près du phare ; ou l'inverse, puisqu'il se prend dans les 2 sens. Sam-jeu 9h30-18h (17h en hiver) ; ven et veilles de fêtes 9h30-16h tte l'année. Dernière admission 45 mn avt. Entrée : 15 Shk ou compris dans le billet de la citadelle (voir plus haut, en début de rubrique).* Découvert par hasard en 1994, à la suite d'un dépannage sur un égout bouché, il date du XIIe s et correspond à une portion du tunnel reliant la citadelle au port. Il servait de passage secret aux chevaliers, mais aussi pour transporter les marchandises qui évitaient ainsi les droits de douane. Attention à la tête : sur une dizaine de mètres, la faible hauteur contraint à se plier en 2. Reproductions de peintures de la période croisée et vidéos explicatives agrémentent le cheminement.

– ***Balades en bateau :*** *env 20-25 Shk/pers.* Petites balades d'une vingtaine de minutes pour admirer la cité fortifiée et les remparts depuis la mer.

La ville nouvelle

La synagogue Or-Torah (hors plan par D2) **:** *13, rehov Kaplan. En sortant de la vieille ville par la porte de Terre, prendre la 3e rue à droite. Tlj sauf sam 9h-12h30, 15h30-18h. Donation bienvenue.* Tsion Baddache, Juif tunisien, sioniste et tailleur de pierre est arrivé en Israël en 1954. Il a commencé la construction de la synagogue 1 an plus tard en souvenir de la synagogue de la Ghriba à Djerba. Son originalité : elle est couverte de ***mosaïques*** du sol au plafond. Des milliards de petits carrés de pierre locale qui racontent l'histoire du peuple juif, le sionisme, l'Holocauste, la création de l'État, l'armée. L'escalier grimpe sur 4 niveaux et permet d'accéder à la synagogue principale dont la coupole est ornée de ***mosaïques*** et de ***vitraux*** illustrant les 12 signes du zodiaque, le mur des Lamentations, la Ghriba, la Knesset et le drapeau d'Israël. Face à l'entrée, les arches saintes renferment les rouleaux de la Torah. Leurs ***portes,*** plaquées en argent massif, pèsent chacune 120 kg. À gauche sont inscrits des textes de bénédiction pour les soldats de l'armée.

Les plages : celle de ***Sussim*** (« chevaux » en hébreu), à la sortie de la vieille ville, assez sale et non surveillée, est à déconseiller. La plage ***Argaman***

(« pourpre »), surveillée, agréable et assez bien aménagée, se trouve dans la ville nouvelle près d'une école navale. Compter 15 mn à pied depuis la porte de Terre.

DANS LES ENVIRONS D'AKKO (SAINT-JEAN-D'ACRE)

Baha'i Gardens *(jardins bahaïs) : à 3 km au nord d'Akko par la route 4, puis fléché sur la gauche avt Lohamei Haghetaot. • ganbahai.org.il • Bus nº 271 d'Akko ou de Nahariya. Jardins : jeu-dim 9h-14h. Intérieur du mausolée : visite accompagnée obligatoire (max 20 pers à la fois). GRATUIT.* En complément des jardins et du mausolée de Haïfa. C'est ici que repose l'un des 2 fondateurs de la foi bahaï, Mirza Hussein Ali, banni de Perse pour ses croyances en 1868 et envoyé à Akko pour y être emprisonné à vie. Au bout de 9 ans, il bénéficia d'un régime de semi-liberté et se retira dans cette propriété, alors résidence du gouverneur turc. Il y resta jusqu'à sa mort en 1892. Lieu le plus sacré pour les bahaïs, la visite vaut pour ses magnifiques jardins à la française, notamment autour du mausolée, encadré de cyprès. L'intérieur du mausolée est un havre de recueillement (silence absolu exigé).

Ghetto Fighters' House Museum *(musée des Combattants des ghettos) : kibboutz de* ***Lohamei Haghetaot,*** *à env 4 km au nord d'Akko, sur la route 4. ☎ (04) 995-80-80. • gfh.org.il • Bus nº 271 d'Akko ou de Nahariya. Musée principal 9h-16h ; fermé ven-sam, fêtes juives et veilles de fêtes. Entrée : 35 Shk (musée principal), 25 Shk (Yad Layeled), 40 Shk (combiné) ; réduc. Audioguide en français inclus.*

Ce grand édifice moderne abrite l'un des plus fascinants musées relatant l'histoire tragique des Juifs, principalement de Lituanie et de Pologne (d'où sont originaires les membres de ce kibboutz), durant la Seconde Guerre mondiale. Exceptionnel !

Au rez-de-chaussée

– ***Salle consacrée aux Juifs néerlandais :*** une maquette aux murs transparents permet d'entrer dans l'intimité de la fameuse ***maison d'Anne Franck.***

Au sous-sol

– ***Yizkor*** (« Souviens-toi » en hébreu) est une admirable présentation interactive. Un immense mur noir qui dévoile des niches rétro éclairées contenant des objets liés au quotidien des Juifs avant et durant la guerre.

– ***Le hall des camps*** n'épargne pas les sensibilités. Des photos très dures de charniers, pendaisons, et quelques objets glaçants : boîtes de Zyglon, le gaz mortel utilisé dans les chambres de la mort, uniformes de SS pendus à côté des tristement célèbres tenues blanches rayées de bleu des déportés... On y trouve une maquette du camp de Treblinka (voir l'encadré) et une carte d'Europe pointant tous les camps recensés.

AU NOM DE TOUS LES MIENS !

Yaahov Wicsnik était un charpentier juif employé sur le chantier de construction de Treblinka. Il fournit à la résistance polonaise un plan du camp. Lors de la création du musée, il confectionna une maquette fidèle. Toute sa vie il fut meurtri d'avoir contribué à construire ce lieu d'horreur destiné à exterminer les siens.

Au 1er étage

– Poignante section relative au ***ghetto de Varsovie,*** à sa résistance et à son héroïque soulèvement. La communauté juive polonaise est celle qui a payé le plus lourd tribut durant la guerre. Sur environ 3 150 000 Juifs que comptait la Pologne avant la guerre, 2 700 000 sont morts durant le conflit : dans les ghettos (malnutrition, exécutions sommaires...) et dans le système concentrationnaire nazi. Tous les camps d'extermination du IIIe Reich étaient d'ailleurs implantés sur le sol polonais : Auschwitz-Birkenau, Treblinka, Belzek, Chelmno, Majdanek, Sobibor, à la différence des camps de concentration.

Au 2e étage

– Des expositions sur des thèmes aussi forts que ***l'eugénisme nazi*** (pas toujours traduites en anglais).
– Une section liée à la ***déportation des Juifs néerlandais*** précède une reconstitution de la ***salle du procès d'Adolf Eichmann,*** avec la (véritable) cage de verre dans laquelle il a comparu. Le procès, totalement filmé, tourne en boucle sur un écran.

Yad Layeled

Le mémorial des Enfants. Dans un bâtiment à part, inauguré en mai 1995, il témoigne du destin des enfants juifs pendant l'Holocauste et commémore le million et demi d'entre eux qui périrent.
Une longue rampe descend en spirale comme une ***plongée vers l'enfer*** : dans la semi-pénombre, une rue reconstituée dont les fenêtres laissent apparaître l'intérieur des foyers encore heureux (sourires d'enfants, jouets...). Puis le monde se déchire et la rue devient ghetto, puis grillage de camps, pour aboutir dans le ***hall de la Flamme éternelle.*** Le parcours est émaillé de textes courts et poignants (« Fuis... Peu importe où, mais fuis les Allemands ! », « Les papillons ne vivent pas dans le ghetto »), et de vidéos de témoignages de survivants.

CHAPEAU, LE HÉROS !

Le mémorial comporte une salle Janusz Korczak, cet instituteur juif polonais connu avant la guerre comme un grand pédagogue. Dans la queue allant vers la mort, un officier allemand le reconnut et lui proposa de l'épargner (il lisait les livres de Korczak à ses enfants). L'instituteur refusa de quitter ses élèves et resta avec eux jusqu'à la chambre à gaz.

LE NORD

La plaine d'Akko se prolonge vers le nord entre les monts de haute Galilée et la mer. Plaine très fertile couverte de vergers, d'oliveraies, de champs de coton et de bananeraies. Les *monts,* bien que peu élevés (le mont Méron culmine à 1 208 m), constituent un relief spectaculaire et sauvage, à mi-chemin de l'Andalousie et de la Provence, avec une « touche galiléenne » indéfinissable et une grande qualité de lumière. Forêts, vallées fertiles et collines pelées alternent, harmonieusement balisées de temps à autre de châteaux forts. Dans la région, beaucoup de villages et de petites villes arabes ou druzes.

LA CÔTE NORD ET LA HAUTE GALILÉE

LA RÉGION DE NAHARIYA

Nahariya fut fondée en 1934 par des immigrants venant d'Allemagne. Grande station balnéaire populaire sur la plaine côtière, c'est la ville d'Israël la plus septentrionale. Nombreux sites d'intérêt dans les environs. Qu'ils soient naturels, illustrant une géologie tourmentée (grottes, arches...) ou bâtis durant la période des croisades, ils collent au corps des paysages aux confins nord du pays. En guise d'apéro, en remontant vers Nahariya, les vestiges d'un aqueduc construit au XVIIIe s, pour acheminer l'eau à Akko.

➢ ***Akko :*** bus *Nateev Express* *(☎ (04) 646-39-21 ; ● nateevexpress.com ●)* n° 271. Départs fréquents. Trajet : 20 mn.

➢ ***Safed :*** bus *Nateev Express* n° 367. Ttes les heures, 8h-21h30. Trajet : 1h.

Où dormir à Nahariya et dans la région ?

■ ***Shtarkman Erna Hotel :*** *29, rehov Jabotinsky, à* ***Nahariya.*** *☎ 992-28-32. ● sernahotel.co.il ● Doubles 450-700 Shk.* Le temps semble avoir suspendu son vol depuis la création de cet hôtel par la famille Shtarkman dans les années 1940 et qui le gère depuis 3 générations. Vieilles photos de famille aux murs du lobby, mobilier, papiers peints vintage mais de facture moderne, la déco est étudiée dans le moindre du détail, jusque dans les chambres. Un établissement cosy, chaleureux et confortable doublé d'un excellent accueil. Parfaite base arrière, à la fois proche de Saint-Jean-d'Acre et des sites du Nord.

■ ***Shlomi Youth Hostel & Guesthouse :*** *à* ***Shlomi,*** *à 12 km au nord de Nahariya. ☎ (02) 594-57-08. ● iyha.org.il ● Bus n°s 22 ou 23 depuis la gare routière de Nahariya. Lit en dortoir loué selon situation sanitaire ; doubles 400-440 Shk. Min 2 nuits à certaines dates. Repas possible.* Auberge officielle, bonne base entre Rosh HaNikra, Hanita, Montfort et Akhziv. Une centaine de chambres dans un grand complexe en brique, sans charme. Moderne, fonctionnel et confortable.

■ ***Youth Hostel :*** *à* ***Peqi'in,*** *à 26 km à l'est de Nahariya. ☎ (02) 594-56-77. ● iyha.org.il ● Dans un grand bâtiment blanc face au village. Bus n° 46 de Nahariya. Doubles 340-440 Shk. Min 2 nuits à certaines dates. Repas proposé.* Une auberge de jeunesse sans grand charme, mais assez récente et très fonctionnelle.

À voir dans les environs

Rosh HaNikra *(cap de la Grotte) : à 10 km au nord de Nahariya (suivre les panneaux « grottos » ; ne pas monter au village). 073-271-01-00. ● rosh-hanikra.com ● Bus n° 31 au départ de Nahariya, puis 800 m à pied. Tlj : en été 9h-18h (16h ven) ; en hiver 9h-16h (18h sam et j. fériés). Téléphérique 48 Shk A/R (son et lumière inclus) ; billets combinés avec les sites d'Akko 82 ou 100 Shk (lire plus haut la rubrique « À voir » de cette ville).* C'est la frontière entre Israël et le Liban. « Jérusalem 205 km, Beyrouth 120 km » : on ne peut rater cette information gravée dans le mur du poste-frontière. Une sorte de promontoire rocheux dominant la mer qui a creusé en contrebas des grottes accessibles en téléphérique (d'où le tarif). C'est beau, bien sûr, un peu surfait à notre avis. Point de passage de toutes les grandes invasions de l'histoire, Alexandre le Grand y aurait fait creuser les marches dans le roc. Les Britanniques y percèrent des tunnels pour relier Haïfa à Beyrouth par le chemin de fer.

Hanita : *à 16 km au nord-est de Nahariya (à la frontière libanaise). ☎ (04) 985-96-76. • hanita.co.il • Bus n° 23 depuis Nahariya.*
Créé en 1938 sur le site d'une ancienne ville juive du VIIe s av. J.-C., dominant toute la région (endroit stratégique), ce fut le 1er kibboutz de Galilée occidentale. Les terres avaient été achetées à un notable libanais (c'est Ben Gourion qui organisa l'acquisition). Pour contrer l'interdiction des Britanniques d'implanter des kibboutzim en Galilée occidentale, le 21 mars 1938, 50 camions et 500 hommes débarquèrent. Le village fut construit en une nuit et entouré d'une enceinte de défense. Moshe Dayan et Yigal Alon en étaient. Pendant la guerre de 1948, complètement isolé du reste du pays, il subit de nombreuses attaques des armées arabes, mais résista.
Aujourd'hui, le kibboutz compte environ 600 personnes (dont la moitié de permanents). On y trouve de petites industries (métallisation de plastique, lentilles de contact et pelliculage) et des cultures d'agrumes, avocats, bananes, coton et céréales. Beaucoup de membres du kibboutz viennent d'Afrique du Nord et de France, et le français y est la 1re langue parlée après l'hébreu.
– **Hanita Museum** *(musée d'Archéologie et d'Histoire régionale)* **:** *☎ (04) 985-96-77. • museumhanita.blogspot.com • Ouv avr-oct, dim-jeu 9h-14h, ven-sam 10h-13h. Conseillé de téléphoner la veille pour s'assurer de l'ouverture du musée. Entrée : 20 Shk ; réduc.* Le musée occupe l'emplacement d'une église byzantine et ce fut la 1re maison en dur du kibboutz. Section d'archéologie proposant des objets vieux de 4 000 ans : poterie, bijoux préhistoriques, romains et byzantins, lampes à huile, monnaies anciennes, verrerie de Tyr, superbes mosaïques. Section sur la faune et la flore régionales et riche présentation historique de Hanita (nombreux documents et photos).

Qeshet Cave : *prendre la route 899 sur quelques km puis à gauche en direction d'Adamit ; après 4,5 km, fléché à droite. Depuis le parking, compter 10 mn à pied. Bus n° 24 depuis Nahariya. ♿ (chemin aménagé).* Impressionnante grotte surplombée par un étroit pont naturel. C'est spectaculaire. Très belle vue sur la Galilée occidentale. On domine tout, de la Méditerranée à l'ouest aux petites montagnes vers l'est avec la plaine entre les deux. Quand il fait beau, lumière superbe avant le coucher du soleil.

Montfort Castle *(château de Montfort)* **:** *à 18 km à l'est de Nahariya. Depuis la route 89, fléché sur la gauche, suivre la route sur 3 km en traversant le village de Hilia ; se garer au départ de la piste qui part à droite. Suivre ensuite les traces rouge et blanc à pied pdt 30 mn. GRATUIT.* Construit par les croisés sur cet éperon rocheux, ce fut d'abord une ferme fortifiée. Puis le château devint le siège des trésoriers de ***l'ordre Teutonique*** (1220-1271), avant d'être rasé par Saladin. Aujourd'hui, de nobles ruines, dont celles d'un imposant donjon de 20 m, dominent la rivière Kziv.

Balade à pied : *depuis Nahariya, bus nos 43 ou 45. Compter 3h-3h30 de marche.* Se faire déposer sur la route 89, à l'intersection pour Hilia. Visite des ruines, descente dans le vallon de la Kziv et remontée vers le parc Goren (camping possible). Retour à Nahariya par les bus nos 27 ou 29 sur la route 899.

Yehiam Fortress *(forteresse de Yehi'am)* **:** *☎ (04) 827-66-00. • parks.org.il • À une quinzaine de km à l'est de Nahariya. Bus nos 39 ou 42 depuis Nahariya ; peu fréquents, se méfier pour le retour. Dim-jeu 8h-17h (16h ven). Ferme 1h plus tôt en hiver. Entrée : 14 Shk ; réduc. Film (en anglais). Camping sur place* *possible (42-50 Shk/pers).* Forteresse construite par les croisés, démantelée par le sultan Baïbars au XIIIe s, avant d'être reconstruite au XVIIIe s par l'émir Dahar el-Omar. De ce 2e édifice, aujourd'hui en ruine, il ne reste que la salle de réception datant de la période de l'émir Dahar el-Omar. Énormes piliers carrés et salle entièrement voûtée. Soubassements de grosses pierres et donjon datant des croisés, et dans un état encore remarquable. Site sauvage, commandant la vue sur toute la vallée jusqu'à la mer. Ne pas manquer de monter tout en haut pour le panorama.

Peqi'in : *à 10 km au sud-est de Ma'alot. Depuis Nahariya, bus nos 44 (arrêt juste au-dessus de la grotte) ou 46 (arrêt au pied du vieux Peqi'in).* Pittoresque village juif, druze et chrétien, situé dans un joli paysage. La tradition locale soutient fermement que les Juifs y vivent sans interruption depuis la destruction du 2d Temple. On se faufile en voiture par les petites rues jusqu'à un parking situé juste après la ***place centrale,*** caractérisée par une fontaine centrale en forme de piscine. Depuis cette place, on rejoint une ***grotte,*** où se réfugia ***Shimon Bar Yochaï*** pour échapper aux Romains. Selon la tradition, il y aurait rédigé le *Zohar,* le livre sacré des kabbalistes (au Ier s apr. J.-C.). Prendre la ruelle qui grimpe juste à droite du bâtiment à arcade. 200 m plus haut, des escaliers raides mènent à la grotte (accès également en bordure de route 864, sans entrer dans le vieux village). De retour à la place centrale, voir aussi la vieille ***synagogue*** du IIe s apr. J.-C située 250 m au nord.

Le mont Méron : accès par une route entre Hurfeish et Sasa. Point culminant de la haute Galilée. Panorama tout à fait unique sur Safed, le Sud-Liban et la Galilée en général. Au passage, à 4,5 km du sommet, voir en bordure de route les restes d'***écuries ottomanes*** du XIXe s (Horvat Hamama).

Quant à ***Méron,*** ville à l'ouest de Safed, c'est un haut lieu de culte. Des milliers de pèlerins viennent se recueillir sur la tombe de Rabbi Shimon Bar Yochaï. Cérémonies d'une grande intensité, en particulier le jour du *Lag Ba'omer*. En temps normal, on accède librement à la tombe (kippa obligatoire), dans une foule de redingotes noires, papillotes et hauts chapeaux. Ruines d'une synagogue du IIIe s.

SAFED (TSFAT ou ZEFAT)

33 000 hab. IND. TÉL. : 04

• Plan *p. 185*

Une des 4 villes saintes juives avec Tibériade, Hébron et Jérusalem. C'est la ville la plus haute d'Israël (860 m). Safed présente 3 visages : bétonné et sans charme dans sa partie moderne ; très touristique autour de ses activités artistiques, au gré d'une chouette vieille ville dans un lacis de ruelles pavées et belles maisons en pierres blanches ; religieux, spirituel et pittoresque grâce à ses très anciennes synagogues et le plus beau cimetière juif de la région. Évidemment, grande religiosité rime, en Israël, avec ville mortibus les jours de shabbat et lors des fêtes juives !

UN PEU D'HISTOIRE

Grosse cité croisée au XIIIe s, Safed connut un regain d'importance aux XVIe et XVIIe s, avec l'arrivée des Juifs chassés d'Espagne par l'Inquisition. Elle devint la capitale des kabbalistes et accueillit la 1re imprimerie du pays, en 1563. Peste et

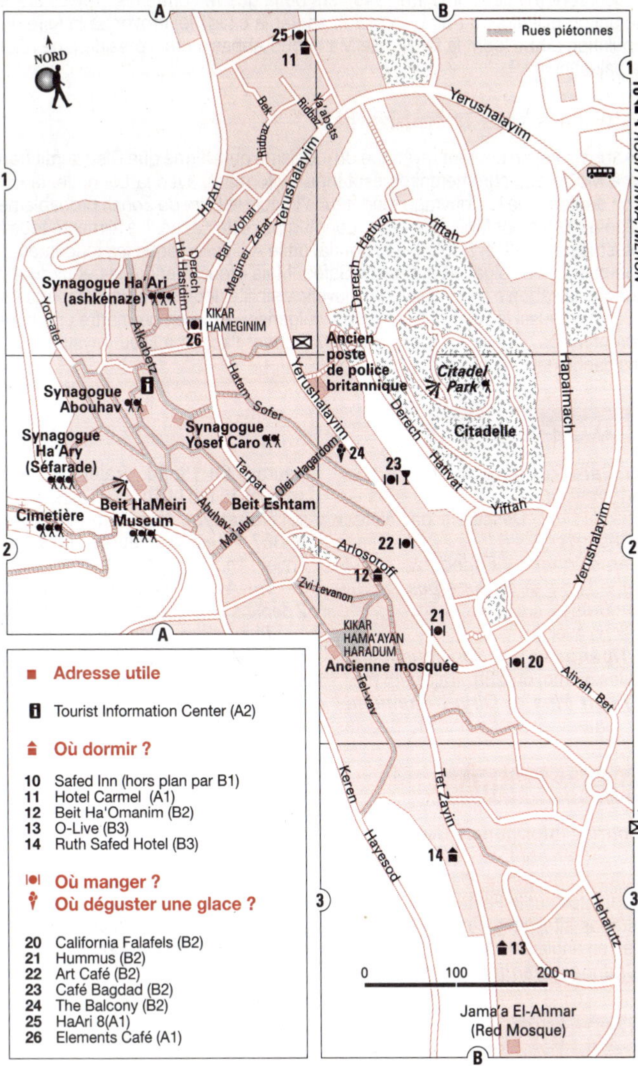

SAFED

tremblements de terre provoquèrent son déclin au XVIIIe s. Bonaparte s'y installa pour contrôler la route de Damas. En 1837, un énorme séisme détruisit la ville et ce qui restait de la forteresse des croisés. Beaucoup de Juifs partirent alors peupler Haïfa et les villages de Galilée.

Dans la 1re moitié du XXe s, Safed était devenue une ville majoritairement arabe (12 000 contre 1 500 Juifs). En 1948, lors de la guerre contre les armées arabes, une action militaire du Palmach (qui fit sauter la citadelle) provoqua la fuite de la population arabe (dont la famille de Mahmoud Abbas, actuel président de l'Autorité palestinienne).

Qu'est-ce que la kabbale ?

La kabbale est un courant mystique du judaïsme qui affirme que Dieu aurait transmis à Moïse des commentaires ésotériques, formant, avec la Loi orale, la « tradition authentique ». L'ouvrage fondateur s'intitule le *Livre du Zohar,* probablement rédigé au XIIIe s par Moïse de Léon. Longtemps resté caché, il a alimenté tous les fantasmes. Au XVIe s, Rabbi Isaac Louria, dit le Ari, en explique les fondements et contribue à sa divulgation d'abord à Safed. Mais il faut attendre le début du XXe s pour que la kabbale connaisse une nouvelle visibilité, lorsque le Rav Yéhouda Ashlag, appelé aussi le Baal HaSoulam la « vulgarise » pour en permettre un meilleur apprentissage. Quelle en est la portée ? Trouver l'accès à Dieu (mystique) et le sens caché des textes sacrés.

Arriver – Quitter

Gare routière *(plan B1)* **:** *sq. HaAtzmaout et Yerushalayim St.* ☎ *692-11-22.* Desservie par *Nateev Express (☎ (04) 646-39-21 ; • nateevexpress.com •), Egged (☎ *2800 ; • egged.co.il •)* et *Superbus (☎ (08) 920-50-05 ; • superbus.co.il •).*
Liaisons avec :
➢ ***Tibériade :*** bus *Superbus* n° 450, ttes les 50 mn, 6h-23h. Trajet : 45 mn.
➢ ***Rosh Pina et Qiryat Shemona :*** bus *Nateev Express* n° 511, ttes les heures, 6h-19h30. Trajet : respectivement 15 mn et 1h.
➢ ***Nahariya :*** bus *Nateev Express* n° 367. Ttes les heures, 8h-21h30. Trajet : 1h.
➢ ***Tel-Aviv :*** bus *Egged* n° 846, 2 départs le mat seulement. Trajet : 2h30.
➢ ***Jérusalem :*** bus *Nateev Express* n° 982 ttes les 2h, 8h-22h. Trajet : 3h15.
➢ ***Akko et Haïfa*** : bus *Nateev Express* n° 361, 5h-21h45. Trajet : respectivement 1h15 et 1h45.

Adresses utiles

Tourist Information Center *(plan A2)* **:** *17, Alkabetz St.* ☎ *692-44-27.* • *safed-home.com* • Plan (payant) de Safed. Infos sur le Festival de musique et sur les sites religieux des environs. Vidéo en anglais de 10 mn.

■ ***Change : attention,*** peu de banques à Safed. Quelques rares ***bureaux de change*** dont un au 18, rehov Yerushalayim *(plan B1),* sinon possible de changer des espèces à la ***poste*** *(plan A1).* Distributeurs de billets à proximité de l'*Art Café (plan B2,* ***22****).*

Où dormir ?

Les hôtels sont chers et peu nombreux. Difficile donc de se loger dans cette ville régulièrement envahie par les pèlerins, les Israéliens en vacances et les touristes. À noter aussi, une grosse différence de prix entre la semaine et le shabbat (et les fêtes juives), au moins 50 %, parfois même du simple au double.

De bon marché à prix moyens (80-440 Shk / 20-110 €)

Safed Inn *(hors plan par B1,* ***10****)* **:** *angle des rues Bialik et Merom Kna'an, à 3 km de la vieille ville.* ☎ *697-10-07.* • *safedinn.com* • *Bus n° 3 depuis* *la gare routière. Lit en dortoir mixte (5 pers) 110 Shk ; double avec sdb 330 Shk ; petit déj en sus.* De petits bâtiments répartis dans un agréable jardin abritent chambres et dortoirs, la micro cuisine, le sauna et le jacuzzi (compris pour les chambres, en supplément pour les dortoirs). On peut y faire son barbecue. Côté petit déj, on a le choix entre la version « continentale » ou « israélienne » (au double du prix). L'ensemble est un peu daté et en retrait de la ville. Mais pas cher, au calme et sous la bienveillante autorité de Riki.

Hotel Carmel *(plan A1,* ***11****) : 8, HaAri St. ☎ 692-00-53. Accès à l'arrière, par une ruelle du vieux quartier juif. Double env 350 Shk. CB refusées. Café et thé à dispo.* Sorte de pension de famille gentiment patinée, à l'atmosphère intime et chaleureuse. On s'y sent bien d'emblée. Chambres de bon confort (TV câblée, réfrigérateur) et impeccablement tenues. Quelques-unes communicantes et celles d'angle, dotées d'un balcon fermé, sont particulièrement lumineuses. Le vrai plus ici, c'est la qualité d'accueil. Patrons charmants. Leur fils tient, en dessous, le *HaAri 8,* l'un des meilleurs restos de la ville (voir la rubrique « Où manger ? » plus loin).

De chic à plus chic (440-800 Shk / 110-200 €)

Beit Yosef B & B : *pas de réception, adresses réparties en ville. ☎ 692-25-15. 📱 054-247-23-23. Doubles 650-750 Shk, petit déj inclus.* 8 chambres et studios dans d'anciennes maisons disséminées dans les ruelles tranquilles de la vieille ville. Murs et voûtes de pierres sèches bien mis en valeur, alliés à de fraîches couleurs et au confort le plus moderne, en font de superbes hébergements de charme. Certaines, regroupées dans une même maison, intéresseront les familles ou bandes d'amis. Quasi toutes avec kitchenette équipée, TV, clim et ventilo, chauffage, parfois un romantique lit en fer forgé... faites votre marché sur leur site internet !

Beit Ha'Omanim *(plan B2,* ***12****) : 55, Arlozorof. 📱 050-331-19-00. Doubles 520-690 Shk. Suites plus chères.* 5 chambres et suites allant de « grande » (20 m²) à « très vastes » (55 m²) occupent cette maison blanche pleine de relief, située à un trait de pinceau du quartier des artistes. Des plafonds voûtés, des murs de pierre, une décoration très *arty* pointée d'une touche d'orientalisme, le plaisir des yeux rejoint celui d'être hébergé avec un beau niveau de confort. Cerise sur le gâteau, la terrasse qui accueille bains de soleil, minipiscine et jacuzzi. Et même un sauna, en prime.

O-Live *(plan B3,* ***13****) : 23, rehov Tet Zayin. ☎ 953-11-53. 📱 073-204-09-89. • olivebb.com • Doubles 380-700 Shk env, petit déj compris.* Cet organisme gère quelques chambres de charme dans le quartier (et ailleurs aussi). Nos préférées, *Avney HaHoshen,* sont à 100 m de la réception, blotties dans une courette de pierre, bien décorées et de tailles variables (avec ou sans mezzanine). Le petit déj se prend dans la salle voûtée voisine de la réception, dans le bâtiment où l'on retrouve d'autres chambres décorées de copies d'œuvres du peintre lithuanien Moshe Rosenthalis.

Ruth Safed Hotel *(plan B3,* ***14****) : rehov Tet Zayin. ☎ (03) 740-89-66 ou 00-800-326-468-35 (nº gratuit depuis la France et la Belgique). • danhotels.com • Doubles 160-200 $ (min 2 nuits en saison).* Imposante bâtisse ottomane. Intéressant effort de déco entre ancien et modernité. 2 catégories de chambres : dans la partie ancienne, elles possèdent un certain charme (arcades médiévales, murs en pierres sèches) ; dans l'annexe moderne, elles sont spacieuses et fonctionnelles. Grande piscine, salle de remise en forme, etc.

Où dormir dans les environs ?

– Se reporter également plus loin à la rubrique « Où dormir ? Où manger ? » à ***Rosh Pina,*** à une dizaine de kilomètres de Safed seulement.

🏠 ***Parod Country Inn :*** *à 20 km au sud-ouest de Safed, à l'entrée du kibboutz de* ***Parod,*** *rue à droite. ☎ 684-90-30. Studios 450-800 Shk.* Au sein de ce kibboutz, qui en a vu depuis sa création en 1949, un ensemble de bâtiments préfabriqués a été aménagé en hébergements. On choisit entre studios (parfaits pour un couple ou une petite famille) et mini-apparts (4-6 personnes). Confort simple et sans effet de décoration. Cuisine (petitement) équipée. Point positif, l'environnement est agréable, au sein d'un vaste jardin où chacun bénéficie de son propre bout de terrasse avec barbecue. Resto pour les résidents.

🏠 ***Ohn-Bar Guesthouse :*** *à* ***Amirim,*** *à 18 km au sud-ouest de Safed (route 866). ☎ (04) 698-98-03. 📱 054-460-07-27. • amirim.com • À l'entrée du village, à droite. Bus n° 361 depuis Safed, puis n° 147 à Méron (peu fréquent, compter 1h30). Chalet env 720 Shk (plus cher en été et pdt les vac) ; dégressif. Min 2 nuits le w-e en été.* Ce n'est que la partie émergée de l'iceberg que l'on aperçoit depuis la rue de ce paisible village. Des chalets en bois s'étagent à flanc de colline. Tous de très bon confort et différents, avec kitchenette ou cuisine, baignoire ou jacuzzi, terrasse ou jardinet privatif, simple vue ou panorama grandiose sur le lac de Tibériade. Accueil gentil et pro. Une bonne option pour découvrir les environs et Safed, quand on est véhiculé.

ISRAËL

Où manger ? Où déguster une glace ?

Safed n'est assurément pas une grande étape gastronomique. Nombreux cafés dans la rue principale du centre. Voici tout de même quelques restos...

De bon marché à prix moyens (moins de 80 Shk / 20 €)

🍽 Bons falafels au ***California Falafels*** *(plan B2,* ***20****),* à comparer aux 2 ou 3 autres concurrents de part et d'autre du pont... pour les *addicts*.

🍽 ***Hummus*** *(plan B2,* ***21****)* ***:*** *248, rehov Arlozorof.* L'animation de la rue Jérusalem juste au-dessus. Le quartier des artistes juste en dessous. Et, au milieu, ce (petit) royaume du houmous, décliné à toutes les sauces : chou-fleur, champignons, *subich* (aubergines), *matbucha* (tomate et œuf dur) ou *masabacha* (persil et jus de citron). C'est tout simple, à déguster à l'assiette ou en pita, dans une petite salle décorée avec fraîcheur.

🍽 ⛱ ***Art Café*** *(plan B2,* ***22****)* ***:*** *41, rehov Yerushalayim. ☎ 682-09-28. Tlj jusqu'à 23h sauf shabbat (mais ouv sam soir).* Petit resto *dairy,* plus agréable pour le cadre moderne, la terrasse avec vue et l'accueil que pour la cuisine, moyenne.

🍽 🍸 ⛱ ***Café Bagdad*** *(plan B2,* ***23****)* ***:*** *61, rehov Yerushalayim. ☎ 697-40-65. Tlj sauf shabbat 8h-21h30.* Mets corrects, salades, sandwichs, raviolis, *blintzes* et de bons cheese-cakes. Bien également pour juste boire un coup. Principale qualité : sa terrasse de l'autre côté de la rue, avec panorama privilégié !

🍽 ***Elements Café*** *(plan A1,* ***26****)* ***:*** *5, kikar HaMeginim. 📱 054-653-06-88. Tlj sauf shabbat.* Une salle façon épicerie à mamie, grande comme un chapeau de loubavitch. Une carte courte, faite de produits choisis dans le registre du bio, du *veggie*, du *gluten free.* Des saveurs rehaussées de douces épices. Un patron, Zev, zen et sympa. On arrose tout cela d'un lait d'amande ou d'une bière à la datte (brassée à 15 km). Et on se dit qu'on est bien ici dans son élément.

🍦 ***The Balcony*** *(plan B2,* ***24****)* ***:*** *62, rehov Yerushalayim.* Un glacier populaire aux parfums multiples...

Chic (80-120 Shk / 20-30 €)

🍽 ***HaAri 8*** *(plan A1,* ***25****)* ***:*** *8, HaAri St. ☎ 692-00-33. Tlj sauf ven-sam, 12h-22h.* Installé dans un bel édifice ottoman, le resto ne sert que des produits frais de la région. Viandes tendres et beaux desserts. Accueil pro et affable tout à la fois, service efficace.

À voir

2 grands pôles à visiter à Safed : le côté spirituel avec les synagogues, le cimetière et certains musées, et le pôle artistique, en flânant dans les étroites ruelles et en visitant les ateliers d'artistes et autres musées (l'office de tourisme fournit une carte payante avec la localisation des ateliers). On peut tout voir en une journée. Un « circuit court » d'une demi-journée consiste à visiter les principales synagogues de la vieille ville, l'exposition générale (tous les artistes y exposent une ou plusieurs œuvres) et à repérer les ateliers que vous souhaitez visiter dans le quartier des artistes. ***Attention, le shabbat (du vendredi après-midi au samedi soir) est strictement respecté à Safed.*** La ville s'éteint et il n'y a plus rien à voir ni à faire.

RABBI JACOB VERSUS BORSALINO

Les Juifs du mouvement hassidique avaient adopté des codes vestimentaires propres aux pays de l'Est dont ils étaient originaires, comme le schtreimel, cette fameuse toque de fourrure portée par Louis de Funès dans Rabbi Jacob. *Or, dans les années 1940, le rabbi Mendel Schneerson, figure majeure des loubavitchs, rapporta de ses voyages en Europe un engouement pour les redingotes sombres et... le Borsalino noir. La mode était lancée : elle a toujours le vent en poupe chez les Juifs orthodoxes.*

ISRAËL

★★★ ***La synagogue ashkénaze Ha'Ari*** *(plan A1)* **:** *☎ 697-12-22. Sam-jeu 9h-12h45, 14h30-16h ; ven 9h-12h.* De rite ashkénaze, cette synagogue est dédiée à Ari (le Lion), mot qui cache en fait le nom d'Adonénou Rabbi Itzhak Luria, l'une des figures essentielles du mysticisme juif. Né en 1534 à Jérusalem, également nommé le Ari, s'installa à Safed en 1569, où il expliqua les fondements de la kabbale. Il transmit ses leçons et ses secrets à un petit groupe d'initiés avant de mourir, en 1572. La synagogue elle-même fut détruite par un tremblement de terre en 1837, puis reconstruite en 1857. Arche sacrée sculptée datant de cette époque. Une des rares à subsister, celles d'Europe orientale ayant été majoritairement détruites lors de la Seconde Guerre mondiale.

★★ ***La synagogue Yosef Caro*** *(plan A2)* **:** *☎ 692-43-84. Accès : 5 Shk.* Petite, émouvante, orientée vers l'ouest (vers Jérusalem), elle est dédiée au rabbi Yosef Caro, éminent kabbaliste du Moyen Âge. Juif espagnol chassé d'Espagne en 1492, Yosef Caro vint se réfugier à Safed en 1535, après quelques années passées dans les Balkans. Il devint l'un des chefs de file de la mystique juive. Sous la synagogue se trouve la maison où Caro rédigea son œuvre, le « choul'hane aroukh ». Selon la tradition, c'est là qu'un ange céleste lui serait apparu. Dans la synagogue, on voit quelques vieux rouleaux de la Torah. L'un viendrait d'Espagne et aurait plus de 500 ans, un autre d'Irak, vieux de 300 ans.

★★ ***La synagogue Abouhav*** *(plan A2)* **:** *située dans la ruelle Abouhav, au-dessous de la synagogue Yosef Caro. ☎ 692-32-34. En principe ouv pdt la journée.*
C'est la principale et la plus kabbalistique des synagogues de Safed. De forme carrée, et peinte en bleu (couleur céleste qui protège du mauvais œil), elle est bâtie selon une arithmétique sacrée qui cache les 12 principaux nombres de la mystique juive.
Le chiffre 1 symbolise Dieu, qu'on ne peut ni nommer ni représenter. Le chiffre 2 est dans les 2 rouleaux de la Torah qui figurent les 2 Tables de la Loi de Moïse. Il y a 3 armoires de la Torah qui rappellent Abraham, Isaac et Jacob, les 3 patriarches. Les 4 colonnes qui soutiennent la synagogue symbolisent les 4 mères juives : Sarah, Rebecca, Rachel et Lea (autre version moins famille, plus écolo, les 4 éléments : l'eau, le feu, l'air et la terre). Les 5 bancs, série de fauteuils reliés les uns aux autres, ce sont les 5 livres de la Torah. Ensuite, il y

a 6 marches d'escalier, symbolisant les 6 traités de la Mishnah, compilation écrite des lois orales juives (autre version : les 6 jours de la création). 7 est le chiffre de la plénitude, c'est-à-dire le 7e jour de la semaine, celui du shabbat (jour consacré au divin). 8 : ce sont les 8 jours après la naissance menant à la circoncision chez les Juifs. Il y a 9 alcôves de style gothique, elles cachent les 9 mois de l'enfantement. Dans le dôme, remarquez les 10 petites fenêtres, il faut y voir les 10 Commandements révélés par Dieu à Moïse. Le chiffre 11 rappelle les 11 étoiles de Jacob dans le ciel. Enfin 12 fenêtres (plus grandes) symbolisent les 12 tribus d'Israël. Si vous ne gagnez pas au Loto, après tous ces bons tuyaux, c'est désespérant !
Autre originalité de cette synagogue : on y trouve quelques peintures, ce qui est contraire à la tradition juive, qui proscrit les images et les sculptures. Quoi d'autre ? Ah oui, on avait oublié de vous dire que l'endroit a une origine magique : cette synagogue a été construite à Tolède en Espagne puis transportée « dans les airs » jusqu'à Safed. En 1837, elle fut détruite par un tremblement de terre (ça, c'est moins miraculeux !), sauf qu'un mur abritant l'armoire avec les rouleaux de la Torah en a réchappé. C'est parce qu'ils sont très saints dit la tradition...

La synagogue séfarade Ha'Ary (plan A2) **:** *accrochée à la colline au-dessus du cimetière. 050-544-55-88. Obole attendue.* Cette synagogue est de rite séfarade. À ne pas confondre avec l'autre Ha'Ari, de rite ashkénaze. Construite en forme de forteresse et précédée d'un patio. Superbes portes sculptées. Intérieur très lumineux et coloré, atmosphère d'une grande sérénité. Forte probabilité que l'un des officiants parle le français (Safed compte beaucoup de Juifs du Maroc).

Le cimetière *(plan A2)* **:** *sur le flanc occidental de la ville.* En fin d'après-midi, beau panorama sur la vallée. La partie la plus ancienne du cimetière dégringole à flanc de colline. Les tombes s'identifient littéralement au paysage. Leur calcaire blond a vite fait, en été, d'épouser les teintes des herbes sauvages desséchées. Les pierres se fendent, se disloquent, se désagrègent. Minéral retournant harmonieusement au minéral, refonte du cimetière dans la nature. Seules, sur les plus gros fragments de pierre, les belles lettres hébraïques évoquent encore les morts avant de s'effacer à leur tour, syllabe après syllabe... On y trouve les tombes des grands kabbalistes du XVIe s et, dans la partie nouvelle, celles des militants de l'Irgoun exécutés sous le mandat britannique. Le dôme, s'élevant dans le petit vallon tout en bas, abriterait la tombe du prophète Osée.

POURQUOI DES PIERRES SUR LES TOMBES JUIVES ?

Selon la tradition, les Juifs ne fleurissent pas les tombes. En revanche, ils y déposent volontiers un caillou. D'abord, pour marquer leur passage. Ensuite, dans le désert, ces amas de pierres protégeaient les tombes des charognards.

Beit HaMeiri Museum *(plan A2)* **:** *158, Keren HaYesod. ☎ 697-13-07 ou 692-19-39. • safed.co.il • Au bas de la vieille ville. Tlj sauf sam 8h30-14h30 (13h30 ven et veilles de fêtes). Entrée : 20 Shk ; réduc.* Musée d'Histoire de la ville de Safed, mais aussi centre de recherche et d'enseignement. Le bâtiment date de 1517, mais il a été en partie détruit par la guerre, puis rénové. Visite à ne pas manquer. L'histoire, bien sûr, mais aussi une intéressante ***section ethnographique.*** Grande salle voûtée de pierre avec de nombreux tableaux et petit salon avec belle vue. Puis galerie avec pittoresques photos de l'ancien Safed. Dans l'ancienne cave de la maison supérieure, collection d'objets domestiques, meules et lampes traditionnelles du début du XXe s (avant l'arrivée de l'électricité). Autre salle voûtée de pierre avec les outils traditionnels du cordonnier, du menuisier, du forgeron... Au dernier étage, la terrasse, ancienne cour d'école. Les pièces autour servaient de classes au début du XXe s. ***L'école*** (la 1re à enseigner l'hébreu à Safed) ferma pendant la guerre de 1914, à cause de la famine et du typhus. Reconstitution d'une petite classe de garçons. Outre le ***panorama*** privilégié sur la vallée, le mont Méron et le vieux cimetière, petite expo d'objets et vêtements religieux (châle brodé d'argent, orfèvrerie, bougeoirs, etc.) et, pour finir, présentation d'une ancienne chambre familiale typique : vénérable chaudière, berceau, objets familiers...

Les ateliers d'artistes et galeries : la ville foisonne de galeries. Dont une belle brochette sur la ***rue Alkabetz*** *(plan A1-2).* Une ancienne ***mosquée mamelouke*** *(B2)* a été également convertie en lieu d'expo qui regroupe des œuvres de différents artistes de Safed *(dim-ven 9h-18h, sam et jours de fêtes 9h-14h ; GRATUIT).* Dans l'ensemble, les œuvres sont créatives, dans les matières travaillées comme dans les sujets traités, même si le religieux n'est jamais loin : peinture, sculpture, céramique, broderie, papier mâché, bougies...

Citadel Park *(parc et citadelle ; plan B1-2)* **:** *tt en haut de la ville.* Vestiges de la forteresse croisée, aux dimensions impressionnantes. Depuis le très agréable parc, on a une vue superbe sur la ville et la Galilée, le lac de Tibériade au loin et les hauteurs du Golan. La citadelle fut prise par un commando du Palmach quelques jours avant la création de l'État d'Israël. Au pied de la citadelle, dans la rue Jérusalem, vestige d'un ***poste de police britannique*** qui porte encore les traces des violents combats de 1948. Juste en face, sur le parapet, un ***Davidka,*** mortier artisanal, fabriqué à cette époque, une des premières armes 100 % made in Israël !

VERS METULLA ET LE GOLAN

Nous recommandons vraiment de monter dans le « doigt » de la Galilée, cette mince bande de terre longtemps coincée entre Liban et Syrie (avant l'annexion du Golan). Au milieu, la *vallée de Hula* fut un immense marécage jusqu'à l'arrivée des premiers pionniers juifs (en 1883, à Beit Dubrovin). Elle fut asséchée et débarrassée de la terrible malaria qui y causait des ravages, mais de larges espaces furent préservés et constituent aujourd'hui de riches réserves d'oiseaux. La nature superbe est propice à d'agréables petites randonnées à pied. Intéressants sites archéologiques, belles réserves naturelles avec, en toile de fond, les neiges éternelles du *mont Hermon.* Enfin, c'est la porte d'entrée au plateau du Golan.

Il fait bon flâner en voiture sur ce réseau de petites routes. Les poètes et les bucoliques emprunteront la route 886, magnifique itinéraire qui passe par *Kerem Ben Zimra.* Rihaniya accueille une communauté de Tcherkesses, des Circassiens de religion musulmane. Depuis là, petit crochet pour *Bar'am* qui abrite l'une des plus anciennes synagogues de Galilée (et la mieux préservée). Construite à la fin du IIe s apr. J.-C. Superbe façade précédée de quelques colonnes, vestiges du péristyle. Très belle porte à linteau, surmontée d'une arche ronde sculptée.

La route s'élève ensuite dans les *monts de Naftali,* livrant d'époustouflants points de vue sur le Sud-Liban et la vallée de Hula.

ROSH PINA

À 12 km seulement de Safed et déjà à des années-lumière côté ambiance. Le village a connu bien des turpitudes où s'entremêlent des colons fondateurs, venus de Safed en 1878, des Juifs roumains à l'origine du nom de *Rosh Pina,* en 1882, et le baron de Rothschild à qui l'on doit la synagogue, en 1887. C'est désormais un patelin propret et résidentiel. Tout en haut, sur la colline, les rues sont pavées de pierres claires, les maisons sont léchées par une belle restauration. Ambiance artiste et bohème, un rien bobo. On y profite de panoramas superbes sur la vallée, le plateau du Golan et, au loin, le mont Hermon. Depuis la vieille synagogue, ne pas manquer de descendre dans un agréable vallon qui abrite un bucolique petit cimetière.

➤ Liaison avec ***Safed*** : bus *Nateev Express* nº 511, ttes les heures.

Où dormir ? Où manger ?

Pina Barosh : *8, rehov HaChalutzim. ☎ (04) 693-65-82. Sur la rue d'accès au village historique. Resto tlj 8h30-23h. Doubles 600-950 Shk. Plats 65-125 Shk.* Bien au calme sur les hauts du village, une vaste et chic terrasse avec vue imprenable sur le plateau du Golan et le mont Hermon. Dans l'assiette, un large choix de salades, pâtes et viandes à prix très abordables. Bon et original. Une carte de vins pléthorique (pas moins de 50 références au verre) et un bon service couronnent l'affaire. Loue également des chambres charmantes.

Où déguster un gâteau ou un chocolat chaud ?

The Chocolate Box : *rehov HaRishonim (dans le vieux village). Tlj 11h-19h (23h ven).* Les fondus de chocolat trouveront une pépite sous ces voûtes vénérables. Une galerie d'art gourmande, réputée pour son chocolat chaud, mais aussi pour ses cocktails à base de cacao, gâteaux, pralines... Péché de gourmandise pardonné par avance. Pour les « chocophobes », la carte propose par ailleurs tout ce qu'un bon café peut offrir.

TEL HATZOR (ou Hazor)

À env 15 km au nord de Safed, en retrait de la route 90 de Qiryat Shemona. ☎ (04) 693-72-90. • parks.org.il • Bus nºs 511 depuis Safed ou 541 depuis Tibériade ; depuis Qiryat Shemona, nºs 511, 541 et aussi le nº 845, puis 1 200 m à pied. Tlj 8h-17h (16h ven et veilles de fêtes) ; en hiver, le site ferme 1h plus tôt. Fermeture des caisses 1h avt. Entrée : 22 Shk (musée inclus) ; réduc. Visite indispensable pour les mordus d'archéologie et d'histoire ancienne : on y trouve le site cananéen le plus important d'Israël, 2 millénaires d'histoire antérieurs à l'ère chrétienne. 21 villes s'y superposent. Voir aussi le ***musée*** à l'est du site, où les objets ont été bien mis en valeur.

LA FERME DUBROVIN

À ***Yesod HaMa'ala.*** *À une quarantaine de km au nord de Tibériade et env 5 km après Tel Hatzor, en direction de Qiryat Shemona (route 90). Même bus que pour Tel Hatzor et, cette fois, on finit par 3 km à pied.*

Au milieu de la plaine de Hula, c'est l'un des kibboutzim les plus intéressants de Galilée, doublé d'un excellent restaurant et d'un remarquable musée.

Un peu d'histoire

Fondé en 1883 avec en tout et pour tout, à l'origine, 2 taureaux, une vache et quelques chèvres, alors que toute la région n'était qu'un immense marécage impaludé. La malaria y causa longtemps de sérieux ravages, au point que les femmes firent le maximum d'enfants pour que quelques-uns survivent. La quinine était difficile à obtenir et le 1er médecin n'arriva que 6 ans après l'installation des premiers pionniers. S'accrochant fermement à leur idéal, ils réussirent à gagner du terrain sur les marais et à planter arbres fruitiers, céréales et fleurs. Ce n'est qu'après la création de l'État que le marécage fut complètement asséché et la malaria définitivement vaincue. Aujourd'hui, le *moshav* produit céréales, avocats, citrons, etc. On visite la ferme Dubrovin, du nom de la famille (de Polonais d'origine non juive) qui la construisit.

Museum « Dubrovin Estate » *(musée d'Histoire et d'Ethnographie)* **:** *dans l'ancienne ferme. ☎ (04) 693-73-71. Tlj sauf dim 10h-16h (14h ven et veilles de fêtes). Entrée : 15 Shk (réduc si l'on mange au resto).* Dans plusieurs pièces de l'ancienne ferme, panneaux et photos relatent toute l'histoire de la colonisation de la région. Dans la cour, nombreux outils et machines agricoles. Reconstitution de l'ameublement traditionnel, façon musée ethnographique. Ateliers divers (poterie). Moulin à eau. Présentation audiovisuelle (100 ans d'existence).

The Farmyard Restaurant : *☎ (04) 680-26-80. Dans un corps de ferme. Tlj sauf shabbat, 12h-23h. Plats 65-95 Shk. Résa fortement conseillée en saison.* Resto très réputé dans la région. On y déguste de bons produits naturels. Cuisine comme à la maison, dans un cadre agréable. Goûtez aux saucisses fumées, foie d'oie à la hongroise ou encore aux raviolis à la patate douce. Délicieux gâteaux maison. Une excellente halte pour se taper la cloche !

À voir dans les environs

Hula Nature Reserve : *à 1 km au nord de la ferme Dubrovin. ☎ (04) 693-70-69. • parks.org.il • Sam-jeu 8h-17h (16h en hiver) ; ven 8h-16h tte l'année. Fermeture des caisses 1h avt. Entrée : 28 Shk ; réduc.* Une réserve de 310 ha. Dense forêt de cyprès et grandes étendues d'herbe, c'est le point de passage d'oiseaux migrateurs. Possibilité de louer des jumelles à l'entrée, bien utiles pour observer les oiseaux. À l'intérieur, des points d'observation ombragés, un kiosque de restauration légère, des aires de pique-nique. Au ***Visitor's Center*** enfin, exposition sur la faune et la flore du parc avec dioramas, autres supports multimédias et effets spéciaux.

QIRYAT SHEMONA

23 000 hab. IND. TÉL. : 04

La « capitale » du nord de la Galilée présente peu d'intérêt en soi. Mais ses environs offrent de nombreuses possibilités. On a beaucoup parlé de cette ville carrefour dans les années 1970, lorsqu'elle était la cible des attaques des Palestiniens installés au Sud-Liban.

Arriver – Quitter

Gare routière : desservie par *Egged (☎ *2800 ; • egged.co.il •)* et *Nateev Express (☎ (04) 646-39-21 ; • nateevexpress.com •).*
Liaisons avec :

➢ ***Akko et Haïfa :*** bus *Egged* n° 500, départs fréquents, 6h-22h15. Trajet : respectivement 1h30 et 2h. Le n° 505, moins fréquent, ne passe pas par Akko.

➢ ***Tel-Aviv :*** bus *Egged* n° 845, départs fréquents, 6h-18h30. Trajet : 3h.

➢ ***Safed :*** bus *Nateev Express* n° 511, ttes les heures. Trajet : 1h.

➢ ***Jérusalem :*** bus *Egged* n° 963, direct. 2-4 bus/j. Trajet : 3h.

➢ ***Tibériade :*** bus *Egged* n° 541, ttes les heures, 6h-19h. Trajet : 1h30.

Où dormir dans les environs ?

Auberge de jeunesse de Tel Haï : *à 2 km au nord de Qiryat Shemona. ☎ 594-56-65. ● iyha.org.il ● Bâtiment sur une butte, à gauche de la route (vers Metulla). Bus nos 20, 21 ou 24 du terminal des bus de Qiryat Shemona. Doubles à partir de 400 Shk, petit déj inclus ; dortoir loué selon situation sanitaire.* Superbe vue sur la Galilée, le Golan et le mont Hermon. Une trentaine de doubles lumineuses, assez spacieuses et confortables, plus de 50 mini-dortoirs. Cafétéria. Pas de couvre-feu. Staff sympa.

DANS LES ENVIRONS DE QIRYAT SHEMONA

Tel Haï : *à 2 km au nord de Qiryat Shemona. Bus no 20 de/vers Qiryat Shemona, 4-5 bus/j. qui poursuivent vers Metulla.*
Tel Haï fut le lieu de durs affrontements entre Juifs et Arabes en 1920. Ici moururent Yosef Trumpeldor, le jeune commandant, aujourd'hui héros national, et 7 autres jeunes Juifs armés en défendant la colonie de Tel Haï. Celle-ci fut alors abandonnée, mais reprise quelques mois plus tard. En hommage à Trumpeldor et à ses 7 camarades, on nomma la grande ville la plus proche *Qiryat Shemona*... la « Cité des Huit »...

ISRAËL

Yossef Trumpeldor naquit en Russie en 1880. Engagé, 1er officier juif dans l'armée russe, il perdit une main à Port-Arthur (en 1904), lors de la guerre russo-japonaise, puis fut fait prisonnier. En 1912, il émigre en Palestine et travaille dans un kibboutz du lac de Tibériade. Sioniste convaincu de la nécessité d'un entraînement militaire pour les pionniers, il s'implique dans la création des bataillons juifs dans l'armée anglaise pendant la Première Guerre mondiale. Il fut témoin du désastre militaire des Dardanelles. À son retour en Palestine, en 1919, il commença alors à appliquer ses idées d'autodéfense.
– ***Tel Haï Museum :*** *☎ 695-13-33. Sur résa seulement. GRATUIT.* Retrace toute cette période avec de nombreux témoignages, photos, outils agricoles, etc.
– ***Museum of Photography*** *(musée de la Photographie)* ***:*** *Tel Haï Industrial Parla. ☎ 681-67-02. Tlj sauf ven : dim-jeu 8h-16h (10h-14h en été) ; sam et j. fériés 10h-17h. Entrée : 20 Shk.* Riche collection d'appareils de toutes sortes. Photos et procédés photographiques.

Le kibboutz de Kfar Giladi : *entre Qiryat Shemona et Metulla, après Tel Haï, suivre une petite route qui monte à flanc de colline.* Le kibboutz a été fondé en 1916.

Beit HaShomer Museum : *☎ 694-15-65. Dim-jeu 8h30-16h. Entrée : 15 Shk.* Petit musée très bien fait. Il retrace l'histoire de la défense des colonies agricoles de la Galilée dans les années 1920 par le *Beit HaShomer,* l'ancêtre de la Haganah. Dommage, peu d'explications en anglais.
– À côté, la ***statue du Lion rugissant*** (A. Malnikoff) commémore les héros de Tel Haï. C'est là aussi que se trouve le ***cimetière*** des anciens du HaShomer.

METULLA

1 500 hab. IND. TÉL. : 04

Ville frontière avec le Liban, c'est l'un des rares points qui restèrent ouverts dans le Nord jusqu'en 2000. Tous les matins, des Libanais(es) venaient alors travailler dans les entreprises de la région ou se faire soigner. Couvrez-vous,

il peut faire très frais en soirée (nous sommes en altitude). L'air de Metulla est très bon, et beaucoup d'Israéliens viennent s'y reposer.

➢ Bus pour ***Qiryat Shemona*** : nº 20. 4-5 bus/j.

À voir. À faire

Pas grand-chose (!), mais les amateurs d'émotions contempleront la *vallée du Litani.* À droite, sur l'une des collines les plus éloignées, on peut apercevoir, par beau temps, le célèbre ***château croisé de Beaufort,*** utilisé naguère par l'OLP pour bombarder la Galilée. Ensuite, c'est le Hezbollah qui a pris la relève. À propos, dans ce coin bien blindé, bétonné et plein de barbelés, prendre des photos ne se révèle pas nécessairement bien vu !

Nahal Ayun Nature Reserve : *à la sortie de la ville. ☎ 695-15-19. • parks.org.il • De Qiryat Shemona, bus nº 20. Tlj, en principe 8h-17h (16h ven et veilles de fêtes) ; ferme 1h plus tôt en hiver. Dernière admission 1h avt. Entrée : 28 Shk.*
Pour les amateurs de randonnées, de superbes balades à faire dans les environs de Metulla. Parcours bien balisé débouchant sur de très belles chutes d'eau, des collines (points d'observation) et des aires de pique-nique en pleine nature. Compter environ 2h. Malheureusement les chutes et le cours de la rivière sont souvent à sec en été sauf pour quelques piscines stagnantes. Il est interdit de s'y baigner. La plus grande chute, celle du *Tanour,* a une dénivelée de 18 m. Impressionnante, surtout en hiver, lorsque la neige recouvre le paysage.

SUR LA ROUTE ENTRE METULLA ET LE GOLAN

MA'AYAN BARUCH

Kibboutz à env 5 km de Qiryat Shemona, sur la route du mont Hermon.

Upper Galilee Museum of Prehistory *(Musée préhistorique régional)* **:** *☎ (04) 695-46-28. • ugmp.co.il • Tlj 10h-13h30 (15h30 sam). Entrée : 25 Shk ; réduc.*
Dans un plaisant petit bâtiment, exposition de toutes les découvertes effectuées dans la région. Musée très complet, remarquable présentation des objets. Au départ, des membres du kibboutz qui défrichaient des terrains arides et enlevaient pierres et rochers. Ils découvrirent alors quantité de matériaux préhistoriques, au point que les archéologues se précipitèrent sur le site. Vestiges s'étalant de 780 000 à 6000 av. J.-C. Nombre de pierres taillées, hachettes, outils, bris de vaisselle, verre, poterie... souvent trouvés sur des sites funéraires. L'un des gros points d'intérêt est le squelette d'une femme d'environ 50 ans enterrée avec son chien (le plus vieux du monde, dit-on !). Intéressante section d'outils et d'objets du monde entier, fabriqués dans des matériaux naturels.

LE SITE ARCHÉOLOGIQUE DE TEL DAN

Tel Dan Nature Reserve : *route 99. ☎ (04) 695-15-79. • parks.org.il • Les bus nos 35, 36 et 55 vous déposent au kibboutz Dan. Attention, ils sont peu fréquents. Tlj 8h-17h (16h ven et veilles de fêtes) ; ferme 1h plus tôt en hiver. Dernière admission 1h avt. Entrée : 28 Shk ; réduc.*
L'un des points d'orgue de votre voyage en Galilée. Un splendide parc naturel, proposant une promenade assez fascinante. Tours de 45 mn et de 2h. Moins de

temps ne vous livrerait vraiment pas grand-chose de la beauté du site. Avec le billet d'entrée, remise d'un plan très pratique.
Condensé de toute la flore de la région que l'on découvre par un étroit sentier zigzagant. Végétation exubérante (lianes, racines rampantes, fougères géantes) au bord de la rivière Dan aux flots tumultueux. À cet endroit, la Dan est la plus large des 3 sources qui vont donner naissance au Jourdain. Sur ses berges, de très beaux arbres comme le *Syrian Ash,* le laurier, le pistachier, le chêne kermès, le nerprun, l'argousier. Forêt de grosses branches entremêlées, arrosée par toutes les ramifications de la Dan. Atmosphère un peu mystérieuse. Par temps de pluie, on a des chances de voir la célèbre salamandre noire à taches jaunes. Au fil de la promenade, de petites collines livrent de beaux panoramas sur le site archéologique et la vallée, et le Sud-Liban à 2 pas.

UNE HISTOIRE ÉCRITE À GROS TRAITS !

À l'extrême limite du parc, au lieu-dit Look-out Post, la rivière Dan servit en 1923 de délimitation entre les zones mandataires française et anglaise. Les Syriens, qui avaient succédé aux Français, profitèrent de la grosseur du trait marquant la frontière sur le plan de partage pour aller... pomper l'eau de la Dan. Cela défrisa quelque peu Israël et provoqua de grosses tensions. Jusqu'à un début de guerre, en 1964, qu'Israël gagna !

Découverte d'une ville cananéenne qui, selon la Bible, marquait les limites de la Terre promise. D'abord, des vestiges des fortifications du IXᵉ s av. J.-C. Puis, à la fin de la balade, côté plaine du Sud-Liban, un quartier de la ville, avec son amorce de rues, les fondations de plusieurs édifices et d'énormes blocs de pierre épars (probablement des vestiges des remparts). Dan fut détruite au VIIIᵉ s av. J.-C. par un roi assyrien. Le site fut définitivement abandonné au IVᵉ s apr. J.-C.

BEIT USSISHKIN MUSEUM

Proche de Tel Dan, dans le kibboutz Dan. Propose à la fois un petit ***musée de la Nature*** *et une* ***exposition sur les fouilles de Tel Dan.*** *Rens : ☎ (04) 694-17-04. Tlj 8h-16h (15h ven) ; sam et j. fériés 9h30-16h30. Entrée payante.*
– Partie botanique et monts du Golan et du Hermon présentés dans le cadre du musée de la Nature. Présentation audiovisuelle sur le sujet. Dioramas particulièrement réussis. Riche présentation de la végétation et de la faune locales. Notamment une vipère de 1,40 m de long qu'on ne trouve que dans la région (et en Turquie) et 38 sortes de papillons.
– Les importants travaux de fouilles à Tel Dan ont mis au jour de véritables trésors. Chaque pan de mur de la salle correspond aux découvertes réalisées lors d'une année de recherches archéologiques sur le site. On admirera, placé derrière un hologramme, un vase très ancien découvert dans une tombe qui remonte au XIVᵉ ou au XIIIᵉ s av. J.-C. À voir également, l'arche (fondation de porte) la plus ancienne au monde. Elle serait le vestige de la cité de Dan, fondée environ en 2700 av. J.-C.

LE GOLAN

IND. TÉL. : 04

À près de 1 000 m d'altitude, ce plateau d'origine volcanique surplombe la vallée de Hula et le lac de Tibériade. Dominé au nord par la masse impressionnante du mont Hermon, il est sillonné, dans sa partie sud, de profondes crevasses qui convergent vers le lac de Tibériade (occasion de belles

randonnées). La végétation est assez pauvre. Pourtant, il y eut autrefois de belles forêts. On venait y chercher le chêne pour la charpente des navires. L'utilisation massive du bois de chauffage et de construction provoqua une déforestation quasi totale.
Il n'y a pas longtemps encore y vivaient des lions et des hyènes. Consolez-vous en apprenant qu'il y subsiste des sangliers, des chacals, de nombreuses variétés d'oiseaux (corvidés, cailles, perdrix, passereaux, faucons et vautours), et même des gazelles. Les randonneurs, quant à eux, ne fraterniseront pas avec les scorpions (assez venimeux) ni avec la veuve noire (une araignée). Le Golan est peu peuplé : quelques villages druzes au nord et les implantations de colons juifs.

UN PEU D'HISTOIRE

Par son importance stratégique, le plateau suscita de tout temps de nombreuses convoitises. La tribu de Manassé l'occupa d'abord. De l'époque du 2d Temple et de plus tard encore témoignent les vestiges de nombreuses synagogues (des IIIe et IVe s de l'ère chrétienne). Les Romains y exercèrent, bien entendu, leur domination. Rattaché à la Syrie à la fin de la Première Guerre mondiale, le Golan passa un temps sous protectorat français. Dès 1948, les Syriens le fortifièrent et l'utilisèrent comme base militaire pendant la guerre. Lors de la guerre des Six Jours (1967), les Israéliens l'occupèrent. 150 000 Syriens fuirent le territoire. En 1973, durant la guerre du Kippour, l'armée syrienne revint presque aux limites de 1967. Mais, après de très durs combats, Tsahal envahit à nouveau le terrain. Sous l'égide de l'ONU, une zone démilitarisée fut créée au-delà de Quneitra.
En 1981, le Golan fut annexé par Israël. Mais la restitution (totale ou partielle) du Golan à la Syrie en échange d'un vrai traité de paix entre les 2 pays était de nouveau évoquée juste avant la mort du président syrien Hafez el-Assad, qui avait relancé les négociations avec les Israéliens. Un embryon de processus de paix que la révolte palestinienne de fin 2000 a bien entendu interrompu ! Depuis 1967, 20 000 colons se sont implantés dans la région. Une occupation confirmée en mars 2019 par Donald Trump qui a reconnu la légitimité d'Israël sur le plateau du Golan, même si cette annonce viole les résolutions 242 et 338 de l'ONU. À noter également que 18 000 Druzes vivent dans cette zone et qu'ils refusent la citoyenneté israélienne.
Aujourd'hui, on peut s'y balader en voiture sans problème, mais il est vraiment conseillé de ne pas s'aventurer dans les endroits clôturés de barbelés et de bien respecter les pancartes d'interdiction (certains terrains n'ont pas encore été déminés).
– Compter une journée en voiture en prenant son temps.

BANIAS

À env 15 km à l'est de Qiryat Shemona. ☎ 690-25-77. • parks.org.il • Pour s'y rendre, bus nos 14, 55 et 58 de Qiryat Shemona (2 bus/j. et dernier retour à 17h). Mieux vaut avoir son propre véhicule. Si vous souhaitez rester sur le site plus longtemps, marchez 5 km vers le kibboutz Dan, les derniers bus repartent en principe plus tard à Qiryat Shemona. Renseignez-vous avt. 2 entrées : l'une marquée « Banias Falls », l'autre seulement « Banias ». Tlj 8h-17h (16h ven et veilles de fêtes) ; fermé 1h plus tôt en hiver. Dernière admission 1h avt. Entrée : 28 Shk ; réduc.
Parc naturel très populaire auprès des familles israéliennes. Nombreux cars les jours de congés. L'une des sources importantes du Jourdain. La tradition chrétienne identifie ***Banias*** comme le lieu où Jésus remit à saint Pierre les clés de l'Église (vente à l'entrée de fioles pour conserver l'eau de ce site de pèlerinage). Les protestants, eux, reconnaissent l'endroit comme étant celui de la ***Transfiguration*** (située sur le mont Thabor pour les autres chrétiens).

Point de départ d'agréables petites randonnées. Sentiers bien balisés. Possibilité de se rendre jusqu'à une cascade. Piscines naturelles et chutes d'eau, mais le site a été tellement dégradé par les visiteurs qu'il est aujourd'hui interdit de s'y baigner. L'un des principaux points d'intérêt est la ***grotte de Pan.*** Un chemin permet aussi de monter en un peu plus de 1h à la ***citadelle de Nemrod.*** Emporter de l'eau.

NIMROD FORTRESS NATIONAL PARK (LA CITADELLE DE NEMROD)

À 2 km à l'est de Banias. ☎ 694-92-77. • parks.org.il • Belle route en lacet pour parvenir à ce nid d'aigle édifié par les croisés au XIIe s. Même desserte que Banias : bus nos 14, 55 et 58 de Qiryat Shemona (mais rares et aléatoires, mieux vaut avoir son propre véhicule). Tlj 8h-17h (16h ven et veilles de fêtes) ; ferme 1h plus tôt en hiver. Dernière admission 1h avt. Entrée : 22 Shk ; réduc. Billet combiné avec la réserve de Banias : 41 Shk. La forteresse aurait été construite au XIIe s. De la vallée, ces ruines très imposantes provoquèrent l'admiration de Mark Twain lors de son passage. De là-haut, prodigieux panorama : la Galilée, le Liban, le mont Hermon et, par temps très clair... la mer. Campagne tout autour superbe (surtout au printemps).

LE MONT HERMON

Il culmine à 2 814 m. L'itinéraire qui longe la frontière libanaise est fermé à la circulation. Pour s'y rendre, une seule route (sous contrôle militaire), interdite entre le coucher et le lever du soleil. Elle passe par ***Neve Ativ*** et ***Majdal Shams,*** le village druze le plus important et vraiment très typique. Atmosphère, costumes et tout. Très guerrière et fière statue sur la place principale. Dans la campagne, les taches blanches des mosquées tranchent sur le paysage minéral.
La dernière portion de route vers le mont Hermon est à péage. Grand parking au pied du télésiège. En principe, le télésiège fonctionne toute l'année. Après la saison de ski, l'entrée du site est gratuite. N'oubliez pas votre petite laine. En outre, en mars-avril, même si la veille vous vous promeniez en T-shirt à Tibériade, emportez carrément le gros pull et l'anorak. Vent glacial pendant la montée. Au sommet, on a parfois du mal à tenir debout. Méditez donc sur ce beau dicton arabe à propos du mont Hermon : « Au sommet, c'est toujours l'hiver, sur ses épaules resplendit l'automne, sur ses flancs fleurit le printemps, à ses pieds règne l'éternel été. »
|●| En haut, cafétéria aux prix raisonnables.

LA ROUTE VERS QAZRIN (KATZRIN)

Itinéraire par *Mas'ada,* autre village druze typique. À côté, le ***lac de Ram,*** tout rond et à la belle eau bleue. Un petit mystère pour les géologues. En effet, il affiche le même niveau hiver comme été, nul ne sait où se trouve la source, et il n'existe aucun débouché visible des eaux !
De Mas'ada, possibilité de gagner Qazrin à travers le Golan (par la route 98) ou de retourner dans la vallée de Hula (par la route 959 et Gonen).

QAZRIN (KATZRIN)

Pour s'y rendre en voiture, suivre la route 87 par le sud, ou, au nord, la route 91. De Qiryat Shemona, bus no 111 direct, mais peu fréquent ; sinon, changement à Rosh

Pina puis bus nos 43, 143 ou 503. De Tibériade, bus direct no 142 peu fréquents. De Tel-Aviv, bus direct no 843 via les rives sud et est du lac de Tibériade.
La ville se trouve à une relative proximité de Tibériade et Safed. Créée en 1977, elle compte aujourd'hui environ 7 000 habitants. Qazrin est la capitale administrative et le centre municipal du Golan. La ville nouvelle est une ville de colons israéliens typique, mais c'est surtout des vestiges de la cité antique qui s'élevait là il y a 14 siècles que Qazrin tire tout son charme. Quelques visites intéressantes toutefois dans la ville moderne. Il faudra pour cela traverser l'inévitable zone industrielle.
Office de tourisme : *à l'entrée est de la ville. ☎ 696-28-85. Tlj sauf ven-sam 8h-16h.* Demander leur carte bien faite du Golan.

À voir

Golan Archaeological Museum *(Musée archéologique du Golan)* **:** *à l'angle de Shayon et Daliyot St. ☎ 696-24-12. Tlj sauf sam 9h-16h (14h ven). Dernier billet 1h avt. Entrée : env 20 Shk (musée seulement) ; env 30 Shk combiné avec l'ancienne Katzrin.* À l'extérieur, dolmen vieux de 4 000 ans, sculptures et inscriptions datant des périodes chalcolithique (6000 av. J.-C.), romaine et byzantine (période d'expansion du Talmud). Flavius Josèphe, l'historien juif romain chargé de la défense de la Galilée pendant la grande révolte des Juifs contre les Romains (qui débute en 66 et se termine en 73 avec la prise de Massada), décrit le siège de Gamla dans son ouvrage *La Guerre des Juifs*. Présentation très plaisante. À l'intérieur, poteries et objets domestiques de l'âge du bronze, amulettes, pièces de monnaie, petits bronzes, expo de photos, etc. Film sur Gamla en plusieurs langues.

L'ancienne Katzrin : *à la sortie de la ville, vers Gamla. ☎ 696-24-12. Tlj sauf sam 9h-16h (14h ven). Dernier billet 1h avt. Billet combiné avec le musée : env 30 Shk.* Découverte en 1967, juste après la guerre des Six Jours. Parc archéologique d'un village talmudique où quelques demeures ont été partiellement réédifiées, ainsi que la synagogue (du VIe s apr. J.-C.). Élégant encadrement de porte, avec linteau sculpté. Des personnes font vivre le village comme à l'époque : exemple vivant de l'activité de tissage, de la poterie, etc.

Golan Heights Winery *(coopérative vinicole du Golan)* **:** *à l'entrée de la zone industrielle. ☎ 696-84-35. • golanwines.co.il • Tlj sauf sam 8h30-18h30 (13h30 ven, 17h30 dim). Mieux vaut téléphoner avt. Entrée payante. Visites guidées sur résa.*
Salle d'exposition des procédés – scientifiques – de production à l'entrée (on est loin des petites caves et des tonneaux en bois du Beaujolais), un coin dégustation et un espace de vente. Les premiers pieds de vigne ont été plantés dans le Golan en 1977. 10 ans plus tard, la production s'exportait. Depuis, les vins du Golan remportent des prix dans les plus hauts concours internationaux, notamment des médailles d'or à *Vinexpo* (Bordeaux). En avril 2011, le vignoble de *Ramat Hagolan* remporta le prix du meilleur producteur du monde, au concours de Vérone (Italie). On y trouve une large variété de cépages rappelant différents vignobles français : cabernet, sauvignon, merlot, pinot noir, syrah, riesling, chardonnay...
Les vins du Golan sont donc très bons et... casher. Qu'est-ce qu'un vin casher ? C'est la réunion de 2 règles de production et de 3 règles agraires (d'origine biblique). D'abord, seuls des ingrédients casher peuvent être utilisés dans la production. Et seul un Juif observant rigoureusement la religion peut toucher les raisins et l'équipement agricole. Ensuite, les grappes de raisin ne peuvent être récoltées qu'à partir de la 4e année de plantation. Tous les 7 ans, la terre doit être mise en jachère, et une cérémonie symbolique doit être organisée pour rappeler les contributions agricoles payées à l'époque du Temple. Tout cela paraît bien compliqué mais on peut être sûr qu'aucun additif non naturel n'a été ajouté à la production.

Balades dans le coin

*** ***Balade dans la réserve naturelle du Nahal Gilbon :*** pour y aller, revenir jusqu'au carrefour de la route du pont de Bnot Ya'akov. Tourner à droite vers Quneitra. À environ 1 km, début du chemin de randonnée suivant le ruisseau jusqu'à la *chute de Devora* (*nahal* signifie « cours d'eau » en hébreu). Bien indiqué, en principe. Possibilité de pousser jusqu'à une autre chute.

Yehudiya Forest Nature Reserve : *à env 5,5 km au sud de Qazrin. ☎ 696-28-17. • parks.org.il • De Qazrin, prendre la direction de Gamla ; à quelques km sur la route 87, entre les km 18 et 19, à l'est, débute le sentier qui suit le nahal Zavitan. Tlj 8h-17h (16h ven et veilles de fêtes) ; ferme 1h plus tôt en hiver. Dernière admission 2h avt. Entrée : 22 Shk ; réduc.*
Superbe randonnée nécessitant un plan détaillé, qui suit une gorge taillée dans le basalte et le calcaire. Compter 3h de marche aller-retour jusqu'aux piscines naturelles.
Au départ, une petite vallée à la végétation fabuleuse (un vrai jardin d'éden) qui se transforme peu à peu en gorge profonde, avec de nombreuses piscines naturelles et les ruines d'un petit village abandonné. La 1re partie n'est pas la plus impressionnante mais, à notre avis, la plus belle et la moins touristique.
La 2de partie est plus difficile et plus fréquentée pendant le shabbat. *Attention,* ne pas partir seul : en cas d'accident, les conséquences pourraient être plus graves. Prévoir environ 3h de descente. Possibilité de rejoindre le bassin de *HaMeshoshim,* encadré de belles colonnes basaltiques hexagonales naturelles. Arrivé au bassin, on se délecte de la baignade après cette longue marche.

LE PONT DE BNOT YA'AKOV ET MITZPÉ GADOT

À moins d'une dizaine de km de Qazrin.

En venant par la route 91, à droite sur une butte s'élève le ***mémorial de Mitzpé Gadot,*** érigé à la mémoire des soldats israéliens tombés pour la prise de la colline. En effet, c'est ici que se tenait la plus célèbre pièce d'artillerie syrienne, qui arrosait toute la vallée du Jourdain, y compris les kibboutzim. Les casemates sont toujours enfouies dans la terre du Golan.

Bnot Ya'akov's Bridge *(pont de Bnot Ya'akov)* **:** pont des « Filles de Jacob ». Selon la tradition biblique, les filles de Jacob auraient franchi le Jourdain à cet endroit. Tout à côté, le kibboutz de Gadot, pas mal bombardé par les Syriens de 1948 à 1967. Le pont servait aux négociations entre officiers israéliens et syriens, les rares fois où le canon se taisait. Aujourd'hui, la sérénité de ces berges ne permet nullement d'imaginer ce que furent ces années d'enfer.
Apparaît quand même très bien la valeur stratégique de ce plateau. On raconte qu'en 1967 les troupes israéliennes auraient réussi leur progression sur le Golan grâce à leurs services secrets. Eli Cohen, un espion israélien parfaitement infiltré au plus haut niveau du pouvoir syrien aurait conseillé aux généraux syriens de camoufler toutes leurs positions sous des eucalyptus. Sachant cela lors de son offensive, Israël aurait alors fait bombarder par son aviation tous les eucalyptus situés sur la frontière avec le Golan.
Noter qu'à cet endroit-là de son cours le Jourdain n'est qu'un gros ruisseau.

GAMLA

Gamla Nature Reserve : *☎ 682-22-82. • parks.org.il • Pour s'y rendre, hélas, pas de bus. La réserve, ouv tte l'année, est très bien fléchée (marquage blanc et rouge) ; aucun risque de se perdre. Tlj 8h-17h (16h ven et veilles de fêtes).*

Ferme 1h plus tôt en hiver. Dernière admission 1h avt. Entrée : 28 Shk ; réduc. Depuis le point d'observation, prévoir 20 mn de descente raide pour atteindre les ruines à pied. Pas beaucoup d'ombre : chapeau et réserve d'eau nécessaires.

La réserve de Gamla abrite les ruines d'une ancienne ville juive. Longtemps, la cité résista héroïquement contre les Romains. « Si Gamla n'était pas tombée, Jérusalem n'aurait pas été prise, et le Temple n'aurait pas été détruit », affirment les historiens.

Le site évoque une grosse bosse, d'où le nom Gamla (la « bosse » en hébreu !). Ces ruines n'ont pas trop d'intérêt en elles-mêmes, mais elles sont situées sur une petite montagne avec, de part et d'autre, des canyons. Vestiges de la tour principale que les Romains abattirent en enlevant patiemment les blocs de pierre à la base. Pressoir à huile reconstitué et vestiges d'une des plus anciennes synagogues du pays. Faune très riche : marmottes, gazelles, chacals... Petite balade sympa à l'observatoire pour voir évoluer les vautours griffons. En haut, le long des falaises, ruines de villages arabes. Cascade aisément accessible (la plus haute d'Israël : 50 m).

UN « MASSADA DU NORD »

L'historien Flavius Josèphe décrivit en détail le siège de Gamla par le général romain Vespasien, au moment de la grande révolte juive (en 67 apr. J.-C.). Au bout de 7 mois, la ville tomba. Les 9 000 derniers combattants se battirent au bord des murailles jusqu'au bout et, refusant la captivité, se jetèrent dans le ravin en dessous ! Gamla y gagna le surnom de « Massada du Nord » !

LA GALILÉE

TIBÉRIADE (TVÉRIA)

40 000 hab. IND. TÉL. : 04

• Plan *p. 203*

***Tvéria* en hébreu, la perle de la Galilée. Endroit magnifique à 210 m au-dessous du niveau de la mer. Petite ville hélas très touristique et assez bétonnée, ce qui lui enlève une partie de son charme. Il faut dire que les tremblements de terre ne l'ont guère épargnée. En revanche, les paysages du lac de Tibériade (la mer de Galilée) sont enchanteurs et valent vraiment l'arrêt. Tibériade est connue depuis la haute Antiquité pour ses sources d'eau chaude. Avis aux rhumatisants et arthritiques : ils feront une étape réparatrice à l'établissement thermal.**

– *Conseil :* arrangez-vous pour être à Nazareth les vendredi soir et samedi (dimanche tout est fermé !), et à Tibériade les jeudi ou dimanche (au moment du shabbat, la ville est désertée !).

UN PEU D'HISTOIRE

Tibériade, ville fondée par Hérode Antipas, tient son nom de l'empereur Tibère. C'était vers 21 apr. J.-C. Jésus, qui était encore rabbin à l'époque, évita sans doute cette ville de Juifs assimilés (les Juifs « hellénisés ») pour aller recruter ses apôtres sur la rive nord du lac, dans le fameux « triangle évangélique » formé par les cités de Capharnaüm, Beit Saïda et Khorazine.

L'événement le plus important dans l'histoire de Tibériade c'est, curieusement, la destruction du temple de Jérusalem en l'an 70 de l'ère chrétienne. Après l'expulsion des Juifs de la Judée, la petite ville lacustre devint le siège « officiel » du Sanhédrin (la plus haute autorité religieuse du judaïsme). Une sorte de refuge spirituel et temporel pour les Juifs chassés de Jérusalem. C'est à Tibériade que furent achevés la Mishnah (vers 200 apr. J.-C.) et le Talmud (vers 400 apr. J.-C.). Maïmonide, le « second Moïse », un des plus grands noms de la tradition juive, y est enterré, ainsi que d'autres sages.
Tibériade est considérée comme l'une des 4 villes saintes juives (avec Jérusalem, Safed et Hébron), mais ne présente pas un aspect religieux très marqué comme les autres villes.

LE *SCOTS HOTEL* : LA TRÈS RICHE HISTOIRE D'UN LIEU !

Le docteur David Torrance, chef de la mission de l'Église d'Écosse, créa en 1894 le 1er hôpital de Tibériade, ouvert à tous sans distinction de race ni de classe. Il s'y consacra sans compter, et cela malgré une scoumoune incroyable : il perdit au fil de son activité ses 2 épouses et 4 de ses enfants à cause de mauvaises fièvres (probablement le paludisme), puis fut victime d'un accident automobile. Malgré cela, il continua jusqu'à sa mort, en 1923. Son fils prit le relais jusqu'en 1953. L'hôpital ferma alors et fut transformé en auberge pour pèlerins. Après avoir accueilli les routards du monde entier pour une somme modique, l'établissement a été transformé en hôtel de luxe (voir plus loin la rubrique « Où dormir ? »).

Arriver – Quitter

Terminal des bus *(tahana mercazit ; plan A-B2)* **:** *à l'angle de rehov HaYarden et de HaShiloah.* Desservi par *Egged (☎ *2800 ; ● egged.co.il ●), Superbus (☎ (08) 920-50-05 ; ● superbus.co.il ●), Golan (☎ *3254 ; ● golan.co.il ●)* et *Nazareth Travels & Tourism (☎ (04) 657-05-77 ; ● ntt-buses.com ●).*
Liaisons avec :
➢ ***Jérusalem :*** bus *Egged* nos 959, 961 (via la Cisjordanie) et 962. Départs fréquents, 5h20-20h. Trajet : env 2h30.
➢ ***Tel-Aviv :*** bus *Egged* n° 836. Départs fréquents, 5h-18h. Trajet : 2h.
➢ ***Nazareth :*** bus *Nazareth Travels & Tourism* n° 431, descendre après ***Nof Hagalil*** au *Big Fashion Mall,* puis 1 km à pied pour la vieille ville ; départs fréquents. Compter 1h.
➢ ***Haïfa :*** bus *Egged* nos 430 et 434. Départs fréquents, 7h-23h. Trajet : 1h.
➢ ***Safed :*** bus *Superbus* n° 450, ttes les 50 mn, 6h-23h. Trajet : 45 mn.
➢ ***Qyriat-Shemona :*** bus *Egged* n° 541, départs ttes les heures, 6h50-21h. Trajet : 1h30.
➢ ***Beit She'an :*** bus *Superbus* n° 28. Départs fréquents, 5h30-21h. Trajet : 30 mn.
➢ ***Tabgha et Capharnaüm :*** bus *Golan* nos 52 et 62, peu fréquents, continuant vers ***Qazrin.*** Compter 25 mn jusqu'à Capharnaüm.
➢ ***Hamat Gader et autour du lac :*** voir plus bas aux localités concernées.
Sherout pour Tel-Aviv *(plan B2,* **1***)* **:** *sur le parking du centre commercial.*

Adresses et infos utiles

Office de tourisme municipal *(plan B2)* **:** *rehov HaBanim.* ☎ *672-56-66. Situé dans le parc archéologique, en face de l'hôtel* Leonardo Plaza. *Tlj sauf ven-sam 8h-16h.* Carte de la ville, du tour du lac en voiture ou à vélo *(biking trail),* ainsi que quelques brochures.
■ **Distributeur** *(plan B2,* **2***)* **:** ***Mizrahi Bank*** *(enseigne orange et gris), 2, rehov HaBanim.*

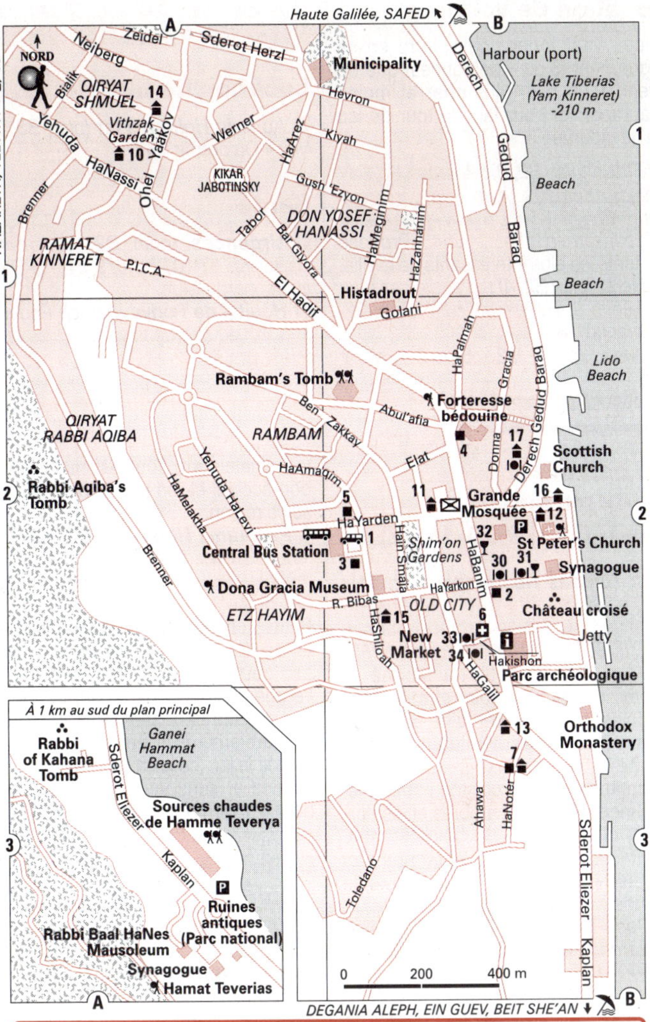

TIBÉRIADE

Adresses utiles

- Office de tourisme municipal (B2)
- 1 *Sherout* pour Tel-Aviv (B2)
- 2 Distributeur (B2)
- 3 Eldan (B2)
- 4 Hertz (B2)
- 5 Avis (B2)
- 6 Urgences (B2)
- 7 Location de bicyclettes (B3)

Où dormir ?

- 7 Aviv Holiday Flat et Emily's Hotel (B3)
- 10 David Hostel (A1)
- 11 Tiberias Hostel (B2)
- 12 Casa Nova (B2)
- 13 Panorama Hotel (B3)
- 14 Astoria Galilee (A1)
- 15 Bridge to Peace (B2)
- 16 Shirat Hayam Boutique Hotel (B2)
- 17 The Scots Hotel (B2)
- 18 Shavit Family (hors plan par A1)

Où manger ? Où boire un verre ?

- 30 Humus Eliyahu (B2)
- 31 Big Ben (B2)
- 32 Yali's (B2)
- 33 Little Tiberias (B2)
- 34 El Rancho (B2)

Location de voitures

Mieux vaut louer une voiture en se regroupant (3 ou 4 personnes) que de prendre un taxi (plus cher et moins d'autonomie) pour faire le tour du lac en une journée.

■ ***Eldan*** *(plan B2,* ***3****) : 2, rehov Ha-Rav Khayim Samaga (face à la gare routière). ☎ 672-28-31. • rent.eldan.co.il • Tlj sauf ven-sam 8h15-15h45.* Propose les tarifs les plus intéressants de la ville.
■ ***Hertz*** *(plan B2,* ***4****) : à l'angle des rues HaBanim et HaPalmah. ☎ 672-39-39. • hertz.co.il •*
■ ***Avis*** *(plan B2,* ***5****) : 2, rehov HaAmakin. ☎ 672-27-66. Tlj sauf sam 8h-17h (13h ven).*

Location de bicyclettes

■ Au ***Aviv Holiday Flat*** *(plan B3,* ***7****).* Voir « Où dormir ? ».

Santé

☐ ***Urgences*** *(plan B2,* ***6****) : rehov HaBanim. ☎ 101 ou 679-01-11. Face au Leonardo Club.*
☐ ***Hôpital de Poriya*** *(Baruch Padeh) : à 14 km au sud de la ville, par les hauteurs. ☎ 665-22-11.*

Où dormir ?

De bon marché à prix moyens (80-440 Shk / 20-110 €)

Tiberias Hostel *(plan B2,* ***11****) : Rabin Sq. ☎ 679-26-11. • hosteltiberias.com • Entrée discrète. Dortoirs 4-8 lits 80-95 Shk/pers ; doubles 280-400 Shk.* Ancien hôtel transformé en *hostel,* qui offre dortoirs et chambres doubles, pour une centaine de lits au total. Très central. À l'étage, assez intime et chaleureux. Très bien tenu et confort correct : cuisine commune, minifrigo dans les chambres et les dortoirs, clim, service de blanchisserie, sanitaires impeccables et en nombre. Terrasse sur le toit pour refaire le monde...

Casa Nova *(plan B2,* ***12****) : 1, rehov HaYarden. ☎ 671-22-81. 📱 050-640-82-80 (WhatsApp). • casanova@koinoniagh.org • Résa conseillée très longtemps à l'avance pour la hte saison. Dortoirs 7 lits 100 Shk/pers ; double 280 Shk ; petit déj inclus.* Très bien situé, à 20 m de la plage publique. Imposante bâtisse en pierre de 1903 bien rénovée. Certes, ambiance un peu monacale, mais chambres vraiment bien avec clim et chauffage, certaines ont une vue sur le lac, d'autres avec des éléments architecturaux d'origine. Celles du bas donnent sur la cour de l'église Saint-Pierre. Cuisine à disposition au dernier étage, terrasses avec vue également. Tout est nickel. Très bon accueil et, en prime, plein d'infos sur la région.

Panorama Hotel *(plan B3,* ***13****) : 56, rehov HaGalil. ☎ 672-09-63. • panoramahotel.co.il • Doubles 350-450 Shk. Pas de petit déj, mais cuisine à dispo.* Petites chambres, climatisées et bien tenues (petit frigo, TV), mais la douche est peu pratique. Belle terrasse à l'étage avec vue sur le lac. La moitié des chambres donne sur la rue, donc inévitablement un peu bruyant, mais on voit le lac (celles à l'arrière sont plus calmes et sans vue). Reste une très bonne option pour les budgets serrés !

De prix moyens à chic (250-600 Shk / 62,50-150 €)

David Hostel *(plan A1,* ***10****) : 16, rehov Rachel. 📱 054-447-10-22 (WhatsApp). • davidhostel.com • Doubles 340-450 Shk, petit déj en sus.* Cet *hostel* est une histoire de famille. Il est implanté sur les hauteurs, pas vraiment loin du centre-ville, dans un quartier ultra-calme. Une ambiance très chaleureuse grâce à David, avenant maître de maison qui propose une poignée de chambres doubles ou familiales. Confort très correct. Cuisine bien équipée pour préparer son frichti. Agréable et lumineuse salle de vie donnant sur un large balcon. On se sent bien ici.

Astoria Galilee (plan A1, **14**) : 13, rehov Bruriah. ☎ 672-23-51. • astoria.co.il • Doubles 410-580 Shk, petit déj inclus. Grand vaisseau blanc doté d'un patio lumineux, à l'écart du boulevard. Les chambres, assez grandes, proposent tout le confort nécessaire (frigo, *set* de thé-café, clim...). De beaux espaces communs et une grande piscine pour parfaire le tableau. À 15 mn à peine du centre, ça vaut la grimpette.

Bridge to Peace (plan B2, **15**) : 5, rehov HaShiloah. 052-281-70-27. • bridge-to-peace-motel.business.site • Résa obligatoire, le proprio n'habite pas sur place. Apparts 2 pers 300-470 Shk, sans petit déj. À 2 pas de la gare routière, ce petit bâtiment abrite 6 appartements de tailles différentes. Fonctionnels, certains sont équipés de façon minimaliste (simple plaque de cuisson sur étagère), d'autres proposent baignoire balnéo, sauna privé... Déco sobre mettant en valeur la pierre basaltique noire du pays. À partager entre tous, un jardin (pelouse synthétique), une piscine hors sol, un parking gratuit. On n'y passerait pas ses vacances, mais c'est une bonne option.

Aviv Holiday Flat (plan B3, **7**) : 2, rehov Notar. ☎ 671-22-72. 050-403-01-41. Doubles 480-600 Shk, petit déj inclus. Également des familiales (6 pers). Dans un bâtiment moderne de 3 étages, de véritables studios, avec coin cuisine, lumineux et de bon confort (clim, TV satellite, coffre), mais sans charme. Certains avec balcon pour une meilleure vue sur le lac. Bon accueil. Très intéressants en basse saison, les prix augmentent pas mal en haute saison. Location de vélos.

Plus chic (150-300 $ / 127-254 €)

Emily's Hotel (plan B3, **7**) : 66, rehov HaGalil. ☎ 664-75-00. Doubles 145-200 $. Cet hôtel au chic affirmé dispose de chambres de grand confort. Décoration contemporaine et grands balcons avec vue sur le lac. Pour compléter, une piscine. Accueil pro.

Shirat Hayam Boutique Hotel (plan B2, **16**) : Igal Alon Promenade (rehov HaYarden). ☎ 672-11-22. • shirathayam.co.il • Doubles 270-300 $, petit déj inclus. Superbe maison ottomane de 1850 (pierre de basalte, fenêtres en arcades), face au lac. En 1946, l'hôtel prit le nom d'*Étoile de l'Est* après que l'immense star égyptienne Oum Kalthoum y eut résidé... Plus tard, point de chute de nombreux peintres. Aujourd'hui, il en reste quelque chose de fin, d'artistique dans l'atmosphère. Cadre d'une élégante et charmante sophistication. 11 chambres dont de magnifiques suites lumineuses avec balcon et vue, lit *king size* à baldaquin, vénérable mobilier, jacuzzi, certaines avec le basalte apparent... Très beau petit déjeuner (option *dairy*). Adresse idéale pour voyage de noces ou couples qui se rabibochent.

Spécial folies

The Scots Hotel (plan B2, **17**) : Gedud Baraq. ☎ 671-07-10. • scotshotels.co.il • Doubles 350-580 $ (min 2 nuits en saison). Menus 200-250 Shk. Ouvert en 2004 comme un 5-étoiles par l'Église d'Écosse sur le site d'un ancien complexe hospitalier qui possède une longue histoire (voir plus haut). Bâtiments exprimant l'élégance de l'architecture ottomane. Majestueuse façade à arcades frangée de palmiers. Cadre intérieur plein de charme, alliance harmonieuse du passé et du confort le plus contemporain. Dans 2 bâtiments historiques, une vingtaine de chambres ont gardé le charme d'antan, avec pierres apparentes basaltiques et mobilier ancien. Dans l'aile nouvelle, une cinquantaine sont de style plus moderne. Tout le confort espéré, bien sûr (coffre, clim, minibar, etc.). Magnifiques jardins en terrasses verdoyantes avec romantiques petits belvédères. Soirées divines garanties, à contempler le lac. Très grande piscine. Resto gastronomique réputé (le *Torrance,* non casher), *Scottish Bar* très sympathique et *cave à vins* voûtée très select. Le week-end, petits concerts le soir.

Où manger ? Où boire un verre ?

Vous ne pourrez pas manquer les ***restos sur le quai au bord du lac*** (la Promenade), au bout de rehov HaYarden *(plan B2)*. Leurs terrasses sont tellement agréables. Ils se valent tous et vous promettent les meilleurs poissons du lac (le saint-pierre ne vient pas du lac mais des kibboutzim de la vallée du Jourdain).

De bon marché à prix moyens (moins de 80 Shk / 20 €)

Humus Eliyahu *(plan B2,* ***30****) : 4, HaYarkon St. ☎ 823-33-09. Tlj sauf sam 10h-20h (14h ven).* Tibériade ne brillant pas par sa gastronomie, c'est une de ces petites adresses de chaîne qu'on apprécie de trouver au détour de la rue. En plein cœur du quartier commerçant, elle aligne quelques tables sur une terrasse couverte et dans une petite salle aux chaises colorées. Service sympa et houmous dans toutes ses déclinaisons.

Big Ben *(plan B2,* ***31****) : rue piétonne descendant vers le bord du lac. ☎ 672-22-48. Tlj jusqu'à minuit.* Pub anglais doté d'une immense terrasse et d'une salle à facettes multiples. La *pub food* (petites pizzas, salades, frites...) qu'on y sert se révèle sans surprise, mais à des tarifs plutôt corrects pour un endroit aussi central et fréquenté. Très bien également pour boire un coup. Service un poil racoleur.

Yali's *(plan B2,* ***32****) : 4, rehov HaBanim. ☎ 999-79-96. Tlj sauf sam 9h30-minuit (15h ven).* Chouette terrasse plantée juste en face de la vieille mosquée. Allez, on oublie vite le service sans étincelles pour profiter du moment.

Chic (80-120 Shk / 20-30 €)

Little Tiberias *(plan B2,* ***33****) : rehov HaKishon. ☎ 679-28-06. Tlj 12h-22h30.* Cadre chaleureux en bois, salle et terrasse. Cuisine goûteuse assez variée, notamment du poisson à l'ail bien tourné, arrosé d'une bonne bière ambrée de brasserie.

El Rancho *(plan B2,* ***34****) : rehov HaKishon. 050-307-70-77. Tlj sauf ven soir et sam midi, 11h-23h30.* D'argentin, ce grill à la tendreté de la viande et la qualité du service hyper prévenant. Des rives du lac de Tibériade, il garde son saint-pierre et de très copieux *mezze* (offerts) qui arrivent d'emblée sur la table dès la commande.

ISRAËL

Où dormir ? Où manger dans les environs ?

Shavit Family *(hors plan par A1,* ***18****) : dans le moshav d'****Arbel****. ☎ 679-49-19. 058-696-92-72. • 4shavit.com • À 9 km au nord-ouest de Tibériade (direction Nazareth, puis fléché à droite). Bus nº 42, peu fréquent. Compter 90-185 $ pour 2 ; lit en dortoir 31-40 $; petit déj 13 $. En très hte saison, 2 nuits min. Apparts jusqu'à 7 pers.* De la route, magnifique vue sur le lac. Dans ce *moshav* aux maisons très modernes, la famille Shavit a bâti un petit nid noyé sous les bougainvillées et les arbres fruitiers (pamplemousses, clémentines...), et peuplé de chats. Petits appartements avec cuisine, salon, parfois une grande baignoire qui trône dans la chambre, une terrasse ou un balcon. Piscine. Le resto, accessible aux non-résidents, propose une cuisine typiquement israélienne (pas donnée, mais de qualité).

À voir. À faire

Rambam's Tomb *(tombeau du Rambam ; plan B2) : rehov Yohanan ben Zakkay. Dans l'ancien cimetière juif.* Rambam est le nom abrégé du fameux Maïmonide, théologien et philosophe juif aristotélicien (le plus réputé du Moyen Âge), également vénéré par les musulmans. Né à Cordoue en Espagne en 1138, mort au Caire en 1204, il avait émis le désir d'être enterré en Terre sainte. Son tombeau (tout en haut du cimetière) fait l'objet d'une grande vénération. Il s'agit vraisemblablement d'un cénotaphe. À ses côtés, Maimon ben Yosef, son père (mort en 1166). D'autres tombes de sages célèbres ont été rassemblées dans les environs, comme Rabbi Akiva (dans le quartier portant son nom), Ramhal (1707-1747), rabbin, créateur de la littérature hébraïque moderne (mort à Akko, enterré à côté du Rabbi Akiva), la tombe des Mères (près du *Sheraton Paradise Hotel*).

Le vieux Tibériade *(plan B2-3)* **:** victime des tremblements de terre, des guerres et de la spéculation immobilière, la ville possède peu de vestiges anciens, lesquels sont remis partiellement en valeur, au pied des grands hôtels. Curieuse vision que la ***Grande Mosquée*** (du XVIIIe s) à l'abandon – quel dommage – émergeant, sur HaBanim, d'un ensemble commercial. Au bout de HaYarden, en bord de lac, l'***église Saint-Pierre*** (voir plus bas). Cliché insolite également que la présence des vieilles *mosquée* et *synagogue* juste devant le très moderne *Castle Hotel* (au nouveau débarcadère). La vénérable mosquée ***Jama'a El-Bahr*** au bord du lac date de la fin du XIXe s. Enfin, un bout de mur d'enceinte, seul vestige du ***château des Croisés*** *(plan B2),* juste au sud de la ruelle piétonne qui descend vers la promenade, en contrebas du mur commémoratif constellé de noms. Ce château aura fait fantasmer les archéologues jusqu'à l'aube du 2e millénaire. Mentionné dans les écrits anciens, pris par Saladin en 1187, nul n'était vraiment parvenu à le localiser. En 2004, enfin, ces bases très épaisses en pierres basaltiques ont été identifiées comme étant le vestige de la muraille nord dudit château. Avec une imagination certaine, on peut se figurer le reste de l'ouvrage.
Le ***parc archéologique*** *(plan B2)* s'étend tout autour de l'office de tourisme, dont le bâtiment faisait partie du fort de Tibériade, chaînon d'un ensemble de fortifications érigées par les Ottomans au XVIIIe s. Quelques pans significatifs des fortifications édifiées en 1788, dans le basalte caractéristique de la région, au milieu d'autres vestiges datant pour la plupart du XIIe s.
Au-dessus du *Scott's Hotel,* vestiges d'une ***forteresse bédouine*** du XVIIIe s, flanquée de 4 tours d'angle. À ne pas confondre avec le château des Croisés détaillé un peu plus haut (certaines cartes font la confusion !).

Saint Peter's Church *(église Saint-Pierre ; plan B2)* **:** *accès par la promenade, juste avt le restaurant* Galei Gil *en venant du sud ; petit panneau discret en hauteur. ☎ 672-05-16. • saintpeterstiberias.org • Lun-sam 8h-12h30, 14h30-17h30 (17h sam) ; dim, sur résa seulement. Sonner.* Bâtie sur des fondations croisées, transformée ensuite en mosquée, puis en caravansérail, puis de nouveau en église. L'abside en forme de proue évoquerait la barque de Simon, dit Pierre, tout comme la voûte en forme de carène de navire. Sobre façade à triples arcades surmontées d'un oculus et percée d'un vitrail représentant un poisson (1er symbole de la chrétienté remplacé ensuite par la croix). Devant trône la statue du saint.
– Au nord de l'église, au-dessus du *Shirat Hayam Boutique Hotel,* ***musée de Sculpture moderne*** en plein air, éparpillé dans le gazon…

Dona Gracia Museum *(plan B2)* **:** *3, rehov Refael Bibas, au rdc de l'hôtel du même nom. ☎ 671-71-76. Tlj sur rdv. Entrée (chère) : 40 Shk.* Petit musée narrant la vie de dona Gracia (Béatrice de Luna de son vrai nom, 1510-1569), fille d'une famille de *conversos* (marranes) ayant fui l'Inquisition et installée à Tibériade. Commerçante douée, elle devint, dit-on, la femme la plus riche du monde de l'époque. Soutenue par le sultan ottoman, elle participa avec énergie au développement économique de la ville. Visite guidée dans le décor baroque de l'hôtel (quelques scènes avec mannequins en costumes du XVIe s).

Les sources chaudes de Hamme Teverya *(plan A3)* **:** *bd Eliezer Kaplan. ☎ 612-36-00. À env 2 km au sud du centre. Bus no 5. Dim-mar 8h-17h45 ; mer-jeu 8h-21h45 ; ven-sam 8h-15h45. Entrée : 90 Shk (100 Shk sam), mais 35 Shk (50 Shk sam) 1h avt la fermeture (bon plan !). Loc possible de serviettes et casiers.*

2 piscines à 38 °C dont une à l'intérieur, et l'autre en plein air à 25 °C (fraîche en comparaison !). Ambiance populaire. Très agréable, surtout le soir.

Hamat Teverias : *en face de l'établissement thermal. ☎ 672-52-87. Avr-sept, tlj 8h-17h (16h ven) ; en hiver, ferme 1 à 2h plus tôt. Entrée : 14 Shk.* 3 ***bassins d'eau chaude*** en plein air sont accessibles à côté de l'entrée (apportez votre serviette, on se change sans façon dans les toilettes). Le site recèle aussi une ancienne ***synagogue*** aux belles mosaïques, malheureusement endommagées par des juifs ultra-orthodoxes en 2012. L'une d'entre elles décrit les signes du zodiaque (avec un dieu Soleil au milieu), une autre représente 4 femmes symbolisant les saisons. Quelques témoignages du culte, une arche sacrée, des inscriptions en grec et en araméen. Petit ***musée*** sur l'histoire du site. Possibilité de grimper la côte jusqu'au ***mausolée*** blanc à dôme de *Rabbi Meir Ba'al Haness* (un disciple du célèbre rabbin Akiva).

Les plages

Plus rocheuses que sablonneuses, mieux vaut aller sur l'autre rive du lac. Elles sont ouvertes en général de mai (fête de Pessah) à octobre et payantes quand il s'agit de plages d'hôtels.

Au sud

Gai Beach : *la plus proche, à 1 km du centre. Liée à l'hôtel du même nom. ☎ 670-07-00.* Familiale, avec toboggans pour les enfants et piscine à vagues.

Ganim Beach : *à env 1,5 km.* C'est la plage municipale. Familiale, endroits ombragés, possibilité de camper.

Remonim Mineral Water : *à env 2 km du centre. ☎ 672-85-55.* Sports nautiques, terrains de jeux pour les enfants. Pub et resto.

Les plages religieuses *(Separate Beaches) :* *à 2,5 km du centre.* Hommes et femmes séparés : à gauche pour les femmes, à droite pour les hommes.

Au nord

Ha Shaket Beach *(Quiet Beach) :* *à env 1 km, accès par Geddud Baraq. ☎ 670-08-00.* C'est la plage « tranquille » *(dixit)* de l'hôtel *Leonardo Tiberias.* Bien équipée et confortable.

Hatchelet Beach *(Blue Beach) :* *juste après la Ha Shaket Beach. ☎ 672-01-05.* Une des plus belles.

Ron's Beach : *la plus au nord, à env 1,5 km. Face à l'hôtel du même nom. ☎ 679-10-50.*

LE TOUR DU LAC DE TIBÉRIADE

• Plan *p. 211*

Une très belle balade d'un peu plus de 60 km qui permet de découvrir quelques hauts lieux du christianisme, des sites archéologiques, le 1er kibboutz d'Israël (Degania), ainsi que des paysages naturels préservés, comme les

lagunes du parc du Jourdain qui raviront les amateurs d'oiseaux migrateurs. 85 % de ceux venant d'Europe et en route vers l'Afrique passent par la vallée du Jourdain. On peut les voir dans le ciel, portés par des courants ascendants très forts, qui font aussi la joie des amateurs de vol à voile.

UNE PETITE MER EN FORME DE HARPE

Mentionné sur la plupart des cartes comme la mer de Galilée, le lac de Tibériade (c'est ainsi que les chrétiens le désignent) suggère, grosso modo, la forme d'une harpe ou d'une lyre (*kinnor* en hébreu, d'où le nom de *kinneret* donné par les Israéliens). Pour Israël, cette mer intérieure est d'une importance vitale. Le lac constitue en effet le 1er réservoir d'eau douce du pays. L'eau de Tibériade sert même à alimenter des kibboutzim du désert du Néguev, comme celui de Sdé Boker. Des sommets du Golan, rus, ruisseaux, petites rivières se déversent dans le Kinneret. D'où l'inquiétude toute stratégique qui ronge certains responsables de l'État d'Israël à propos du contrôle des sources. En 1963, le Golan était encore syrien et Damas décida de détourner toutes les sources d'eau afin d'assécher le lac de Tibériade et d'assoiffer son voisin-ennemi... Maintenant que le Golan est sous contrôle israélien, on comprend pourquoi l'idée même de sa restitution à la Syrie est loin de faire l'unanimité.

C'est sur les eaux de ce lac que Jésus aurait marché pour épater ses disciples il y a 2 000 ans... « Jésus voyant ses disciples s'épuiser à ramer, car le vent leur était contraire, vient vers eux en marchant sur la mer... Ceux-ci crurent que c'était un fantôme et poussèrent des cris. Mais lui, aussitôt leur parla et dit : "Ayez confiance, c'est moi, soyez sans crainte..." » (Marc VI, 45-52). Quoi qu'il en soit, son passage dans la région mériterait un topoguide à lui tout seul, tant il a sillonné en long et en large les rives de ce lac, et notamment le secteur compris entre Tabgha, Capharnaüm, Khorazine et Beit Saïda. Ami routard, vous allez suivre la route des miracles et des béatitudes. Que Dieu vous garde !

JÉSUS, RÉVOLUTIONNAIRE ?

En chassant les marchands du Temple, il s'attaque aux biens de ce monde. Il refuse l'ordre établi en critiquant les puissants et soutient les pauvres ou simples d'esprit. Proche de Marie-Madeleine, prostituée, il refuse les convenances. L'évangile de Philippe la présente même comme sa compagne.

Comment faire le tour du lac ?

Le tour fait 65 km. En voiture, ce n'est rien, en bus c'est déjà un peu plus compliqué : il faut faire le tour par le sud (environ 8 bus par jour ; renseignements à la gare routière). Mais mieux vaut prendre son temps pour sentir l'ambiance particulière qui imprègne les rives du lac. Pour les plus sportifs, l'idéal consiste à louer un vélo à Tibériade et à faire la boucle en une journée (voir les adresses de location dans la rubrique « Adresses et infos utiles » à Tibériade). Pas de tout repos, prévoir de partir très tôt le matin, d'apporter de l'eau (ravitaillement possible dans les aires de camping gratuites) et de faire une pause aux heures chaudes. Quelques portions de grande route toutefois et ça grimpe par endroits.

On indique les sites dans le sens inverse des aiguilles d'une montre, depuis Tibériade.

AU SUD DU LAC

Le site de Yardenit : *à env 11 km au sud de Tibériade, là où le Jourdain sort du lac de Tibériade. ☎ 675-91-11. ● yardenit.com ● Bus nos 20, 23, 28, 51 et 57.*

Mars-nov, tlj 8h-18h (16h ven et 13h veilles de fêtes) ; ferme 1h plus tôt déc-fév. Fermé pdt les fêtes juives. Les cérémonies de baptême s'arrêtent 1h avt. GRATUIT. Aube blanche pour se faire baptiser : loc 10 $, vente 25 $. Ce site a été aménagé pour le baptême des pèlerins chrétiens en 1981. Environnement assez bucolique, mais atmosphère très commerciale. Des groupes venant du monde entier, grande boutique de souvenirs et tout et tout. D'ailleurs, ce n'est pas là que Jésus fut baptisé par saint Jean-Baptiste, mais à Béthanie, dans l'actuelle Jordanie, 120 km plus au sud !

Taiber Youth Hostel : *à* ***Poriya.*** *☎ (02) 594-57-22. • iyha.org.il • À env 10 km au sud de Tibériade (fléché « Poriya » à droite, à 6 km du centre sur la route 90). Pas de transports publics. Compter 300-350 Shk pour 2, petit déj inclus. Repas possible. Attention, beaucoup de groupes et de scolaires, réservez !* L'auberge surplombe le lac et offre une vue superbe sur le plateau du Golan au loin. Moderne et très bien tenue. Dortoirs de 2-6 lits et chambres doubles. Mais le must, ce sont les 26 gentils petits chalets, dont certains ont une vue privilégiée sur le lac (parfois avec balcon). Toutes les chambres avec clim, minifrigo, TV, *set* de café. Possibilité de repas.

ISRAËL

Le kibboutz Degania Aleph : *à env 12 km au sud de Tibériade, sur la gauche de la route principale. Bus nos 20, 23, 28, 51 et 57.* C'est le plus vieux kibboutz d'Israël. Fondé en 1910, à l'époque de la domination ottomane. Il a traversé toutes les guerres, résisté aux nombreuses attaques syriennes (de 1948 à 1973). Moshe Dayan y est né. La grande poétesse Rachel, Aharon David Gordon (un des pères du système des kibboutzim) et Joseph Trumpeldor y travaillèrent.

– ***Visites*** du kibboutz possibles, payantes et sur rendez-vous *(☎ 660-81-01 ; 052-374-91-70 ; • degania.org.il •)*, en anglais, voire en français.

– **Beit Gordon House :** *☎ 675-00-40. • beitgordon.museumline.co.il • Tlj 9h-14h (sur rdv seulement ven-sam). Entrée : 20 Shk.* Ce petit musée porte le nom de Aharon David Gordon (1856-1922), initiateur du Code du travail israélien, idéaliste et protecteur de la nature. Archéologie, agriculture et sciences naturelles. Riche collection ornithologique...

Degania B Country Lodging : *partie « B » du kibboutz Degania. ☎ 675-57-58. Bus nos 20, 23, 28, 51 et 57. Doubles 500-620 Shk, petit déj inclus.* Fondé en 1920, un des tout premiers kibboutzim. Pas vraiment de charme, on trouvera quand même l'éternelle et grande piscine, les allées de gazon, les palmiers et les installations agricoles au milieu de tout ça. Les hébergements sont répartis dans de longs bâtiments de plain-pied ou à 1 étage, façon motel. Les chambres sont sobres et bien tenues. Celles du rez-de-chaussée (plus chères) bénéficient d'un bout de terrasse sur le jardin.

Bet Gabriel on the Kinneret *(centre culturel Bet Gabriel) : à* ***Tzemah.*** *☎ 675-11-75. Bus nos 23, 51 et 57. Tlj 10h-minuit. GRATUIT. Cafétéria sur place (agréable vue sur le lac).*

Bel endroit dédié aux arts, créé en 1993 par Gita Sherover, en souvenir de son fils Gabriel. Aujourd'hui, expos de peintures, photos.

C'est là que se déroulèrent les négociations entre le roi Hussein et Yitzhak Rabin, qui aboutirent au traité de paix de novembre 1994. Demandez à voir la ***Peace Room,*** conçue par Gita Sherover pour réunir, espérait-elle, les dirigeants syriens et israéliens. On se trouve en effet à la frontière d'avant 1967 entre Israël et la Syrie. C'est finalement la Jordanie qui se retrouva à la table des pourparlers, le keffieh rouge et blanc du roi y est toujours. Notez les miroirs placés de telle façon que tous les participants pouvaient voir le lac et l'horizon. D'autres objets sont présentés, tels que des cadeaux reçus par Shimon Peres, notamment de la part de Yasser Arafat.

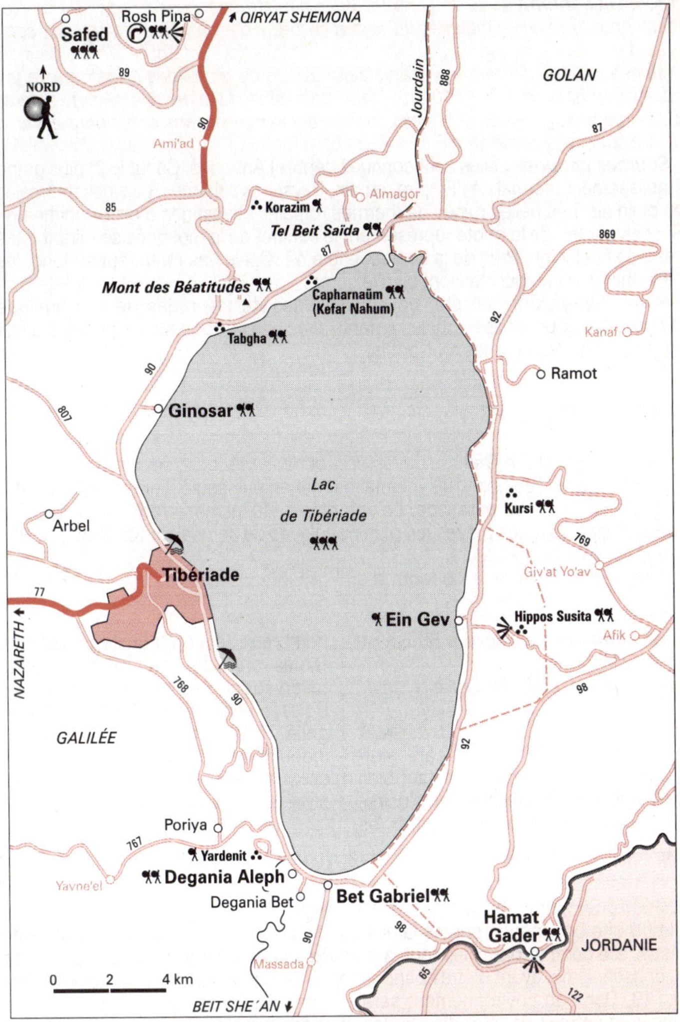

LE LAC DE TIBÉRIADE

HAMMAT GADER

Hammat Gader, à 10 km au sud-est des rives du lac (petit crochet en aller-retour), est coincée entre la Jordanie et le Golan. La route d'accès offre un ***panorama*** assez impressionnant sur la *vallée du Yarmouk*, la frontière et la Jordanie. Plus de points de vue encore pour ceux qui continueront sur la route du Golan (la 98).

Les thermes : *☎ (04) 665-99-66. • hamat-gader.com • Bus n° 24 ; seulement 1 bus/j. en fin de matinée, qui repart en début d'ap-m. Tte l'année. Juin-sept, tlj sauf dim-lun : mar-mer 8h30-17h, jeu-ven 8h30-22h, sam 8h30-17h (en août, tlj, mêmes horaires ; fermeture variable selon heure de repas des alligators) ; ferme plus tôt en hiver. Entrée : 110 Shk (cher, mais ça vaut vraiment la peine) ; enfants au même prix. Buvettes et snacks sur place. Un conseil, arriver tôt pour éviter la cohue (en particulier le sam).*

– ***Sources chaudes :*** elles sont connues depuis l'Antiquité. Ce fut le 2e plus grand établissement thermal de l'Empire romain. Paysages sublimes, piscines thermales en plein air. Très belles ruines de thermes romains et vestiges d'un amphithéâtre. Succès garanti de la photo représentant le minaret de la mosquée se mirant dans l'eau de la piscine. Près de la source, eau à 42 °C. Ne pas rater, tout au fond, les mini-chutes d'eau qui massent bien le corps.

– ***Parc d'alligators :*** en été, possibilité d'assister au repas de ces quelque 200 bébêtes. Spectacles pour les enfants avec des perroquets, proposés 2-3 fois par jour. Mini-zoo pour les tout-petits.

À L'EST DU LAC

Le kibboutz d'Ein Gev : *sur le lac de Tibériade, route 92, au km 20. Bus nos 51 et 57.* Fondé en 1937 par 100 volontaires, qui en une seule journée ont construit une tour entourée de palissade. Le soir même, 40 membres ont pu s'y installer. Teddy Kollek, l'un des maires les plus populaires de Jérusalem (de 1965 à 1993), faisait partie des fondateurs.

– Petit train pour visiter le kibboutz *(📱 054-565-80-25 ; dim-ven à 12h30 et 14h30, sam 12h-16h, ttes les heures ; env 25 Shk/pers).*

Le ***camping*** se trouve à 800 m au nord du kibboutz.

Ein Gev Fish Restaurant : *dans le kibboutz. ☎ 665-81-36. Tlj 12h-21h (22h en saison). Compter 100-120 Shk pour un poisson.* Une escale plaisante au bord du lac, mais il faut bien reconnaître que c'est carrément l'usine. Terrasse immense pour accueillir les nombreux cars de touristes. Quelques tables près de l'eau sont toutefois réservées aux voyageurs individuels. Poisson servi entier ou en filet, frit ou grillé. Rien de très fin, mais fraîcheur indéniable. Service très efficace. Un conseil : venir juste avant le crépuscule, c'est un enchantement.

Hippos Susita : *accès non fléché par une route qui tourne le dos au lac et qui débute sur la route 92, à 500 m au sud de l'entrée du kibboutz Ein Gev. GRATUIT.* Surplombant Ein Gev s'élève une grosse colline appelée *Hippos Susita*. Elle fut une cité fondée par les Grecs au IIe s av. J.-C. Florissante à l'époque de Jésus, elle compte parmi les toutes premières cités païennes à s'être converties au christianisme, avant d'être abandonnée suite à un violent tremblement de terre en 749. Dans un environnement serein, ruines d'églises byzantines, du forum romain, d'entrées de ville, de citernes et conduites d'eau. Vestiges d'un temple grec. Superbe panorama sur le lac depuis là-haut.

Kursi : *à 5 km au nord d'Ein Gev. ☎ (04) 673-19-83. • parks.org.il • Bus nos 51 et 57. En été, tlj 8h-17h (16h ven, veilles de fêtes) ; ferme 1h plus tôt en hiver. Entrée : 14 Shk ; réduc.*

– Le ***monastère byzantin,*** le plus grand de la région, a été partiellement détruit par les Perses en 614. Il ne s'en releva pas. Les vestiges en basalte ont conservé par endroits leur pavement en mosaïque, dont celle connue et bien conservée qui illustre 2 cannes de part et d'autre d'un panier. À voir sur le côté gauche, au milieu.

– À gauche du monastère, vestiges de ***thermes.***

– Compter 5 mn de grimpette par un chemin balisé pour atteindre la ***chapelle.*** C'est là que serait survenu le miracle, qui ressemble assez à de l'exorcisme : Jésus fit sortir les démons d'un homme ; ceux-ci entrèrent dans des pourceaux qui se précipitèrent ensuite du haut de la falaise dans la « mer de Galilée » (le lac)... Ce même épisode est raconté en Jordanie, à Gadara (Umm-Qais).

Entre Ein Gev et Kursi, la ***plage de Gofra*** accueille les campeurs en saison *(compter env 50 Shk/voiture).*

Golan Rooms : *dans le moshav* ***Ramot.*** *052-339-32-77. Après Kursi, prendre à droite à l'embranchement suivant, c'est 4 km plus loin. Une fois dans le moshav, tourner à gauche au 1er rond-point, puis à gauche. Inscriptions seulement en hébreu. Bus n° 57. Env 500 Shk pour 2 (jusqu'à 1 000 Shk le bungalow familial), plus cher le w-e ; petit déj en sus. CB refusées.* Très calme. Bungalows dans un bel environnement. Certains peuvent accueillir jusqu'à 6 personnes. Spacieux et confortable. Cuisine équipée, mais aussi salon pour les plus grands. Clim, TV écran plat, salon de jardin à l'extérieur. Nombreuses activités possibles, piscine, jacuzzi, tennis. Possibilité de prendre un copieux petit déjeuner dans une véranda au 1er étage de la maison des propriétaires.

Tel Beit Saïda : *pour atteindre le parc naturel, on traverse le Jourdain qui se jette dans le lac, formant une sorte de lagune. ☎ 692-34-22. Bus nos 52 ou 62 depuis Tibériade, peu fréquents. Tlj 8h-16h. Accès : 50 Shk par voiture.* Encore un coin très tranquille, réputé pour les miracles qu'y accomplit Jésus (guérison d'un aveugle et 2e multiplication des pains). Beit Saïda était un petit village de pêcheurs. Pas moins de 5 apôtres (Pierre, André, Jacques, Jean et Philippe) en étaient originaires.

À L'OUEST DU LAC

Capharnaüm *(Kefar Nahum ou Capernaum sur les panneaux)* ***:*** *☎ (04) 672-10-59. • capernaum.custodia.org • Bus nos 43, 52 et 62 (peu fréquents). Tlj 8h-17h (dernière entrée 30 mn avt). Entrée : 5 Shk. Pantalon ou jupe longue exigés pour les filles.*

Le paysage de ce côté du lac vaut vraiment le déplacement. C'est l'un des coins les plus chouettes du pourtour. On découvre le site occupé par Jésus après avoir été chassé de Nazareth. Hérode y maintenait à l'époque une garnison de mercenaires commandés par un centurion. Jésus y fit quelques miracles, dont la guérison du serviteur de ce centurion. Le Christ habitait chez Pierre et enseignait à la synagogue. Capharnaüm était son camp de base quand il rayonnait dans la campagne pour prêcher. Il y revenait après chaque voyage.

« [...] Lorsque Jésus entendit que Jean avait été jeté en prison, il revint en Galilée. En quittant Nazareth, il se rendit à Capharnaüm, situé à proximité du lac et y séjourna... » (Matthieu, IV, 12-13).

– ***La synagogue :*** en calcaire blanc, du IVe s. Quelques vestiges significatifs : un long pan de mur, des chapiteaux corinthiens finement ciselés, de beaux linteaux, une petite colonnade.

– Également des restes de fondations de maisons du Ier s et une bien laide église octogonale (évoquant une soucoupe volante) reposant sur 8 piliers et construite à l'emplacement de la ***maison de Pierre*** (le sol en verre permet d'en voir les vestiges). Mais pourquoi avoir autorisé une telle horreur dans un endroit aussi sacré ? Ancien pressoir à olives et, à l'entrée du site, un couvent franciscain.

PAROLE D'ÉVANGILE...

Les Évangiles sont-ils véridiques ? Les textes les plus anciens datent d'au moins 70 ans après la mort du Christ. Les témoignages ont été transmis oralement comme le voulait l'époque. En fait, 5 000 manuscrits anciens prouvent la réalité des événements. D'ailleurs, les variantes entre les 4 Évangiles sont minimes.

– Dans la partie est des fouilles du site, 500 m plus loin, s'élève l'***église orthodoxe de Capharnaüm*** (murs blancs, dômes rouges).

Mount of Beatitudes *(mont des Béatitudes)* **:** *fléché depuis la route 90. ☎ (04) 679-09-78. Bus nos 450 ou 541 (arrêt sur la route, il faut marcher 1 km ensuite). Tlj 8h-11h45, 14h-16h45. Fermé à Pâques et à Noël. Accès : 10 Shk.* « Heureux les pauvres en esprit, car le royaume des cieux est à eux... Heureux ceux qui procurent la paix, car ils seront appelés fils de Dieu... Heureux les affamés et les assoiffés de justice, car ils seront rassasiés... » (Matthieu, V, 3-6). C'est au sommet de cette colline que Jésus aurait prononcé le fameux Sermon sur la Montagne, plus connu sous le nom des Béatitudes. Jésus avait l'habitude de monter ici pour enseigner à ses disciples et pour prier en solitaire. Une église italienne avec dôme et arcades a été construite sur le site en 1937.

***Korazim* :** *à 2 km de Vered HaGalil ; par la route 90, rejoindre la route 8277. ☎ (04) 693-49-82. • parks.org.il • Bus nos 450 ou 541, puis on finit à pied les derniers 2,5 km, ou bus no 41. Tlj 8h-17h (16h en hiver) ; fermeture 1h avt ven et veilles de fêtes ; ferme à 13h les j. fériés. Dernière admission 1h avt. Entrée : 22 Shk ; réduc.* Réputée il y a 2 000 ans pour son indifférence au message évangélique. Jésus ne cacha pas sa colère : « Malheur à toi Korazim... » La malédiction fut efficace puisque la ville tomba en ruine au VIIIe s (Jésus a accompli des miracles plus rapides !). On y voit peu de choses : ruines de basalte noir d'une grande synagogue du IVe s, que l'on aperçoit aussi de la route. On y a retrouvé une « chaise de Moïse » taillée dans le roc, mentionnée dans l'Évangile et dans le Talmud.

ISRAËL

***Vered HaGalil* :** *fléché depuis la route 90. ☎ (04) 693-57-85. • veredhagalil.com • Bus nos 450 ou 541 depuis Tibériade ; no 450 depuis Safed. Compter 590-740 Shk pour 2 (30 % plus cher le w-e). Promos parfois sur leur site.* Ranch magnifiquement situé, qui propose de confortables petits chalets, studios (avec kitchenette) ou cottages. Assez cher, mais beaucoup de cachet. Possibilité de leçons d'équitation et de balades de 1h à plusieurs jours. Piscine.

Tibi's *(restaurant du* Vered HaGalil*)* **:** *☎ (04) 633-08-85. Tlj 12h-22h. Résa conseillée. De prix moyens à chic* Dans le resto de ce ranch, il règne forcément une ambiance western : musique country en fond, *steakhouse* pour prendre des forces avant une chevauchée. Bonnes viandes donc, mais le reste est vraiment mitonné avec talent, à base de produits frais. Merveilleux desserts et copieux, qui plus est. Attention, pas de grillades les vendredi soir et samedi midi. C'est shabbat, tout est mijoté et maintenu au four.

***Tabgha* :** *basilique de la Multiplication des pains (shrine of the Multiplication of the loaves). ☎ (04) 667-81-00 ou 672-47-67. Bus nos 450 ou 541 depuis Tibériade. Tlj 8h (11h dim)-16h50 (14h50 sam). Entrée : 10 Shk.*
On a retrouvé, au XIXe s, les magnifiques ***mosaïques*** de l'ancien sanctuaire datant du IVe s. Les bénédictins allemands ont construit une église et un couvent moderne sur ce site très chargé d'histoire. En effet, c'est là que Jésus multiplia les pains et les poissons. Sous l'autel, le rocher sur lequel le Christ aurait posé les pains.
« [...] Les disciples dirent : Renvoie la foule, afin qu'elle aille s'acheter des vivres. Jésus leur répondit : Ils n'ont pas besoin de s'en aller, donnez-leur vous-mêmes à manger. Mais ils lui dirent : Nous n'avons ici que 5 pains et 2 poissons... » (Matthieu, XIV, 14-21).
Malheureusement, une partie de l'église a brûlé au cours d'un incendie criminel en juin 2015 et des murs ont été tagués. L'édifice avait déjà été la cible de juifs religieux orthodoxes 1 an plus tôt.

LE CORPS DU CHRIST

L'hostie, du latin hostia*, signifie « victime ». Ce mot rappelle que, pour les chrétiens, l'hostie se transforme en corps du Christ lors de la consécration. Ce miracle évoque le dernier repas du Christ avec les apôtres. « Prenez et mangez-en tous, ceci est mon corps », dit Jésus avant d'être arrêté.*

À 200 m, en bord de lac, petite ***chapelle Saint-Pierre*** *(tlj 8h-17h).* Elle s'élève sur l'emplacement où le Christ ressuscité fut, d'après la tradition, accueilli par les apôtres et où il partagea leur repas. Il y chargea également Simon-Pierre de diriger son Église.

Karei Deshe Youth Hostel : *à Karei Deshe, **Tabgha.** ☎ (02) 594-56-32. • en.iyha.org.il • À env 12 km au nord de Tibériade et 3 km de Capharnaüm. Bus n°s 48, 450 ou 541 depuis Tibériade ; n° 450 depuis Safed ; puis finir à pied le dernier km. Double env 460 Shk, petit déj inclus ; dortoirs (6 lits) loués selon situation sanitaire. Le w-e, mars-oct, ½ pens obligatoire (repas env 90 Shk).* Au bord du lac. Chambres pour couples et petits dortoirs avec salle de bains, avant tout fonctionnels. Cafétéria. Grand jardin. Vue magnifique sur le lac. Un peu loin de tout, mais proche de Tabgha, Capharnaüm et du mont des Béatitudes.

Yigal Allon Center : *à 4 km au nord de Tibériade, dans le kibboutz de **Ginosar.** ☎ 672-77-00. Bus n° 48 direct, ou n°s 450 ou 541 qui déposent sur la route principale depuis Tibériade, et n° 450 depuis Safed ; finir à pied les derniers 800 m. Tlj 8h-17h (16h ven et veilles de fête).*

– ***Les vestiges du vieux bateau galiléen*** *(ancient Galilee boat) :* *accès 25 Shk.* Découvert en 1986 au fond du lac, à l'occasion d'une sécheresse exceptionnelle. Il est acquis que le bateau de Ginosar date du siècle de Jésus... La datation précise, sa forme le rapprochent de ceux décrits dans les Évangiles, qu'empruntèrent très probablement Jésus et ses disciples à l'époque. Relire Luc, V, 1-11 : « [...] Comme Jésus se trouvait auprès du lac de Tibériade et que la foule se pressait autour de lui pour entendre la parole de Dieu, il vit au bord du lac 2 barques. Il monta dans l'une de ces barques qui était à Simon et le pria de s'éloigner un peu de la terre. Puis il enseignait la foule... Et Jésus dit à Simon, ne craint point, désormais tu seras pêcheur d'hommes. Et ayant ramené les barques à terre, ils laissèrent tout et le suivirent. » Les mêmes bateaux furent également employés par les Juifs lors de la célèbre bataille navale de Migdal, en 67, contre les Romains. Aujourd'hui, c'est donc un témoin des activités navales sur le lac de Tibériade. Remarquable travail de reconstitution de ce véritable puzzle en 3D, composé de pas moins de 12 bois différents (caroubier, sycomore, arbre de Judée, pin d'Alep, chêne de Tabor...). Ne pas manquer le ***film*** sur le sauvetage du bateau, les insolites techniques utilisées, puis tout le travail de préservation qui dura 11 ans !

– ***Le mémorial dédié à Yigal Allon :*** *accès discret à gauche de la billetterie. GRATUIT.* Allon, fut l'un des grands ministres des Affaires étrangères d'Israël de 1974 à 1977. Des panneaux, photos, témoignages rappellent sa vie, son œuvre, distribués sur plusieurs niveaux autour d'une rampe hélicoïdale... Tout en haut, si la terrasse est ouverte, vue superbe sur les environs.

LE POISSON, SYMBOLE DE LA CHRÉTIENTÉ

Bien avant la croix, le poisson était le symbole chrétien. En grec « poisson » se dit ichtus, acronyme de « Jésus Christ, fils de Dieu notre sauveur ». Et puis n'oublions pas que plusieurs apôtres étaient pêcheurs sur le lac de Tibériade. Un poisson utilisé comme signe de ralliement à Rome, lorsque le pouvoir persécutait les premiers chrétiens (surnommés pisci, en latin : les « poissons »). Poissons, encore, utilisés comme fléchage discret de leurs lieux de culte. Poisson, enfin, que certains auraient porté dans le dos, pour guider les fidèles vers les basiliques secrètes où était célébrée la Pâque – ce serait l'origine du « poisson d'avril ».

Nof Ginosar : *dans le kibboutz de Ginosar, près du mémorial Yigal Allon. ☎ (04) 670-03-20 (résas, sauf sam). • ginosar.co.il • Doubles standard*

ISRAËL

170-220 $. Hôtel réparti dans des bâtiments bas et récents. Chambres *deluxe* tout confort avec petit balcon donnant sur le parc. Chouette environnement, excellent accueil. L'hôtel gère aussi des bungalows éparpillés dans le parc. Coin cuisine, TV... Bien pour ceux qui circulent en voiture et ne veulent pas dormir en ville.

NAZARETH (NATSRAT)

75 500 hab. IND. TÉL. : 04

• Plan *p. 217*

Voici la localité où vécurent Marie et Joseph, et où Jésus passa sa jeunesse et son adolescence. Mais outre son patrimoine biblique, la vieille ville mérite le détour, avec ses ruelles pentues et ses belles demeures à l'architecture typique.

Une cité habitée en majorité par des Arabes (dont 35 % sont chrétiens) qui ont fui le reste du territoire lors de la guerre de 1948. Nazareth a vu alors sa population quadrupler.

Sur les hauteurs, Nazareth Illit, la ville nouvelle construite à la fin des années 1950, a changé de nom en 2019 pour se différencier de la Nazareth « historique ». Elle s'appelle désormais Nof Hagalil (« Vue de Galilée » en hébreu). Elle est essentiellement peuplée de Juifs.

Alors que dans les années 2000, les centres commerciaux avaient vidé le vieux souk d'une partie de ses commerçants, de nouvelles enseignes font aujourd'hui leur apparition. Elles sont souvent ouvertes par des jeunes, bien décidés à réinvestir la vieille ville et à faire renaître l'âme du souk, faisant de Nazareth une ville particulièrement agréable à explorer.

Arriver – Quitter

Pas de gare de bus proprement dite, mais nombreux bus au *Big Fashion Mall* (1 km à pied au sud de Paulus VI ; *hors plan par A2*). Se reporter au plan pour situer les différents arrêts. Bus *Egged (☎ *2800 ; • egged.co.il •)*, dont la plupart ne desservent que ***Nof Hagalil*** (ville nouvelle) ; bus *Nazareth Travels & Tourism (☎ (04) 657-05-77 ; • ntt-buses.com •)* et bus *GB Tours (☎ (04) 657-07-45 ; • gb-tours.com •)*.

Liaisons avec :

➢ ***Tibériade :*** bus *Nazareth Travels & Tourism* n° 431 au *Big Fashion Mall*. Départs fréquents. Compter 1h.

➢ ***Haïfa :*** depuis Paulus VI *(plan B2)*, bus *GB Tours* n° 344 pour la gare routière de ***HaMifratz,*** 7h-21h. Trajet : 50 mn ; le bus n° 331 (plus lent) rejoint le centre-ville sur sderot HaMeginim.

➢ ***Jérusalem :*** 2 bus/j. *Egged* n° 955, le mat tôt, sinon correspondance à Tel-Aviv ou Haïfa. Départs sur Paulus VI *(hors plan par A2)*.

➢ ***Akko :*** bus *Egged* n° 343, env ttes les heures, 6h-17h50, sur Paulus VI *(plan B2)* ou bus *Nazareth Travels & Tourism* n° 353, au *Big Fashion Mall* ; même fréquence. Trajet : 1h.

➢ ***Tel-Aviv :*** bus *Nazareth Travels & Tourism* n° 833, départ env ttes les heures, 4h45-18h30 au *Big Fashion Mall*. Trajet : 2h.

➢ ***Beit She'an :*** pas de bus direct, passer par Afula (bus n° 355) ou par le sud du lac de Tibériade (bus n° 31). Compter 2h.

➢ ***Amman (Jordanie) :*** bus *Nazarene Tours* sur Paulus VI *(plan B2)*. Se reporter au chapitre « Arriver – Quitter » en début de guide.

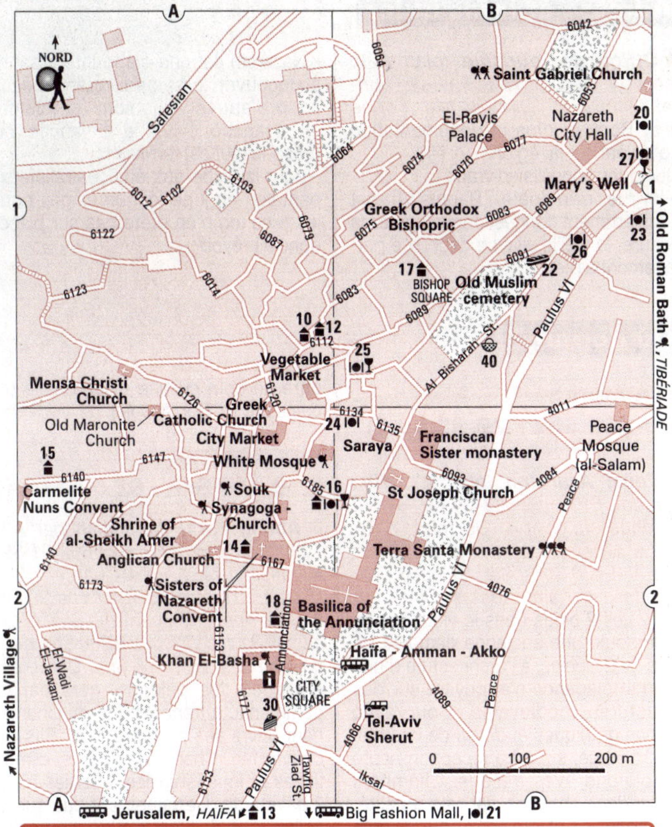

NAZARETH

Adresse utile

- Office de tourisme (A2)

Où dormir ?

- **10** Fauzi Azar Inn (A1)
- **12** Antique Guesthouse (A1)
- **13** Abuna Faraj (hors plan par A2)
- **14** Les Sœurs de Nazareth (A2)
- **15** Rosary Guesthouse (A2)
- **16** Al Reda (A-B2)
- **17** Al-Mutran Guest House (B1)
- **18** Casa Nova (A2)

Où manger ? Où boire un verre ?

- **16** Al Reda (A-B2)
- **20** Jabali (B1)
- **21** Afif Saigh (hors plan par A2)
- **22** El Mashadawi (B1)
- **23** El Za'im (B1)
- **24** Deewan Al-Saraya – Abu-Ashraf (B2)
- **25** Liwan Culture Café (B1)
- **26** Tishreen (B1)
- **27** Bayat et Rosemary (B1)

Où déguster de bonnes pâtisseries ?

- **30** Al Mahroum Sweets (A2)

Où acheter de bonnes épices ?

- **40** El Babour (B1)

Adresse et infos utiles

Office de tourisme (plan A2) : *rehov Al-Bishara. ☎ 657-30-03. Lun-ven 8h30-17h, sam 9h-14h. Fermé dim.* Bonnes infos et documentation complète sur la région.

Quelques conseils en vrac :

– la rue principale (Paulus VI) est constamment congestionnée : garez la voiture, la vieille ville se découvre parfaitement à pied ;

– Nazareth est une étape intéressante à découvrir le samedi quand beaucoup d'autres villes sont au ralenti ; en revanche, évitez le dimanche, où presque tout est fermé ici ;

– pour la visite des édifices religieux, pantalon ou jupe longue exigés pour les filles (on n'en prête pas sur place, donc à prévoir).

Où dormir ?

Bon marché (80-250 Shk / 20-62,50 €)

Fauzi Azar Inn (plan A1, **10**) : *9, rehov 6112. ☎ 602-04-69. • abrahamhostels.com • Dortoirs 110-120 Shk/pers, doubles sans ou avec sdb 480-620 Shk, petit déj inclus. Min 2 nuits à certaines dates. Dîner sur résa.* Les 2 pieds dans le vieux centre et le souk, une ancienne demeure de plus de 2 siècles, à l'architecture d'une grande élégance s'appuyant sur des structures médiévales. Cour avec arches gothiques et *diwan* de charme. Au 1er étage, superbe réception haute de plafond avec fresque. Chambres possédant chacune sa personnalité. Les spacieux et lumineux dortoirs près de la réception présentent même de beaux plafonds peints (que n'ont pas les chambres !). Tout le confort : lave-linge, boissons chaudes gratuites toute la journée, cuisine à disposition, etc. Accueil pro. Une superbe option !

Antique Guesthouse (plan A1, **12**) : *rehov 6108. ☎ 646-27-99. 📱 052-778-02-71 (WhatsApp). • antique1667.com • Lit en dortoirs mixtes (7 pers) 100 Shk ; doubles 200-250 Shk ; petit déj inclus.* Vénérable maison de 350 ans au cadre ancien voûté et plaisant : vieux puits, un tas de recoins et une terrasse sur le toit. Une poignée de chambres d'une grande simplicité, mais bien tenues. Une seule, la plus chère, possède un certain charme et une entrée autonome directement sur la ruelle. En outre, plus spacieuse, elle offre un coin cuisine et une salle de bains privée. Bon accueil.

Prix moyens (250-440 Shk / 62,50-110 €)

Abuna Faraj (hors plan par A2, **13**) : *90A, rehov 5070. ☎ 602-01-36. • il.chemin-neuf.org • Quartier d'Al-Mutran, au sommet de la colline (20 mn à pied depuis le centre). Bus n° 18 depuis Paulus VI. Double 280 Shk, petit déj compris. Dîner 60 Shk.* Ce centre d'accueil des pèlerins, géré par la communauté francophone du Chemin neuf ouvre ses portes à tous. Pas de couvre-feu. Chambres sobres, climatisées et fonctionnelles réparties dans 2 bâtiments. Certaines ont vue sur la vallée, que l'on peut aussi apprécier depuis la terrasse. On est loin de tout, haut perché sur la colline, mais bien au calme, et le rapport qualité-prix est indéniablement motivant.

Les Sœurs de Nazareth (plan A2, **14**) : *rehov 6167. ☎ 655-43-04 (résa souvent difficile par tél). • accueilnasra@live.fr • Double 350 Shk, petit déj compris ; également des triples. Dîner 55 Shk.* Endroit très propre, tenu par des sœurs françaises. Bon, c'est dans un couvent, alors la sobriété est de rigueur, marquée par un couvre-feu à 22h30. Chambres fonctionnelles avec salles de bains. Jolie cour intérieure. Possibilité d'y prendre le dîner. En période de fêtes religieuses, les groupes sont privilégiés. La maison recèle un ancien tombeau (se reporter plus loin à la rubrique « À voir »).

Rosary Guesthouse *(plan A2,* ***15****)* **:** *2, rehov 6141 (bien fléché depuis le souk). ☎ 655-44-35. • rosarynaz@hotmail.com • Double 380 Shk. Pas de couvre-feu.* Chambres agréables, toutes climatisées. Salle commune avec TV, plaisante salle à manger ; lave-linge. Grand jardin paisible et reposant. Panorama privilégié sur la ville et la basilique. Excellent accueil. Une bonne adresse.

De chic à plus chic (440-800 Shk / 110-200 €)

Al Reda *(plan A-B2,* ***16****)* **:** *Al-Bisharah St. ☎ 608-44-04. • alreda.rest@gmail.com • Env 800 Shk pour 2 pers. 2 nuits min.* L'un des meilleurs restos de la ville (voir plus loin « Où manger ? ») offre peut-être la plus belle chambre de charme d'Israël (quasi un appartement !). Une seule, quel dommage ! Sachez donc la réserver. Immense espace sous les combles, haut de plafond, entièrement en bois, sol verni, beaux tapis et poutres apparentes. 2 grands lits, mobilier de caractère, objets de brocante, coin salon, salle à manger, clim, belle salle de bains, cuisine équipée, frigo, lave-linge, écran plat géant. Terrasse privée. Vue panoramique sur la basilique et la forêt des toits. Les multiples coins et recoins font que lorsque l'on quitte les lieux, on n'en connaît pas encore tous les espaces…

Al-Mutran Guest House *(plan B1,* ***17****)* **:** *Bishop Sq. ☎ 645-79-47. • al-mutran.com • Doubles 520-650 Shk, petit déj inclus. Parking public gratuit devant (mais souvent plein), parking privé payant à 150 m.* Au cœur de la vieille ville, dominant une place, voilà une plaisante *guesthouse* à taille humaine avec sa douzaine de chambres. Cette ancienne résidence d'un riche joaillier, vieille de plus de 200 ans dégage un charme indéniable et une réjouissante intimité. Atmosphère authentique. Chambres d'une certaine simplicité, mais très propres et confort correct. Accueil chaleureux du patron, toujours prêt à rendre service.

Casa Nova *(plan A2,* ***18****)* **:** *en face de la basilique. ☎ 645-66-60. • casanovanazareth@yahoo.com • Double 450 Shk, petit déj inclus. Couvre-feu à 23h.* Immense édifice de pierre et jardin fleuri. Chambres assez spacieuses, propres et d'une grande sobriété. Adresse intéressante surtout pour sa situation centrale, car elle présente parfois quelques petits défauts d'entretien qu'il faudra accepter (clim défectueuse, fenêtre fermant mal ou Internet en panne, etc.). Surtout des pèlerins italiens.

ISRAËL

Où manger ? Où boire un verre ?

Sur le pouce

Nombreux stands à falafels, *shawarmas* et pâtisseries orientales le long de Paulus VI, mais aussi : ***Jabali*** *(plan B1,* ***20****)*, réputé pour ses falafels, se situe sur la charmante place de l'église orthodoxe Saint-Gabriel ; l'un des plus fameux houmous se déguste chez ***Afif Saigh*** *(hors plan par A2,* ***21****)*, à 500 m au sud de la basilique, excellent accueil. Le pain et les sandwichs de la boulangerie ***El Mashadawi*** *(plan B1,* ***22****)* valent le détour. Pour un aperçu d'une spécialité régionale, rendez-vous à ***El Za'im*** *(plan B1,* ***23****)*, une gargote, place de la Fontaine de la Vierge : on y prépare de délicieux *arayès* (pain farci à la viande hachée).

Bon marché (moins de 40 Shk / 10 €)

Deewan Al-Saraya – Abu-Ashraf *(plan B2,* ***24****)* **:** *2, rehov 6134. ☎ 657-86-97. Tlj 11h-19h. Ne pas confondre avec l'adresse du même nom, au coin de la rue.* Une salle unique. Au propre comme au figuré. À mi-chemin entre le capharnaüm, le musée, la caverne d'Ali Baba et la brocante, sous un beau plafond en voûte ottomane. Pour une poignée de pois chiches, on vous y propose *shawarmas,* falafels, houmous. Rien de bien créatif, mais le plaisir est dans l'ambiance de ce lieu hors du temps, bercé de musique orientale.

Liwan Culture Café (plan B1, **25**) : *rehov 6132 (proche de la mosquée Blanche). ☎ 628-35-11. 077-551-72-75. Tlj 8h-22h.* Dynamique café culturel qui sert une cuisine orientale de bon aloi et organise concerts et expos dans une ancienne demeure ou à l'extérieur sur une agréable terrasse.

De prix moyens à chic (40-120 Shk / 10-30 €)

Tishreen (plan B1, **26**) : *rehov 6120. ☎ 608-46-66. 057-944-28-30. Tlj 12h-22h30. Alcool servi.* Un des meilleurs restos de Galilée. Cadre chaleureux, pierres sèches, bois, poutres sculptées. Les jeunes chefs ont réussi ici, avec cœur et un grand professionnalisme, un subtil syncrétisme entre les classiques recettes palestiniennes et les influences de plusieurs grands chefs mondiaux, nappées d'effluves méditerranéens. Un vrai bonheur pour les papilles ! D'abord, des produits hyper frais et un choix superbe de plats... Au moins une demi-douzaine de savoureuses façons d'accommoder le poulet, des viandes cuites dans le four à bois (*kofta* et *cinta,* le bœuf aux herbes). Remarquable carte des vins.

Al Reda (plan A-B2, **16**) : *Al-Bisharah St. ☎ 608-44-04. Tlj 13h (19h dim)-2h ; en hiver, fermé le midi mar, mer et dim. Sert de l'alcool.* Installé dans une élégante demeure ottomane. Spacieuse salle à manger, haut plafond voûté. Accueil fort sympathique du patron. Cuisine traditionnelle, dont quelques spécialités comme le *gabi affendi* (bœuf fumé au fromage et passé au four), le *latta blatta* (genre fine pizza avec viande hachée, poivron et thon), les champignons farcis, patates douces et amandes. Mon tout nimbé du meilleur des concerts d'Oum Kalthoum.

Rosemary (plan B1, **27**) : *1, rehov Ha-Galel. ☎ 647-12-12. Tlj 9h-minuit. Prix moyens.* Sous ces vénérables voûtes de pierre blanche, on sert des plats un rien fusion, d'inspiration levantine et européenne à la fois. La maison faisait jadis partie des bains romains. Que d'eau a dû y couler, mais c'est le vin qui y fait désormais des miracles, au gré de sauces au rouge ou au rosé. Service pro et attentionné.

Bayat (plan B1, **27**) : *rehov Ha-Galel. ☎ 655-51-46. Tlj 9h-23h30.* Un endroit stratégique, au-dessus de l'animation de la rue Paulus VI. Cuisine orientale aux influences éclectiques (à moins que ça ne soit l'inverse) à même de satisfaire tout le monde. Agréable terrasse et bonne musique.

Où déguster de bonnes pâtisseries ?

Al Mahroum Sweets (plan A2, **30**) : *rehov Al-Bisharah.* Ne pas manquer de goûter au *knafeh,* très bon gâteau au fromage sucré (de couleur orange). Pâtisseries orientales et café turc ou thé.

Où acheter de bonnes épices ?

El Babour (plan B1, **40**) : *Al-Bisharah St. 050-574-47-50. Tlj sauf dim 9h-18h. Visite du moulin 10 Shk.* Ancien moulin qui fonctionna plus de 100 ans. Les paysans y apportaient leur grain à moudre et y achetaient herbes et épices de toutes sortes. Depuis la rue, la petite porte ne laisse pas deviner qu'on va pénétrer dans une sorte de caverne d'Ali Baba dont les trésors seraient plus de 1 000 produits plus odorants les uns que les autres. Impressionnant, envoûtant, cet escalier qui descend dans de magiques et hautes salles en pierre voûtées... De-ci de-là, parmi les sacs, on découvre vestiges du moulin, vieux puits, pièces de machine, vénérables meules, donnant un véritable charme à l'ensemble. Vraiment, à ne pas manquer, un tourbillon de couleurs et de senteurs, un temple du goût ! Sans oublier Tony, le patron, qui parle assez bien le français.

À voir

Terra Santa Monastery (monastère de Terre Sainte ; plan A-B2) : ☎ 656-00-01. Ce monastère contient un ensemble de bâtiments religieux qui auraient été les témoins du quotidien de Marie et Joseph avant la naissance de Jésus.

Basilica of the Annunciation (basilique de l'Annonciation)
Vaste édifice plutôt massif, érigé dans les années 1960, là où l'ange Gabriel serait apparu à la Vierge Marie. Épisode évoqué dans les Évangiles selon saint Luc (I, 30-31) : « [...] L'ange entra chez elle et dit : Je te salue, toi à qui la grâce a été faite ; le Seigneur est avec toi... Tu deviendras enceinte et tu enfanteras un fils et tu lui donneras le nom de Jésus... » C'est aujourd'hui la plus grande basilique du Moyen-Orient. Pas moins de 5 églises la précédèrent, détruites et reconstruites au fil des siècles.
– ***À l'extérieur,*** le long d'un déambulatoire couvert, contributions artistiques de nombreux pays, autour du thème de Marie et de la Nativité.
– ***Basilique basse :*** *tlj 5h45-21h.* Noter les énormes portes de bronze décrivant la vie de Jésus. En contrebas, vestiges de toutes les églises antérieures : mosaïques, pavements, soubassements, etc., dans ce qui s'apparente à une crypte ouverte. Beau jeu de lumière des vitraux.
– ***Basilique haute :*** *accès depuis l'esplanade latérale, ou par les escaliers à l'entrée de la basilique basse. Tlj 8h-18h.* Splendide *chemin de croix* en terre cuite émaillée, sous-titré en langue arabe. Interprétations très originales autour du thème de la Vierge Marie, offertes par de nombreux pays catholiques. L'infrastructure du bâtiment est constituée de nombreux piliers et d'une immense charpente en béton brut (ah, si Joseph voyait ça !).
En sortant par le côté droit de la basilique, petit ***musée lapidaire*** sous l'esplanade *(tlj sauf dim 8h-12h, 14h-18h, ou 17h en hiver).* Vestiges des structures du quartier, des maisons, caves, puits.

Saint Joseph Church (église Saint-Joseph)
À gauche de l'esplanade. Tlj 7h-18h. C'est le clocher avec l'horloge qu'on aperçoit en sortant de la basilique haute. Construite en 1911 sur les fondations d'une basilique croisée, à l'endroit où Joseph aurait eu son atelier de charpentage. Crypte au sous-sol. Restes de mosaïques et bassin de baptême.

Tomb of the Righteous Man *(at the Sisters of Nazareth convent ; tombeau de la maison des religieuses de Nazareth ; plan A2)* **:** *rehov 6107. ☎ 655-43-04. Face au portail du monastère de Terre Sainte. Visite tlj sauf dim : sur résa seulement, pour les groupes (les individuels peuvent téléphoner pour s'insérer dans un groupe déjà constitué).* Des fouilles effectuées sous la maison ont permis de dégager l'un des plus anciens tombeaux et des mieux conservés du Proche-Orient. Daté de la période hérodienne, le tombeau possède toujours l'énorme pierre ronde qui le fermait.

Khan El-Basha *(plan A2)* **:** *Al-Bisharah St.* Un ancien caravansérail de plus de 1 000 ans. Entrée suffisamment haute pour permettre aux chameaux d'y pénétrer avec leur chargement. Ouvertures en arc brisé classiques qui furent dessinées en 1839 par le célèbre peintre David Roberts.

Saint Gabriel Church *(Greek Orthodox Annunciation Church ; et fontaine de Marie ;*

LA VIRGINITÉ DE MARIE

D'après les manuscrits de la mer Morte, on sait qu'autrefois certaines femmes juives très religieuses acceptaient le mariage à condition de rester vierges. Cet engagement ne pouvait se faire qu'avec l'assentiment du mari. Sinon, il pouvait demander l'annulation du mariage. Certains disent que Marie était de celles-là.

plan B1) **:** *tlj 7h-12h, 13h-18h (dim, l'ap-m seulement).* Une église grecque orthodoxe du XVIIIe s, de loin la plus authentique puisque la seule source de Nazareth y jaillit (visible dans l'église), alimentant la ***fontaine de Marie*** située en contrebas, sur la place devant. D'après la tradition orthodoxe, l'ange Gabriel apparut à Marie tandis qu'elle tirait de l'eau du puits (avant d'apparaître à nouveau dans sa maison). Merveilleuses icônes dans leur iconostase de bois ciselé.

Old Roman Bath *(anciens bains romains ; hors plan par plan B1)* **:** *galerie Cactus, pl. de la fontaine de Marie. ☎ 657-85-39. • nazarethbathhouse.org • Tlj sauf dim 9h30-19h. Dernière entrée 1h avt. Visite guidée seulement : 120 Shk/groupe (1-4 pers).* Par hasard, les proprios de la galerie de bijoux découvrirent les importants vestiges de bains romains lors de travaux de rénovation en 1993. Tout un réseau d'arches de pierre, le *caldarium* (la chambre « chaude »), l'*hypocauste* (les conduits de chauffage). À ce jour, ce sont les seuls bains romains connus à Nazareth.

Synagoga-Church *(plan A2)* **:** *dans le souk, rehov 6120. Tlj sauf dim 8h-17h (16h oct-mars).* Bâtie à l'emplacement de la synagogue fréquentée par Jésus le jour du shabbat (Luc, IV, 16). Sans aucun décor, nef unique, voûte en arc légèrement brisé, l'intérieur a gardé un charme indéniable. À côté, l'église paroissiale de 1887.

White Mosque *(mosquée blanche ; plan A2)* **:** *rehov 6133. Tlj 10h-17h. Se visite.* Date de la fin du XVIIIe s. Ce fut jusqu'en 1964 la seule mosquée de la ville. Tenue appropriée exigée pour tous et tête couverte pour les dames.

Le souk *(plan A2)* **:** caché dans un lacis de ruelles étroites, il n'est pas très grand mais revit peu à peu grâce à la volonté de quelques jeunes qui y insufflent une belle énergie, enveloppée dans un charmant parfum d'Orient.

Nazareth Village *(hors plan par A2)* **:** *El-Wadi El-Jawani (près de la YMCA). ☎ 645-60-42. • nazarethvillage.com • Tlj sauf dim 9h-17h (dernière entrée à 15h30). Entrée : 50 Shk ; réduc. Visites guidées seulement (en anglais), en principe à 10h45 et 13h45 pour les individuels.* Visite interactive d'un village galiléen du temps du Christ. Reconstitution de scènes traditionnelles, artisans au travail, bergers rentrant les moutons, cultures en terrasses... Réelles activités liées aux saisons (cueillette des olives, vendanges). Belle synagogue reconstruite d'après des vestiges (intérieur lumineux avec un beau jeu de colonnes et d'ouvertures), pressoir à olives, anciennes citernes, carrières de pierre, etc.

DANS LES ENVIRONS DE NAZARETH

Cana *(Kafr Kanna)* **:** *à 7 km de Nazareth sur la route de Tibériade. Bus nos 28, 31 et 431.* Célèbre par son traiteur qui organisait de si belles noces qu'il eut droit à un reportage de quelques pages dans le Nouveau Testament. Endroit présumé donc où Jésus changea l'eau en vin... épisode décrit dans l'Évangile selon saint Jean (II, 1-11) : « [...] Le 3e jour, il y eut noce à Cana, en Galilée. La mère de Jésus était là... le vin vint à manquer. La mère de Jésus : Ils n'ont pas de vin... Jésus dit aux serviteurs : Remplissez d'eau ces jarres... »
On y vient uniquement pour l'***église franciscaine*** : *depuis la rue principale, route 754, suivre Churches St. Tlj 8h (12h dim)-17h30 ; ferme 30 mn plus tôt en hiver.* Il s'agit de la copie (vraiment conforme, en modèle réduit) de la cathédrale de Salzbourg en Autriche. Dans la crypte est préservée une copie du broc « miraculeux », l'original étant supposément à Cologne (plus célèbre pour son eau que pour son vin...). Il se dit que les mariages célébrés ici sont plus durables qu'ailleurs... dont acte !

Le mont Thabor **:** *à 18 km à l'est de Nazareth, via la route 60 puis les villages d'Iksal et de Dabburiya. En bus, une galère ! Oubliez... ☎ 662-07-20.*

Tlj 8h-18h (pause déj 12h-14h le sam) ; ferme 1h plus tôt en hiver. Vraiment une belle montagne que cet énorme et large pain de sucre abrupt qui domine de ses 588 m la Galilée environnante. Au sommet se dresse, devinez quoi ? Une basilique (dite de la Transfiguration) construite en 1924. Le mont Thabor serait, selon la tradition, le site de la Transfiguration de Jésus qui apparut à ses apôtres en compagnie de Moïse et du prophète Élie. Magnifique panorama.

Zippori National Park : *☎ 656-82-72. • parks.org.il • À 6 km au nord de Nazareth (ne pas entrer dans le kibboutz, l'entrée du site est fléché juste avt, à droite). Bus nº 343 ; se faire arrêter sur la route 79 puis 3 km à pied jusqu'au site. Tlj 8h-17h (16h en hiver, 13h pdt les fêtes juives) ; ferme 1h plus tôt ven et veilles de fête. Dernière admission 1h avt. Entrée : 28 Shk ; réduc.*
Le site remonte à l'époque du 1er Temple. Fouilles archéologiques dévoilant de magnifiques vestiges des périodes hellénistique, romaine et byzantine. La ville est épargnée par les destructions qui provoquent la chute de Jérusalem en 70. Au IIIe s, elle est le siège du Sanhédrin (le grand tribunal rabbinique).
Appréciable travail de mise en valeur des ruines. On commence à la billetterie, par une fiction amusante qui donne un aperçu de l'histoire du site.
Dans la citadelle des croisés, on retrouve les personnages de la fiction, qui expliquent les controverses suscitées au IIIe s par le travail de Yehuda HaNassi : il rassembla les disciples les plus érudits pour transcrire les enseignements de la Loi orale (cette compilation s'appelle la Mishnah). Ne pas manquer le panorama depuis le toit. Dans un bâtiment attenant, la plus belle mosaïque dédiée à Dionysos est magnifiquement mise en valeur. Parmi les détails (dont les symboles cachés sont expliqués, photo à l'appui, par des cartels), une très belle représentation féminine surnommée la Mona Lisa de la Galilée, c'est dire le chef-d'œuvre.
En contrebas, le théâtre romain pouvait accueillir 4 000 spectateurs. Voir également, plus bas, la superbe mosaïque dans ce qui fut la synagogue (Ve s) : un film très bien fait en explique la symbolique (signes du zodiaque, scènes de l'Ancien Testament...). Avant de repartir, voir la maison du Nil, une ancienne *insuale* (habitation) romaine, qui a conservé, là encore, de belles mosaïques hautes en couleur (pas moins de 18 pierres de tonalités différentes) sur le thème de ce fleuve sacré de l'Antiquité : centaures, amazones, animaux.

Megiddo National Park : *☎ 659-03-16. • parks.org.il • À 21 km au sud de Nazareth et 35 km de Haïfa. De Nazareth* (Big Fashion Mall), *bus nº 720 (arrêt à la jonction entre les routes 60 et 66, on finit les 2,5 km restants à pied). Depuis Haïfa HaMifratz, bus nos 248 ou 300 (arrêt sur la route 66 à 1 km du site). Tlj 8h-17h (16h en hiver ; 13h pdt les fêtes juives) ; ferme 1h plus tôt ven et veilles de fête. Dernière admission 1h avt. Entrée : 28 Shk ; réduc.* Megiddo est une ville cananéenne habitée depuis 3000 av. J.-C. Elle était surtout un point de rencontre situé sur les routes commerciales vers l'Égypte et la Mésopotamie (la voie de la mer). Le roi Salomon et ses successeurs, les Israélites, aux Xe et IXe s avant notre ère, y construisirent des fortifications et un impressionnant système hydraulique. Les canalisations, les étables, l'énorme silo à grains et d'autres ruines se visitent. L'endroit est identifié par la tradition chrétienne comme étant le lieu biblique d'Armageddon (le lieu des combats de l'Apocalypse, selon saint Jean). Excellent film commenté de 10 mn (en français sur demande) sur l'histoire des lieux. Petit centre d'interprétation, à l'entrée avec vitrines et maquettes. Megiddo attire beaucoup de touristes. Mieux vaut donc arriver tôt.

Le Jesus Trail : *• jesustrail.com •* Avec l'aide d'historiens, l'agence de voyages *Jesus Trail* propose une randonnée de Nazareth à Capharnaüm, sur les lieux fréquentés par Jésus. Au total, 65 km à parcourir en 5-8 jours (selon sa forme), mais on peut effectuer seulement certaines portions. Carte précise sur Internet et carte-brochure à l'office de tourisme de Nazareth.

BEIT SHE'AN

17 000 hab. IND. TÉL. : 04

À 37 km de Nazareth et de Tibériade et à 7 km du poste-frontière de Sheikh Hussein (Jordanie). Ville moderne sans intérêt particulier, sauf qu'elle jouxte la plus grande cité romano-byzantine d'Israël. Cirque, théâtre romain impressionnant, vestiges de bains monumentaux, d'un temple, d'une maison close, etc., dans un capharnaüm de pierres provoqué par le tremblement de terre de 749.

Arriver – Quitter

Terminal des bus : *à l'est de la ville, sur la route 90.* Desservi par *Egged* (☎ *2800 ; • egged.co.il •) et *Superbus* (☎ (08) 920-50-05 ; • super bus.co.il •).

Liaisons avec :

➢ ***Tel-Aviv :*** bus *Egged* n° 843, ttes les heures. Trajet : 2h.

➢ ***Jérusalem :*** bus n°s 961 (via la Cisjordanie) et 962, env ttes les 30-40 mn. Trajet : env 2h.

➢ ***Tibériade :*** bus *Superbus* n° 28. Départs fréquents. Trajet : 30 mn.

➢ ***Lac de Tibériade*** *(rives sud et est)* ***et Qazrin :*** bus *Egged* n° 843, ttes les heures.

➢ ***Nazareth et Haïfa :*** pas de bus direct, changement à ***Afula*** (bus n°s 28, 412 et 843). Compter respectivement 2h et 2h30. Pour Haïfa, privilégier le train.

➢ ***Jordanie*** *(poste-frontière de Sheikh Hussein)* ***:*** pas de bus. Taxi : env 50 Shk. Se reporter au chapitre « Arriver – Quitter » en début de guide.

➢ ***Cisjordanie :*** le bus *Egged* n° 961 rejoint Jérusalem en traversant la Cisjordanie. Il s'arrête à *Allenby Bridge Junction* sur la route 90, à 5 km de Jéricho (qu'il ne dessert pas) et à 4 km de la frontière avec la Jordanie.

Gare ferroviaire : *route 71, à 3 km au nord du site.* Liaison pour ***Haïfa*** *(ttes gares)* ttes les heures. Trajet : 1h.

Où dormir ? Où manger ?

Beit Shean Youth Hostel : *129, sderot Menachem Begin.* ☎ *(02) 594-56-44. • en.iyha.org.il • Sur la route 90, à 1,5 km du site archéologique et 300 m du terminal de bus. Doubles 400-480 Shk, petit déj inclus. Min 2 nuits à certaines dates.* Comme pour toutes les AJ de ce réseau, on est quand même plus proche de l'hôtel de petit luxe, côté prix du moins ! Les chambres de bon confort sont ordonnées (clonées dirait-on, même) autour d'un patio. Chacune est équipée de 3 lits de base auxquels s'ajoutent 2 lits hauts accrochés au mur (façon couchettes de train). Pas débordant de charme. Clim, TV câblée, minifrigo, *set* de thé-café... Agréable cafétéria proposant des petits plats bien concoctés. Piscine en saison.

À voir

Beit She'an National Park : *le site archéologique se trouve à 1,5 km du terminal des bus.* ☎ *648-11-22. • parks.org.il • Tlj 8h-17h (16h ven) ; ferme 1h plus tôt en hiver. Dernière admission 1h avt. Entrée : 28 Shk ; réduc. Plan commenté distribué à l'entrée.*

Un peu d'histoire

L'histoire du site remonte à 5 000-6 000 ans et une quinzaine de villes s'y superposent. Occupé plus de 3 siècles par les Égyptiens, puis par les Philistins. Après la bataille du mont Gilbo et la défaite des Hébreux, les corps du roi Saül et de son fils furent pendus aux murailles de la ville. Importante cité du royaume de David et Salomon, puis incendiée par les Assyriens en 732 av. J.-C. Rebâtie à la période hellénistique, elle prit le nom de *Scythopolis.* Beit She'an fit partie de la Decapolis, les 10 villes majeures organisées par le général Pompée en 63 av. J.-C. À l'apogée de la ville (Ve s), elle compta plus de 30 000 habitants. En 749, un terrible tremblement de terre l'abattit, et elle ne s'en releva pas...

La visite
Pour la visite de cette quinzaine d'hectares, prévoir du temps (et un chapeau, bien sûr). Vestiges significatifs des ***thermes,*** les plus grands en Israël. Ils permettent de bien comprendre le système sophistiqué de circulation de l'air chaud entre les piliers, chauffant en même temps l'eau des bains, le sol et les murs des salles... De-ci de-là, des vestiges de pavements de mosaïques. Sur les « Champs-Élysées » du site, bordés d'une belle colonnade, d'autres intéressantes portions de mosaïques devant les boutiques. Immense ***théâtre*** du IIe s apr. J.-C., qui pouvait contenir jusqu'à 7 000 personnes, très bien préservé. Rude montée sur la colline surplombant le site, mais on est récompensé par l'ampleur du ***panorama.*** Esseulé sur cette éminence, un arbre dénudé, vaguement cruciforme, très voyant, a servi de « croix du Golgotha » dans l'un des nombreux films christiques tournés en Israël. D'autres vestiges parsèment la ville moderne, comme le ***grand hippodrome*** (situé entre la gare routière et le site archéologique).
– ***Shean Nights :*** *tte l'année, lun-jeu vers la tombée de la nuit, selon météo (19h en hiver, 21h en été). Nombre de participants min : téléphoner avt (☎ 648-11-22, ext. 6). Prix : 55 Shk ; réduc.* Beau son et lumière retraçant l'histoire de Beit She'an à travers les âges (et le tremblement de terre de 749 en prime).

DANS LES ENVIRONS DE BEIT SHE'AN

LE KIBBOUTZ NIR DAVID

À 5 km de Beit She'an par les routes 6667 et 669, ce fut l'un des premiers kibboutzim fortifiés de la région (lors de la révolte arabe en 1936).
➢ Bus no 412 de Beit She'an ou d'Afula.

Nir David Country Lodge : *dans le kibboutz. ☎ 648-80-60 ou 648-85-25. • nirtours.co.il • Résa très conseillée, surtout le w-e. Doubles 720-960 Shk (jusqu'à 1 150 Shk en hte saison).* Une quarantaine de chalets dans un superbe environnement verdoyant, un jardin d'éden miniature. 3 styles, tout confort, tous avec clim, TV écran plat, coin cuisine... Accès aux installations sportives du kibboutz et possibilité de faire du kayak sur la rivière à côté. Bon resto. Petit musée archéologique.

Cantine du kibboutz : *à 500 m de l'entrée du kibboutz (bien fléché). Le midi seulement. Bon marché.* Un endroit parfait pour caler une petite faim, entouré des travailleurs agricoles. Un self très complet et vraiment pas ruineux.

Gan HaShlosha *(Sachné)* ***:*** *à 1 km à l'ouest du kibboutz (accès depuis la route 669). ☎ 658-62-19. • parks.org.il • Tlj 8h-17h (16h ven) ; ferme 1h plus tôt en hiver. Dernière admission 1h avt. Entrée : 39 Shk ; réduc.* 3 impressionnantes piscines de 100 m chacune, chaudes toute l'année, entourées d'un gazon paradisiaque. Ce sont des sources naturelles (chaleur constante à 28 °C). Une agréable étape pour se reposer, se rafraîchir et se restaurer.

Gan Garoo : *à côté de Gan HaShlosha. 050-715-22-31. • nirtours.co.il • Juil-août, tlj 9h-20h ; sept-juin, tlj 9h-16h (17h sam et fêtes ; 15h ven et veilles de fêtes). Dernière admission 1h avt. Entrée (adultes et enfants) : env 60 Shk.* Un parc qui lorgne vers l'Australie avec sa population de kangourous, koalas, perroquets... À 15h, on peut assister au goûter des koalas, et à 16h à celui des chauves-souris.

Beit Alpha : *synagogue située dans le kibboutz Heftziba, à 4 km au nord-ouest de Nir David. ☎ 653-14-00. Bus nº 412 de Beit She'an ou d'Afula. En voiture, ne pas confondre avec la flèche indiquant « Kibboutz Beit Alpha ». Tlj 8h-17h (16h ven et veilles de fêtes) ; ferme 1h avt en hiver.* Datant du VIe s, la ***synagogue*** comprend 2 salles annexes et une pièce intermédiaire séparées de la salle principale par 2 rangées de colonnes. La ***mosaïque*** (IIe s) de la salle intermédiaire décrit, avec de merveilleuses couleurs, le sacrifice d'Isaac, les signes du zodiaque avec le dieu du Soleil sur un char tiré par 4 chevaux, 4 personnages y symbolisant aussi chaque saison de l'année. Dans la partie sud de la mosaïque on aperçoit, entre autres, l'Arche sainte et, des 2 côtés, des chandeliers à 7 branches.

DE BEIT SHE'AN À JÉRUSALEM PAR LA CISJORDANIE

Pour rejoindre Jérusalem en voiture (à condition d'avoir une double assurance « Israël-territoires palestiniens »), il est possible (et même conseillé, si la situation le permet) de passer par la Cisjordanie, moyennant le passage de 2 check-points (à l'entrée et à la sortie). L'occasion de visiter cette région passionnante : Jénine, le charmant village de Sebastia et son site archéologique, Naplouse et son souk, Ramallah à l'atmosphère si différente, ou encore Jéricho au bord de la mer Morte. Des découvertes à ne pas manquer. Lire plus loin la partie consacrée à la Palestine.

LE SUD

Situé à la même latitude que le Sahara, le Néguev couvre 60 % du territoire israélien. Ce vaste désert, baigné à ses 2 extrêmes par le lac salé au nord et la mer Rouge au sud, est un véritable paradis pour randonneurs et passionnés d'histoire ou d'archéologie, avec ses vestiges de villages nabatéens et ses ruines de l'Empire ottoman. C'est aussi un formidable laboratoire high-tech. Car le Néguev est pour Israël un pari fou : transformer ces étendues de roc et de sable en terres fertiles, et faire surgir des cités du néant. Un vrai défi, dans une région où la pluviométrie est quasi nulle.

LA MER MORTE

Un site naturel fascinant, unique au monde ! Situé à 400 m au-dessous du niveau de la mer, c'est le point le plus bas de la planète ! D'un côté, Israël, de l'autre, la Jordanie. Alimentée au nord par le Jourdain, la mer Morte est un immense lac déserté par toute forme de vie en raison de sa forte

salinité, hormis quelques bactéries, sans oublier l'*Homo touristicus* bien sûr, mais recèle de nombreuses richesses telles que le bromure, la potasse et le sel. Sur ses rivages, les concrétions de sels esquissent parfois d'étranges silhouettes, à la blancheur immaculée. Le long de la route qui longe la mer se dressent des paysages puissants, silencieux, capturés par le soleil.

Ne vous privez pas d'une baignade. L'expérience est unique. On a la sensation étrange de flotter dans un bain d'huile tiède. Vous vous rendrez vite compte que les prospectus publicitaires ne mentent pas. Impossible de couler, on peut réellement lire le journal en se baignant ! Un conseil : ne mettez pas la tête sous l'eau et sachez qu'il est douloureux d'immerger une blessure. Après la trempette, douche à l'eau claire obligatoire ! Autre expérience amusante, les bains de boue. Au plaisir de s'enduire et de sécher au soleil s'ajoute la certitude de se refaire une peau de bébé. C'est très relaxant. Les bains de boue sont particulièrement recommandés à ceux qui souffrent de rhumatismes et d'affections de la peau comme le psoriasis.

POURQUOI UNE EAU SI SALÉE ?

Elle est 6 à 8 fois plus salée que la Méditerranée. En effet, la mer Morte est alimentée par le maigre Jourdain, pompé excessivement, et aucune rivière n'en sort. Seule échappatoire : l'évaporation. C'est pourquoi toutes sortes de sels minéraux (sodium, magnésium et autre potassium) se sont accumulés au fond au fil des siècles.

LA MER MORTE SE MEURT

Le niveau de la mer Morte baisse de 1 m chaque année. En l'espace de 50 ans, elle a perdu un tiers de sa surface totale, et à ce rythme-là, elle pourrait totalement disparaître dans moins d'un siècle. Le pompage excessif du Jourdain et des nappes phréatiques en est la principale cause. Responsables : les usines de phosphate et, dans une moindre mesure, l'irrigation de cultures voraces en eau comme celle des bananiers ; un non-sens dans un pays désertique. Les conséquences géologiques sont déjà visibles. Des crevasses, appelées dolines, se forment un peu partout sur les rivages. Ces anciennes poches de sel sont dissoutes par les eaux douces de ruissellement et s'effondrent sur elles-mêmes, un jour ou l'autre, entraînant dans l'abîme ce qui se trouve en surface : plantations, habitations... C'est ainsi que le parking de la plage d'Ein Guedi s'est complètement affaissé en décembre 2014.

QUELLES SOLUTIONS ?

Le canal mer Rouge-mer Morte

Les autorités israéliennes, palestiniennes et jordaniennes planchent sur un projet fou : redonner vie à la mer Morte en pompant l'eau dans la mer Rouge ! Objectif : déverser chaque année l'équivalent de 100 000 piscines olympiques d'eau de mer après les avoir acheminées par un pipeline sur plus de 200 km de long !

L'objectif du « canal de la Paix » consiste à faire passer l'eau de la mer Rouge par une usine de dessalement, puis à acheminer vers la mer Morte la saumure mélangée à de l'eau de mer via une centrale hydroélectrique pour récupérer le potentiel associé à la dénivelée.

Points positifs, de l'électricité et de l'eau claire (65 à 85 millions de mètres cubes par an) seront générées tout en contribuant à ralentir la baisse des eaux de la mer

Morte. Point négatif, cela ajoute un paramètre déstabilisateur à l'environnement du bassin de la mer Morte déjà fragile et malmené par les pollutions industrielles, agricoles et domestiques, l'extraction des minéraux, le détournement de l'eau, le tourisme et la faible pluviométrie. N'en jetez plus ! Un tel transfert d'eau pourrait altérer la composition si particulière de la mer Morte en profondeur (teneur en minéraux, texture, etc.).
Des obstacles considérés maîtrisables par les tenants du projet, au regard des bénéfices supposés d'une telle entreprise. Le coût du projet avoisine le 1 milliard de dollars.

Revenir à la source

En contrepoint de ce projet pour le moins controversé, notamment sur le plan environnemental, la logique voudrait que l'on s'intéresse d'abord à la « source » de cette disparition : la surexploitation des eaux du Jourdain, un fleuve dont 95 % des eaux sont pompés en amont. Limiter ce captage excessif permettrait d'alimenter de nouveau la mer Morte en eau douce, comme par le passé. On imagine bien les problèmes économiques, politiques et humains, si dans les pays limitrophes les terres agricoles ne sont plus irriguées par le Jourdain. Il faudra bien se creuser la tête pour trouver une solution, et ce, à l'échelle régionale. Déjà, Israël et la Jordanie ont stoppé les rejets directs d'eaux usées dans le Jourdain depuis 2011. C'est déjà ça.
Côté israélien, on a réfléchi un temps au pompage du lac de Tibériade pour faire grossir cette malheureuse rivière. Une option de moins en moins probable puisque le lac voit lui-même son niveau baisser dangereusement année après année et qu'il doit faire l'objet d'un renflouage massif d'eau dessalée en provenance de la mer Méditerranée. N'est-ce pas la technique des vases communicants ?

EIN GUEDI

IND. TÉL. : 08

Ein Guedi était à l'origine un kibboutz créé par d'anciens soldats. Ils seront les premiers à exploiter les boues de la mer Morte. Aujourd'hui, c'est un hameau, avec une poignée d'hébergements et une base idéale pour rayonner dans le coin : proximité de sites importants et nombreuses possibilités de randonnée.

Arriver – Quitter

En bus

Compagnie *Egged* seulement (*● egged.co.il ●*). Plusieurs arrêts à Ein Guedi : à 100 m de l'auberge de jeunesse *(Beit Sarah Youth Hostel & Ein Gedi Guesthouse)* et de l'entrée du site ; devant les thermes d'Ein Guedi *(Ein Guedi Spa)*. Certains bus grimpent même jusqu'au kibboutz Ein Guedi.
Liaisons avec :
➢ ***Jérusalem :*** une dizaine de bus/j., 6h-19h20 ; 2 bus ven ; 1 le sam en soirée. Trajet : env 2h.
➢ ***Eilat :*** 4-5 bus/j. sauf sam, 7h45-17h45 (14h45 ven). Trajet : 4h env. Attention, pour Eilat, mieux vaut réserver son billet 2 ou 3 j. avt.
➢ ***Massada :*** une dizaine de bus/j., 8h-18h (14h ven) ; 3 bus sam, 18h30-0h30. Trajet : env 20 mn.
➢ ***Beer Sheva*** *(via Arad)* ***:*** 4 bus/j. sauf sam, 8h10-18h (8h-12h30 ven). Trajet : 1h30.
➢ ***Tel-Aviv*** *(via Jérusalem)* ***:*** 5-6 bus/j. sauf shabbat. Trajet : 3h15.

Adresses utiles

Tourist Information : *à Ein Bokek.* ☎ *997-50-10.* ● *deadsea.com* ●

Pas de banque dans le coin. ***Bureau de change*** dans le shopping center Ein Hathelet, à Ein Bokek. Un ***distributeur*** dans le hall du *Ein Gedi Resort,* dans le kibboutz du même nom.

Où dormir ? Où manger ?

Peu d'endroits où loger « bon marché » à Ein Guedi. Si vous rêvez de faire la montée de Massada avant le lever du jour et que vous n'êtes pas véhiculé, ce n'est pas ici qu'il faut dormir, mais au pied même du site. Il y a bien des bus Massada-Ein Guedi mais en journée seulement.

De bon marché à prix moyens (80-440 Shk / 20-110 €)

Beit Sarah Youth Hostel & Ein Gedi Guesthouse : *à 150 m de l'entrée du wadi David et à proximité de l'arrêt des bus.* ☎ *(02) 594-56-81.* ● *iyha.org.il* ● *Membre du réseau* Hostelling International. *Résa conseillée. Dortoir env 125 Shk/pers ; près de 440 Shk la chambre double ; ½ pens obligatoire ven. Repas autour de 60-70 Shk (resto ouv si 25 pers min). Pour les résidents, réduc de 20 % sur le prix d'entrée à la réserve d'Ein Guedi.* Une auberge de jeunesse bien placée (la plage publique est à 500 m), très bien tenue, et très propre. Les chambres sans surprise, mais bien équipées, peuvent être transformées en dortoir de 6 lits sur demande. Préférer la partie la plus récente, plus tranquille et à la vue plus dégagée. Dommage que l'accueil soit au mieux indifférent.

De plus chic à très chic (plus de 150 $ / 127 €)

Ein Gedi Kibbutz Resort : *dans le kibboutz Ein Guedi ; en venant du sud, fléché sur la gauche juste avt d'arriver à Ein Guedi.* ☎ *659-42-20/22 (résas) ou 659-42-21 (réception).* ● *ein-gedi.co.il* ● *À 1 km au sud de la plage publique. Doubles 250-350 $ selon confort et saison ; suites encore plus chères. Resto ouv le soir seulement ; buffet à volonté 130 Shk ; possibilité de ½ pens. Entrée gratuite aux thermes d'Ein Guedi (Ein Gedi Spa).* C'est le prix d'un grand hôtel, mais on paie le cadre paradisiaque, verdoyant et calme. On peut aussi profiter à loisir du jardin botanique ! 4 types de chambres tout confort. 2 piscines, spa (piscine intérieure très chaude alimentée par l'eau de la mer Morte, hammam, sauna) gratuit pour les résidents, programme pour les enfants, terrains de sport et excursions proposées. Un beau lieu de vacances.

ISRAËL

À voir. À faire

Ein Gedi Nature Reserve *(réserve d'Ein Guedi) :* ☎ *658-42-85. Ouv 8h-17h (16h oct-mars) ; attention, dernière entrée 1h avt pour le wadi David, 2h avt pour le wadi Arugot. Entrée : 28 Shk ; réduc. Visites guidées à 10h, 12h et 14h ven et j. fériés.*

Magnifique réserve naturelle aménagée autour de 2 gorges, le *wadi* David et le *wadi* Arugot, qui cisaillent la falaise de manière impressionnante. Ces *wadi* sont baignés par une fraîcheur bienfaisante. Tout autour, sur les rochers, évolue une faune discrète. Il n'est pas rare d'observer des bouquetins de Nubie. La réserve est sillonnée de chemins balisés (repères peints sur les rochers). Il est possible de faire une balade de 1h30 ou une vraie rando de 7-8h de marche. À l'entrée, un plan de la réserve avec les différents sentiers, leur niveau de difficulté et les temps de

parcours est distribué (l'idéal est de se procurer le plan la veille, histoire de mieux préparer sa journée). Comme d'habitude, prévoir de bonnes chaussures, de quoi se couvrir la tête et les épaules, de la crème solaire et emporter beaucoup d'eau. Dernier point : en hiver, certaines parties des gorges peuvent être fermées en raison de la montée des eaux ; renseignez-vous avant de partir.
Il existe 2 entrées, correspondant chacune aux 2 *wadi* :
– ***Wadi David :*** *sur le côté gauche (bien indiqué) en venant du sud. C'est l'entrée principale.* Ce *wadi* est le plus fréquenté, car le plus facile. Compter environ 1h30 aller-retour pour la balade jusqu'à la cascade *David's Fall* (très facile, faisable avec de jeunes enfants). Baignade interdite. De là, le sentier se poursuit en grimpant, sans difficulté majeure. On peut aller jusqu'à la grotte Dodim, un temple datant de l'âge du cuivre, et à Ein Gedi Spring (prévoir la demi-journée).
– ***Wadi Arugot :*** *accès par la route goudronnée (2 km) qui part du parking du wadi David.* Le *wadi* Arugot est plus sauvage et moins fréquenté. Il convient davantage aux marcheurs. Compter environ 1h-1h30 pour atteindre *The Hidden Falls,* autant pour revenir (faisable avec des enfants en théorie à partir de 5 ans). Le long de la balade, plusieurs piscines naturelles dans lesquelles on peut se rafraîchir (quand il y a de l'eau !). On peut même continuer un peu après les cascades.
Une autre balade très sympa consiste à grimper jusqu'au point de vue *(En Gedi Lookout)* perché au sommet de la falaise. Compter environ 1h30 de bonne grimpette ; il faut donc partir tôt le matin pour être revenu avant la fermeture de la réserve. Dernière précision : si vous comptez randonner sur le plateau, au-dessus de la falaise, ne partez pas sans carte détaillée (en vente à l'entrée du *wadi* Arugot). Pour certaines randos sur le plateau, mieux vaut partir avec un guide.

En Gedi Antiquities National Park (ancienne synagogue) **:** *☎ 658-42-85. Accès par la route goudronnée qui part du parking du wadi David. Tlj 8h-17h (16h en hiver). Entrée : 14 Shk.* Vestiges peu impressionnants d'une synagogue datant du IIIe s de notre ère. Surtout intéressant pour ses mosaïques restaurées du IVe s.

Botanical Gardens (jardin botanique) **:** *dans le kibboutz Ein Guedi ; en venant du sud, fléché sur la gauche juste avt d'arriver à Ein Guedi. ☎ 659-47-26. • deadsea.com • Sam-jeu 9h-16h, ven et veilles de fêtes jusqu'à 14h ; ferme à 14h sam en juil-août. Billet au kiosque d'entrée. Tarif : 20 Shk ; réduc et balade gratuite pour les résidents de l'hôtel* Ein Gedi Kibbutz. Le kibboutz, très verdoyant, est un petit jardin d'éden... Un sentier balisé permet d'admirer des centaines d'espèces végétales (espèces rares, arbres vénérables, plantes aromatiques, nombreux cactus, etc.). Magnifique ! Également un petit parc zoologique qui plaît aux jeunes enfants.

– ***Ein Gedi Spa*** (thermes d'Ein Guedi) **:** *sur la route de Massada. ☎ 659-48-13. • ein-gedi.co.il/fr • Sam-jeu 9h-19h, ven 10h-18h. Entrée : 130 Shk (sans soins) ; 50 Shk si au moins un soin est réservé en même temps ; réduc. Ven, sam et j. fériés, au moins un massage est exigé pour pouvoir entrer. Interdit aux moins de 16 ans.*
Bains chauds soufrés (45 °C), bains de boue de mer (attention, tous 2 déconseillés aux femmes enceintes) et piscine d'eau douce. Différents soins du corps, massages (en supplément de l'entrée ; un peu plus cher le samedi). Un petit train gratuit, toutes les 15 mn, fait régulièrement la navette avec le rivage de la mer Morte, distant de 1 km. La baignade dans la mer est très agréable (chaussures adéquates indispensables pour éviter de se couper les pieds avec le sel durci). Une expérience à ne pas manquer. Mais ne pas rester plus de 15 mn et bien se rincer ensuite.
Bon plan : à mi-chemin (arrêt du train), possibilité de s'enduire de boue, de se sécher au soleil, puis de se doucher à l'eau chaude soufrée et enfin de se laver à l'eau douce pour enlever sa carapace durcie, tout cela gratuitement. Un bon traitement à moindres frais.

ISRAËL

Où se baigner dans la mer Morte ?

Une promenade de plusieurs kilomètres a été aménagée entre ***Ein Bokek,*** près du *Leonardo Hotel Negev* (à environ 30 km au sud d'Ein Guedi) et ***Hamei Zohar.*** Elle est jalonnée de plages publiques disposant de douches gratuites.
➢ Bus depuis la *Central Bus Station* de Jérusalem : *bus nos 444 et 486 ; env 15/j., 7h-17h (un dernier à minuit). Trajet : env 1h30.* Plusieurs arrêts dans la zone des hôtels d'Ein Bokek. Demander au chauffeur les *public beaches...*
Il existe d'autres plages appartenant à un kibboutz ou à des *resorts,* donc payantes.

MASSADA (MASADA)

IND. TÉL. : 08

Inscrite au patrimoine mondial de l'Unesco, Massada est l'un des sites à voir absolument en Israël pour sa beauté extraordinaire, pour le paysage inoubliable qu'on découvre du sommet de la falaise. Construite par Hérode en limite orientale du désert de Judée, Massada est une ancienne forteresse qui domine le bassin de la mer Morte. Les fouilles ont mis au jour les bâtiments, ce qui rend la visite passionnante. Un grand lieu de pèlerinage pour les Israéliens.

UN PEU D'HISTOIRE

Massada fut d'abord une résidence royale pour Hérode. Il y fit construire un palais surplombant l'abîme. Après sa mort, Massada fut le lieu de la grande révolte juive contre les Romains qui débuta en 66. Les Romains gagnèrent la guerre en 70 par la conquête de Jérusalem, mais Massada continua à résister. Une armée de 10 000 à 15 000 légionnaires mit plus d'un an à venir à bout de 967 zélotes assiégés. Les Romains bâtirent 8 camps et une rampe d'assaut fantastique par laquelle ils atteignirent le sommet. Mais, à leur arrivée, ils ne trouvèrent qu'un silence de mort et des cadavres. Cette résistance héroïque fait de Massada le symbole de la résistance juive. Aujourd'hui, les jeunes appelés du corps des blindés y prêtent serment.

UNE FIN HÉROÏQUE

Lorsque Massada fut sur le point de tomber entre les mains des Romains, les zélotes (Hébreux révoltés contre les Romains) assiégés refusèrent de se rendre vivants. Ils tirèrent au sort 10 d'entre eux, chargés de superviser le suicide collectif et de mettre fin ensuite à leurs jours, afin de mourir en hommes libres, comme en témoignent les ostraca, tessons de poteries avec les noms inscrits dessus. Seuls 2 femmes et quelques enfants, cachés dans une citerne, auraient échappé au massacre.

Arriver – Quitter

En bus

Compagnie *Egged* seulement (● *egged.co.il* ●) ; arrêt des bus au pied du site, à 100 m de l'auberge de jeunesse (*Massada International Youth Hostel*). Liaisons avec :
➢ ***Jérusalem :*** une dizaine de bus/j., 8h30-19h30 (16h20 ven) ; 4 bus sam, à 19h, 19h20, 20h50 et 23h50. Trajet : 2h.

➢ ***Eilat :*** 4-5 bus/j. sauf sam (nº 444), 8h15-18h15 (à 8h15, 11h15 et 15h15 ven). Trajet : 3h45 env. Attention, pour Eilat, mieux vaut réserver son billet 2 ou 3 j. avt.
➢ ***Ein Guedi :*** une quinzaine de bus/j., 8h15-19h50 (14h35 ven) ; 3 bus sam, 18h45-0h20. Trajet : env 20 mn.
➢ ***Beer Sheva** (via Arad)* **:** 4 bus/j. sauf sam, 8h25-18h15 (8h20-12h45 ven). Trajet : 1h15.

En voiture

2 solutions : soit en traversant le sud de la Cisjordanie si on vient de Jérusalem (trajet du bus) et par Ein Gedi pour un accès à l'est via le téléphérique ; soit en passant par Arad, à l'ouest (pas de bus). Dans ce dernier cas, la route s'arrête au pied de la rampe romaine. Il faut donc grimper jusqu'à la forteresse à pied. Voir aussi plus loin « Le site. Infos utiles ».

Où dormir ? Où manger ?

Campsite Masada West : possibilité de dormir sous tente au pied de la rampe romaine, en venant d'Arad, avant la grimpette. *Tte l'année (sauf Yom Kippour), admission 15h-22h en été, 15h-21h l'hiver. Env 55-80 Shk/ pers avec ou sans sa propre tente (+ droit d'entrée au site : 31 Shk). Résas (dim-jeu 8h-16h) : ☎ 628-04-04 (ext. 1). • parks.org.il •* Accueil sympa.

Masada International Youth Hostel & Guesthouse : *à 100 m env de l'entrée du site, côté mer Morte. ☎ (02) 594-56-23. • iyha.org.il • Résa conseillée. Double env 480 Shk ; dortoir loué selon situation sanitaire. ½ pens obligatoire ven. Repas autour de 60 Shk (resto ouv à partir de 20 pers).* Une auberge de jeunesse qui ressemble à un hôtel avec des chambres modernes et confortables (salle de bains, TV, clim, frigo et *coffee-maker*). Mais, ici, pas de cuisine à disposition. En revanche, super petit déj-buffet. Très propre. Certaines chambres offrent une vue de choix sur la mer Morte et les montagnes de la Jordanie. D'avril à octobre, il y a même une piscine ! Une auberge de jeunesse assez classe ! Pensez à leur demander des bons de réductions pour les sites et spa d'Ein Guedi.

Plusieurs restos au niveau du *Visitor's Center,* près du musée et du téléphérique, mais fermés le soir.

Le site

Infos utiles

– Il existe ***2 entrées*** : l'une du côté de la mer Morte (l'entrée principale), l'autre du côté de la *rampe romaine (Rampart Path).* Pour accéder à cette 2de entrée, il faut passer par la ville d'Arad (avec son propre véhicule). Sachez que sur le site même il n'y a pas de route carrossable reliant les 2 entrées. En accédant par la *rampe romaine,* on peut redescendre côté mer Morte à pied ou par le téléphérique pour visiter le musée du *Visitor's Center,* situé au pied de la falaise. Notez qu'en empruntant cette 2de entrée l'accès à pied est moins long que celui du côté de la mer Morte (20 mn contre 45 mn), et l'on peut camper au pied du site à moindre coût.
– ***Coordonnées :*** *☎ 658-42-07. • parks.org.il •*
– **Horaires :** *sur résa, avr-sept, sam-jeu 8h-17h (dernière montée du téléphérique à 16h) ; oct-mars, sam-jeu 8h-16h (dernière montée à 15h) ; tte l'année, fermeture du site 1h plus tôt ven ; j. fériés 8h-13h (12h pour Yom Kippour). À noter : une 1re ouverture du site 1h avt le lever du soleil, mais dans ce cas, ascension à pied seulement (ne négligez pas l'attente car tout le monde veut être là-haut pour le lever du soleil !).*
– Pour y monter depuis l'*entrée principale* (côté mer Morte), 2 possibilités : ascension par un *téléphérique* (5 mn seulement mais impressionnant) ou à pied

par le *sentier du Serpent* (*Snake Path*, assez éprouvant ; compter environ 45 mn de grimpette, 30 mn pour redescendre). Si vous choisissez le sentier, évitez les heures les plus chaudes de la journée, prenez un chapeau et n'oubliez pas l'eau !
– ***Départ du téléphérique :*** *ttes les 15 mn ou dès qu'une queue se forme. Avr-sept, dernier retour à 17h (16h le reste de l'année).*
– ***Tarifs :*** *A/R par téléphérique 46 Shk (28 Shk la montée simple) ; entrée au site proprement dit : 31 Shk ; réduc. Audioguide disponible en français en haut de la falaise, au musée de Massada (20 Shk ; accès au musée compris).*
– En haut, il y a une fontaine avec de l'eau potable fraîche, sinon, au *Visitor's Center*, vente de bouteilles d'eau.
– Possibilité de laisser les sacs à dos dans une consigne au *Visitor's Center*.
– ***Spectacle son et lumière :*** *du côté de la rampe romaine. ☎ 995-93-33. ● parks.org.il ● Mars-oct, 2 fois/sem (en principe, mar et jeu à partir de 20h30 ; 21h en juil-août ; 19h30 en nov, déc et mars). Tarif : 50 Shk ; réduc.* Traduction simultanée dans plusieurs langues, dont le français avec un audiophone.

La visite

Au-delà de la vue époustouflante (quel que soit le côté où l'on se tourne), ce vaste plateau au sommet abrite des vestiges de bâtiments, partiellement restaurés. L'un des endroits les plus fascinants est l'ancien palais d'Hérode, construit sur 3 niveaux. Descendre jusqu'au niveau inférieur pour découvrir les fresques de l'époque. Remarquer le système qui permettait à Hérode d'avoir plusieurs bains et même une vraie piscine, ce qui est un véritable tour de force dans ce désert. L'église byzantine est aussi un petit bijou avec ses mosaïques bien conservées. Au gré de votre balade, vous croiserez anciens magasins, tour de garde, citernes, bains romains. Le tout cerné par des remparts. Depuis le point d'observation situé au niveau de l'entrée du côté de la *rampe romaine*, on perçoit les traces de l'un des anciens campements romains construits lors du siège.

UN BOULOT DE ROMAINS !

Pour accéder à Massada, la légion romaine s'inspira des rampes que les pharaons utilisèrent pour ériger leurs pyramides. Au total, il fallut 7 mois pour construire celle de Massada, toujours visible aujourd'hui. On hissa ensuite un gigantesque bélier qui permit de pénétrer dans cette forteresse... imprenable.

À l'époque byzantine, le site fut occupé par des moines qui remontèrent certains murs.
Au *Visitor's Center*, à côté du départ du téléphérique, projection d'un film (en hébreu et en anglais) sur l'histoire du site.

Masada Museum (*musée de Massada*) **:** au Visitor's Center. *Tlj 8h-17h (16h oct-mars) ; fermeture 1h plus tôt ven et veilles de j. fériés. Entrée : 20 Shk (ticket incluant la loc de l'audioguide sur le site) ; gratuit moins de 5 ans. Visite avec audioguide.*
Avant de monter, le musée constitue une excellente intro à la visite du site. Éviter les heures chaudes car là-haut, ça cogne. La muséographie et les commentaires de l'audioguide se fondent sur le récit de Flavius Joseph, historien juif du Ier s, prisonnier des Romains.
D'Hérode le bâtisseur à la prise de Massada par les Romains en 72 apr. J.-C., c'est un moment

VIEUX COMME HÉRODE

Non, Hérode ne vécut pas si vieux, mais l'expression fait référence à l'ensemble de la dynastie qui régna sur la Judée durant le Ier s apr. J.-C.

important de l'histoire juive qui nous est conté. On se retrouve dans la salle de banquet du roi, dans le port de Césarée sur les bords de la Méditerranée, dans la cité en compagnie des zélotes, ou encore dans le campement romain lors du siège de Massada. On y découvre la vie quotidienne dans la forteresse grâce aux objets découverts dans les fouilles. La belle muséographie et l'atmosphère qui se dégage des différentes reconstitutions portent à rêver. On peut admirer aussi de remarquables pièces trouvées sur le site : amphores, chapiteau provenant du palais du roi avec peintures d'origine, nombreux bijoux et objets personnels des Romains et des zélotes, etc. Ne pas rater le très rare morceau de papyrus correspondant à un bulletin de paie d'un soldat romain. Dommage, en revanche, que les pièces soient si mal éclairées.

Festival

– ***Festival d'opéra :*** *4 j. en juin. ☎ (03) 692-77-77. ● israel-opera.co.il ● Au pied du site. Spectacles payants.*

DANS LES ENVIRONS DE MASSADA (MASADA)

SODOME (SDOM)

À 38 km env au sud d'Ein Guedi, par la route 90. Un panneau indiquant « Mt Sodom », sur la droite, permet de localiser l'endroit. Pas de bus pour y aller ; avoir son propre véhicule.

C'est l'un des sites supposés de l'ancienne cité biblique. Selon la Genèse, ***Dieu anéantit Sodome, et sa voisine Gomorrhe,*** pour punir leurs habitants qui transgressaient les traditions de l'hospitalité envers les étrangers et dont les mœurs passaient pour dépravées. Le châtiment divin a été tellement efficace qu'il ne reste absolument rien de la ville ! Certaines théories avancent la chute d'un astéroïde quand d'autres y voient les effets d'un violent séisme qui aurait ouvert des failles et fait jaillir d'importantes quantités d'asphalte et d'hydrogène sulfuré qui se seraient embrasées sous l'effet de la foudre.

FOUDRES DIVINES

Averti de la volonté divine de détruire Sodome par une pluie de soufre et de feu, Abraham demanda à Dieu d'épargner son neveu Loth, sa femme et ses 2 filles. Dieu envoya alors 2 anges pour les prévenir de quitter les lieux, sans se retourner. Dans sa fuite, la femme de Loth ne put s'empêcher de braver l'interdit en regardant derrière elle. Voilà pourquoi elle fut immédiatement changée en statue de sel.

Quelques centaines de mètres après le panneau « Mt Sodom », un autre panneau indique « Lot's Wife ». Il s'agit d'un petit piton qu'on remarque à peine et qui, selon la légende, serait la femme de Loth, transformée en statue de sel. Peu convaincant en tous cas... Sinon, les environs recèlent plusieurs grottes, elles aussi creusées dans le sel. Elles sont malheureusement fermées à la visite, car trop dangereuses. C'est dans l'une d'elles que se seraient réfugiés Loth et ses 2 filles, lors de la destruction de Sodome. Mais, selon une autre théorie, la grotte qui aurait servi de refuge se trouverait de l'autre côté de la mer Morte, en Jordanie.

Au-dessus de la falaise, des sentiers balisés sillonnent le plateau entaillé par un canyon aux parois de marnes blanchâtres et farineuses. Ne pas s'y aventurer sans eau ni carte détaillée.

LE DÉSERT DU NÉGUEV

Ce triangle en forme d'entonnoir d'une superficie de 10 000 km² est une vaste étendue sauvage et désolée faite de rocaille, de sable, de vent et de tourbillons qui entraînent la poussière dans une folle ascension. Une nature nue, étonnamment variée, ponctuée de cratères lunaires et arides, de collines érodées et de plateaux poussiéreux, tailladés par les oueds, ravins et canyons, d'où se détachent de loin en loin les silhouettes fantomatiques des pitons que le temps n'a pas encore digérés. Un vrai Far West israélien, où le spectateur est à même de surprendre la gazelle en fuite ou le bouquetin de Nubie perché sur son rocher. Une terre de prédilection pour les amoureux de solitude et de grands espaces.
Mais ne vous fiez pas aux apparences. Car ce « pays sec » (traduction littérale de *néguev* en hébreu) cache des réserves d'eau en profondeur. Une eau comme une bénédiction que l'homme est parvenu à exploiter et qui confère à certains endroits l'allure d'un jardin d'abondance avec ses verts pâturages, ses champs de blé et de tomates, sans oublier ses troupeaux de vaches parquées dans des enclos. Un vrai-faux désert en somme. Dans les kibboutzim et les *moshavim,* on s'efforce de faire fleurir cette terre inhospitalière, devenue un véritable laboratoire d'innovations, une sorte de *Silicon Valley.* Grâce à des systèmes élaborés d'irrigation et de transformation de l'énergie solaire, le Néguev n'est plus cette terre improductive que parcouraient inlassablement les caravaniers nabatéens.
En outre, depuis la guerre des Six Jours en 1967, le Néguev s'inscrit dans une zone hautement stratégique pour Israël (les camps d'entraînement militaires sont là pour le rappeler). Ce qui explique en partie pourquoi la population bédouine (environ 140 000 personnes) y est si malmenée. À propos des Bédouins, lire également plus loin la rubrique « Population. Autres minorités », dans « Hommes, culture, environnement ».

Randonner dans le désert

Partir en trek dans le désert est une expérience inoubliable mais qui ne s'improvise pas. Voici quelques conseils et infos utiles :
– il existe des sentiers balisés à l'aide de marquage de couleur sur les pierres. Il est dangereux de s'en écarter. Des cartes détaillées des sentiers sont souvent disponibles dans les écoles de la nature *(SPNI – Field School, • natureisrael.org •)* ; ne pas hésiter à y passer et à vous faire expliquer la balade ;
– pour une randonnée de plusieurs jours, ne jamais s'aventurer seul ; adressez-vous à une agence spécialisée qui a pignon sur rue ;
– il est possible de faire un trek toute l'année, mais sachez que de juin à septembre la chaleur est accablante ; il faut alors marcher tôt le matin ou bien à la tombée de la nuit. En janvier et février, il fait souvent très froid (la température peut descendre jusqu'à 2 °C à 900 m d'altitude en pleine nuit, dans le secteur de Mitzpé Ramon). Par ailleurs, il arrive que des orages violents éclatent. Les oueds peuvent se gonfler soudainement et tout emporter sur leur passage. D'où la nécessité de ne pas planter sa tente n'importe où, et de partir accompagné d'un guide qui connaît le danger ;
– cela va de soi, mais prévoyez de bonnes chaussures, des lunettes de soleil, une crème solaire à indice élevé, de quoi vous couvrir la tête et suffisamment d'eau (pas de point de ravitaillement en plein désert !), du collyre pour les porteurs de lentilles.

BEER SHEVA

209 700 hab. IND. TÉL. : 08

• Plan *p. 237*

4e ville du pays et capitale du Néguev, Beer Sheva se situe depuis des millénaires au carrefour des grandes voies de circulation. Son nom apparaît déjà dans l'Ancien Testament, puisque c'est ici qu'Abraham aurait creusé un puits afin d'abreuver son troupeau, il y a plus de 3 700 ans.
Plus prosaïquement, Beer Sheva a pris son essor dans les années 1960 sous l'impulsion de pionniers agissant en accord avec les idées de Ben Gourion, pour qui la conquête du désert était la clé de l'indépendance d'Israël. Depuis, Beer Sheva est devenue une ville universitaire de première importance, capable de concurrencer Tel-Aviv, notamment dans le domaine très pointu de la cybersécurité. Pour le reste, à part quelques musées dignes d'intérêt, Beer Sheva est une ville tentaculaire sans grand charme.

Arriver – Quitter

En bus

Gare routière *(tahana mercazit ; plan B1)* **:** *sderot Hakham, à 10 mn à pied du centre-ville.* 2 compagnies : *Egged (☎ 629-43-11)* et *Metropoline (☎ *5900 ; • metropoline.com •).* Les tickets de bus s'achètent au guichet de la gare. Difficile de trouver un préposé parlant l'anglais... et tout est écrit en hébreu.
Liaisons avec :
➢ ***Tel-Aviv* :** bus ttes les 15-30 mn, 5h30-19h30 env. Trajet : 1h30.
➢ ***Mitzpé Ramon* :** une quinzaine de bus/j., 6h30-23h, avec la compagnie *Metropoline* (bus n° 60). Pas de bus pdt le shabbat. S'arrêtent à ***Sdé Boker.*** Les bus *Metropoline* sont 2 fois moins chers que les bus *Egged.*
➢ ***Massada*** *(via Arad)* **:** 4 bus/j., 8h30-18h30. Trajet : 1h15.
➢ ***Jérusalem* :** bus ttes les 30 mn (ou 1h), 6h-22h30. Trajet : 2h-2h30.
➢ ***Eilat* :** ttes les heures env, 6h30-1h du mat env. Trajet : 4h30.
➢ ***Haïfa* :** 1 bus/j. le mat. Trajet : env 2h30.

En train

Gare ferroviaire *(Be'er Sheva Merkaz ; plan B1)* **:** *sderot Hakham. ☎ 623-72-45. • rail.co.il •*
Liaisons avec :
➢ ***Tel-Aviv* :** départs ttes les heures. Trajet : 1h30.
➢ ***Haïfa et Akko* :** départs ttes les heures. Trajet : près de 2h30 pour Haïfa, 3h pour Akko.
➢ ***Jérusalem* :** changement à Lod.

En *sherout* (taxi collectif)

➢ Départs devant les gares routière et ferroviaire *(plan B1). Sherout* essentiellement pour ***Dimona.*** Quelques rares départs pour ***Tel-Aviv*** (il est plus économique de prendre le train).

Adresses utiles

■ ***Consulat honoraire de France*** *(plan A2,* ***1****)* **:** *2, rehov HaHistadrut. 052-756-50-12. Permanence les 1er et 3e lun de chaque mois, 15h-17h seulement.*
■ ***Location de voitures* : *Hertz,*** *7, Hasadna. ☎ 665-17-71.* ***El-Dan,*** *4, rehov Leonard Cohen. ☎ 643-03-44.* ***Avis,*** *2, rehov Amal (zone industrielle). ☎ 627-17-77.* ***Budget,*** *2, Sadna St. ☎ 935-00-17.*

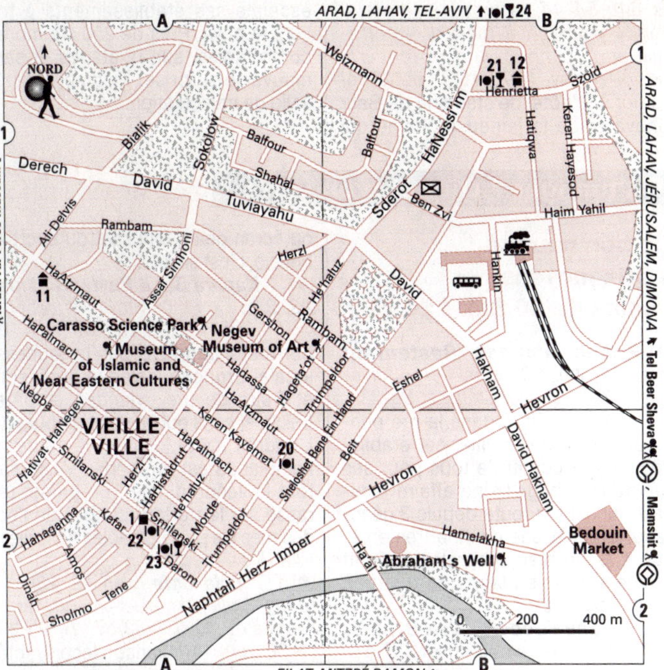

BEER SHEVA

Adresse utile	**Où manger ? Où boire un verre ?**
1 Consulat honoraire de France (A2)	**20** Kebab Amunah Restaurant (A2)
Où dormir ?	**21** Saba Jebeto (B1)
11 Beit Yatziv – The Gustave Leven Campus (A1)	**22** Kapara Bar & Restaurant (A2)
12 Leonardo Hotel Negev (B1)	**23** Lola Cafe (A2)
	24 Coca Bar (hors plan par B1)

Où dormir ?

De prix moyens à chic (250-600 Shk / 62,50-150 €)

Beit Yatziv – The Gustave Leven Campus *(plan A1, **11**) : 79, rehov HaAtzmaut ; près du cimetière britannique. ☎ 627-74-44. • beityatziv.com/en/ • Depuis la gare routière, bus n° 13. Résa obligatoire. Doubles 400-450 Shk selon confort, petit déj compris.* Un établissement situé dans un campus qui propose 3 catégories de chambres propres et climatisées, avec salle de bains. Les plus chères sont plus spacieuses. Un établissement qui fera l'affaire pour une petite halte.

Plus chic (150-300 $ / 127-254 €)

Leonardo Hotel Negev *(plan B1, **12**) : 4, rehov Henrietta Szold.*

☎ *640-54-44.* • *leonardo-hotels.com* • *À 25 mn à pied du centre-ville et à 15 mn de la gare routière. Doubles env 160-240 $, petit déj compris.* L'hôtel de standing de Beer Sheva et de la fameuse chaîne qui essaime ses établissements à travers le pays. Près de 250 chambres, confortables, sur 12 étages et sans mauvaise surprise. Piscine, jacuzzi, salle de musculation.

Où manger ? Où boire un verre ?

De bon marché à prix moyens (moins de 80 Shk / 20 €)

Kebab Amunah Restaurant *(plan A2,* ***20****) : 58, rehov Keren Kayemet (KKL). Tlj sauf shabbat 9h-23h. Bon marché.* Situé dans la rue principale de la vieille ville, cet établissement est connu de tous pour ses délicieux kebabs ! Une affaire familiale qui tient la route depuis 3 générations. C'est une cantine très améliorée (salle bien propre) qui réunit ouvriers et cols blancs du quartier. Petite terrasse.

Saba Jebeto *(plan B1,* ***21****) : en retrait de la rehov Henrietta Szold, dans le passage Rasho.* ☎ *627-28-29. Tlj sauf shabbat 10h-23h.* Sympathique bar-resto qui se dissimule dans une ruelle marchande. Délicieuses salades à base de produits frais, sandwichs généreux, quiches à prix vraiment raisonnables. Goûter le pain fait maison parfumé aux multiples saveurs (basilic, olives, épices, etc.). À l'arrière, pour prolonger la soirée, bar aménagé au sein d'une grande cour envahie de végétation (lorsque le temps le permet) ! Banquettes, coussins, guirlandes de loupiotes se lovant autour de troncs... une vraie petite oasis à l'ambiance *lounge*. Musique rétro ou écran géant diffusant du sport en boucle, c'est selon...

Kapara Bar & Restaurant *(plan A2,* ***22****) : 23, rehov Smilanski.* ☎ *665-48-54. Tlj 19h (9h ven-sam)-1h.* Ce bar-resto apprécié par la jeunesse locale propose salades, poissons et fruits de mer, viandes et pâtes fraîches, sans oublier les hamburgers. L'endroit a été joliment restauré, et l'ambiance est au rendez-vous (surtout le vendredi soir). En prime, terrasse sur le trottoir au bord de l'une des rues les plus agréables de la vieille ville.

Lola Cafe *(plan A2,* ***23****) : 13, rehov Smilanski, au coin de Morde Hageta'ot.* ☎ *628-89-37. Tlj 9h-23h (1h30 ven).* Ambiance décontractée pour ce bar-resto installé dans une antique maison ottomane, où se retrouvent jeunes et moins jeunes pour boire un verre ou grignoter salades, sandwichs, pizzas, pâtes et quelques plats plus raffinés. Là encore, terrasse pour se poser.

Coca Bar *(hors plan par B1,* ***24****) : 50, rehov Arlozorov. Près de l'université Ben Gourion ; le plus simple est d'y aller en taxi car excentré. Tlj jusqu'à env 2h du mat.* Un bar plein de vie, très connu des étudiants. On peut y manger. Dans la même cour, 3 autres bars, pour ceux qui voudraient faire la tournée.

À voir

Abraham's Well *(puits d'Abraham ; plan B2) : entrée par l'arrière du bâtiment, 2, derech Hevron.* ☎ *623-46-13. Tlj sauf sam 8h30-17h (9h-13h ven). Dernière admission 1h avt. Entrée : 34 Shk ; réduc. Visite guidée sur résa seulement.* Au milieu d'une cour, un puits profond d'une vingtaine de mètres, considéré comme celui cité dans la Bible, Genèse, XX, lors de la signature d'un pacte d'alliance entre Abraham et Abimelekh. Une autre école pense que le puits en question se trouve à l'entrée du site de Tel Beer Sheva (voir plus loin). Projection d'un film (en 3D) consacré à Beer Sheva et à l'histoire d'Abraham.

Negev Museum of Art et Museum of Islamic and Near Eastern Cultures *(plan A1) : 60, rehov HaAtzmaut. ☎ 699-35-35. • negev-museum.org.il • ine-museum.org.il • Lun-mar et jeu 10h-16h, mer 12h-19h, ven-sam 10h-14h. Fermé dim. Entrée : 25 Shk ; billet groupé pour les 2 musées : 35 Shk ; réduc.* Installé dans la maison de l'ancien gouverneur ottoman de Beer Sheva, le musée d'Art accueille des expos temporaires d'artistes essentiellement israéliens, parfois étrangers. Tandis que le musée des Cultures islamiques et proche-orientales, juste à côté, occupe l'ancienne grande mosquée de la ville. La cour intérieure abrite désormais une section archéologique. Expos temporaires d'art traditionnel et contemporain.

MARCHÉ CONCLU

Le marché bédouin de Beer Sheva remonte à l'Empire ottoman. Au début du XXe s, les Ottomans souhaitaient que la ville devienne le centre administratif des Bédouins du Néguev. Mais, traditionnellement isolés, les Bédouins délaissèrent la ville. C'est alors que les Ottomans décidèrent de créer un marché hebdomadaire pour donner aux Bédouins une bonne raison de venir !

Carasso Science Park *(plan A1) : 79, rehov HaAtzmaut. ☎ 625-26-00. • sci-park.co.il • Tlj sauf ven 9h (10h sam)-17h ; jeu nocturne à 20h ; horaires réduits selon situation sanitaire. Entrée : 60 Shk ; réduc ; gratuit moins de 5 ans.* Musée des sciences interactif, plus particulièrement dédié aux enfants, il aborde des thèmes aussi variés que la génétique, la communication, la microélectronique et le nucléaire. En tout, des centaines d'expositions technologiques et scientifiques, ainsi que des expositions temporaires. Fab Lab avec imprimante 3D. Fontaines interactives et aires de jeux en plein air. Tout est en hébreu ou en anglais.

ISRAËL

DANS LES ENVIRONS DE BEER SHEVA

Tel Beer Sheva (Tel Beer Sheva National Park) *: à 7 km env au nord-est de Beer Sheva. ☎ 646-72-86. • parks.org.il • Prendre la direction Arad (route 60) puis, à 5 km env, fléché sur la droite. Accès sur résa, tlj 8h-17h (16h ven et veilles de fête) ; ferme 1h plus tôt en hiver. Dernière admission 1h avt. Entrée : 14 Shk ; réduc.* C'est le site présumé de l'ancienne cité biblique, perché au sommet d'une colline qui domine le Néguev. Les fouilles ont mis au jour des vestiges datant de la période chalcolithique (4000 av. J.-C.) jusqu'aux débuts de l'occupation arabe (VIIe-VIIIe s). L'ancienne cité fortifiée, dont le tracé des rues et l'emplacement des maisons sont parfaitement visibles grâce à des travaux de restauration, date des IXe et VIIIe s av. J.-C. À l'entrée du site, noter le puits qui pourrait être celui d'Abraham mentionné dans la Bible. Tour d'observation qui permet de prendre de la hauteur. Mais le clou de la visite est le cheminement aménagé au sein des anciennes citernes creusées dans la roche, fabuleux système de récupération et de stockage de l'eau !

Israeli Air Force Museum *(musée de l'Aviation) : à 10 km env à l'ouest de Beer Sheva. ☎ 990-68-88. • iaf.org.il • Bus n° 31 depuis la gare routière de Beer Sheva. Tlj, 4 tours sont organisés sans supplément sauf ven-sam 8h30-16h. Entrée : 30 Shk ; réduc.* Un musée à la fibre patriotique et dédié à l'armée de l'air. Les amateurs pourront admirer les Mustang, Kfir, Cessna et autres avions utilisés par l'armée israélienne. Sans oublier les morceaux d'avions de combat égyptiens, exposés comme de véritables trophées... Pour les passionnés d'engins de guerre. Réservation pour une visite guidée.

Museum of Bedouin Culture (musée Joe Alon de la Culture bédouine) *: près du **kibboutz Lahav,** à 20 km env au nord de Beer Sheva. ☎ 991-33-22. • joealon.org.il • Tlj 9h-17h (14h ven). Entrée : 25 Shk ; réduc.* Intéressant musée pour découvrir la culture bédouine. Expo d'objets traditionnels, habits, bijoux, jouets, tapis et artisanat. Également des infos sur l'histoire de ce peuple nomade, les coutumes, la médecine traditionnelle, etc.

Mamshit : *à 40 km au sud-est de Beer Sheva, par la route 25. ☎ 655-64-78. • parks.org.il • Accès sur résa. En été, tlj 8h-17h (16h ven) ; en hiver, tlj 8h-16h (15h ven). Dernière admission 1h avt. Entrée : 22 Shk ; réduc.* En plein désert et au bord d'un canyon, c'est une ancienne cité nabatéenne, comme Avdat, Shivta et Haluza, par où passaient les caravanes, chargées d'encens et de myrrhe, qui assuraient la liaison entre le sud de la péninsule Arabique (Yémen) et la Méditerranée, entre le IIIe s av. J.-C. et le IIe s de notre ère. La plupart des bâtiments que l'on voit datent du IIe s, époque à laquelle l'Empire romain étendait son emprise sur toute la région. Plusieurs édifices ont été dégagés et partiellement restaurés. Parmi eux, ne pas manquer l'église des Martyrs dont le sol est recouvert d'une magnifique mosaïque.

LES « MODESTES » DEMEURES DE MAMSHIT

À l'époque où le commerce des épices allait bon train, les commerçants de Mamshit étaient richissimes. La moindre maison avait une surface de 1 500 m², tandis que les familles les plus pauvres vivaient dans seulement... 500 m² !

Possibilité de loger sur place en chambre double *(350 Shk),* sous une grande tente bédouine *(75 Shk),* ou même de planter sa tente *(55 Shk).* Cuisine à disposition.

Negev Camel Ranch : *à Mamshit. ☎ 655-28-29. • cameland.co.il • Résa obligatoire, conseillée min 2 j. avt. Env 250 Shk pour 2 ; petit déj (servi jusqu'à 9h) et dîner (jusqu'à 19h) en sus.* Petits bungalows cubiques pouvant accueillir jusqu'à 5 personnes. Cuisine commune à dispo. Les proprios organisent des balades à dos de chameau dans le désert.

Large Makhtesh Crater (Grand Cratère) **:** *à 15 km au sud de Mamshit, par la route 206 puis 225 (fléché).* Vaste cirque vraiment superbe de 6 km de large environ sur 10 km de long. Pour apprécier la magie des lieux, se garer sur le grand parking (mention « *colored sand* »), puis prendre de la hauteur au-dessus de la bande des sables colorés.

Shivta : *à 55 km env au sud-ouest de Beer Sheva et à 40 km env à l'ouest de Sdé Boker. Depuis la route 40, à 30 km env au sud de Beer Sheva, bifurquer à droite en direction d'Ashalim, puis fléché. Pas de bus. Tlj 8h-17h. GRATUIT.* Au milieu du désert, dans un site remarquable et loin de tout. Il y a de fortes chances pour que vous soyez seul à visiter l'endroit. Cette cité nabatéenne n'a pas encore été entièrement dégagée. Des pans de murs ont été restaurés, quelques bâtiments partiellement reconstitués de manière discrète, juste assez pour faciliter la compréhension du site. Résultat, on déambule au hasard des rues, en côtoyant amas de pierres et édifices qui semblent avoir mieux résisté aux assauts du temps. Au cours de la balade, on traverse l'ancien quartier des ateliers et des commerces, reconnaissable à sa grande place. Plus loin, grande demeure avec linteau sculpté et chapiteaux à motifs géométriques, vestiges d'un pressoir à vin. Aller à l'extrémité du site pour admirer la superbe église avec ses absides en cul-de-four.

Nabato Guesthouse *(Shivta Farm)* **:** *à l'entrée du site. 050-738-38-02. Doubles avec sdb env 550-650 Shk (plus cher le w-e et lors des fêtes juives), petit déj compris. Min de 2 nuits. Menu fixe 130 Shk (résa 2 j. avt).* Dans une jolie maison en pierre, 3 chambres à la déco sobre et soignée, à base d'artisanat bédouin. Chaque chambre dispose d'un ventilateur et d'une terrasse privée au bord du désert. Le lieu a du charme, incontestablement. Mais, en principe, il faut séjourner 2 nuits (vous pouvez toujours essayer de négocier...) et ne l'oubliez pas, on est vraiment loin de tout.

SDÉ BOKER

IND. TÉL. : 08

À 50 km au sud de Beer Sheva, Sdé Boker se trouve en plein cœur du plateau du Néguev. Impossible de ne pas être saisi par l'immensité et la grandeur austère de ces paysages vieux comme le monde, rabotés et usés par les siècles. Sdé Boker symbolise aussi une vision d'Israël, portée à l'époque par Ben Gourion. Et c'est en outre une excellente base pour partir découvrir le désert.

UN PEU D'HISTOIRE

C'est dans ce coin du Néguev, où il n'y avait rien, qu'un kibboutz fut fondé par des pionniers en 1953 pour expérimenter une agriculture du désert. À la fin de cette même année, une automobile traversant la région s'arrêta à Sdé Boker. Un homme à la tignasse ébouriffée en descendit pour faire un brin de causette avec quelques jeunes regroupés dans des tentes. C'était David ben Gourion, le 1er ministre d'Israël. Ému par les paroles de ces jeunes et touché par la beauté du lieu, il décida de se joindre à eux. Il y séjourna dès décembre 1953, suite à un retrait de la scène politique. Rappelé aux fonctions de 1er ministre, il quitta le kibboutz en 1955. Celui qu'on appelait familièrement « le Vieux » y revint en 1963 avec son épouse, Paula, pour s'installer dans une « cabane », aujourd'hui transformée en musée. Ben Gourion espérait ainsi servir d'exemple à la jeunesse israélienne et montrer que le désert pouvait être reconquis par la créativité, l'énergie et la passion. C'est là qu'il décéda, en 1973.

Arriver – Quitter

Les bus de la compagnie *Metropoline* (nº 64) reliant ***Beer Sheva*** à ***Mitzpé Ramon*** s'arrêtent à l'entrée de Sdé Boker. Ceux de la compagnie *Egged* (nº 392) s'arrêtent sur la route 40 pour Eilat (3 bus/j.).

Adresses utiles

■ ***Bureau de change :*** *dans le centre commercial (repérer la construction circulaire).*

■ ***Geofun :*** *☎ 655-33-50. • geofun.co.il/en/ • Loc de VTT sans guide (parcours fléchés) ou avec un guide (groupe de 6-8 pers).*

Où dormir ? Où manger dans le coin ?

De chic à plus chic (130-200 $ / 110-170 €)

Chambres d'hôtes Krivine : *tt au bout du village, à 100 m à peine du canyon. 052-720-68-60 (WhatsApp). • krivine-guesthouse.com • Facebook et Instagram. Résa indispensable et demander l'itinéraire pour arriver, car ici, dans cette ville moderne, pas de noms de rues. Doubles avec sdb et*

ISRAËL

clim 570-610 Shk, petit déj inclus. Five o'clock tea *avec sandwichs et gâteaux 70 Shk. CB acceptées.* Une vraie et agréable *guesthouse* (elles sont peu nombreuses dans le coin !), tenue par John et Marion, qui est lyonnaise. 4 chambres au rez-de-chaussée, à l'entrée indépendante, et au bord d'un jardin. Les vieilles photos de famille et les meubles anciens patinés dégagent une atmosphère quelque peu british. Accueil convivial. On vous conseillera pour toutes les balades à faire. Voir aussi leur blog : • *visitingnegev.com* •

Kibboutz de Mash'abbei Sadeh : *à 15 km env au nord de Sdé Boker, sur la route de Beer Sheva.* ☎ *656-51-34.* • *mashabim.co.il* • *Double env 200 $.* En plein désert, ce kibboutz de 500 habitants propose près de 80 chambres réparties dans plusieurs maisonnettes. Elles sont confortables, carrelées, propres et lumineuses. L'endroit est verdoyant et mignon. Dans le kibboutz, *dining room* (ouvert le midi) et épicerie pour se préparer un casse-croûte. Piscine. Une bonne adresse pour se reposer tout en découvrant la vie dans un kibboutz et son activité agricole (culture de légumes et vaches laitières). Pour info, possibilité de visiter le kibboutz Tlallim, à 3 km au sud en allant vers Eilat, qui possède l'un des systèmes les plus modernes de traite des vaches.

À voir

Dans le kibboutz

Ben Gurion's Desert Home *(maison de Ben Gourion)* **:** ☎ *656-04-69.* • *ben-gurion.co.il* • *Dim-jeu 8h30-16h (14h ven et veilles de fêtes), sam et j. fériés 10h-16h. Fermeture des caisses 1h avt. Petit film sur la vie de Ben Gourion, en anglais, diffusé jusqu'à 15h seulement. Entrée : 20 Shk ; visite guidée sur résa : 40 Shk ; réduc.*

Entrée par un petit musée consacré à la vie de Ben Gourion, mais l'espace autour a été totalement aménagé pour les touristes : boutiques de souvenirs, café, et même une *winery Sdé Boker,* pour une dégustation-vente de la petite production du kibboutz : près de 2 000 bouteilles par an, tout de même. Tout à côté, une salle de projection pour un petit film racontant la vie du grand homme.

C'est au fond du jardin que se tient sa maison. Un décor dépouillé comme dans l'ermitage d'un ascète du désert, peu d'images, un portrait de Gandhi (qu'il admirait) dans sa chambre à coucher. La simplicité même est le propre des grands hommes, n'est-ce pas ? Conformément à sa volonté, rien n'a changé depuis sa mort, le 1er décembre 1973. Son peigne, ses boutons de manchettes, ses lunettes, ses pantoufles au pied de son lit... sont toujours là. La pièce la plus significative est la bibliothèque aux murs tapissés d'environ 3 500 volumes écrits dans une dizaine de langues.

Dans le village

David and Paula Ben Gurion's Tombs *(tombe de David Ben Gourion et de sa femme Paula)* **:** *accès par un chemin de 200 m env qui débute au parking situé à côté de l'entrée nord du parc national En Avedat (Zinim Cliff entrance pavillon).* ☎ *(08) 655-44-18. Entrée : 20 Shk.* En Israël, les grands hommes sont généralement enterrés au sommet du mont Herzl à Jérusalem. Mais Ben Gourion adorait le *wadi* Zin, ce canyon fantastique, digne du Colorado. Et on le comprend ! Il souhaita se faire enterrer ici, face à cet immense paysage désolé et superbe. Sur sa tombe, toute simple, on peut lire l'épitaphe suivante : « David Ben Gourion, né en 1886, mort en 1973, monté en Israël en 1906. » Et comme le veut la tradition dans les cimetières juifs, pas de fleurs, juste de petites pierres posées sur la tombe. Super point de vue sur le canyon.

En Avdat National Park (canyon En Avedat) : ☎ 655-56-84. • parks.org.il • Accès sur résa. Avr-sept, sam-jeu 8h-17h (16h ven et veilles de j. fériés ; 18h jeu-ven en août) ; oct-mars, sam-jeu 8h-16h (15h ven et veilles de j. fériés) ; j. fériés 8h-13h. Dernière admission 1h30 avt pour le circuit court ; 2h30 avt pour le circuit long. Tarifs : 28 Shk par l'entrée nord (billet combiné avec le site d'Avdat : 46 Shk) ; 15 Shk par l'entrée sud ; réduc. Conseil : y aller tôt pour profiter de la tranquillité du lieu ; ensuite de nombreux groupes arrivent.
Il existe 2 entrées. L'entrée principale, la seule par laquelle on accède au fond du canyon *(entrée nord ; Zinim Cliff entrance pavillon)*, se trouve au niveau du grand parking de la cité de Sdé Boker (à 100 m de l'arrêt des bus). L'*entrée sud* se situe à 7 km de là, sur la route 40, en direction de Mitzpé Ramon (entre les km 124 et 123). Attention, par l'entrée sud, on accède seulement à un belvédère qui surplombe le site (il est interdit de descendre au fond du cayon par ce côté-là). Baignade et pique-nique interdits. Sachez qu'en hiver le canyon peut être impraticable en raison de fortes pluies.
Magnifique canyon que l'on parcourt à pied sur 1,5 km environ, le long d'un sentier balisé. Dans le canyon, une piscine naturelle (baignade interdite), une cascade et quelques ruines byzantines discrètes. 2 circuits sont possibles. Ils débutent au parking situé au fond du canyon, à 3 km de l'entrée principale, et auquel on accède par une route goudronnée. Le circuit court (une bonne heure de marche) permet de faire un aller-retour sans difficulté particulière. Pas mal d'écoliers, à la sortie des cours, qui musardent en cours de route. Le circuit long (prévoir 2-3h) consiste à parcourir l'ensemble du site et à rejoindre l'entrée sud en grimpant par le sentier qui escalade la falaise. Dans ce cas, avoir une voiture qui vous attend à l'entrée sud ou tenter le stop pour rentrer à Sdé Boker.

DANS LES ENVIRONS DE SDÉ BOKER

Valley Wineyards & Farms (Ramat HatNegev) : cette route des fermes, entre Tialim et Mitzpé Ramon, commence 8 km au nord de Sdé Boker, sur la gauche (panneau). Une trentaine de familles ont eu l'autorisation de s'installer ici (la terre appartient à l'État), pour créer des fermes et des entreprises vinicoles. Dégustation et vente de vin et de fromages. Possibilité de loger sur place dans des bungalows, tentes bédouines ou en camping (• bokerfarm.com •).

Avdat (Avdat National Park) : à 10 km au sud de Sdé Boker, en direction de Mitzpé Ramon (sur le côté gauche de la route). ☎ 655-15-11. En été, tlj 8h-17h (16h ven ; 18h jeu-ven en août) ; en hiver, tlj 8h-16h (15h ven). Dernière admission 30 mn avt. Entrée : 28 Shk (billet combiné avec le canyon En Avedat : 46 Shk) ; réduc. Au centre d'accueil, projection d'un film de 10 mn (en français). Quelques docs en français, pour vous faciliter le circuit.
➢ *Pour y aller :* les bus de *Metropoline* (n° 65) qui relient Mitzpé Ramon à Beer Sheva s'arrêtent devant le site (attention, ne pas confondre avec l'En Avedat National Park). Accès au site en 30 mn de grimpette ou en 5 mn en voiture (parking au pied des ruines).
En s'arrêtant au parking intermédiaire, on peut commencer la visite à l'envers, par la maison byzantine, puis, après une petite grimpette, découvrir la ville souterraine. La visite se termine par la villa romaine. Enfin, redescendre la route pour retrouver son véhicule.
Avec Massada, Avdat, bâtie sur une colline à 580 m au-dessus du niveau de la mer, constitue l'un des plus beaux sites archéologiques d'Israël. Il s'agit de la plus importante cité fondée par les Nabatéens, au IVe s av. J.-C., dans le Néguev. Entre le VIe s avant notre ère et leur déclin au tout début du IIe s apr. J.-C, après leur annexion par l'Empire romain, ils furent les seigneurs

du désert, convoyant marchandises et épices de l'Orient vers les ports de la Méditerranée, et notamment vers Gaza, leur principal comptoir. Pendant des siècles, les Nabatéens, dont la capitale était Pétra (dans l'actuelle Jordanie), accumulèrent de grandes richesses, transformant petit à petit leurs haltes caravanières en véritables cités à l'architecture élaborée et aux astucieux systèmes d'irrigation.
Conquise par les Romains, Advat fut par la suite dotée d'églises et de monastères. Elle connut son apogée à l'époque byzantine, entre les IVe et VIIe s, et compta jusqu'à 3 000 habitants. Elle fut détruite par un tremblement de terre au VIIe s et la région passa sous contrôle de tribus arabes.
Au gré de la balade, belle reconstitution du pressoir à vin en pierre, vestiges du moulin à huile, maison romaine de 2 étages, forteresse byzantine, ruines de 2 églises, d'un monastère, etc. Voir le linteau au lion à la proue du château et, au pied de la colline, les thermes d'époque byzantine. La vue du haut de la colline (que domine une caravane de chameaux découpés dans le métal) est superbe.

MITZPÉ RAMON

5 000 hab. IND. TÉL. : 08

Petite ville nouvelle sans charme particulier, si ce n'est d'être construite au bord du *makhtesh Ramon,* le plus grand des 3 cratères du Néguev. Il est gigantesque : plus de 400 m de profondeur, 40 km de long et une petite dizaine de kilomètres de large. N'imaginez pas la chute d'un énorme astéroïde qui aurait tout défoncé, ne cherchez pas non plus la responsabilité du côté d'un vieux volcan éteint. La formation de cet énorme trou est liée à l'érosion. Dans le cratère, ou depuis le sommet de la falaise, le spectacle est sublime et envoûtant, encore plus au lever du soleil. Mitzpé Ramon est un point de chute idéal pour préparer un trek dans le désert et découvrir un univers lunaire fascinant.

FAITES VOS VŒUX !

Tous les ans, peu avant la mi-août, la Terre traverse les Perséides, un nuage de météores qui se consument en entrant dans l'atmosphère. Situé au cœur du désert et à l'écart de la pollution lumineuse nocturne, Mitzpé Ramon célèbre alors, à cette occasion, la fête des Étoiles filantes. Toutes les lumières de la ville sont éteintes et l'on vient du monde entier pour observer l'une des plus belles nuits étoilées du Proche-Orient ! Les bonnes années, on peut admirer jusqu'à 100, voire 120 étoiles filantes par heure !

Arriver – Quitter

Pas de gare routière à Mitzpé Ramon. Plusieurs arrêts de bus dans la ville, dont l'un dans rehov Ben Gurion (où se trouve le petit centre commercial), l'autre à 100 m de l'auberge de jeunesse officielle (en face du *Visitor's Center* et du centre Bio Ramon). Le plus simple est de demander l'arrêt au chauffeur.

Les bus de la compagnie *Egged* qui relient ***Eilat*** à ***Beer Sheva*** (nº 392) s'arrêtent à Mitzpé Ramon. Ttes les heures env, 6h30-23h40. Trajet : 2h30 pour Eilat, 35 mn pour Avdat et 1h40 pour Beer Sheva.
➢ ***Beer Sheva :*** une quinzaine de bus/j., 5h-21h30 avec la compagnie *Metropoline* (bus nº 60). S'arrêtent à ***Sdé Boker.***

Les bus *Metropoline* sont 2 fois moins chers que les bus *Egged* (mais ces derniers sont plus rapides car directs).

➢ ***Tel-Aviv et Jérusalem :*** pas de bus directs. Passer par Beer Sheva.

➢ Pas de *sherout* à Mitzpé Ramon.

Adresses utiles

■ ***Visitor's Center :*** *se reporter à la rubrique « À voir. À faire ».*

■ ***Banque : Mitzpe Ramon Branch,*** *dans le petit centre commercial, au niveau du rond-point principal.* Change les euros. Distributeur automatique.

■ ***Supermarché :*** *dans le petit centre commercial, au niveau du rond-point principal.* Bien fourni.

■ ***Location de VTT :*** *s'adresser à* ***Desert Shade*** *; voir « Où dormir ? Où manger dans le coin ? ».*

Agences et guides

■ ***Ramon Jeep Tour :*** *054-493-51-92. • jeepramon@gmail.com •* Une agence tenue par Oded, très sympa et qui connaît presque tous les secrets du désert. Le contacter, et il viendra sur votre lieu d'hébergement. Spécialisé dans les virées en jeep de quelques heures à plusieurs jours *(compter 900 Shk pour 2h par jeep, 1 700 Shk pour la journée).* Organise également des treks à la demande.

■ ***Desert Experience – Tiyul Acher :*** *8, rehov Har Ardon. ☎ 659-51-92. Dans l'ancienne zone industrielle réhabilitée.* Excursions sur l'ensemble du Néguev. Une agence sérieuse et reconnue depuis de nombreuses années.

Où dormir ? Où manger dans le coin ?

Campings

Une petite dizaine d'***aires de camping*** ont été aménagées au sein du cratère. Gratuites. Très sommaire, juste un terrain plat, pas de douche. Apporter sa tente. Seul le camping près de *Lots Cisterns,* à l'extérieur du cratère mais à quelques centaines de mètres de la falaise, dispose de douches et de toilettes (gratuit).

Be'erot Campground *(Khan Be'erot)* **:** *à 15 km de Mitzpé Ramon. ☎ 628-04-04, ext. 1. • parks.org.il • Prendre la route d'Eilat, puis à 10 km, fléché sur la gauche ; c'est à 5 km par une piste carrossable. Le seul camping payant dans le cratère : env 60 Shk (pour 4 pers) pour planter sa tente ; 80 Shk/pers sous une tente bédouine ; réduc. Doubles avec sdb et clim 400-500 Shk. Petit déj en sus.* Beaucoup de matelas peu épais sous de grandes tentes bédouines et 4 chambres en dur de 6 lits chacune. Une étape pour les randonneurs, mais rien à manger, juste de quoi se désaltérer à la petite buvette. L'environnement est superbe mais c'est un peu l'usine.

De très bon marché à bon marché (moins de 250 Shk / 62,50 €)

Desert Shade Eco-Camp : *KKL blvd 1, à 1,5 km env du rond-point principal ; prendre la direction de Beer Sheva, puis fléché sur la droite. ☎ 658-62-29 (joignable dim-jeu 9h-13h30) ; en dehors de ces horaires, 054-540-01-95. • desert-shade.com • Près de 80 Shk/pers en dortoir ; à partir de 130 Shk/pers en chambre ; petit déj 35 Shk. Possibilité de planter sa tente pour 140 Shk à 2. Pas de resto.* À l'écart du village, la petite adresse routarde par excellence, avec une vue sur le cratère qui rend contemplatif, philosophe et zen... 4 huttes sommaires, aux murs de terre, contenant chacune 2 chambres. Un peu plus loin, en guise de dortoir, une grande tente bédouine avec une quarantaine de matelas. Douches et sanitaires communs. Agréable salle pour se poser, papoter ou se préparer un casse-croûte (apporter ses provisions). Cuisine commune. Bar à vins de la

ISRAËL

région. Location de VTT. Organise des virées dans le désert.

De bon marché à chic (80-600 Shk / 20-150 €)

Mitzpe Ramon Youth Hostel : *à 100 m du* Visitor's Center *et de la falaise. ☎ (02) 594-55-66. • en.iyha.org.il • Bus pour Beer Sheva à 100 m. Résa conseillée (l'AJ est vite complète) ou arriver de bonne heure. Doubles 440-480 Shk avec sdb ; dortoir loué selon situation sanitaire. Repas possible.* Auberge moderne proposant des chambres confortables (clim, frigo, TV) et propres. Elles peuvent être transformées en chambres familiales ou en dortoirs de 6 lits, selon la demande. Très bien située.

Succah in the Desert : *à env 7,5 km à l'ouest de Mitzpé Ramon. ☎ 658-62-80. • succah.co.il • À 5 km de la ville, en direction d'Alpaca Farm, tourner à droite et continuer sur 2,5 km par une piste accessible aux voitures de tourisme (fléché). Mieux vaut arriver avt la nuit. Prévoir 550 Shk pour 2 avec le petit déj en sem, 900 Shk pour 2 en ½ pens (obligatoire) le w-e. Sdb communes. Cuisine végétarienne. Min 2 nuits pdt les vac scol.* En plein désert, 8 cabanes chaleureuses avec tapis et nattes au sol, éclairées et chauffées à l'énergie solaire, assez éloignées les unes des autres pour avoir l'impression d'être au bout du monde. Les plus grandes peuvent accueillir une famille.

De chic à plus chic (440-1 200 Shk / 110-300 €)

Ibex (Ibike) Hotel : *4, rehov Har Ardon. 052-436-78-78. • ibexhotel.co.il • Dans la zone industrielle réhabilitée (The Spices Routes Quarter). Doubles env 570-750 Shk ; suite avec kitchenette et terrasse privée plus chère. Remise de 5 % en réservant sur leur site.* Une dizaine de chambres dans un ancien hangar restauré avec beaucoup de goût, dans un esprit sobre et moderne. Elles s'organisent autour d'un espace commun sympa, où l'on prend le petit déj autour d'une grande et même table. Attention, certaines sont tout de même un peu sombres. Thé à volonté, bouquins et jeux de société à disposition. Prêt de VTT. Il y règne une atmosphère de chambres d'hôtes de charme. Plein d'infos sur les balades et activités dans le coin.

Ramon Hotel : *8, Nahal Meishar. ☎ (02) 659-11-11. • smarthotels.co.il • Studios (3 pers) 130-200 $, petit déj-buffet compris ; également des suites.* Dans un bâtiment restauré de 2 étages (sans ascenseur), un ensemble de studios avec cuisine équipée ou des appartements pour famille. Déco moderne, dans l'air du temps. Bon accueil.

Très chic (plus de 1 200 Shk / 300 €)

Beresheet : *à côté du* Visitor's Center. *☎ 659-80-00. • isrotelexclusivecollection.com/beresheet • Doubles 1 800-2 400 Shk, petit déj-buffet compris ; ½ pens proposée. Promos sur leur site.* Un hôtel de luxe juché au sommet des imposantes falaises qui plongent droit dans le cratère. La centaine de chalets se fond dans le décor. Le bâtiment principal comprend un grand et luxueux salon, un restaurant gastronomique *Rose Marie,* une piscine couverte chauffée, un spa et un espace de remise en forme. Également une piscine extérieure à débordement. Vue spectaculaire sur le désert et le cratère depuis chaque recoin des espaces communs de l'hôtel. À ne pas manquer, au moins pour prendre un verre.

Où manger ? Où boire un verre ?

Hadasaar Natural Living : *6, Har Boker (The Spices Routes Quarter). 054-759-96-69. Tlj midi et soir.* Un resto végétarien à base de produits bio, à déguster dans un hangar réhabilité ou sur une petite terrasse.

Bon rapport qualité-prix. Vente de légumes, de fruits et... de produits cosmétiques. Propose aussi quelques hébergements.

Pangea (HummuStop) : *5, Har Oded, à côté de la station essence (Sool Gaz). ☎ 653-92-22.* Un immense hangar moderne un peu impersonnel, mais qui propose une bonne cuisine locale et internationale. Terrasse.

Habereh Pub : *10, Har Boker. ☎ 655-06-50. Tlj, à partir de 19h.* Un pub assez froutraque et un poil déjanté qui propose du live de façon régulière, de la bière pression et quelques plats de bonne tenue pour éponger. Service à la cool.

Achats

– À 1,5 km au nord de la ville, en direction de Beer Sheva, l'ancienne zone industrielle *(The Spices Routes Quarter)* a été réhabilitée. Les anciens hangars accueillent notamment quelques ateliers-boutiques, restos et différentes agences.

Faran : *12, rehov Har Ardon. ☎ 653-93-33. • faran-cosmetic.com • Tlj sauf sam 8h30-19h (16h30 ven).* Boutique de cosmétique naturelle, labellisée *Écocert*, et dont les produits sont réalisés sur place, notamment du savon bio. On peut voir l'atelier de fabrication à travers une vitrine.

ISRAËL

À voir. À faire

Visitor's Center : *au bord du cratère, lorsque la route 40 commence à descendre. ☎ 658-86-91. • parks.org.il • Sur résa seulement, tlj 8h-17h (16h ven) ; j. fériés 8h-13h ; ferme 1h plus tôt en hiver. Droit d'entrée : 28 Shk ; réduc.* Un espace muséographique largement consacré à l'exploration spatiale et à Ilan Ramon, 1er astronaute israélien, disparu lors du crash de la navette *Columbia* en février 2003, avec les 6 autres membres d'équipage. Et, bien entendu, expo sur l'histoire et la géologie du cratère.

Balades le long de la falaise : de part et d'autre du *Visitor's Center*, 2 sentiers de quelques centaines de mètres chacun longent le sommet de la falaise. Vue superbe, cela va de soi ! Sur le côté droit du *Visitor's Center*, le sentier mène au belvédère du mont du Chameau (har HaGamal). De l'autre côté, il conduit jusqu'à un « champ » de sculptures.

Bio Ramon Center (centre Bio Ramon) **:** *en contrebas du Visitor's Center. ☎ 658-87-55. Tlj 8h-17h (16h ven) ; fermeture 1h plus tôt en hiver. Entrée : 22 Shk ; réduc.* Un petit zoo où l'on peut voir une quarantaine d'espèces vivantes du Néguev : scorpions, araignées, serpents et autres reptiles ou rongeurs. Film en hébreu d'environ 20 mn, projetant de très belles images du désert et de ses occupants. Et maintenant... qui est volontaire pour une nuit à la belle étoile ?

Alpaca Farm (Ferme des Alpagas ; HaVat HaAlpakot) **:** *à 5 km env au sud du centre-ville. ☎ 658-80-47. 052-897-70-10 (WhatsApp). • alpaca.co.il • Depuis le centre-ville, prendre la direction d'Eilat, puis fléché sur la droite. Tlj 8h30-18h30 (16h30 en hiver). Tarif : 30 Shk (à partir de 3 ans). Env 45 mn de visite. Propose des sorties pique-nique de 2h avec des lamas pour porter les affaires : 200 Shk/pers (300 Shk le w-e). Également des balades à cheval à partir de 2 pers, le mat ou en fin d'ap-m (compter env 1h30 et 180 Shk/pers ; plus cher le w-e). Possibilité de camper sur place (250 Shk pour 2) ou de dormir dans de beaux bungalows confortables (à partir de 700 Shk).* Une ferme qui élève des alpagas et des lamas. La laine des alpagas est récoltée puis vendue. Quant aux lamas, adaptés au climat sec et chaud du désert, ils servent de compagnons aux trekkeurs désireux d'explorer la région.

➢ ***Balades dans le cratère :*** l'accès au cratère est gratuit. Il est parcouru par des sentiers balisés de repères peints sur les rochers (bleu, noir, rouge ou vert). Une carte répertorie les différents sentiers. On la trouve dans les établissements de Mitzpé Ramon, au *Visitor's Center* ou au Bio Ramon. Sachez enfin qu'il est interdit de randonner entre le coucher et le lever du soleil (pour votre propre sécurité et pour préserver la faune). Si vous comptez passer la nuit dans le cratère, vous devez donc avoir rejoint le camping avant la tombée de la nuit.
Plein de balades possibles avec différents niveaux de difficulté. N'hésitez pas à vous les faire expliquer de manière précise. Une balade assez facile, d'une durée de 2-3h environ, débute près de mont du Chameau (har HaGamal), à droite du *Visitor's Center.* Suivre le balisage vert. Elle permet d'atteindre le fond du cratère après 300 m de dénivellation et de rejoindre la route 40 qui mène à Eilat. Pour revenir à Mitzpé Ramon, faire du stop. Une variante plus difficile (pour les marcheurs) consiste, une fois arrivé dans le cratère, à quitter le balisage vert et à suivre le rouge. Prévoir environ 6h de marche. Comme précédemment, retour par la route 40.

EILAT

66 400 hab. IND. TÉL. : 08

• Plan *p. 249* • Les environs d'Eilat *p. 253*

À l'extrême sud du pays, Eilat est une station balnéaire moderne et sans charme, au bord de la mer Rouge. En saison, la marina, les grands hôtels luxueux et les boîtes de nuit ne désemplissent pas. Il faut dire que le coin bénéficie d'un climat unique. Le soleil brille plus de 330 jours par an, et c'est peut-être le seul endroit au monde où le vent souffle de la terre vers la mer. Il y fait donc toujours chaud (même étouffant en été !), et on s'y baigne toute l'année.
Autre point fort : ses fonds marins et ses sites de plongée à la réputation internationale ! Une simple plongée avec masque et tuba permet déjà d'admirer de superbes coraux et une faune multicolore surprenante.
Sachez enfin que, depuis Eilat, il est très facile d'organiser une virée vers la fabuleuse citée de Pétra en Jordanie.

POURQUOI LA MER ROUGE ?

Il existe plusieurs théories qui expliquent l'origine du nom de la mer Rouge. Selon une hypothèse assez répandue, sa teinte rouge viendrait d'un micro-organisme qui colore abondamment la surface de l'eau lorsqu'il prolifère. Une 2e théorie, couramment admise, rappelle que dans l'Antiquité les points cardinaux étaient désignés par des couleurs. Le rouge indiquait communément le sud. Quoi qu'il en soit, les eaux de la mer Rouge sont d'un bleu bien intense !

Arriver – Quitter

En bus

Gare routière *(tahana mercazit ; plan A1)* **:** sderot HaTmarim. Compagnie *Egged* seulement *(☎ 636-51-20).* Attention : réserver son billet 2 ou 3 j. à l'avance, surtout en juil-août et pdt les fêtes juives, pour ne pas rester en rade.

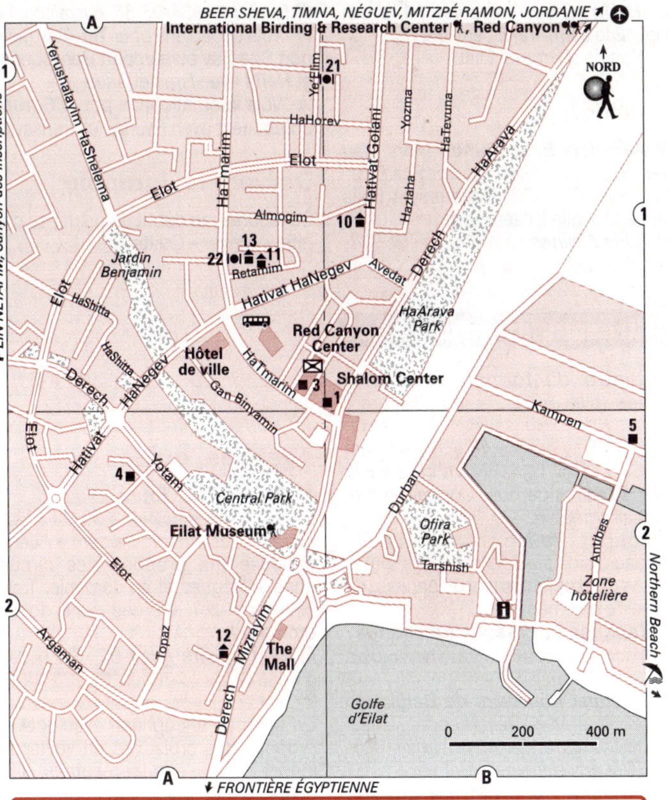

EILAT

Adresses utiles

- **i** Centre d'informations touristiques (B2)
- **1** Eldan, Budget et Avis (A-B1)
- **3** Hertz (A1)
- **4** Desert Eco Tours (A2)
- **5** Eilat Loisirs (B2)

Où dormir ?

- **10** Arava Hostel (B1)
- **11** Sunset Inn (A1)
- **12** Eilat International Youth Hostel (A2)
- **13** Blue Hotel (A1)

Où manger ?

- **21** Pedro Bistro (A-B1)
- **22** Il Pentolino (A1)

➢ Le bus nº 15 rejoint la ***frontière égyptienne de Taba*** (env 9 km) par la route qui longe la mer. Départs env ttes les heures, 8h-21h (5 bus ven, 8h-15h ; une dizaine de bus sam, 9h-19h). De la frontière au centre-ville, bus nº 16, qui revient env 20 mn plus tard.

➢ ***Tel-Aviv :*** une dizaine de bus/j., 4h-19h, puis à 1h du mat (ven 8 bus, 5h-15h ; sam 11h30-21h30 et à 1h du mat). Trajet : env 5h30.

➢ ***Jérusalem :*** 5 bus dim-jeu, 6h30-17h ; 3 bus ven, 7h-13h ; sam 2 bus, le mat tôt et le soir. Trajet : env 5h.

➢ ***Beer Sheva :*** ttes les heures env, dim-jeu 4h-19h et 1h du mat ; ven 5h-15h ; sam 11h30-21h30 et 1h du mat. Trajet : 4h30.

➢ **Haïfa :** 3 bus/j. dim-jeu ; 1 le ven mat ; 2 le sam. Trajet : env 6h.
➢ Pas de *sherout* à Eilat.

En avion

✈ **Aéroport Eilat Ramon** *(hors plan par B1) : à 20 km au nord d'Eilat. ☎ 1-700-705-022.* Navettes et taxis du centre-ville à l'aéroport.
■ **Arkia Airlines :** *à l'aéroport. ☎ 638-48-88. • airarkia.fr •*
■ **Israir :** *☎ 634-06-66. • israir.co.il •*
➢ Vols quotidiens pour **Tel-Aviv** (aéroport Sde Dov ou aéroport Ben Gourion) et **Haïfa** avec *Israir* et *Arkia.*
➢ Vols internationaux pour **l'Europe,** notamment avec *Ryanair* et *Transavia.*

De/vers la Jordanie

Se reporter, au début du guide, au chapitre « Arriver – Quitter ».

Adresses et infos utiles

ℹ **Centre d'informations touristiques** *(plan B2) : 3, rehov HaToren, dans la Bridge House. ☎ 630-91-11 ou 636-51-20. • eilat.city/fr • Tlj sauf sam 8h30-17h (13h ven).* Plein d'infos sur la ville. Horaires de bus. Compétents et accueil agréable.
■ **Tourist Police :** *☎ 636-72-69.* Bureau d'aide aux touristes pour toutes sortes de problèmes (vol de papiers, de carte de paiement, etc.).
■ **Banques et bureaux de change :** *plusieurs dans sderot HaTmarim (plan A1), au centre-ville.*
■ **Consulat honoraire de Belgique :** *440/4 Shunat HaDekel (appelé aussi Shani St.) ☎ 637-59-20. 📱 054-748-08-56. • anslevin@bezeqint.net •*
■ **Consulat honoraire de Suisse :** *☎ 633-28-67. • eilat@honrep.ch •*
■ **Location de voitures : Eldan** *(plan A-B1, **1**), dans le* Shalom Center. *☎ 637-40-27.* **Hertz** *(plan A1, **3**), sderot HaTmarim, dans le* Red Canyon Center. *☎ 637-50-50.* **Budget** *(plan A-B1, **1**), dans le* Shalom Center. *☎ (03) 935-00-16.* **Avis** *(plan A-B1, **1**), dans le* Shalom Center. *☎ *2722.*

Agences, guides

■ **Desert Eco Tours** *(plan A2, **4**) : Zofit Center. 📱 052-452-99-00 (WhatsApp). • desertecotours.com •* Agence sérieuse qui propose des circuits dans le Néguev et en Jordanie. Treks, virées en 4x4, en jeep ou à dos de dromadaire.
■ **Eilat Loisirs** *(plan B2, **5**) : bureau à l'entrée de Ice Park. ☎ 633-52-02. 📱 054-571-18-86. • eilat-loisirs.com •* Un service francophone avec Joël qui propose des croisières en voilier sur la mer Rouge, des jeep-safaris, de la chute libre en parachute et des excursions à Pétra, Jérusalem et Massada.
■ **Eilat Field School** *(SPNI ; plan Les environs d'Eilat, **15**) : à Coral Beach ; voir « Où dormir dans les environs ? ».* Propose une carte de randos dans les environs. Également des guides compétents pour organiser un trek.

Où dormir ?

En juillet et août, c'est la haute saison, les prix flambent.

De bon marché à prix moyens (80-440 Shk / 20-110 €)

⌂ **Arava Hostel** *(plan B1, **10**) : 106, rehov Almogim. ☎ 637-10-52. • aravahostel.com • Doubles avec sdb et clim 260-500 Shk ; d'autres chambres pour 3-5 pers ; dortoirs 4-6 lits loués selon situation sanitaire ; petit déj en sus. Min 2 nuits le w-e, parfois 3 nuits en très hte saison.* Une auberge de jeunesse qui propose une gamme de prix assez large, depuis le dortoir aux salles de bains communes jusqu'aux chambres doubles et familiales, restaurées ou plus anciennes, avec TV, clim et frigo. L'ensemble est bien tenu. Certaines chambres nous ont juste paru un peu sombres avec leur fenêtre en hauteur qui limite la vue. Grande terrasse et jardin planté de palmiers (le boulevard est assez passant, mais la circulation n'est pas insupportable non plus). Barbecue, cuisine à disposition et service de laverie. Parking. Bon accueil. Une bonne adresse.

■ ***Sunset Inn*** *(plan A1, **11**)* **:** *130/1, sderot Retamim. ☎ 637-38-17. Doubles avec sdb env 230-440 Shk. Pas de petit déj.* Un endroit bien sympa avec bar, terrasse, jardin ombragé et reposant. Des chambres agréables, propres, dotées d'une cuisine équipée. Patron bien cool. Un rapport qualité-prix fort correct.

■ ***Eilat International Youth Hostel*** *(plan A2, **12**)* **:** *18, derech Mitsrayim. À Tel-Aviv : ☎ (02) 594-56-11. • iyha.org.il • Depuis la gare routière, bus nº 5. Doubles avec sdb 410-560 Shk ; dortoirs loués selon situation sanitaire.* À deux pas du centre-ville, une auberge de jeunesse comprenant une centaine de chambres standard, parfaitement tenues et confortables (clim, TV, frigo et café à faire soi-même). Dortoirs (filles et garçons séparés) répartis sur 3 étages. À chaque niveau, une terrasse aérée permet de prendre le frais face à la mer. Belle piscine. Pas mal du tout.

De prix moyens à chic (250-600 Shk / 62,50-150 €)

■ ***Blue Hotel*** *(plan A1, **13**)* **:** *123, rehov Ofarim. ☎ 632-66-01. • info@bluehotel.co.il • Doubles avec sdb env 270-560 Shk.* Dans une rue calme, un hôtel d'une trentaine de chambres aux murs blancs, à la déco dépouillée. Elles sont confortables mais ont quelque chose de monacal. Petite cour végétalisée à l'arrière. Bon accueil.

Où dormir dans les environs ?

▲ ■ ***Eilat Field School Camping & Hostel*** *(plan Les environs d'Eilat, **15**)* **:** *à **Coral Beach**. ☎ 637-20-21 ou 638-86-88 (résa). • natureisrael.org/Eilat • À 6,5 km env du centre-ville, vers la frontière égyptienne par la route 90. Bus nº 15 depuis la gare routière. Réception tlj sauf sam 8h-20h (15h ven). Autour de 50 Shk/pers en camping. Doubles avec sdb 330-430 Shk, petit déj inclus.* Face à la *Coral Reserve,* une cinquantaine de chambres de 2 à 9 personnes, classiques, carrelées et propres. Lits jumeaux, clim, frigo, *coffee-maker,* mais pas de télé. Également quelques emplacements de camping ombragés, mais sur résa seulement. Ceux qui sont éloignés de la route sont forcément plus calmes.

Où manger ?

À Eilat, on vient pour la plage, le soleil, pour faire la fête, de la plongée, mais pas pour ses restos... La ville ne passe pas pour être une destination gastronomique. Quelques petites adresses le long de sderot HaTmarim *(plan A1),* notamment aux abords de la gare routière, où l'on peut manger sur le pouce, sans se ruiner.

De prix moyens à chic (40-120 Shk / 10-30 €)

|●| ***Il Pentolino*** *(plan A1, **22**)* **:** *112, HaTmarim. ☎ 634-34-30. Tlj sauf shabbat, 8h-minuit. Prix moyens.* Un resto qui sert pâtes, pizzas, salades, mais aussi des spécialités locales à prix raisonnables. Ambiance agréable en terrasse couverte et climatisée.

|●| ***Pedro Bistro*** *(plan A-B1, **21**)* **:** *14, rehov Ye'Elim. ☎ 637-95-04. Tlj 16h30 (18h ven, 14h sam)-23h.* À l'écart du centre-ville, un resto plutôt chic, réputé pour ses bonnes viandes grillées. Et les desserts ne sont pas en reste. Cadre à la fois élégant, décontracté et chaleureux qui mélange modernité et touches plus anciennes. Les nombreuses bouteilles, soigneusement rangées sur les

étagères au fond de la pièce, confèrent une atmosphère de bar à vins (la carte est d'ailleurs bien fournie !). Quelques tables en terrasse.

Où manger dans les environs ?

The Last Refuge *(plan Les environs d'Eilat,* ***23****)* : **Coral Beach.** ☎ 637-36-27. *À 5 km env du centre-ville, par la route 90. Tlj 12h30-22h30. Résa préférable en saison, surtout pour avoir la vue sur le port. Env 180-250 Shk le repas.* Un restaurant de poisson de bonne tenue. Cadre boisé et déco très inspirée par le large. Prix en conséquence pour un restaurant de station balnéaire, mais cuisine inégale.

À voir. À faire à Eilat et dans les environs

Eilat Museum *(musée d'Eilat ; plan A2)* : *2, rehov Yotam.* ☎ *634-07-54. Tlj sauf dim 10h (12h sam)-20h (14h ven et veilles de j. fériés). Entrée : 10 Shk ; réduc.* Comme son nom l'indique, ce musée est consacré à l'histoire d'Eilat. Nombreuses photos. Pourquoi pas, si vous voulez comprendre ce qu'est devenue Eilat en seulement 60 ans !

Les plages : Eilat possède plusieurs kilomètres de plage. Les plages du nord *(Northern Beach ; hors plan par B2)* se trouvent au niveau de la ville, en face des grands hôtels. Elles sont aménagées et équipées de parasols et transats. Beaucoup, beaucoup de monde en été et pas mal de décibels. Les plages du sud *(Southern Beach ; plan Les environs d'Eilat)* s'étirent sur 5 km environ, le long de la route qui mène à la frontière égyptienne. Un peu plus sauvages et plus sympa, sauf à certains endroits, où caravanes et tentes sont à touche-touche sur des graviers. Mais avec palmes et tuba, on peut admirer coraux et poissons à quelques mètres à peine du rivage. La plus belle d'entre elles est *Coral Beach* (voir plus loin), c'est d'ailleurs une réserve naturelle.

International Birding & Research Center *(Centre d'observation des oiseaux ; hors plan par B1)* : *à 3 km au nord-est d'Eilat, sur la route qui mène au Rabin Border Crossing (frontière avec la Jordanie).* 📱 *050-767-12-90 (WhatsApp). • eilatbirds.com • Facebook. Visites libres GRATUITES. Sur résa, observations accompagnées d'un ornithologue : compter 35 Shk/pers (min 10 pers) ; ou 100 Shk par famille (visite groupée) ; tour privé 350 Shk. Durée : 1h30. Loc de jumelles possible.* Parce qu'il est au carrefour de 3 continents (Asie, Europe et Afrique), ce centre est un des *hotspots* mondiaux pour l'observation des oiseaux migrateurs. Surtout intéressant entre mi-août et mi-novembre, ainsi qu'entre mi-février et mi-mai. Lors de ces périodes de migrations, le centre bague les oiseaux au cours des 4 premières heures du jour. Une opération à laquelle on peut assister gratuitement.

➢ **Croisières sur la mer Rouge :** *plusieurs agences à la marina. Rude concurrence, comparer les formules (durée, repas ou non...).* Croisières dans le golfe d'Eilat, jusqu'au point frontière des eaux territoriales entre 4 pays : Israël, Arabie Saoudite, Jordanie et Égypte.
Les différents sites se situent le long de la route qui mène à la frontière égyptienne. Depuis le centre-ville, bus nº 15 qui rejoint la frontière. Départs toutes les heures 8h-21h (15h vendredi ; 19h samedi). Dans l'autre sens (de la frontière au centre-ville), bus nº 16, qui revient environ 20 mn plus tard.

Dolphin Reef *(plan Les environs d'Eilat)* : *à 4 km env du centre-ville vers la frontière égyptienne.* ☎ *630-01-11. • dolphinreef.co.il • Tlj 9h-19h (17h en hiver) ; la zone d'observation des dauphins ferme à 17h, tte l'année. Entrée : 67 Shk. Possibilité de faire du snorkelling (à partir de 10 ans) 330 Shk (entrée comprise). Accès*

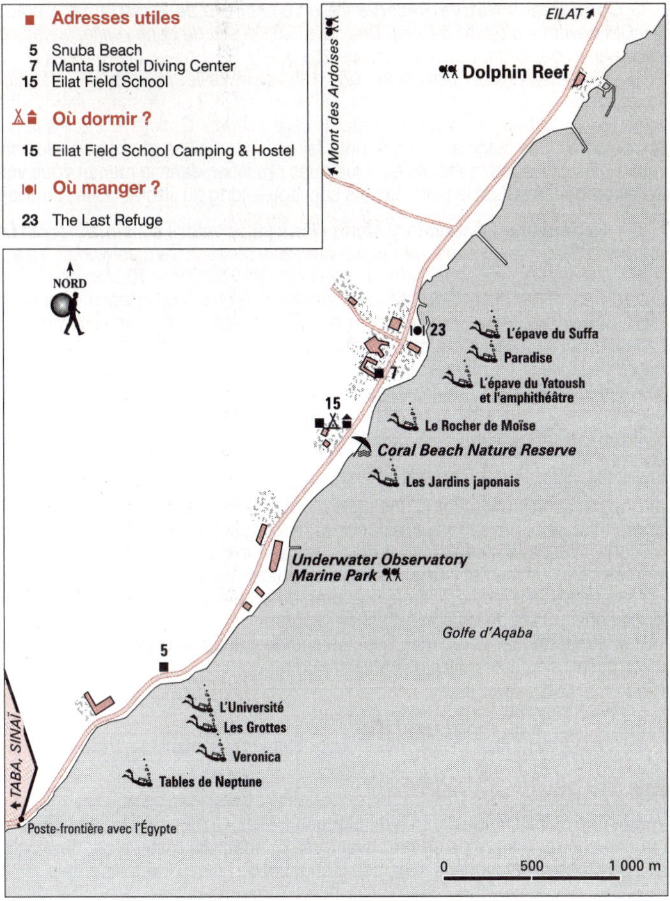

LA CÔTE AU SUD D'EILAT

aux piscines 180-350 Shk selon soins (+ 30 Shk en soirée, w-e et j. fériés). Bars et resto sur place. Une petite dizaine de dauphins évoluent au sein d'un enclos surmonté d'un ponton en bois. Selon leur humeur, ils s'approchent très près ou se maintiennent à l'écart. On peut même plonger en leur compagnie à partir de 10 ans (mais c'est cher !). Projection d'un film sur ces mammifères attachants. À côté de l'enclos, une plage privée de sable fin, avec transats et parasols, a été aménagée. Le cadre boisé est particulièrement agréable. Également un bar aux multiples terrasses avec fauteuils et coussins confortables qui surplombent la mer et littéralement envahies de végétation. L'atmosphère est très zen. Pour couronner le tout, fabuleux espace de relaxation noyé sous la verdure, avec chute d'eau, sauna et 3 piscines : l'une remplie d'eau douce, l'autre d'eau de mer, la 3e d'eau salée comme dans la mer Morte. Possibilité de massages. Un endroit parfait pour paresser une bonne partie de la journée.

Coral Beach Nature Reserve *(réserve naturelle de la plage des Coraux ; plan Les environs d'Eilat) : à* ***Coral Beach,*** *à 6,5 km env du centre-ville, en face du supermarket de l'autre côté de la route. ☎ 632-64-22. En été, tlj 9h-18h (17h ven et veilles de j. fériés) ; en hiver, tlj 9h-17h (16h ven et veilles de j. fériés). Attention, fermeture des guichets 1h avt. Entrée : 35 Shk ; réduc. Loc de masques et tubas (env 20 Shk ; on peut aussi en louer moins cher ailleurs). Consigne.* Face à la barrière de corail, une plage aménagée pour faire du snorkelling et observer de nombreux petits poissons multicolores. Quelques brassées dans la mer, et vous voilà vite récompensé ! C'est la plage la plus sauvage le long du littoral, assez familiale.

Underwater Observatory Marine Park *(observatoire sous-marin ; plan Les environs d'Eilat) : à 7 km env du centre-ville. ☎ 636-42-00. • coralworld.co.il • Tlj 9h-16h (18h lun-mer avr-sept ; 17h oct-mars). Entrée : 100 Shk (+ 10 Shk pour l'Oceanarium et le film en anglais) ; petite réduc pour les 3-17 ans. Nourrissage des poissons et tortues à différents horaires (se renseigner). Tickets valables 3 j. Cafétéria sur place.* Un centre qui a un petit côté parc d'attractions mais qui permet aussi d'admirer la beauté de la vie sous-marine : plusieurs aquariums, dont un avec des requins qui montrent leurs dents, un autre dans lequel évoluent des poissons rares. Vitrines consacrées aux récifs de la mer Rouge (pour ceux qui émettraient des doutes, les coraux et les poissons sont garantis couleurs naturelles...), bassin aux tortues géantes.

Mais le plus intéressant reste la tour d'observation, à 100 m de la plage, accessible par une passerelle qui mène à une salle d'observation située à 5 m sous la mer ! Dans un fabuleux paysage d'anémones et de coraux batifolent des centaines de poissons tropicaux : les poissons-lions aux piquants venimeux, les poissons-pyjamas rayés de bleu et jaune, les ptéroïs (tout zébrés avec crinière) et cet étonnant chatécodon avec son cercle noir près de la queue. Le spectacle de la mer Rouge sans tuba et avec air conditionné. Superbe !

Au sommet de la tour (90 marches), splendide vue sur le golfe d'Eilat, d'Aqaba en Jordanie jusqu'aux sables d'Arabie saoudite.

Plongée sous-marine

Les clubs de plongée

Il existe une quinzaine de centres de plongée à Eilat. Un conseil : ne pas chercher le moins cher au risque de se retrouver avec du mauvais matériel, et de plonger dans de grosses palanquées avec des plongeurs de niveaux très différents.

■ **Snuba Beach** *(plan Les environs d'Eilat,* ***5****) : à 8 km env du centre-ville, sur la route de Taba. ☎ 637-27-22. • snuba.co.il • Avt la frontière égyptienne et le Princess Hotel, sur la droite. À partir de 8 ans. Compter 220 Shk le baptême ; 140-180 Shk la plongée pour confirmés.* La technique du *snuba* permet de plonger à 6 m de profondeur maximum, sans licence. Le principe est simple : les bouteilles d'oxygène restent sur un petit bateau pneumatique pendant que les plongeurs, accompagnés d'un moniteur, descendent dans l'eau reliés à 2 détendeurs à très longs tuyaux. C'est fun ! Propose aussi des plongées de nuit.

■ **Manta Isrotel Diving Center** *(plan Les environs d'Eilat,* ***7****) : à 6 km env du centre-ville, sur la route de Taba. ☎ 633-36-66. • divemanta.com •* Gros centre de plongée de l'*Isrotel* (la grande chaîne d'hôtels). C'est un peu l'usine, mais le centre est sérieux.

Les spots de plongée

L'épave du Suffa *(plan Les environs d'Eilat) : niveau I ou II selon la partie de l'épave. À 50 m env de la marina de Coral Beach.* C'est l'une des célèbres « vedettes de Cherbourg », une histoire qui a fait la une des médias à Noël 1969, et qui a provoqué, à l'époque, une sérieuse tension diplomatique entre la France et Israël. Depuis 1994, le *Suffa*, appelé localement *Satil*, gît entre - 20 m et - 25 m. L'épave est en excellent état et mesure 45 m de long. Très beau site de plongée avec beaucoup de vie marine : poisson-crocodile, coraux très colorés, rascasses volantes, parfois tortue et raie aigle. Il est possible de pénétrer dans l'épave et de découvrir l'intérieur du bateau.

UNE ARRIVÉE EN VEDETTE

Dans les années 1960, Israël commanda à la France 12 vedettes lance-missiles. Seulement voilà, en 1967, la guerre des Six Jours éclata, et le général de Gaulle décréta un embargo sur les ventes d'armes à Israël. 7 bateaux avaient déjà été livrés. Les 5 autres restèrent bloqués à Cherbourg ! Dans la nuit du 24 au 25 décembre 1969, un commando israélien se glissa dans les 5 vedettes et prit le large... Les navires arrivèrent en Israël le Jour de l'an, sous les applaudissements de la population israélienne !

Paradise *(plan Les environs d'Eilat)* **:** *niveau II. Juste après l'épave du Suffa.* Paradise Reef est une plongée profonde, à - 30 m environ, avec un plateau marin littéralement couvert de belles formations coralliennes.

L'épave du Yatoush *(plan Les environs d'Eilat)* **:** *niveau II.* Ancien bateau utilisé pendant la guerre du Vietnam et situé à - 30 m. Le *Yatoush* a été acheté par l'armée israélienne à l'armée américaine (on peut d'ailleurs voir ce type de navire dans le film *Apocalypse Now*), puis coulé en 1986, pour faire un site de plongée. Le bateau mesure 8 m de long. La poupe repose à - 31 m, la proue à - 26 m. On y voit souvent de nombreux poissons-lions et des murènes. Bloc de corail culminant à - 3 m. Grand tube de 5 m de long. On peut jouer au capitaine en passant par le poste de pilotage. Sur le chemin du *Yatoush,* vous pouvez voir le jardin d'anguilles et quelques formations de coraux.

L'amphithéâtre *(plan Les environs d'Eilat)* **:** *niveau II et certifiés plongeurs profonds. Peu après l'épave du Yatoush.* Un petit plateau de sable de 15 m de diamètre entouré de coraux forme un amphithéâtre à 40 m de profondeur. On peut y voir des raies, des tortues et des coraux d'eau profonde comme le corail noir. Un bon site pour la plongée technique, mais uniquement pour plongeurs expérimentés.

Le Rocher de Moïse *(plan Les environs d'Eilat)* **:** *ts niveaux.* Au cœur de la réserve naturelle de Coral Beach, le rocher de Moïse est un splendide récif corallien de 8 m de haut, flirtant avec la surface de l'eau et abritant une exceptionnelle biodiversité. Tout autour, de petits pâtés coralliens abritent une vie marine foisonnante. Les formations coralliennes varient entre - 3 m et - 40 m. On peut y voir des gorgones et de grandes tables de corail Acropora. La visibilité est généralement excellente, et les couleurs sont magnifiques : le rêve pour les photographes sous-marins !

Les Jardins japonais *(plan Les environs d'Eilat)* **:** *niveau II.* 2 sites de plongée accessibles à un nombre limité de plongeurs par jour et par bateau uniquement. Une 1re plongée à - 30 m, le long d'un mur de coraux magnifiquement conservés avec toute la vie prolifique des récifs de mer Rouge. La 2de plongée est similaire, mais limitée à - 15 m. La visibilité est généralement excellente. Là encore, d'immenses tables de corail.

L'Université *(plan Les environs d'Eilat)* **:** *niveau I.* Site de plongée unique entre - 14 m et - 18 m, où l'on peut voir les expériences menées par les biologistes sur la croissance des coraux ou sur les phénomènes de symbiose entre poissons et coraux.

Les Grottes (plan Les environs d'Eilat) **:** *débutants et plongeurs de niveau I. En face de Snuba Beach.* L'un des sites de plongée les plus populaires d'Eilat. Plongée peu profonde entre - 4 m et - 6 m. Site parfait pour les baptêmes. Il doit son nom aux petites cavités qui se sont formées à l'intérieur de ce récif très coloré et abritant une faune et une flore exceptionnelles. Un vrai condensé de vie de mer Rouge avec une arche sous-marine où se cachent des dizaines de poissons hachette. Les plongées de nuit sont généralement exceptionnelles.

Veronica (plan Les environs d'Eilat) **:** *niveau I.* Ce site, superbe et peu fréquenté, est le prolongement naturel des *Grottes,* en direction du sud. Plongée profonde à travers de belles formations de corail au-dessus d'un plateau vallonné. Ou bien plongée longue, peu profonde, avec une excellente visibilité.

Les Tables de Neptune (plan Les environs d'Eilat) **:** *niveau I. Juste avt la frontière égyptienne.* Pour beaucoup, c'est l'un des plus beaux sites de plongée d'Eilat. Un endroit habituellement calme où l'on peut admirer de très anciennes tables d'Acropora entourées d'une vie foisonnante. Un genre de grand jardin situé entre - 15 m et - 40 m, où les récifs sont entrecoupés par des étendues sablonneuses. En principe, la visibilité est très bonne. Riche en poissons bannière et poissons Anthias. Tortues et raies pastenagues, parfois.

Festivals

– **Festival de musique de chambre :** *1 sem en début d'année.* • *eilat-festival.co.il* •
– **Festivals de jazz :** *fév (Red Sea Winter Jazz Festival) et dernier w-e d'août (Red Sea Jazz Festival).* Festivals renommés où se retrouvent les plus grands musiciens.

DANS LES ENVIRONS ÉLOIGNÉS

La région possède de nombreuses possibilités de randos avec sentiers balisés (marquage bicolore ou tricolore sur les pierres ou les arbres). On peut se procurer une carte de rando à *Eilat Field School Camping & Hostel* (voir « Où dormir dans les environs ? »). Toujours les mêmes recommandations concernant les balades dans la nature : faites-vous expliquer au préalable la balade, ne vous éloignez pas des sentiers balisés, partez bien chaussé, couvrez-vous la tête et les épaules, emportez une crème solaire à indice élevé et, bien entendu, suffisamment d'eau. Ne partez jamais seul et prévenez quelqu'un de votre départ.

Le mont des Ardoises (har Tzfakhot) **:** fabuleux point d'observation d'où l'on peut voir 4 pays : Israël, l'Arabie Saoudite, la Jordanie et l'Égypte. Compter environ 2h30, aller-retour.
Pour y aller, un sentier balisé débute sur la gauche de l'*Eilat Field School Camping & Hostel* (à 6,5 km environ du centre-ville, sur la route qui mène à la frontière égyptienne ; voir « Où dormir dans les environs ? »). Retour par le même chemin. 2e parcours possible : un peu avant d'arriver à l'*Eilat Field School Camping & Hostel,* prendre la route à droite, direction HaVat HaYa'en. Le 1er panneau vert sur la gauche indique le début du circuit. S'y faire déposer par un taxi. Par là, la pente est plus douce et on peut redescendre en direction de la mer. Retour en ville par le bus no 16.

Timna Park (parc Timna) **:** *à 30 km au nord d'Eilat, par la route 90 (panneau sur la gauche).* ☎ *631-67-56.* • *parktimna.co.il* • *Tlj 8h-16h (juil-août, sam-jeu 8h-14h – 13h ven – en raison de l'extrême chaleur). Possibilité de rester jusqu'au coucher du soleil. Entrée : env 40 Shk ; réduc. En été, sunset tour mar 17h-20h, sur résa seulement. Loc de vélos standard et électriques. Resto sur place.*

Le parc Timna est une sorte de vaste dépression en demi-cercle, qui s'étend sur près de 60 km². La grande diversité géologique de l'endroit révèle des paysages vraiment magnifiques, de formes et de couleurs très variées. En fait, Timna est, à l'origine, le plus ancien centre d'extraction de cuivre connu au monde. L'extraction y a commencé il y a 6 000 ans, mais ces mines ont connu 3 grandes périodes d'essor : la 1re avec les Égyptiens du XIVe au XIIe s av. J.-C. (le cuivre était alors acheminé à dos d'âne sous forme de lingots jusqu'à la mer Rouge), la 2e au début de notre ère grâce aux Romains, puis après la conquête arabe. À faire à pied ou en voiture. L'itinéraire traverse des sites sublimes, œuvres de l'homme (les traces des anciennes mines ou les chars gravés dans la roche, par exemple) ou créations étonnantes de la nature comme le *Champignon* ou les fameux *piliers de Salomon.* Ces derniers sont de superbes rochers de grès rouge érodés qui mesurent parfois 50 m de haut (on y découvre aussi les ruines d'un temple égyptien).

Red Canyon : *à 22 km au nord-ouest d'Eilat, par la route 12. Il est préférable d'être véhiculé, sinon une navette part d'Eilat (on vient vous chercher à votre hôtel), nov-mars, tlj à 9h30, avec retour vers 14h30. Rens et résa : • touristisrael.com/tours/red-canyon-shuttle/ • Ceux qui ont le temps se feront déposer au départ de la piste qui mène à l'entrée du site par un bus qui assure la liaison entre Eilat et Mitzpé Ramon (se faire préciser l'heure de passage pour le retour et prévoir de la marge). De là, compter près de 30 mn avt d'atteindre le canyon proprement dit. Accès au canyon GRATUIT. Conseils : avoir de bonnes chaussures et prendre suffisamment d'eau. Ne pas s'y rendre par temps de pluie en raison des risques d'inondation.* Un magnifique canyon creusé dans le grès rouge qui n'est pas sans rappeler (dans une moindre mesure) Pétra, en Jordanie. Plusieurs randos possibles, de la moins à la plus sportive.

***Hay-Bar Yotvata Nature Reserve** (réserve de Hay-Bar)* **:** *à 35 km env au nord d'Eilat, par la route 90 (fléché sur la droite). ☎ 637-30-57. • parks.org.il • En été, tlj 8h30-17h (16h ven) ; en hiver, tlj 8h30-16h (15h ven) ; j. fériés 8h-13h. Fermeture des guichets 1h avt. Entrée : 28 Shk ; tours organisés 29-45 Shk ; réduc. Possibilité de camper sur le site (75 Shk/pers, tente igloo fournie).* Le parc se compose d'un terrarium et d'une réserve où évoluent en semi-liberté onagres, oryx, gazelles et autruches.

➢ ***Excursions en Jordanie :*** plusieurs agences organisent des excursions à ***Pétra*** en Jordanie, en 1 ou 2 jours. Voir « Adresses et infos utiles ».

ISRAËL : HOMMES, CULTURE, ENVIRONNEMENT

ARTS

Musique

À la fin des années 1930, le violoniste Bronislaw Huberman poussa les interprètes juifs d'Europe orientale et d'Allemagne à immigrer en Israël afin de constituer, sous la direction d'Arturo Toscanini, le 1er orchestre philharmonique local. Le département musical de la radio emboîta le pas et créa en 1936 l'Orchestre de chambre de Radio Palestine. L'orchestre de Huberman prend le nom, à la création de l'État, en 1948, de Kol Israel Orchestra, puis d'Orchestre symphonique de Jérusalem en 1963.
En 1968, l'Orchestre engage comme directeur musical l'Indien Zubin Mehta, qui joua un rôle majeur dans le domaine musical israélien.
Parmi les interprètes et chefs d'orchestre talentueux, citons Gary Bertini, Itzhak Perlman, Daniel Barenboïm, Gil Shaham et Shlomo Mintz.
L'Opéra de Tel-Aviv eut des débuts laborieux, ses vedettes chantant dans toutes les langues sauf en hébreu. C'est avec Placido Domingo, qui résida en Israël de 1962 à 1965, que l'Opéra prit son véritable essor. Signalons enfin les orchestres philharmoniques de Jérusalem, de Haïfa ou de Beer Sheva, l'académie Rubin ainsi que les nombreux ensembles de musique de chambre et chœurs philharmoniques.

Les incontournables

Après la création de l'État hébreu, des chanteurs emblématiques se sont illustrés, comme *Shoushana Damari* et *Yafa Yarkoni,* suivies plus tard par les *Dudaïm,* un duo accompagné de guitare romantique. Puis vint la grande prêtresse de la chanson hébraïque, *Naomi Shemer* (qui interpréta des compositions ou des poèmes de grands classiques tels Bialik, Tchernichovski, Rahel ou encore Nathan Alterman), la poésie israélienne étant largement diffusée par le disque.
De leur côté, les talentueuses *Yéhoudit Ravitz* et *Hava Alberstein* résistent au temps et aux modes, tout comme *Shlomo Artzi* et *Yehoram Gaon,* considérés comme des icônes.
Il faut aussi compter avec la sensibilité orientale que représentent des artistes comme *Shlomo Bar* et *Yaïr Dalal* (remarquable oudiste), ainsi que l'orchestre andalou israélien aux accents d'une nostalgie maghrébine qui interprète avec maîtrise les *nuwwabat* (pluriel de nouba) arabo-andalous, que les Juifs d'Afrique du Nord surent préserver de l'oubli en cultivant au sein de la liturgie les traditionnels *piyoutim* et *barachot.*
Toujours dans le style oriental, à la frontière de la musique gréco-turque, yéménite et d'Afrique du Nord, s'illustrent *Shimi Tavori, Boaz Shaarabi* et *Zehava Ben,* dont les mélodies sont reprises hors les frontières, en Égypte, en Turquie ou au Liban.
Enfin, citons le *Bustan Abraham,* où musiciens juifs et arabes mêlent avec bonheur leurs traditions.

Pour les fervents de musique engagée, le chanteur contestataire *Aviv Geffen* associe message poétique et provocation alors que *Dana International,* porte-drapeau des transsexuels, doit sa réputation à cette victoire au concours de l'Eurovision en 1998 qui enflamma les esprits. *Yéhouda Poliker* fonda en 1982 le groupe mythique *Benzine,* l'un des groupes de rock qui influença de nombreux compositeurs en Israël.
Toujours côté rock, acoustique cette fois, on peut écouter *Tseva,* un groupe hiérosolymitain qui chante en hébreu, ou le rock hipster de *Umlala.* La nouvelle scène israélienne a aussi vu émerger depuis 2006 *Asaf Avidan,* un auteur-compositeur à la voix très particulière qui explore les recoins du folk, du blues et du rock, tout comme la Franco-Israélienne Yael Naim avec son tube planétaire *New Soul.*
Le rock black metal, le plus extrémiste, à l'orientation sataniste, est aussi représenté en Israël. Autre version du heavy metal, le groupe *Orphaned Land* qui mêle le rock et la musique juive orientale traditionnelle.
Plus soft, *Riff Cohen,* qui a fait un tube avec son album *À Paris,* en français.
Enfin, si vous séjournez en août à Eilat, ne surtout pas manquer le *Red Sea Jazz Festival,* et le *Winter Jazz Festival* en février.

UNE SEULE RELIGION, LA MUSIQUE !

Fin 2013, les 2 groupes de hard rock israéliens Orphaned Land *(qui chante en hébreu et rencontre un vif succès dans le monde arabe) et* Khalas *(dont le nom signifie « ça suffit ! » et qui, lui, chante en arabe) entreprenaient une tournée ensemble en Europe avec un unique message : la musique est notre seule religion !*

Cinéma

Depuis la fin des années 1980, le cinéma israélien fait preuve d'une vitalité sans pareille et rayonne de plus en plus dans le monde. Comment l'expliquer mieux que Gilles Jacob, l'ancien président du Festival de Cannes : « Pourquoi le cinéma israélien parvient-il à aligner autant de bons films [...] ? À obtenir autant de sélections et de récompenses dans les festivals internationaux ? Parce que ce sont des films faits dans l'urgence, sur des problèmes contemporains, des enjeux primordiaux, des tensions palpables, parce que c'est un cinéma qui rencontre son époque en jouant sans cesse sa peau... » ?
Les années 1950 et 1960 furent d'abord celles, en Israël, de films commerciaux. Menahem Golan traite avec un humour parfois douteux des relations entre Ashkénazes et Séfarades dans des films dits « Borekas », tel *Salah Shabataï* (1964), avec Haïm Topol, sur un texte de l'humoriste Ephraïm Kishon, et qui emportèrent un vif succès.
Puis ces mêmes thèmes furent traités avec sérieux et pudeur, cette fois, comme dans *Sch'chur* (1994), de Shmouel Hasfari et Hanna Azoulay-Asfari, où ces derniers dénoncent les antagonismes propres à la société israélienne partagée entre Orient et Occident, mettant l'accent sur la superstition, la violence familiale et le sacrifice.
Vinrent ensuite les cinéastes de la « nouvelle sensibilité », majoritairement de gauche, qui traitèrent essentiellement des relations ambiguës avec le monde palestinien, des tabous du sionisme et de l'establishment, ainsi que de la condition de la femme au sein des familles ultra-religieuses.
Amos Gitaï et Ouri Barabash représentent ce courant majeur. ***Derrière les barreaux*** (1984), de Ouri Barabash, est tourné dans une prison ; il totalisera 600 000 entrées. ***Le Sourire de l'agneau*** (1985), de Shimon Dotan, est adapté du roman de David Grossman : un colonel gouverneur militaire et son ami le docteur rencontrent le fou du village, Hilmi, qui vit dans une caverne. Rafi Boukaï,

dans ***Avanti Popolo*** (1986), met en scène des soldats égyptiens égarés dans le désert du Sinaï. Renen Shorr, le créateur de l'école de cinéma de Jérusalem, dans ***Le Blues du dernier été*** (1986), filme des élèves de terminale qui, en tant qu'appelés, s'apprêtent à entrer dans l'armée. Haïm Bouzaglo, dans ***Mariage blanc*** (1988), traite sur un mode ironique des relations entre Israéliens et Arabes. En 1988, œuvre majeure d'Élie Cohen, ***L'Été d'Aviya*** relate la vie de la grande comédienne Gila Almagor. ***Les Rues d'antan*** (1989), de Yehouda Neeman, montre un étudiant israélien qui tente de porter secours à un militant palestinien traqué par les autorités. Dans la même veine, ***Les Champs verts*** (1989), d'Itzhak Tsepel Yeshouroun, est tourné lors de l'Intifada.

Dans ***Mille et une femmes*** (1989), de Michal Bat Adam, dans le quartier boukharien de Jérusalem au début du siècle, Simantov enterre ses épouses successives, victimes probablement de ses excès sexuels. Malgré cette malédiction, il épouse la jeune et innocente Flora avec laquelle l'union n'est pas consommée, justement par crainte de la malédiction. Elle tombe cependant enceinte.

Autre film remarquable, ***La Finale de la coupe*** (1991), d'Eran Riklis, sur la passion que partage un otage israélien avec ses geôliers palestiniens. ***La Vie selon Agfa*** (1993), d'Assi Dayan avec Gila Almagor, marque un tournant : film violent où s'affrontent et se confrontent Juifs et Arabes.

Va, vis et deviens (2005), de Radu Mihaileanu, évoque la saga poignante d'un enfant éthiopien non juif qui parvient en Israël où il acquiert, non sans mal, une nouvelle identité.

En 2007, gros succès pour ***La Visite de la fanfare,*** d'Eran Riklis, film relatant la visite improbable d'une fanfare de la police égyptienne perdue dans un bled israélien. Toujours d'Eran Riklis, la très émouvante histoire de cette Palestinienne qui tente de préserver son verger de la soldatesque aux objectifs sécuritaires, ***Les Citronniers*** (2009).

Jaffa (2009), de Keren Yedaya, raconte les amours contrariées d'une jeune juive et d'un Palestinien, la vie d'un garage à Jaffa, les tensions familiales, Roméo et Juliette qui ne peuvent réconcilier les 2 communautés. De même, dans ***Ajami*** (2009), de Yaron Shani et Scandar Copti, toujours le problème du face-à-face des 2 communautés dans un univers matérialiste et sans pitié. Une bouffée d'humour avec ***Le Cochon de Gaza*** (2011), de Sylvain Estibal, qui raconte les tribulations d'un cochon tombé d'un bateau au large de Gaza et récupéré par hasard par un pêcheur palestinien dans ses filets... Sous ses aspects de farce, le film porte un regard caustique sur les travers des sociétés palestinienne et israélienne.

Une bouteille à la mer (2012), de Thierry Binisti, d'après l'émouvant roman de Valérie Zenatti. Suite à un attentat kamikaze, Tal, jeune Franco-Israélienne, veut comprendre. Elle écrit une lettre à un Palestinien imaginaire et la jette à la mer. Elle reçoit une réponse et c'est le début d'un dialogue à travers Internet. ***Valse avec Bachir*** (2008), d'Ari Folman, reçoit de nombreux prix internationaux. Ce magnifique film d'animation met en scène les cauchemars récurrents du cinéaste. Ces cauchemars lui sont inspirés par les images des massacres de réfugiés palestiniens commis en 1982 au Liban par des miliciens chrétiens dans les camps de Sabra et Chatila, massacres dont il a été témoin en tant que jeune appelé.

La production israélienne (ou ayant pour thème Israël) étant riche, on peut citer encore ***Le Fils de l'Autre*** (2012), de Lorraine Levy, ***Beautiful Valley*** (2012), de Hadar Friedlich, ***Héritage*** (2012), de Hiam Abbass, ***Le Procès de Viviane Amsalem*** (2014), de Shlomi et Ronit Elkabetz, sur le divorce en Israël, ***Mon fils*** (2015), d'Eran Riklis, sur les difficultés d'intégration d'un Palestinien de nationalité israélienne qui poursuit ses études dans un internat juif de Jérusalem. Plus récemment, ***Tel Aviv on Fire*** (2019) comédie politique de Sameh Zoabi. Un jeune Palestinien stagiaire sur le tournage d'une série à succès est contrôlé à un check-point par un Israélien fan de la série... En 2021, le cinéma israélien revient en force au festival de Cannes grâce à Nadav Lapid, qui remporte le Prix du Jury avec ***Le Genou d'Ahed.*** Il y est question d'un cinéaste (double à l'écran du réalisateur) qui veut filmer l'histoire d'Ahed Tamimi. Cette jeune Palestinienne de Cisjordanie, alors âgée de 16 ans, avait en 2017, giflé 2 soldats israéliens postés chez elle et purgé une peine de 8 mois de prison. Un député israélien avait alors regretté qu'on ne lui ait pas tiré dans le genou pour qu'elle soit « assignée à résidence pour le reste de sa vie ». Dans un face-à-face avec une fonctionnaire du ministère de la Culture, Nadav Lapid dénonce sans détour la politique israélienne.

Le cinéma d'Amos Gitaï

On connaît bien en France le cinéaste ***Amos Gitaï,*** né en 1950 à Haïfa et profondément marqué par sa mère née en Israël d'une famille fondatrice du Parti travailliste. Le père, architecte, incite son fils à étudier lui aussi l'architecture. Lors de la guerre du Kippour, Amos Gitaï la filme avec une caméra super 8. Son hélicoptère est abattu par les Syriens. À partir de 1977, il tourne des documentaires pour la télévision. Ses reportages sont régulièrement censurés car jugés trop pro-palestiniens. S'ensuit un long séjour parisien où Gitaï étudie les thèmes de l'exil et de l'émigration : ***Berlin-Jérusalem*** (1991), ***Golem, l'esprit de l'exil*** (1992). Il retourne en Israël en 1993 pour créer une école de cinéma à Haïfa sur proposition du ministre de la Culture. Gitaï dénonce alors les incohérences de sa terre malmenée et s'attaque au problème récurrent de la violence exercée auprès des femmes. ***Give Peace a Chance*** (1994, documentaire), puis ***L'Arène du meurtre*** (1996), inspiré de l'assassinat de Yitzhak Rabin, enfin la trilogie consacrée aux 3 grandes villes d'Israël : ***Devarim*** (1995), un portrait de Tel-Aviv, ***Yom Yom*** (1998), où l'auteur tente de dénoncer les aléas et absurdités du quotidien israélien, avec de très grands interprètes tels Hana Maron et Giulano Mar. ***Kadosh*** (1999) se déroule à Jérusalem dans le quartier orthodoxe de Mea She'arim, où Meïr, qui aime son épouse Rivka, devra répudier cette dernière afin d'assurer avec une nouvelle compagne, choisie par le rabbin, sa descendance.

Citons encore : ***Free Zone*** (2005) avec Nathalie Portman, ***Désengagement*** (2007) avec Juliette Binoche, qui évoque le retrait des colons et de l'armée israélienne de Gaza, ***Plus tard tu comprendras*** (2008), avec Jeanne Moreau et Hippolyte Girardot, ou ***Lullaby to my Father*** (2011), sur son père qui étudia en Allemagne à l'école du Bauhaus avant d'émigrer en Palestine et ***Tsili*** (2015) sur une jeune survivante de la Seconde Guerre mondiale. En 2017, il présente à la Quinzaine des réalisateurs de Cannes son documentaire ***À l'ouest du Jourdain.*** Il cherche à comprendre, en Cisjordanie, aussi bien les colons que les Palestiniens qui résistent, et donne la parole aux associations qui militent en faveur de la réconciliation. Un très bel album illustré, ***Mont Carmel*** (2003), d'Amos Gitaï, est publié chez Gallimard.

Les séries

Les créateurs israéliens sont prolixes et nombre de leurs séries connaissent le succès à l'international. Parfois, elles inspirent d'autres productions. La plus emblématique est *Hatufim,* de Gideon Raff, devenu *Homeland* aux États-Unis, l'histoire de 2 soldats israéliens qui tentent de se réintégrer après 17 ans de captivité au Liban. *BeTipul,* de Hagai Levi, est devenu *In Treatment (En analyse)* aux États-Unis et *En thérapie* en France. Il est aussi l'auteur de *The Affair*. À signaler également, *Hostages* d'Omri Givon et Rotem Shamir, et *Fauda,* gros succès dans son pays d'origine, qui, même si elle est destinée à un public avant tout israélien, aborde le conflit avec les Palestiniens sous un angle plus « humanisé ».

Les documentaires

Ne pas oublier le cinéma politique incarné par Simone Bitton (née au Maroc, études de cinéma à Paris). Plusieurs documentaires comme ***Conversation nord-sud, Daney-Sanbar*** (1993), coréalisé avec Catherine Poitevin, ***Rachel*** (2008), ***Mur*** (2004) et ***Mahmoud Darwich et la terre comme langue*** (1998). *Mur* est une

poignante réflexion cinématographique, à partir du mur de séparation, sur le conflit israélo-palestinien, par une réalisatrice qui revendique sa double culture juive et arabe. Il reçut le prix Spirit of Freedom du film documentaire à Jérusalem en 2004. Parmi les documentaires, citons ***Dancing in Jaffa*** (2014), de Hilla Medalia, sur une prof de danse qui fait évoluer ensemble enfants juifs et palestiniens. Dans ***D'une seule voix*** (2009), de X. de Lauzanne, le réalisateur suit les pas du musicien français Jean-Yves Labat de Rossi, parti en Israël-Palestine réunir de part et d'autre du mur des musiciens de toutes confessions autour d'un projet de tournée en France en 2006. La caméra suit les coulisses de la tournée et les efforts des organisateurs pour relever ce défi ; une tournée qui, malgré d'inévitables rivalités et dissonances, a permis à certains de tisser quelques liens, mais ténus et sans lendemain, puisque les musiciens ne pourront plus se revoir une fois rentrés chez eux.
– Pour les amateurs de cinéma : un ouvrage de référence, ***Le Cinéma israélien de la modernité,*** par Ariel Schweitzer (1997), éd. L'Harmattan.
– Un lieu : la très célèbre cinémathèque de Jérusalem, proche de la porte de Jaffa, qui organise en juillet un festival du film.

BOISSONS

– ***Vin :*** Israël est un pays vinicole. Entre autres dons pour soutenir Israël, la famille Rothschild a offert des plants de vigne venant de ses grands crus de bordeaux. Un vin typiquement israélien est né, qui ne ressemble d'ailleurs guère au bordeaux. Attention, n'imaginez pas trouver des vins qui vous fassent oublier les nôtres (un peu de chauvinisme, ça ne fait pas de mal !) : le vin israélien n'est pas d'un raffinement rare. Et il est plutôt cher.

LE VIN ET LA CACHEROUT

Si on se réfère à la halakha, *« loi juive », de toutes les boissons alcoolisées, la seule à poser problème, c'est le vin. Pour être casher, sa fabrication doit être suivie de A à Z par un Juif. Petite exception, le vin cuit admet qu'un non-Juif intervienne dans le processus de fabrication, mais à une condition : que sa cuisson soit équivalente à une pasteurisation. Sinon... c'est cuit !*

Les principaux vignobles se trouvent au sud de Haïfa (à Zikhron Ya'akov notamment, où Edmond de Rothschild fonda une exploitation vinicole en 1882), et dans le Golan, où la plantation de vignes est beaucoup plus récente. Depuis, les vins du Golan remportent des prix dans les plus grands concours internationaux, notamment des médailles d'or à *Vinexpo* (Bordeaux). En avril 2011, au concours de Vérone (Italie du Nord), le vignoble de ***Ramat Hagolan*** gagna le prix du meilleur producteur du monde !
Les vins du Golan sont désormais les vins les plus courus aujourd'hui en Israël, parmi les plus chers aussi. On les trouve dans de nombreux magasins et restos. Ce sont le *gamla* (rouge et blanc) et le *yarden* (rouge ou blanc, particulièrement le *merlot rouge* ou *chardonnay blanc*). On trouve aussi, en rouge, le *ben ami,* la *petite sirah* et le *monfort,* et, en blanc, le *cabernet,* le *misrahi,* le *sémillon* ou encore un *riesling.*
– À côté de ça, la ***bière*** locale est bonne, notamment l'israélienne ***Maccabi*** brassée depuis 1968. C'est une pils à 4,9° d'alcool et la bière la plus exportée. La ***Goldstar*** se laisse boire aussi.
– Enfin, le ***café*** se sert turc *(turki),* ordinaire (*ragil* ou *bots,* qui signifie « boue » : café moulu très fin, comme le café turc, mais qu'on ne fait pas bouillir) ou *nes* (Nescafé). Populaire aussi : le *café afoukh,* genre café au lait fouetté. Dans les cafés tenus par des Juifs d'origine européenne, on trouve aussi le *cappuccino,* comme en Italie, ainsi que de vrais bons expressos : commander alors un *espresso katsar* (court), *kafoul* (long) ou *afoukh* (au lait).

CUISINE

La plupart des hors-d'œuvre et accompagnements comme la pita (galette de pain), les ***mezze, falafels,*** viandes grillées et même les pâtisseries se retrouvent dans toute la région. Pour plus de détails, se reporter plus loin à la rubrique « Cuisine », dans « Palestine : hommes, culture, environnement ». Mais Israël possède une valeur ajoutée : les Juifs qui habitent le pays viennent du monde entier. Ils ont donc apporté avec eux leurs coutumes, leurs habitudes, mais aussi leurs recettes. En gros cependant, on trouve encore 2 cuisines principales :

– la ***cuisine juive d'Europe centrale*** (dont l'influence est en diminution), surtout roumaine, hongroise et polonaise avec les *schnitzel,* la célèbre carpe farcie *(gefiltefisch)* et les boulettes de viande à toutes les sauces ;

– la ***cuisine juive orientale,*** comme celle préparée par les Palestiniens, rappelle celle du Liban et de la Jordanie. Beaucoup de piments, de poivrons et de salades.

Depuis quelque temps, la cuisine fusion s'est développée dans des restaurants proposant des mélanges de saveurs est-ouest, nord-sud ou pluriméditerranéennes.

NON, LE FOIE GRAS N'EST PAS UNE INVENTION DU PÉRIGORD !

C'est dans l'Égypte antique qu'a été découvert le foie gras. Au moment de migrer, les oies s'engraissent volontairement pour tenir tout le vol en puisant dans leurs réserves, cependant, certains volatiles tombent d'épuisement en plein vol. Les Juifs égyptiens, secourant les volatiles, se régalèrent de leur foie bien gras et en domestiquèrent pour les gaver eux-mêmes. Plus tard, ils emportèrent leur recette lors de leurs migrations en Europe de l'Est, puis en Alsace, et dans le Périgord.

Quelques plats spécifiques

– ***La shakshuka :*** plat populaire d'origine séfarade. En général pas cher, servi souvent en brasserie, il cale facilement les petites faims. Dans un caquelon en terre cuite, on fait cuire poivrons verts et rouges, oignons frais préalablement dorés et ail, mon tout mélangé avec des tomates concassées et saupoudré d'un mélange d'épices (souvent un des secrets du chef). Enfin, on casse 2 œufs dessus et on finit de faire cuire.

– ***Le chamenet zaatar :*** tout simplement du fromage blanc étalé dans une assiette, abondamment saupoudré de *zaatar,* mélange parfumé d'origan, de thym, graines de sésame grillées, sumac moulu... Sur le tout, un filet d'huile d'olive. Simple, frais, délicieux...

– ***Le « mélange d'Israël » :*** comme son nom l'indique, on mélange la viande de volaille (blanc de poulet, cœur et foie) et le bœuf (rognon et viande). Même cuisson que le *shawarma.*

– ***Les pâtisseries :*** elles rappellent celles de la Grèce ou de la Turquie. Elles sont, en effet, très sucrées. Votre séjour en Israël est aussi l'occasion de goûter aux meilleurs gâteaux au fromage du monde.

La cuisine casher

Celui qui a écrit dans la Bible « Tu ne mangeras pas l'agneau avec le lait de sa mère » n'imaginait pas les répercussions gigantesques que cela aurait sur la cuisine juive. La cuisine casher interdit tout mélange du lait (donc du beurre) avec la viande (pour cette dernière, abattage rituel obligatoire). Plats différents, vaisselle différente. Dans les vrais restaurants casher (certifiés et sous contrôle quotidien d'un responsable de la cacherout au sein même de l'établissement), inutile de demander une viande saignante ou encore d'attendre une noisette de beurre sur votre entrecôte casher : vous n'obtiendrez tout au plus que de la margarine ou du beurre de substitution. Israël innove tous les ans tant sur le plan de l'imitation du goût que sur celui de la variété des produits de substitution pour le beurre, le lait et les fromages. Pensez-y à l'avance, sinon, rendez-vous dans les nombreux restaurants non casher. Autres interdictions : les coquillages, les poissons sans écailles, et bien entendu le cochon...

LE COCHON, ANIMAL IMPUR

Selon la Torah, il est interdit d'élever du porc sur la terre d'Israël. Certaines fermes en produisent cependant dans le Nord, hors sol sur des dalles en ciment, ce qui leur permet d'élever ces animaux en respectant les lois religieuses. Les éleveurs, généralement d'origine chrétienne ou laïcs, contournent ainsi cet interdit.

Où manger bon marché ?

– Les échoppes de petite restauration pullulent pour avaler sans façon falafels, *shawarma,* pizza. Ça a le mérite de caler !
– Dans la cantine de certains kibboutzim, on peut déjeuner avec les employés. Copieux, varié, et pas cher.
– Pensez aussi aux *supermarchés.* On y trouve des aubergines frites en pâté, des salades à tartiner vendues dans des petits pots en plastique, ainsi que *tahini,* houmous, *echel* (yaourt) et *chamenet* (double crème).

CURIEUX, NON ?

– Israël est ***l'un des rares États dans le monde à ne pas posséder de constitution***. Il s'appuie sur des « lois fondamentales ».
– Chaque année en décembre, Haïfa organise « la Fête des Fêtes », ***un festival qui célèbre les 3 religions monothéistes*** dans une ville où coexistent 5 communautés de culte.
– ***La clé USB a été inventée par l'Israélien Dov Moran.*** D'ailleurs, Israël détient le 2e plus grand vivier d'entreprises high-tech et de start-up au monde après la Silicon Valley.
– Si ***l'hébreu*** biblique a constamment été lu et écrit, il ***n'a pas été utilisé au quotidien pendant près de 2 000 ans.*** En 1889, Eliézer ben Yehuda étoffa et modernisa le vocabulaire pour répondre aux nouveaux besoins et concepts. Son dictionnaire reste la référence jusqu'à nos jours.
– ***Le plus vieux cimetière du monde*** toujours utilisé se trouve sur le mont des Oliviers.
– Grand propriétaire foncier en Grèce, ***l'Église orthodoxe*** possède aussi de nombreux biens en Israël, dont la Knesset et le palais de la présidence israélienne, à Jérusalem.
– En Israël, ***la religion et l'État ne sont pas séparés.*** Et pourtant, ***la liberté de culte s'applique à tous.*** Les tribunaux religieux (juifs, musulmans ou chrétiens) ont autorité sur les mariages et les divorces. La cuisine est casher dans les administrations et l'armée.
– La mer Morte, ***l'endroit le plus bas de la terre,*** possède un taux de salinité 10 fois plus élevé que dans l'océan. D'où cette particularité unique au monde : qui s'y baigne y flotte !
– La mer Morte est également la seule mer où ***rien ne survit*** : ni poissons, ni algues, ni étoiles de mer. RIEN.
– À Tel-Aviv, ***la plage des religieux,*** Nordau Beach, entourée de murs, est réservée alternativement aux femmes et aux enfants, puis aux hommes selon les jours de la semaine. Hilton Beach, la plage gay, s'étend sans complexe à deux pas de là.

– Lors de shabbat, pour permettre aux pratiquants de prendre ***l'ascenseur (dit « shabbatique »)*** tout en évitant d'appuyer sur les boutons, la cabine est programmée pour marquer systématiquement un arrêt à chaque étage. D'accord, ça prend des plombes, mais c'est casher !

DROITS DE L'HOMME

Alors que le coronavirus commence à se répandre dans le monde entier, Benyamin Netanyahou prend, dès le mois de mars 2020, des mesures drastiques qui autorisent les services de renseignement à tracer, pendant 1 mois, les portables des personnes infectées et les cas contacts, sans leur accord. Juristes et défenseurs des droits humains dénoncent une atteinte aux libertés, alors qu'il s'agit d'une crise « civile ».
Le 3 mars 2021, la Cour pénale internationale annonçait l'ouverture d'une enquête pour les crimes qui se sont déroulés depuis 2014 dans les territoires palestiniens occupés. Elle portera sur la guerre de 2014, à Gaza, notamment sur les attaques « disproportionnées » de l'armée israélienne, mais aussi sur les cas d'homicides et de torture imputés au Hamas, ainsi que sur sa stratégie de boucliers humains. Elle concernera également la répression israélienne de la « Grande marche du retour » en 2018, manifestations pacifiques à Gaza, ayant causé la mort de 200 personnes et fait plusieurs milliers de blessés. Enfin, la colonisation sera questionnée. À noter qu'Israël ne reconnaît pas la compétence de la CPI.
De leur côté, l'ONG israélienne B'Tselem, en janvier 2021, puis l'ONG internationale Human Rights Watch en avril 2021 utilisent le mot « apartheid » pour traduire la discrimination orchestrée par les autorités israéliennes à l'encontre des Palestiniens. *De facto,* les citoyens palestiniens sont déjà très fortement discriminés sur le territoire, selon les organisations israéliennes de défense des droits humains. D'après l'ONG Adalah, plus de 65 lois discriminatoires envers la population palestinienne étaient en vigueur dans le pays (en termes de participation politique, de dotation budgétaire, ou encore de maintien de l'ordre). Le terme est de nouveau ressorti (notamment chez Jean-Yves Le Drian, qui a parlé de « risques d'apartheid ») lors des affrontements à Jérusalem-Est en avril et mai 2021.
Le vendredi du ramadan, le 7 mai 2021, des milliers de Palestiniens sont restés sur l'esplanade des Mosquées après la prière, pour protester contre les expulsions de 7 familles du quartier de Sheikh Jarrah, en plein cœur de Jérusalem-Est (occupée et annexée en 1967 par Israël, et considérée par les Palestiniens comme leur capitale), qui faisaient planer une menace sur les centaines de milliers de Palestiniens qui y vivent. Des affrontements ont alors eu lieu avec les forces de l'ordre, faisant plusieurs centaines de blessés, et se sont poursuivis pendant plusieurs jours jusqu'à ce que le Hamas décide de lancer des roquettes sur Israël, donnant un autre tour au conflit. La justice israélienne a bien tenté de calmer le jeu en annonçant un report de la décision de la Cour suprême concernant ces expulsions, mais le mal était fait.
En 11 jours, du 10 au 21 mai 2021, le conflit entre Israël et le Hamas, qui contrôle la bande de Gaza, aura fait 256 morts et 2 257 blessés côté palestinien, 12 morts et 357 blessés côté israélien, sans compter des dégâts matériels considérables. Le pire bilan depuis les frappes de 2014 (qui avaient été 10 fois plus meurtrières tout de même). En Cisjordanie, selon les sources, entre 5 et 25 Palestiniens auraient été tués par les forces israéliennes lors d'affrontements durant ces 11 jours de conflit.
Pour beaucoup, Benyamin Netanyahou avait entretenu une stratégie de tension permanente avec pour but de se maintenir au pouvoir, grâce à un jeu d'alliance avec les partis politiques qu'il maîtrisait parfaitement. Mais aucune majorité claire ne s'est dessinée lors des dernières législatives, et les événements de mai 2021 ont certainement été pour beaucoup dans la formation d'une nouvelle alliance, allant de l'extrême droite religieuse (dont le nouveau 1er ministre Naftali Bennett est

issu) à la gauche. Un nouveau gouvernement approuvé par la Knesset le 13 juin, que tout divise, donc, mais sans Netanyahou, qui sera resté près de 15 ans au pouvoir... et a promis d'y revenir. Difficile donc d'avoir une idée claire sur le programme qui sera appliqué.

Mais les ONG de défense des droits humains espèrent que certains dossiers avanceront. Elles demandent l'arrêt de la politique de colonisation forcée dans les Territoires palestiniens et les destructions de logements. 850 habitations ont ainsi été rasées en 2020, au motif qu'elles avaient été bâties sans autorisation (particulièrement difficiles à obtenir). De telles opérations ont également été menées dans le désert du Néguev, où près de 30 habitations, dans des villages de Bédouins « non reconnus », ont également été rasées. Selon l'organisation israélienne B'Tselem, les autorités auraient également détruit des habitations à titre de sanction collective.

Les restrictions à la liberté de circulation entre les différentes zones de Cisjordanie (près de 600 postes de contrôle et barrages routiers) sont également, selon elles, une atteinte à la liberté de déplacement, et remettent de plus en plus en cause la possibilité de création d'un État palestinien viable économiquement. Le mur séparant les territoires palestiniens d'Israël demeure le symbole le plus visible de cette impossibilité de circuler.

L'utilisation abusive de la détention administrative est toujours dénoncée. Théoriquement « préventive », celle-ci consiste à arrêter des Palestiniens et à les garder en prison sans inculpation pour une durée de 6 mois... renouvelable indéfiniment. Près de 400 Palestiniens étaient concernés par ces emprisonnements en 2020.

Les populations originaires de la corne de l'Afrique sont également soumises à de nombreuses discriminations et protestent régulièrement pour dénoncer les violences policières et demander l'égalité des droits.

Pour en savoir plus, n'hésitez pas à contacter :

■ ***Fédération internationale des Droits de l'homme (FIDH) :*** *• fidh.org •*

■ ***Amnesty International France :*** *76, bd de la Villette, 75940 Paris Cedex 19. ☎ 01-53-38-65-65. • amnesty.fr • Ⓜ Belleville ou Colonel-Fabien.*

■ **B'tselem** *(Israeli Information Center for Human Rights in the Occupied Territories)* **:** *PO Box 53132, Jérusalem. ☎ (02) 673-55-99. • btselem.org • Facebook.* La plus importante association des Droits de l'homme, créée en 1989 par des académiciens, professeurs d'université, journalistes, avocats et membres de la Knesset. Site internet remarquablement documenté, pédagogique et didactique.

N'oublions pas qu'en France aussi les organisations de défense des Droits de l'homme continuent de se battre contre les discriminations, le racisme et en faveur de l'intégration des plus démunis.

ÉCONOMIE

Un développement coûteux...

Depuis 1948, Israël a été confronté à des contraintes particulières concernant son économie. La situation du pays a toujours nécessité un effort de sécurité important, non seulement dans les périodes de guerre, mais aussi dans des moments plus calmes où l'existence d'une armée puissante joue un rôle dissuasif auprès des voisins. ***Aujourd'hui encore, les dépenses militaires représentent 4,3 % du PIB.*** À titre de comparaison, elles étaient en moyenne de 2,1 % dans les pays de l'OCDE en 2018. En cas d'opérations militaires, ce qui arrive assez fréquemment, le gouvernement peut compter sur une rallonge budgétaire que la Knesset lui octroie, moyennant des coupes budgétaires dans d'autres secteurs, notamment le social.

... mais efficace

De 1948 à 1973, le pays a enregistré une croissance rapide, au taux moyen de 10 % par an. Aucun pays n'a maintenu une croissance aussi élevée sur une période aussi longue. La raison ? La discipline budgétaire et l'augmentation constante de la population en âge de travailler. Plus récemment, ***jusqu'à la pandémie de la Covid-19 en 2020, son taux de croissance avoisinait les 3 %*** (3,4 % en 2019), tandis que son taux de chômage était au plus bas juste avant la crise sanitaire (de l'ordre de 3,8 %).
Début 2020, Israël possédait ***l'un des niveaux de vie les plus élevés de la région,*** avec un salaire moyen comparable à celui des pays du nord de l'Europe, quand bien même le pays était fortement inégalitaire (lire plus loin, « L'envers du décor »).

Les clés du succès

Quelques données importantes pour comprendre le phénomène économique israélien. D'abord ***l'afflux non négligeable de « cerveaux » parmi les nombreux immigrants,*** bien obligés de se creuser la tête dans un pays où les ressources naturelles sont quasi inexistantes (hormis la découverte, dans les années 2000, d'importantes réserves offshore de gaz naturel ; lire plus loin sur le projet Léviathan). La mise en place de pépinières d'entreprises, où universités, centres de recherche, pôles de compétence s'articulent entre eux pour tirer le secteur high-tech vers le haut, avec ***pas moins de 7 000 start-up actives et 350 centres de recherche et développement de multinationales.*** Israël affiche le pourcentage le plus élevé du monde en matière de recherche et développement, avec 4,3 % de son PIB.
Enfin, notons la très importante aide économique apportée par les Américains et, dans une moindre mesure, l'aide financière de la diaspora. Ces aides extérieures servent notamment à financer le déficit de la production par rapport à la consommation. Sans parler des 3,3 milliards de dollars annuels d'aide militaire accordés par le gouvernement américain, qu'il soit républicain ou démocrate. On appelle d'ailleurs Israël « le 51e État », faisant référence à ses liens solides avec les États-Unis.
Aujourd'hui, la société israélienne est indéniablement une économie libérale très largement ouverte sur le monde.

LES 12 TRIBUS D'ISRAËL !

12 familles possèdent le tiers de l'économie israélienne. Parmi elles : une personne détient le monopole du ciment, 3 milliardaires se partagent 95 % de la téléphonie mobile, 2 fortunes possèdent les raffineries, tandis que 4 familles tiennent les deux tiers des banques. Une situation de quasi-monopole où la concurrence ne joue plus son rôle régulateur et dont la population paie un lourd tribut.

Les principaux secteurs

Les secteurs qui comptent le plus dans le PIB sont : la taille des diamants, l'armement et l'aéronautique (le pays est un des grands exportateurs de matériel militaire), l'agroalimentaire, les produits pharmaceutiques (Israël est en pointe dans le domaine des médicaments génériques), la chimie et la pétrochimie, et enfin les télécommunications, l'électronique, ou plus globalement les

ARMÉE ET START-UP

Israël est très performant en nouvelles technologies. La plupart des surdoués du Web viennent de « l'unité 8200 », spécialisée dans le renseignement militaire. Après avoir quitté l'armée, ces jeunes ingénieurs créent des entreprises dans la cybersécurité ou Internet. Avec succès.

industries de haute technologie, à tel point qu'on parle parfois du pays comme d'une vaste Silicon Wadi, en écho à la Silicon Valley californienne (pour ceux de nos lecteurs qui ne parlent pas arabe... « *wadi* » signifie vallée... vous saisissez le subtil humour). Le secteur tertiaire compte pour 70 % du PIB et plus de 80 % des emplois, dont le tourisme (4,5 millions de visiteurs étrangers en 2019).
L'agriculture, en revanche, assure seulement 4 % des emplois de la population active et un petit pour cent du PIB. Les fruits, les légumes, le vin et l'élevage fournissent malgré tout à Israël son autosuffisance alimentaire (céréales mises à part).

Quand Léviathan dope l'économie israélienne

La mise en service du projet Léviathan, qui fait d'Israël la nouvelle puissance gazière de la région, est amenée à révolutionner l'économie tout entière. ***En 2020, le gaz naturel fournissait déjà 65 % de la production nationale d'électricité.*** Une découverte qui devrait lui permettre d'accéder à l'***autosuffisance énergétique*** pour de longues décennies, même si ça semble assez contraire à la tendance actuelle qui consiste à favoriser plutôt les énergies renouvelables.
La manne issue de cette exploitation devrait servir à financer les retraites, les projets d'infrastructures industrielles, économiques et touristiques.

L'envers du décor

Malgré la bonne santé enregistrée au niveau des indicateurs économiques, il existe aussi une autre réalité israélienne : les fruits de la croissance ne sont pas également redistribués. Selon l'agence nationale israélienne de sécurité sociale, ***près de 1,8 million de personnes (dont plus de 800 000 enfants !) sur les 9 millions d'habitants du pays vivent sous le seuil de pauvreté,*** soit le taux le plus élevé des pays de l'OCDE. La pandémie a, de plus, aggravé les inégalités. Les 2 communautés les plus touchées étant les Arabes israéliens et les Juifs ultra-orthodoxes (haredim). Les revendications sur le prix du logement, le coût de la vie en général qui ne permet plus de vivre décemment se heurtent à la politique sécuritaire de Benyamin Netanyahou. Quand le gouvernement augmente le budget militaire et affecte des crédits importants à la construction des colonies en Cisjordanie occupée, il ne consacre pas cet argent à de nouveaux logements sociaux.

BLINDAGE OBLIGATOIRE

Depuis les années 1990, tout nouveau logement doit comporter une pièce blindée (mamad) *qui protège des roquettes et des armes chimiques. Avec un tel équipement, les appartements coûtent désormais une blinde !*

« Made in Israel »

Les produits fabriqués dans les colonies israéliennes en Cisjordanie portent l'appellation « made in Israel » lorsqu'ils sont vendus en France et en Belgique. En outre, ils bénéficient, pour la plupart, d'exemption de droits de douane grâce à l'accord qui régit les relations commerciales entre l'État israélien et l'Union européenne, alors même que l'UE considère ces colonies comme illégales. Le ministre israélien des Affaires étrangères a déclaré à la Banque mondiale que le volume des exportations en provenance des colonies vers l'Union européenne s'élevait à 2 % du total des exportations israéliennes. À ce pourcentage, il faut sans doute ajouter les biens « partiellement » confectionnés dans les colonies israéliennes. Lire aussi le texte consacré aux colonies et la position de la communauté internationale dans la rubrique « Divisions administratives » de la partie « Palestine : hommes, culture, environnement ».
En se basant sur la notion du droit à l'information du consommateur, l'Union européenne a décidé fin 2016 de mettre en place un étiquetage clair quant à la

provenance des produits fabriqués dans les colonies des territoires occupés, au regard du droit international. Mais l'identification précise de l'origine des produits demeure un casse-tête chinois pour les douanes européennes, l'État israélien ne déployant pas non plus une grande énergie à clarifier la provenance des produits.

Impact de la Covid

L'économie israélienne a globalement bien résisté à la crise sanitaire, même si toutes les conséquences ne sont pas encore visibles. Une estimation officielle chiffre à - 2,5 % la croissance pour 2020. Le taux de chômage a toutefois bondi pour atteindre 15,7 % sur l'ensemble de l'année 2020. Avec 735 000 visiteurs en 2020, essentiellement au cours de 2 premiers mois de l'année, le tourisme a chuté de - 81,7 % par rapport à 2019. C'est sans surprise l'un des secteurs les plus affectés par la pandémie.
Pour 2021, la Banque centrale conditionnait la reprise économique à la couverture vaccinale. Elle envisageait une croissance autour de 4 % en 2021 et de 6 % en 2022 et un taux de chômage ramené respectivement à environ 10 % et 7 %. Les inégalités demeurent toutefois importantes (lire plus haut « L'envers du décor »).

ÉCOTOURISME

Avec un désert qui couvre environ 60 % du pays, les fonds marins extraordinaires de la mer Rouge, une centaine de parcs nationaux et près de 400 réserves naturelles (20 réserves supplémentaires ont vu le jour en 2019), Israël est une destination propice à l'écotourisme.

Réserves naturelles et parcs nationaux

Si certaines réserves et certains parcs nationaux sont des sites naturels avec des paysages d'une grande beauté et des écosystèmes remarquables, nombre d'entre eux correspondent à des sites historiques et des vestiges archéologiques majeurs, comme les anciennes cités nabatéennes du Néguev. Certains se trouvent en Palestine (comme dans le village d'Al-Walaja où un parc national a été créé en 2019 et des terres agricoles confisquées).
L'entrée à ces parcs et réserves est payante : compter environ 28 à 40 Shk selon le site ; gratuit pour les 5-18 ans ; petite réduc étudiants. Pour ceux qui prévoient d'en visiter plusieurs, il existe l'***Israel Pass,*** en vente en ligne *(● parks.org.il ● israelpass.biz ●),* à l'arrivée à l'aéroport (Ben Gurion ou Ramon-Eilat), de même qu'à Tel-Aviv, à Jérusalem *(Abraham Hostel)* ou à l'entrée des sites. Il est ***valable 2 semaines*** à partir de la 1re entrée, et au choix pour 3, 6 ou la totalité des sites. Son prix varie selon la formule : 78, 110 ou 150 Shk en version *Classic,* sans transport ou avec *(Israel Pass & Ride)*.

Randonnées et treks

Le pays se prête parfaitement aux randos et aux treks.
– L'***Israel National Trail*** est un sentier balisé long de 1 100 km, qui relie la frontière libanaise à la mer Rouge (nommé l'un des meilleurs *epic trails* au monde par le *National Geographic*).
– L'***Israel Mediterranean Sea Trail,*** qui commence au niveau des falaises de craie blanche et des grottes de Rosh Hanikra au nord pour se terminer au sud sur les plages de sable du kibboutz Zikim, juste avant la bande de Gaza. Au total, plus de 240 km de rando le long de la mer !
– Sans oublier l'offre conséquente de sentiers « à la journée » dans les nombreuses zones protégées que recèle le pays.

– Dans le désert du Néguev, plusieurs sentiers ont été balisés dans des paysages à couper le souffle. Il est possible d'organiser des treks de plusieurs jours en s'adressant à une agence spécialisée, ou auprès des écoles de la nature *(SPNI – Field School)* qui disposent d'un bureau de guides accompagnateurs. Lire également « Le désert du Néguev. Randonner dans le désert ».

■ ***Société pour la protection de la nature*** *(SPNI)* **:** ☎ *(03) 638-86-88.* ● *natureisrael.org* ●
– ***Un site dédié au trekking en Israël :*** ● *hike-israel.com* ●

Plongée sous-marine

Se reporter à la rubrique qui lui est consacrée plus loin.

ENVIRONNEMENT

Développement et préservation

Sécheresse, pollution, évaporation, détournement des cours d'eau et surexploitation des ressources sont autant de défis majeurs dans les décennies à venir. Israël a ainsi établi, sur près de 7 % de son territoire, environ 400 réserves protégées qui permettent de sauvegarder la faune et la flore, dont une vingtaine sont accessibles aux visiteurs. De plus, depuis 1955, une loi interdit formellement la chasse d'une centaine d'animaux et la cueillette de certaines plantes. Mais d'une manière générale, la faune et la flore ont aussi été victimes du développement démographique et économique rapide et des conflits de la région.
Pour compenser la forte déforestation, le gouvernement israélien mène une politique de reboisement sérieuse (toujours en vigueur) qui a eu le mérite de quintupler le nombre d'arbres (surtout des pins). De là à parler de succès écologique ? Sans jeu de mots, c'est peut-être l'arbre qui cache la forêt ! Car une seule espèce d'arbre ne peut qu'appauvrir l'écosystème et acidifier le sol et l'eau. Mêmes principes, mêmes conséquences dans la vallée du Jourdain où l'agriculture intensive accélère la désertification.
La permanence du conflit a aussi mis à rude épreuve la nature et ses ressources : la création du mur et l'implantation des colonies ont conduit au déracinement massif d'oliviers, ressource économique majeure pour les Palestiniens.
En février 2021, des tonnes de mazout se sont déversées au nord de la bande de Gaza, polluant 170 km de littoral. En cause, le dégazage d'un navire au large des côtes. Cette marée noire est considérée comme ***l'une des pires catastrophes écologiques de l'histoire du pays.***

L'eau : le nerf de la guerre ?

Au sujet de ce problème crucial dans la région, se reporter à la rubrique « Environnement » dans la partie « Palestine : hommes, culture, environnement ».

Place au plastique !

Le packaging et les couverts en plastiques, un vrai fléau en Israël ! ***Israël est le 2e plus grand consommateur d'ustensiles à usage unique au monde,*** derrière les États-Unis. Il n'y a qu'à arpenter les plages dans la région de Tel-Aviv pour s'en convaincre. Ville du pique-nique en famille par excellence, Tel-Aviv est la 3e ville du bassin méditerranéen touchée par la pollution plastique derrière la côte d'Adana (Turquie) et la région de Barcelone, avec plus de 20 kg de déchets plastiques par kilomètre de littoral.
Alors que de nombreuses start-up israéliennes sont devenues leadeuses dans le domaine de l'environnement (traitement et recyclage des eaux, désalinisation,

micro-irrigation, etc.), les Israéliens vivent le paradoxe d'être profondément attachés à la préservation de la terre sans en faire une priorité ni un but principal. Comme dans la plupart des pays industrialisés, l'environnement est malmené et les pollutions se multiplient. Or les mesures gouvernementales prises en faveur de la protection de l'environnement, et notamment contre les émissions de gaz à effet de serre, sont timides, voire quasi inexistantes. Sans parler du projet d'extraction de gaz naturel Léviathan (voir la rubrique « Économie ») qui va à l'encontre de la lutte contre le réchauffement climatique dans un pays où ***les températures moyennes ont progressé de près de 2 % ces dernières années.***

LES RABBINS PRÔNENT LE PLASTOC !

Si les couverts en plastique ont la cote en Israël, c'est aussi parce que la vaisselle est extrêmement difficile à rendre casher. Entre les Séfarades qui considèrent que le verre n'absorbe pas et les Ashkénazes qui affirment le contraire, entre la poterie et la porcelaine qui ne l'est en aucun cas et les objets métalliques qui sont faciles à « cashériser », c'est une vraie prise de chou. Pour éviter toute dispute, les rabbins optent pour le... plastique jetable !

Verdir le désert

Les pénuries favorisent la créativité, c'est bien connu ! On a vu, dans une bande de Gaza sans essence, des petits débrouillards faire rouler le moteur Diesel de leur voiture avec de l'huile de falafels usagée ! Israël et ses ingénieurs ont opté pour une autre voie. Car comment expliquer que, dans un pays où les ressources naturelles sont limitées (plus de la moitié de la superficie d'Israël est désertique et ***97 % du territoire est classé en zone aride***), la production agricole soit aussi intense ?

La croissance de la production agricole israélienne doit beaucoup à une coopération étroite entre scientifiques, agriculteurs et industries. Ensemble, ils ont développé des technologies agricoles de pointe, notamment des méthodes d'irrigation économes en eau et une agriculture sous serre. Chaque saison, on produit 400 t de tomates par hectare, soit un rendement 4 fois plus élevé qu'en plein champ ! L'université Ben Gourion à Beer Sheva est particulièrement active dans la recherche agricole en milieu aride et dans la gestion des ressources naturelles rares. Lors de l'Expo universelle de Milan en 2015, Israël a fait impression en exposant son fameux « champ vertical », un vrai champ planté mais sous forme de mur. Un délire total, une manière de vanter la maîtrise de l'humain sur la nature.

MANIPULATION GÉNÉTIQUE ET CACHEROUT

Une entreprise basée à Park Tamar, le creuset high-tech de Rehovot (sud de Tel-Aviv), a mis au point une technique qui permet de modifier génétiquement certains végétaux (des arbres principalement) en leur permettant une augmentation de croissance de l'ordre de 40 %. Une avancée qui s'accommode mal avec la cacherout, car certains se réfèrent au très respecté rabbin kabbaliste du XIIIe s Nahmanide, qui affirmait que l'humanité ne devrait pas perturber la nature fondamentale de la création.

La « goutte » qui révolutionna l'irrigation

C'est presque par hasard que l'Israélien Simcha Blass découvre, en 1959, la version moderne de la technologie du « goutte-à-goutte » ou « micro-irrigation », qui va révolutionner l'irrigation dans les zones arides en réduisant l'utilisation d'eau et d'engrais. En réalisant que l'effet goutte-à-goutte lent et équilibré permet d'améliorer la pousse, l'ingénieur s'associe avec le kibboutz *Hatzerim* pour expérimenter la technique sur la terre aride du Néguev. Un succès qui mène à la création de la société *Netafim* en 1965, une production agricole unique en son genre. Des expériences ont également réussi depuis peu avec de l'eau saumâtre. Depuis, avec l'épuisement des ressources hydrauliques mondiales, la méthode israélienne est perçue comme l'avenir de l'irrigation et s'exporte à travers le globe vers l'Australie, l'Amérique du Nord et l'Amérique du Sud. Elle est même adoptée par des villages palestiniens.

FAUNE ET FLORE

La diversité topographique et climatique a engendré une impressionnante biodiversité compte tenu de la taille du territoire.

Une flore variée

Plus de 2 800 espèces de plantes ont été identifiées, issues de tous types de climats : méditerranéen, européen, asiatique, africain, saharien et même subtropical. La flore originelle a aussi été enrichie par l'immigration du XXe s et l'arrivée des Juifs d'Europe qui ont apporté diverses espèces. On recense 140 plantes endémiques comme des variétés de câpre et de marjolaine. Les arbres fruitiers : oliviers, amandiers, citronniers, orangers, abricotiers... dominent largement le paysage. L'odorat n'est pas en reste avec le chèvrefeuille et le jasmin.
Dans le Nord poussent des espèces sauvages comme les pin, cyprès, acacia, eucalyptus, tamarin et caroubier. Tandis que dans les oueds des déserts du Sud, on trouve plus particulièrement des pistachiers térébinthes et des jujubiers.

La faune

La diversité des climats et des milieux naturels permet le développement de quelque 115 espèces de mammifères et 90 espèces de reptiles et d'amphibiens, par ailleurs gravement menacés. Parmi les mammifères, beaucoup d'espèces désertiques ou montagnardes. Le bouquetin ou ibex de Nubie se rencontre dans le désert du Néguev. Visibles aussi dans les oueds du Sud et de l'Est, comme à Ein Guedi, les gazelles et les damans des rochers semblables aux marmottes. Les prédateurs comme le loup, le léopard et quelques espèces de renards vivent discrètement dans les déserts. À noter aussi : la réserve de coraux et de poissons tropicaux de la mer Rouge à Eilat, particulièrement riche.

Les grands migrateurs

Avec tant à voir sur terre, on oublierait de lever les yeux et ce serait dommage. On y a observé plus de 500 espèces d'oiseaux, sédentaires ou migrateurs (cigognes, pélicans, rapaces...). La région est traversée par le plus grand couloir migratoire aérien du monde. Au printemps, près de 500 millions de volatiles de différentes espèces se posent ici, avant de rejoindre l'Afrique ou l'Asie. Pour les observer, l'idéal est de se rendre près d'Eilat, qui abrite une station de baguage

RISQUE AVIAIRE

Afin de protéger les oiseaux en période de migration (printemps, automne), les avions détournent leur plan de vol pour éviter d'emprunter leur couloir de migration. Les collisions, non seulement fatales aux espèces à plumes, pourraient s'avérer aussi dangereuses pour les passagers, puisque, compte tenu de la vitesse de déplacement des oiseaux voyageurs, l'impact peut provoquer jusqu'à la destruction d'un réacteur.

des oiseaux, mais aussi dans les réserves Hula en Galilée et de Gamla dans le Golan. Les plus communs sont les passereaux, le bulbul et des variétés d'étourneaux, d'hirondelles et de martinets. On peut observer des aigles sur les pics du Golan, et, au sud, des faucons et des vautours.

GÉOGRAPHIE

Carrefour du Proche-Orient, Israël et la Palestine se trouvent à la jonction des continents africain et asiatique, à la pointe occidentale des terres cultivables du Croissant fertile. À l'ouest, le rift sépare la plaque africaine de la plaque arabique et délimite Israël et la Palestine de la Jordanie par la plus longue vallée du monde. Le Jourdain s'y écoule depuis les hauts plateaux du Golan jusqu'à la mer Rouge, en passant par le lac de Tibériade et les profondeurs de la mer Morte, le point le plus bas du globe (- 424 m).

Entre mers et déserts, le climat et les paysages sont assez contrastés, en raison des glissements de terrain entre les diverses plaques tectoniques et la rencontre des climats méditerranéen et désertique. La topographie change sans cesse.

Israël comprend, grosso modo, 4 régions.

- ***Au nord,*** les terres fertiles et les vignobles de Galilée, le haut plateau du Golan avec le mont Hermon, dont la cime enneigée culmine à 2 814 m.
- ***Au sud,*** les déserts de rocailles et de sable du Néguev et de l'Arava, limitrophes des déserts du Sinaï en Égypte et de la Jordanie.
- ***À l'ouest,*** le littoral méditerranéen et les grands centres urbains israéliens (Tel-Aviv, Haïfa).
- ***À l'est,*** la vallée du Jourdain. Il y fait chaud, même très chaud en été.

Ce petit pays compte aussi ***3 mers et un lac*** : la Méditerranée à l'ouest, la mer Rouge au sud et 2 étendues d'eau intérieures sous le niveau de la mer : la mer Morte (- 424 m) et son taux de salinité record, et le lac de Tibériade (- 212 m).

HISTOIRE

Se reporter au chapitre en tout début de guide.

KIBBOUTZ : DES PRINCIPES DE COMMUNAUTÉ

Le kibboutz est la seule forme de communauté véritable qui soit longtemps restée conforme à l'idéal socialiste des fondateurs d'Israël : « Chacun selon ses moyens, chacun selon ses besoins. » Le 1er kibboutz fut créé en 1909 par un groupe de pionniers juifs à Degania, au sud du lac de Tibériade, près du Golan et de la frontière syrienne. Mais les premiers centres agricoles créés par des immigrés d'Europe centrale datent de 1879. Les kibboutzim reposaient depuis leur apparition et jusqu'à la fin des années 1980 sur des principes simples : tout appartient à la communauté, à l'exception des effets personnels. Les enfants sont élevés ensemble, sans pour autant être séparés de leurs parents. Les tâches quotidiennes sont assurées par roulement. Le kibboutz explique, en partie, la prospérité agricole d'Israël.

La monoculture est interdite, chaque kibboutz devant, en principe, être économiquement indépendant, voire autarcique (c'était une question de survie pour les premiers kibboutzim étant donné leur contexte de création). Les produits sont tous vendus par l'intermédiaire de la coopérative.

Depuis quelques années, beaucoup de kibboutzim vivent surtout grâce à une production industrielle : usines de plastique, de mécanique, exploitations de brevets agricoles ou industriels, etc. Enfin, la population qui vit dans les kibboutzim représente aujourd'hui moins de 2 % de la population totale, pour une contribution de 7 à 8 % de la production nationale, mais cela reste un symbole important du sionisme. Les *kibboutznikim* (habitants du kibboutz) ont été pendant longtemps considérés comme l'élite de la société israélienne. Par rapport à la population totale d'Israël, ils sont encore surreprésentés parmi les officiers de l'armée, les membres du gouvernement ou les parlementaires.

Les kibboutzim d'hier, marécageux, animés par une idéologie pionnière forte, sont aujourd'hui de véritables oasis en pointe sur l'agroalimentaire et les technologies vertes, qui s'orientent vers une gestion capitaliste. Nombreux sont ceux qui développent une activité touristique (hôtel, restaurant). La vie en commun est préservée tout en permettant à chacun d'accéder à des avantages personnels.

MÉDIAS

Presse

Israël compte une vingtaine de journaux principalement en hébreu, mais aussi en arabe ou en russe, avec parfois des versions anglaises. *Yediot Aharonot* et *Israel Hayom,* de centre droit, sont les plus lus. *Yediot Aharonot*, considéré comme étant à gauche par les Israéliens, est en fait un journal de centre droit. *Israel Hayom,* un gratuit, est très pro-Netanyahou, grâce à celui qui le finance : Sheldon Adelson, le roi des casinos américains, proche de Donald Trump.

Plus à gauche, le *Haaretz* est disponible en anglais. Il a un petit lectorat en Israël, mais il est populaire parmi les décideurs et les intellectuels et c'est le journal de référence pour la plupart des diplomates étrangers et les expatriés. À la rédaction, des journalistes internationalement reconnus, qui se distinguent par une analyse en profondeur de la situation politique, économique et sociale et font la part belle à la culture israélienne. Aussi disponible en anglais, le *Jerusalem Post* est lu par une élite plus à droite.

On trouve des quotidiens français dans certains kiosques de Jérusalem, Tel-Aviv et Netanya.

Radio

Pour la musique pop israélienne et internationale, rendez-vous sur *Galgalatz* (91.8/93.5/99.8 ou 107 FM), la radio de l'armée. Elle est animée par des jeunes qui font leur service militaire. C'est la station la plus branchée, qui capte près d'un tiers de l'audience israélienne. *Kan Gimel* diffuse de la musique israélienne éclectique (89.7/97.5/97.8 ou 105.5 FM). Quant aux radios d'information, elles accordent un large temps d'antenne à la polémique entre auditeurs.

Depuis la fermeture en 2011 par les autorités israéliennes de la radio israélo-palestinienne *All for Peace,* il n'existe plus de radio qui tende au rapprochement entre les 2 sociétés, où l'on peut écouter des émissions à la fois en arabe et en hébreu.

GOOD MORNING ISRAEL

Dans le sillage des radios pirates créées dès les années 1960, Abie Nathan, un pacifiste israélien, fonda en 1973 la radio Voice of Peace. *Elle diffusait de la bonne musique et ne se gênait pas pour critiquer le gouvernement. Bref, énorme succès auprès des jeunes, mais pas vraiment auprès des autorités. Après des mois de cache-cache, on découvrit que la diffusion se faisait d'un bateau ancré au large de Tel-Aviv, à la limite des eaux internationales. Après les accords d'Oslo, voyant son rêve se réaliser, son créateur éteignit définitivement le poste. Il fit couler le bateau... qui repose en paix.*

Presse en ligne

Dans une région où l'actualité ne dort jamais, les journaux en ligne sont des sources rapides d'information (pour autant que l'on connaisse la tendance). En anglais : • *haaretz.com* • et • *ynetnews.com* • sont des sources très fiables en Israël. Également • *timesofisrael.com* • et • *jpost.com* • Le site +972 Mag (• *972mag.com* •) diffuse des informations sur l'actualité israélienne et palestinienne, notamment sur les Droits de l'homme et l'occupation israélienne.
En français : • *israelmagazine.co.il* • Le 1er organe de presse israélien et francophone paraît à une fréquence hebdomadaire. Infos sur Israël et sur le monde entier. Le portail israélien francophone • *isranews.com* • propose une revue de presse. À noter aussi un magazine mode et culture • *goldamedia.com* •

Du choix des mots

À la lecture d'un fait divers lié au conflit... que de différences dans le ton des journaux ! Ainsi, un Palestinien abattu par l'armée israélienne sera « un terroriste » pour le droitiste *Jerusalem Post,* « soupçonné de terrorisme » pour le *Haaretz* plus à gauche, et un « civil » pour *Ma'an* ou les sites palestiniens, qui parleront parfois des « forces d'occupation » plutôt que de l'armée. Qui dit vrai ? Mieux vaut lire plusieurs sources pour se faire une idée !

Liberté de la presse

Les médias israéliens bénéficient d'une marge de liberté sans égale dans la région. Certains journalistes sont connus pour leurs éditoriaux tranchants, tel Gédéon Lévy dénonçant le silence de la communauté internationale vis-à-vis de la politique menée par son pays à Gaza et en Cisjordanie (il se définit lui-même comme patriote). Les affaires de corruption dans lesquelles est impliqué l'ex-1er ministre Benyamin Netanyahou font également l'objet d'enquêtes dans les médias. Mais il est aussi mêlé à 2 affaires impliquant la presse : « l'affaire 2000 » (dans un enregistrement, il propose au patron du quotidien centriste *Yediot Aharonot* d'affaiblir son rival, le quotidien *Israel Hayom,* en échange d'une couverture plus favorable à son sujet). « L'affaire 4000 » concerne un conflit d'intérêts : Benyamin Netanyahou, alors ministre des Télécommunications (en plus d'être 1er ministre), avait fait voter des réglementations favorables au groupe de télécommunications Bezeq, qui détient le site d'information en ligne *Walla News,* sans mentionner ses liens avec un important actionnaire du groupe. Le site en ligne devait assurer la promotion du couple Netanyahou.
Toutefois, le remplacement, en 2017, de l'Autorité de radiodiffusion d'Israël (IBA), par une nouvelle structure, la Corporation de radiodiffusion publique (Kan), qui réduit au silence la plus ancienne chaîne de télévision nationale (Channel 1) et la fermeture de plusieurs stations de radio ont été perçus par la plupart des journalistes comme un moyen d'assurer au gouvernement un contrôle accru sur l'information. Reporters sans Frontières rappelle que la censure militaire menace également la liberté de la presse, certains sujets ne peuvent être abordés. Et ce qui se passe dans les territoires palestiniens est peu relayé par la presse israélienne. Depuis 2006, les citoyens israéliens ont interdiction de se rendre à Gaza et dans les « territoires palestiniens » (zones A et B, selon la dénomination palestinienne) de Cisjordanie. Malgré leur statut, les journalistes israéliens ne peuvent en aucun cas aller à Gaza, et, s'ils souhaitent couvrir les zones A et B de Cisjordanie, ils doivent notifier à l'avance les autorités israéliennes de tout déplacement.
Par ailleurs, les exactions de l'armée israélienne contre les journalistes palestiniens et étrangers sont fréquentes, en particulier lors de la couverture de manifestations. 2 journalistes palestiniens, Yaser Murtaja et Ahmed Abu Hussein, ont été tués par des tirs de l'armée israélienne lors de la couverture de la « Marche du retour » en avril 2018. Une dizaine d'autres ont été blessés. Les manifestations de Jérusalem

en mai 2021 ont également donné lieu à des arrestations et placements en détention administrative de journalistes palestiniens. Ces derniers, dès lors qu'ils sont perçus comme une menace pour la sécurité nationale, peuvent être détenus sans charge officielle, pour une durée indéfiniment renouvelable, et sans que leur dossier ne soit communiqué à un avocat. Selon Reporters sans frontières, au moins 13 journalistes palestiniens étaient détenus en 2021 dans les prisons israéliennes. Israël est 86e sur 180 dans le classement 2021 de Reporters sans frontières sur la liberté de la presse.

Ce texte a été réalisé en collaboration avec ***Reporters sans frontières.*** Pour plus d'informations sur les atteintes aux libertés de la presse, n'hésitez pas à contacter :

■ ***Reporters sans frontières :*** ☎ *01-44-83-84-84.* • *rsf.org* •

MURS ET PASSERELLES

À l'heure où les négociations politiques sont dans l'impasse, comment coexistent les sociétés israélienne et palestinienne ? Entre « mur de séparation » et actions pour la paix, nous avons essayé de comprendre les liens qui unissaient encore (ou non) ces peuples si proches, si lointains.

Les murs

Un mur, deux prisons

Sur les 712 km de mur prévus pour séparer Israël de la Cisjordanie, près des deux tiers ont été construits (en comparaison, la ligne verte mesure 323 km). À Jérusalem, 168 km de mur ont été érigés (sur 185 km programmés). Le mur entre Israël et la bande de Gaza est sans aucun doute la manifestation la plus visible du conflit et de l'occupation. S'il est souvent constitué d'une rangée de plaques de béton de 8 m de haut, flanquées de tours de guet et de caméras, le mur est aussi matérialisé par des tranchées, des barbelés, des zones tampons, des clôtures électrifiées ou des routes de patrouilles pour les véhicules militaires.

Sécurité ou annexion ?

« Barrière », « clôture de sécurité », « mur de séparation » ou d'« apartheid », autant d'appellations qui diffèrent selon le côté où l'on se trouve. Sa construction commence en 2002, au cœur de la 2de Intifada, officiellement pour barrer le passage aux infiltrés, susceptibles de commettre des attentats en Israël. S'il est avéré que les attentats ont vraiment diminué depuis une période qui correspond à sa création, certains affirment que cette baisse a été rendue possible grâce notamment à la société civile palestinienne qui a œuvré pour lutter contre les attentats-suicides, contraires aux valeurs morales et religieuses des Palestiniens, et pour trouver d'autres voies de résistance. De plus, le mur n'a jamais empêché les plus motivés de le traverser. Chaque jour des milliers de Palestiniens passent de l'autre côté de la barrière pour aller travailler.
Beaucoup voient dans ce mur l'établissement par Israël d'un fait accompli, celui d'***une frontière qui ne dit pas son nom.*** Son tracé ne respecte pas celui de la « ligne verte » (la ligne d'armistice de 1949 reconnue internationalement) : seulement 14 % des 2 tracés se superposent. Le reste serpente à l'intérieur de la Cisjordanie au point que son tracé est 2 fois plus long que celui de la ligne verte. Ces incursions permettent à Israël d'englober une série de lieux géostratégiques, comme Jérusalem-Est, des ressources en eau, et certains grands blocs de colonies. C'est d'ailleurs ce que reproche la Cour internationale de justice qui a déclaré son tracé illégal en 2004. Au final, ce serpent de béton coûte environ 3 millions d'euros au kilomètre !

Séparer qui ?

Le mur ne sépare pas que les Israéliens des Palestiniens mais isole aussi les Palestiniens entre eux et les villageois de leurs plantations limitrophes, car près de ***1/10e du territoire de Cisjordanie est maintenant à l'ouest du mur.*** Quand il sera terminé, 40 000 Palestiniens seront « coincés » entre le mur et la ligne verte dans un no man's land absurde qui requiert de ceux qui y habitent un permis spécial pour rejoindre leurs maisons. Pour les terres agricoles traversées par le mur, leur accès n'est possible que par quelques portiques ouverts quotidiennement, hebdomadairement ou en saison par l'armée ; tandis que les communautés enclavées sont reliées entre elles par un réseau routier souterrain.

Le mur sépare aussi les Palestiniens de Jérusalem et ceux de Cisjordanie, divisant des familles, brisant la vie des quartiers ou obligeant les écoliers, étudiants et patients à choisir une école ou un hôpital situés de leur côté du béton. Des manifestations pacifistes ont régulièrement lieu dans des villages palestiniens emblématiques (Bil'in, Nil'in, Nabi Saleh, Beit Omar, Al-Walaja...), porte-drapeaux des conséquences dramatiques du mur sur le plan humain, social et économique.

Parfois, des situations se dénouent de façon plus heureuse. Près de Bethléem, le magnifique village de ***Battir,*** avec ses cultures en terrasses et son ingénieux système d'irrigation, a pendant des années été menacé d'être coupé de ses terres par le mur, ce qui aurait engendré la destruction de ce type d'agriculture ancestrale, comme ce fut le cas à Al-Walaja, le village voisin. Les habitants se sont déménés. Ils ont porté l'affaire devant la justice, puis sont parvenus en 2014 à faire inscrire le village sur la liste du Patrimoine mondial de l'Unesco. Est-ce que ce classement a fait pencher la balance devant la Haute Cour de justice ? Toujours est-il qu'en janvier 2015, au bout de 3 ans de procédure, ils ont eu gain de cause. La Cour a prononcé le gel (non l'arrêt) de la construction du mur à cet endroit. Les autorités israéliennes ont toutefois contourné cette décision en créant en 2019 une réserve naturelle à cet endroit, qui accapare de fait les terres des agriculteurs palestiniens.

À ***Crémisan,*** après 10 ans de procédure judiciaire, les habitants de la vallée ont été déboutés fin 2016. La construction est en cours, si bien que le monastère et le couvent, réputés pour leur production de vin, peuvent se retrouver côté israélien ou côté palestinien des blocs de béton !

Les autres murs

Israël poursuit la construction d'autres murs : au sud-ouest, à la frontière égyptienne, s'élève une barrière de 250 km de long pour arrêter d'une part les migrations africaines, d'autre part les attentats de djihadistes venus du Sinaï ; au nord : un mur de 1 km de long et de 6 m de haut a été érigé en lieu et place du poste-frontière avec le Liban. Dans la vallée du Jourdain, le long de la frontière jordanienne, une nouvelle barrière de sécurité devait être construite. Elle aurait justifié la présence militaire d'Israël dans cette partie de Cisjordanie, même en cas d'accord avec l'Autorité palestinienne (l'annonce a d'ailleurs été faite en octobre 2013, au cours d'un énième round de négociations).

Montre-moi ta carte d'identité, je te dirai qui tu es !

– ***Si elle est bleue :*** sur les 355 300 Palestiniens de Jérusalem-Est (selon les statistiques israéliennes, 471 800 selon le bureau des statistiques palestinien), moins de 10 % possèdent la nationalité israélienne, les autres ont une carte d'identité bleue qui leur octroie le ***statut de résident permanent de Jérusalem*** mais pas de nationalité, ni de droit de vote, hormis aux élections municipales. Et puisqu'ils ne dépendent pas de l'Autorité palestinienne, ils sont dans les faits ***apatrides.*** Les Jérusalémites ont accès aux 2 côtés du mur et bénéficient d'avantages sociaux (allocations logement ou de chômage, accès aux hôpitaux israéliens) et d'une plus grande liberté de mouvement. Ils peuvent voyager dans tout le pays et même à l'étranger grâce à un document de voyage israélien (qui n'est pas un passeport).

Mais pour ne pas perdre ce « sésame », il y a un prix à payer : celui de devoir prouver, lors du renouvellement de la carte (environ tous les 3 ans), habiter en permanence à Jérusalem. Or, dans la Ville sainte, les permis de construire sont rarement accordés aux Palestiniens (ce qui débouche parfois sur la démolition de maisons palestiniennes érigées sans permis), les loyers et l'*arnona* (la taxe de résidence) sont exorbitants, l'offre d'emplois moins importante qu'à Ramallah. Du coup, ils sont nombreux à endurer les heures de files d'attente aux check-points pour faire la navette quotidienne entre une maison à Jérusalem et un emploi en Cisjordanie. Ceux qui résident à l'étranger, en Cisjordanie ou à Gaza trop longtemps (entre 3 et 7 ans, ce n'est pas clair) ou obtiennent une autre nationalité risquent de se voir résilier le droit de résidence, jusqu'à, parfois, devenir touriste dans leur propre pays, et de se faire refuser l'entrée à la frontière. Entre 1967 et 2018, Israël a résilié la carte de résidence à 14 500 Jérusalémites, dont la moitié entre 2006 et 2008. Exemple flagrant de discrimination, cette loi ne s'applique ni aux citoyens israéliens ni aux colons de Jérusalem-Est.

– ***Si elle est verte :*** plus de 5 millions de Palestiniens de Cisjordanie et de Gaza ont une carte d'identité verte. Ils sont ***interdits d'entrée sur le territoire israélien,*** à l'exception de ceux qui possèdent un permis. De 1 jour à quelques mois, le permis peut être obtenu si l'on travaille pour une organisation à Jérusalem ou si l'on est employé régulièrement par une société israélienne, ou encore si l'on doit se rendre dans un hôpital pour suivre un traitement spécial.

Pour sortir de Cisjordanie, les Palestiniens à la carte d'identité verte doivent rejoindre l'aéroport d'Amman en Jordanie via le pont d'Allenby (contrôlé par Israël). Parcourir les 100 km qui séparent Ramallah d'Amman prend entre 4h et 1 journée. Quant aux ***Palestiniens de Gaza,*** ils ont ***peu de chances de sortir*** de la bande depuis le blocus. C'est l'armée israélienne ou égyptienne qui contrôle l'entrée et la sortie des biens et des personnes dans et vers Gaza. Pratiquement seuls les cas médicaux aigus ont une chance de sortir pour une période donnée.

– ***Carte d'identité israélienne :*** les Israéliens, Arabes et Juifs, possèdent une carte d'identité et un passeport israéliens. Pour des raisons de « sécurité personnelle », une loi israélienne ***interdit aux résidents juifs l'entrée dans les zones de Cisjordanie contrôlées par les Palestiniens*** (zone A systématiquement, et zone B, parfois), sous peine d'être condamnés à une amende ou à de la prison. A fortiori, la bande de Gaza est inaccessible pour les Israéliens, Tsahal en contrôlant l'accès.

– ***Plaques d'immatriculation :*** la distinction est plus simple. Côté israélien, on ne croise que des plaques jaunes, et pour cause, les voitures munies de plaques vertes de Cisjordanie et de Gaza ne peuvent quitter le territoire. À l'inverse, les plaques jaunes qui circulent en Cisjordanie peuvent appartenir à des Israéliens (colons ou non, Arabes ou Juifs), ou à des Palestiniens de Jérusalem.

Quels points de rencontre ?

Avec la fragmentation du territoire, l'enclavement géographique ou encore la différence de traitement entre les Palestiniens, le tissu social s'est largement distendu en Palestine. C'est que, les Palestiniens étant enclavés dans leurs zones respectives, les points de rencontre ne sont plus si fréquents. En pratique, Gazaouis et Cisjordaniens ont peu de chances de se rencontrer. De même, les mariages « palestiniens de résidences mixtes » sont rendus difficiles car, depuis 2003, la procédure de réunification familiale (prérogative israélienne) entre Jérusalémites et Palestiniens de Gaza ou de Cisjordanie est gelée. Quant aux mariages interconfessionnels, le mariage civil n'existant ni en Israël ni en Palestine, il reste aux Roméo et Juliette à s'envoler pour Chypre, ou à se convertir !

Les échanges entre Palestiniens et Israéliens sont aussi restreints par ces lois ; hormis à travers les médias qui véhiculent souvent une image tronquée et stéréotypée, ces 2 peuples se voient peu. En Palestine, la jeune génération ne connaît des Israéliens que les colons ou les soldats ; de leur côté, les Israéliens ignorent franchement à quoi ressemble l'autre côté du mur, ou n'ont du paysage que ce dont ils se souviennent lors de leur service militaire dans les territoires palestiniens. Ceux des 2 clans qui défient la séparation ambiante par des échanges culturels ou académiques le font plutôt en « terrain neutre ».

Les passerelles

Certes, depuis quelques années, on constate une méconnaissance, un manque d'intérêt, une méfiance réciproque des 2 peuples, malgré leur proximité. Cependant, des tentatives – pour le moment isolées – existent bel et bien de part et d'autre pour jeter des passerelles... Des ONG défendant farouchement les Droits de l'homme, d'autres s'impliquant dans des projets communs, des orchestres mixtes qui s'enrichissent mutuellement... Ici ou là, des clubs prônant, dans le cadre d'activités communes, une meilleure compréhension.

L'opposition israélo-palestinienne

Face aux colons, aux religieux, aux activistes de droite, aux partis tels que le Foyer juif nationaliste et le Shass ultra-orthodoxe, militent les « colombes », qui se retrouvent autour de mouvements comme ***La Paix maintenant*** *(Shalom Ahchav),* ainsi que d'autres organisations et ONG. Elles favorisent les rencontres avec des dirigeants palestiniens dans les Territoires, procédant ainsi à des échanges d'idées en toute franchise, pour explorer les voies d'un dialogue ou du moins éviter un total divorce. Matzpen, minoritaire en son temps, fut pourtant un groupe activiste d'extrême gauche très actif. Il fut longtemps la mauvaise conscience de la politique israélienne, sur le terrain des Droits de l'homme et ceux des Palestiniens en particulier.
Ajoutons que ces prises de conscience, si légitimes soient-elles, restent hélas assez minoritaires. Elles sont essentiellement relayées en Israël par le quotidien *Haaretz,* et demeurent trop souvent dans la sphère universitaire et intellectuelle.
Bien entendu, bien avant la création de l'État, des voix s'élevèrent en Israël, mettant l'accent sur la présence importante des Palestiniens sur cette terre, laissant présager, si des solutions équitables n'étaient pas mises en œuvre, des lendemains difficiles. ***Martin Buber,*** philosophe de renom, ***envisageait un État mixte*** où les 2 communautés auraient partagé les responsabilités. Une occasion ratée !
Du côté palestinien, les choses ne sont pas claires non plus ; certains dirigeants palestiniens déclarent que la Palestine indépendante ne tolérera aucun Juif sur son sol.
D'autres débats houleux occupent pleinement les esprits, comme la place ou le rôle des religieux dans la politique, l'armée et la nation. Et bien sûr la paix, avec ce que cela impliquerait de concessions douloureuses, quoique nécessaires, et de frustrations. Elles permettraient tant bien que mal une certaine cohabitation, celle de 2 États côte à côte... La politique ne répondant pas toujours aux aspirations, si légitimes soient-elles, mais consistant à accepter de part et d'autre ce qui semble plausible.

La belle aventure d'un orchestre !

Dans le domaine musical, une initiative phare de travail en commun des 2 communautés reste la création en 1999 de l'orchestre Divan occidental-oriental *(● west-eastern-divan.org ●)* par le chef d'orchestre israélien ***Daniel Barenboïm*** (1942) et l'écrivain palestinien Edward Said (1935-2003). Constitué de jeunes musiciens à la fois israéliens et arabes (Syrie, Liban, Égypte, Jordanie, Palestine), l'orchestre répète tous les étés à Séville, en Espagne, et entreprend une tournée internationale en août. Le symbole de l'Andalousie n'est pas fortuit : c'est la seule région du monde où les religions catholique, juive et musulmane sont parvenues à cohabiter pendant plusieurs siècles.

Évoquant les relations entre Juifs et Arabes, ou plutôt le manque de relations, Daniel Barenboïm avoua en 1999, à Weimar, qu'il était effaré de voir à quel point il y avait ***« une ignorance de l'Autre »,*** et on sait que l'ignorance peut mener à l'incompréhension, voire à la diabolisation. ***D'où la nécessité de telles rencontres.***

En 2005 avait lieu le 1er concert à Ramallah, en Cisjordanie. Pour mener à bien cette représentation à l'organisation complexe, l'Espagne dut fournir un passeport diplomatique espagnol à tous les musiciens. À noter que l'orchestre compte à son répertoire des œuvres de Wagner, connu pour ses positions ouvertement antisémites et banni des scènes israéliennes, histoire de placer l'esthétique musicale au-dessus des opinions ou divergences politiques. Un orchestre précurseur à tout point de vue, et une aventure détaillée par Daniel Barenboïm dans un livre, *La Musique éveille le temps* (Fayard, 2008).

Les associations israélo-palestiniennes

Face à un conflit qui s'éternise, 2 sociétés civiles dynamiques se sont développées. En Palestine, on ne compte plus les ONG locales qui militent, tous secteurs confondus, pour le développement, la démocratie, la paix, l'agriculture, la créativité ou le respect des femmes. Israël compte aussi une belle poignée d'associations qui œuvrent pour le rapprochement des peuples et la résolution du conflit. Mais ce n'est pas simple pour les pacifistes israéliens, et a fortiori pour les *refuzniks* (ceux qui refusent d'accomplir leur service militaire dans les territoires palestiniens), d'évoluer dans une société qui les considère au mieux comme des originaux, au pire comme des traîtres. Le Parlement israélien a d'ailleurs dans ses tiroirs une batterie de lois visant à entraver dans la pratique le travail de ces organisations.

Voici quelques-unes des associations qui militent pour le rapprochement des peuples.

– ***Breaking the Silence*** *(Rompre le silence) :* • *breakingthesilence.org.il* • D'anciens soldats racontent les dérives de l'occupation à Hébron et ailleurs. Ils parlent de ce qu'ils ont vu, entendu, fait ou vu faire. Souvent, le discours choque, c'est le but : ces vétérans de Tsahal veulent exposer le public israélien à la réalité quotidienne de la présence militaire israélienne dans les territoires et à ses abus. Une vision de l'intérieur rarement exposée. Ils évoquent la détérioration des normes morales et la déshumanisation de leurs voisins au nom de la sécurité d'Israël. Créée en 2004, l'association récolte et publie des témoignages d'anciens soldats, organise des débats publics (notamment pour les nouvelles recrues) et des tours en anglais une fois par mois dans les villes palestiniennes, surtout proches de Hébron, où ils étaient en poste. Horaires des tours et déroulement à consulter sur le site (en anglais). Départ depuis Gan Hapa'amon (Liberty Bell Park), à Jérusalem, ou de la station de bus Arlosoroff, à Tel-Aviv. Prévoir environ 7-8h et 120 Shk par personne (transport compris). Apporter son passeport et prévoir un pique-nique (avec suffisamment d'eau).

– ***Women Wage Peace*** *(Les Femmes font la paix) :* • *womenwagepeace.org.il* • Un mouvement de femmes juives et palestiniennes, religieuses et laïques, de tous bords politiques, qui milite en faveur d'un accord de paix entre les communautés. Pour mieux se connaître et engager le dialogue, il organise des rencontres et manifestations, interpelle le gouvernement sur tous les sujets qui conduisent à plus de divisions, telle que l'annexion.

– ***Combattants for Peace*** *(Les Combattants pour la paix) :* • *cfpeace.org* • Des antonymes qui intriguent ! Ce sont d'anciens soldats israéliens et des combattants armés palestiniens, et ceux des 2 bords qui ont contribué au cycle de la violence avant de déposer les armes pour travailler côte à côte à une paix juste et durable.

– ***Zochrot*** *(Le Souvenir) :* • *zochrot.org* • Comment traduire la *nakba* (la catastrophe) en hébreu ? L'organisation veut amener la population israélienne à reconnaître la *nakba* pour l'intégrer dans l'histoire nationale. La bataille pour l'introduction de ce chapitre n'est pas gagnée, mais Zochrot y travaille en formant des profs et en organisant des tours dans les villages détruits, avec pour guides des Palestiniens originaires de l'endroit.

– ***Rabbis for Human Rights*** *(Les Rabbins pour les Droits de l'homme)* **:** • *rhr.israel.net* • *(en anglais et en hébreu).* L'organisation a été créée en 1988, sous l'égide du rabbin Arik Ascherman, connu pour s'être opposé aux bulldozers venus démolir une maison palestinienne. Elle regroupe des rabbins de toutes les tendances du judaïsme qui mettent en avant la vision humaniste de la tradition juive et son lien avec les Droits de l'homme. Les Rabbis, avec l'aide d'une équipe d'avocats, soutiennent la cause des minorités, la protection des migrants et le respect des Droits de l'homme dans les territoires occupés.

– ***Parents'circle*** *(Le Cercle des parents, les familles en deuil)* **:** • *theparentscircle.org* • *(en anglais, en arabe et en hébreu).* L'organisation compte plus d'une centaine de familles palestiniennes et israéliennes qui ont perdu un proche dans le conflit : parents des enfants victimes d'attentats-suicides ou de l'armée israélienne se rassemblent pour proposer une alternative à la haine et à la vengeance. Les témoignages donnent la chair de poule, tant ils sont teintés de la force morale nécessaire pour combattre la ségrégation ambiante.

Et aussi :

– ***Slim Peace*** (on n'invente pas !) **:** • *slimpeace.wordpress.com* • Des femmes arabes et israéliennes de Jérusalem qui se retrouvent pour se former à un mode de vie sain, et se rendent compte qu'elles ont bien plus en commun qu'elles ne le pensent !

– ***Center for Religious Tolerance*** *(Le Centre pour la tolérance religieuse)* **:** • *c-r-t.org* • Des rabbins, des imams, des popes et des prêtres réunis pour la paix.

– ***Machsom Watch :*** • *machsomwatch.org* • *Machsom* signifie « check-point » en hébreu. C'est là que les femmes israéliennes qui refusent l'occupation sont les plus actives. Elles y surveillent les méthodes des soldats et assistent les Palestiniens en cas de pépin.

FAITES DE LA BELLE CUISINE, PAS LA GUERRE !

Une dizaine de grands chefs juifs, musulmans et chrétiens ont fondé Chefs for Peace *en 2001, pour établir un fructueux dialogue entre eux et apporter, au travers d'échanges professionnels, pratiques communes et événements culinaires leur petite contribution pour promouvoir la paix et la compréhension entre les peuples... Comme nous l'a dit l'un d'entre eux : « La cuisine transforme toutes les langues en une seule ! »*

– ***Christian Peace Maker Team :*** • *cpt.org* • Les volontaires viennent de tous les horizons de la chrétienté. Ils ont établi une présence à Hébron, l'une des villes où l'occupation est la plus intense, et accompagnent les enfants aux check-points ou ailleurs pour les protéger de la violence potentielle des colons voisins.

– Voir aussi le village de ***Neve Shalom – Wahat es Salam,*** près de Jérusalem, qui abrite les 2 communautés.

– ***Surfing for Peace :*** • *surfing4peace.org* • Grâce à la détermination et à la passion de Dorian « Doc » Paskowitz (légende du surf américain, décédé en 2014), le surf est en train de devenir sport d'avenir et facteur de paix à Gaza ! En 2007, malgré le blocus, il avait réussi à faire passer 14 planches à Gaza, offertes par des boutiques de glisse israéliennes, geste d'amitié destiné à promouvoir le rapprochement des 2 peuples. Ainsi naquit *Surfing for Peace,* dirigé par un grand surfeur israélien et soutenu par Kelly Slater, 11 fois champion du monde. Grâce à cette initiative, de nombreux jeunes Gazaouis peuvent oublier quelques heures durant leurs difficiles conditions d'existence et rêver de compétitions internationales à Hawaï ou à Lacanau... Les filles ont même reçu des « burkinis »...

PERSONNAGES

– ***Daniel Barenboïm*** *(né en 1942)* **:** natif d'Argentine, ce virtuose du piano, également chef d'orchestre de renom international, possède les nationalités israélienne, espagnole (2002) et... palestinienne (2008) ! Il a créé en 1999 avec Edward Said (1935-2003) l'orchestre Divan occidental-oriental, dans le but de réunir des musiciens de tous les pays du Moyen-Orient autour d'un même langage : la musique classique. Un projet exemplaire pour la paix, plusieurs fois couronné par des prix internationaux.

– ***Menahem Begin*** *(1913-1992)* **:** né à Brest-Litovsk en Biélorussie, il s'engagea dans la politique en rejoignant le Betar, mouvement de jeunesse sioniste, dès sa création en 1923, après sa rencontre avec Jabotinsky (le fondateur du sionisme révisionniste et du Betar). En 1948, Begin fonda son propre parti politique, le Herout (« Liberté »), à la droite de l'échiquier politique israélien, et en marge de l'ancien parti révisionniste déclinant. De 1948 à 1977, le Herout représenta la principale alternative au Parti travailliste dominant à la Knesset et la tension était grande entre Begin et Ben Gourion. Il devint le 7e Premier ministre d'Israël de mai 1977 à août 1983. Begin, qui avait toujours été considéré comme un faucon de la politique israélienne, négocia pourtant les accords de paix de Camp David avec le président égyptien Anouar el-Sadate, sous la médiation américaine du président Jimmy Carter (pour le retrait de Tsahal de la péninsule du Sinaï, restituée à l'Égypte). Ces accords valurent aux 2 négociateurs le prix Nobel de la paix en 1978.

– ***David Ben Gourion*** *(1886-1973)* **:** né David Grün à Plonsk en Pologne, militant dès l'adolescence, considérant le sionisme socialiste comme une doctrine à mettre en pratique par la seule voie du peuplement d'Israël, il émigre en Palestine en 1906. En 1942, il contribue à la rédaction du programme de Biltmore pour la constitution d'un État juif en Palestine. Il proclamera l'indépendance de l'État d'Israël en 1948. Ben Gourion, en hébreu « Fils du lion », a été l'un des fondateurs du Parti travailliste israélien qui a gouverné le Yichouv avant la création d'Israël, puis le nouveau pays durant les 3 premières décennies de son existence. 1er ministre d'Israël entre 1948 et 1953 puis entre 1955 et 1963, sa direction charismatique et énergique permet à Israël de doubler sa population en 5 ans. Il favorise la consolidation du pays avec l'Occident sur les questions internationales. Personnalité dominante à l'influence écrasante, il associe durant toute sa carrière une realpolitik prophétique à des vues très simplistes.

– ***Martin Buber*** *(1878-1965)* **:** philosophe, conteur et pédagogue, né à Vienne, Martin Buber adhère au mouvement sioniste en 1898 et en sera un membre actif et engagé. En 1902, il édite en Allemagne le magazine sioniste *Die Welt,* qui devient le plus renommé du mouvement. Il s'installe à Jérusalem en 1938 où on lui offre une chaire à l'université hébraïque et où il dispense des cours d'anthropologie et de sociologie. Il prend rapidement une part active aux problèmes rencontrés par les Juifs en Palestine ainsi que ceux de leurs voisins arabes, tout en œuvrant sur ses écrits et traduction de la Bible, et ses contes hassidiques. Il devient membre du parti Yi'houd, travaillant à une meilleure compréhension entre Israéliens et Arabes, se faisant l'apôtre d'un État binational et démocratique en Palestine. Il comprenait la nécessité impérieuse de donner une patrie aux rescapés de l'Holocauste, mais manifestait un grand souci éthique de ne pas commettre d'injustice vis-à-vis des Arabes de Palestine. Dénonçant le chauvinisme juif, il déclarait : « Nous n'aspirons pas à rentrer dans notre antique patrie pour en chasser un autre peuple ni pour le dominer. » Il fut un farouche opposant à Ben Gourion, en dénonçant les abus du sionisme. En 1946, il publie les *Voies de l'utopie* et il est invité, avec d'autres membres de son parti, par le Congrès américain à exposer ses thèses sur l'avenir politique de la Palestine (le président Truman est alors très intéressé par ses positions politiques). En 1951, il obtient le prix Goethe à l'université de Hambourg, en 1958, le prix Israël et, en 1963, le prix Érasme à Amsterdam.

– ***Moshe Dayan*** *(1915-1981)* **:** né le 20 mai 1915 au kibboutz Degania (lac de Tibériade). À l'âge de 14 ans, il rejoint la Haganah. Il est emprisonné 2 ans à Akko pour son activisme. Pourtant enrôlé dans un bataillon anglais, il participe aux combats contre les forces vichystes en Syrie pendant la Seconde Guerre mondiale. C'est là qu'il perd un œil. Il se distingue à nouveau dans les actions de la Haganah pendant la guerre de 1948-1949 avant de devenir chef d'état-major de 1955 à 1958 et de sortir auréolé de la guerre de Suez (1956). Il se lance dans la politique et rejoint le Mapaï (parti de gauche). Il se distingue à nouveau pendant la guerre de Six Jours (juin 1967). Cependant, il se voit reprocher par la suite d'avoir fait preuve d'excès de confiance et de ne pas avoir pressenti la guerre du Kippour (octobre 1973). Son étoile pâlit quelque peu. Il redevient cependant ministre des Affaires étrangères un court moment dans le gouvernement Menahem Begin et participe aux négociations de Camp David. Contrairement à son guerrier de père, sa fille Yael est militante du camp de la paix.

AUTANT BON CHINEUR QUE GRAND MILITAIRE !

Visitant une boutique d'antiquités à Jérusalem dans la vieille ville (son violon d'Ingres), Moshe Dayan découvrit une statuette du roi David. Il en négocia le prix avec le vieux commerçant palestinien et dut emprunter à la banque pour l'acquérir. Il fut la risée de la communauté des archéologues attitrés. Cependant, une analyse au carbone 14 confirma l'époque du roi David, et l'origine édomite de la statuette (territoire conquis par le roi David).

– ***David R. Grossman*** *(né en 1954)* **:** célèbre écrivain pacifiste. Après des études de philosophie et de théâtre à l'université hébraïque de Jérusalem, David Grossman commence sa carrière comme correspondant à Kol Israel, radio nationale d'Israël. Son 1er livre, *Le Vent jaune,* le rend immédiatement célèbre. Cet essai politique engagé décrit les souffrances imposées aux Palestiniens. Il fait partie, avec Amos Oz et Avraham B. Yehoshua, du groupe d'intellectuels ayant fondé le mouvement « La Paix maintenant ». Depuis 1973, ils travaillent pour le rapprochement entre Israéliens et Palestiniens et pour la création d'un État palestinien. Son ouvrage, *Une femme fuyant l'annonce* (Le Seuil), a obtenu le prix Médicis étranger (en novembre 2011) et a eu un très grand succès en France. En 2017, *Un cheval entre dans un bar* a reçu le prix international Man-Booker.

– ***Theodor Herzl*** *(1860-1904)* **:** né à Budapest, Theodor Herzl, après de brillantes études de droit à la faculté de Vienne, abandonne le barreau afin de se consacrer à l'écriture. Correspondant à Paris de la *Neue Freie Presse,* cet homme de lettres éclairé, libéral, très intégré dans cette Europe aux mouvements intellectuels qui caractérisent cette fin de siècle, assiste en tant que journaliste au procès Dreyfus et à la condamnation injuste du militaire français, accompagnée de manifestations antisémites. C'est un tournant décisif pour cet intellectuel qui, au pays des Droits de l'homme, voit son rêve brisé. Prenant conscience de l'ampleur du problème que pose en Europe l'antisémitisme, Theodor Herzl, journaliste, dramaturge, éloigné de toute culture juive, propose maintes solutions avant d'en arriver au projet sioniste. Il œuvrera dorénavant pour le retour du peuple juif dans sa terre ancestrale.

Homme d'action infatigable, il mobilise toutes les énergies mais

HERZL, UN LEADER TENACE

En 1898, Théodore Herzl profita de la visite de Guillaume II à Jérusalem pour lui demander de reconnaître la création d'un État juif. Échec. En 1903, le pape Pie X répondit par un refus sévère : « Vous ne reconnaissez pas le Christ, nous ne reconnaîtrons pas votre État. » Herzl mourut à 44 ans, en 1904. En 1949, son corps fut transféré à Jérusalem, au mont Herzl, ainsi nommé en sa mémoire.

il devra assez vite se détourner de certaines élites juives sceptiques à l'égard de son projet. Il tente d'intervenir sur la scène politique, mobilisant les masses juives de la Diaspora ainsi que les grands de ce monde. Les diverses délégations juives présentes au congrès de Bâle, surtout celles de Russie, s'opposent farouchement à la proposition britannique d'une installation en Afrique. C'est en définitive, seule option plausible, la Palestine qui sera retenue. En 1897, lors du 1er Congrès sioniste, à Bâle, Herzl offre aux participants, vu l'importance de cet acte fondateur, une queue de pie. Il déclare : « À Bâle j'ai créé l'État juif, si je le dis aujourd'hui à haute voix je serai salué par un éclat de rire, dans 5 ans peut-être, dans 50 sûrement. »

– ***Yeshayahou Leibovitz*** *(1903-1994)* **:** né à Riga, mort à Jérusalem. Docteur en chimie et en médecine, philosophe, écrivain. Il émigra en Palestine en 1934. Officier de la Haganah en 1948, puis professeur à l'université hébraïque de Jérusalem, c'était un pratiquant atypique, philosophe fougueux et intransigeant, à la prodigieuse érudition, dénonçant avec véhémence durant 3 décennies l'iniquité, s'indignant et vouant aux gémonies les nationalistes exacerbés du Gouch Emounim, ces colons qu'il taxait de fascisme et traitait de « judéo-nazis ». Leibovitz, empêcheur de tourner en rond, dérangeait les consciences. Lucide, il estimait que le judaïsme n'a pas vocation à la gestion des affaires nationales et doit se conformer aux usages de la nation, en aucun cas les dicter ! Il accusait les Craignants-Dieu (les haredim), retranchés dans leur foi aveugle, de trahir le judaïsme authentique, et s'opposait, de son verbe incendiaire, tant au nationalisme qu'à la force qui ne pouvait mener qu'à l'anéantissement de la conscience. Il laisse une œuvre abondante sur la pensée juive et les enseignements de Maimonide et fut l'un des rédacteurs de l'*Encyclopédie hébraïque*.

– ***Golda Meir*** *(1898-1978)* **:** née dans une famille pauvre à Kiev (actuelle Ukraine), elle émigre aux États-Unis à l'âge de 8 ans, puis en Palestine en 1921 avec son mari, alors qu'elle a 23 ans. Elle s'engage très vite dans la communauté et dirige le département politique de l'Agence juive pour la Palestine. Le 14 mai 1948, elle fait partie des signataires de la Déclaration d'indépendance de l'État d'Israël. Ministre du Travail, puis des Affaires étrangères sous le gouvernement Ben Gourion, elle devient 1er ministre en 1969 et la 1re femme (et pour l'instant la seule) à accéder à ce poste dans le pays. Elle est considérée comme un leader hors pair, dur, sachant résister aux pressions. Elle refuse l'idée que les Palestiniens puissent créer un État. La guerre du Kippour en 1973 prend le gouvernement par surprise et ébranle l'assurance de Golda Meir, qui démissionne quelques mois plus tard, en 1974. Elle décédera en 1978 à Jérusalem.

– ***Irving Moskowitz*** *(né en 1928)* **:** milliardaire américain qui fit fortune dans les cliniques et les jeux de bingo. Depuis les années 1990, sa fondation achète inlassablement des logements arabes et chrétiens à Jérusalem-Est pour y installer des colons juifs.

– ***Yael Naim*** *(née en 1978)* **:** elle naît à Paris, mais passe une partie de sa jeunesse en Israël où ses parents émigrent. Son 1er groupe Anti Collision, créé alors qu'elle effectue son service militaire, connaît un certain succès. En France, elle participe à la comédie musicale *Les Dix Commandements*, mais ce n'est qu'en 2007 à la sortie de l'album « Yael Naim » et de la chanson « *New Soul* », concoctée avec son compagnon David Donatien, que son talent éclate au grand jour.

– ***Benyamin Netanyahou*** *(né en 1949)* **:** fils de Benzion Netanyahou, historien nationaliste et adepte du « sionisme révisionniste », prônant un État juif sur les 2 rives du Jourdain, à l'origine de la création du Likoud. C'est dans ce contexte idéologique que le fils cadet se forge politiquement. Il accède au rang d'ambassadeur d'Israël auprès de l'ONU de 1984 à 1988, avant de siéger à la Knesset en 1988 et de diriger le Likoud à partir de 1993. Lorsque le 1er ministre Yitzhak Rabin est assassiné en 1995 par un juif ultranationaliste, « Bibi » est accusé d'avoir attisé la haine au sein de la société. Ce qui ne l'empêche pas d'accéder au pouvoir en 1996, grâce à une alliance droite-extrême droite. Il promet déjà à l'époque une accélération de la colonisation et s'attache tout au long de son mandat à vider les accords d'Oslo de leur substance. En 1999, il est battu par Ehud Barak. Patiemment, il attend son heure et occupe plusieurs postes ministériels dans le gouvernement d'Ariel Sharon à partir de 2002. Il revient à la tête du gouvernement en 2009, poste qu'il ne quittera que contraint et forcé en 2021. Il aura été le 1er ministre au plus long mandat (cumulé) de l'histoire du pays. Mais aussi le seul à avoir été inculpé en cours d'exercice. Privé de son immunité, il devra finalement comparaître pour fraude, corruption et abus de confiance au cours d'un procès maintes fois reporté.

– ***Noa*** *(née en 1969)* **:** de son vrai nom Achinoam Nini. Elle est née à Tel-Aviv, mais sa famille, d'origine yéménite, émigre 2 ans plus tard aux États-Unis. Elle revient à l'âge de 17 ans en Israël où elle entame une carrière de chanteuse (d'abord à l'armée), qui s'internationalise avec le tube « *I don't know* » en 1994. Cette grande militante de la paix chante régulièrement avec des artistes arabes. En 2003, l'ONU la nomme ambassadrice de bonne volonté à l'organisation pour l'alimentation et l'agriculture (FAO).

– ***Shimon Peres*** *(1923-2016)* **:** né à Wiśniew en Biélorussie, il émigre à Tel-Aviv en 1934 avec toute sa famille. En 1947, Peres s'enrôle dans la Haganah, prédécesseur des forces israéliennes de défense, dont il devient un dirigeant. Il est nommé, en 1953, directeur général du ministère de la Défense, 4 ans après sa rencontre avec le 1er ministre David ben Gourion. À cette fonction, il s'implique particulièrement dans l'achat d'armes pour le jeune État d'Israël, ce qui contribue à en faire la 6e puissance militaire mondiale. Ministre à de nombreuses reprises, Shimon Peres occupe la fonction de 1er ministre d'Israël en 1977 (par intérim), de 1984 à 1986, puis de 1995 à 1996. Leader du Parti travailliste durant de nombreuses années, il rejoint le parti centriste Kadima en 2005. Prix Nobel de la paix 1994 avec Yasser Arafat et Yitzhak Rabin, il est élu président de l'État d'Israël le 13 juin 2007. Shimon Peres est le 1er président à avoir exercé la charge de 1er ministre. Il cessera ses fonctions en juillet 2014. Il meurt 2 ans plus tard des suites d'un AVC.

– ***Natalie Portman*** *(née en 1981)* **:** actrice israélo-américaine, née à Jérusalem, qu'elle quitte avec ses parents à l'âge de 4 ans pour le Maryland, aux États-Unis. Elle fait ses débuts au cinéma dans *Léon* de Luc Besson, en 1994, avant de poursuivre des études supérieures de psychologie à l'université Harvard. Elle obtient sa grande notoriété en incarnant Padmé Amidala, dans la prétrilogie *Star Wars,* tourne *Free Zone* avec Amos Gitaï en 2005 et remporte un oscar pour sa performance dans *Black Swan* en 2011. Femme engagée, elle est ambassadrice de l'espoir pour la FINCA, une organisation qui promeut le microcrédit afin de développer les entreprises possédées par des femmes dans les pays pauvres.

– ***Yitzhak Rabin*** *(1922-1995)* **:** né à Jérusalem, il grandit à Tel-Aviv. Destiné à devenir ingénieur agricole, il entame finalement une carrière militaire en 1947. Lors de la guerre des Six Jours, en 1967, il est parmi les premiers militaires israéliens à rentrer dans la vieille ville de Jérusalem. Il quitte Tsahal au grade de général et devient ambassadeur aux États-Unis en 1968. En 1973, il est élu député travailliste à la Knesset. Il rejoint le gouvernement en tant que ministre du Travail puis est élu dirigeant de son parti politique. Il succède le 2 juin 1974 à Golda Meir à la tête du gouvernement, en tant que 1er ministre, jusqu'en 1977, puis à nouveau de 1992 jusqu'à son assassinat par un extrémiste juif en 1995. Il reçoit le prix Nobel de la paix en 1994, notamment pour son rôle actif dans la signature des accords d'Oslo en 1993, créant ainsi l'Autorité palestinienne et cédant pour la 1re fois un contrôle partiel de certaines zones de la bande de Gaza et de la Cisjordanie aux Palestiniens.

– ***Yossi Sarid*** *(1940-2015)* **:** homme politique et journaliste israélien, né à Rehovot. Député et l'un des fondateurs, en 1988, du Meretz, parti d'extrême gauche laïc. Il a siégé 32 ans à la Knesset, de 1973 à 2005, a été ministre de l'Environnement dans le gouvernement de coalition formé par Yitzhak Rabin en 1992, puis ministre de l'Éducation dans le gouvernement de coalition formé par Ehud Barak en 1999.

Prenant sa part de responsabilité dans la perte de députés aux élections de 2006, il annonce son retrait de la politique et préconise le retour de son parti dans le Parti travailliste. Il a ensuite rédigé des éditoriaux pour le quotidien *Haaretz* qui font autorité, commentant avec acuité la vie politique israélienne, il fut l'une des bêtes noires de l'extrême droite israélienne.

– ***Menahem Mendel Schneerson*** *(1902-1994)* **:** appelé le Loubavitcher de Brooklyn, qui jamais ne foula le sol israélien. De son vivant messie potentiel, il animait de son verbe et de son charisme la vie de ses adeptes répartis dans le monde, les hassidim de Habad, à partir de son siège de Brooklyn, utilisant les moyens les plus sophistiqués de la publicité, des médias et de l'informatique afin de diffuser son message. Considéré comme roi en Israël par les siens, il fut un personnage quasi politique. Aujourd'hui, son culte se maintient auprès des plus fervents de ses disciples. Certains pensent même qu'il n'est pas vraiment mort et programment son retour prochain sur terre.

– ***Yitzhak Shamir*** *(1915-2012)* **:** né le 15 octobre 1915 à Ruzhany en Biélorussie, il émigre en Palestine en 1935 où il rejoint l'Irgun Zvai Leumi, une organisation armée sioniste de droite, qui commettra de nombreux attentats contre les civils arabes palestiniens entre 1936 et 1939. Après la création de l'État d'Israël, Shamir rejoint, de 1955 à 1965, le Mossad (services secrets), puis entame une carrière politique. Élu à la Knesset en 1973 sur la liste du Likoud, il devient président de cette assemblée en 1977, puis ministre des Affaires étrangères en 1980. En tant que 1er ministre, son incapacité à maîtriser l'inflation aboutit à la formation d'un gouvernement de coalition à la suite des élections de 1984, dirigé par Shimon Peres. Shamir modéra son image de dur du parti pour reconquérir son poste. Réélus en 1988, Shamir et Peres formèrent une nouvelle coalition gouvernementale jusqu'en 1990 où le parti de Peres quitta le gouvernement, laissant Shamir avec une faible majorité. Shamir quitta la charge de 1er ministre en 1992, puis la direction du Likoud en mars 1993. Il décède en juin 2012, à l'âge de 96 ans.

– ***Ariel Sharon*** *(1928-2014)* **:** né à Kfar Mahal, dans la Palestine mandataire. Membre de la Haganah en 1948-1949, il deviendra par la suite militaire de carrière, s'illustrant en 1956 pendant la crise de Suez, en juin 1967 pendant la guerre des Six Jours, en 1973 lors de la guerre du Kippour. En 1982, il commande l'intervention militaire au Liban et se voit reprocher sa passivité lors des massacres des camps palestiniens de Sabra et de Chatila (pour protester, plus de 300 000 personnes manifestent à Tel-Aviv). Après l'armée, membre du Likoud, il embrasse la politique et devient ministre à plusieurs reprises. Nommé 1er ministre le 7 mars 2001 après le début de la 2de Intifada. On lui reprochera d'ailleurs d'en avoir été le déclencheur pour être allé parader sur l'esplanade des Mosquées en septembre 2000. Pour beaucoup, ce fut une provocation (condamnée par le Conseil de sécurité de l'ONU). Il montre cependant un grand sens politique en décidant unilatéralement l'évacuation des colonies juives de la bande de Gaza. Reconduit après les élections législatives de 2003, il réclame la dissolution de la Knesset, quitte le Likoud et fonde Kadima. En janvier 2006, victime d'une attaque cérébrale, il sombre dans un profond coma. Il décédera le 11 janvier 2014.

– ***Ovadia Yossef*** *(1920-2013)* **:** le plus influent rabbin des juifs orthodoxes séfarades d'Israël, fondateur du parti politique Shass, est mort à l'âge de 93 ans, après avoir été l'allié incontournable de différentes coalitions gouvernementales de gauche comme de droite. La figure de cet homme charismatique était célèbre bien au-delà des frontières israéliennes, ses paroles et décisions ayant été diversement appréciées. Au début des années 1980, le rabbin s'était prononcé en faveur de concessions territoriales aux Palestiniens, avant d'adopter, ces dernières années, des positions de plus en plus nationalistes. Ses funérailles auraient rassemblé quelque 750 000 personnes, et ce bien que son inhumation ait eu lieu dans les heures qui ont suivi sa mort.

PLONGÉE SOUS-MARINE

Jetez-vous à l'eau !

Pourquoi ne pas profiter du golfe de la mer Rouge où les flots sont souvent calmes, chauds, et les fonds marins d'une grande richesse, pour vous initier à la plongée sous-marine ? La plongée est une activité fantastique qui permet de virevolter au milieu de poissons fabuleux et d'animaux parmi les plus chatoyants de notre planète ! Des règles de sécurité sont bien sûr à respecter, et n'oubliez pas que la chasse sous-marine est formellement interdite.

Si, c'est facile, avec quelques précautions

Pour réussir vos premières bulles, pas besoin d'être sportif ni bon nageur. Il suffit d'avoir plus de 8 ans et d'être en bonne santé. Les enfants peuvent être initiés à condition d'avoir un encadrement qualifié dans un environnement adapté (eau chaude, sans courant, matériel adapté). L'usage des médicaments est incompatible avec la plongée. De même, les femmes enceintes et ceux qui souffrent d'asthme s'abstiendront de toute incursion sous-marine. Sauf pour un baptême, un certificat médical vous sera demandé, et c'est dans votre intérêt. En Israël, il existe une loi spécifique qui impose :
– une plongée de réadaptation « refresh » pour ceux qui n'ont pas plongé dans les 6 derniers mois (la plongée doit être inscrite sur le carnet de plongée) ;
– une assurance personnelle comprenant le traitement en caisson hyperbare en cas d'accident de décompression. Vérifiez donc si votre assurance de voyage prend en charge ce genre de soin, sinon, possibilité de souscrire une assurance sur place.
Non, la plongée ne fait pas mal aux oreilles : il suffit de souffler en se bouchant le nez. Non, il ne faut pas forcer pour inspirer dans cet étrange « détendeur » qu'on met dans la bouche, au contraire. Et le fait d'avoir une expiration active est décontractant, puisque c'est la base de toute relaxation ; être dans l'eau modifie l'état de conscience car les paramètres du temps et de l'espace sont changés : on se sent, à juste titre, ailleurs.
N'hésitez pas à goûter aux plongées de nuit, qui révèlent un monde et des sensations différents.
ATTENTION : pensez à respecter un intervalle de 12 à 24h avant de prendre l'avion, afin de ne pas modifier le déroulement de la désaturation.

La plongée en mer Rouge

La mer Rouge est née voici 25 millions d'années, dans une fissure de l'écorce terrestre qui sépare maintenant l'Afrique de l'Asie. Largement fréquentée par les marins depuis la nuit des temps, elle a nourri les fabuleuses aventures d'Henri de Monfreid, avant d'être explorée – dans les années 1960 – par le commandant Cousteau, qui s'émerveillait devant l'étonnante richesse de sa faune et de sa flore. Aujourd'hui, la mer Rouge est devenue l'une des destinations les plus prisées au monde pour la plongée. Les conditions d'exploration sont idéales : température de l'eau entre 21 et 29 °C, limpidité remarquable et profondeurs accessibles à tout le monde. Les plongeurs peuvent y

RIGOLO, LE POISSON-CLOWN

Les poissons-clowns naissent tous mâles et vivent à plusieurs autour d'une anémone, en compagnie d'une seule femelle et d'un mâle reproducteur. Quand la femelle meurt (ou si on la tue), le mâle reproducteur change de sexe et prend sa place. Cette spécificité s'appelle l'hermaphrodisme.

tremper leurs palmes toute l'année. Préférez cependant les mois d'avril et mai pour le climat agréable et les vents assez calmes.
Débutants et confirmés évoluent facilement dans un univers où batifolent des quantités de poissons : papillons, anges, clowns, perroquets, diodons, lions, napoléons, coffres, barracudas, murènes, mais aussi raies tachetées, tortues gracieuses... Certes, un type de corail brûle, quelques poissons (très peu) piquent, et l'on parle (trop) des requins... Mais la crainte des non-plongeurs est disproportionnée. Règle d'or : respectez absolument cet environnement délicat. N'apportez pas de nourriture aux poissons, ne touchez à rien, à commencer par les coraux (risque d'amendes), et attention où vous mettez vos palmes ! La sauvegarde des sites et de leurs occupants dépend aussi de vous. En hiver, prévoir un pull pour l'après-plongée (vent du nord frisquet).

Les centres de plongée

Tous les clubs sont affiliés, selon leur zone d'influence, à un ou plusieurs organismes internationaux. Les 2 plus importants sont la *CMAS,* Confédération mondiale des activités subaquatiques (d'origine française), et *PADI, Professional Association of Diving Instructors* (d'origine américaine).
Chacun délivre ses formations et ses diplômes, valables dans le monde entier, et depuis 1996 une convention a été signée entre CMAS et PADI, établissant la reconnaissance des brevets (mais non l'équivalence), sauf en métropole où le brevet PADI n'est pas reconnu. Pour vous aider à choisir votre formation, sachez que le brevet CMAS est plus onéreux car il exige plus de plongées (6 pour le niveau I contre 4 avec PADI). Il enseigne donc une meilleure maîtrise et un comportement aquatique responsable. Les cours sont personnalisés et l'évaluation est à la charge du moniteur (d'où l'intérêt de trouver un prof sérieux et compétent). La pédagogie PADI est performante (cours sur vidéo), mais la pratique en plongée reste plus limitée. Elle n'intègre pas les paliers. Du coup, pas de plongée en dessous de 40 m et des temps de plongée assez courts pour être conformes à leurs courbes de sécurité.
Dans les régions « influencées », la majorité des clubs plongent à l'américaine, tendant à une certaine standardisation : la durée et la profondeur des plongées sont très calibrées.
Si le club ne reconnaît pas votre brevet, il vous demandera une plongée test pour vérifier votre niveau. Tous les clubs délivrent un carnet de plongée *(logbook),* qui, d'une part, retracera votre expérience et, d'autre part, réveillera vos bons souvenirs. Gardez-le soigneusement et pensez à toujours emporter ce « passeport » en voyage. Un bon centre de plongée est un centre qui respecte toutes les règles de sécurité sans négliger le plaisir.

Comment choisir un centre de plongée ?

– ***Renseignez-vous :*** vous payez pour plonger ; en échange, vous devez obtenir les meilleures prestations. À vous de voir si vous préférez un club genre « usine bien huilée », ou une petite structure souple. Le mieux est de demander l'avis des plongeurs.
– ***Méfiez-vous*** d'un club qui vous embarque sans aucune question préalable sur votre niveau de plongée, vos antécédents et votre situation médicale ; il n'est pas « sympa » mais dangereux.
– ***Vérifiez*** les diplômes des moniteurs et assistants (pas toujours évident).
– ***Regardez*** si le centre est apparemment bien entretenu (rouille, propreté, etc.), si le matériel de sécurité (oxygène, trousse de secours, radio, etc.) est présent, si le bateau est équipé d'une protection contre le soleil, si vous n'avez pas trop à transporter l'équipement (encore que le portage de bouteilles est là aussi une question de culture : dans l'école française, on porte davantage soi-même ses bouteilles, tandis qu'à l'américaine on vous les portera systématiquement), s'il n'y a pas

trop de plongeurs par palanquée (6 maximum, est-ce un rêve ?), si les numéros d'urgence sont bien affichés dans le centre (c'est obligatoire).
– Les ***équipements*** sont-ils bien adaptés et en quantité suffisante ? Vous verrez que pour apprécier une plongée il vaut mieux ne pas être stressé, par exemple par des palmes inadaptées ou un masque qui fuit.
– ***Est-ce que le moniteur plonge*** ou est-ce un pote à lui ? S'il plonge, quel niveau a-t-il ? On constate parfois que certaines structures ne sont pas sérieuses et que les moniteurs ne plongent pas, déléguant le cours à un plongeur dont on ne sait rien. D'autant que les clubs font signer une décharge avant d'aller plonger.
– ***Comment se déroulent les baptêmes ?*** Y a-t-il un moniteur par plongeur ou un pour 4 ? Dans le 2d cas, c'est une initiation.
– Pour les confirmés, ***à combien sont gonflées les bouteilles ?*** Entre 180 et 220 bars, c'est bon.

C'est la première fois ?

L'histoire commence par un baptême, une petite demi-heure généralement, pendant laquelle le moniteur s'occupe de tout et vous tient par la main. Même si vous vous sentez harnaché comme un sapin de Noël déraciné hors saison, tout cet équipement s'oublie complètement une fois dans l'eau. Vous ne devriez pas descendre au-delà de 6 m. Si vous choisissez une formule avec initiation en piscine ou en mer, vous pourrez alors descendre jusqu'à 12 m lors de votre 1re plongée. On compte généralement un moniteur pour 4 initiés maximum... Bien souvent, c'est plutôt un pour 2. Puis l'aventure se poursuit par un apprentissage progressif.

Formation et brevets

Partout dans le monde, les centres de plongée PADI délivrent des enseignements standardisés que vous pourrez suivre et enchaîner aisément, au gré de vos pérégrinations. L'apprentissage débute ainsi par le brevet d'*Open Water Diver,* qui permet à un plongeur accompagné d'un moniteur de descendre jusqu'à 18 m de fond. Compter alors 4 jours de formation. Puis on enchaîne avec l'*Advanced Open Water Diver,* en 2 jours, avant de passer le *Rescue Diver,* sur 2 jours également. Enfin, le diplôme de *Divemaster* prépare les futurs instructeurs à l'encadrement... La CMAS, quant à elle, attribue des étoiles aux plongeurs en fonction de leur niveau.
Le passage de ces brevets doit être étalé dans le temps, afin de pouvoir acquérir l'expérience indispensable. Demandez conseil à votre instructeur (il y est passé avant vous !). On le répète, tous les clubs délivrent un carnet de plongée *(logbook)* qui retracera votre expérience et réveillera vos bons souvenirs une fois les vacances terminées. Gardez-le soigneusement et pensez toujours à emporter ce précieux « passeport » en voyage.

Reconnaissance internationale

Si vous voulez plonger en France après avoir passé votre 1er brevet PADI à Eilat, vos aptitudes à la plongée seront jugées par un moniteur d'État qui, souvent après quelques exercices supplémentaires, vous délivrera le niveau français correspondant. Important : en France, certains moniteurs sont aussi instructeurs PADI ; adressez-vous à eux en priorité.

Quelques lectures...

– ***Sinaï, visions de plongeurs en mer Rouge,*** d'Arnaud Chicurel et Laurence Lagny (Transboréal).
– ***Manuel de l'Open Water PADI.***
● *divosea.com* ● Site de référence sur la plongée.

POPULATION

Une mosaïque de cultures juives

La société israélienne est marquée par une ***extrême diversité de cultures, d'habitudes, de traditions et de langues.*** Les Israéliens affectionnent particulièrement un mot d'origine russe : ***balagan,*** qui signifie « foire » (voire « bordel »), pour décrire l'impression de pagaille permanente qui caractérise les mœurs civiles et politiques israéliennes. En fait, la société israélienne n'est unanime que sur un point : la sécurité de l'État. Pour le reste, la plupart des problèmes comme l'économie, l'éducation ou les affaires religieuses sont abordés avec beaucoup de pragmatisme.

UNE TERRE PAS SI PROMISE

En 1934, Staline décida de regrouper les Juifs d'URSS, en créant le Birobidjan, un territoire autonome juif. Situé dans une zone désertique aux confins de la Mongolie, on y parlait le yiddish. En 1991, avec l'effondrement de l'Union soviétique, les 200 000 Juifs purent, en grande majorité, émigrer en Israël.

Israël a toujours fait preuve d'une étonnante capacité d'accueil pour les Juifs du monde entier. Depuis sa création, le pays a été confronté à ***plusieurs grandes vagues d'immigration.*** Jusque-là, même si l'intégration était parfois difficile, Israël a su en tirer un grand dynamisme, pour son économie notamment. Il ne faut pas perdre de vue qu'Israël a surmonté, dans le passé, des crises liées à d'autres vagues d'immigration comme celle des Juifs du Maroc dans les années 1950. Enfin, une véritable immigration économique (légale ou clandestine) s'est développée récemment : vous rencontrerez, à Tel-Aviv surtout, beaucoup de Soudanais, Érythréens, Thaïlandais, Philippins ou Roumains (non juifs), dont les conditions d'existence sont parfois difficiles.

Que signifient certains noms de famille juive ?

Assouline : rocher, en berbère ; Attali : porteur, messager en arabe ; Benguigui : fils des Guig, tribu marocaine ; Benssoussan : fils de la rose ; Bloch : étranger, en allemand ; Chouraqui : qui vient d'Orient, en arabe ; Einstein : maçon, en allemand ; Kahn : bateau, en allemand ; Sarfati : qui vient de France, en arabe.

AU NOM DU FILS...

De mémoire d'homme, les noms des Juifs se référaient traditionnellement au père pour les garçons (« Samuel fils de Jacob »), à la mère pour les filles (« Rebecca fille d'Esther »). En 1804, les Prussiens, maîtres de la Pologne, imposent aux Juifs d'adopter de véritables patronymes. Une liste de noms est instaurée, inspirés de la nature, des métiers, des lieux. Voilà pourquoi de nombreux descendants de Juifs polonais portent depuis des noms à consonance germanique : Goldenberg, Zuckerman, Rosenthal ou encore Mendelsohn...

Les Russes

Quelques-uns d'entre eux ont quitté l'URSS dans les années 1970, souvent dans des conditions dramatiques et après des années de lutte, de grèves de la faim, afin d'obtenir l'autorisation d'émigrer, mais la très grande majorité est partie dans les années 1990. ***Ils ont modifié fondamentalement*** par leur nombre ***la société israélienne*** à laquelle on faisait le reproche de se levantiniser.

Docteurs en médecine, informaticiens, ingénieurs, généraux couverts de médailles, écrivains, chercheurs, ils se distinguent par leur culture européenne, ainsi que par leur fidélité à la langue russe qu'ils continuent de pratiquer. Nombreux sont les spectacles et publications en langue russe, comme les clubs et cabarets où coule abondamment la vodka. Fondamentalement russes, mais ayant fait le choix de devenir des citoyens israéliens à part entière, ils prennent part à tous les projets, économiques, politiques, artistiques. Des Géorgiens, eux aussi venus de l'ancienne URSS, tout comme des Ouzbeks ou des Azéris... artisans, chauffeurs de taxi, fins commerçants, se sont fait une place dans cette société bigarrée.

Les Juifs d'Éthiopie

C'est la décision du célèbre rabbin Ovadia Yossef (mort en 2013) reconnaissant la judaïté des Juifs éthiopiens qui permit leur émigration. Les *Betha Israël* ou *Falashas* (terme qui possède une connotation péjorative), Juifs d'Éthiopie, ont été transférés en Israël par ponts aériens dans les années 1980-1990 pour les sauver d'un massacre annoncé. Leurs débuts en Israël furent difficiles, leur judaïsme mis en question par un rabbinat sourcilleux. ***Encore aujourd'hui, leur intégration, aussi bien sociale que professionnelle, ne va pas de soi.*** Ce sont les inégalités dont ils souffrent, le racisme qu'ils endurent, que des milliers de Juifs éthiopiens ont voulu dénoncer en manifestant à plusieurs reprises en avril et mai 2015. Le 1er ministre et le président ont affirmé qu'ils accorderaient une attention particulière à cette communauté déshéritée.

Quelques traits de société...

Israël est une société multiculturelle, composite, dont chacun, à l'aide de critères rationnels, tente avec un succès relatif d'analyser l'essence. Pays qui a trop vite grandi, dans une actualité en permanence bouleversée, à la géographie culturelle spécifique faite de contrastes. Tous, traditionalistes, sionistes, vétérans socialistes, nouveaux immigrés, *tsabarim* (les sabras, maintenant majoritaires), citadins laïcs et hédonistes de Tel-Aviv, âpres Géorgiens aux mœurs plus orientales, rescapés de la Shoah, juifs yéménites, Éthiopiens, Bédouins, jeunes étudiants américanisés, colons intransigeants de Cisjordanie, contestataires et artistes, se retrouvent afin de composer une nation... Le tout avec certains hiatus, car vivant proche de Palestiniens (musulmans, chrétiens, laïcs, athées), aux traditions bien ancrées.

LES MAKUYAS

Cette communauté japonaise pense descendre de l'une des 12 tribus perdues d'Israël, arrivée au Japon voici 2 700 ans. Ils associent rites juifs et japonais. Certains viennent en pèlerinage au mur des Lamentations et apprennent l'hébreu dans les kibboutzim.

L'enseignement systématique de l'hébreu (ce, dans le cadre d'*oulpanim,* cours d'hébreu), ainsi que l'armée, qui joua un rôle crucial dans l'intégration des nouveaux venus au début de la création de l'État, furent des facteurs décisifs qui rendirent à ces diverses communautés une certaine ***cohésion*** et leur octroyèrent ce ***sentiment national.*** Cependant, le pays jette aujourd'hui un regard nostalgique sur ces années « valeureuses », celles des temps idylliques de la construction de l'État, alors territoire restreint.

Les grandes idéologies qui ont permis de bâtir cette nation ont fait place à des valeurs plus matérialistes, comme pour occulter les problèmes majeurs, existentiels.

Aujourd'hui, quels que soient leurs courants spirituels et leurs origines, exception faite des haredim, les ultra-orthodoxes, les Israéliens donnent la priorité à l'éducation, à la sécurité, aux soins médicaux, au bien-être, au logement, bref, au social ! Cela préoccupe les esprits aujourd'hui autant que les questions sécuritaires, religieuses, d'intégration ou sur la place des femmes dans la société et en politique. Ainsi, pour être entendues et représentées, 8 Juives ultra-orthodoxes ont

créé lors des élections législatives de mars 2015 leur propre parti, Be'Zhutan (« Par leur mérite » en hébreu). ***La religion*** et, dans une moindre mesure, ***les origines ethniques constituent le terreau de différends entre communautés.*** Les débats qui opposent notamment les ultra-orthodoxes et les laïcs sont de plus en plus vifs. Chaque camp essaie de tirer les engagements de l'État à soi.
Les religieux juifs bénéficient d'énormes privilèges. Ultra-minoritaires, ils constituent 10 % de la population israélienne, inégalement répartis : à Jérusalem, 36 % des Juifs sont ***ultra-orthodoxes,*** quand ils ne représentent que 1 % à Tel-Aviv. Ce qui n'empêche pas leurs partis de bloquer le système politique : jusqu'à récemment, ils étaient de toutes les coalitions gouvernementales, choyés à force de petites concessions...
Mais cette société si singulière et diverse est aussi capable de solidarité face aux crises, et d'union quand il s'agit de libérer l'un des siens (évoquons le cas de Gilad Shalit).

UN SERVICE MILITAIRE CONTRAIGNANT

3 ans pour les hommes et 22 mois pour les femmes. Ensuite, les Israéliens deviennent réservistes et peuvent retourner sous les drapeaux, par période, jusqu'à 51 ans. Les jeunes soldats doivent prêter serment au sommet de la forteresse de Massada et proclamer : « Massada ne tombera pas une deuxième fois. »

Les colons

Environ 668 700 colons vivent en Cisjordanie et à Jérusalem-Est, installés dans 132 colonies officielles et 135 colonies sauvages. ***Leur nombre a quasi triplé depuis les accords d'Oslo en 1993,*** d'autant plus depuis 2013, avec la mise en place d'une coalition gouvernementale placée très à droite. Les colons se situent majoritairement à droite, voire à l'extrême droite. Ils peuplent les territoires palestiniens occupés (voir la partie consacrée aux colonies, dans la partie « Palestine : hommes, culture, environnement. Divisions administratives »).
Parmi les colons, ***on compte des traditionalistes,*** parfois profondément religieux, des militants résolus, agriculteurs, rabbins, étudiants, intellectuels. Certains estiment représenter l'élite de la nation et n'envisagent guère de retrait ni de concessions. Les plus actifs, minoritaires, entreprennent des actions de colonisation sauvage, n'hésitant pas à s'opposer à la police et à l'armée, provoquant les autorités israéliennes, s'appropriant les terrains de villages arabes proches, brûlant leurs oliviers ou agressant la population physiquement. Ils gèrent leurs entreprises agricoles ou industrielles, ignorant le plus souvent leurs voisins palestiniens ou... les embauchant. Par ailleurs, de nombreuses écoles et séminaires d'études religieuses, des *yechivot,* fonctionnent dans les Territoires autour de leurs rabbins, loin des cités israéliennes « peuplées de gauchistes ».
D'autres optent pour ce choix en raison de la qualité de vie et des conditions de logement meilleures, moins onéreuses, loin des centres urbains ; les colonies se transformant en villages-dortoirs pour personnes travaillant à Tel-Aviv ou à Jérusalem.

L'impunité des colons

Depuis 2010, on assiste à une ***recrudescence de la violence des colons*** les plus radicalement engagés vis-à-vis des Palestiniens ou de leurs biens. En 2013, ils ont endommagé ou déraciné environ 10 000 oliviers avant la récolte d'octobre. Rien n'entrave leur action, qui se poursuit chaque année, comme un rituel mortifère : ainsi 2 000 oliviers ont encore été touchés en 2018 ; début 2021, un millier d'oliviers ont été incendiés près de Bethléem. Leurs attaques (270 en 2020 et 175 au cours des 6 premiers mois de 2021) occasionnent parfois des morts (4 au cours des 5 premiers mois de 2021, selon le bureau de coordination des affaires humanitaires de l'ONU – OCHA), souvent des blessés (73 pendant la même période). L'ONU rapporte que plus de 90 % des incidents sont classés sans suite. Mais l'émotion et l'indignation tant nationales qu'internationales suscitées par l'incendie criminel qui a visé une maison palestinienne en Cisjordanie, tuant un bébé et son père en juillet 2015, permettront-elles de revoir cette impunité ? Les mots du 1er ministre qui affichait une « tolérance zéro » face à cet acte « terroriste » se sont concrétisés par la détention administrative (sans inculpation ni jugement) de 2 extrémistes juifs, mesure habituellement réservée aux Palestiniens, et par l'arrestation de plusieurs suspects. Mais cela n'aura pas été jusqu'à infléchir la politique du gouvernement en matière de ***colonisation, pourtant reconnue illégale par l'ONU dès 1979*** (résolution 446).

Les Palestiniens de nationalité israélienne

En 1948, la moitié des Palestiniens vivant dans le nouvel État israélien ont dû quitter leurs foyers. Ceux qui sont restés sont devenus citoyens israéliens sans pour autant bénéficier, dans la pratique, de l'intégralité des droits civiques. Jusqu'en 1965, ils ont été soumis à des lois d'exception qui limitaient leur liberté de mouvement et permettaient la réquisition de terres.

Aujourd'hui, la population palestinienne d'Israël compte environ 1 900 000 personnes (soit 20,9 % de la population d'Israël) réparties entre musulmans sunnites (85,1 %), chrétiens (7,1 %) et druzes (7,5 %). Ils vivent à Haïfa, Nazareth et dans le nord du pays, mais aussi dans le Golan ou le désert du Néguev. Bien qu'***ils jouissent en principe des mêmes droits politiques, civiques et religieux*** que les autres citoyens israéliens, les Arabes israéliens sont ***exclus,*** de fait, d'un certain nombre ***de fonctions stratégiques.*** Certains avantages économiques et sociaux sont conditionnés à l'accomplissement du service militaire, or, les Arabes israéliens (sauf les Druzes et certains Bédouins) ne le font pas. L'accès à la haute administration, au corps diplomatique et à l'armée leur est interdit, même si l'on trouve quelques exceptions à la règle (notamment chez les Druzes et les Bédouins, mais sans atteindre les grades les plus élevés). Sans compter le chômage qui les touche plus gravement.

LA PAIX DÉMOGRAPHIQUE

Pendant longtemps, les Palestiniens livraient une véritable guerre de la fécondité, avec parfois 7 enfants par famille. Les difficultés économiques l'emportent aujourd'hui sur les discours natalistes de l'Autorité palestinienne. Israéliens et Palestiniens ont désormais une fécondité aux alentours de 3,1 % chacun : le pays le plus fécond et l'une des plus fortes concentrations d'habitants de l'OCDE. Le surpeuplement n'est pas loin.

Toutefois, les Palestiniens de nationalité israélienne bénéficient des mêmes droits que les autres citoyens israéliens en ce qui concerne l'éducation et la santé, ainsi que l'exercice des droits politiques. Il y a ***toujours eu des députés arabes à la Knesset,*** élus tout d'abord au sein de formations de gauche, puis sur des listes électorales spécifiques, ainsi que des juges arabes à la Cour suprême. Et depuis juin 2021, il y a désormais un ministre arabe dans le gouvernement de coalition. Le mode de vie israélien, l'interdiction de la polygamie et le principe d'égalité des citoyens devant la loi ont largement favorisé la promotion sociale des femmes arabes.

Autres minorités

– ***Les Bédouins :*** ils sont principalement bergers, éleveurs de chameaux et ouvriers agricoles, nomades ou semi-nomades. Ils sont environ 240 000 : environ deux tiers vivent dans le Néguev autour de Beer Sheva, un tiers à l'est de Jérusalem. Ces 2 groupes sont bien distincts, les premiers étant originaires du Sinaï et

de l'Arabie saoudite, les seconds de Jordanie et de Syrie. Ils sont répartis en une trentaine de tribus. Certains servent dans l'armée israélienne, mais, d'une manière générale, ***leur situation est particulièrement précaire. Le territoire « autorisé » aux Bédouins s'est réduit comme peau de chagrin.*** Ils n'ont pas le droit de construire des maisons en dur, en dehors des logements qu'Israël leur alloue. 50 % des Bédouins vivent donc dans des villages créés pour eux. Certains disposent de services en nombre suffisant, mais parfois l'équipement est sous-estimé, voire inexistant : ni eau ni électricité, pas de ramassage des ordures, pas de routes reliées au réseau national pour mieux les isoler, ils ne sont même pas signalés sur les cartes. Cette communauté est rendue invisible. Vivant le plus souvent dans une extrême pauvreté, les Bédouins voient leur mode de vie en rupture totale avec leurs traditions. Ils n'ont pas accès à suffisamment de terres pour pratiquer l'élevage ou l'agriculture. Résultat : le taux de chômage est extrêmement élevé.
L'autre moitié habite dans des villages « non reconnus », ne bénéficiant d'aucune infrastructure ou aucun services publics. Ces Bédouins risquent à tout moment de voir leurs habitations (même leurs tentes) démolies. Entre 2009 et 2019, 10 700 habitations ont été démolies. Dans le village d'Al-Arakib, par exemple, ***les tentes ont été démontées par l'armée israélienne et remontées par leurs propriétaires plus de 181 fois entre 2010 et 2020, soit toutes les... 3 semaines !***
Ces destructions devaient prendre une nouvelle ampleur dans le cadre du ***plan Prawer,*** qui prévoyait la démolition de 35 villages, le déplacement de 70 000 Bédouins et l'expropriation de 70 000 ha, en vue de « judaïser » le Néguev. Face à la mobilisation d'associations et de militants israéliens et internationaux, le gouvernement avait officiellement renoncé au projet de loi en 2013. Dans les faits, les démolitions se sont poursuivies à un rythme hebdomadaire, notamment dans le village d'Umm el-Hiran. Avec l'angoisse permanente de voir surgir un jour des bulldozers devant sa porte. Fin 2016, le ministre de l'Agriculture présentait une nouvelle version du plan initial avec des objectifs similaires, quand bien même les Nations unies en avaient rappelé le caractère discriminatoire. Fin 2018, il avait trouvé d'autres « solutions » : la continuité de l'autoroute 6 devant justement traverser des terres habitées par des Bédouins justifiait l'expulsion de 1 000 familles. Une association israélienne, Negev Coexistence Forum for Civil Equality, milite pour plus d'équité et pour apporter une visibilité à cette population minoritaire, victime de discriminations. ● *dukium.org* ● Lire aussi les reportages effectués par l'Union juive française pour la paix en soutien aux Bédouins *(● ujfp.org ●).* Dans le village de Lakiya, une communauté de femmes s'est regroupée en coopérative pour faire revivre les arts ancestraux : laine, textile, tapis, orfèvrerie... L'alliance de Mansour Abbas, chef du parti islamiste Raam au gouvernement de coalition formé en juin 2021, changera-t-elle la donne ? Avant de donner son accord à cet improbable mariage, Abbas a demandé l'arrêt des destructions de maisons bédouines dans le Néguev et la légalisation de 3 villages. Le 1er ministre, Naftali Bennett, prône une vie « dans la dignité » pour les Bédouins, qui, de leur côté, pragmatiques, attendent de voir...
Paradoxe (ou cynisme) de la situation, dans le Néguev, des structures hôtelières proposent une vie « à la bédouine », sous tente, pour faire rêver les touristes. On dort tous ensemble, sur des matelas à même le sol avec le minimum sur place (il faut apporter nourriture et boissons). On peut y pratiquer la méditation, le yoga, la relaxation... Le tout pour un prix plutôt élevé (le coût du dépaysement, sans doute).
– ***Les Circassiens ou Tcherkesses :*** musulmans sunnites originaires du nord-est de la mer Noire, ils émigrèrent en Turquie ottomane lorsque les forces tsaristes envahirent leur pays au XIXe s. Ils vivent essentiellement sur les pentes du mont Thabor et en Galilée. Ils sont autorisés à effectuer leur service militaire dans l'armée israélienne.
– ***Les Arméniens :*** très ancienne communauté, ils possèdent leur propre quartier dans la vieille ville de Jérusalem ainsi que leur cathédrale Saint-Jacques. Ils furent les premiers à se convertir en masse au christianisme.

RELIGIONS ET CROYANCES

Le judaïsme

> « Le judaïsme est une religion tellement exigeante qu'elle se rapproche de la haute couture. Voilà pourquoi on forgea une autre religion bien plus accessible, avec moins d'interdits. Du prêt-à-porter. Ce sera le christianisme. »
>
> Un ami dentiste juif

La religion juive consiste à respecter un certain nombre de principes, les *mitsvoth,* qui sont définis par la loi juive ou *Halakha* écrite dans la *Torah* et commentée par les rabbins dans le *Talmud* et la *Mishnah.* Ces principes qui se comptent par centaines sont irréalisables sur le plan individuel. C'est pourquoi on considère généralement que leur application doit être vécue collectivement par le peuple juif pour préparer les temps messianiques et le « monde meilleur » *(olam aba).*

Est considéré comme juif tout individu né de mère juive. Les conversions sont possibles (mais rares), notamment par le biais du mariage, mais certains rabbins orthodoxes se montrent réticents sur la question. En fait, la religion juive, lorsqu'elle est strictement observée, aboutit à confiner presque totalement le croyant dans un monde juif et à le priver de relations avec les « Gentils » ou « goys » (non-Juifs). La difficulté de se marier avec des non-Juifs, de manger dans de la vaisselle non casher, de consommer des viandes qui ne proviennent pas d'animaux abattus rituellement, l'obligation de s'arrêter de travailler du vendredi soir au samedi soir, de ne pas se déplacer ni d'allumer du feu durant le shabbat sont autant de limites aux relations humaines entre Juifs et non-Juifs.

Cela dit, les Juifs de stricte observance sont minoritaires dans la Diaspora et en Israël. L'immense majorité des Juifs se contente de célébrer les principales fêtes juives, de circoncire les garçons et de manger plus ou moins strictement casher. Il existe des minorités de Juifs se considérant plus « purs » que les autres et qui s'isolent du reste de la communauté. De ce point de vue, le quartier de Mea She'arim (les Cent Portes ou les Cent Mesures) à Jérusalem, où vivent les Juifs ultra-orthodoxes, constitue de fait un ghetto au sein même du judaïsme. Du reste, beaucoup de ces intégristes ne reconnaissent pas l'État d'Israël qui, selon leurs croyances, ne peut exister avant l'arrivée du Messie.

LES COHEN

Selon la tradition juive, ils descendent d'Aaron, le 1er grand prêtre. Encore aujourd'hui, c'est généralement un Cohen qui bénit les fidèles à la synagogue. Il doit donc respecter les rituels de pureté dictés par la Torah. Or, les cadavres rendant impurs, les Cohen n'ont pas le droit de s'approcher d'un défunt (sauf pour leurs proches). Voilà pourquoi ils ne rentrent généralement pas dans les cimetières.

Si curieux que cela paraisse, la place et le rôle de la religion juive en Israël ne sont pas clairement définis. On peut parfaitement être citoyen israélien sans être juif. C'est le cas des musulmans et des chrétiens palestiniens de nationalité israélienne. La création de l'État juif s'est faite à partir de la notion de peuple juif et non de religion juive. D'où une confrontation permanente entre les partisans de la laïcité et les milieux religieux intégristes. Par exemple, un(e) Israélien(ne) juif(ve) ne peut se marier avec un(e) non-Juif(ve), ou alors il (elle) part le faire ailleurs : à Chypre, en Europe, etc. Le divorce ne peut être prononcé que par un rabbin, la religion est inscrite sur les papiers d'identité, etc.

Calqué sur le modèle juridique britannique, l'État d'Israël ne se fonde pas sur une Constitution écrite. C'est la loi juive traduite par un ensemble de « lois fondamentales » qui tient lieu de Constitution. Dans bien des domaines, on considère préférable d'accepter un vide juridique (et de respecter le statu quo) afin de préserver le fragile équilibre de la cohésion sociale. Le principe qui veut que tout Juif puisse devenir automatiquement citoyen israélien ne simplifie pas les choses car il faut d'abord savoir qui est juif. Ce qui n'est pas si simple. Pour la loi religieuse juive, est considéré comme juif tout enfant né de mère juive. Mais comment le prouver ? Lorsque les parents se sont mariés religieusement, c'est facile. Il suffit de produire leur *ketouba* (contrat de mariage) établi par le rabbin. Mais qu'en est-il des enfants dont la mère juive s'est mariée civilement ou à l'église ?

TRADITION ROYALE

La reine Victoria était convaincue (!) de descendre, soi-disant, de David, roi d'Israël. Voilà pourquoi ses fils ont été circoncis. Cette coutume perdura 150 ans dans la famille royale jusqu'à la princesse Lady Diana, qui refusa que ses 2 fils perpétuent le rituel.

Ces dernières décennies, l'arrivée de Juifs d'Éthiopie et de Juifs de l'ex-URSS a posé la question de l'identité juive. Pour certains rabbins, les Juifs d'Éthiopie n'étaient vraiment considérés comme juifs qu'après s'être « purifiés » en passant par un bain rituel à leur arrivée en Israël. Cette pratique a été abandonnée car ces derniers vivaient cette épreuve symbolique comme une humiliation. En ce qui concerne les Juifs soviétiques, les choses sont encore plus compliquées. Beaucoup d'entre eux ne se sont pas mariés religieusement, de nombreux couples sont mixtes et un certain nombre d'hommes ne sont pas circoncis. Comment savoir qui est juif sinon en faisant confiance aux personnes qui se revendiquent comme telles ?

Face à cette évolution, les Juifs ultra-religieux ne désarment pas. Ces derniers se sont constitués en lobbies au travers d'un certain nombre de partis qui s'allient avec la droite ou la gauche au gré des majorités issues des urnes et exercent un chantage permanent en négociant leur participation au gouvernement contre un grignotage progressif de la laïcité originelle d'Israël. Il ne faut cependant pas s'imaginer que les différences entre religieux et laïcs recoupent les clivages gauche-droite. La plupart des leaders de la droite ou de l'extrême droite nationaliste israélienne ont plutôt une sensibilité laïque, alors que beaucoup de Juifs ultra-religieux sont très critiques à l'égard de la politique israélienne vis-à-vis des Palestiniens. La secte juive ultra-orthodoxe des Netorei Karta va même jusqu'à soutenir (verbalement) l'OLP...

LES PRIVILÈGES EXORBITANTS DES ULTRA-ORTHODOXES

Ils ne travaillent pas puisqu'ils prient. Puissants politiquement, ils reçoivent des subventions de l'État, ce qui révolte les laïcs. Avec les allocations, c'est l'ensemble de la population qui finance leur nombreuse progéniture. En revanche, leurs femmes, elles, ont un emploi extérieur, en plus de l'éducation des enfants et de l'entretien du foyer... Misogyne, une de leurs prières dit : « Béni soit Dieu qui ne m'a pas fait femme. » Ils habitent souvent les colonies en Palestine car les loyers sont moins chers et aussi pour conquérir le « Grand Israël ».

Le hassidisme

Le piétisme, la joie, la prière, l'exaltation, autant de critères qui définissent les amants de Dieu que sont les *hassidim.* Adeptes de ce mouvement qui vit le jour en Europe de l'Est au XVIIIe s sous l'égide du *Baal Shem Tov,* un rabbin miraculeux, un saint François d'Assise version juive. Ils mettent l'accent sur la ferveur, la grâce, la joie, l'amour du Divin qui transcende l'individu. À leur caftan et *shtreimel* (la coiffe bordée de fourrure), on peut aujourd'hui reconnaître les disciples du saint rabbi qui, dans l'attente des temps messianiques, hantent les ruelles de Mea She'arim à Jérusalem.

EN ATTENDANT LE MESSIE...

Les ultra-orthodoxes cantonnent leurs femmes à s'occuper de leurs enfants et des tâches ménagères. Ils leur interdisent aussi les examens de dépistage du cancer du sein, jugeant l'examen non conforme à la religion. Résultat : le pourcentage de mortalité pour cette maladie est 2 fois plus élevé chez les femmes juives ultra-orthodoxes que chez les autres Israéliennes.

Un État juif et démocratique

Bien entendu, la liberté de culte est garantie. Mais l'État, juif et démocratique, n'envisage pourtant pas une séparation de l'État et de la religion. Les tribunaux religieux, chrétiens, juifs ou musulmans, ont autorité sur les actes civils tels que mariages, naissances et décès. La cuisine est casher dans les administrations et l'armée. Ainsi, dans les dossiers de l'administration, est-il indiqué la religion de chacun. Il n'existe pas de catégorie « pas de religion ». Quid des athées et des libres-penseurs ?

Brèche historique !

Cependant, une importante (et historique) brèche s'est produite dans le système : Yoram Kaniuk, célèbre écrivain israélien, auteur de plus de 25 livres, bardé de grands prix littéraires, ancien combattant de la guerre de 1948 et militant pour la paix, avait demandé que figure désormais sur le registre d'État civil, en face de son nom, le terme « sans religion »... à la place de « religion juive », proclamant qu'il voulait vivre dans un pays où la religion est un choix et non un dogme. Refus du ministère de l'Intérieur qui précisa qu'il pouvait seulement changer de religion (certificat de conversion à l'appui). Après une longue bataille juridique, en octobre 2011, un juge de Tel-Aviv lui a donné raison. Cette décision historique crée bien sûr un précédent, salué par des centaines d'Israéliens qui considèrent que l'on peut être juif sans passer par les fourches caudines du rabbinat et qui attendent depuis longtemps de pouvoir en faire autant ! À suivre...

Le shabbat

« Et, le 6e jour, Dieu acheva son œuvre, et il se reposa le 7e jour, de toute l'œuvre qu'il avait faite » (Genèse, II, 2).
Littéralement, *shabbat* signifie « trêve ». C'est le jour sacré pour les Juifs : le samedi. Pour les pratiquants, à Jérusalem ou ailleurs, le shabbat est consacré à la prière, à la méditation, à l'étude et au repos. Pour les laïcs, c'est un jour férié, consacré au repos et aux loisirs (la télé, la plage, etc.). Quoi qu'il en soit, ce jour-là, la famille joue un rôle primordial (à quelques marginales exceptions près). Qu'il soit agnostique ou mystique messianique, l'Israélien juif vit au rythme du shabbat, qu'il le veuille ou non.

ASCENSEUR VERS LE PARADIS !

Pendant le shabbat, les Juifs religieux n'ont pas le droit d'utiliser tout moteur ou appareil électrique. Voilà pourquoi, ce jour-là, certains ascenseurs desservent automatiquement tous les étages, sans avoir à appuyer sur un bouton. En revanche, pas convaincus par cet arrangement avec le dogme, certains ultra-religieux préfèrent emprunter les escaliers. Quid de l'ascenseur social ?

Attention, à partir du vendredi (vers 16h) et jusqu'au samedi soir (vers 19h), Israël vit au ralenti :
– les bus sont beaucoup moins nombreux, le tram de Jérusalem, la compagnie *EL AL* et les trains ne fonctionnent pas ;

– à Jérusalem-Ouest, tout est figé (sauf les discothèques dans le quartier industriel de Talpiot). Mais on peut visiter les lieux chrétiens et musulmans ;
– à Tel-Aviv, cafés, restos, pubs, discothèques et cinémas restent ouverts pour la plupart ;
– à Haïfa, tout (y compris *Egged*) fonctionne au ralenti ;
– à Eilat, quasi tout fonctionne ;
– dans les secteurs arabes, rien ne change ;
– les soirées les plus animées sont celles qui entourent immédiatement le shabbat (le jeudi soir surtout et le samedi soir).
IMPORTANT : pour les non-motorisés, des taxis communs *(sherouts)* desservent les 10 destinations les plus importantes du pays. Les prix sont alors majorés. La liaison Jérusalem/Tel-Aviv fonctionne 24h/24 (à peine plus chère que pendant la semaine). Les stations-service restent ouvertes. Les taxis individuels coûtent beaucoup plus cher ce jour-là.

La religion musulmane

Se reporter plus loin à la partie « Religions et croyances » dans « Palestine : hommes, culture, environnement ».

Le christianisme

Berceau des Lieux saints du christianisme, Israël compte aujourd'hui environ 176 000 chrétiens (soit 1,9 % de la population), dont près de 12 000 à Jérusalem. Cette minorité est pourtant fort représentative de la diversité du christianisme : tout comme le pèlerin s'applique à suivre les pas du Christ en Terre sainte, les différentes Églises ont cherché, au cours des siècles, à s'établir en Israël. De nombreuses communautés religieuses (catholique, syriaque, grecque orthodoxe, copte, arménienne, etc.) sont ainsi regroupées sur le territoire israélien. Leurs membres célèbrent chaque année les fêtes saintes et entretiennent les lieux de culte comme le Saint-Sépulcre et le mont des Oliviers à Jérusalem, la basilique de l'Annonciation à Nazareth, la grotte de la Nativité à Bethléem...

LE MYSTÈRE DES ÉVANGILES

Au nombre de 4, ils racontent la vie du Christ. On y évoque sa naissance puis son baptême, un épisode auprès des docteurs de lois à 12 ans. Et plus rien jusqu'à 30 ans, le début de sa vie publique. À ce moment-là, 3 ans d'errance, de prêche et de paraboles jusqu'à sa mort puis sa résurrection. On n'y apprend rien sur sa jeunesse et l'enseignement qu'il reçut.

Différents groupes religieux

– ***Les bahaïs :*** adeptes d'une religion universaliste née d'un mouvement mystique musulman en 1850. Leur centre spirituel mondial est situé à Haïfa.
– ***Les coptes et les chrétiens d'Éthiopie :*** des chrétiens aux rites proches qui possèdent leur lieu de culte à Jérusalem.
– ***Les druzes :*** une secte dissidente de l'islam. Ils croient fermement en la réincarnation et pratiquent un certain nombre de rites secrets. Ils parlent l'arabe. N'étant pas arabes palestiniens, ils sont autorisés à servir dans l'armée israélienne, on les trouve principalement dans le corps des gardes-frontières. Ils vivent en Galilée et sur le mont Carmel. Une très forte communauté druze vit également sur les monts du Golan, en Syrie et au Liban.
– ***Les karaïtes :*** secte juive datant du VIIe s adhérant à la seule Torah. Ses 15 000 membres vivent dans les environs de Ramla, Ashod et Beer Sheva.

– ***Les melkites :*** il s'agit des Églises de Syrie, de Palestine et d'Égypte restées fidèles aux Églises catholiques de rite byzantin.
– ***Les samaritains :*** le mont Garizim en Cisjordanie est leur lieu sacré, où ils vivent depuis 2 500 ans, c'est-à-dire depuis l'exil de Babylone. Ils ne reconnaissent que la Torah et le livre de Josué et affirment être les descendants de la tribu de Joseph. Ils ne sont plus que 750. Et si vous désirez savoir pourquoi les Samaritains sont « bons », lisez le chapitre suivant jusqu'au bout...

LA *QÉHILA*, C'EST QUOI ?

Composée d'à peine 500 fidèles, voici la plus petite religion au monde. Créée après la Seconde Guerre mondiale, elle a pour adeptes des catholiques ayant émigré en Israël et parlant l'hébreu. La messe est donc célébrée dans cette langue. N'oublions pas que Jésus lui-même était rabbin (atypique, certes) et que les tout premiers chrétiens étaient de culture juive. La qéhila *prie pour la réconciliation des juifs et des chrétiens. La pente est rude.*

Expressions d'origine biblique

De nombreux termes ou expressions de la langue française puisent leur origine dans les textes de la Bible (Ancien et Nouveau Testament). En voici quelques exemples fréquemment utilisés et dont on a d'ailleurs souvent oublié la signification première.

Quelques expressions tirées de l'Ancien Testament

– ***Cela remonte au Déluge :*** se dit d'un événement si vieux qu'on n'arrive pas à le dater avec exactitude. Dans la Genèse (VI, 17 à VII, 24), après avoir ordonné à Noé de construire un immense bateau et d'y embarquer une poignée de justes et un couple de chaque espèce animale, Yahvé, furieux des mœurs décadentes des hommes, commanda une pluie d'enfer qui engloutit la terre pendant 40 jours et 40 nuits. Le crachin breton à côté, ce n'est que de la rosée ! Mais le Déluge eut une fin : les bons (hommes) et les bêtes sortirent de l'arche de Noé pour repeupler la Terre.
– ***Vieux comme Mathusalem :*** c'est-à-dire très, très âgé. L'homme le plus vieux de la Bible est Mathusalem. Selon la Genèse (V, 27), ce sacré vieillard serait mort à l'âge de 969 ans ! Un record de longévité. On raconte aussi qu'il eut son 1er enfant à 187 ans, et une flopée de bambins par la suite... C'est ce qui s'appelle rester vert.
– ***Pauvre comme Job :*** archi-fauché (et passablement déprimé...), c'est ce que l'on est quand on devient « pauvre comme Job ». Terrible histoire que celle de Job. Voilà un homme irréprochable, intègre et droit, à qui tout réussit. Mais un beau jour, le Tout-Puissant autorise Satan à lui faire subir les pires épreuves, afin de tester sa foi. Deuil, misère, déchéance physique s'abattent sur lui. Job

LE DÉLUGE : MYTHE OU RÉALITÉ ?

Selon des recherches scientifiques menées dans les années 1990, le déluge décrit dans la Genèse aurait bel et bien eu lieu. La fonte des glaces aurait provoqué l'augmentation progressive du niveau de la Méditerranée. Le « trop-plein » se serait déversé par le Bosphore dans la mer Noire qui n'était alors qu'un lac, augmentant brutalement son niveau de 150 m. Ce cataclysme remonterait à 7 500 ans av. J.-C. Hasard du calendrier, cela correspond au début de l'écriture en Mésopotamie. Voilà pourquoi l'événement n'a pas sombré dans l'oubli.

tiendra bon, jusqu'au bout. Et Dieu entendra ses prières. À la fin du livre, il retrouve santé et prospérité. *Happy end for Job !*

– ***Sodome et Gomorrhe :*** fait référence à un épisode pas très gay du récit biblique. À l'origine, Sodome était une ville au sud de la mer Morte, réputée pour ses mœurs prétendues dissolues. C'est pudiquement suggéré dans la Genèse (XIX, 1-29), c'est plus clairement écrit dans le Coran (07 – 79 : « Abuserez-vous des hommes au lieu de femmes pour assouvir vos appétits charnels ? »), Sodome était le paradis des homos de l'époque. La ville fut détruite par Yahvé, pour cette seule raison, dans le feu et le soufre. Ce jour-là, il eut la main lourde, car il ne reste que vent et poussière de la ville... On se dit que, plusieurs millénaires plus tard, les temps ont changé. Pourtant 72 États dans le monde ont encore une législation répressive pour les homosexuels (une dizaine prévoyant la peine de mort) et la sodomie est pénalisée dans une douzaine d'États aux USA...

– ***Gagner son pain à la sueur de son front :*** non, ce n'est pas La Fontaine qui l'écrivit (ni Sarko), mais Yahvé qui le clama haut et fort. La scène se passe dans la Genèse (III, 19). Adam et Ève viennent d'être sévèrement réprimandés pour avoir osé croquer le fruit défendu. Après le Paradis, voici la Chute. Maudit soit le serpent qui a séduit Ève ! Pour punition suprême : les femmes accoucheront dans la douleur et les hommes gagneront leur croûte à la sueur de leur front ! Pas drôle comme programme.

BOUC ÉMISSAIRE

Selon la tradition juive, ce bouc était chargé de tous les péchés de la tribu. Il était donc chassé du groupe afin d'éloigner la malédiction divine. Aujourd'hui, un bouc émissaire est celui à qui on attribue injustement toutes les fautes.

– ***Les trompettes de Jéricho :*** imaginez les remparts d'une ville qui s'effondrent au son de quelques trompettes... Et pourtant voilà ce qu'il advint de Jéricho dans la Bible (Josué, VI, 1). De nos jours, on compare aux trompettes de Jéricho des forces quasi surnaturelles capables de renverser n'importe quel obstacle (ou adversaire) apparemment supérieur.

– ***La tour de Babel :*** tout endroit où l'on parle une multitude de langues étrangères. Courroucé de voir l'homme créé à son image élever un gratte-ciel dans le désert, Yahvé frappa vite et fort : il jeta la confusion en leur faisant parler des langues différentes. Le désordre fut général et le projet mégalomane resta inachevé.

– ***David et Goliath :*** l'histoire du petit gringalet, malin et pugnace, qui finit par vaincre le géant vaniteux. Champion juif de son temps, David est jeune et chétif face au champion des Philistins, Goliath, un redoutable mastodonte. Malgré sa force impressionnante, Goliath sera terrassé par son adversaire.

– ***Le pot de terre contre le pot de fer :*** encore une image d'un combat inégal, perdu d'avance. L'expression nous vient de l'Ecclésiaste (XIII, 2-3) : « Pourquoi mettre le pot de terre avec le pot de fer ? S'il le heurte il se brisera. » Tout ça pour dire qu'il faut fréquenter ses égaux...

– ***Un colosse aux pieds d'argile :*** toute personne ou institution née des hommes dont la puissance et la force reposent sur des bases fragiles. Selon le Livre de Daniel (II, 31-35), Nabuchodonosor, roi de Babylone, eut un songe. Il convoqua le prophète Daniel qui lui raconta, avant que le souverain n'ait ouvert le bec, le rêve du colosse aux pieds d'argile.

– ***Un tohu-bohu :*** c'est une des premières expressions de la Genèse : « Au commencement, Dieu créa le ciel et la terre. Or, la terre était tohu et bohu... » Traduisez : vague et vide. Plus tard, d'autres traducteurs y ont vu un chaos, qui devint par déformation une sorte de grand tumulte, la pagaille.

– ***C'est la traversée du désert :*** après leur sortie d'Égypte, les Hébreux séjournèrent 40 ans dans le désert avant de trouver la Terre promise. L'expression s'applique souvent aujourd'hui aux personnes célèbres (chanteurs, acteurs, politiciens) qui traversent une période ingrate, avant de revenir sous les feux de l'actualité.

– ***Rien de nouveau sous le soleil :*** les optimistes forcenés et les gagneurs n'en feront pas leur slogan de bataille. Car cette réflexion désabusée, tirée de l'Ecclésiaste (I, 9), affirme que rien ne change ici-bas et que tout ce qui arrive s'est déjà produit dans le passé.

– ***Œil pour œil, dent pour dent (la loi du Talion) :*** dans les premiers temps bibliques, la vengeance était une pratique courante, encouragée par le Tout-Puissant. C'est à Moïse que Yahvé dicta ainsi cette loi impitoyable du châtiment : on rend au coupable d'une faute le dommage exact qu'il a causé à son prochain. Comme disait Gandhi, « Œil pour œil rend le monde entier aveugle », à méditer !

– ***Costume d'Ève :*** en référence, bien sûr, à Adam et Ève, qui vivaient nus au Paradis terrestre (Genèse, II, 25).

– ***Des jérémiades :*** le livre du prophète Jérémie contient tellement de complaintes et de lamentations sur l'état de désolation du peuple d'Israël qu'une « jérémiade » désigne aujourd'hui une plainte insistante et répétitive. Le célèbre mur des Lamentations à Jérusalem tire d'ailleurs son nom de la tradition d'y lire ce livre de Jérémie.

– ***Vieux comme Hérode :*** pas moins de 7 rois de cette dynastie ont émaillé l'histoire de Judée et de Galilée, de 73 av. J.-C. à environ 100 apr. J.-C. Tous portant le même nom, l'impression de longévité d'un seul et même souverain explique l'expression. Parmi les souverains, Hérode Ier (le Grand) fut le commanditaire du célèbre massacre des Innocents. Hérode Antipas a, quant à lui, créé la ville de Tibériade et fait décapiter saint Jean le Baptiste,

L'ANNÉE SABBATIQUE

Ce que tout bon travailleur rêve d'obtenir de son patron, histoire de se changer les idées pendant une année, de mener à bien un projet personnel ou de réaliser un rêve. Cette coutume est vieille comme Hérode. Dans la Bible, selon les préceptes du Deutéronome (XV, 1-11), la terre doit se reposer tous les 7 ans et les paysans doivent donner aux pauvres le produit de cette année-là. En Israël, la tradition est assez respectée après les études et un service militaire éprouvant. Les jeunes amassent un pécule en étant serveurs dans les restos et cafés, puis taillent la route.

IN VINO VERITAS

Les fabricants de champagne ont choisi de baptiser leurs flacons de grande capacité de noms de personnages bibliques : Jéroboam, roi d'Israël (3 l), Réhoboam, fils de Salomon (4,5 l), Mathusalem, le patriarche (6 l), Salmanazar, une dynastie de rois assyriens (9 l), Balthazar, roi mage (12 l), Nabuchodonosor, roi de Babylone (15 l), Melchior, roi mage ou Salomon, qu'on ne présente plus (18 l). Une façon royale de réviser son catéchisme.

Quelques expressions tirées du Nouveau Testament (Évangiles)

– **À chaque jour suffit sa peine** *(Matthieu, VI, 34).*
– **Beaucoup d'appelés et peu d'élus** *(Matthieu, XXII, 14).*
– **Les derniers seront les premiers** *(Matthieu, XX, 16).*
– **Nul n'est prophète en son pays** *(Luc, IV, 24).*
– **On connaît l'arbre à ses fruits** *(Matthieu, VII, 16-20).*
– **Il y aura des pleurs et des grincements de dents** *(Matthieu, XXII, 13).*
– ***Il faut rendre à César ce qui est à César, et à Dieu ce qui est à Dieu*** *(Matthieu, XXII, 21).*
– ***Malheur à celui par qui le scandale arrive*** *(Luc, XVII, 1).*
– ***Ne pas jeter la pierre à quelqu'un :*** tiré de l'épisode des Évangiles où Jésus prend la défense d'une femme adultère par « Que celui qui n'a jamais péché lui jette la 1re pierre » *(Jean, VIII, 2-11).*

– ***Jeter des perles aux cochons*** *(Matthieu, VII, 6).*
– ***S'en laver les mains*** *(Matthieu, XXVII, 24).*
– ***Tuer le veau gras*** *(Luc, XV, 23-24).*
– ***Un capharnaüm :*** la scène se passe dans une maison de la ville de Capharnaüm (en hébreu *Kefar Nahum*), au bord du lac de Tibériade. Jésus y enseigne au milieu d'une foule si compacte que personne ne peut pénétrer dans la demeure. On lui amène alors un paralytique pour qu'il le guérisse. Impossible de se frayer un chemin. Les porteurs doivent percer le toit et faire descendre la civière par le trou. Et c'est parmi les gravats que Jésus absout de ses péchés le paralytique avant d'accomplir le miracle de sa guérison, sous les yeux d'une foule médusée. Depuis cet événement, un capharnaüm est synonyme de désordre, de confusion, d'encombrement.
– ***La Samaritaine :*** saviez-vous que ce grand magasin parisien (aujourd'hui fermé) doit son nom à une femme de Samarie qui donna à boire à Jésus ? L'Évangile de Jean (IV, 7-30) rappelle cet épisode qui se déroule dans une ville nommée Sychar (en hébreu *Shechem*), l'actuelle Naplouse. Alors qu'il traversait la région, Jésus fit une halte près du puits de Jacob (toujours visible dans une église à la sortie de Naplouse) pour se rafraîchir. Une Samaritaine vient pour y tirer de l'eau. Jésus lui dit : « Donne-moi à boire... » Elle lui répond : « Comment ! Tu es juif et tu me demandes à boire, à moi, une Samaritaine ? » À l'époque du Christ, les Samaritains étaient en effet considérés par les Juifs comme impurs et impies. En 1609, on fit construire une pompe sur le Pont-Neuf à Paris, avec un bas-relief sculpté représentant la Samaritaine abreuvant Jésus. Plus tard, Ernest Cognacq s'en inspira, nommant son 1er magasin *À la Samaritaine.* Décidément, on trouve tout... dans les Évangiles !

VENDREDI 13 : CHANCE OU MALCHANCE ?

Selon une vieille tradition populaire, le vendredi 13 était, à l'époque, considéré comme un jour néfaste. L'origine de cette croyance remonte à la Passion et à la mort du Christ à Jérusalem. Lors du dernier repas, Jésus et les apôtres étaient 13 à table. De plus, Jésus aurait été crucifié, selon le calendrier juif, le 13 du mois de Nissan. Or les Évangiles relatent qu'il mourut la veille du shabbat, donc un vendredi dans le calendrier chrétien. On obtient ainsi le vendredi 13. Jour de malheur pour les Américains (pas de chambre 13 dans les hôtels !), mais, bizarrement, jour de chance... pour les Français !

SITES INSCRITS AU PATRIMOINE MONDIAL DE L'UNESCO

Organisation des Nations Unies pour l'éducation, la science et la culture · En coopération avec le Centre du patrimoine mondial

Pour figurer sur la liste du Patrimoine mondial, les sites doivent avoir une valeur universelle exceptionnelle et satisfaire à au moins un des 10 critères de sélection. La protection, la gestion, l'authenticité et l'intégrité des biens sont également des considérations importantes.
Le patrimoine est l'héritage du passé dont nous profitons aujourd'hui et que nous transmettons aux générations à venir. Nos patrimoines culturel et naturel sont 2 sources irremplaçables de vie et d'inspiration. Ces sites appartiennent à tous les peuples du monde, sans tenir compte du territoire sur lequel ils sont situés. Pour plus d'informations : • *whc.unesco.org* •
Depuis le 1er janvier 2019, Israël (comme les États-Unis) a officiellement quitté l'Unesco. L'État avait déjà cessé de contribuer financièrement depuis 2011, lors

de l'admission de la Palestine au sein de l'Unesco. Son retrait total fait suite à la décision de l'organisation de classer la ville d'Hébron au titre du Patrimoine en péril, en juillet 2017.

– Israël compte 9 sites classés au Patrimoine mondial de l'Unesco : Massada, la vieille ville d'Akko (Saint-Jean-d'Acre), la Ville blanche de Tel-Aviv (bâtiments du Bauhaus), la route de l'encens (villes du désert du Néguev : notamment les villes nabatéennes d'Avdat, de Mamshit et de Shivta), les tells bibliques de Megiddo, Hazor et Beer Sheva, les Lieux saints des bahaïs à Haïfa et, en Galilée occidentale, les sites de l'évolution humaine du mont Carmel (grottes du Nahal Mearot/wadi el-Mughara), les grottes de Maresha et de Beit Guvrin, ainsi que la nécropole de Bet She'arim, au sud-est de Haïfa.

– Noter que la vieille ville de Jérusalem et ses remparts sont inscrits sur la liste du Patrimoine mondial en péril de l'Unesco.

JÉRUSALEM ET SES ENVIRONS

JÉRUSALEM

936 400 hab. IND. TÉL. : 02

• Plan d'ensemble *p. 306-307* • Plan centre *p. 310-311*
• Zoom (vieille ville) *p. 314-315*

« Dix mesures de beauté ont été répandues sur le monde ; neuf ont été prises par Jérusalem, et une par le reste du monde. »

Talmud de Babylone

Ironie du destin : Jérusalem (Yeroushalayim) signifie en hébreu « ville de Paix », ou encore « la Paix apparaîtra », et « La Sainte » (Al-Quds en arabe). Et pourtant elle n'a cessé d'être détruite et reconstruite avec ses propres pierres. Pourquoi tant de convoitise et d'acharnement ? Est-ce parce qu'elle incarne le « nombril du monde » pour les 3 grandes religions monothéistes qui la vénèrent ? Aucune grande route commerciale ne la traverse, tout autour ce ne sont que les collines arides du désert de Judée. Aucun fleuve, pas d'or, pas de pétrole non plus, encore moins de richesses minérales. Alors quoi ? Que se passe-t-il au juste ?
Jérusalem se moquerait-elle du temps ?
À la fois palestinienne et israélienne, religieuse mais aussi laïque, elle incarne l'exemple même du lieu où chacun est libre de composer à sa guise entre les faits historiques et les fables... Alors bien évidemment, ici, le moindre centimètre carré de terrain a de l'importance. Il suffit pour s'en rendre compte d'aller jeter un œil sur le chantier de fouilles de la *cité de David* ou encore de flâner dans la vieille ville, fruit d'un savant partage entre communautés religieuses... Mais il vous faudra toujours garder à l'esprit que la Jérusalem qui se dresse devant vous aujourd'hui est constituée de bâtiments datant de la période ottomane (XVIe-XXe s) et dans une moindre mesure mamelouke (XIIIe-XVIe s) et que tout ce qui est censé dater de l'époque de Mahomet, sans parler de celle de Jésus, se trouve aujourd'hui au moins à 2-3 m sous le niveau actuel des voiries.
Aujourd'hui, la ville offre un double visage : d'un côté la Jérusalem israélienne bien proprette, commerçante, étudiante et festive ; de l'autre, la Jérusalem orientale, mal équipée et surpeuplée mais grouillante de vie (au moins jusqu'à 21h) et dont les habitants composent au quotidien avec les tracasseries administratives que lui impose son alter ego occidental...

CARTE D'IDENTITÉ DE LA VILLE

- *Nombre d'habitants :* 936 400.
- *Population :* 355 300 habitants (les Hiérosolymitains) vivent à Jérusalem-Ouest et 581 100 à Jérusalem-Est, dont 227 100 colons.
- *Principales langues :* l'hébreu, l'arabe et l'anglais. On parle aussi le français, le grec, le yiddish (dans les quartiers peuplés de Juifs orthodoxes, comme Mea She'arim), l'allemand, le russe, l'espagnol (Philippins), l'éthiopien et le thaï, conséquence de l'afflux parfois massif d'immigrants venus de ces pays. De nombreux panneaux de signalisation et des publicités entières existent désormais en russe.

RELIGIONS

- *Le judaïsme :* la tradition, vieille du règne du roi David, voit dans le rocher du mont du Temple l'endroit où Abraham, prêt à immoler son fils Isaac, scella l'Alliance avec son dieu. Jérusalem est restée pour les Juifs, par la force de la mémoire collective, un aimant, une boussole : depuis plus de 2 000 ans, 3 fois par jour, les Juifs pratiquants se tournent tous vers elle pour prier leur Dieu. En outre, selon les prophètes, le Messie doit revenir à Jérusalem, entraînant dans son sillage tous les morts ressuscités du vieux cimetière du mont des Oliviers. En attendant ce jour glorieux, Israël doit demeurer « une nation sainte et un peuple de prêtres ». Actuellement, c'est à Jérusalem que l'on voit le plus de haredim, Juifs ultra-orthodoxes venus de Russie, d'Ukraine et de Lituanie, coiffés de leur *schtreimel,* leur chapeau en fourrure de fouine ou de renard. Leur tenue n'a pas changé depuis l'époque du ghetto (XVIIIe s). Intégristes de la religion juive, ils appliquent à la lettre les préceptes de la Loi. Ils forment une minorité agissante mais contestée au sein du judaïsme.
- *Le christianisme :* environ 12 000 chrétiens vivent à Jérusalem ; la plupart sont des Arabes, répartis entre le quartier chrétien de la vieille ville (autour du Saint-Sépulcre) et la partie orientale de Jérusalem (Jérusalem-Est). Églises d'Orient et d'Occident y sont implantées depuis longtemps. On trouve des catholiques (franciscains ou dominicains ou catholiques grecs et arméniens), des anglicans, des représentants des Églises syriaque, copte, arménienne (non catholique) ou éthiopienne, des orthodoxes grecs, russes... Les Arméniens forment la plus ancienne communauté chrétienne de la ville. Ce fut le 1er peuple à se convertir au christianisme en 301 ou 313 (ça varie selon les sources), soit quelques années avant que Constantin ne scelle le destin de cette religion à celui de son empire.

LE PREMIER POLITICIEN NON VIOLENT

Saint François d'Assise refusa la brutalité des croisades. Il rencontra le sultan Al-Kamil en 1219 qui détenait l'accès aux Lieux saints. Le fondateur de l'ordre des Franciscains créa des écoles et des logements, sans distinction de religion. Ainsi les franciscains eurent-ils toujours accès à Jérusalem, même pendant les périodes d'interdiction aux chrétiens. À méditer.

- *L'islam :* Jérusalem (*Al-Quds* pour les Arabes) est également un lieu sacré pour les musulmans car Ismaël, fils d'Abraham, est considéré comme le « père des Arabes ». Mahomet se serait rendu nuitamment de La Mecque au « rocher » de Jérusalem en chevauchant le *buraq,* un cheval ailé, afin de monter direct au paradis. Depuis, les musulmans vénèrent Jérusalem comme leur 3e Lieu saint (après La Mecque et Médine).

Au VIIe s, les califes omeyyades édifièrent le Dôme du Rocher (improprement surnommé mosquée d'Omar, car c'est un mausolée – et non une mosquée – construit par le calife Abd-al-Malik et non par Omar) à l'endroit même où, selon la croyance populaire, le Prophète aurait quitté le monde des vivants. C'est sur cette

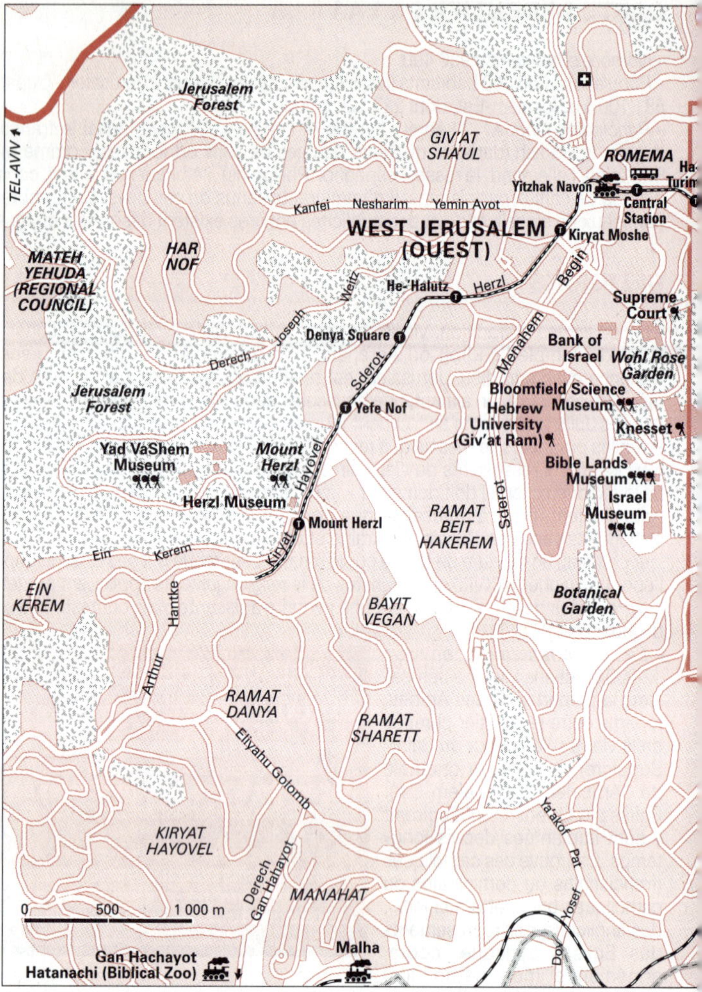

esplanade que les disciples d'Allah attendent le retour de Mahomet qui retrouvera Abraham, Moïse et Jésus pour prier ensemble. Mais il n'est pas conseillé de traîner dans le coin ce jour-là car cette rencontre au sommet préludera à la fin du monde et au Jugement dernier...

HISTOIRE AGITÉE DE LA « VILLE DE LA PAIX »

Tout commence par deux A : Abraham et Alliance. Selon la Bible, Dieu demanda à Abraham de sacrifier son fils Isaac, sur le mont Moryah à Jérusalem. L'événement

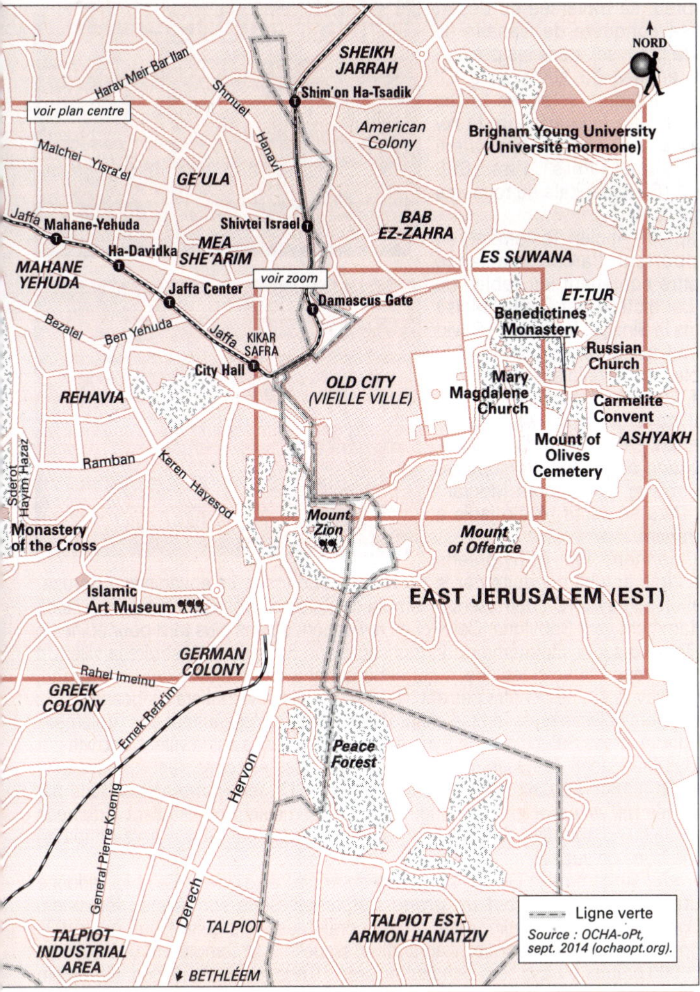

JÉRUSALEM – PLAN D'ENSEMBLE

se serait passé entre 2 000 et 1 500 ans avant l'ère chrétienne. C'est cet acte fondateur que l'on appelle l'Alliance (entre Dieu et Abraham, représentant du Peuple élu). Selon la tradition, le rocher de l'Alliance existe toujours. Il serait situé sous le Dôme du Rocher, sur le mont du Temple.

La cité de David, de Salomon et d'Hérode

Alors que Jérusalem n'est qu'une bourgade cananéenne, habitée par des Jébuséens, des Hittites et des Amorrites, la Bible relate la sortie d'Égypte du peuple hébreu, sa traversée du désert et sa conquête de Canaan (la Terre promise), dans les premières années du XIIIe s av. J.-C. Mais, toujours selon les textes sacrés, il a fallu attendre le ***roi David*** pour que Jérusalem devienne, vers l'an 1000 av. J.-C., la capitale du royaume uni d'Israël.

D'après l'Ancien Testament, en rapportant l'arche d'alliance (coffre contenant les Tables de la Loi dictées par Dieu à Moïse dans le Sinaï) à Jérusalem, David aurait fait de cette ville le véritable centre religieux du peuple juif. Mais c'est son fils, Salomon, qui conclut l'affaire en entreprenant en 961 av. J.-C. la ***construction du 1er Temple*** supposé se trouver sur le mont Moryah, où Dieu se serait révélé jadis à Abraham.

CHANGEMENT DE CAP

À l'époque où Mahomet instaura la salat (la prière), les musulmans priaient vers Jérusalem, à l'instar des juifs et des chrétiens. Ce n'est qu'au début de l'année 624 que le Prophète décida de changer la qibla (l'orientation) en invitant les musulmans à se tourner vers la Kaaba, *la boîte noire de La Mecque.*

LE SAINT DES SAINTS

D'après la Bible, c'est le lieu le plus sacré du temple de Salomon. Il renfermait l'arche d'alliance offerte à Moïse sur le mont Sinaï. Seul le grand prêtre y avait accès, une fois l'an, lors de Kippour. Personne d'autre que lui ne pouvant entrer, on prétend qu'on lui attachait une corde à un pied, pour le sortir, en cas de décès à l'intérieur.

Surviennent les Babyloniens (de l'Irak actuel) conduits par le roi Nabuchodonosor. Ils envahissent Jérusalem en 586 av. J.-C., détruisent le temple de Salomon poussant les Juifs à ***l'exil,*** notamment vers Babylone. Ceux-ci en reviennent 50 ans plus tard pour édifier le ***2d Temple*** sur le site même du 1er (consacré en - 515), et reconstruire la ville. Un peu de repos et voici les Grecs qui débarquent à leur tour. Alexandre le Grand, en 332 av. J.-C., ne pénètre pas dans la ville, qui lui fait volontiers allégeance, puis Jérusalem hellénisée, le Temple est profané. Ensuite, c'est au tour des Ptolémées d'Égypte et des Séleucides de Syrie de faire main basse sur la ville. Conduits par Judas Maccabée, les Juifs chassent les Séleucides et consacrent à nouveau le Temple (- 164). La paix enfin ? Non, en 63 av. J.-C., ***les Romains*** conduits par Pompée ***débarquent*** en Palestine, occupent Jérusalem et installent l'Iduméen Hérode (juif d'adoption de par la conversion au judaïsme de son père Antipater) sur le trône de Judée.

Hérode, surnommé le Grand, ***s'empare de la cité*** en 37 av. J.-C. et lui redonne toute sa splendeur. ***C'est un grand bâtisseur.*** Sous son règne, Jérusalem retrouve une 2de vie. Malin, rusé, cruel, il craint les Juifs autant que ceux-ci le redoutent. Pour les amadouer, il agrandit et embellit le 2d Temple : 10 000 ouvriers et 1 000 prêtres y travaillent pendant environ 10 ans (selon l'historien juif romain Flavius Josèphe). C'est ce Temple en voie d'achèvement que Jésus a dû connaître.

La ville où Jésus est mort (avant de ressusciter)

Selon l'Évangile de saint Jean, Jésus de Nazareth (Galilée) ne serait venu que 5 fois au plus dans la Ville sainte. La 1re fois, à 12 ans, il fugue, gagne le Temple où on le retrouve discutant le coup avec les docteurs de la Loi médusés par sa précocité. La dernière fois, Jésus y serait revenu pour la Pâque juive *(Pessah).* Il passe ses dernières journées au Temple à enseigner contre vents et marées, et ses nuits au mont des Oliviers. C'est du flanc de cette colline qu'il aurait prédit la chute de Jérusalem. Il est ensuite arrêté, accusé de soulever le peuple contre Rome, condamné par Ponce Pilate à la peine de mort. Il meurt crucifié, un vendredi 13 avril de l'an 30 (ou 33), à l'âge de 35 (ou 38) ans (étant probablement né en l'an 5 avant notre ère).

Une cité de toutes les confessions

Excédés par l'oppression romaine, les Juifs se révoltent contre Rome. Ça dégénère en guerre. Celle-ci s'achève en l'an 70 avec la destruction du 2d Temple par les troupes de Titus (soit 656 ans, jour pour jour, après la destruction du 1er Temple par les Babyloniens).
Malgré la résistance héroïque de Bar Kokhba, ***Jérusalem est*** de nouveau ***anéantie en 135.*** L'empereur Hadrien rebaptise la ville *Aelia Capitolina.* C'est la vieille ville de Jérusalem telle qu'elle est implantée aujourd'hui. Ayant reçu l'interdiction

Adresses utiles

- **3** Leumi Bank (C1)
- **4** Consulat de France (B2)
- **5** Institut français Chateaubriand et Educational Bookshop (C1)
- **6** Institut français Romain-Gary (B2)
- **7** Librairie Vice Versa (B2)
- **8** Cinémathèque (B3)
- **9** Gare centrale des bus palestiniens (C2)
- **10** Gare routière de Nablus Road (C1)
- **11** Gare routière pour le mont des Oliviers (C1)
- **12** Middle East Car Rental (C1)
- **40** Good Luck Car Rentals (C1)
- **90** Alternative Tours & Transportation (C1)

Où dormir ?

- **31** The Cinema (B2)
- **32** The Post Hostel Jerusalem (B2)
- **35** Azzahra Hotel (C1)
- **36** Saint Thomas Home (C1)
- **37** St George's Pilgrims Guest House (C1)
- **38** Legacy Hotel (C1)
- **39** Jerusalem Hotel (C1)
- **40** American Colony Hotel (C1)
- **41** Abraham Hostel (A1)
- **42** The Jerusalem Hostel et The Jerusalem Hotel (B2)
- **43** Zion Hotel (B2)
- **45** City Center Hotel and Suites (B2)
- **46** Agron Guesthouse and Youth Hostel (B2)
- **47** Beit Shmuel (B2)
- **48** Eldan Jerusalem (B2)
- **49** YMCA 3 Arches Hotel (B2)
- **50** Montefiore Hotel (A2)
- **51** St Andrew's Scottish Guesthouse (B3)
- **52** Dan Boutique Hotel (B3)
- **53** The Colony Hotel (B3)
- **54** Yitzhak Rabin Guest House (hors plan par A2)
- **55** Mount Zion Hotel (B3)
- **56** Villa Brown (B1)

Où manger ?

- **35** Resto de l'Azzahra Hotel (C1)
- **38** Resto du Legacy Hotel (C1)
- **67** Pasta Basta (A1)
- **68** Hummus Ben Sira (B2)
- **69** Rahamou (A1)
- **70** Focaccia (B2)
- **71** Sima (A1)
- **72** Tmol Shilshom, café-restaurant and bookstore et Zuni (B2)
- **73** Azura (A1)
- **74** Barood (B2)
- **75** Modern (hors plan par A2)
- **76** King's Garden Restaurant (B2)
- **77** Machneyuda (A1)
- **78** Yudale (A1)
- **80** 1868 (B2)
- **81** Mona Restaurant (A2)
- **82** Aricha Sabich (A1)
- **83** Manou Bashouk (A1)
- **85** Bagel Café (hors plan par B3)
- **86** Pergamon (B2)
- **87** Shanty (B2)
- **89** Nordic Café (C1)
- **90** Al Mihbash Restaurant (C1)
- **91** Sarwa (C1)
- **92** The View (C1)

Où prendre un bon petit déj, un café ou un bon gâteau ?

- **85** Bagel Café (hors plan par B3)
- **89** Nordic Café (C1)
- **104** Café Kadosh (B2)
- **106** Café Chen (B2)
- **107** The Coffee Mill (B3)

Où boire un verre ? Où sortir ?

- **31** John Smith Bar (B2)
- **43** Café Birman (B2)
- **72** Tmol Shilshom, café-restaurant and bookstore (B2)
- **86** The Record-Hataklit (B2)
- **91** Sarwa (C1)
- **92** The View (C1)
- **110** Beer Bazar (A1)
- **111** HaMiffal (B2)
- **112** Gatsby (B2)
- **113** The Cassette-Hataklit et The Video-Hataklit (B2)
- **114** Sira Pub (B2)
- **115** Zollis et Nadin Pub (B2)

Où écouter de la musique ? Où danser ?

- **120** Yellow Submarine (hors plan par B3)
- **121** Toy Bar (B2)
- **122** Monaco (B2)
- **123** Bar de la terrasse du Mamilla Hotel (B2)

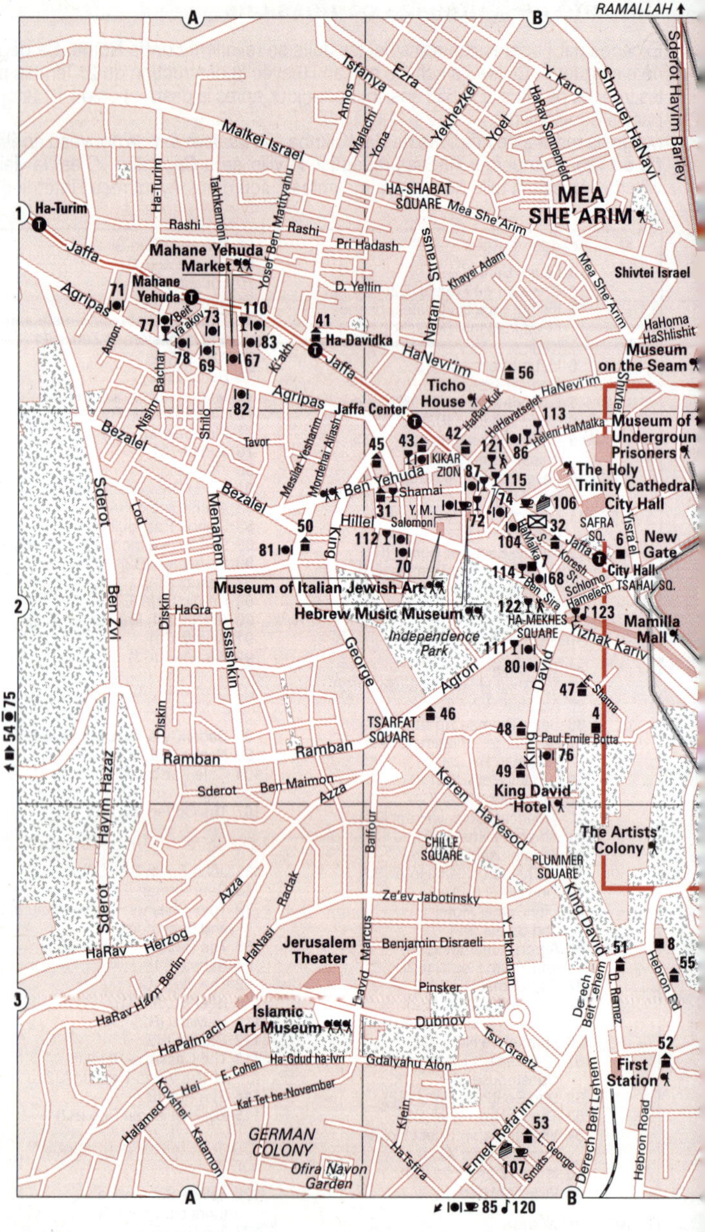

RAMALLAH
A
B
1
2
3
Ha-Turim
Jaffa
Agripas
Mahane Yehuda Market
Mahane Yehuda
Malkei Israel
Tsfanya
Ezra
Amos
Malachi
Yona
Yekhezkel
Yoel
Y. Karo
HaRav Sonnenfeld
Shmuel HaNavi
Sderot Hayim Barlev
HA-SHABAT SQUARE
Mea She'Arim
MEA SHE'ARIM
Shivtei Israel
Ha-Turim
Takhkemoni
Yosef Ben Matityahu
Rashi
Pri Hadash
Strauss
Khayei Adam
D. Yellin
Natan
Ha-Davidka
HaNevi'im
HaHoma HaShlishit
Museum on the Seam
Ticho House
HaRav Kuk
Jaffa Center
HaHavatselet
Heleni HaMalka
Museum of Underground Prisoners
The Holy Trinity Cathedral
City Hall
SAFRA SQ.
Yisra'el
New Gate
City Hall
TSAHAL SQ.
Mamilla Mall
Yizhak Kariv
Shlomo Hamelech
Koresh
Ben Sira
HaMalka
HA-MEKHES SQUARE
Arnon
Beit Ya'akov
Bachar
Nisim
Shilo
Ki'akh
Bezalel
Tavor
Mesilat Yesharim
Mordehai Aliash
KIKAR ZION
Ben Yehuda
Shamai
Y. M. Salomon
Hillel
King George
Museum of Italian Jewish Art
Hebrew Music Museum
Independence Park
Agron
David
E. Shama
Paul Emile Botta
King David
King David Hotel
The Artists' Colony
TSARFAT SQUARE
Sderot
Lod
Menahem
Ussishkin
Ben Zvi
HaGra
Diskin
Ramban
Sderot Ben Maimon
Azza
Keren HaYesod
Balfour
CHILLE SQUARE
PLUMMER SQUARE
Hayim Hazaz
Sderot Ben Zvi
Ze'ev Jabotinsky
Radak
HaNasi
Jerusalem Theater
David Marcus
Benjamin Disraeli
Y. Elkhanan
Pinsker
Dubnov
HaRav Herzog
HaRav Ham Berlin
HaPalmach
Islamic Art Museum
Tsvi Graetz
Derech Beit Lehem
D. Remez
Hebron Rd
First Station
Hebron Road
E. Cohen
Ha-Gdud ha-Ivri
Gdalyahu Alon
Hei
Kovshei
Katamon
Halamed
Kaf Tet be-November
GERMAN COLONY
Ofira Navon Garden
Klein
HaTsfira
Emek Refa'im
L. George
Smats
71
77
73
78
69
110
83
67
82
41
56
113
42
121
86
45
43
87
115
74
106
31
72
32
50
112
104
6
81
70
114
7
68
122
123
111
80
47
4
46
48
76
49
51
8
55
52
53
107
54
75
85
120

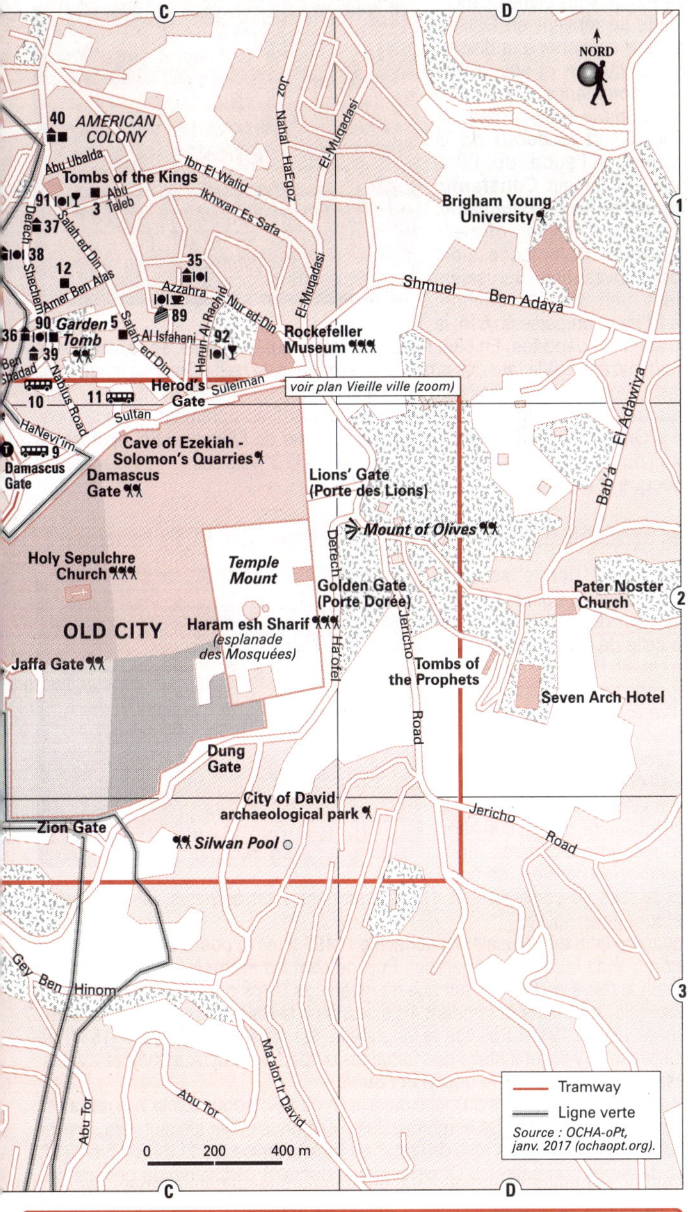

JÉRUSALEM – Centre

de s'y rendre sous peine de mort, les Juifs se replient en Galilée, puis, pour échapper à la disette, aux persécutions et aux impôts élevés, commencent à se disperser dans le Bassin méditerranéen. ***C'est le début de la Diaspora.*** À l'aube du IVe s, l'empereur romain ***Constantin se convertit au christianisme,*** qui devient la religion officielle de l'empire. Commence alors l'époque byzantine. Jérusalem devient une ville chrétienne. Suite à l'invasion perse en 614, la population est déportée. En 636, ***l'islam,*** religion toute nouvelle, ***se répand*** dans l'Empire byzantin. À la tête des armées musulmanes, le calife Omar se lance dans un vaste programme d'islamisation et d'arabisation. Le meilleur symbole de cette époque reste sans conteste ***le Dôme du Rocher*** (improprement désigné mosquée d'Omar) construit à l'emplacement du rocher de l'Alliance. En replaçant le nombril du monde, les Arabes font de Jérusalem la 3e Ville sainte de l'islam après La Mecque et Médine.

LE MONDE POSSÈDE AU MOINS 2 NOMBRILS

Pour les 3 religions du Livre, Jérusalem est considérée comme le nombril du monde, à la différence que si les juifs et les musulmans possèdent le même (le rocher de l'Alliance), les chrétiens, eux, ne sauraient voir le nombril du monde ailleurs qu'à l'endroit où le Christ est ressuscité, à savoir dans le Saint-Sépulcre.

Des croisés au mandat britannique sur la Palestine

Bien embêté par le schisme qu'avait connu l'Église en 1054 (séparation de l'Église de Rome et de celle de Constantinople), le pape Urbain fait appel aux nobles européens pour libérer Jérusalem de l'occupation musulmane. En 1099, Godefroy de Bouillon, accompagné de chevaliers francs et germaniques, entre dans la Ville sainte, massacrant la quasi-totalité de ses 40 000 habitants, juifs et musulmans. Sous la ***domination croisée,*** de nombreux Arabes se convertissent. Les synagogues sont détruites, les mosquées transformées en églises.

UN CROISÉ PACIFISTE

Frédéric II de Hohenstaufen, descendant du terrible Barberousse, régna au XIIIe s sur le Saint Empire romain. Reprenant le vœu de son père, il mena à bien la 6e croisade sans tirer un seul coup de canon. La seule (avec celle, sanglante, de Godefroy de Bouillon) qui conquit les Lieux saints. Il subjugua les Arabes à tel point que le sultan le nomma roi de Jérusalem.

Le royaume latin de Jérusalem s'achève en 1187 avec la ***conquête du pays par Saladin*** (il était kurde, et non arabe). Puis ce sont les ***mamelouks d'Égypte*** qui prennent le relais en 1250, avant que n'arrivent les ***Turcs ottomans*** en 1517. Des tenaces ! Ils vont rester là pendant 4 siècles, tenir la Palestine et gouverner Jérusalem de 1517 à 1917 ! Soliman le Magnifique fait rebâtir les murailles (1537) de l'actuelle vieille ville, et installe des fontaines un peu partout. Aux XVIIe et XVIIIe s, ***Jérusalem sombre dans le déclin et l'oubli.***

Il faut attendre l'avènement du sionisme à la fin du XIXe s pour voir la ville retrouver une ***certaine prospérité.*** De nombreux Juifs du monde entier affluent vers Jérusalem, réalisant ainsi le vieux rêve de retour en Terre promise. Le 11 décembre 1917, après de rudes combats, les Ottomans abandonnent Jérusalem au général britannique Edmund Allenby. La Société des Nations confie à la Grande-Bretagne le mandat sur la Palestine. La région devient le théâtre d'affrontements parfois violents entre Juifs et Arabes, chaque communauté cherchant à se faire valoir auprès des Britanniques. Mais les Anglais annoncent leur intention de renoncer à leur mandat en mai 1948. L'assemblée générale de l'ONU adopte alors en 1947 une résolution prévoyant ***le partage de la Palestine en 2 États,*** l'un juif, l'autre arabe, et recommande d'attribuer à Jérusalem un statut international. Le plan est rejeté en bloc par les Arabes.

De la création de l'État d'Israël à aujourd'hui

Au lendemain de la proclamation de l'État d'Israël, le 14 mai 1948, la guerre éclate. Quand le cessez-le-feu est signé le 3 avril 1949, ***Jérusalem,*** pour la 1re fois dans son histoire, ***est coupée en 2 par un no man's land.*** La Jordanie occupe la vieille ville et les Lieux saints. Israël prend le contrôle des parties ouest et sud de la ville. De 1948 à 1967, le mur Occidental (des Lamentations) est interdit aux Juifs.
En juin 1967, Israël sort victorieux de la guerre des Six Jours (contre 5 armées arabes coalisées). ***Jérusalem-Est est annexée au reste de la ville. En 1980, la Knesset (Parlement) proclame Jérusalem « capitale éternelle de l'État d'Israël ».*** Une situation de fait, que ne reconnaît pas la communauté internationale, sauf 2 pays à l'époque : le Salvador et le Costa Rica.
Voilà bien un des problèmes centraux des négociations : quel statut donner à cette ville 3 fois sainte ? Un statut international ? Une partition, avec Jérusalem-Est pour capitale palestinienne, proposition d'un proche du ministre israélien Ehud Barak en préparant le sommet de Camp David en juillet 2000 ? Proposition revue à la baisse par les négociateurs. C'est en partie à la question de Jérusalem qu'on impute l'échec du sommet.
Surtout quand elle sert de ***symbole pour exacerber les tensions.*** Lorsque le 28 septembre 2000 Ariel Sharon, flanqué de militaires, se rend sur l'esplanade des Mosquées, les Palestiniens considèrent le geste comme une provocation. Il n'en fallait pas plus pour que l'étincelle embrase le pays. Début de la 2de Intifada.
Le 8 décembre 2009, l'Union européenne appelle Israël à partager Jérusalem en capitale conjointe entre les États israélien et palestinien. De plus, les 27 rappellent qu'ils ne reconnaîtront aucun changement autre que négocié au statut d'avant 1967.
Mais les projets qui remettent en cause l'éventuelle partition de la ville s'accumulent. Outre le ***nombre croissant de colonies à Jérusalem-Est,*** le dernier projet en date risque d'engendrer de nouvelles polémiques : celui d'une télécabine qui relierait l'ancienne gare ottomane *(First Station)* au mont des Oliviers. L'étude en avait été confiée à une entreprise française, laquelle a fini par jeter l'éponge pour éviter d'être poursuivie en justice, vu que l'annexion de la partie de Jérusalem-Est que doit emprunter le tracé n'a jamais été reconnue par la communauté internationale. Voir aussi plus loin « Se déplacer dans Jérusalem ».

UNE VILLE À DEUX VITESSES

Plus de béton, ni de barbelés entre Jérusalem-Ouest et Est pour matérialiser la Ligne verte, comme c'était le cas entre 1962 et 1967. Mais aujourd'hui, visuellement, économiquement, sociologiquement, sur le plan démographique, administratif, ***les différences existent, grandissantes.***
Les ***raisons*** sont nombreuses : d'abord ***historiques,*** puisqu'entre 1948 et 1967, Jérusalem-Est est administrée par la Jordanie qui décide d'en freiner le développement, de peur qu'elle ne déstabilise le régime hachémite. La partie orientale reste donc sous-développée. L'orientation prise était-elle justifiée ou s'agit-il d'une conséquence ? Toujours est-il que le roi Abdallah est assassiné en 1951 sur l'esplanade des Mosquées par un Palestinien et qu'en 1967, des bâtiments publics jordaniens sont attaqués. Les 2 parties de la ville suivent une croissance complètement décalée et personne ne sait ce qui se passe de l'autre côté. Des Lieux saints juifs sont profanés à l'est, des synagogues ont été détruites en 1948. Lors de la guerre des Six Jours, le quartier des Maghrébins, à proximité du mur des Lamentations et datant du XIIe s, est rasé par l'armée israélienne. La résistance palestinienne s'organise et lance des opérations dès 1967.

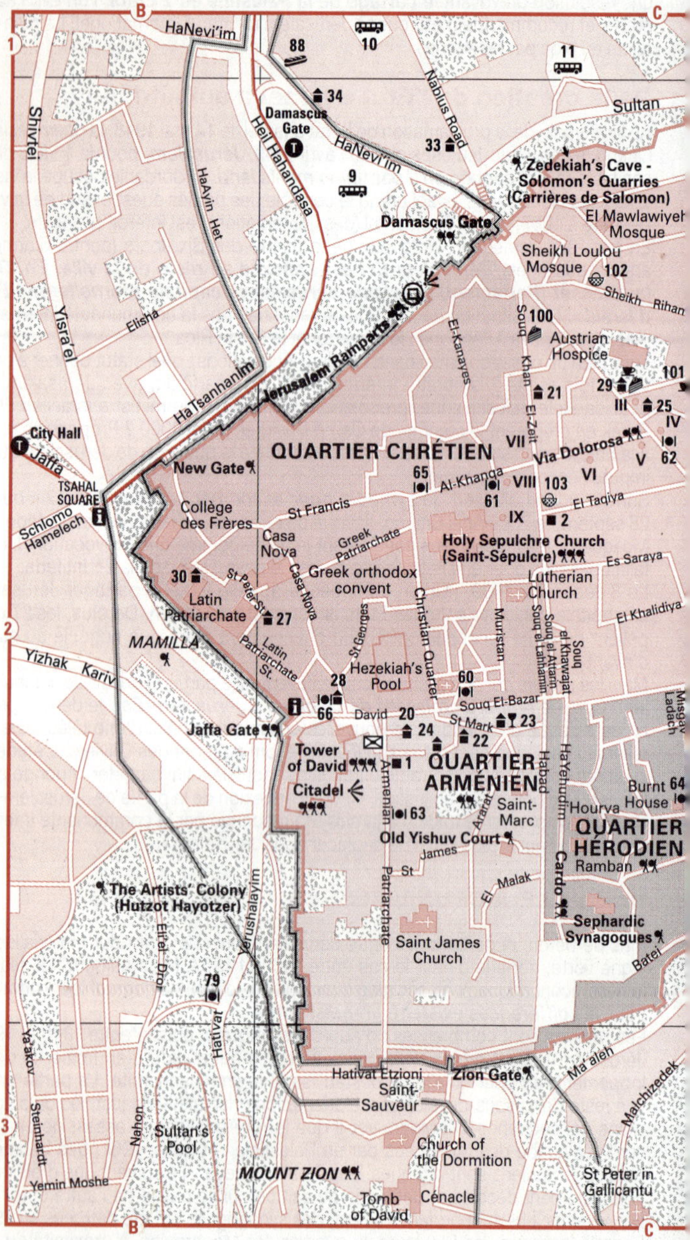

B
C
1
2
3
HaNevi'im
88
10
11
Sultan
Shivtei
Damascus Gate
34
Heil Hahandasa
HaAyin Het
Nablus Road
33
HaNevi'im
9
Zedekiah's Cave - Solomon's Quarries (Carrières de Salomon)
El Mawlawiyeh Mosque
Damascus Gate
Sheikh Loulou Mosque
102
Sheikh Rihan
Elisha
Yisra'el
Jerusalem Ramparts
El-Kanayes
Souq Khan El-Zeit
100
Austrian Hospice
101
29
III
25
IV
21
HaTsanhanim
City Hall
Jaffa
TSAHAL SQUARE
Schlomo Hamelech
New Gate
QUARTIER CHRÉTIEN
VII
Via Dolorosa
V
62
65
Al-Khanqa
61
VIII
103
VI
El Taqiya
Collège des Frères
St Francis
IX
2
Casa Nova
Greek Patriarchate
Holy Sepulchre Church (Saint-Sépulcre)
Es Saraya
30
St Peter St.
Casa Nova
Greek orthodox convent
Lutheran Church
Latin Patriarchate
27
El Khalidiya
Christian Quarter
Muristan
Souq el Lahhamin
Souq el Attarin
Souq el Khawajat
MAMILLA
Latin Patriarchate St.
St Georges
Hezekiah's Pool
Yizhak Kariv
28
66
60
Souq El-Bazar
Misgav Ladach
David
20
St Mark
23
Jaffa Gate
24
22
Tower of David
1
QUARTIER ARMÉNIEN
Habad
HaYehudim
Citadel
Armenian Patriarchate
Burnt House
64
Hourva
63
Saint-Marc
Ararat
QUARTIER HÉRODIEN
Old Yishuv Court
James St
Ramban
Cardo
El Malak
The Artists' Colony (Hutzot Hayotzer)
Sephardic Synagogues
Saint James Church
Batei
Yerushalayim
Elt'el Dror
79
Hativat
Ya'akov
Hativat Etzioni
Zion Gate
Ma'aleh
Saint-Sauveur
Malchizedek
Steinhardt
Nahon
Sultan's Pool
Church of the Dormition
MOUNT ZION
St Peter in Gallicantu
Yemin Moshe
Cénacle
Tomb of David

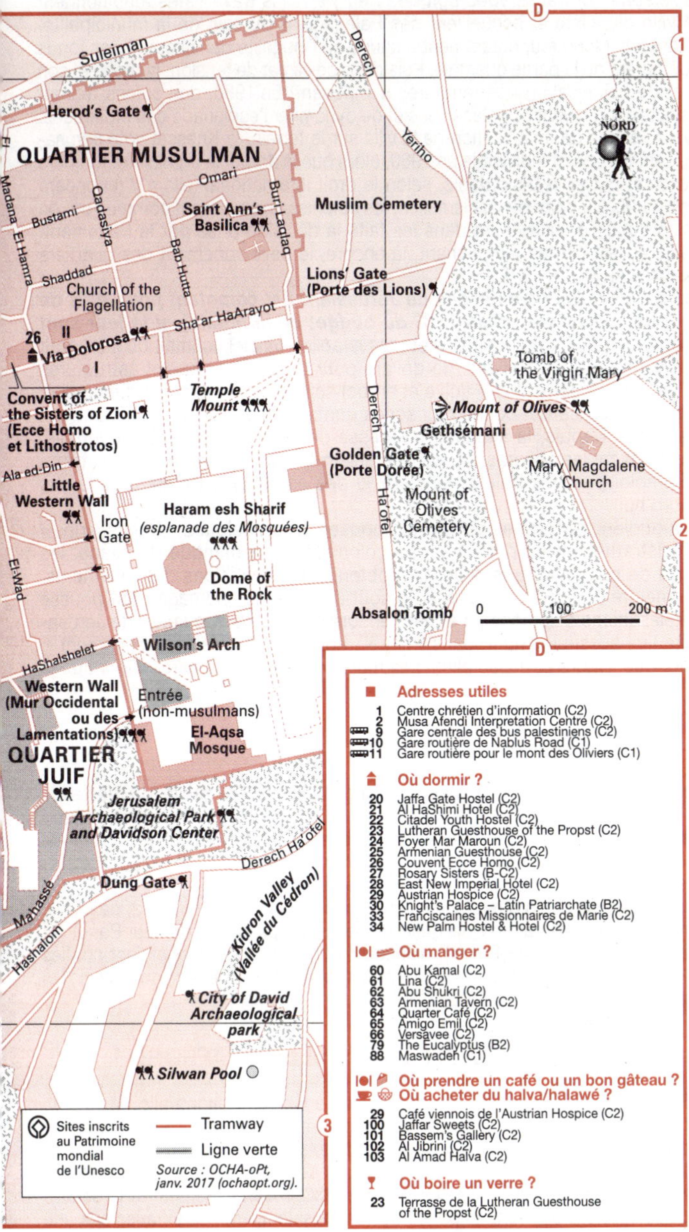

Adresses utiles

1 Centre chrétien d'information (C2)
2 Musa Afendi Interpretation Centre (C2)
9 Gare centrale des bus palestiniens (C2)
10 Gare routière de Nablus Road (C1)
11 Gare routière pour le mont des Oliviers (C1)

Où dormir ?

20 Jaffa Gate Hostel (C2)
21 Al HaShimi Hotel (C2)
22 Citadel Youth Hostel (C2)
23 Lutheran Guesthouse of the Propst (C2)
24 Foyer Mar Maroun (C2)
25 Armenian Guesthouse (C2)
26 Couvent Ecce Homo (C2)
27 Rosary Sisters (B-C2)
28 East New Imperial Hotel (C2)
29 Austrian Hospice (C2)
30 Knight's Palace – Latin Patriarchate (B2)
33 Franciscaines Missionnaires de Marie (C2)
34 New Palm Hostel & Hotel (C2)

Où manger ?

60 Abu Kamal (C2)
61 Lina (C2)
62 Abu Shukri (C2)
63 Armenian Tavern (C2)
64 Quarter Café (C2)
65 Amigo Emil (C2)
66 Versavee (C2)
79 The Eucalyptus (B2)
88 Maswadeh (C1)

Où prendre un café ou un bon gâteau ? Où acheter du halva/halawé ?

29 Café viennois de l'Austrian Hospice (C2)
100 Jaffar Sweets (C2)
101 Bassem's Gallery (C2)
102 Al Jibrini (C2)
103 Al Amad Halva (C2)

Où boire un verre ?

23 Terrasse de la Lutheran Guesthouse of the Propst (C2)

JÉRUSALEM – Vieille ville (Zoom)

Les ***raisons*** sont aussi ***idéologiques :*** en 1967, les travaillistes ambitionnent une ville pluraliste et accueillent des Palestiniens au sein de la municipalité. L'alliance fait long feu, notamment à cause de l'inégalité dans l'octroi des fonds au détriment de la partie orientale. Puis dans ce climat de tension, la droite et son projet de colonisation des territoires s'imposent. En 1980, des colons tentent d'assassiner des maires palestiniens et de dynamiter l'esplanade des Mosquées. Devant l'échec de réunification de la ville sur le terrain, la Knesset vote Jérusalem, capitale une et indivisible en 1980, alors que la Jordanie administre toujours Jérusalem-Est et la Cisjordanie, selon le droit international (elle n'y renoncera qu'en 1988). Du point de vue israélien, les colonies apparaissent comme l'option la plus rapide pour traduire dans les faits la décision prise par le Parlement. La ville en est cernée, empêchant, là encore, le développement des quartiers palestiniens.
Aujourd'hui, ***si les Palestiniens de Jérusalem-Est comptent pour 38 % de la population totale, seuls 15 % du budget de la municipalité leur sont destinés.*** En 2011, un cabinet d'études israélien officiel estimait qu'il faudrait investir près de 560 millions de dollars pour moderniser les infrastructures afin que les « 2 Jérusalem » (juive et arabe) soient sur le même pied d'égalité, notamment en ce qui concerne l'accès continu à l'eau potable, l'éducation et la santé. Depuis, la situation n'a cessé de se dégrader. Côté économie, alors qu'avant les accords d'Oslo, Jérusalem-Est constituait un centre attractif d'emploi pour les Palestiniens (15 % des emplois), ça n'est plus le cas aujourd'hui.
Au quotidien, les Arabes doivent composer avec quelques « tracasseries » administratives et/ou policières. La colonisation, le manque d'espace, les permis de construire très difficiles à obtenir, les démolitions des logements, la fermeture des services publics, le coût de la vie, le chômage, tout pousse les Palestiniens à déménager et rend encore plus précaire le statut de Jérusalémite (lire aussi plus haut, dans « Israël : hommes, culture, environnement », la rubrique « Murs et passerelles. Les murs. Montre-moi ta carte d'identité, je te dirai qui tu es ! »).

LE SYNDROME DE JÉRUSALEM

Un mal insidieux qui gagne les pèlerins au contact des Lieux saints à Jérusalem. Subjugués par une foi qui ne demandait qu'à s'extérioriser, des êtres a priori équilibrés – non pas des exaltés – brusquement se reconnaissent messie, prophète témoignant des temps de la Résurrection, et sur les places publiques déclament et dansent, s'exhibant le plus souvent en robe blanche.
Certains, convaincus d'être des réincarnations du Christ, du roi David, de Marie, délirent, transportés par une joie qu'ils ne peuvent réprimer. Le docteur Bar El, au nom prédestiné (« fils de Dieu »), disposant d'un service auquel étaient confiés ces exaltés, se spécialisa dans ce type d'affection et trouva le remède radical : les remettre dans l'avion !

L'INCROYABLE SAGA DE LA FAMILLE SPAFFORD !

En 1871, la famille Spafford vivait tranquillou à Chicago quand elle fut victime du grand incendie. Anna, la maman, d'origine suédoise, partit alors pour des vacances en Europe avec ses 4 filles. Leur bateau, le *Ville du Havre,* sombra, et seule Anna survécut. De retour à Chicago, le couple décida de recommencer sa vie à zéro. Ils eurent un garçon qui, en 1880, mourut à 3 ans de la scarlatine. Les Spafford partirent en pèlerinage à Jérusalem, emmenant avec eux une douzaine de paroissiens. À Jérusalem, ils vécurent tous ensemble, mettant tout en commun et s'ouvrant généreusement à leurs voisins juifs et palestiniens. De retour à Chicago, Anna convainquit 70 membres de son Église de la rejoindre en

Terre sainte, puis d'autres dans le village de sa famille en Suède. Leur demeure étant alors devenue trop petite, à plus de 150 personnes, on s'installa en 1895 dans l'immense demeure d'un riche pacha... Sa vocation d'hôtel vint en 1902, lorsque le baron Ustinov (grand-père du célèbre acteur et qui vivait à Jaffa) y logea ses amis.
De 1914 à 1917, coupée du monde, Jérusalem connut la faim et le typhus. Les membres de la colonie organisèrent des soupes populaires et prirent en charge plusieurs hôpitaux. Le 9 novembre 1917, le gouverneur turc vint annoncer à Anna Spafford qu'il se rendait aux Anglais, et ajouta : « Je voulais que vous soyez la 1re à connaître la nouvelle. » Elle offrit alors un drap de l'hôpital pour servir de drapeau blanc... Horatio, le petit-fils d'Anna, géra l'hôtel jusqu'en 1980, sa femme Valentine jusqu'à sa mort en 2008 et des membres de la famille siègent toujours au *Board of Directors.* Incroyable destin ! La suite au chapitre *American Colony Hotel,* rubrique « Où dormir ? À Jérusalem-Est. Très chic ».

Arriver – Quitter

L'aéroport de Tel-Aviv-Ben Gourion n'est qu'à 40-50 mn de Jérusalem. La liaison se fait en *sherout* (minibus, taxi collectif), en bus ou en train.

En bus

Central Bus Station – Tahana merkazit *(plan d'ensemble) : 224, Jaffa Rd, à Romema.* Ⓣ *Central Bus Station. Rens : ☎ 8787 ou *2800 (Egged).* • *bus.gov.il* • *egged.co.il* • *Objets trouvés : ☎ *2800 (dim-jeu 9h-16h). Horaires pour les billets : dim-ven 6h15-21h (15h ven) ; sam et j. fériés 19h-22h30 ; niveau 2.* Le service de bus fonctionne 5h-23h/minuit. Pas de circulation du ven en fin d'ap-m au sam à la nuit tombée.

➢ ***Aéroport Ben Gourion :*** bus direct n° 485, ttes les heures (à heure pleine), 24h/24 sauf shabbat, opéré par la compagnie *Afikim.* Départ dans la rue qui longe la *Central Bus Station (plan d'ensemble),* même trottoir, 100 m plus haut. Pratique et bon marché.

Bus *Egged* pour ttes les directions. Liaisons avec :

➢ ***Beer Sheva :*** nos 446 et 470, ttes les 30 mn, 6h-22h45 (ttes les 20 mn aux heures de pointe).

➢ ***Eilat :*** n° 444, 7 départs, 7h-18h. Moins de bus le ven. Résa conseillée.

➢ ***Haïfa :*** n° 960 (direct jusqu'à HaCarmel, à 5,5 km au sud du centre) ou n° 940 (direct jusqu'à HaMifratz, à 5 km à l'est), départs fréquents, 6h30-20h.

➢ ***Akko :*** correspondance à Haïfa.

➢ ***Tel-Aviv :*** n° 405 jusqu'à la gare routière principale, ttes les 15-20 mn, 5h50-22h55. Ou n° 480 (bus direct) jusqu'à Arlosoroff Terminal.

➢ ***Tibériade :*** nos 959, 961 (via la Cisjordanie) et 962. 1er départ 8h15, env ttes les heures.

➢ ***Beit She'an et Allenby Bridge*** *(frontière jordanienne)* **:** nos 948, 961 et 966. Départs fréquents, 7h-20h30. Attention, le point de passage *Allenby Bridge* ne délivre pas de visa. L'obtenir soit avant le départ, soit à l'ambassade de Jordanie à Tel-Aviv.

➢ ***Massada, Ein Gedi et Qumran :*** n° 486. Env 11 bus, 8h-17h.

➢ ***La Jordanie :*** voir le chapitre « Arriver – Quitter » en début de guide.

Gare centrale des bus palestiniens *(plan centre et zoom, C2, 9)* **:** *porte de Damas. ☎ 627-43-34.* Ⓣ *Damascus Gate.* Ils assurent leur propre desserte dans Jérusalem et à l'extérieur. Important : ils ***fonctionnent pendant le shabbat.***

– À la porte de Damas :

➢ ***Pour Bethléem :*** bus nos 231 (via Beit Jala, arrêt à Bab el-Zqaq, à 2,5 km du centre) et 234 jusqu'au check-point piéton, puis taxi (ou marche) jusqu'au centre de Bethléem, à 3 km. Départs ttes les 20 mn env 6h30-19h pour le 231, sinon 8 bus/j. pour le 234. Dernier retour de Bethléem à 19h du check-point (bien se renseigner, car les horaires peuvent évoluer).

➢ ***Pour Hébron :*** pas de bus direct, il faut changer à Bethléem.

– Au départ de la Nablus Road *(plan centre et zoom, C1, **10**)* :

➢ ***Pour Ramallah :*** bus nº 218, 6h30-22h. De Ramallah, bus pour la plupart des destinations en Cisjordanie.

➢ ***Pour Sheikh Jarrah*** *(Jérusalem-Est)* **:** bus nº 274.

– En contrebas du jardin de la Tombe *(plan centre et zoom, C1, **11**)* :

➢ ***Pour le mont des Oliviers :*** bus nº 275. Arrêt au pied du mont.

Al Nijmeh Taxi Service : *Sultan Suliman St.* ☎ *627-74-66.* Ⓣ *Damascus Gate.* Ttes les 30 mn pour **Allenby Bridge** (frontière avec la Jordanie). Attention, le point de passage *Allenby Bridge* ne délivre pas de visa.

En *sherout* (taxi collectif)

Les *sherouts* fonctionnent aussi pendant le shabbat (à peine plus chers que pendant la semaine).

➢ ***Tel-Aviv :*** départs à l'angle de HaRav Kook St et de Ha Nevi'im St ; compter 1h15 de trajet. D'autres taxis collectifs arabes du même type partent devant le *New Palm Hostel & Hotel.* Plus cher, négocier les prix.

➢ ***Aéroport Ben Gourion*** *(Tel-Aviv)* **:** ☎ *625-72-27.* 📱 *072-264-60-59.* • *neshertours.co.il* • *Tlj 24h/24.* Compter env 67 shk/pers et 40-50 mn selon circulation. *De l'aéroport,* on les trouve à droite en sortant (suivre « shuttle ») ; ils partent quand ils sont pleins ; pas trop d'attente en général. *De Jérusalem,* le plus simple (sans surcoût) est de réserver 24h à l'avance en semaine, 48h pour le samedi soir ou le dimanche, et on viendra vous chercher directement à votre hôtel.

En train

Gare ferroviaire Yitzhak Navon *(plan d'ensemble)* **:** *Jaffa Rd, à Romema, en face de la Central Bus Station.* • *rail.co.il/en* • Ⓣ *Central Bus Station.* Attention, les trains ne circulent pas ven-sam.

➢ ***Aéroport Ben Gourion*** *(Tel-Aviv)* **:** train Xpress ttes les 30 mn, 6h30-21h30. Durée : 23 mn. Bon marché. Attention, compter bien 10 mn de l'entrée de la gare jusqu'au quai. Tracé direct qui coupe la ligne verte.

➢ ***Tel-Aviv :*** la ligne Xpress doit être prolongée jusqu'à Tel-Aviv. En attendant, il faut changer à l'aéroport.

En taxi

Compter 260-320 Shk selon jour et heure, donc pas intéressant, même pour une famille de 4 personnes par exemple.

Se déplacer dans Jérusalem

– ***En tram :*** • *cfir.co.il* • Fonctionne dim-jeu 5h30-minuit, ttes les 7 mn env ; départ du dernier tram le ven vers 15h, reprise le sam vers 21h30, en fonction du shabbat. Coût : env 6 Shk/trajet. Un tramway *(light rail train)* relie Pisgat Ze'ev, quartier de colonisation construit à Jérusalem-Est après 1967, au mont Herzl ; un tracé de 14 km et 23 stations, non seulement très pratique, mais il permet aussi d'avoir un bon aperçu de la ville. Se reporter au tracé qui apparaît en grande partie sur le *plan d'ensemble* et le *plan centre*. Un chantier sensible qui a mis des années à voir le jour mais qui favorise aujourd'hui (un peu) la mixité entre les populations arabes et juives. Il est équipé de vitres pare-balles... Un projet d'extension vers les colonies israéliennes de Jérusalem-Est continue de susciter la polémique. Et plusieurs entreprises étrangères (dont françaises) se sont retirées de l'appel d'offres.

– ***En bus :*** tous les bus ou presque passent par la gare routière principale *(Central Bus Station).* Coût : env 6 Shk/trajet. Fonctionne dim-ven (jusqu'à 15h). Pour Jérusalem-Ouest, 2 stations importantes : *Central Bus Station* (desservie par le tram) et *Mashbir* à l'angle de King George et de Ben Yehuda *(Ⓣ Jaffa Center).* Pour Jérusalem-Est : *Damascus Gate* (porte de Damas). C'est de là que partent les bus palestiniens.

– ***Carte et billets :*** la carte électronique ***Rav Kav,*** très pratique, sert ***aussi bien***

pour le tram que pour le bus et le train Xpress qui relie l'aéroport. Si on peut continuer à acheter des ***tickets à l'unité pour le tram*** (aux machines dans les stations), en revanche la ***Rav Kav est obligatoire pour le bus***. Elle existe en version avec ou sans photo. Elle est gratuite avec photo *(Personal Rav Kav)*. Il suffit de présenter son passeport et on vous tire le portrait. La carte sans photo *(Anonymous Rav Kav)* revient à 5 Shk. Dans tous les cas, elle permet d'obtenir 20 % de réduc sur le prix des trajets. Il est impératif de la composter à chaque fois. Notez qu'elle n'est pas valable pour les bus palestiniens.
Achat : possibilité d'obtenir une carte sans photo auprès du chauffeur de bus et de charger un trajet. Il faudra ensuite la recharger à une borne (boîtier bleu, pas dans les stations). Elle s'achète et se recharge à l'aéroport Ben Gourion, à la *Central Bus Station (plan d'ensemble),* au Point infos de la municipalité sur Tsahal Square (van rose ; *zoom B2*), à la réception de la plupart des auberges de jeunesse, ainsi qu'à la *Bell Tower (3, King George St ; plan centre, B2, juste à côté de l'arrêt de tram Jaffa Center ; boutique verte au rdc, au fond, à droite de la galerie, tlj sauf shabbat 8h-20h).* Les recharges coûtent 30, 60, 100, 150 ou 200 Shk. Il existe aussi des *passes* à la journée (*Daily Pass* pour env 14 Shk) et à la semaine (*Weekly Pass* : 64 Shk). Le *pass* mensuel existe pour les cartes avec photo seulement.
– Dans le tram, si vous optez pour les billets, sachez qu'ils ne sont valables que le jour de leur achat et 1h30 à compter du compostage, sans changement.
– ***Petit train touristique*** *(Western Wall Train)* **:** ♿ Il relie Jaffa Gate à Dung Gate, près du mur des Lamentations (Wester Wall). Départs tlj sauf shabbat 10h-20h (18h en hiver), env ttes les 30 mn. Tarif : 30 Shk ; réduc. Audioguide en français compris. Ce petit train jaune canari passe par les quartiers arménien et juif depuis Jaffa Gate, par le mont Sion depuis Dung Gate. Une bonne alternative au taxi quand on est fatigué, pour les familles et les handicapés.

– ***En taxi : ils roulent pendant le shabbat.*** Toujours demander au chauffeur de mettre en route son compteur (système électronique). En revanche, beaucoup d'habitants de Jérusalem, aux heures d'embouteillage, optent pour un forfait (souvent moins élevé que le prix au compteur). Mais mieux vaut avoir une idée du prix de la course, sinon c'est l'arnaque assurée.
– ***À vélo :*** OK, ça monte, mais ça descend aussi ! Heureusement pour les mollets, on a inventé le vélo électrique. On peut en louer un chez **Smart Tour** dans la *First Station (plan centre, B3 ; ☎ 561-80-56 ; ● smart-tour.co.il ● ; tlj sauf shabbat 9h-19h, ven 9h-14h30 ; ferme 1h plus tôt en hiver).* Loue des vélos avec ou sans assistance électrique. Organise des tours guidés à vélo et en *segway.* Fournit un plan des pistes cyclables très bien fait.
– ***Projet de téléphérique :*** début 2019, le gouvernement approuve le projet de téléphérique qui doit relier Jérusalem-Ouest au mont des Oliviers en passant par le village palestinien de Silwan. Il « permettra au monde entier de comprendre à qui cette ville appartient – c'est le but », affirmait alors Nir Barkat, le maire qui a porté le dossier jusqu'en 2018, même si, officiellement, il s'agit de désengorger les abords de l'esplanade des Mosquées, du mur des Lamentations et du mont des Oliviers, et même d'en faire une « formidable attraction touristique », d'après le ministre du Tourisme de l'époque, Yariv Levin.
Mais le projet suscite de nombreuses oppositions de la part des défenseurs du patrimoine, en raison de la quantité de pylônes, télécabines et câbles qui défigureront le paysage historique de Jérusalem. Les défenseurs des Droits de l'homme dénoncent, quant à eux, l'expropriation de 10 200 m² de terres appartenant à des Palestiniens pour construire toute cette infrastructure. Plus largement, ils accusent les autorités israéliennes de vouloir étendre l'occupation de Jérusalem-Est et désenclaver certaines colonies juives implantées dans le quartier de Silwan, aux abords de la *Cité de David*. Les opposants ont déposé un recours devant la Cour suprême.

Adresses et infos utiles

Infos touristiques

Jaffa Gate Tourist Office (zoom, C2) : *porte de Jaffa. ☎ 627-14-22. • itraveljerusalem.com • Tlj 8h30-17h (13h30 ven).* On y récupère un plan de la vieille ville.

Point infos (zoom, B2) : *kikar Tsahal. Van rose près des escaliers. En principe, tlj sauf shabbat 9h-19h.* Dépend de la municipalité. On peut, entre autres, y recharger sa *Rav Kav* et y prendre un peu de docs.

■ **Christian Information Center** (Centre chrétien d'information ; zoom, C2, **1**) : *kikar Omar Ibn el-Khattab. ☎ 627-26-92. • cicts.org • À 100 m de la porte de Jaffa, face à la tour de David. Tlj sauf dim et j. fériés 9h-17h30 (12h30 sam) pour le CIC, 9h-13h pour l'Office franciscain des pèlerins.* Le CIC informe de façon très complète sur les églises (horaires d'ouverture), les messes et sites, mais aussi sur les transports dans et à l'extérieur de la ville. C'est aussi auprès du centre qu'il faut réserver pour assister à la messe de Noël à Bethléem (résa en ligne uniquement). Quant à l'Office franciscain, il peut fournir une liste d'hébergements pour pèlerins. Expo permanente à l'étage *(entrée env 15 Shk).*

■ **Musa Afendi Interpretation Center** (zoom, C2, **2**) : *El-Taqiya St. ☎ 22-68-59. • enjoyjerusalem.com • Ouv 10h-16h. Fermé ven et dim.* Un bâtiment tout en profondeur, d'anciennes étables, où l'on peut glaner plein d'infos sur la vieille ville. Expos temporaires régulièrement présentées. Demander leurs itinéraires thématiques de la vieille ville, très bien conçus, avec plan et descriptifs (en anglais) : remparts et portes, souks et bazars, via Dolorosa et églises, les femmes et l'architecture... Durée : 2-4h. Également des visites guidées par des étudiants *(pourboire attendu : env 50 Shk/pers).* Résa sur le site. Départ du *Jerusalem Hotel (plan centre, C1, **39**).* On peut aussi télécharger leur application *Al Quds Visitor Guide*.

■ **Jerusalem City Pass** : *à acheter en ligne avt le départ sur • jerusalemcitypass.com • Prix : env 155-250 Shk.* On le récupère soit à l'aéroport (comptoir au niveau des bagages), soit au kiosque d'informations sur Tsahal Square *(zoom, B2).* 4 formules valables 3 ou 7 jours, donnant accès (ou non) au transport depuis l'aéroport et en ville, à 2 ou 3 musées ou sites de Jérusalem, ainsi qu'à des réducs sur d'autres attractions.

Banques, change

Vous trouverez des *banques* et des *bureaux de change* partout. Sinon, les banques ouvrent plutôt le matin, de 8h30 à 14h ou 14h30 (12h le vendredi), rarement l'après-midi. Toutes ferment le samedi.
Notez que *la* **Leumi Bank** *(plan centre, C1, **3** ; Ali Ibn Abu Taleb St)* ne prend pas de commission lorsque l'on retire de l'argent à ses distributeurs (ce qui ne veut pas dire que votre banque vous en exonérera aussi !).

Représentations diplomatiques

Seuls quelques États, dont les États-Unis, ont transféré leur ambassade à Jérusalem qu'ils reconnaissent désormais comme la capitale d'Israël. Tous les autres pays ont leur ambassade à Tel-Aviv et parfois un consulat à Jérusalem.

■ **Consulat de France** (plan centre, B2, **4**) : *5, Paul-Émile Botta St. ☎ 629-85-00, ext. 9 (lun-ven 9h-13h, 14h-16h) ; en cas d'extrême urgence seulement : ☎ 629-85-19. • jerusalem.consulfrance.org • Ouv au public sur rdv seulement, lun-ven 9h-12h. Fermé w-e et j. fériés.*

■ **Consulat de Belgique** (hors plan centre par C1) : *5, Baïbars St, Sheikh Jarrah. ☎ 582-82-63 (lun-ven 8h-12h) ; en cas d'urgence uniquement : 053-429-86-03. • jerusalem.diplomatie.belgium.be/fr • Ouv au public, sur* *rdv seulement, tlj sauf sam 8h-12h30 (11h30 ven).*

Urgences, santé

Notez que l'eau de la ville est potable, pensez à votre gourde !

■ ***Police :*** *☎ 100.*
✚ ***Soins médicaux d'urgence :*** *Magen David Adom, 7, HaMemGimel St. ☎ 652-31-33 ou nº général : ☎ 101 (ambulances). Ouv 24h/24. Sinon, service spécial à Jérusalem, TEREM : sderot Sarei Israel 15. ☎ 509-33-33. Ouv 24h/24 ou encore 6, Yanovsky St, East Talpiot. Tlj 9h-minuit.* Traite tout ce qui ne nécessite pas d'hospitalisation. Très efficace. Soins et examens prodigués pour une somme forfaitaire. Notez que le consulat de France édite une liste de médecins francophones, disponible sur son site • *jerusalem.consulfrance.org* •
✚ ***Hôpital Hadassah*** *(hors plan d'ensemble)* ***:*** *au mont Scopus, ☎ 584-41-11. Son alter ego à Ein Kerem (env 5 km) : ☎ 677-71-11.*
✚ ***Shaare Zedek Medical Center :*** *12, Shmu'el Bait St. ☎ 666-66-66.* • *szmc.org.il* • *À 6 km à l'ouest de la vieille ville.*
■ On trouve plusieurs ***superpharm*** en ville, des pharmacies-drugstores bien fournies.
■ ***Toilettes*** *(zoom, C2)* ***:*** *notamment à l'entrée des remparts nord, dans la vieille ville.*

Location de voitures

– Attention, bien vérifier que les prix comprennent l'assurance et les taxes. Les principaux loueurs sont à proximité de l'hôtel *King David.* Si vous comptez vous rendre en Cisjordanie, demandez bien si la double assurance est possible. Par ailleurs, si vous comptez emprunter la Highway nº 6, sachez qu'elle est payante (système de transpondeur, on ne voit aucun péage, on est filmé). Au retour, signalez-le impérativement à votre loueur, il vous fera payer le péage à la remise des clés, sinon c'est l'amende assurée.

■ ***Good Luck Car Rental :*** *2, Pierre Van Passen St, Sheikh Jarrah. ☎ 627-70-33. 📱 054-304-07-01 (WhatsApp).* • *info@goodluckcars.com* • *En contrebas de l'American Colony Hotel (plan centre, C1,* ***40****). Tlj 8h30-17h.* Propose une assurance permettant de circuler également en Cisjordanie (avec une plaque jaune).
■ ***Dallah Rent a Car*** *(hors plan centre par C1)* ***:*** *Shu'fat. ☎ 656-41-50.* • *info@dallahrentacar.com* • *Également une succursale à Ramallah.* Loue des voitures à la double assurance, permettant de circuler à la fois en Israël et en Cisjordanie.
■ ***Middle East Car Rental*** *(plan centre, C1,* ***12****)* ***:*** *Amer Ben Alas St. ☎ 626-27-77. 📱 050-377-34-16 (WhatsApp).* • *mecarrental@gmail.com* • *Tlj 8h-18h (15h ven). Compter env 200-250 Shk/j. avec plaque jaune pour un petit véhicule ; tarifs dégressifs.* Loue des voitures permettant de rouler en Israël et en Cisjordanie.

Agences de voyages et tours guidés

■ ***Green Olive Tours :*** *☎ (03) 721-95-40.* • *toursinenglish.com* • Agence proposant des circuits de 3h à la journée, et de 4 à 14 jours hors des sentiers battus. Avec un programme complet sur les territoires palestiniens et même à la frontière de Gaza.
■ ***Alternative Tours & Transportation*** *(plan centre, C1,* ***90****)* ***:*** *au Mihbash Restaurant, 88, Nablus Rd, face au Garden Tomb. 📱 052-286-42-05 (Abu Hassan).* • *alternativetours-jerusalem.com* • Cette agence propose des tours classiques ou plus politiques, aussi bien à Jérusalem-Est (y compris dans la vieille ville), qu'en Cisjordanie. Peut aussi vous aider à trouver un logement à Jérusalem (maison à louer plusieurs nuits dans la vieille ville

et plus largement à Jérusalem-Est), à organiser un transport (aéroport, frontière jordanienne...).

■ ***Emek Shaveh :*** *• tours@alt-arch.org • emekshaveh.org • Donation demandée : min 50 Shk/pers. Durée : env 2h selon tour. En anglais.* Cette association d'archéologues, créée à l'initiative de Yonathan Mizrachi, dénonce l'utilisation de l'archéologie à des fins politiques. Ils organisent des tours de la cité de David et du village de Silwan, des parcs nationaux à Jérusalem-Est (résas par e-mail), du vieux cimetière musulman de Mamilla *(résas : 📱 050-274-12-98),* sur le projet de téléphérique au-dessus de la vallée de Hinmon *(résas : 📱 054-576-51-23).*

■ ***Safieh Tours and Travel Agency :*** *2, Abou Obeidah Ibn Jarrah St, à Jérusalem-Est. ☎ 626-44-47. 📱 050-551-98-34. • safiehtours@bezeqint.net •* L'agence développe des circuits en Palestine accompagnés par un guide francophone (selon disponibilité).

■ ***Sandemans Tours :*** *• neweuropetours.eu • Visite guidée gratuite de la vieille ville, tlj à 11h, 14h, plus 17h en été (prix libre ; 50 Shk/pers recommandé). En anglais (ou en espagnol le mat seulement). Durée : env 2h. Rdv à l'extérieur de Jaffa Gate (zoom C2). Repérer les jeunes en rouge.* L'agence organise d'autres tours, payants, cette fois.

Culture, loisirs, spectacles

Pour vous informer sur les différents événements culturels à Jérusalem, consultez les sites *• timeout.com/israel •* ou *• itraveljerusalem.com/events •,* qui existe aussi en version magazine. En outre, le *Jerusalem Post* publie une édition internationale en langue française (en ligne également *• jpost.com/Edition-francaise •,* mais bien moins complet que si vous optez pour la langue anglaise, *• jpost.com •*), et l'*Haaretz,* un supplément en anglais que vous trouverez quotidiennement dans l'*Herald Tribune* : c'est incontestablement la meilleure source d'informations sur la vie culturelle (en particulier l'édition du vendredi).

■ ***Institut français Chateaubriand*** *(plan centre, C1,* ***5****) : 23, Salah ed-Din St. ☎ 628-24-51. • institutfrancais-jerusalem.org/chateaubriand • Lun-jeu et sam 10h-13h, 14h-18h. Fermé ven et dim.* Au cœur de Jérusalem-Est, une dynamique institution culturelle qui mérite le détour. Outre la médiathèque, le centre propose un riche programme, expos diverses, concerts, festival de cinéma, conférences-débats axées sur la culture palestinienne.

■ ***Institut français Romain-Gary*** *(plan centre, B2,* ***6****) : 9, kikar Safra, dans le City Hall (repérez le lion en mosaïque à partir de Tsahal Sq, prendre l'allée entre les 2 bâtiments, c'est un peu plus haut sur la droite). ☎ 624-31-56. • ifjerusalem-romaingary.org • Médiathèque lun et ven 10h-13h, 14h-18h ; mar-mer et dim 14h-18h. Fermé jeu et sam.* Possibilité de consulter la presse, d'emprunter une tablette (laisser une pièce d'identité en dépôt). Expos, concerts, spectacles animent également l'institut.

■ ***Librairie Vice Versa*** *(plan centre, B2,* ***7****) : 1, Ben Shatah St. ☎ 624-44-12. • viceversalib.com • Tlj sauf sam 10h-18h30 (13h ven et veilles de fêtes) ; ferme 30 mn plus tard en été.* LA librairie française de Jérusalem ! Plein de titres en hébreu traduits en français et... vice versa. Les nouveautés en même temps qu'en France. Cadre agréable. Accueil pro.

■ ***Educational Bookshop*** *(plan centre, C1,* ***5****) : 22, Salah ed-Din St, Jérusalem-Est. ☎ 627-58-58. • educationalbookshop.com • Tlj 8h-20h.* À gauche de l'Institut français Chateaubriand, cette petite mais importante librairie anglophone (quelques livres en français) propose un vaste choix d'ouvrages sur l'économie et la politique. Organise aussi lectures et débats à l'occasion du lancement de livres (un des rares lieux de débats sur les problèmes actuels).

■ ***Cinémathèque*** *(plan centre, B3,* ***8****) : 11, Hebron Rd. ☎ 565-43-33. • jercin.org.il • Bus nos 7, 34, 71, 74 ou 77 (arrêt First Station).* Une programmation internationale bien choisie, projetée en v.o., et souvent sous-titrée en anglais.

Où dormir ?

Dans la vieille ville

De bon marché à prix modérés (100-350 Shk / 25-87,50 €)

☗ ***Jaffa Gate Hostel*** *(zoom, C2,* ***20****) : pl. Omar ben el-Kattab, porte de Jaffa. ☎ 627-64-02. 📱 054-495-71-45 (WhatsApp). • jaffagatehostel.com • Dortoirs (4-5 lits) 22-30 $/pers ; doubles 50-85 $ sans ou avec sdb ; également des triples. Pas de petit déj.* Petite auberge un peu labyrinthique située au fond d'une impasse, à l'écart de l'agitation. Rien de luxueux, mais dortoirs mixtes ou pour femmes, et chambres relativement propres, parfois adossées à d'anciens murs en pierres apparentes. La plupart n'ont qu'une petite fenêtre, voire pas du tout. Quelques-unes possèdent une TV et un petit frigo. En revanche, pas de clim : choisissez celles du bas, c'est plus frais l'été. On vous prête tout de même un ventilo ou un chauffage d'appoint l'hiver. Accueil aimable, mais un peu cher pour ce que c'est.

☗ ***Citadel Youth Hostel*** *(zoom, C2,* ***22****) : 20, Saint Mark St. ☎ 628-52-53. • citadelyouthhostel.com • Dans le quartier arménien. Dortoirs 65-75 Shk/pers (sur la terrasse en été 50-65 Shk/pers) ; doubles 200-350 Shk sans ou avec sdb ; triples et quadruples. Pas de petit déj.* Passé la réception, qui donne l'impression d'avoir été creusée dans la roche, c'est un vrai dédale. Chambres au confort inégal, certaines vraiment bien aux pierres apparentes, d'autres blanchies à la chaux, sans trop de déco et mobilier. Dans les dortoirs (4 à 11 personnes), des lits superposés à ressorts vraiment pas terribles ; celui sans aération peut être étouffant au plus fort de l'été (pas de clim). Cuisine commune microscopique et petite terrasse sur le toit avec une vue sur les lieux saints des 3 religions, mais entassement assuré en haute saison. Accueil bourru.

☗ ***Rosary Sisters*** *(zoom, B-C2,* ***27****) : Latin Patriarchate St. ☎ 628-33-30. • rosarysisters_oldcity@hotmail.com • Pour 2, compter 350 Shk avec le petit déj.* La maison habitée par des sœurs propose aux visiteurs des chambres d'une grande sobriété, impeccables et bien équipées (salle de bains et clim). Un excellent rapport qualité-prix.

De prix moyens à chic (350-750 Shk / 87,50-190 €)

☗ ☂ ***Lutheran Guesthouse of the Propst*** *(zoom, C2,* ***23****) : Saint Mark St. ☎ 626-68-88. • guesthouse-jerusalem.com • Doubles avec sdb 110-125 €, petit déj compris. Dîner sur résa. CB et euros en espèces acceptés.* À la frontière des quartiers juif et arménien, une structure du temps des croisés. Chambres bien arrangées et confortables avec chauffage central et clim, certaines avec balcon (et vue extra). Grande cour intérieure verdoyante et paysagée avec un petit café, et une terrasse dominant le mont des Oliviers et toute la vieille ville. Ascenseur. Le tout très lumineux et impeccablement tenu.

☗ ***Al HaShimi Hotel*** *(zoom, C2,* ***21****) : 73, Khan El-Zeit St. ☎ 628-44-10. Résa (tlj sauf dim) au 📱 054-813-08-22. • hashimihotel.com • Doubles avec sdb 90-120 $, petit déj-buffet inclus. Transfert aéroport possible.* En plein dans la partie animée du souk, un hôtel fort bien tenu, qui a su se moderniser. Un ascenseur dessert des chambres doubles ou familiales, aux belles salles de bains, et lits recouverts de couettes moelleuses. L'hôtel n'accepte que les couples mariés. Terrasse panoramique avec vue sur le Dôme du Rocher. Café et thé à dispo, blanchisserie. Organise aussi des excursions. Très bon accueil.

☗ ***Foyer Mar Maroun*** *(zoom, C2,* ***24****) : 25, Maronite Convent St, Jaffa Gate (prendre la ruelle à gauche de la librairie, passer la 1re placette, puis sous l'arche, c'est sur la gauche). ☎ 628-21-58. • fmm@maronitejerusalem.org • Compter 110 $ pour 2, petit déj compris. Repas possible (sur résa 2-3 j.*

avt). Fermeture de la porte à 22h30 (on vous remet une clé). Paiement en espèces seulement. Ce foyer, qui dépend de la communauté maronite de Jérusalem, abrite des chambres autour d'un chouette patio central couvert et aménagé. Un environnement monacal, certes, mais reposant et surtout nickel. De la terrasse, un des plus beaux panoramas sur la vieille ville. Accueil un peu froid mais qui se déride vite.

☗ ⛱ ***Couvent Ecce Homo*** *(zoom, C2,* ***26****) : 41, via Dolorosa. ☎ 627-72-92. • eccehomopilgrimhouse.com • Fermé 1 sem en août. Dortoirs non mixtes (9-10 lits) env 40 $/pers ; double avec sdb et clim 115 $; petit déj compris. Dîner possible. Couvre-feu à 23h. Résa par e-mail : • reservation@eccehomoconvent.org •.* Couvent en activité depuis 1860. Sur 3 étages avec terrasses. Chambres pour 1 à 4 personnes, très bien tenues. Refaites progressivement, elles arborent des tissus colorés et de belles salles de bains. Salon avec café en libre-service, livres à dispo. Petit déj, en revanche, un peu léger. De la terrasse du dernier étage, vue divine sur la vieille ville et le Dôme, incroyablement proche. Un point de chute idéal pour les pèlerins et voyageurs en quête de tranquillité.

☗ ***East New Imperial Hotel*** *(zoom, C2,* ***28****) : porte de Jaffa. ☎ 628-22-61. • newimperial.com • Entrée au bout du couloir, à côté du Versavee. Doubles 120-180 $, petit déj compris ; familiales pour 4-5 pers avec mezzanine et 2 sdb.* Bel édifice de la fin du XIXe s avec façade ouvragée qui n'a de « *new* » que le nom. N'empêche que les chambres possèdent, si ce n'est beaucoup de caractère, à tout le moins pas mal d'originalité, car ici tout est d'époque. Le propriétaire – francophone – et ses 2 enfants font tout pour préserver le caractère du lieu et vous raconteront toute l'histoire de ce véritable musée de la brocante dans lequel l'empereur Guillaume II et Allenby sont venus dormir du sommeil du juste (pas ensemble, évidemment). Si vous aimez tout ce qui n'est pas standard, vous serez servi ! Pour plus d'intimité, évitez quand même les quelques chambres au verre coloré. Certaines sont plus exigües et sans fenêtre directe. Double vitrage dans celles qui donnent sur la place. Accueil charmant.

☗ ***Armenian Guesthouse*** *(zoom, C2,* ***25****) : 36, via Dolorosa. ☎ 626-08-80. • armenianguesthouse@hotmail.com • Doubles avec sdb 400-575 Shk, petit déj compris. Couvre-feu à 23h30 (on vous donne une clé).* Pension pas très rock'n'roll mais bien placée. 2 chambres un peu plus confortables ont été aménagées au dernier étage, avec une belle terrasse commune, et, à vrai dire, ce sont elles qui font tout l'intérêt de cette adresse. Sinon, un peu frisquet côté déco et l'entretien laisse globalement à désirer.

De chic à plus chic (140-300 $ / 125-270 €)

☗ ***Austrian Hospice*** *(zoom, C2,* ***29****) : 37, via Dolorosa. ☎ 626-58-00. • austrianhospice.com • À l'angle d'El-Wad St. Dortoirs non mixtes (7-12 lits) 46 €/pers ; doubles avec sdb 150-195 €, copieux petit déj compris ; plus cher dans la Casa Austria. Également un dortoir familial (6 lits). Prévoir un supplément pour 1 seule nuit. Résa très longtemps à l'avance conseillée. CB refusées.* Fondé en 1857, l'hospice fut confisqué par les autorités anglaises en 1939 (comme « propriété allemande »). Transformé en 1948 en hôpital par les Jordaniens, il fut restitué aux Autrichiens en 1985. Aujourd'hui, cette grande et élégante bâtisse, d'aspect un peu austère est une oasis de sérénité (préférez quand même les chambres sur l'arrière si vous ne voulez pas être réveillé par le muezzin). La *Casa Austria* accueille 11 chambres supplémentaires. Son joli petit jardin avec palmiers est malheureusement souvent pris d'assaut par les groupes qui défilent ici sans relâche pour observer la vue qu'on a depuis la terrasse *(tlj 10h-18h).* Également un café viennois (lire plus loin « Où prendre un bon petit déj ? »). Accueil professionnel.

☗ ***Knight's Palace – Latin Patriarchate*** *(zoom, B2,* ***30****) : 2, El-Jawalida Rd (Freres St). ☎ 628-25-37 ou*

627-53-91. De la porte de Jaffa, suivre le dédale de Latin Patriarchate St, puis de Saint Peter St. Doubles 180-250 $, petit déj inclus. ½ pens proposée. Ascenseur. Très calme, dans un palais d'une grande élégance. Ancien séminaire construit en 1890, au superbe dallage. Demander si possible les chambres situées au 2e étage ou carrément celles sur l'arrière, là où le patio jouxte le mur des remparts (XIIe s). Côté confort, la pierre brute est un peu froide, préférer celles avec tapis. Côté déco, si les parties communes arborent un style « chevaleresque », pour les chambres, c'est variable, certaines possèdent du mobilier ancien, d'autres du simple mélaminé. Bref, bien choisir son nid. Cour agréable. Excellent accueil.

À Jérusalem-Est

Bon marché (100-250 Shk / 25-62,50 €)

■ ***New Palm Hostel & Hotel*** *(zoom, C2,* ***34****) : 6, HaNevi'im St. ☎ 627-31-89. Dortoirs 50-70 Shk/pers (sur la terrasse 50 Shk/pers) ; doubles 200-250 Shk selon qu'elles sont au calme ou côté rue, avec clim et chauffage, petit déj inclus.* Pour les *backpackers* qui ont déjà bien roulé leur bosse, 2 options : un populaire *hostel* et une partie hôtel. Dortoirs de 6 à 8 lits à l'entretien limite. Petite pièce commune sympa, avec kitchenette complètement destroy, mais dont on vous jure ses grands dieux qu'elle va être refaite. Côté hôtel, des doubles assez correctes, pas trop grandes, mais dont certaines donnent sur la place (avoir le sommeil très lourd !). Même si l'ambiance est conviviale, une adresse rustique qui mérite d'être visitée avant de s'y poser.

De prix modérés à prix moyens (250-500 Shk / 62,50-125 €)

■ ***Franciscaines Missionnaires de Marie*** *(zoom, C2,* ***33****) : 112 (ou nº 9 sur GPS), Nablus Rd. ☎ 626-01-66. • fmmjerusalem.com • Doubles sans ou avec sdb et clim 130-200 Shk/pers, petit déj inclus. Également des triples et un studio pour famille. Dîner sur résa. Paiement en espèces seulement. Fermeture du portail à 23h. Ascenseur. Parking gratuit.* Idéalement situées, quasi en face du Garden Tomb, les chambres sont soigneusement tenues et arrangées. Également 3 chambres (dont une triple) avec kitchenette, dans un petit bâtiment indépendant donnant sur la cour-jardin verdoyante ; 2 peuvent communiquer. Accueil charmant, en français le plus souvent, et plein de bons conseils des sœurs qui aiment à préciser que ce lieu, où règne un esprit de calme et de recueillement, s'adresse plus aux pèlerins qu'aux voyageurs de passage. Accès à la chapelle si le cœur vous en dit.

■ ***Saint Thomas Home*** *(plan centre, C1,* ***36****) : 6, Caldean St. ☎ 628-26-57. • stthomashomejr@gmail.com • Dans une impasse, au 90, Nablus Rd (en face de l'École biblique et archéologique française). Double avec sdb env 300 Shk, (petit déj inclus selon situation sanitaire). Réception 8h-22h. Ascenseur. Parking.* Appartient à l'Église catholique syriaque. Une bonne vingtaine de chambres (1-4 personnes), propres et climatisées, d'un bon rapport qualité-prix mais franchement pas très fun. Possède aussi un hébergement à Bethléem, *Saint Joseph Guest House (☎ 274-24-97).*

De chic à plus chic (140-300 $ / 125-270 €)

■ ***St George's Pilgrims Guest House*** *(plan centre, C1,* ***37****) : 20, Nablus Rd. ☎ 628-33-02. • stgeorgesguesthouse.org • À env 10 mn à pied de la porte de Damas. Double 150 $, petit déj compris. Parking.* Attenant à la cathédrale Saint-Georges, un bel ensemble en pierre blanche de style néogothique. Avec murs de pierre et croisées d'ogives, des plafonds hauts ! Cela dit, le confort est bon (clim, TV). Bien préciser si on opte pour un grand lit ou des lits jumeaux. Très agréable jardin où l'on prend son petit déj. Accueil gentil.

Azzahra Hotel (*plan centre, C1,* **35**) **:** *13, Azzahra St. ☎ 628-24-47. 051-294-95-86 (WhatsApp). • info@azzahrahotel.com • Doubles 150-190 $, petit déj inclus.* Dans le quartier musulman, un hôtel à l'architecture ottomane datant de 1900, disposant d'une dizaine de *twins* et *singles*. La plupart possèdent de beaux volumes, toutes sont propres et bien équipées. Le plus de cette adresse, c'est l'accueil. Un peu cher tout de même. Resto (voir plus loin).

Legacy Hotel (*plan centre, C1,* **38**) **:** *29, Nablus Rd. ☎ 627-08-00. • jerusalemlegacy.com • ♿ Doubles à partir de 170 $, copieux petit déj inclus.* L'ancien *YMCA* s'est converti en un luxueux hôtel. Réparties sur 5 niveaux, les chambres (dont plusieurs familiales) disposent de tout le confort : lit *king size,* télé câblée ou satellite, etc. Certaines possèdent même une terrasse privative pour siroter un verre en regardant le couchant rosir la pierre de la cathédrale Saint-Georges (super !). Accès à la salle de remise en forme, au sauna et à la piscine mais hommes et femmes séparés. En prime, le bar de plus de 7 m de long (et autant de bouteilles), un *coffee shop,* un buffet midi et soir, et le *Cardo,* un resto panoramique proposant une cuisine réputée.

Jerusalem Hotel (*plan centre, C1,* **39**) **:** *4, Antara bin Shadad St (angle Nablus Rd, devant la gare des bus pour Ramallah). ☎ 628-32-82. • jrshotel.com • Doubles 220-280 $ selon confort et saison, petit déj compris. ½ pens possible.* Non loin de la porte de Damas, un bâtiment de facture ottomane bâti avec de lourdes pierres datant des croisés sur l'emplacement des ruines d'une église du IVe s. Mobilier de style oriental incrusté de nacre et d'os, cuivres et tentures... Va pour les parties communes. Les doubles ou familiales disposent d'une bonne literie, du chauffage, de la clim et même d'un wifi optimisé (avec l'épaisseur des murs, c'était pas gagné !). Les rideaux et dessus-de-lit ont été tissés par des Palestiniennes des camps de réfugiés. Restaurant attenant. Accueil courtois.

Très chic et charme (plus de 300 $ / 270 €)

American Colony Hotel (*plan centre, C1,* **40**) **:** *Nablus Rd. ☎ 627-97-77. • americancolony.com • Doubles standard 320-410 $ (et le plus beau petit déj de la ville inclus). Peu de standard, réserver longtemps à l'avance.* Ce charmant hôtel 4 étoiles est remarquablement situé, sur une hauteur de Jérusalem-Est. Construit en 1840 par un riche pacha pour ses 4 femmes. Il doit son nom à une colonie d'Américains et de Suédois installés là à la fin du XIXe s, sous l'impulsion d'Anna Spafford. Bâti hors des murailles, l'édifice a l'allure d'une forteresse tournée vers l'intérieur, selon le style ottoman. Grandes salles voûtées envoûtantes. Des fenêtres en arceaux donnent sur les fontaines d'une jolie cour intérieure ornée de fleurs et d'arbustes. Sous le mandat britannique, l'hôtel fut fréquenté par des célébrités comme Winston Churchill, sir Alec Guinness, Marc Chagall ou Peter O'Toole. Aujourd'hui, c'est le point de ralliement habituel des correspondants de la presse internationale. Jolie piscine donnant sur un minaret. Un coup de cœur. Les stressés apprécieront le spa et les massages. À défaut d'y dormir, venez y prendre un verre. Ne pas rater le couloir-galerie pour découvrir l'histoire de l'hôtel, notamment cette hallucinante affiche détaillant les punitions des « ouvriers et des enfants fainéants » !

Dans la ville nouvelle

De bon marché à prix modérés (100-350 Shk / 25-87,50 €)

Abraham Hostel (*plan centre, A1,* **41**) **:** *67, HaNevi'im St (Davidka Sq). ☎ 650-22-00. • abrahamhostels.com • En plein centre de la ville nouvelle. Dortoirs (4-10 lits) 85-170 Shk/pers ; doubles avec sdb et clim 330-510 Shk, petit déj inclus. Plus cher pdt les fêtes juives. Parking payant à côté de l'AJ.* Une vraie petite ville, débordant d'énergie. Spacieuse, lumineuse, colorée, impeccablement tenue et accueil pro.

Dortoirs nickel (mixtes ou non) avec *lockers* individuels, chambres simples et très propres, toutes avec salle de bains et minifrigo. Vaste espace commun, avec, en *open-space* traversant : bar, cuisine équipée, hamacs, billard et baby-foot. Plein d'autres services bien utiles aussi : lave-linge, sèche-linge, *travel center*, location de carte SIM, organisation d'excursions, musique live tous les dimanches à 21h, terrasse sur le toit avec dîner barbecue l'été, et un *pub crawl* d'anthologie tous les mercredis et samedis...

The Jerusalem Hostel (plan centre, B2, **42**) **:** *44, Jaffa Rd (Kikar Zion). ☎ 623-61-02. • jerusalem-hostel.com • Ⓣ Jaffa Center. Doubles 300-350 Shk sans ou avec balcon, petit déj inclus ; des familiales. Dortoirs 6 lits avec sdb (filles et garçons séparés ou mixtes) loués selon situation sanitaire. Pas de TV.* Ancien hôtel de 1926 haut de plafond et à l'élégante façade ouvragée. Du balcon, le 3 août 1948, Menahem Begin, dirigeant de l'Irgoun, fit son 1er discours après être sorti de la clandestinité. De cette histoire, le proprio a conservé des éléments anciens : carrelage original, en apportant un confort moderne : clim et chauffage central, cuisine équipée, coffre, etc. Aux beaux jours, petit déj servi sur la terrasse meublée de bois recyclé. Accueil jeune et sympa. Et on vous tuyautera volontiers sur les bonnes adresses du coin.

The Cinema (plan centre, B2, **31**) **:** *4, Shamaï St. 📱 077-703-73-22. • cinema-hostel.com • Avoir entre 18 et 45 ans. Compter 70-150 Shk/pers en dortoirs avec sdb, mixtes ou pour filles (4-12 lits) ; 400 Shk les doubles avec sdb et TV ; petit déj inclus.* Dans ce quartier animé, tout ici rappelle le 7e art. Logique les murs abritaient bien un cinéma, construit en 1938 (ensuite, moins glamour, il a été remplacé par un *McDo* !). La structure en pierre et en poutre de fer est toujours visible dans la pièce principale qui sert de salle de petit déj (top !) et de... ciné (*movie night* tous les soirs). Plein de fauteuils et de poufs pour s'installer confortablement. Et puis, chaque dortoir rend hommage à un film : *Matrix, Retour vers le futur...* Les équipements, eux, sont plus récents : prise USB pour chaque lit, lumière, bon matelas, clim réversible et salle de bains. Belle terrasse autour du bâtiment et un bar (voir plus loin « Où boire un verre ?... »). Organise aussi des tours. Une étape originale.

The Post Hostel Jerusalem (plan centre, B2, **32**) **:** *entrée par 3 Koresh St. ☎ 581-32-22. • theposthostel.com • Dortoirs avec sdb (4-12 lits) 80-160 Shk/pers ; doubles avec sdb env 330-530 Shk selon jour de la sem (plus cher jeu-sam et en cas de forte affluence) ; familiales également.* Dans l'ancienne « poste de Palestine » (c'est dire si ça date !), construite dans les années 1930, toujours principale poste de la ville. La partie supérieure a été transformée en auberge de jeunesse branchée et stylée, archi confortable. Chaque lit est protégé par un rideau, équipé d'une prise USB et d'une lumière individuelle. Les doubles standard, bien que petites, possèdent une TV et certaines (les *Gallery*) sont proposées en version duplex (canapé convertible en bas), idéal en famille. Petite cuisine à dispo, laverie, billard, terrasse et même un bar et un resto (type cafét'). Organise également des tours en ville, des concerts et des ateliers sur place. Une adresse dynamique, hyper bien située.

The Jerusalem Hotel (plan centre, B2, **42**) **:** *40, Jaffa Rd (réception à l'hostel du même nom, au 44). ☎ 623-61-02. • jerusalem-hostel.com • Ⓣ Jaffa Center. Doubles avec clim et ventilo 300-350 Shk, petit déj inclus (servi au n° 44) ; pas de TV.* Chambres pour 2 à 4 personnes dotées d'une toute petite salle de bains. Celles en angle disposent de 2 mini-balcons. Pas d'ascenseur, mais c'est bon pour les mollets. Au 3e étage, une cuisine à dispo et une terrasse agréable pour écluser un gorgeon au couchant. Atmosphère conviviale et bon accueil.

Prix moyens (350-500 Shk / 87,50-125 €)

Zion Hotel (plan centre, B2, **43**) **:** *10, Dorot Rishonim St. ☎ 623-23-67. • zion.hotel.jerusalem.@gmail.com • Doubles avec sdb et clim 90-110 $, petit déj inclus.* L'idéal pour qui souhaite être au cœur de l'animation (café-jazz à un pas et tous les restos et bars à 2 enjambées). Certes, on saura passer sur le côté un peu daté de l'hôtel (il a 150 ans !), l'entretien limite et le bruit indissociable de sa situation. Mais les prix restent honnêtes et l'accueil est bon.

City Center Hotel and Suites *(plan centre, B2,* ***45****) : 17, King Georges St. ☎ 650-94-94. • citycentervacation.com • En plein centre, dans un quartier qui bouge. Doubles 400-640 Shk selon confort et saison ; des suites pour 3-4 pers. Pas de petit déj.* Cet ancien immeuble a entièrement été restructuré pour offrir de petits nids douillets (lit *queen size,* clim, TV, etc.), équipés d'une kitchenette. Du studio économique (pour 2) vraiment exigu au *deluxe* en passant par le *superior,* chacun devrait y trouver son compte. Préférez quand même ceux qui donnent sur l'arrière, King George a quelquefois ses humeurs en soirée...

Agron Guesthouse and Youth Hostel *(plan centre, B2,* ***46****) : 6, Agron St. ☎ 594-55-22. • agron@iyha.org.il • en.iyha.org.il • Bus nos 18, 74 et 78. Réception dim-ven 7h-22h (fermée pdt le shabbat). Dortoirs non mixtes env 160 Shk/pers ; doubles avec sdb 340-510 Shk, petit déj compris.* Immense bâtisse de pierre traditionnelle qui abrite aussi un centre de séminaires et des salles de conférences. Quelques dortoirs (6 lits) et des chambres climatisées de bon confort (TV, petit frigo), lumineuses, bien dans la ligne de cette sérieuse chaîne d'AJ de petit luxe. Laverie.

De chic à plus chic (140-300 $ / 125-270 €)

Beit Shmuel *(plan centre, B2,* ***47****) : 6, Shama'a St (à la hauteur du 13, King David St). ☎ 620-34-55 (réception) ou 620-35-55 (résas). • beitshmuel.co.il • Bus no 74. Ⓣ City Hall, puis à pied. Doubles avec sdb 120-180 $, avec petit déj.* Vaste bâtiment, siège de la *World Union for progressive Judaism* offrant 3 formules de logement pour routards au portefeuille bien rempli : une *guesthouse* avec des chambres pouvant accueillir de 2 à 6 personnes, et une partie hôtel aux doubles nettement plus chics, disposant d'un grand lit, de la clim et d'une salle de bains. Aussi un appartement avec 2 chambres, salle à manger, cuisine et 2 salles de bains. Cafétéria *(ouv 9h-18h sauf shabbat).*

Eldan Jerusalem *(plan centre, B2,* ***48****) : 24, King David St. ☎ 567-97-77. • eldanhotel.com • À quelques mn à pied de la vieille ville. Doubles standard 180-230 $, petit déj inclus ; d'autres plus chères.* Hôtel de pierre blonde, de facture classique, confortable et fonctionnel. Une adresse sans surprise. Préférez toutefois les chambres en étage.

YMCA 3 Arches Hotel *(plan centre, B2,* ***49****) : 26, King David St. ☎ 569-26-92. • ymca3arches.com • Bus nos 18, 74 et 75. Doubles 170-250 $, petit déj inclus. Accès à la tour (ascenseur) 20 Shk.* Remarquablement situé, à équidistance de tout, le *YMCA* (prononcez « ouaillaimesillé ») est l'un des hôtels les plus prisés de Jérusalem. Ce colosse de style romano-islamique, construit par l'architecte de l'*Empire State Building* à New York pour un milliardaire américain, était jadis une auberge de jeunesse. Mais il y a bien longtemps que les routards fauchés l'ont déserté car il s'est transformé en hôtel haut de gamme. À l'intérieur, festival d'arches, arcades, plafonds ouvragés, marbres... Chambres aux sobres tonalités, spacieuses et tout confort. Au resto, cuisine non casher. Piscine, squash (apporter raquettes/balle). Centre de fitness. Du haut de la tour, 20 siècles nous contemplent. Jardins luxuriants et accueil aux petits oignons.

Montefiore Hotel *(plan centre, A2,* ***50****) : 7, Shatz St. ☎ 622-11-11. • smarthotels.co.il • Dans la Jérusalem active. Doubles 105-240 $ selon confort et saison, petit déj compris.* Un bel hôtel dont les chambres sont desservies par de longs couloirs moquettés. C'est cosy en diable. Meublées contemporain, les chambres les plus tranquilles sont numérotées pair, et elles donnent sur l'arrière. Celles du 1er donnant sur la ruelle Shatz possèdent un balcon. Accueil charmant et professionnel.

St Andrew's Scottish Guesthouse *(plan centre, B3,* ***51****) : 1, David Remez St. ☎ 673-24-01.*

JÉRUSALEM ET SES ENVIRONS

• scotsguesthouse.com • Dans une petite rue qui monte, côté King David St. Doubles standard 165-180 $, petit déj compris ; et des apparts pour 4 pers. Le *Scottie* (pour les intimes) est calme et bien placé depuis que la ville a transformé l'ancienne gare ottomane *(First Station)* en lieu de réjouissances. Attenante à une église presbytérienne construite en 1927, en mémoire des soldats écossais tombés dans la région en 1914-1918, la structure d'accueil est inspirée du style croisé. À l'intérieur, une vingtaine de belles chambres dont certaines avec une vue magnifique. Intéressant appartement avec 2 chambres et une superbe terrasse.

De plus chic à très chic (200-300 $ et plus / 180-270 €)

Dan Boutique Hotel *(plan centre, B3,* ***52****) : 31, Hebron Rd. ☎ 568-99-99 ou (03) 740-89-66 (résas). • danhotels.com • Doubles 200-300 $ pour les standard (voir aussi sur Internet), petit déj inclus. Parking gratuit.* Décor intérieur résolument contemporain, avec une touche de design sophistiqué, à l'image de la réception et du bar. Chambres très confortables, certaines avec larges fenêtres panoramiques et vue unique sur le mont Sion et la vieille ville. Billard et *sundeck*. Un peu cher, guettez les promos sur le Net.

Mount Zion Hotel *(plan centre, B3,* ***55****) : 17, Hebron Rd. ☎ 568-95-55. • mountzion.co.il • Dans un ancien hôpital taillé dans la montagne. Doubles standard 260-350 $ (plus cher pdt les fêtes et vac scol) ; également des suites et des chambres familiales bien plus chères.* Depuis le hall d'entrée, superbe vue sur Jérusalem. Les chambres meublées dans un style oriental qui s'étagent sur plusieurs niveaux sont très agréables et possèdent pour certaines une vue magnifique sur la vieille ville. Demander à choisir, car elles sont toutes différentes. Dans les couloirs, succession de patios, de terrasses, et de recoins aménagés avec de belles poteries et des céramiques qui donnent tout son charme à l'hôtel. Piscine très agréable entourée de bougainvillées (ouverte de mi-avril à fin octobre). Excellent petit déjeuner et personnel serviable.

Villa Brown *(plan centre, B1,* ***56****) : 54, HaNevi'im St. ☎ 501-15-55. • brownhotels.com • Classic rooms 300-400 $ pour 2, petit déj inclus. Voir les promos sur leur site.* Les chambres rendent hommage à cette belle bâtisse du début du XXe s : pierres apparentes, moquette, un côté *Old England* dans la déco et les tissus. Si les « classiques » ne sont pas trop spacieuses, les plus chères possèdent une terrasse bien appréciable. Sinon, tout le monde profite de celle qui se trouve à l'avant noyée sous la végétation. Spa sur le toit et bar design au sous-sol. Une adresse de charme.

Dans le quartier de German Colony

À moins de 30 mn à pied de la vieille ville, un intéressant quartier à la fois résidentiel (aux belles maisons cossues), branché et animé, relativement peu touristique.

Prix moyens (350-500 Shk / 87,50-125 €)

The Colony Hotel *(plan centre, B3,* ***53****) : 4A, Lloyd George St. ☎ 566-24-24. Bus n° 18. Doubles avec sdb 350-500 Shk, petit déj compris. Résa min 2 nuits le w-e.* Grande demeure ancienne, qui fut jadis une pension pour militaires allemands, puis britanniques. Elle offre aujourd'hui des chambres climatisées. Moquette partout. Environnement arboré. Juste à côté, le plus ancien cinéma de Jérusalem.

Loin du centre

Prix moyens (350-500 Shk / 87,50-125 €)

Yitzhak Rabin Guest House *(hors plan centre par A2,* ***54****) : 1, Nahman Avigad St, Giv'at Ram. ☎ 594-55-11 et 1-599-510-511 (résas). • iyha.org.il •*

Bus nos 14 ou 35 depuis le terminal des bus, arrêt Israel Museum. Réception tlj sauf sam 7h-23h. Doubles 350-460 Shk, petit déj inclus ; également des familiales. Dortoir (4 lits) loué selon situation sanitaire. À moins d'avoir les moyens de se payer le taxi quand on rentre « à pas d'heure », cette belle et impressionnante bâtisse en pierre blanche de Jérusalem intéressera avant tout celles et ceux qui privilégient les musées à l'animation trépidante du centre-ville. Elle offre des chambres tout confort de 2 à 4 personnes (salle de bains, TV satellite, frigo, machine à café)... Grand lobby aéré, cafétéria. Tout à côté, centre sportif avec piscine, tennis, squash, salle de gym...

Où manger ?

Dans la vieille ville

Beaucoup de gargotes et pas vraiment de restos dignes de ce nom dans la vieille ville. En plus de ça, beaucoup ferment de bonne heure ; pour une bonne table, il faut sortir des remparts.

Bon marché (moins de 50 Shk / 12,50 €)

|●| ***Lina*** *(zoom, C2,* ***61****) : 42, Al-Khanqa St, quartier chrétien (via Dolorosa). ☎ 627-72-30. Tlj 8h30-16h.* C'est ici et en face (même proprio), dit-on, que l'on trouve le meilleur houmous (avec la traditionnelle pita, ses pignons de pin, ses pickles), ainsi que du *foul* et diverses salades. Jus de fruits frais. Propre, climatisé, pas cher, intime, sympa.

|●| ***Abu Shukri*** *(zoom, C2,* ***62****) : 63, El-Wad St (angle via Dolorosa). ☎ 627-15-38. Tlj 8h30-15h.* Pas de caractère en soi, mais bien tenu et réputé pour son excellent houmous et autres snacks traditionnels. Accueil gentil.

|●| ***Abu Kamal*** *(zoom, C2,* ***60****) : dans une ruelle, donnant sur la pl. du marché Aftimos. Tlj 8h30-18h. Pas de prix, bien demander avt. Pas de toilettes.* Quelques tables dans la rue couverte (et en pente) pour avaler une assiette de bons falafels, de houmous aux pignons de pins ou un plat plus consistant type poulet-riz. Une adresse où se mêlent touristes et locaux.

Prix moyens (50-100 Shk / 12,50-25 €)

|●| ***Quarter Café*** *(zoom, C2,* ***64****) : à côté du Wohl Torah Center, dans le quartier juif (prendre l'escalier à côté de la Burnt House). ☎ 628-77-70. Tlj sauf shabbat 9h-17h.* Un self qui propose de la cuisine casher que l'on va consommer derrière la grande baie vitrée pour regarder l'animation de la vieille ville. C'est pas spécialement donné mais c'est très bon, copieux, et la vue vaut vraiment le coup d'œil. On y parle le français.

|●| ***Armenian Tavern*** *(zoom, C2,* ***63****) : 79, Armenian Orthodox Patriarchate Rd. ☎ 627-38-54. Tt près de la porte de Jaffa. Tlj sauf dim 12h-22h.* Sympathique restaurant arménien. Belle salle voûtée en sous-sol qui ressemble à un chaleureux petit musée. Dans l'assiette, opter pour le *khaghoghil derev* (du bœuf haché dans une feuille de vigne cuit dans une sauce au yaourt), en dessert des *choortch kella* (genre de saucisse caramélisée assez douceâtre). On n'est pas loin du kloug ! Accueil et service en douceur.

|●| ***Amigo Emil*** *(zoom, C2,* ***65****) : Al-Khanqa St, quartier chrétien. ☎ 628-80-90. Service non-stop 11h-21h30. Fermé dim et j. fériés.* Haute salle voûtée de pierre, tables avec dessus en céramique, cadre frais, propre et plaisant pour une cuisine palestinienne et internationale mais dont les portions manquent de générosité. Lasagnes maison, pizzas, *chicken curry,* salades diverses...

|●| ***Versavee*** *(zoom, C2,* ***66****) : Greek Catholic Patriarchate Rd (entrée aussi dans l'impasse de l'East New Imperial Hotel). ☎ 627-61-60. Tlj sauf dim 10h-23h (cuisine jusqu'à 21h).* Agréable placette au fond d'un passage aéré, pour écluser de bonnes bières et manger une fraîche petite cuisine de brasserie dans une atmosphère détendue. Au

fond, des photos anciennes de la ville ou du pays, dont vous pouvez acheter la reproduction. Bon accueil.

À Jérusalem-Ouest

Les fines gueules au budget serré trouveront leur bonheur chez les vendeurs de falafels dans les petits restos de la halle couverte du grand marché de *Mahané Yehuda*.

Bon marché (moins de 50 Shk / 12,50 €)

Pasta Basta *(plan centre, A1,* ***67****) :* *HaTut St (et HaEgoz St). 077-540-46-33. 1re rue à droite qui rentre dans le marché couvert depuis Mahane Yehuda St quand on vient d'Agripas St. Tlj sauf shabbat 11h-minuit. Très bon marché.* Un petit resto ouvert sur le brouhaha du marché. Formule simple : on choisit ses pâtes, sa sauce, et si on n'a pas envoyé un pote réserver un coin de table, on mange debout ! À accompagner de bière ou de vin maison.

Hummus Ben Sira *(plan centre, B2,* ***68****) :* *3, Ben Sira St, dans le prolongement de Hillel St. ☎ 625-38-93. Tlj sauf shabbat 11h-2h. Très bon marché.* Quelques tables qui grignotent un bout de trottoir en pente, un long bar orné de céramique ottomane. C'est ici que se coudoient touristes, bobos en goguette et travailleurs du quartier. Beau choix de houmous (viandes, champignons, chou-fleur), *shakshuka,* soupe. C'est goûteux et d'un bon rapport qualité-prix, même si ça sent un peu la friture. Bonne bière artisanale. Beaucoup de monde et c'est un peu l'usine aux heures de pointe.

Aricha Sabich *(enseigne en hébreu ; plan centre, A1,* ***82****) :* *83, Agripas St. En face du marché Mahané Yehuda. Prononcer « arira sabir ». Tlj sauf shabbat 9h30-23h30. Pas de toilettes.* On fait souvent la queue pour goûter à ce fameux *sabich,* un pain pita garni d'œufs durs, d'aubergines grillées, de *tahineh* et de houmous. Hyper copieux. Sert également de la soupe *aricha* à base de tomates et d'aubergines. Le tout à emporter ou à manger sur les quelques tables de la micro salle. Un bon plan pour se caler d'une nourriture saine sans se ruiner.

Rahamou *(plan centre, A1,* ***69****) :* *5, HaEshkol St (à l'angle d'Harmonim) ; enseigne en hébreu. ☎ 623-45-95. Tlj sauf shabbat 10h-19h30.* Resto de poche au cadre de bistrot ouvrier décoré de vieux objets, avec photos-souvenirs du quartier et ventilos laborieux. Bonne cuisine rustique qui tient au corps : *musakhan, chicken schnitzel, roast beef,* goulasch... On choisit sur le tableau noir et l'on va s'asseoir !

Prix moyens (50-100 Shk / 12,50-25 €)

Tmol Shilshom, café-restaurant and bookstore *(plan centre, B2,* ***72****) :* *5, Solomon St. ☎ 623-27-58. On y accède par une ruelle qui part de Solomon St (pancarte) ; tt le monde connaît. Tlj sauf shabbat 8h30-minuit. Événements payants (env 15 Shk) à déduire de la commande au resto.* *Tmol Shilshom* est le titre d'un livre de Shmuel Yosef Agnon, auteur israélien qui a obtenu le prix Nobel de littérature en 1966. Ici, on peut acheter des livres, assister à des récitals de poésie et de musique. On y vient avant tout pour l'ambiance et aussi pour le cadre, intime et chaleureux, un peu rétro (la maison date de la fin du XIXe s) et carrément plein de charme. Les 2 salles de part et d'autre de l'agréable terrasse abritent côté gauche le resto et un coin bijouterie, côté droit, les événements et quelques tables où l'on peut aussi manger et boire un verre. La cuisine simple (pâtes, salades...) est à dominante végétarienne (un peu de poisson aussi). Un lieu convivial plébiscité aussi bien par les habitants que par les voyageurs de passage.

Focaccia *(plan centre, B2,* ***70****) :* *4, Rabbi Akiva St. ☎ 625-64-28. Tlj 10h30-1h.* Grande demeure ancienne en pierre avec de beaux volumes façon loft, réchauffés à l'infrarouge en hiver. Ici, pas moins d'une quinzaine de sortes de salades et les fameuses *focacce,* large pâte ovale (un peu comme notre fougasse) garnie comme une pizza d'artichaut, fromage de chèvre, tomates séchées..., qui calent bien. Aussi, pâtes, poulet à la crème, sandwichs... Service jeune et bonne musique.

Azura *(plan centre, A1, **73**) : dans le marché de Mahané Yehuda. ☎ 623-52-04. De Mahane Yehuda St (l'artère qui passe à droite du marché couvert, quand on descend du tram), prendre la 1re allée couverte à droite, puis à gauche après avoir descendu la volée de marches. Tlj sauf shabbat 10h-16h.* En terrasse, une poignée de tables, nappes à carreaux et chaises de bistrot, au pied des étals du marché, souvent prises d'assaut par les habitués. En face de la cuisine ouverte dans la petite salle bien arrangée, la photo du patriarche turc fondateur. Dans l'assiette, de bons plats parfumés, qui mijotent sous vos yeux, dans de larges marmites posées sur leur réchaud. Aubergine farcie au bœuf haché, pignons et sauce un peu piquante à la cannelle, *schnitzel, meat balls...* Sans façon, frais et bon.

Shanty *(plan centre, B2, **87**) : 4, Nahalat Shiv'a. ☎ 624-34-34. Lun-sam 19h-23h30 ; bar ouv jusqu'à 3h. Fermé dim.* Dans cette adorable ruelle d'époque ottomane, en contrebas de Jaffa Street, un cadre bistrotier un peu rétro. Les habitués plébiscitent les beaux morceaux de viande, mais les produits de la mer sont aussi en bonne position, tandis que les plats de pâtes se révèlent plus abordables et tout à fait délicieux. Voir aussi les intéressantes suggestions du jour. Vin pas donné et qui ne laisse pas un souvenir impérissable. En revanche, excellents accueil et service. Notez que la partie bar accueille aussi les clients fumeurs du resto.

Manou Bashouk *(plan centre, A1, **83**) : 29, Etz Hahaim St, dans le marché couvert de Mahané Yehuda. ☎ 622-86-75. Tlj sauf shabbat 9h-22h (ven fermé 2h avt shabbat).* Resto libanais tenu par des francophones. Ils préparent des recettes de grand-mère, comme le *kidré,* un plat à base de riz et de légumes cuit dans une jarre, que l'on retourne sur un plateau. Très parfumé et copieux. Mais la carte propose de nombreux choix en version végétarienne ou non. Le vendredi midi, s'attabler sur la petite terrasse donnant sur la rue animée du marché, on perçoit alors toute la ferveur des derniers achats avant shabbat.

King's Garden Restaurant *(plan centre, B2, **76**) : 23, King David St. ☎ 620-87-96. Tlj midi et soir, sauf shabbat. Résa conseillée en hte saison.* C'est l'un des 2 restaurants de l'hôtel *King David,* à ne pas confondre avec l'autre (le restaurant *La Régence*) qui est hors de prix. Surplombant les jardins et la piscine, pour une somme quand même plus élevée qu'ailleurs, on y déguste, dans un cadre ravissant, une cuisine reflétant la diversité des influences gastronomiques en Israël... De très bonnes salades, d'excellents plats ashkénazes en passant par les grands classiques pâtes et pizzas et des desserts délicieux.

Chic (100-150 Shk / 25-37,50 €)

Machneyuda *(plan centre, A1, **77**) : 10, Beit Ya'akov St. ☎ 533-34-42. Tlj sauf shabbat 12h30-16h, 18h30-minuit. Résa obligatoire longtemps à l'avance. Plats à la carte, et menu dégustation env 300 Shk.* Cadre rustiquo-bobo genre « entrepôt épicerie » avec mezzanine, chaises de bistrot, assiettes dépareillées, et un bar auquel on peut s'attabler. De la cuisine ouverte sur la salle, on expédie des plats originaux concoctés avec des produits de bonne qualité achetés le matin même sur le marché tout proche. Foie de poulet et purée maison, *shikshukit tahini & yahourt* et kebabs, cheese-cake banane caramélisée... hmm !

Yudale *(plan centre, A1, **70**) : 11, Beit Ya'akov St. ☎ 533-34-42. En face de Machneyuda (même proprio) ; enseigne en hébreu, repérer les huisseries bleu ciel. Dim-jeu 18h30-0h30, ven 11h30-15h, sam 19h30-23h30.* Dans ce resto de poche branché, tout se passe autour de la cuisine ouverte, entourée par un comptoir auquel on s'accoude. Perché sur des chaises hautes, on admire le savoir-faire des 2 jeunes chefs qui s'affairent avec maestria au-dessus des brûleurs, tandis que les serveuses officient dans ce carré pro, face aux clients, tout en sourire. La musique rythme ce ballet d'une belle énergie. Dans l'assiette, une cuisine créative, tant dans les assemblages que dans la présentation. C'est original, parfois surprenant.

|●| ***Mona Restaurant*** *(plan centre, A2,* ***81****)* **:** *12, Shmuel HaNagid. ☎ 622-22-83. Dim-jeu de 18h30 jusqu'au dernier client, ven 12h30-16h30 et de 18h jusqu'au dernier client, sam de 12h30 jusqu'au dernier client.* Dans l'école des beaux-arts, bel immeuble bâti en 1890. Déco style bistrot, lumières tamisées le soir, un peu bruyant mais ambiance intime malgré tout. Excellente cuisine méditerranéenne (pas casher), légère, fraîche et enlevée, avec une touche d'originalité dans certains plats.

|●| ***Pergamon*** *(plan centre, B2,* ***86****)* **:** *7, Heleni Ha-Malka. 📱 050-684-39-88. Tlj 19h (12h ven, 18h sam)-minuit.* Resto végétarien à l'ambiance informelle en salle ou dans la rue piétonne. Les indécis ou les gourmands choisiront les avantageuses combinaisons de 3 ou 5 entrées à partager, histoire d'explorer le champ des patates douces aux amandes caramélisées, gnocchis à la parisienne, aubergines rôties au yaourt, salade de courgettes à la sauce *zarzir*. Les saveurs sont au rendez-vous, avec un soupçon d'originalité et 2 pincées de service sympa.

|●| ***Sima*** *(plan centre, A1,* ***71****)* **:** *82, Agripas St (angle Harav Zecharya Mizrahi). ☎ 623-30-02. En marge du quartier kurde, à 2 pas du marché de Mahané Yehuda. Tlj sauf shabbat 10h30-minuit.* Pas vraiment un cadre chic, plutôt une adresse populaire, qui depuis 1969 sert de bonnes viandes (steak, *shashlik, mixed grill,* etc.), des soupes et salades, et même des plats végétariens (moins chers) ; appétissant.

|●| ***Barood*** *(plan centre, B2,* ***74****)* **:** *31, Jaffa Rd, Feingold Courtyard. ☎ 625-90-81. Au début du passage menant à Havilio Sq. Tlj sauf dim 17h (13h sam)-0h30.* Cadre de pub classique avec ses photos noir et blanc et sa collection de billets. Au menu, une cuisine séfarade, mais aussi des Balkans, réalisée à partir de beaux produits. Essayez les *meat balls* de la grand-mère et les falafels de poisson ! Également quelques tables dans le passage piéton aux beaux jours.

|●| ***Zuni*** *(plan centre, B2,* ***72****)* **:** *15, Yoel Moshe Solomon St. ☎ 625-77-76. Dans le quartier de Nahalat Shiv'a. Situé à l'étage. Tlj, cuisine 24h/24. Au déj, 20 % de remise sur les prix à la carte.* Cadre tout en bois sombre, lumière tamisée, baies vitrées. Manque juste une femme esseulée regardant au-dehors pour en faire un décor à la Hopper. Dans l'assiette : entrecôte, poulet grillé, moules marinière, plutôt inégal, tout comme l'accueil, mais l'adresse peut dépanner car ouverte non-stop, même pendant le shabbat.

|●| ***Modern*** *(hors plan centre par A2,* ***75****)* **:** *11, Ruppin Rd. ☎ 648-08-62. Dim-lun et mer-jeu 11h30-17h, mar 11h30-23h, ven 10h-14h. Fermé pdt le shabbat.* C'est le resto du musée d'Israël. Élégant cadre contemporain, spacieux, climatisé, avec une fort agréable terrasse. Belle sélection de vins, disposés comme dans une bibliothèque, qui aligne le plus grand choix d'Israël ! Dans l'assiette, une cuisine moderne, fraîche et bien troussée.

Très chic (150-250 Shk / 37,50-62,50 €)

|●| ***The Eucalyptus*** *(zoom, B2,* ***79****)* **:** *Felt Alley, entre 14, Hativat Yerushalayim et Dror Eliel St. ☎ 624-43-31. À 2 pas de la porte de Jaffa, à l'extérieur des remparts. Tlj sauf ven 17h (20h15 sam)-23h. Résa conseillée. Menus 300-450 Shk ; à la carte, plats 90-170 Shk.* L'une des meilleures tables de Jérusalem. Cadre minimaliste, comme pour mieux mettre en valeur les plats. Moshe Basson, d'origine irakienne, cumule les qualités : il est l'un des leaders de *Slow Food* en Israël et membre de l'association *Chefs for Peace.* Il ne cuisine qu'avec des herbes et des produits locaux. Résultat : des mets raffinés et délicieux, aux saveurs variées (figues farcies, confiture de potiron, potage d'amandes et de raisins, couscous aux 7 légumes...). Mon tout fondant et parfumé à souhait. Bons conseils en vins.

|●| 🍸 ***1868*** *(plan centre, B2,* ***80****)* **:** *10, King David St. ☎ 622-23-12. Tlj sauf*

shabbat 12h30-14h30, 18h-22h. Business lunch *à prix « chic ». Réserver.* Dans une demeure de pierre, de petites salles d'un blanc éclatant, des tables bien séparées, une atmosphère chic mais pas coincée, un accueil discret et souriant... On y va surtout en couple pour y déguster une cuisine casher de qualité, du classique raffiné, à base de beaux produits du marché. En revanche, on aurait aimé que ce soit plus copieux... Belle carte des vins. Terrasse.

À Jérusalem-Est

Bon marché (moins de 50 Shk / 12,50 €)

Maswadeh *(zoom, C1,* ***88****) : à côté du* New Palm Hostel. *Ouv 24h/24.* Pour avaler un bon sandwich *falafel* 2 fois moins cher qu'ailleurs. À 2 pas des bus palestiniens, pratique.

|●| ***Nordic Café*** *(plan centre, C1,* ***89****) : au rdc du Yabous Cultural Center. ☎ 584-83-82. Tlj sauf ven 9h-22h (20h dim).* Un espace agréable à la déco scandinave, avec coin canapés, de larges baies vitrées, où l'on vient prendre en-cas, sandwichs, salades, *shakshuka,* gâteaux maison... Accueil adorable.

Prix moyens (50-100 Shk / 12,50-25 €)

|●| ***Al Mihbash Restaurant*** *(plan centre, C1,* ***90****) : 88, Nablus Rd. ☎ 628-91-85. Tlj 9h-minuit.* Live music *en principe ven à partir de 20h30.* Ce vieux bâtiment de l'époque ottomane servit de quartier général au parti Baas syrien jusque dans les années 1970. C'est ensuite devenu une auberge de jeunesse. De ce passé, la salle de resto a encore de beaux restes architecturaux : grands volumes, carrelages anciens, vitres colorées... même les murs jaune et bordeaux contribuent à distiller une atmosphère d'antan. Quant à la cuisine palestinienne, elle suit la tradition : *mezze,* grillades, *musakhan* (blanc de poulet grillé noyé sous les oignons et épices)... à manger sur les tables basses ou classiques. En prime, bonne *Taybeh* pression.

|●| ***Sarwa*** *(plan centre C1,* ***91****) : à l'angle des rues Salah ed Din et Ali Ibn Abu Taleb, en face d'une église. ☎ 627-46-26. Tlj sauf ven 11h30-20h30 (plus tard s'il y a du monde). Plats à prix moyens, mais salades et soupes bon marché.* Une adresse cosy comme tout dans les tons bleu turquoise avec bibliothèque, longues banquettes et tables en bois. Le patron, affable, propose des plats du jour (souvent une version personnelle de recettes traditionnelles), des pâtes, salades et sandwichs. À arroser d'une *Taybeh* ou d'une *Shepherds.* Un lieu où l'on se sent bien.

|●| ***Resto de l'Azzahra Hotel*** *(plan centre, C1,* ***35****) : 13, Azzahra St (face au très beau conservatoire de musique). ☎ 628-24-47. Tlj 12h-23h.* Ne pas se laisser démoraliser par le cadre, un peu tristoune, on y mange une bonne cuisine palestinienne et des plats européens. Mais l'adresse est surtout connue pour ses pizzas cuites au feu de bois. Terrasse avec coin non-fumeurs. Bien aussi pour déguster les vins du cru. Atmosphère sympa et personnel efficace.

Chic (100-150 Shk / 25-37,50 €)

|●| ***Resto du Legacy Hotel*** *(plan centre, C1,* ***38****) : 82, Nablus Rd. ☎ 627-08-27. Tlj midi et soir.* Cette belle adresse (voir plus haut « Où dormir ? ») possède un superbe resto gastronomique. Cadre contemporain cossu d'une blancheur lumineuse, bénéficiant en outre d'une terrasse et d'une vue incomparable sur la ville. Mets présentés de façon artistique, service pro... Tout pour plaire !

|●| ***The View*** *(plan centre, C1,* ***92*** *; resto de l'*Holy Land Hotel*) : 6, Harun al-Rashid St (au 4e étage). ☎ 628-48-41. Tlj 14h-23h. Résa conseillée. Musique live (oud) ven soir.* Le nom est prometteur ? Il ne déçoit pas. Les baies vitrées et la terrasse donnent sur le Dôme du Rocher, magnifique à toute heure, encore plus le soir. Lors de la résa, demander une table avec vue. Au menu, *mezze,* entrecôte, saumon et

quelques plats régionaux servis sur des tables bien mises.

Dans le quartier de German Colony

Ce quartier présente de nombreuses anciennes demeures arabes bien restaurées, se mêlant à celles construites dans les années 1920-1930 par les premiers immigrants. L'épine dorsale en est *Emek Refaim Street.* Beaucoup de fast-foods et de bars. *Last but not least,* peu de touristes, même le soir...

Bon marché (moins de 50 Shk / 12,50 €)

Bagel Café *(hors plan centre par B3,* ***85****) : 54, Emek Refaim. ☎ 1-700-500-751. Tlj sauf shabbat 6h30-23h.* Un *deli*-café-resto dans une belle salle baignée de lumière. Un bon choix de bagels, bien sûr (y compris dans le pain lui-même), mais aussi la quiche ou la soupe du jour. L'endroit est en outre réputé pour la qualité de ses petits déj. Service sympa.

Restaurants ouverts pendant le shabbat

Pour se restaurer le vendredi soir et le samedi midi, rendez-vous dans tous les restos arabes de Jérusalem-Est, ainsi que dans ceux de la vieille ville pourvu qu'ils soient tenus par des musulmans, des chrétiens ou des athées. Sinon, si votre budget le permet, c'est le moment d'aller voir du côté des restaurants des grands hôtels. À Jérusalem-Ouest, c'est plus galère. Parmi nos adresses, signalons tout de même : *Focaccia, Shanty, Pergamon, Mona Zuni* et *Barood.*

Où prendre un petit déj, un café, un bon gâteau ?
Où acheter du *halva/halawé* ?

Dans la vieille ville

Jafar Sweets *(zoom, C2,* ***100****) : souk Khan El-Zeit. Tlj sauf ven 8h-19h.* Très populaire pâtisserie dans la vieille ville où les familles s'attablent devant un bon *knafeh* et toutes sortes de douceurs bien sucrées. Idéal pour une pause. Également à emporter.

Bassem's Gallery *(zoom, C2,* ***101****) : via Dolorosa. Tlj 9h-19h ; fermé certains ven.* Une bibliothèque-café, à l'ambiance très cool, pour se poser tranquillement. Quelques livres en français, des antiquités, reproductions d'œuvres d'artistes palestiniens et un peu d'artisanat, comme ces broderies de Gaza. On peut y glaner des infos sur la vieille ville.

Voir aussi le café viennois de l'**Austrian Hospice** *(zoom, C2,* ***29****) : 37, via Dolorosa. Voir plus haut « Où dormir ? ». Tlj 10h-22h (21h pour la cuisine).* On y déguste la célèbre *Sachertorte,* ainsi que les traditionnels *schnitzel.* Idéal aussi pour une pause café dans un écrin de verdure doté d'une belle vue.

Al Jibrini *(zoom, C2,* ***102****) : Sheikh Rihan, à l'angle de Al Mawlawiyya Ascent, dans la vieille ville. Tlj 8h-20h (15h ven).* Emblématique de la région, le *halawé* (en arabe) ou *halva* (en hébreu) se compose de graines de sésame broyées dont on extrait l'huile pour en faire une pâte. Il est consommé nature ou aromatisé. Très populaire mais pas donné, il se présente sous forme de bloc, vendu sur une base de 100 g. Dans cette fabrique, la vieille meule de pierre tourne toujours dans l'arrière-boutique où le patron fait goûter ses différentes saveurs : au sésame torréfié, complet, classique et à la nigelle (une graine noire). Excellente qualité.

Al Amad Halva *(zoom, C2,* ***103****) : souk Khan El-Zeit. Tlj 7h-18h.* Dans la famille, on fabrique du halva de génération en génération. Que ce soit du sésame au cacao, à la pistache, aux noix ou aux amandes... un délice !

À Jérusalem-Ouest

Café Kadosh *(plan centre, B2,* **104***) : 6, Shlomzion HaMalka. ☎ 625-42-10. Tlj sauf shabbat 9h-22h30.* Depuis 1967, c'est l'une des pâtisseries les plus populaires de la ville. Cadre très classique. Toujours bourrée de monde. Terrasse prise d'assaut. Bon accueil.

Café Chen *(enseigne en hébreu ; prononcer « reine » ; plan centre, B2,* **106***) : 30, Jaffa St. Tlj sauf sam 6h-14h. CB refusées.* Super pour un petit déj ou un en-cas : vaste étalage avec grande diversité de pâtisseries, feuilletés, jus de fruits frais, à prendre en salle ou sur la petite terrasse. Patron francophone qui a ouvert son café dans les années 1970.

À Jérusalem-Est

Nordic Café *(plan centre, C1,* **89***) : au rdc du Yabous Cultural Center. ☎ 584-83-82. Tlj sauf ven 9h-22h (20h dim). Voir plus haut « Où manger ? ».* Impeccable aussi pour un bon petit déj ou simplement pour siroter un *kawa* torréfié en Cisjordanie, accompagné d'un excellent cookie maison.

Dans le quartier de German Colony

The Coffee Mill *(plan centre, B3,* **107***) : 23, Emek Refa'im. ☎ 566-16-65. Tlj sauf shabbat 7h30-23h.* Une bonne odeur de café vous saisit dès que vous poussez la porte de ce petit troquet où une clientèle bien sage semble communier avec son ordi portable. Ici, une petite cinquantaine de cafés vous fera faire le tour du monde. Déco plaisante faites de unes du *New Yorker.* Des pâtisseries aussi.

Bagel Café *(hors plan centre par B3,* **85***) : lire plus haut « Où manger ? ».*

Où boire un verre ? Où sortir ?

À Jérusalem-Ouest

Côté *nightlife,* Jérusalem-Ouest n'a désormais plus à pâlir de la trépidante et déjantée Tel-Aviv. Cette libéralisation toute relative des mœurs dans une ville aussi pieuse serait-elle surtout destinée à freiner l'exode des jeunes ? Côté est et vieille ville, c'est beaucoup plus sage.

Les secteurs les plus chauds sont le quartier russe *(Russian Compound ; plan centre, B2),* en haut de la rue Heleni HaMalka en partant de Jaffa Road, ainsi que la rue *Ben Yehuda (plan centre, A B2)* où l'on trouve une kyrielle de cafés et de bars, ceux du grand marché de Mahané Yehuda *(plan centre, A1* ; « zeplacetoubi » pour les oiseaux en partance), et aussi le vieux quartier de *Nahalat Shiv'a (plan centre, B2).* 3e quartier juif créé en dehors de la vieille ville dès 1869. Il recèle un véritable dédale de ruelles bordées de petites demeures enserrant des courettes reliées par des passages... Cela dit, vu la fièvre immodérée des pelleteuses qui œuvrent dans le coin, c'est à se demander combien de temps encore le quartier résistera à l'appétit des promoteurs. Bref, en attendant, en voici quelques repères : *Havilio Square,* les étroites ruelles *Yoel Solomon* et *Joseph Rivlin* (entre *kikar Zion* et *Hillel Street*). Et enfin, sur *Shlomzion HaMalka.*

Beer Bazar *(plan centre, A1,* **110***) : au début du marché couvert de Mahané Yehuda, côté tram. ☎ 671-25-59. Tlj sauf shabbat 11h-2h (3h jeu et sam).* Amateurs de bière, bienvenus dans cet antre de la bibine, de la pinte, de la gueuze et de la mousse. À la carte, pas moins d'une douzaine de bières pression et d'une centaine en bouteilles. Ale, IPA, stout, blonde, en cas d'hésitation (on vous comprend !), plusieurs formules : 4-5 petits verres que l'on choisit parmi les pressions ou la roulette, une dizaine de capsules sélectionnées au hasard par le barman. Et pour ne pas avoir le tournis, on commande un snack, sandwich ou houmous. Si la 1re salle est vite bondée, ne pas hésiter à plonger dans celle du fond, tout en longueur, avec ses trompe-l'œil, elle imite une rue de la ville. Pour parfaire l'ambiance, des événements sont parfois organisés (voir leur page Facebook).

HaMiffal *(The Factory ; plan centre, B2, **111**) : 3, HaMa'aravim St, dans une ruelle, fléché depuis King David St. Dim-jeu 12h-minuit, ven 12h-16h, sam 20h-minuit.* Ce lieu alternatif occupe un vieux bâtiment du XIXe s. C'est à la fois une résidence d'artistes, un espace culturel avec expos, concerts, DJ, théâtre (événements à consulter sur leur page Facebook), un bar et un petit resto (sandwichs, snacks, cuisine végétarienne). On y découvre des œuvres originales, des peintures murales et une ambiance bohème où il est facile de lier connaissance. Petit jardin aussi avec de l'art récup'. Une pépite cachée comme on les aime.

Gatsby *(plan centre, B2, **112**) : au niveau du 18, Hillel St. 054-814-71-43. Longer la terrasse du resto au nº 18, c'est au bout, la porte en faux lierre (repérer la lettre « G »). Tlj 18h-1h.* Happy hour *18h-19h30. À partir de 23 ans. Résa conseillée dim-mer ; pas de résa jeu-sam, mais on ne garde la table que 2h.* Un *speakeasy* était un bar clandestin à l'époque de la prohibition aux États-Unis. S'il est donc difficile de faire main basse sur celui-là, c'est logique (bon courage !). Derrière la 1re porte très discrète, une bibliothèque sert d'antichambre avant de pénétrer (enfin) dans le bar proprement dit par un panneau coulissant. Salle complètement (cal)feutrée, déco noir et blanc, miroir aux murs et long comptoir derrière lequel un barman concocte ses mélanges comme il le ferait pour un plat. À la carte, pas moins de 200 cocktails, mais ne pas hésiter à en demander un personnalisé, plus quelques plats froids en accord avec le breuvage. Les sirops sont maison. Bref, une vraie expérience...

The Record-Hataklit *(plan centre, B2, **86**) : 7, Heleni HaMalka St. Tlj 16h30-4h. Hataklit* : 3 sons, 3 ambiances. La version « Record » est un pub avec terrasse, traditionnel si ce n'est ces vieux vinyles accrochés un peu partout. Une adresse *gay friendly*. Bonne ambiance. Un peu plus haut, au coin de la rue, **The Cassette-Hataklit** *(plan centre, B2, **113** ; tlj 19h30 jusqu'à l'aube),* même proprio, plus underground. Micro salle et terrasse. Juste à côté, un bar gay, **The Video-Hataklit** *(tlj 20h-4h).* Passer sous l'arche et emprunter les escaliers au-dessus de la boîte *Pergamon.*

Tmol Shilshom, café-restaurant and bookstore *(plan centre, B2, **72**),* très sage, idéal pour un *before* en amoureux, une adresse qu'on indique déjà comme resto (voir plus haut).

Café Birman *(plan centre, B2, **43**) : 8, Dorot Rishonim St. ☎ 623-61-15. Tlj sauf shabbat de 19h jusqu'au dernier client.* Dans un quartier piéton animé, un bar-resto réputé pour ses concerts de jazz, mais aussi du ragtime, du blues et quelquefois de la soul. Possibilité de s'y restaurer.

John Smith Bar *(plan centre, B2, **31**) : au Cinema Hostel, 4, Shamaï St. Tlj 20h-2h.* Happy hour *20h-21h30.* Live music *en principe mar soir.* Le long comptoir accueille les non-résidents, tout comme la terrasse, prise d'assaut aux beaux jours.

Sira Pub *(plan centre, B2, **114**) : 4, Ben Sira St, dans la ruelle qui relie la rue Ben Shatah à la rue Ben Sira. Tlj 16h (14h ven-sam) jusqu'au dernier client.* Lieu underground, on se croirait dans des caves... de plain-pied. Ambiance et musique post-punk au bar et dans les différentes salles et autres recoins. Le **Café Sira** *(tlj 7h30-22h30),* juste en face, apparaît bien sage. On adore aussi Jérusalem pour ces contrastes.

Les cafés **Zollis** et **Nadin Pub** *(plan centre, B2, **115**),* sur *Joseph Rivlin.* 2 bars siamois où l'on vient se goudronner les bronches à grands coups de chicha en jouant au backgammon avant le lancement des décibels, car après, vu le niveau sonore, c'est pas vraiment pour les romantiques !

Dans la vieille ville et à Jérusalem-Est

Terrasse de la Lutheran Guesthouse of the Propst *(zoom, C2, **23**) : Saint Mark St, dans la vieille ville. ☎ 626-68-88 ou 628-21-20. Tlj 10h-22h.* Un vrai havre de paix au cœur de la vieille ville où les non-résidents peuvent boire un verre en terrasse et admirer la vue sur le Dôme du Rocher, le Saint-Sépulcre et le mont des Oliviers. Divin !

🍸☂ ***The View*** *(plan centre, C1,* ***92****; resto de l'*Holy Land Hotel*)* **:** *6, Harun al-Rashid St, au 4e étage. Tlj 14h-23h. Musique live (oud) ven soir.* Petit bar et terrasse (en dehors des heures de repas) pour contempler la *view* d'anthologie sur le Dôme du Rocher. Voir aussi « Où manger ? À Jérusalem-Est ».

🍸 ***Sarwa*** *(plan centre, C1,* ***91****)* **:** *voir plus haut « Où manger ? À Jérusalem-Est ». Tlj sauf ven 11h30-20h30 (min).* Ce n'est pas le genre d'adresse où on fait la fête jusqu'au bout de la nuit, mais ça reste une étape sympa pour boire un verre... pas trop tard.

Où écouter de la musique ? Où danser ?

♩ ***Yellow Submarine*** *(hors plan centre par B3,* ***120****)* **:** *13, Ha-Rechevim St. ☎ 679-40-40. • yellowsubmarine.org.il • Tlj sauf shabbat.* Un incontournable de la scène musicale israélienne. Ici, l'acoustique est carrément une œuvre d'art. Ce lieu créé dans les années 1990 a été (et continue d'être) un tremplin pour quantité d'artistes : studio d'enregistrement, salles de répétition, salle de spectacle, club... Musique pratiquement tous les soirs. Voir la programmation sur leur site.

🍸💃 ***Toy Bar*** *(plan centre, B2,* ***121****)* **:** *6, Du Nawas St. ☎ 623-66-66. Jeu-sam, à partir de 22h jusqu'au dernier client. Grosse sélection à l'entrée.* Un incontournable de la nuit hiérosolymitaine pour les prétrentenaires à la carte bancaire conciliante. Sur plusieurs niveaux, festival de couleurs et lumières flamboyantes. Certains jours, beaucoup, beaucoup de monde, et ça danse ! Bon choix de bières.

🍸💃 ***Monaco*** *(plan centre, B2,* ***122****)* **:** *18, Ben Sira St. Tlj 22h-4h. Fermé lun et mer.* Un bar bien dans l'air du temps, qui a la cote auprès de la jeunesse chic et branchée ; des soirées avec DJ.

🍸 Voir aussi le ***Café Birman*** *(plan centre, B2,* ***43****)* plus haut.

Très chic

🍸♩☂ ***Bar de la terrasse du Mamilla Hotel*** *(plan centre, B2,* ***123****)* **:** *11, King Solomon St. ☎ 548-22-22. Tlj 7h-23h. Résa obligatoire.* L'hôtel se révèle en soi déjà une vraie réussite architecturale. Œuvre de l'architecte italien Piero Lissoni... Festival de lignes épurées, d'escaliers design, d'espaces harmonieux. De son immense terrasse protégée et verdoyante, vue unique sur la vieille ville. Un autre bar du *Mamilla Hotel*, le **Mirror,** résolument branché, avec ses DJs *(jeu-sam 20h-1h). Bar food* aussi. Décor sophistiqué époustouflant !

À voir : visites possibles le samedi

Le jour de repos en Israël étant le samedi, la ville tourne au ralenti ce jour-là (sur fond de pratique religieuse évidemment). Quelques idées pour organiser vos visites en fonction des sites ouverts le samedi.

– *Toutes les églises de la vieille ville, ainsi que celles du mont des Oliviers.*
– *Le jardin de la Tombe : 8h30-12h, 14h-17h30.*
– *Le musée d'Israël : 10h30-16h.*
– *La promenade sur les remparts : 9h-16h50 (22h juin-août, 16h oct-mars).*
– *Les citadelle et tour de David : 9h-16h (17h en août).*
– *Les carrières de Salomon : 9h-17h (16h oct-mars).*
– *Le musée des Pays de la Bible : 10h-14h.*
– *Les parc et cimetière du mont Herzl : 9h-16h45.*
– *Le musée d'Art islamique : 10h-14h.*
– *Le musée des Sciences Bloomfield : 10h-16h.*
– *Le musée archéologique Rockefeller : 10h-14h.*

À voir

La vieille ville (Old City)

C'est l'une des plus vieilles villes du monde, l'une des plus mythiques. À juste titre. C'est en partie pour cette vieille ville que les Israéliens ont fait la guerre des Six Jours en 1967 (elle était du côté jordanien depuis 1948). Symbiose entre une myriade de vénérables sanctuaires et une constellation d'échoppes. Et des ambiances qui varient au rythme des différents quartiers (musulman, juif ou chrétien) qui défilent sous vos pas. Un théâtre humain coloré, vif, passionné, parfois tendu mais ô combien riche et étonnant !
Un petit conseil : mieux vaut éviter toute tenue trop dénudée pour arpenter ses ruelles. C'est d'abord une condition sine qua non pour visiter la plupart des monuments juifs, chrétiens et musulmans. Optez pour un pantalon ou une jupe au moins au genou et une chemise qui couvre les épaules (laissez votre marcel à l'hôtel) ; dans le cas contraire, l'accès pourrait vous être refusé.

Visites guidées de la vieille ville

Bien sûr, on peut se passer de guide. À condition d'avoir un bon plan ou tout simplement envie de se perdre et un peu de patience pour s'y retrouver. C'est un vrai dédale, mais, contrairement à la médina de Fès ou au grand bazar d'Istanbul, beaucoup plus étendus, on s'y retrouve aisément. La formule idéale pour ceux qui disposent de quelques jours consiste à prendre une visite guidée pour le 1er jour, puis à y revenir ensuite seul.
– Voir les agences et guides indiqués dans les adresses utiles au début du chapitre sur Jérusalem.

Les 8 portes

Jaffa Gate *(porte de Jaffa ; zoom, B-C2)* **:** c'est la principale et la plus accessible quand on vient de la ville nouvelle. L'accès à la vieille ville se fait principalement par une brèche dans la muraille sur la droite de la porte. Cette ouverture a été percée en 1898 en l'honneur de l'empereur Guillaume II d'Allemagne pour que puisse passer le carrosse impérial. Le kaiser aimait son confort et la discrétion.

Zion Gate *(porte de Sion ; zoom, C3)* **:** près du mont Sion où se trouve la tombe du roi David. Elle communique avec le quartier arménien. Ses pierres ont été criblées d'impacts de balles lors des combats de la guerre des Six Jours (1967).

Dung Gate *(porte des Détritus ; zoom, C2)* **:** communique directement avec l'esplanade du mur Occidental (ou des Lamentations). Dans la tradition juive, le jour de son retour, le Messie pourrait passer par cette porte. Mais d'autres disent qu'il choisira la porte Dorée.

Golden Gate *(porte Dorée ; zoom, C-D2)* **:** située dans la muraille, côté est du mont du Temple, elle regarde le mont des Oliviers. Mais elle est emmurée depuis 1541 par Soliman

> **UN PIED AU PARADIS**
>
> *En toute logique, ceux qui sont enterrés le plus près de la Golden Gate devraient gagner le paradis en premier, quand elle s'ouvrira le jour du retour du Messie. Ce privilège reviendra donc aux musulmans, enterrés le plus près, puis aux chrétiens dont les sépultures émaillent la vallée, enfin aux juifs qui occupent le coteau du mont des Oliviers. Mais pas de problème, en principe il y aura de la place pour tout le monde...*

le Magnifique. Selon la tradition biblique, elle ne se rouvrira qu'à la « fin des temps ». Jésus l'aurait empruntée le fameux dimanche des Rameaux précédant sa crucifixion.

Lions' Gate *(porte des Lions ou porte Saint-Étienne ; zoom, C-D2)* **:** elle fut construite sous le sultan Soliman. C'est le début de la via Dolorosa, dans le quartier musulman. En fait, il ne s'agit pas de lions mais de léopards (on les voit de part et d'autre de la porte à l'extérieur), emblème de Baybars, le célèbre sultan mamelouk qui stoppa net l'invasion mongole en 1260.

Herod's Gate *(porte d'Hérode ; zoom, C2)* **:** côté quartier musulman.

Damascus Gate *(porte de Damas ; Shekhem ; zoom, C2)* **:** donne en plein dans Jérusalem-Est (quartier majoritairement arabe). Comme son nom l'indique, la très vieille route de Jérusalem à Damas partait d'ici. La 2e porte par son importance, après celle de Jaffa, et la plus pittoresque.

New Gate *(porte Neuve ; zoom, B2)* **:** ouverte en 1889 pour faciliter l'accès au quartier chrétien.

Les 4 quartiers

– ***Le quartier arménien :*** au sud-ouest. La plus ancienne communauté chrétienne de Jérusalem. Petit rappel : les Arméniens furent les premiers à embrasser le christianisme en masse, et cela dès le tout début du IVe s. L'Arménie devint ainsi la 1re nation chrétienne de l'histoire.
– ***Le quartier juif :*** au sud, rasé par la légion arabe en 1948, reconstruit ensuite. Tout neuf maintenant, presque trop ; il faut noter le remarquable travail de reconstruction.
– ***Le quartier musulman :*** au nord-est, le plus important et de loin le plus peuplé. Il regroupe la majorité des Palestiniens de Jérusalem. De loin le coin le plus oriental de la vieille ville, avec ses innombrables commerces nichés dans de longues rues voûtées et obscures.
– ***Le quartier chrétien :*** à l'ouest. Peuplé essentiellement d'orthodoxes et de quelques familles de Palestiniens chrétiens.

JÉRUSALEM ET SES ENVIRONS

À ne pas manquer

Ramparts Walks *(remparts de Soliman le Magnifique)* **:** *achat des tickets au bureau de Jaffa Gate, à gauche de l'office de tourisme. ☎ 627-75-50. Tlj sauf ven 9h-17h. Accès rempart sud : tlj 9h-16h50 (14h ven ; dernière admission) ; ferme 1h plus tôt oct-mars. Rempart nord : tlj sauf ven 9h-17h (16h oct-mars). Pour les 2 promenades, horaires spéciaux juin-août 9h-22h (toujours fermé le ven pour la partie nord). Entrée : 18 Shk. Le ticket, qui donne accès aux 2 parcours, est valable 1 seule fois pour chaque entrée, mais pdt 2 j. Inutile donc de faire les 2 dans la foulée.*

➢ Le rempart sud relie la porte de Jaffa et la porte des Détritus *(Dung Gate ; zoom, C2)*. Le rempart nord relie la porte de Jaffa à la porte d'Hérode *(zoom, C2)*.
– *Accès* : aux remparts sud par une allée à gauche du bureau des tickets ; aux remparts nord par les escaliers juste à l'extérieur de Jaffa Gate, sur la gauche en sortant, à 50 m.
– *Conseils et infos pratiques* : prévoir de l'eau et de bonnes chaussures (beaucoup d'escaliers). Sur les 2 promenades, une seule échappatoire au cours de l'itinéraire nord, au niveau de la porte de Damas. Durée : compter une bonne heure pour rejoindre la porte des Lions par le nord et environ 30 mn pour atteindre la porte des Détritus.
Les remparts ont été construits entre 1535 et 1538. On a une vue étonnante sur les toits.

Citadel and tower of David *(citadelle et tour de David – Musée d'Histoire de Jérusalem ; zoom, C2)* **:** *entrée en face du Centre chrétien d'information, porte de Jaffa. ☎ 626-53-33 ou *2884. • tod.org.il/en/french/ • Sam-jeu et j. fériés 10h-16h (17h en août), ven et veilles de fêtes 10h-14h. Entrée : 40 Shk (80 Shk combiné avec le son et lumière) ; réduc. Mieux vaut suivre les visites guidées (en anglais) : dim-jeu à 11h depuis la porte principale. Audioguide 15 Shk, ou à télécharger gratuitement sur le site. Le soir (min avr-oct), spectacle son et lumière de 45 mn. Prix : 65 Shk. Résa à l'avance. Même en été, s'habiller chaudement. Cafétéria sauf sam et j. fériés. Accès à la tour d'observation : 15 Shk.*

Une introduction parfaite sur Jérusalem. C'est une forteresse du XIIe s, élevée sur l'emplacement de 3 tours d'Hérode. Des fouilles ont révélé des vestiges de l'époque du 1er Temple, des murs du temps des croisés et des tanneries du Moyen Âge. Une grande partie de la citadelle a été superbement restaurée, notamment la « tour de David », en fait une tour mamelouke du VIIe s. Ne pas manquer la *tour Phasael* qui offre une magnifique vue à 360° sur toute la ville, doublée de tables d'orientation. Le reste du parcours est également émaillé de panneaux explicatifs (en anglais) et de maquettes très bien agencées. Attention, les marches qui jalonnent le parcours sont parfois de hauteur inégale et usées, donc glissantes.

– *Le musée d'Histoire de Jérusalem :* très intelligemment conçu, le musée présente peu d'objets mais captive par ses plans en relief, vidéos et diaporamas. En somme, une scénographie contemporaine et réussie. Les différentes salles retracent chacune des périodes de la ville. Pour ne pas les manquer : l'époque cananéenne, le 1er Temple, l'époque asmonéenne (sur toile de fond hellénistique), l'époque hérodienne (2d Temple), la Jérusalem romaine puis byzantine, l'époque islamique, la salle des croisés, les mamelouks, l'Empire ottoman et enfin le mandat britannique. Notez, à l'entrée de chaque salle, 2 repères : l'un géographique (la ville à l'époque délimitée par rapport à aujourd'hui), l'autre chronologique.

UN CONSEIL VIEUX DE 2 000 ANS !

Du temps du Christ, c'est sur ces toits que passait toute la communication de la ville (à voix haute nécessairement). D'où l'expression d'origine biblique : « Il ne faut pas le crier sur tous les toits. »

Armenian Quarter *(quartier arménien ; zoom, C2)* **:** lacis de ruelles, cours, escaliers, culs-de-sac. C'est le plus résidentiel de la ville (très peu de boutiques pour touristes). Élégante *cathédrale Saint-Jacques* (*Saint James Church* du nom du frère de Jésus), aux murs ornés de céramiques du XVIIIe s, aux sols recouverts de tapis, aux chapelles de bois et nacre. Remarquez sur la façade la croix en pierre richement ornée, au style typiquement arménien. Vous pourrez assister à l'office des séminaristes arméniens tous les jours entre 15h et 15h30 (soyez à l'heure). Très impressionnant, on croit replonger tout d'un coup plusieurs siècles en arrière. Comportement discret indispensable.

LE « TRÉSOR » ARMÉNIEN

Les Arméniens ne représentent plus que 4,5 % de la population de la vieille ville. Or, leur Église, installée depuis 1 400 ans, possède un patrimoine immobilier équivalent à celui du quartier juif qui compte le double d'habitants. Une Église riche en immobilier mais avec peu de fidèles, en somme. L'administration israélienne n'hésite pas à faire pression pour grignoter ce patrimoine.

Jewish Quarter *(quartier juif ; zoom, C2)* **:** on y passe nécessairement pour accéder au mur Occidental (ou des Lamentations). Habité en grande partie par des religieux, mais aussi par des laïcs.

Old Yishuv Court *(musée du Vieux Yishouv ; zoom, C2)* **:** *6, Or HaHayim St. ☎ 628-46-36. Dim et mar-jeu 10h-17h (15h déc-fév), lun 10h-20h et ven 10h-13h. Fermé sam. Entrée : env 20 Shk. Audioguide en anglais.* Le musée ethnographique occupe un beau bâtiment du XVIe s. À l'intérieur, reconstitution d'une maison juive traditionnelle où chaque pièce était habitée par une famille : quelques beaux meubles, des objets domestiques, dentelles, broderies, lits pour enfants. Une petite synagogue. Une expo sur les *pashkavilim,* ces affiches qui permettaient à tout un chacun de s'exprimer publiquement (des tags avant l'heure, en somme). C'est dans cette pièce qu'est né en 1534 Yitzchak Lurie (également appelé Isaac Louria, dit le Ari), un des grands kabbalistes de la région... La dernière salle retrace la guerre de 1948 contre les Britanniques et l'histoire du quartier juif à travers son habitat et son peuplement, puis sous l'occupation jordanienne. Films d'archives.

Le Cardo *(zoom, C2)* **:** ancienne voie romaine nord-sud, puis byzantine, construite sur les ruines de la ville après les révoltes de 70 (Massada) et 135 (Bar Kokhba) apr. J.-C. Une grande partie du Cardo est souterraine et se situe à 2 ou 3 m au-dessous du sol actuel, comme le prouve l'archéologie du site. Avec ses dalles et ses colonnes, il coupait à angle droit le *decumanus,* qui, lui, était orienté est-ouest, en lieu et place de l'ancien forum. L'ensemble n'est pas très évocateur ; il est prolongé par la rue des Croisés, puis par la rue couverte du marché arabe. Notez l'anachronisme sur la fresque d'inspiration biblique.
Possibilité de visiter *The War of Independance Memorial*, une petite pièce en libre accès *(après le Cardo, prendre la 1re à gauche, c'est 100 m plus loin sur la droite).* On y diffuse un film sur la bataille du quartier juif lors de la guerre de 1948 (2 500 Juifs y habitaient alors) et sur la création de l'État.

Herodian Quarter *(quartier Hérodien ; zoom, C2)* **:** imposant complexe de fouilles situé aujourd'hui en sous-sol, à - 3 m, soit au niveau de la ville telle qu'elle était il y a 2 000 ans. Vestiges d'habitations patriciennes juives. Le site principal, *The Wohl Archeological Museum,* est situé rue HaKara'im *(☎ 626-59-25 ; tlj sauf sam 9h-17h – 13h ven et j. fériés ; entrée : 20 Shk, ou billet combiné – « J Ticket », valide 48h – avec 4 sites à choisir parmi une vingtaine : 75 Shk).* La visite du site est intéressante car elle permet de se rendre compte du niveau de la Jérusalem antique. On y voit les vestiges des villas de l'époque (belles mosaïques). Si on a le temps et comme c'est inclus dans le billet forfaitaire, on peut visiter la *Ha-Rova Synagogue* et la *Burnt House* (on y projette un petit film en anglais sur l'histoire de la maison et de ses propriétaires), sinon se rendre directement au *Davidson Center.* Au cœur du quartier, devant la synagogue, très agréable et large place où trône une *Golden Menorah.* Plusieurs terrasses et petits restos tout autour.

Jerusalem Archaeological Park et Davidson Center *(zoom, C2)* **:** *dans l'Ophel Archaeological Garden réaménagé au sud du mur des Lamentations (entre les remparts et l'enceinte de la colline du Temple). ☎ 626-59-06. • archpark.org.il • Dim-ven 8h-17h (14h ven). Fermé sam et j. fériés. Entrée : 30 Shk ; réduc ; ou 75 Shk dans le cadre du ticket combiné « J Ticket » du quartier d'Hérode (lire plus haut). Visite guidée en anglais sur résa.* À l'époque du 1er Temple, c'est peut-être à cet endroit que se dressait la ville. De nombreux vestiges datant de plusieurs époques sont aujourd'hui visibles, allant du Xe s av. J.-C. (règne du roi Salomon) au XVIe s (époque de la construction des remparts par Soliman le Magnifique). Dans le *Davidson Center,* reconstitution virtuelle et interactive du temple d'Hérode. Belle vue sur la vallée du Cédron et le mont du Mauvais Conseil. Place Ma'hasseh, où domine la Beit Rothschild, noter l'élégante construction ottomane dont aucune arche ne possède la même forme.

Les 4 synagogues séfarades *(zoom, C2)* **:** *au cœur de la ville juive. ☎ 628-05-92. Dim-ven 9h-17h (13h ven). Fermé pdt le shabbat. Visites suspendues en cas de mariage ou de bar-mitsva. Entrée : 15 Shk. Explications écrites disponibles.*

Du dehors, difficile de soupçonner leur richesse intérieure. Elles datent pour l'essentiel du XVIe et du XIXe s, mais étaient totalement en ruine en 1967, d'où leur aspect un peu trop neuf. Beaucoup de séfarades, chassés d'Espagne par Isabelle de Castille à la fin du XVe s, se sont réfugiés à Jérusalem (ils ont représenté la majorité de la communauté juive jusqu'au milieu du XIXe s).

– La *Yochanan Ben Zakkai* était devenue le centre spirituel de la ville. Pendant les combats de 1948, elle abrita jusqu'à 1 500 personnes. C'est la plus grande des 4. Ornée d'une fresque moderne au-dessus de l'arche reconstruite.

– La *Eliyahu HaNavi* est la plus ancienne. Belle armoire de la Renaissance italienne. Elle tient son nom d'une légende : à l'époque la plus difficile de la communauté, à la veille du Grand Pardon, on ne réussit pas à réunir le quorum des 10 hommes *(minyan)* pour les prières, mais, peu avant le début de la fête, un vieil homme apparut, resta tout le temps du Grand Pardon, puis disparut. Les fidèles affirmèrent ensuite qu'il s'agissait du prophète Élie et lui dédièrent la synagogue.

– La synagogue *Emtzaï,* la 3e, présente une structure très étroite et sert pour les bar-mitsva. C'est la plus petite. Très beau portail. Plafond en voûte avec médaillons.

– Enfin, la 4e, la synagogue *Istanbuli,* possède des fenêtres « mameloukes » à réminiscences gothiques (arcs en accolade). Tribune à l'italienne et arche sainte provenant de la synagogue d'Ancône (du XVIIe s).

Western Wall (HaKotel ; Ha'et al Buraq *ou* **mur des Lamentations** *; zoom, C2)* **:** le site le plus sacré pour les Juifs. Lieu saint par excellence de la foi juive, c'est l'endroit le plus proche du Rocher, où, d'après les écrits, Dieu se révéla à Abraham (l'Alliance). Un morceau de mur, haut de 15 m environ, long d'à peine 150 m, et composé de gros blocs de pierre calcaire devant lequel des foules de fidèles viennent prier. Voilà ce qui reste en fait du mur d'enceinte du 2d Temple commandé par Hérode et détruit en l'an 70 par les troupes romaines de Titus. Des fondations, en somme, mais pas n'importe lesquelles puisqu'il s'agit là du soubassement occidental du Temple qui se tenait autrefois au-dessus (là où se trouve aujourd'hui le Dôme du Rocher, Lieu saint de l'islam).

Ce temple, centre de gravité de l'univers religieux et spirituel des Juifs, ne fut jamais reconstruit. Selon la tradition biblique, il ne pourra l'être qu'après le retour du Messie (on ne sait si c'est à cet effet, mais une webcam y a été installée qui filme le mur 24h/24 : (● english.thekotel.org/kotel/kotel_cameras/ ● !) Le rabbin – orthodoxe – du Kotel a d'ailleurs posé une pancarte à l'entrée de la passerelle menant à l'esplanade. Elle précise que la colline sacrée du mont est interdite, sous-entendu aux Juifs orthodoxes. Non seulement pour éviter les heurts, mais aussi pour signifier que seul Dieu reconstruira le 3e Temple. « Il descendra des cieux... Dieu n'a pas besoin de votre aide », ajoute le rabbin à l'intention des Juifs désireux de monter sur la colline du temple (*Le Monde* du 14 octobre 2012).

Mais certains groupuscules ultra-intégristes croient fermement qu'il faut commencer par reconstruire le Temple (et au passage raser la mosquée), puis attendre le retour du Messie. Une variation sur la maxime « aide-toi, le ciel t'aidera », sans doute... D'ailleurs, les loubavitchs (Juifs ultra-religieux) n'hésitent pas à l'annoncer sur des grandes banderoles autour du site de prière et à monter sur l'esplanade, entraînant régulièrement des incidents.

BONAPARTE ET LES JUIFS

Digne héritier, sur ce plan, des idéaux de la Révolution, il fut le 1er chef d'État français à vouloir traiter les Juifs comme tous les autres citoyens. Quelle stupéfaction pour lui de constater que dans certains ghettos italiens, les Juifs portaient obligatoirement un bonnet jaune (déjà !) et une étoile de David. Lors de l'expédition d'Égypte, en 1800, il dira même : « Si je gouvernais une nation juive, je reconstruirais le temple de Salomon. »

D'autres heurts se produisent entre les Juifs orthodoxes et le mouvement « Femmes du mur » qui revendique le droit de prier au pied du mur à voix haute en revêtant *talith* et *tefillin,* ce qui est, selon une stricte interprétation de la *halacha* (loi juive), réservé aux hommes. Elles trouvent un soutien auprès des Juifs de la diaspora, et notamment de ceux qui viennent habiter en Israël.
Pendant des siècles, les Juifs implorèrent Dieu pour que l'accès au mur des Lamentations leur soit autorisé. Lors de l'occupation jordanienne, de 1948 à 1967, l'accès au mur (*HaKotel HaMa'aravi* en hébreu, « mur de l'Ouest ») leur était interdit. Et l'on se souvient de cette image de la reconquête de la vieille ville en juin 1967 (guerre des Six Jours) où des soldats juifs pleurent devant le mur enfin retrouvé.
À gauche du mur, creusée sous l'esplanade du Temple, l'*arche de Wilson,* curieux endroit squatté par les « noirs », religieux qui en ont fait une sorte de prolongement souterrain du mur. Accès non autorisé aux femmes.
Devant le mur, au lieu de la grande place, se dressait autrefois le quartier des Maghrébins, datant du XIIe s, où officiait le *waqf,* une fondation musulmane. Jusque dans les années 1960, elle y prenait en charge les visiteurs originaires du Maghreb. Pendant la guerre des Six Jours, l'armée israélienne a expulsé les 650 habitants et rasé les maisons. Peu après, l'esplanade a été aménagée.

Conseils et infos pratiques
– Pas de photos lors du shabbat (samedi).
– L'entrée de la place est surveillée par des gardes.
– Hommes et femmes sont séparés (et ne disposent pas du même espace, comme vous pourrez le constater).
– Tenue correcte exigée. Kippas disponibles pour les hommes (conseillée mais non obligatoire), châles pour les femmes aux épaules dénudées.
– Les bar-mitsva (communions juives à l'âge de 13 ans) se déroulent les lundi et jeudi.
– ***Pour une visite archéologique des fondations du mur*** (le tunnel archéologique) ***:*** ☎ *627-13-33. Dim-jeu de 7h20 jusqu'au dernier groupe de la soirée, ven 7h20-12h.* ***Résa obligatoire*** *; éventuellement pour le jour même. Tarif : 35 Shk/pers ; réduc. Durée : 1h10. Visite guidée en anglais incluse dans le prix du billet (possible en français en août). Expo « Chain of Generation » (dim-jeu 9h40-23h, ven 7h-12h) : 25 Shk.* Ça ressemble à un voyage mystique au cœur de la religion juive, avec jeux de lumière, totem de verre gravé et musique. La visite des fondations du mur, elle, consiste en un enchaînement de salles et de pièces souterraines correspondant à différentes périodes de l'histoire du mont Moriah décrit dans la bible (avant le Temple, à la période hérodienne, à la période musulmane).
– Envoyez vos prières sur ● *english.thekotel.org/kotel/send_note/* ● et elles seront ensuite glissées entre 2 blocs de pierre du mur. On n'a pas encore essayé...

UN GESTE PEU COURANT DANS L'HISTOIRE !

Après la prise de la vieille ville, en 1967, par l'armée israélienne, le drapeau israélien flotta sur l'esplanade des Mosquées. Moshe Dayan le fit enlever et rendit la gestion des Lieux saints à un organisme musulman, le waqf.

Temple Mount (Haram-esh-Sharif ; Har haBayith ; esplanade des Mosquées ; *zoom, C2)* ***:*** ☎ *622-62-50. Depuis la 2de Intifada,* ***l'entrée au Dôme du Rocher et à la mosquée El-Aqsa est interdite aux non-musulmans.*** *L'accès à l'esplanade se fait par la passerelle qui monte sur le côté droit du mur des Lamentations. Les musulmans, eux, peuvent entrer par une dizaine d'accès qui leur sont réservés. En revanche, tout le monde sort par où il veut.*
– Horaires : dim-jeu 7h30-10h30, 12h30-13h30 en hiver ; 8h30-11h30, 13h30-14h30 en été. Fermé ven-sam et fêtes musulmanes tte l'année.

– Conseils : ne pas oublier son passeport, des contrôles de police à l'entr… possibles. Y aller avt l'ouverture si possible, sachant qu'il y a (en principe) u… moins de monde le midi. Passage par un portillon de sécurité. Les femmes doi… être bien couvertes (manches longues et jupes longues ou pantalons) et pas … short pour les messieurs. Pas de symboles religieux visibles autres qu'islamiques.

Un des hauts lieux de l'islam. Sur l'esplanade sont édifiés le ***Dôme du Rocher*** ou *Qoubet Es-Sakhra (zoom, C2)* et la ***mosquée El-Aqsa*** *(zoom, C2)*. C'est un lieu réellement somptueux à la fois sobre et aéré, un grand jardin avec des fontaines, portiques, dômes et de belles perspectives architecturales.

– Surtout ne prenez pas le ***Dôme du Rocher*** pour une mosquée, même si tout le monde l'appelle « la mosquée d'Omar ». C'est le sanctuaire qui protège le rocher, doublement sacré puisque Abraham s'y serait préparé à sacrifier son fils Isaac et que Dieu y aurait transporté Mahomet sur un cheval ailé depuis La Mecque avant sa montée au ciel. De ce fait, le Dôme du Rocher, construit en 691, est le 3e Lieu saint de l'islam après La Mecque et Médine. En 1104, le site fut requalifié en abbaye canoniale *Templum Domini* par les croisés. Il fut construit au point le plus haut de la ville pour surplomber les monuments sacrés juifs et chrétiens et imposer ainsi l'islam comme la dernière religion monothéiste. Le but confié aux architectes ? Rivaliser en beauté avec le Saint-Sépulcre, la magnifique basilique édifiée par Constantin 3 siècles plus tôt. Pari gagné : sa forme octogonale, c'est-à-dire à mi-chemin entre le carré et le cercle marque la transition entre les mondes terrestre (carré) et divin (cercle). Le dôme présente, quant à lui, un cercle parfait, brillant de mille éclats grâce à son revêtement en or. On le voyait de partout. Mais après avoir été pillé, le métal précieux fut remplacé par du plomb puis de l'aluminium doré. En 1994, il a retrouvé une couverture en or grâce au roi Hussein de Jordanie. Issu de la famille hachémite, originellement gardienne des Lieux saints de l'islam, le roi avait vendu une de ses villas à Londres (10 millions de dollars, dit-on) pour réaliser l'opération et ainsi garder son autorité religieuse sur l'esplanade.

COMMENT RÉÉCRIRE L'HISTOIRE… OU PRESQUE ?

Le Dôme du Rocher fut construit en 691 par le calife omeyyade Al-Malik, comme l'atteste une inscription à l'intérieur de l'édifice. Un souvenir que le calife abbasside Al-Mamoun ne manqua pas d'effacer 120 ans plus tard lors de son accession au pouvoir, en gravant son nom à la place de son prédécesseur. Il oublia juste un petit détail : modifier la date !

À l'intérieur, la coupole de 30 m de haut domine un déambulatoire à 12 colonnes richement ornées qui entoure le rocher. La partie inférieure est plaquée de marbre aux veinures esthétiques, la partie supérieure est tapissée de mosaïques de verre. Une inscription coufique ceint les murs. Elle s'adresse aux Juifs et aux Chrétiens (les Gens du Livre) pour leur affirmer la suprématie de l'islam. La barrière en bois qui protège le rocher date de 1196.

Sous le rocher, une grotte sert de lieu de prière.

– La ***mosquée El-Aqsa*** date du VIIIe s et fut probablement érigée par le calife Al-Walid, le fils d'Al-Malik, entre 705 et 715. Mais le bâtiment actuel est le résultat d'une restauration effectuée en 1035. Les croisés, eux, convertiront le site en palais royal sous le nom de *Templum Salomonis* et il sera confié à l'ordre des Templiers (d'où leur nom, justement). Plus récentes, les colonnes de marbre ont été offertes en 1939… par Mussolini (incroyable, mais vrai !) pour remplacer les anciennes, dont seules quelques-unes subsistent dans le fond. La façade à arcs brisés traduit une nette influence du style franc.

– Le vendredi matin, si la situation est calme, postez-vous dans la vieille ville le long de la grande rue qui descend de la porte de Damas pour observer la foule des croyants qui vont à la prière (pas de photos). En fin d'après-midi, c'est le début du shabbat et de très nombreux Juifs ultra-orthodoxes, revêtus de leurs plus beaux

…evant le mur. Parfois, c'est exactement au même moment que …ises se mettent à sonner à la volée pendant qu'on entend le …rtige assuré !

…ll (*Kotel Katan ou Small Kotel ; zoom, C2*) **:** *dans le quartier … la porte de Fer (Iron Gate), un des accès au Dôme du Rocher …musulmans.* Peu connu et bien moins fréquenté et aménagé que le …» mur dont il est la continuité. La partie avant l'arche est réservée aux …mmes.

Saint Ann's Basilica (*basilique Sainte-Anne ; zoom, C2*) **:** *19, Mudjahidin St. ☎ 628-32-85. Tt de suite après la porte des Lions. Tlj sauf dim 8h-12h, 14h-18h (17h hiver). Entrée : 10 Shk.* L'une des basiliques les mieux conservées de la période des croisés, construite en 1130 sur les fondations d'une église byzantine détruite par le calife Al-Hakim en 1010, en l'honneur d'Anne et de Joaquim, les parents de Marie. C'est l'une des rares églises épargnées par Saladin. En raison de son acoustique exceptionnelle, il l'avait transformée en école coranique. À la demande de l'impératrice Eugénie, l'Empire ottoman en fit don à la France en remerciement de son soutien dans la guerre de Crimée. Restaurée par Charles Mauss, élève de Viollet-le-Duc, elle fut confiée à l'ordre des Pères blancs du cardinal Lavigerie, ce qui fait qu'elle est toujours territoire français. Selon la croyance, la crypte de cette église serait le lieu de naissance de Marie. Dans le jardin, la *piscine probatique,* vaste réservoir du temps d'Hérode, où Jésus aurait guéri des paralytiques (le célèbre « lève-toi et marche »).
En sortant, profitez-en pour vous balader dans le quartier musulman, peu touristique. Vous êtes à 2 pas de la *porte des Lions,* l'une des plus belles.

BIENS FRANÇAIS À JÉRUSALEM

Avec l'accord signé en 1536 entre François Ier et Soliman le Magnifique, la France est le seul pays au monde à y détenir des propriétés : l'église d'Eléona sur le mont des Oliviers, le tombeau des Rois et la basilique Sainte-Anne à Jérusalem-Est, ainsi que le monastère d'Abu Gosh à Jérusalem-Ouest.

Via Dolorosa (*zoom, C2*) **:** c'est l'itinéraire qu'aurait suivi Jésus de la forteresse de l'Antonia jusqu'au Golgotha, lieu de sa crucifixion. Assez controversée quant à son tracé exact, le nombre et la symbolique des stations, elle commence aujourd'hui au couvent de la Flagellation et va jusqu'au Saint-Sépulcre en 14 stations.
Généralement le vendredi à 16h, un chemin de croix est organisé par les Franciscains. Vous croiserez des groupes de pèlerins de tous les pays avec parfois un porteur de croix en tête (même si on est à peu près sûr aujourd'hui que Jésus ne devait porter que la traverse horizontale de sa croix et non sa croix entière, conformément aux supplices infligés aux prisonniers à l'époque). Qui plus est, le chemin d'il y a 2 000 ans était situé à quelques mètres au-dessous du niveau actuel. Cela dit, l'endroit est sanctifié par des centaines d'années de pèlerinage, depuis que les Franciscains en ont fixé, si ce n'est le principe, à tout le moins l'itinéraire, mais au XIIIe s...

LES MARCHANDS DU TEMPLE

Jésus les chassa. Eh bien, ils sont revenus. Sur le chemin de croix qui mène au Saint-Sépulcre, les boutiques proposent tous les gadgets qui évoquent pêle-mêle les 3 religions : kippas, Sainte Vierge, mains de Fatima, icônes orthodoxes, chapelets... et même couronnes d'épines.

Le Lithostrotos (*zoom, C2*) **:** *dans le couvent des sœurs de Sion, au fond de l'église, accès au Lithostrotos. Tlj 8h-17h. Entrée : 9 Shk ; réduc.* Partie de la cour pavée de l'Antonia où Jésus fut condamné par Ponce Pilate et reçut la couronne d'épines. Impressionnant dallage strié (les Romains utilisaient cette technique pour éviter que les chars ne dérapent). Vestige également de l'arc de l'Ecce Homo, élevé par l'empereur Hadrien pour commémorer sa victoire sur la révolte de Bar Kokhba en 135 apr. J.-C.

Holy Sepulchre Church *(Saint-Sépulcre ; zoom, C2) : ☎ 627-33-14. • saintsepulcre.custodia.org • Tenue décente exigée. Avr-sept, tlj 5h-21h (20h30 sept) ; oct-mars, tlj 4h-19h. Arrivez tôt ! Et surtout pas avt la fermeture, car pour diminuer le temps d'attente jusqu'au tombeau, on ne vous laisse plus accéder jusqu'à la pierre, mais seulement dans la 1re partie du monument, ce qui peut être frustrant.*
« [...] Le 1er jour de la semaine, Marie Madeleine se rendit au sépulcre, dès le matin avant que les ténèbres fussent dissipées, et elle vit la pierre enlevée du sépulcre. Elle courut donc et vint trouver Simon-Pierre et un autre disciple que Jésus aimait et leur dit : Ils ont enlevé du sépulcre le Seigneur et nous ne savons où ils l'ont mis... » (Jean, XX, 1-2).
Le Saint-Sépulcre englobe le lieu présumé du Calvaire (Golgotha), le tombeau du Christ et l'ancienne église byzantine.

Un peu d'histoire
Ce que l'on admire aujourd'hui est le résultat de découvertes et de reconstructions successives. À l'époque de Jésus, le Golgotha se trouvait à l'extérieur de la ville : un lieu d'exécution en hauteur, bien visible. Après la destruction de la ville par les Romains au Ier s, une nouvelle cité voit le jour sous l'empereur Hadrien qui intègre le Golgotha et le place au cœur de la vieille ville. La tombe du Christ est alors recouverte par un temple dédié à Vénus.
Il faut attendre le IVe s et la conversion au christianisme de l'empereur Constantin et de sa mère Hélène pour que le temple soit détruit et des fouilles entreprises. Pour sanctuariser la roche du Golgotha et le tombeau du Christ nouvellement découverts, Constantin fait ériger en 335 une basilique grandiose.
Mais le Saint-Sépulcre est brûlé en 614 par les Perses. Il est reconstruit quelques années plus tard et sert de lieu de culte aussi bien pour les chrétiens que pour les musulmans après la conquête de la ville par le calife Omar en 638. C'est à cette époque que l'entrée est déplacée sur le flanc sud.
En 1009, le calife égyptien al-Hakim, fait détruire tous les lieux de culte juifs et chrétiens de la région, y compris le Saint-Sépulcre. Ce qui reste est volé. Seule l'Anastasis (la rotonde surmontée d'un dôme au-dessus du tombeau) est en partie protégée. La reconstruction, achevée en 1048, ne suit pas les plans de l'ancienne basilique, et la prise de Jérusalem par les croisés transforme à son tour durablement l'édifice, à la suite d'importants travaux entrepris au XIIe s. Ils ajoutent la chapelle de Sainte-Hélène sur le lieu supposé où la mère de Constantin aurait retrouvé la Sainte Croix et donnent à l'ensemble un style plus roman.
Nouveau revirement en 1187, lorsque la ville est conquise par Saladin. Au milieu du XIIIe s, des envahisseurs originaires d'Iran saquent la ville et endommagent le Saint-Sépulcre. Le sultan Ayoub présente ses excuses au pape, répare les dommages et pour prouver sa bonne foi, confie les clés du Lieu saint à 2 familles musulmanes chargées d'ouvrir la basilique aux chrétiens, ces derniers ayant l'usufruit du lieu (moyennant finances tout de même), les musulmans en étant les véritables propriétaires. S'ensuit l'époque mamelouke, pendant laquelle la répartition de l'espace s'établit entre les différentes communautés. Objet de bien des querelles et complots par la suite.
Au milieu du XVIe s, l'édicule (le monument qui coiffe le tombeau) est reconstruit, des travaux sont à nouveau menés au début du XVIIIe s. Un siècle plus tard, un incendie ravage une partie des bâtiments, puis c'est un tremblement de terre en 1927 qui provoque d'importants dégâts, le Saint-Sépulcre étant situé sur une faille sismique ! Les 3 communautés s'entendent pour assurer les réparations,

elles le feront encore en 1960, en 2016 lorsqu'il a fallu consolider l'édicule en marbre qui menaçait de s'effondrer (le tombeau vide du Christ a dû être ouvert pour la 1re fois depuis le IVe s), et en 2019 pour la restauration du sol de la basilique et des fondations de la tombe.

AIMEZ-VOUS LES UNS LES AUTRES ?

À l'intérieur du Saint-Sépulcre, 6 églises chrétiennes se disputèrent les Lieux saints. Après une multitude de bagarres (et même de meurtres !), le partage de l'espace imposé par le sultan ottoman Ayoub fut figé par le statu quo de 1852... avec beaucoup d'inégalités. En revanche, la surveillance de la porte principale (question de sécurité) est toujours confiée depuis des siècles aux 2 mêmes familles musulmanes.

Visite

Juste à l'entrée du Saint-Sépulcre, se trouve la pierre de l'Onction, adorée par les orthodoxes comme le lieu de la Déposition (en réalité, ce sont les croisés qui mirent en place cette pierre au XIIe s, elle fut en partie remplacée au XIXe s). Entrez ensuite par la porte de droite, asseyez-vous. Vous êtes assis sur les tombes de Godefroy de Bouillon et de Baudouin Ier. Face à vous, derrière la vitre, un morceau du Golgotha (mot qui signifie « crâne » en araméen, *calvarium* en latin, d'où les mots « calvaire », « calvitie », etc.) incorporé aux murs actuels. Juste après, sur la gauche, un petit édifice recouvert d'inscriptions arméniennes. Le Saint-Sépulcre est en réalité davantage géré par les chrétiens dits d'Orient que par ceux de l'Église occidentale.

Le tombeau du Christ, lui, est au milieu de la rotonde, sous l'édicule en marbre. Il recouvre la grotte funéraire originelle qui abritait la tombe, redécouverte par Constantin au IVe s. Il est gardé par des moines grecs orthodoxes. Il y a souvent la queue pour y pénétrer, prenez votre mal en patience. Les Coptes ont une chapelle qui touche le tombeau sur l'arrière. Continuez à faire le tour sur la gauche. Petite chapelle, dernier vestige d'un état primitif de l'église telle que l'ont connue les croisés. Ensuite, descendez l'escalier pour arriver dans l'espace arménien, très impressionnant et théâtral, avec un beau pavement de mosaïques. Au passage, notez les milliers de petites croix gravées dans le mur. Certaines sont, à l'évidence, très anciennes. Si ça vous chante, avant de ressortir, empruntez l'escalier qui mène à la partie visible du Golgotha pour y toucher la roche comme de nombreux fidèles. Le site est « tenu » par les orthodoxes.

SACRÉE ÉCHELLE !

Avant d'entrer dans le Saint-Sépulcre, notez l'échelle en bois appuyée sur la baie de droite, au-dessus de l'entrée. Elle a été abandonnée là par un maçon en 1785 ! Depuis le statu quo de 1852, il est compliqué d'interagir sur le bâtiment. Alors, de peur de mettre une nouvelle fois le feu aux poudres, personne n'ose la toucher. Qu'elle y reste !

À l'extérieur, en faisant face à la porte magistrale du Saint-Sépulcre, une petite porte sur la droite mène à la partie consacrée aux Coptes et aux Éthiopiens *(ouv 9h-16h ; jusqu'à 17h le sam).* En grimpant par les escaliers, on découvre 2 minuscules chapelles éthiopiennes ornées de peintures naïves (l'une d'elles représente Salomon et la reine de Saba). On débouche dans une cour (le toit du Saint-Sépulcre, en fait), où logent les moines éthiopiens. Passez ensuite par la porte qui délimite la section copte. Depuis l'église, on peut descendre voir une citerne, dite de la « reine Hélène » (payant et pas indispensable). Pour sortir du complexe religieux, longer l'église copte et dévaler les escaliers jusqu'à la Via Dolorosa.

– Inversement, il est possible de commencer la visite du Saint-Sépulcre depuis la Via Dolorosa. Il faut repérer les escaliers au niveau du panneau « Coptic Orthodox Church ». On arrive directement sur le toit.

Zedekiah's Cave (grotte de Sédécias ; carrières de Salomon ; zoom, C2) : *à l'extérieur de la porte de Damas. ☎ 627-75-50. Tlj sauf ven 9h-17h (16h oct-mars). Entrée : 18 Shk. La roche, humide et glissante, nécessite de bonnes chaussures. Claustrophobes s'abstenir !* Immense grotte et très longues galeries qui s'enfoncent sous les remparts de la vieille ville. Mais on n'en voit qu'une courte section. Dans la grande salle du fond, découverte en 1854, se déroulaient des rites maçonniques, Salomon étant le 1er maçon biblique. D'après la légende, c'est par cette grotte que le dernier roi de Judée, Sédécias, aurait fui les Babyloniens avant qu'ils ne mettent à sac la ville. Une visite pas indispensable.

Le souk *(zoom, C2)* **:** il occupe une grande partie du quartier musulman et communique avec le quartier juif par le Cardo. Si Jérusalem possède un souk « touristique », avec quantités d'échoppes de souvenirs, la vieille ville n'en demeure pas moins empreinte d'un charme oriental, avec ses caravansérails *(khan)* et ses petites échoppes qu'on se passe de père en fils depuis des générations. En Orient, les quartiers étaient à l'origine divisés par métiers : souk des cotonniers, souk des dinandiers, des bijoutiers, des épiciers (au sens littéral du terme), des bouchers, des marchands de légumes... Pas facile de s'y repérer aujourd'hui car les bazaristes ont pris le dessus. Si le quartier juif nous a paru un peu trop neuf et le quartier arménien un peu trop résidentiel, c'est dans le quartier chrétien et surtout dans le quartier musulman que la Jérusalem des siècles passés renaît avec le plus de force. Allez vous perdre de ce côté-là !

En fin d'après-midi, pour prendre le pouls de tout un peuple, allez donc faire un tour à la porte de Damas. Là-bas, quand le couchant adoucit la pierre des remparts, les familles de Jérusalem-Est entrent dans la vieille ville pour faire leurs courses, tandis que les « ultras » qui sortent du boulot, le portable collé aux papillotes, filent d'un pas décidé vers la station de tram la plus proche. 2 mondes se croisent dans un spectacle sans cesse renouvelé. On en oublierait presque les militaires...

POUR NE PAS PERDRE LE NORD

Dans les anciennes cartes, le monde était orienté vers l'est (d'où le terme « orienter », justement), avec Jérusalem comme « nombril du monde ». C'est le Normand Roger II qui, au début du XIIe s, changea cette représentation en embauchant à sa cour le géographe arabe Al-Idrissi, le 1er à orienter une carte nord-sud, conformément à l'aiguille de la boussole.

Idée de cadeau sympa : acheter un retirage d'après négatif original d'une photo ancienne chez **Elia Photo Service** *(14, Al-Khanka, presque en face du resto Amigo Emil ; zoom, C2,* ***65****).* Comme beaucoup d'autres Arméniens, le grand-père d'Elia était photographe. Dès 1924, il a photographié toute la région. Son petit-fils a conservé les négatifs, dont on peut acheter aujourd'hui un très beau retirage, et a enrichi la collection de photos datant de 1860 jusqu'à nos jours.

Proche de la vieille ville

Mount of Olives (mont des Oliviers ; zoom et plan centre, D2) **:** *à pied, sortir de la vieille ville par la Lions' Gate située au tt début de la via Dolorosa. En bus : nº 275, en contrebas du jardin de la Tombe (plan centre et zoom C1,* ***11****) ; il s'arrête en face de l'hôpital Makassed, au pied du Mont.*
– Conseils : dans ts les sites chrétiens du mont des Oliviers, tenue décente exigée (pas de vêtement au-dessus des genoux et d'épaules découvertes). En raison du degré de la pente, mieux vaut être bien chaussé. Éviter le dim, nombreux sites fermés.

**« Il ne faut jamais juger les gens sur leurs fréquentations.
Tenez, Judas, par exemple, il avait des amis irréprochables. »**

Verlaine

Une des 4 collines sacrées de Jérusalem. Le sommet du mont est vénéré par les chrétiens pour avoir été le lieu où Jésus-Christ « fut enlevé au ciel », 40 jours après sa mort, épisode évangélique plus connu sous le nom d'Ascension (pensez-y quand vous ferez le pont...).

Plusieurs épisodes relatés dans la Bible se sont déroulés ici. « [...] Jésus se rendit au mont des Oliviers. Les maîtres de la Loi et les pharisiens lui amenèrent une femme : « Maître, cette femme a été surprise au moment même où elle commettait un adultère. Moïse nous a ordonné dans la loi de tuer de telles femmes à coups de pierres. Et toi, qu'en dis-tu ? » Jésus se redressa et leur dit : « Que celui d'entre vous qui n'a jamais péché lui jette la première pierre... » (Jean, VIII, 2-11).

JÉSUS MARIÉ ?

Ce n'est qu'en 2010 qu'on découvrit un manuscrit copte du IVe s dans lequel Jésus parlait de « [sa] femme ». 2 mots seulement mais une vraie bombe pour le Vatican. Il s'agit, bien sûr, de Marie Madeleine, qui fut traitée de prostituée non par les Évangiles mais par le pape Grégoire Ier... au VIe s apr. J.-C. On oublie que le célibat des prêtres ne fut décidé qu'au XIe s...

C'est également sous les oliviers du jardin de Gethsémani que, selon la Bible, Jésus s'attarda avant d'être trahi par Judas (un membre du service de contre-espionnage de l'époque), puis arrêté par les légionnaires romains. On dit que 8 oliviers du jardin auraient près de 2 000 ans et qu'ils auraient été témoins de cet événement.

Mais le mont des Oliviers est aussi une colline sacrée de la tradition hébraïque, car c'est là que se trouve le plus ancien et l'un des plus vastes cimetières juifs du monde. Les plus anciennes tombes dateraient du IVe s av. J.-C. Ouvert à tous les vents, sérieusement endommagé à l'époque de l'occupation jordanienne, il est orienté à l'ouest, en direction du mont du Temple.

Selon le prophète Zacharie, le Messie apparaîtra sur le mont des Oliviers où il rassemblera les morts (qui l'attendent avec impatience) avant d'entrer dans la vieille ville par la porte Dorée (d'autres affirment qu'il passera par la porte des Détritus). Bref, pour les 3 religions du Livre, ce lieu serait celui du Jugement dernier, c'est pourquoi la proximité de la porte Dorée, toutes religions du Livre confondues, a toujours été recherchée par la population de Jérusalem pour y ensevelir ses morts.

Les différents sites

Les sites sont indiqués à partir du contrebas de la Lions' Gate, car il n'y a pas de bus qui se rendent en haut. Mais si vous pouvez vous grouper, on conseille de prendre un taxi qui vous conduira au niveau de l'*hôtel des Sept-Arches (Seven Arches Hotel),* puis de descendre à pied. Avantages : d'une part, c'est moins fatigant dans ce sens (!), d'autre part, on admire en permanence la vue sur la vieille ville et le Dôme du Rocher (en montant, on lui tourne le dos, c'est ballot !).

– Dans la ***vallée du Cédron,*** entre les remparts de la vieille ville et le mont des Oliviers (accès par la Dung Gate jusqu'à la *Kings Valley Promenade* ; *zoom, C-D2*), un chemin aménagé permet de découvrir des *tombeaux* datant du 2^d Temple, comme le ***tombeau d'Absalon*** (le fils de David ; *zoom, D2*), un étrange monument surmonté d'un chapeau en forme de soupape inversée. Mais, en 2003, des chercheurs ont trouvé des inscriptions qui pourraient laisser penser qu'il s'agit de la tombe de Zacharie et de Siméon. Elle date du Ier s. À côté, par le chemin de terre, le ***tombeau des Bnei Hézir*** (famille de prêtres). Notez que la partie inférieure de ces tombeaux a carrément été sculptée dans la roche d'un seul bloc.

– De là, vous pouvez bifurquer vers le sud et le village de Silwan (le tunnel et le bassin) en poursuivant le chemin le long de la vallée. Sinon, continuer vers le nord et le mont des Oliviers.

– ***Le tombeau de la Vierge Marie :*** *au carrefour situé en contrebas du jardin de Gethsémani. ☎ 628-46-13. Tlj 5h (6h en hiver)-12h, 14h30-17h. GRATUIT.* Peut-on dire que la mère de Jésus mourut, ou non ? Les théologiens emploient le terme de « dormition ». La thèse principale affirme qu'elle serait « endormie » pour l'éternité sur le mont Sion (dans la crypte de l'église de la Dormition), puis qu'elle fut enterrée dans la vallée du Cédron. Une autre tradition chrétienne prétend qu'elle serait enterrée à Éphèse en Turquie. On descend un escalier impressionnant qui conduit à une crypte d'époque byzantine creusée dans la roche. Même atmosphère qu'au Saint-Sépulcre.

– ***La grotte de la Trahison*** *(ou grotte de Gethsémani)* ***:*** *à l'extrémité du corridor extérieur situé à droite de la porte d'accès au tombeau de la Vierge Marie. ☎ 626-64-44. Tlj 8h-12h, 14h30-18h (17h oct-mars).* C'est là que se réunissaient Jésus et ses apôtres. Elle commémore la trahison de Judas et l'arrestation de Jésus.

– ***La basilique Gethsémani*** *(ou église de Toutes-les-Nations)* ***:*** *tlj 8h-18h (17h oct-mars).* Dans le jardin de la basilique se trouvent 8 très vieux oliviers tordus, déchirés, troués par les siècles, on dirait des bonzaïs géants. La tradition populaire affirme qu'ils seraient contemporains de Jésus. En 1964, Paul VI en a planté un nouveau. Il se porte bien. Gethsémani vient de *Gathschemanim,* « pressoir d'huile », à l'origine le nom d'une grotte. Comme la plupart des églises à Jérusalem, la basilique est récente (1924). Elle fut érigée sur les restes d'une église croisée détruite en 1200, elle-même bâtie sur les ruines d'une église byzantine datant de 380 et détruite en 614. C'est l'œuvre de l'infatigable Barluzzi, l'architecte fétiche des Franciscains (il leur a construit plus d'une vingtaine d'églises, d'hôpitaux et de séminaires dans tout Israël entre 1912 et 1955). Noter les absides : à gauche, le baiser de Judas, au milieu, Jésus découragé la nuit qui précède son sacrifice, à droite, l'Ascension.

SAINTES RELIQUES

Au Moyen Âge, le commerce (parfois le vol) des reliques fut une activité florissante, notamment celles qui se réfèrent au martyre du Christ. Ainsi, Saint Louis acheta la couronne d'épines pour la somme fabuleuse de 135 000 livres. Elle est aujourd'hui conservée à Notre-Dame de Paris et, comme d'autres trésors, a pu être sauvée lors de l'incendie de 2019.

– ***L'église Sainte-Marie-Madeleine :*** *au-dessus de la basilique Gethsémani. Attention, visite seulement mar, jeu et sam 10h-12h !* Église russe avec ses élégants et si caractéristiques dômes en forme de bulbes d'oignons.

– ***Le cimetière juif :*** y sont enterrés, entre autres, Menahem Begin et Robert Maxwell. Possibilité de faire une pause dans l'ascension du mont en flânant entre les tombes.

LA PROPRETÉ TUE !

Les dômes de l'église orthodoxe Maria Magdalena sont recouverts d'or. Autrefois, ils étaient régulièrement nettoyés au mercure. Les vapeurs étant mortelles, on embauchait des condamnés à mort pour ce travail. Ensuite, il leur restait 2 ou 3 ans avant de mourir de défaillance des voies respiratoires.

– ***L'église du Dominus Flevit :*** *☎ 626-64-50. Tlj 8h-11h45 (12h avr-sept), 14h-17h (18h en été).* Construite en 1956 et dont la forme évoquerait l'une des larmes versées par Jésus songeant à la future destruction de Jérusalem. Encore une œuvre de Barluzzi. Tout de suite à droite en entrant, des sépultures chrétiennes datant des Ier et IIe s, ainsi que des ossuaires d'époque romaine. Superbe vue sur le mont du Temple, juste en face.

– ***Tombs of the Prophets*** **:** *juste avt les marches pour accéder à la route qui passe devant l'hôtel des Sept-Arches. 054-537-54-98 (Djamil). Lun-jeu 9h-15h ; le reste du temps, si Djamil est là, il ouvre volontiers. On donne ce que l'on veut.* Djamil et sa famille habitent à côté de cette grotte funéraire rupestre appartenant à l'Église orthodoxe russe, alors il propose la visite. Il s'agit de cavités creusées dans la roche, caractéristiques des tombes juives du VIe s avant notre ère. On en compte 50, dont celles des prophètes Zacharie, Aggée et Malachie qui seraient enterrés là avec leurs disciples. Une plongée hors du temps, éclairée juste individuellement à la bougie. La grotte est percée de 2 couloirs circulaires, celui de l'extérieur aligne les tombes (demander à Djamil de vous montrer celle de Zacharie et la « grande salle » où se trouvent Aggée et Malachie), le couloir intérieur est dédié à la prière.

– ***L'hôtel des Sept-Arches*** *(Seven Arches Hotel)* **:** *en haut de la colline.* Le plus beau panorama sur la vieille ville. Beaucoup de touristes. Pour ceux qui visitent le Mont de haut en bas, le chemin débute à proximité de l'hôtel.

– ***L'église du Pater Noster*** *(ou* ***église d'Eleona****)* **:** *à 200 m sur la gauche de l'hôtel des Sept-Arches. ☎ 626-49-04. Tlj sauf dim 8h-12h, 14h-17h. Entrée : 10 Shk.* C'est un cloître construit autour de la 3e grotte mystique du christianisme (après Bethléem et le Saint-Sépulcre) : la grotte de l'Enseignement. Elle aurait servi de refuge à Jésus, qui y aurait fait de nombreuses révélations et y aurait notamment enseigné le Notre Père. Hélène, la mère de Constantin, y fit ériger l'église des Disciples-et-de-l'Ascension en 334. Incendiée par les Perses en 614 puis rasée par les musulmans en 638. Retrouvée en 1868 par la princesse de La Tour d'Auvergne qui passait par là, la grotte fut alors encadrée d'un cloître dont la princesse fit don à la France (son gisant se trouve encore sur place). Sur toutes les parois du cloître, prière du Notre Père dans plus de 171 langues et dialectes du monde entier et même en braille. Allez-y, proposez la vôtre, en verlan, en javanais ! En revanche, la visite de la *chapelle de l'Ascension,* en face de l'église du Pater Noster, peut décevoir en dépit de la symbolique du lieu.

BENOÎT ET LE PÉLICAN

La croix comme symbole du christianisme naît au IVe s, mais c'est seulement à partir du VIe s qu'elle entre véritablement dans les églises. Avant, les premiers chrétiens assimilaient Jésus à un pélican, issu du mot Abraham (en hébreu Ab = « père », Rarham = « pélican »), du fait que cet oiseau se saigne pour nourrir ses petits, symbolisant ainsi l'Eucharistie.

City of David Archaeological Park *(parc archéologique de la Cité de David ; plan centre et zoom, C2-3)* **:** *sortir par la porte des Détritus, village de Silwan, Ophet Rd. ☎ 626-87-00. • cityofdavid.org.il • Dim-jeu 8h-19h (17h en hiver), ven 8h-16h (14h en hiver) ; jeu nocturne jusqu'à 22h (tte l'année). Fermé sam. Caisse fermée 2h avt (accès au tunnel jusqu'à 2h avt la fermeture). Entrée : 28 Shk ; réduc. Tours guidés en anglais sur résa. Apporter sa lampe frontale, des chaussures qui ne craignent pas et prévoir d'avoir de l'eau au-dessus du genou (donc des vêtements de rechange) si vous optez pour le parcours de l'aqueduc souterrain. Pour 5 Shk, une navette vous ramène de l'extrémité du site à l'entrée du parc.* Présentation 3D (film de 16 mn), pour avoir une idée des fouilles entreprises sur le site et visite des vestiges. Le parcours dure entre 2h et 3h suivant qu'on y intègre ou pas celle du tunnel d'Ezechias.

Silwan *(zoom, C3)* **:** *en contrebas de la Cité de David ; accès par la porte des Détritus ou par le chemin au creux de la vallée du Cédron (zoom C2).*
Sur le flanc sud de la vieille ville, le village palestinien de Silwan, à l'est de la Ligne verte, est le théâtre de nombreuses tensions. D'une grande richesse historique et naturelle, la région suscite des convoitises. En effet, bien qu'habitée par les Palestiniens, cette zone est revendiquée par les Juifs. Toutes les fouilles réalisées au

cours des dernières décennies visent à établir un lien entre la communauté juive et ce territoire, à judaïser la partie est de Jérusalem pour empêcher que la capitale d'un (hypothétique) futur État palestinien ne puisse un jour s'y établir. Ce raisonnement a ainsi conduit à la création d'un parc de loisirs (la Cité de David) par le groupe de colons Elad soutenu par la droite messianique, ainsi qu'à l'implantation de colons par le groupe Ateret Cohanim et d'un commissariat israélien pour les protéger. Au passage, maisons et commerces sont démolis ou les Palestiniens expropriés, la municipalité ne ramasse plus les déchets, les bâtisses se fissurent à cause des creusements et le quartier s'appauvrit chaque jour un peu plus.
La cohabitation, déjà particulièrement difficile, risque de s'empirer avec les nouveaux projets à venir, à savoir : un complexe hôtelier en haut du village, face à la porte des Détritus, et un téléphérique qui doit relier Jérusalem-Est et Ouest en survolant Silwan (voir plus haut « Se déplacer à Jérusalem »)...
– *Wadi Hilweh Information Center : dans la rue en pente qui descend vers le village, après la Cité de David, côté gauche. ☎ 627-80-03. • silwanic.net • madaasilwan.org • Tlj sauf ven-sam 10h-15h.*
– *Al Bustan Social Center : dans le village.* Organise des visites guidées du quartier et des sites remarquables.
– *Le bassin de Silwan (Silwan's pool) : au bout du village. Quelques marches descendent vers ce canal.* C'est ici que Jésus aurait envoyé un aveugle se laver ; il en serait revenu guéri. Avec le tunnel d'Ezéchias, il faisait partie d'un réseau contribuant à alimenter Jérusalem en eau et irriguer la vallée. La mosquée, non loin, date de la fin du XIXe s.

Mount Zion *(mont Sion ; zoom, C3) : au sud de la vieille ville (Zion Gate). Bus nos 8, 38 et 43.*
– Sur la colline qui donna son nom à la doctrine du sionisme, on trouve d'abord le *monastère de la Dormition (lun-sam 9h-17h30, dim 11h30-17h30 ; fermé pdt les offices de 10h et 12h15),* construit sur l'emplacement où la Vierge Marie « tomba dans un sommeil éternel ». Datant de 1900, il s'agit d'une réplique de la cathédrale carolingienne d'Aix-la-Chapelle. C'est Guillaume II en personne qui acheta le terrain sur lequel elle est construite. À l'intérieur, belles mosaïques ; dans la crypte, le modèle de l'icône orthodoxe de la dormition. Dans la coupole juste au-dessus, Jésus et les 6 femmes remarquables de l'Ancien Testament : Ève, Judith, Esther, Yaël, Ruth et Myriam.
– Puis le *Cénacle (tlj 8h-18h).* C'est l'endroit où se serait déroulé le dernier repas de Jésus avec les apôtres (la Cène). Rien de spécial, à part une belle voûte à ogives. Ce fut par la suite une mosquée, comme le prouvent une inscription en arabe et l'ancien mihrab datant du XVIe s. De là, vous pouvez monter sur la terrasse. Et hop ! miracle de Jérusalem, vous êtes désormais dans la synagogue séfarade du mont Sion. Sur le toit, collé au minaret de la mosquée, la « chambre du président ». C'est ici qu'Yitzakh Ben-Zvi (2e président d'Israël) venait prier quand il était de passage à Jérusalem. D'ici, belle vue sur le mont du Temple. Le tombeau de David est dessous.
– Le *tombeau de David (tlj sauf sam de 8h au coucher du soleil – ven 8h-13h ; rens : ☎ 671-97-67)* servit, quant à lui, de substitut au mur des Lamentations jusqu'en 1967 Le cénotaphe est recouvert d'un catafalque en velours noir brodé au fil d'argent. Beaucoup de monde. Faut dire que, dans la tradition juive, le roi David est un descendant du Messie. Dans l'antichambre du tombeau, des ultras étudient les textes sacrés à longueur de journée.
– Sur le côté du monastère de la Dormition se trouve le *cimetière latin (tlj 7h-12h).* Oskar Schindler y est enterré : du portail d'entrée, 3e rangée à droite, c'est la 5e tombe sur la droite. Cet industriel allemand devint célèbre grâce au film de Steven Spielberg. Après une débâcle financière successivement en Argentine et en Allemagne, Schindler part pour Israël, invité par « ses » Juifs. 43 Justes ont vécu en Israël en tant que résidents permanents. Ils recevaient alors une pension, indépendamment de leur citoyenneté d'origine. Oskar Schindler mourut en 1974 à

Francfort et, conformément à ses dernières volontés, son corps fut transféré à Jérusalem.
– *La porte de Sion :* c'est l'entrée de la vieille ville entre les 2 quartiers, arménien et juif. Pendant les combats de 1967, l'armée israélienne a libéré le quartier en pénétrant par cette porte. Les traces des balles sont encore visibles.

LA LISTE DE SCHINDLER

Homme d'affaires sudète, installé à Cracovie dès 1939, Oskar Schindler, membre du parti nazi, était un profiteur de guerre. Aimant la bonne chère et les femmes, il comprit vite que les Juifs étaient une main-d'œuvre quasi gratuite pour son usine de vaisselle émaillée. Lorsqu'il se rendit compte qu'ils étaient destinés à la chambre à gaz, il décida de les protéger et alla jusqu'à Auschwitz récupérer 300 femmes envoyées « par erreur ». Grâce à quelques dessous-de-table judicieux, il sauva 1 100 Juifs en les inscrivant sur une liste de travailleurs « indispensables » à la bonne marche de son usine, fournisseuse de la Wehrmacht. Il reçut la médaille des Justes parmi les nations.

The Artists' Colony of Jerusalem *(jardin du quartier de Yemin Moshe ; zoom, B2)* **:** *Hutzot Hayotzer-Jerusalem Art Colony. Fermé ven ap-m et sam.* D'anciennes étables abritent aujourd'hui près d'une trentaine d'ateliers d'artistes.

Mamilla Mall *(plan centre, B2)* **:** *au nord-ouest de Jaffa Gate.* Ⓣ *City Hall.* Le quartier était déjà commerçant du temps du mandat britannique. Puis la guerre israélo-arabe de 1948 l'anéantit presque entièrement. Dans les années 1950, de pauvres familles séfarades s'y installèrent, avant que la Mairie ne décide de les reloger afin de requalifier l'espace. Après de nombreuses années d'études, le projet d'un centre commercial fut confié à Moshe Safdie, l'architecte de Yad Vashem, dont on reconnaît bien ici la patte minimaliste. C'est le seul centre commercial en plein air de Jérusalem. Avec 140 boutiques, il est très apprécié des amateurs de shopping, et sert aujourd'hui de trait d'union entre les populations juives et palestiniennes qui se retrouvent dans ce temple de la conso pour lécher les vitrines.

Garden Tomb *(jardin de la Tombe ; plan centre, C1)* **:** *dans un jardin sur derech Shekem (Nablus Rd), à l'extérieur de la porte de Damas.* ☎ *539-81-00.* • *gardentomb.com* • Ⓣ *Damascus Gate. Tlj sauf dim 8h30-12h, 14h-17h30. Audioguide en français. Visite guidée possible sur résa. GRATUIT.* Peu connu, voilà l'endroit où aurait été enterré le Christ d'après l'Église anglicane. Situé au pied d'une falaise, à côté d'une carrière (aujourd'hui une station de bus) qui aurait servi pour les exécutions publiques. On sait que le Christ fut crucifié sur la *colline du Crâne* (en araméen Golgotha, en latin *Calvarium*)... Or, cette falaise possède curieusement la forme d'un crâne. Il n'en fallait pas plus pour que le général Gordon, dont les actes de bravoure au nom de la couronne britannique ne cédaient en rien à son penchant pour l'orientalisme et la mystique, n'en déduise le lieu de la crucifixion de Jésus. Faut dire qu'à l'époque les protestants avaient tout intérêt à « s'enraciner » en Terre sainte pour ne pas être en reste vis-à-vis des patriarcats latins et orthodoxes. De la politique finalement, tout ça... Aujourd'hui, en dépit des fouilles archéologiques qui ont prouvé le contraire (la tombe daterait de 800 av. J.-C., or, d'après le Nouveau Testament, la tombe de Jésus venait d'être creusée !), l'Église protestante le considère comme l'authentique tombeau du Christ. Mais qu'importe ! C'est la magie de Jérusalem ! Le jardin de la Tombe est un lieu paisible et l'on s'y sent bien, alors c'est peut-être là l'essentiel...

Rockefeller Museum *(musée archéologique Rockefeller ; plan centre, C1)* **:** *27, Sultan Suleiman St.* ☎ *628-22-51.* • *imj.org.il/en* •, *onglet « archaeology ». En face de la porte d'Hérode.* Ⓣ *Damascus Gate. Tlj sauf mar, ven et j. fériés 10h-15h. GRATUIT.*
Créé en 1938, à l'initiative du philanthrope américain John D. Rockefeller, ce fut le 1er musée archéologique du pays. Il rassemble des vestiges découverts sur

le territoire israélo-palestinien. Pas très fréquenté et c'est bien dommage car ce musée, dont n'émane aucune arrière-pensée politique ni religieuse, mérite vraiment le détour. Une muséographie classique mais un poil vieillotte. En voici les principaux fleurons si l'on commence la visite par la gauche.
- *Octogone sud :* une ***statue de Ramsès II*** en basalte (superbe). Une stèle érigée en l'honneur de Seti Ier qui célèbre son expédition punitive sur les Cananéens à Beth Shean.
- *Galerie sud :* un squelette humain vieux de 100 000 ans (c'est l'un des plus complets au monde pour cette période). Le squelette vieux de 350 à 250 000 ans de ***The Galilee Man,*** le plus vieil humain trouvé à ce jour au Levant (Adam n'a qu'à bien se tenir). Riche section de bijoux en ivoire, os, or et corail. Poterie en argile et d'insolites tombes datant de 12 000 ans av. J.-C. en position fœtale (culture *Natufian*).
- *Pièce sud :* nombreux panneaux ciselés, portes et boiseries, frontons provenant de la mosquée Al-Aqsa datant du VIIIe s. Dans la pièce attenante, monnaies de la période hellénistique, plus loin une quantité incroyable de stucs provenant du *palais d'Hisham* (à Jéricho), typiques de l'art omeyyade.
- *Galerie nord :* juste avant d'entrer dans la salle, un linteau relatant la vie de Jésus (il provient du Saint-Sépulcre, la partie centrale, qui racontait l'expulsion des marchands du Temple, a été endommagée lors de la prise du Lieu saint par les croisés). Sinon ***belle collection de bijoux en or*** et divers objets rituels datant de l'âge de fer (1200-100 av. J.-C.). Statuaire grecque, vestiges de céramiques et faïences. *Tombe de Hyksos* (près de Jéricho, 1700-1600 av. J.-C.).
- *Octogone nord :* datant des IIIe-IVe s, un intéressant fragment de linteau représentant une menora à 7 branches.
- *Hall central :* l'histoire du musée.
- La visite se termine dans le *cloître* : stèles et caveaux en marbre de l'époque romaine. ***Superbes sarcophages,*** en particulier celui avec un Dionysos au milieu entouré des 4 saisons. Les figures des décédés au-dessus ont perdu la tête... Plus loin, un autre avec une belle représentation de la bataille mythique entre les Grecs et les Amazones. Chapiteaux et colonnes byzantines ou datant des croisés.

La ville nouvelle (New City)

Elle date de 1860 environ, époque où des Juifs ont commencé à construire en dehors de la vieille ville. C'est maintenant une ville étendue, principalement à l'ouest, à la fois très verte mais parcourue par un lacis de voiries importantes qui la morcelle de toutes parts. Son expansion est galopante : depuis la guerre des Six Jours (1967), Jérusalem a multiplié par 3 sa superficie.
Le centre, c'est la place Sion (kikar Zion) avec Jaffa Road comme épine dorsale et Ben Yehuda Street comme rue commerçante, piétonne et très animée.

***Israel Museum** (musée d'Israël ; plan d'ensemble) : Ruppin Bld. ☎ 670-88-11. • imj.org.il/en • À côté de la Knesset. Bus nos 7, 9, 14, 35 et 66. Sam-lun et mer-jeu 10h-17h, mar 16h-21h, ven et veilles de fêtes 10h-14h. Entrée : 54 Shk, audioguide (en français) compris ; réduc ; gratuit moins de 18 ans les mar et sam. Visites guidées thématiques tlj en anglais (plusieurs/j.), et en français (chefs-d'œuvre) en principe lun et jeu à 11h (agenda sur leur site). Plan du musée en français.*
Vous allez pénétrer dans l'un des plus fascinants musées au monde. Superbe architecture, remarquable muséographie, et une collection de toiles de maîtres à couper le souffle ! Il satisfera aussi bien l'amateur d'art moderne que les passionnés d'archéologie ou d'ethnographie. À ne manquer sous aucun prétexte.
- ***Section archéologique :*** insolites sarcophages verticaux en argile du cimetière de Deir-el-Balah, au sud de Gaza (période cananéenne, XIVe s av. J.-C.), avant d'accéder aux salles organisées chronologiquement.
- premiers sites archéologiques dont celui de *Ubeidiya,* dans la vallée du Jourdain (1,4 million d'années), les premières communautés : outils, poteries du

Paléolithique au Néolithique, statuettes votives. Puis l'âge du bronze (sceptres, couronnes, etc.) ; extraordinaire découverte de la « cave des trésors », 429 objets rituels en cuivre, pierre et ivoire, datant de 4 500 ans av. J.-C. Petites figurines de dieux et déesses, insolite collection de petits sarcophages anthropomorphiques...
– Salle présentant l'histoire d'Israël et de la Judée vue sous un angle historique des Assyriens à Alexandre le Grand. On notera l'allusion faite aux Philistins en tant que grands amateurs de vins et consommateurs de porc.
– Puis l'*Égypte des pharaons* et les classiques vases canopes, figurines de bronze, etc. Une intéressante stèle gravée en cunéiforme datant de 3100 av. J.-C. (le sumérien fut remplacé par l'araméen au 1er millénaire av. J.-C.). Pour les antiquités grecques, pas d'accumulation intempestive, juste quelques pièces, dont de superbes cratères. Riches salles romaines : beaux sarcophages en calcaire ciselé, vestiges de temples et belle statue en plomb et bronze de l'empereur Hadrien.
– Grande salle présentant la victoire de l'Assyrien Sennachérib lors du siège de Lakish (royaume de Juda), l'une des plus sanglantes batailles de l'Antiquité, avec un magnifique bas-relief du VIIe s av. J.-C. Noter, en bas à gauche, les spectaculaires exécutions de prisonniers, empalés sur de longues lances. Exceptionnel : la *Priestly Benediction,* le plus ancien exemple de texte biblique (4 siècles avant les manuscrits de la mer Morte).
– ***Galerie d'art islamique :*** belles pièces dont un brûleur d'encens zoomorphique (Khurasan, XIIe-XIIIe s), des carreaux de faïence et stèles sculptées. Mihrab en céramique.
– Dans la salle des sculptures, on découvre une belle *Artémis* d'Éphèse, *Tychè,* déesse de la Fortune, et une remarquable *Aphrodite.* Longue série de bustes funéraires et rare cercueil en plomb ciselé. En contrebas, intéressante mosaïque découverte dans une synagogue avec l'un des plus vieux textes talmudiques connus (VIe s). Belle synagogue de *Susiya* (près d'Hébron). Fascinante mosaïque byzantine verticale montrant de vigoureuses batailles hommes-animaux et animaux entre eux (578). Une petite galerie ronde enchantera les numismates (et les autres) par sa présentation détaillée du sens des figures sur les monnaies. Vestige de l'atelier de verre de Beth Shean...
– ***Section d'art juif religieux :*** le « Rythme de la vie » (naissance, mariage et décès). Rideau de la Torah en soie et broderie d'or provenant de la synagogue de Cochin (Inde). Dans une douce pénombre, les livres religieux enluminés dont le fabuleux *Nuremberg Mahzor* (1331) et le *Rothschild Miscellany* aux riches illustrations (1460, nord de l'Italie). On y sent bien sûr l'influence de la Renaissance italienne. « La route des Synagogues » dans une grande salle avec nombre d'objets religieux. Cabane de *Sukkot* peinte et coffre à *Torah* en argent ciselé. Superbe plafond peint de la synagogue d'*Horb Am Main* (Allemagne, 1735).
Remarquable reconstitution de la *Vittorio Veneto Synagogue* (Italie) au riche décor sculpté et doré et, surtout, de la *Kadavumbagam,* celle de Cochin (Inde, XIVe s) dont on admire le chancel ciselé polychrome, le plafond ouvragé, la porte et son décor floral. Comme posée à même le sable, noter la synagogue Paramaribo du Suriname, de style *gingerbread* (tropical), au décor bien plus épuré.
Dans la salle du fond, dans des niches, impressionnante série de lampes de Hanouka provenant de différents pays.
– Passionnante section ethnographique présentant les 4 continents (Afrique, Asie, Océanie et Amérique) et leurs objets rituels. Superbe collection de masques, africains entre autres.
– Très riche ***section de peinture.*** Impossible de tout citer, en voici les fleurons : Renoir, Pissarro, Monet, Gauguin *(La Danse du feu),* Vuillard, Bonnard... Salles d'***art européen*** : Rubens, Rembrandt (lumineux *Saint Pierre en prison*), somptueuse reconstitution d'appartements (salon Rothschild du XVIIIe s de style rococo venant de l'hôtel de la rue du Bac, à Paris), salle vénitienne (XVIIIe s, de style chinois). Salles ***modernes*** : de Picasso à Soutine (dramatique *Village Square at Ceret* et *Boy in Blue*), en passant par Matisse et Delvaux (déception,

pas de belle poitrine ni de train dans aucune de ses toiles !), Dubuffet, Magritte *(Le Château des Pyrénées),* Modigliani, Giacometti...
– Au dernier étage, les salles de la photographie, du design, des dessins, estampes et gravures. De même, l'art moderne israélien.
– ***Les manuscrits de la mer Morte*** *(Shrine of the Book)* **:** *à gauche avt la billetterie du musée, en sortant.* Sous un immense dôme tout blanc où l'eau coule en permanence (la vie), face à un mur noir, sec et anguleux (l'obscurantisme), se trouve l'une des plus fabuleuses découvertes historiques de tous les temps. Se doutait-il, ce petit berger bédouin, de ce qu'il découvrait, tout à fait accidentellement, en recherchant une chèvre ? Le dôme, d'ailleurs, évoque le couvercle de la jarre qui renfermait les manuscrits. On entre comme dans un temple par des salles qui imitent des grottes avant d'arriver dans une pièce circulaire sur 2 niveaux où les manuscrits sont présentés dans des vitrines, par roulement pour des raisons de conservation. Le texte le plus important est le *Livre d'Isaïe* (66 chapitres), le plus vieux de l'Ancien Testament écrit en hébreu, mais il y a aussi les textes de livres jusque-là inconnus.
– Remarquable ***jardin des sculptures,*** jardin d'art Billy Rose (sculpture de James Turrell, sorte de pyramide à ciel ouvert, un pur chef-d'œuvre), et aussi des pièces de Rodin, Henry Moore, Bourdelle, Maillol, Jacques Lipchitz, Richard Serra...
– ***Maquette de Jérusalem :*** la ville en miniature sur 400 m², la veille de la Grande Révolte de 66 apr. J.-C., avant sa destruction. Remarquable ouvrage dans ses moindres détails en calcaire dit « de Jérusalem ».
– Librairie et conférences par thèmes, ciné-club, concerts, activités pour les enfants... L'extraordinaire librairie possède un très vaste choix d'ouvrages sur l'art et l'archéologie.

Bible Lands Museum *(musée des Pays de la Bible ; plan d'ensemble)* **:** *21, Stefan Wise St. ☎ 561-10-66. • blmj.org • Tt près du musée d'Israël. Bus nos 7, 9, 14, 35 et 66. Dim-jeu 9h30-17h30 (21h30 mer), ven-sam et veilles de fêtes 10h-14h. Fermé j. fériés. Entrée : 44 Shk, audioguide (en anglais) compris ; réduc. Visites guidées régulières en anglais. Intéressantes expos temporaires.*
Un musée consacré à l'histoire des peuples juifs à travers la Bible. Caractéristique intéressante : pas d'accumulation d'œuvres qui fatigue. À peine quelques pièces par genre, et les plus belles ! Collections permanentes au niveau 2. Les limites géographiques des pays de la Bible s'étendaient de l'Afghanistan à l'est jusqu'à la Méditerranée à l'ouest, des montagnes du Caucase au nord, à la Nubie au sud...
Voici quelques coups de cœur : section Empire sassanide (600-300 av. J.-C.), des bols en argent ciselé avec de fins décors d'oiseaux, puis d'exquises mosaïques. Section grecque, petites amphores et vases délicatement peints. Superbe collection de bijoux en or et poteries peintes de l'âge du bronze. Beaux sarcophages romains sculptés et vénérables tissus coptes. Riche salle de Babylone. Maquette de Jérusalem au temps du 1er Temple et fascinantes sculptures assyriennes. Stèle du roi *Hamitaya.* Belles salles iraniennes (culture néo-hittite). Section égyptienne particulièrement abondante. Salle sumérienne avec, entre autres, explication de l'imagerie animale dans la religion. Petits objets délicatement ciselés (bronze, os, ivoire). Cônes de la ziggourat de Ur (2100 av. J.-C.). Insolite collection de sceaux.

La Knesset *(plan d'ensemble)* **:** *rehov Granot. ☎ 675-33-37. • main.knesset.gov.il/en • Bus nos 7, 9, 14, 35 et 66. Visites guidées seulement, jeu et dim à 13h en français, et à 8h30, 12h et 14h en anglais. Durée : 1h30 env. GRATUIT. Se munir de son passeport, tenue correcte exigée et prévoir d'arriver 30 mn à l'avance pour passer les contrôles de sécurité.* C'est le Parlement israélien. En face du musée d'Israël et de la Cour suprême. À l'intérieur, présentation du mode de fonctionnement du Parlement et commentaires sur la salle de réception : tapisseries et mosaïques au sol de Chagall, hautement symboliques, présentation de la Déclaration d'indépendance... La Knesset tient séance 3 fois par semaine : les lundi et mardi entre 16h et 22h, le mercredi de 11h à 18h. Possibilité d'assister à une séance (en hébreu, bien entendu !). À l'extérieur, admirez la grande menorah de bronze sur laquelle sont gravés les principaux épisodes de l'histoire d'Israël.

Supreme Court *(Cour suprême ; plan d'ensemble) : rehov Granot, face à la Knesset. ☎ 675-96-12. Dim-jeu 8h30-14h30. Visite en anglais à 12h (modifications possibles en été ; mieux vaut téléphoner avt). Film de 20 mn suivi d'une visite de 30 mn. Possibilité d'assister à un procès 9h-13h. GRATUIT.* Fidèle à la tradition juive qui veut que les tribunaux siègent « aux portes de la ville », la Cour suprême est à bonne distance du centre. L'architecture du bâtiment inauguré en novembre 1992 est magnifique. Un mariage parfait des symboles de la Loi et de la Justice, de la tradition et du modernisme. Plus haute instance judiciaire de l'État, elle est à la fois l'équivalent de la Cour de cassation (sans séparation entre le civil et l'administratif) tout en pouvant juger de la légalité des actions et décisions des autorités de l'État. Ainsi, tout citoyen israélien peut faire appel à son autorité s'il s'estime lésé par une décision d'un organe de l'État. En 2010, elle donna même raison aux Palestiniens du village de Biline et ordonna le déplacement du mur qui gênait leurs activités. La Cour suprême assure également un « service de garde » la nuit (un juge y tient donc une permanence pour les décisions urgentes). Ainsi, lors de l'épisode du transfert des militants du Hamas vers le Liban en 1992, le juge de nuit, alerté par les familles des transférés, a fait stopper l'ordre du gouvernement pour statuer sur cette décision.

RICHISSIME

L'Église grecque orthodoxe est le 2e propriétaire foncier d'Israël, après le Fonds national juif. Il possède des milliers d'hectares loués pour certains par l'État pour une durée de 99 ans, comme la Knesset, les résidences du chef de l'État et du 1er ministre, ainsi que le musée d'Israël. Or, politique et religion ne font pas toujours bon ménage : en 2005, le patriarche Irénéos Ier était accusé d'avoir vendu 3 bâtiments de la vieille ville à l'association de colons Ateret Cohanim. Colère des Palestiniens chrétiens. Résultat : le patriarche a été démis de ses fonctions. Ce qui n'a pas empêché son successeur, Théophile III, d'être à son tour accusé de brader les terrains de l'Église, qui plus est à des investisseurs restés anonymes.

Bloomfield Science Museum *(plan d'ensemble) : Museum Blvd, Hebrew University, Givat Ram (repérer la fusée grise pointée vers le ciel). ☎ 654-48-88. • mada.org.il/en • Bus nos 17, 19, 34 et 68. Lun-mar et ven 10h-14h, mar-mer 10h-18h, sam 10h-16h. Résa obligatoire. Entrée : 45 Shk ; réduc.* C'est en quelque sorte un petit musée des Sciences tel celui de la Villette à Paris, mais en plus coloré et beaucoup plus intime. Leader dans l'idée d'établir un pont entre sciences et société, il s'adresse avant tout aux enfants dans le but d'exciter curiosité et imagination et de susciter des vocations. Tout est conçu de façon didactique et ludique. Partout, de drôles de machines invitant les curieux à expérimenter une foule de domaines. Très intéressantes expos temporaires.

Hebrew University *(université hébraïque de Jérusalem ; plan d'ensemble) : sur le mont Scopus. ☎ 658-51-11 ou 588-28-19. Bus nos 17, 19, 34 et 68. Visites guidées en anglais à 11h.* Fondée par Albert Einstein, Sigmund Freud, Martin Buber et Chaïm Weizman et inaugurée en 1925 (ce jour-là, Einstein dit

UNE VRAIE PÉPINIÈRE !

L'université, le plus grand employeur de Jérusalem, s'enorgueillit d'être à l'origine de l'élite intellectuelle du pays. 4 Premiers ministres, 25 % des membres de la Knesset, 12 des 15 membres de la Cour suprême... y ont fait leurs études. 5 prix Nobel en sont diplômés ou y enseignent...

tout simplement : « Et voilà ! »). L'université a été coupée de la ville entre 1948 et 1967, entourée par l'armée jordanienne. Un nouveau campus (Givat Ram) fut alors érigé dans les environs de la Knesset. Depuis 1967, l'université du mont Scopus est de nouveau le campus principal. On y trouve notamment l'académie d'art et de design ***Bezalel.*** Particulièrement intéressant en fin d'année universitaire lorsque les étudiants diplômés exposent. Hors de ces périodes, petites expositions permanentes : au niveau 5, dessin graphique ; niveau 6, beaux-arts ; niveau 8, photographie.

🎖🎖🎖 ***Yad VaShem*** *(plan d'ensemble)* **:** *sur le mont Herzl. ☎ 644-34-00. • yadvashem.org.il • À l'extrême ouest de Jérusalem. Pour s'y rendre, tram jusqu'au terminus (Mount Herzl). Du mont Herzl, 800 m à effectuer à pied, ou en navette* (shuttle) *gratuite aux heures d'ouverture (ttes les 20 mn ou ttes les heures le ven). Fermé sam et pdt les fêtes juives. Musée historique (les moins de 10 ans ne sont pas admis), musée d'Art et crypte du Souvenir ouv 9h-17h (14h ven et veilles de fêtes). Archives et bibliothèque dim-jeu 8h30-17h. Plan du site en français : 12 Shk. Audioguide en français : 30 Shk. Sinon, panneaux en hébreu ou en anglais. Dernière entrée au musée historique 1h avt fermeture. GRATUIT. Compter min 2h de visite. Résa en ligne obligatoire.*

Yad VaShem est le grand mémorial consacré à la Shoah qui commémore l'extermination par les nazis et leurs alliés de près de 6 millions de Juifs en Europe, pendant la Seconde Guerre mondiale. Un des moments les plus forts du voyage en Israël. D'emblée, on est mis en condition par le portail d'entrée qui évoque les clôtures autour des camps de concentration.

– ***L'allée des Justes :*** elle mène au musée de l'Histoire de l'Holocauste. 2 000 caroubiers ont été plantés en hommage aux Justes, c'est-à-dire des non-juifs ayant aidé et sauvé des Juifs pendant la période nazie. Le principe des Justes : « Qui sauve une vie sauve l'humanité. » Pourquoi le caroubier ? Les graines du caroubier sont dures et d'un poids régulier. De ce fait, elles ont longtemps servi comme unité de poids et donné leur nom au carat, unité de mesure utilisée dans le commerce des diamants et des pierres précieuses. Ainsi les Justes sont-ils des diamants, dont l'éclat ne s'éteint jamais. Une plaque est posée sous chaque arbre. Le village de Chambon-sur-Lignon (dans la Haute-Loire) est honoré car les habitants avaient fait de leur village un refuge pour les Juifs fuyant les nazis et Pétain.

LE PREMIER JUSTE ARABE

Le médecin égyptien Mohamed Helmy, mort en 1982 à l'âge de 81 ans, est le 1er citoyen d'un pays arabe à se voir attribuer le titre de Juste parmi les nations. Étudiant en médecine à Berlin à partir de 1922, il a sauvé 4 membres d'une famille juive avec l'aide de sa fiancée allemande Frieda Szturmann.

– ***Le musée de l'Histoire de l'Holocauste :*** toute l'histoire de la destruction des communautés juives d'Europe au travers de photos et témoignages saisissants. Installé depuis 2005 dans un édifice triangulaire dont la progression dans les salles obéit à une contrainte voulue par l'architecte juif canadien Moshe Safdie, en zigzag, de l'obscurantisme vers la grande lumière apaisante des collines d'Israël.

En voici les points forts : le massacre du camp de *Klooga* (les 2 000 corps n'eurent pas le temps de brûler, exposition des papiers d'identité et d'objets familiers recueillis), de spectaculaires autodafés, la montée du nazisme, l'antisémitisme, l'émigration de Einstein, Freud, Stefan Zweig, Walter Benjamin (qui échoua à la frontière espagnole), Adorno, Marcuse, Schoenberg, Elias Canetti, Kurt Weill et tant d'autres, l'invasion de la Pologne, les persécutions, livres d'enfants antisémites, effarants, « certificats d'aryanité » (avec schémas de globules !) rappelant les certificats pour être un bon Blanc en Afrique du Sud, l'acte d'allégeance des évêques d'Autriche à l'Anschluss, lois antijuives françaises, maquette du camp de Birkenau qui montre concrètement l'organisation industrielle des camps d'extermination à travers les différentes étapes depuis l'entrée dans le camp jusqu'à la chambre à gaz et même après. Histoire du ghetto de Varsovie, vidéos de témoignages de survivants. Reconstitution d'une rue du ghetto (avec pavés et rails de tram, tout est d'époque). Invasion de l'URSS et la Shoah par balles : en Ukraine et Biélorussie, des centaines de milliers de Juifs furent assassinés, généralement d'une balle dans la tête, par les Einsatzgruppen (commandos de la mort) avant que ne soient mises en place les chambres à gaz. Aspect sordide de l'histoire que l'on voit exposé lors de la conférence de Wannsee où les nazis avaient dénombré les 11 millions de Juifs européens promis à l'extermination. La déportation et la liquidation du ghetto de Varsovie.

PLUTÔT MOURIR EN COMBATTANT

À l'est de Lublin, le camp de Sobibor était particulièrement terrible. En octobre 1943, en aiguisant leurs cuillères, un commando de déportés conduits par un officier russe prisonnier réussit à égorger une douzaine de SS. Environ 300 Juifs purent s'enfuir. Beaucoup périrent dans les champs de mines autour du camp. Au total, 47 détenus voués à la mort sauvèrent leur peau. Une des rares évasions réussies des camps.

Et la grande question : pourquoi les Alliés continuèrent à faire la guerre à Hitler plutôt que de libérer les camps ? Sauvetage des Juifs danois et de ceux de Bulgarie. La Résistance et les maquis juifs. Salle consacrée aux camps de la mort (sous le signe du sinistre *Arbeit Macht Frei*). Baraquements (juste à l'entrée, remarquez Elie Wiesel, photographié avec ses camarades lors de la libération de Buchenwald, 2e niveau, l'avant-dernier sur la droite), costumes de déportés, nombreux objets évocateurs et terribles souvenirs. Importante section sur les marches de la mort (moins connues du grand public !).

LA MACHINE MONSTRUEUSE

Au Musée militaire de Dresde est exposé un imposant ordinateur IBM dont les cartes perforées permettaient le tri des Juifs. Identifier, sélectionner, discriminer. Son efficacité était redoutable. Les Juifs étaient répertoriés dans la case 22. La déportation de masse pouvait commencer. Les nazis offrirent au P.-D.G. américain, un certain Watson, la croix de l'ordre de l'aigle allemand en 1937. Vive Apple !

Terrible vidéo sur la libération du camp de Bergen-Belsen (où mourut Anne Frank). Un document que l'on doit aux équipes de tournage envoyées par Eisenhower au moment de la libération des camps. Silence glacial dans la salle. Puis procès de Nuremberg, émigration en Palestine des survivants (épisode historique de l'*Exodus,* les expulsions vers Chypre, les retours forcés en Allemagne...). Mais, à la fin, la présentation la plus incroyable, ce sont les pogroms antijuifs en Pologne après la Seconde Guerre mondiale... Notamment celui de *Kielce,* le 4 juillet 1946, qui fit 42 victimes !

– ***La salle des Noms :*** *à la fin du musée de l'Histoire de l'Holocauste, sur la droite.* Ici, dans cette rotonde entre le ciel et un puits sans fond censé symboliser la fosse commune, sont conservés pour toujours les noms des Juifs morts durant l'Holocauste, ainsi que les dossiers et les livres commémoratifs des communautés juives à jamais anéanties. Chaque année, grâce à cette salle et aux archives, des familles se retrouvent.

– ***Le musée d'Art de la Shoah :*** *à la sortie à gauche du musée de l'Histoire de l'Holocauste.* Présentations permanentes et temporaires d'œuvres réalisées dans les camps, dans les conditions qu'on imagine. Témoignages poignants, œuvres d'une force inimaginable. Admirables aquarelles de *Moritz Muller* sur le ghetto de *Theresienstadt,* dans un style très expressionniste. Quant à *Zinovii Tolkatchef,* dessinateur de l'Armée rouge, il croquait les gens libérés des camps de la mort sur les papiers à en-tête des directeurs de camp. Signalons encore les gravures de *Bruno Schulz,* les délicates aquarelles de *Leo Kok* et les huiles réalistes de *Félix Nussbaum,* du dernier convoi pour Auschwitz et qui y mourut.

– Au même niveau, la ***synagogue,*** ornée d'objets religieux rescapés des synagogues détruites en Europe. Puis le ***pavillon des expositions,*** le *centre de documentation visuel* (documentaires, témoignages de survivants, films de fiction consultables par tous) et le *centre d'étude* (large éventail d'informations sur la base de données de Yad VaShem sur toutes les problématiques historiques et interrogations liées à la Shoah).

– ***La crypte du Souvenir :*** toujours le souci du matériau brut, ici du basalte. À l'intérieur, la crypte éclairée par la seule flamme du souvenir. Sur le sol, les noms de 22 camps d'extermination, ghettos et lieux de massacres, choisis parmi les centaines existant en Europe. Noter le remarquable travail des portes du mausolée.

– ***La place du Ghetto de Varsovie :*** début de la rencontre des statues commémoratives... ou quand l'art se met totalement au service de l'émotion. Ici un mur de brique symbolise ceux du ghetto. On y a intégré le *Soulèvement du ghetto de Varsovie* et la *Dernière marche* (évoquant la déportation des Juifs vers les camps de la mort), 2 magnifiques sculptures de *Nathan Rapoport.*

LES INCROYABLES MARCHES DE LA MORT !

L'évacuation du camp de femmes de Gross Rozen (Silésie) à Volary (République tchèque) dura de janvier au... 6 mai 1945 et se transforma en une véritable marche de la mort. On se demande comment certaines purent supporter de telles conditions de vie (le froid, le manque de nourriture, les mauvais traitements, l'épuisement sur 600 km). Et pourtant, des femmes survécurent à cet enfer. Leurs témoignages, les nombreuses photos de leur arrivée sont bouleversants.

– Vers la vallée des Communautés, on passe par le ***wagon-mémorial*** des déportés, rappelant les épouvantables conditions de transport vers les camps, dans les wagons à bestiaux. Puis par le *jardin des Justes des nations.* Sur les murs, les noms de tous ceux qui risquèrent leur vie pour sauver des Juifs.

– ***La vallée des Communautés :*** *à l'extrême ouest de Yad VaShem, en contrebas du domaine.* En y descendant, on constate que l'endroit a la forme géographique de l'Europe. D'énormes blocs de pierre délimitent les différents pays du continent. Y sont gravés les noms de plus de 5 000 communautés juives détruites par le nazisme. Au centre, une salle d'expositions temporaires. Enfin, très intéressant diaporama sur l'installation de familles juives en Europe. Au retour, on passe par la *sculpture des Partisans,* un arbre symbolisant les forêts qui permettaient aux combattants juifs de se cacher et de préparer leurs attaques. Suivi du *monument des soldats et partisans juifs* qui rejoignirent les mouvements de résistance ou les armées alliées. Beaucoup y laissèrent leur vie.

– Retour vers l'entrée du site pour le ***mémorial des Enfants*** dans une salle souterraine creusée dans la roche. Photos d'enfants en 3 dimensions, 5 bougies multipliées à l'infini par un jeu de miroirs, symbolisant le million et demi d'enfants assassinés pendant l'Holocauste. On en ressort assommé.

TOUT ÉTAIT ÉCRIT !

Entre 1924 et 1925, Hitler écrivit Mein Kampf, *l'œuvre fondatrice du nazisme, en prison. Il aurait mieux fait d'y rester. Afin de ne pas alerter le gouvernement français, Hitler fit un procès à l'éditeur parisien qui traduisit cette horreur afin de nous mettre en garde. Peu de politiciens ou militaires lurent l'ouvrage, à l'exception du maréchal Lyautey qui, prévoyant la catastrophe, proclama : « Tout Français doit lire ce livre. »*

À côté, la *place Janusz Korczak,* du nom du directeur d'un orphelinat du ghetto de Varsovie qui tenta jusqu'au bout de sauver ses 200 protégés. Le 5 août 1942, ils furent envoyés à Treblinka. Avec lui. Enfin, le périple se termine par les *archives* et la *bibliothèque* (62 millions de pages, plus de 267 000 photographies, 90 000 titres d'ouvrages sur la Shoah, etc.).

Mount Herzl *(mont Herzl ; plan d'ensemble)* **:** *avt le Yad VaShem. ☎ 632-15-15. • herzl.org.il • Pour s'y rendre, prendre le tram jusqu'à son terminus Mount Herzl.* ***Parc et cimetière*** *en accès libre dim-jeu 8h-16h45, ven et veilles de fêtes 8h-13h, sam et j. fériés 9h-16h45. En dehors de ces horaires, la sortie se fait par une barrière non accessible aux poussettes et aux fauteuils roulants.* ***Pour le musée,*** *visite guidée seulement (précisez si vous la voulez en français) ; RÉSA OBLIGATOIRE longtemps à l'avance. Résa : dim-jeu 8h30-16h30 (dernière admission au musée à 17h), ven 8h30-12h15 (dernière admission à 11h30). Prix : 30 Shk ; réduc. Durée : 1h.*

– *Le cimetière :* lieu où repose Herzl, dramaturge devenu le père du sionisme, qui s'est battu toute sa vie pour la création d'un État juif. Il occupe le point culminant du cimetière ; tout autour, les grands noms d'Israël : Zeev Jabotinsky, Golda Meir, Yitzhak et Leah Rabin, les soldats tombés au combat et les victimes du terrorisme...

– *Le musée :* il se présente sous la forme d'une série de 4 tableaux dans lesquels les visiteurs sont amenés à se fondre grâce à d'astucieux effets d'écrans. Le 1er évoque la prise de conscience de Herzl au moment de l'affaire Dreyfus. L'homme fréquentait les milieux artistiques, il n'était pas spécialement porté vers la religion. Il va s'enfermer pour écrire *L'État des Juifs,* un livre dans lequel il couchera les idées d'un État indépendant.

Dans le 2e tableau, le visiteur assiste à la 1re assemblée sioniste qui s'est déroulée à Bâle en 1897. On suit Herzl dans son tour d'Europe. Différents voyages où il tentera de rallier les chefs d'État à sa cause. Au cours d'une visite chez Chamberlain à Londres, ce dernier lui proposera l'Ouganda. L'option sera finalement rejetée par les membres du Congrès au motif que ce pays n'a pas la qualité spirituelle exigée, contrairement à la Palestine. Herzl s'en serait contenté.

Dans le 3e tableau, son environnement de travail. Il se fait rattraper par les idées des conservateurs et finit par croire que la terre d'Israël est la seule terre d'accueil possible.

Le 4e tableau, lui, présente l'Israël d'aujourd'hui, un pays qu'il n'a pas connu puisqu'il est mort en 1904.

Islamic Art Museum *(musée d'Art islamique ; plan centre, A3 et plan d'ensemble)* **:** *2, Hapalmach St. ☎ 566-12-91. • islamicart.co.il • Bus nº 13 (depuis le terminal), sinon nos 9, 19, 22, 31 et 32 ; arrêt Aza Rd, puis marcher un peu. Mar-jeu 10h-15h, ven-sam 10h-14h. Fermé dim-lun. Entrée : 44 Shk ; réduc.*

On pèse nos mots : l'un des plus intéressants musées sur ce thème qu'on ait jamais visités ! En une remarquable muséographie, on survole les arts et la culture islamiques géographiquement et chronologiquement. Plus, cerise sur le baklava, une extraordinaire expo de montres et pendules anciennes, unique au monde !

1er étage

– *Grande salle :* introduction à l'islam avec vidéo. Pièces les plus étonnantes : un indicateur en papier mâché enluminé du XVIIIe s pour montrer la direction de La Mecque, lampe de mosquée peinte du XIVe s et estampe médicinale du XIIe s (Syrie), astrolabes anciens.

– *Période préislamique :* l'art copte, fragments de tissus des VIe-VIIIe s, jeux de dominos du VIe s, art sassanide, vaisselle en argent et verres irisés, art byzantin, bijoux en or, art omeyyade, bronzes ciselés. Superbes bols irakiens du IXe s. De la période abbasside, une ravissante collection de verres.

– *Moyen Âge :* période moghole, poteries des XIIe et XIVe s d'une grande finesse. Période mamelouke, jolis bols décorés. Période fatimide, riches céramiques, coffret ivoire ciselé du XIIe s. Période seldjoukide, beaucoup de figures zoomorphes, petits bronzes, carreaux et tuiles polychromes.

2e étage
– *Art moghol :* meubles en bois ciselé incrusté de nacre. Estampes, tissus en soie du Cachemire, bijoux, narghilés ornementés.
– *Art ottoman :* belles faïences du XVIe s et surtout leurs fameux carreaux décorés. Bijoux et parures de mariées yéménites.
– *Art iranien :* colliers traditionnels, enluminures, cruches polychromes. Curieux carreaux de céramique ornés de portraits, montrant une influence chinoise.

Au sous-sol
– *La collection de montres et pendules :* dans une présentation de rêve, avec de judicieux jeux de lumière, près de 180 montres, pendules et objets d'art, d'une beauté et d'une sophistication incroyables. La plupart sont des productions des ateliers Breguet, comme la fameuse montre de Marie-Antoinette, chef-d'œuvre d'orfèvrerie. Également de magnifiques boîtes à musique enluminées... Noter celle en forme de papillon sertie d'émail, or et diamant et ces insolites éventails musicaux !

First Station *(plan centre, B3)* **:** *4, David Remez St. ● firststation.co.il ● Bus nos 7, 9, 71, 72, 74 et 75.* Après des années d'abandon, la gare ottomane de la fin du XIXe s a été aménagée en un vaste et bel espace où les Hiérosolymitains viennent s'amuser en famille. Sur place, une poignée de restos, des manifestations culturelles ou de loisirs (projection de films, expo photo, aire de jeux pour les enfants, marchés, séances de sport...), location de vélos (on peut ensuite emprunter la piste cyclable qui longe les anciens rails)... Très animé, même pendant shabbat. Du parking situé à côté, un service une navette gratuite vous emmène à la vieille ville au mur des Lamentations *(ttes les 20 mn, tlj sauf shabbat de 8h – 7h lun et jeu – à 20h).*
Un peu plus haut en montant vers la vieille ville se trouvent les bâtiments de la ***cinémathèque*** *(plan centre, B3,* ***8*** *; 11, Hebron Rd ; voir plus haut « Adresses et infos utiles »).* En plus de son excellente programmation, elle possède l'une des terrasses les plus agréables de Jérusalem, avec panorama sur les remparts.

King David Hotel *(plan centre, B2-3)* **:** *23, King David St.* Cet hôtel de luxe fut, depuis sa construction en 1929, le théâtre d'événements très importants. Sous le mandat britannique, il fut le PC des forces armées avant d'être dynamité le 22 juillet 1946 par l'Irgoun (dont le chef était alors un certain... Menahem Begin) ; un attentat sanglant. En 1977, Anouar el-Sadate, le président égyptien, y rencontra Menahem Begin lors de sa visite à Jérusalem, qui devait déboucher sur les accords de Camp David. En outre, le *King David* fut l'hôtel des invités officiels d'Israël : Henry Kissinger, Nixon, Anouar el-Sadate ; quant à Elizabeth Taylor, elle ne put s'empêcher de faire un esclandre en public devant Richard Burton. La signature de tous les hôtes illustres est figée dans le marbre du sol. Quant à la déco, elle fait

TRIOMPHE DE LA SÉMANTIQUE !

En 2006, Netanyaou, la droite israélienne et des anciens de l'Irgoun voulurent commémorer les 60 ans de l'attentat contre l'hôtel King David, *QG des forces britanniques, et apposer une plaque sur l'hôtel. Protestations véhémentes de l'ambassade britannique, arguant qu'il y eut quand même de nombreuses victimes civiles. Surtout, elle n'acceptait pas le contenu du texte : « [...] des personnes sont mortes car les Britanniques ont ignoré l'avertissement qu'ils avaient reçu » ! Après de vives négociations, le texte fut modifié ainsi : « [...] pour des raisons connues uniquement des Britanniques, l'hôtel n'a pas été évacué » !*

référence aux fastes du règne du roi David, à différentes cultures de la région, ainsi qu'à la Bible. Tout ça dans un style très Art déco ; ça vaut le coup d'œil !

Hebrew Music Museum *(musée de la Musique hébraïque ; plan centre, B2)* **:** *10, Yoel Moshe Solomon St. ☎ 540-65-05. • hebrewmusicmuseum.com • Dim-jeu 9h30-20h, ven et veilles de fêtes 9h30-13h30. Fermé sam. Entrée : 60 Shk. Visite guidée sur résa, 1 fois/j. en anglais (pas d'horaire fixe), en français sur demande 1-2 j. avt, ou visite libre avec tablette (à partir de 10 ans). En hte saison, mieux vaut réserver à l'avance.*

Ce musée nous convie à un voyage musical à travers les communautés juives dans le monde. Sur fond sonore, il expose en 7 salles et autant de cultures des instruments anciens, parfois étonnants, ou plus modernes dans un cadre travaillé et toujours interactif. Dans la section « Asie centrale », admirez les beaux luminaires... du Maroc, et, côté instruments, le santur perse au son cristallin. Dans la salle consacrée au Maroc et à l'Andalousie, notez cette ancienne cornemuse en peau de chèvre qui vient de Tunisie. Le plafond en bois a été réalisé par les ateliers du roi du Maroc. Voir les djembés dans la partie « Afrique et Yémen », et en « Europe », le plafond (encore) de style français peint à la main, ainsi que des anciens instruments recréés pour l'occasion : le violon allemand, la mandoline napolitaine, le violon électronique ou le charango, utilisé par une tribu indienne d'Amérique du Sud et fabriqué à partir d'un tatou. La culture des Balkans a fortement influencé la musique ashkénaze, on peut d'ailleurs écouter des chants religieux sur la tablette. Remarquez aussi le schofar, une corne utilisée pendant les fêtes juives. Enfin, on a le tournis devant cette maquette du temple en réalité virtuelle, la vie s'anime où que l'on regarde. Vraiment bien conçu ! Le parcours est ponctué de documentaires et de jeux interactifs pour les enfants. La sortie s'effectue par la kikar HaMusika.

– ***Kikar HaMusika* :** une place qui, comme son nom l'indique, est dédiée à la musique. D'avril à décembre, des concerts de jazz, de classique ou de sons plus actuels se succèdent de 11h à 23h (sauf shabbat). En hiver, parfois des *master classes.*

Nombreux restos également sur la place, ainsi qu'un bar en sous-sol *(Blue Hole Music).*

Museum of Italian Jewish Art *(musée de l'Art juif italien ; plan centre, B2)* **:** *27, Hillel St. ☎ 624-16-10. • ijamuseum.org • Tlj sauf ven-sam 10h30-16h30 (12h-19h jeu). Entrée : 25 Shk ; réduc.* Tout sur la vie et les traditions de la communauté juive en Italie. Riches collections d'objets d'art et cultuels, ravissant mobilier sculpté, ainsi que la superbe synagogue de Conegliano, rapportée d'Italie après la Seconde Guerre mondiale.

Museum on the Seam *(plan centre, B-C1)* **:** *4, Chel Handasa St. ☎ 628-12-78. • mots.org.il • Ⓣ Shivtei Yisrael. Lun, mer et jeu 10h-17h, mar 14h-20h, ven 10h-14h. Fermé le w-e. Entrée : 35 Shk ; réduc.* Le musée d'Art contemporain socio politique (tout un programme !) de Jérusalem, dont le bâtiment se situe précisément *on the seam,* soit « à la couture » de l'ancienne frontière jordano-israélienne de la ville, en d'autres termes, sur la Ligne verte. Uniquement des expos temporaires.

Mea She'arim *(plan centre, B1)* **:** *pour s'y promener, les filles ont intérêt à être en jupe longue, les épaules et les bras couverts. Fermé à la circulation lors du shabbat.* ***N'y prenez aucune photo pdt le jour sacré.*** Quartier de la ville nouvelle qu'on dirait d'une autre époque avec ses ruelles jonchées de papiers, ses courettes, ses passages secrets et le linge qui pend aux fenêtres. Ici vivent les *haredim* (littéralement les « Craignant-Dieu »). *Rehov Mea She'arim* et *rehov Nathan Strauss* en sont les axes principaux. Les *haredim* sont des Juifs puristes qui se reconnaissent aisément à leur large chapeau noir (voire leur toque de vison), leur grand manteau et, bien sûr, leurs papillotes. Évidemment, ces vêtements portés en Pologne ou en Hongrie au XIXe s sont tout à fait inadaptés au soleil d'Israël. Les

JÉRUSALEM ET SES ENVIRONS

femmes mariées ont les cheveux camouflés (perruque ou foulard) et les plus religieuses sont rasées dessous. Leurs foyers sont majoritairement pauvres – beaucoup d'entre eux ne travaillent pas mais étudient la Torah –, et le taux de natalité y est très important. Certains (les *Neturei Karta*) ne reconnaissent pas les lois d'Israël. Culture et tradition d'un autre temps. Faites-vous extrêmement discret.

TOQUES EN STOCK

Les Neturei Karta (on les reconnaît à leur toque en fourrure), à Mea She'arim, récusent pour certains l'État juif, impie et sacrilège car, selon eux, Israël ne pourra advenir qu'avec la venue du Messie. Campés dans leur rigueur extrême, dédaignant leur pays, ils refusent d'utiliser la monnaie israélienne ou d'envoyer des lettres d'Israël puisqu'ils ne veulent pas acheter des timbres d'un État créé avant la venue du Messie. Certains d'entre eux n'hésitent guère à mener des activités anti-israéliennes, voire, pour une frange des plus radicale, à participer à une... conférence islamique à Téhéran.

Brigham Young University *(université mormone ; plan centre, D1)* **:** *sur le mont Scopus. ☎ 626-56-66. Bus nos 48 ou 255 et 275 (bus arabe).* Concerts gratuits de musique classique tous les dimanches soir à 20h : places limitées, se renseigner.

Quelques promenades agréables

Bien que « récente » (les premières constructions en dehors de la vieille ville remontent à 1860), la ville nouvelle possède ses « vieux quartiers ». Au point que plusieurs rues viennent d'être classées (et donc sauvées de la boulimie des promoteurs). Voici donc quelques coins, en plus de Mea She'arim, qui vous surprendront et présentent d'agréables buts de promenade.

Ben Yehuda Street *(plan centre, A-B2)* **:** large rue piétonne (le *Mall*), animée jusque tard le soir, qui va de *kikar Zion* (épicentre de l'animation) à la rue Histadrout.

Remonter la *rehov HaRav Kook.* Accès par le nº 9 de la rue, emprunter le passage, puis la ***Ticho House*** est indiquée *(plan centre, B1-2 ; ☎ 645-37-46 ; dim-jeu 12h-20h, ven et veilles de fêtes 10h-14h ; fermé sam ; GRATUIT).* Nichée au milieu de l'animation de la ville nouvelle, une petite oasis de calme et de verdure entièrement rénovée. Il s'agit d'une des premières maisons construites à l'extérieur de la vieille ville. De style ottoman, elle accueille aujourd'hui des expos temporaires.

Poursuivre ensuite par la *rehov HaNevi'im* pour relier la ***cathédrale russe orthodoxe*** *(The Holy Trinity Cathedral ; plan centre, B2)* à l'architecture si caractéristique. Construite dans les années 1860 pour accueillir les pèlerins russes. Devant, vous découvrirez un monolithe énorme, vestige du temple d'Hérode (on pense qu'il fut abandonné là pour « défaut d'usine »).

De l'autre côté (en contrebas de la future université des arts de Jérusalem) se trouve l'ancienne prison, du temps du mandat britannique. Aujourd'hui, le ***Museum of the Underground Prisoners Jerusalem*** est consacré à la résistance juive *(plan centre, B2 ; ☎ 625-40-00 ; dim-jeu 9h-17h ; fermé ven-sam ; entrée : 20 Shk, réduc).*

Nahalat Shiv'a Quarter *(plan centre, B2)* **:** quartier des restos et des galeries d'art. Plutôt calme en journée, c'est le cœur vibrant de la ville dès que sonne l'heure de l'apéro du soir. Voir « Où manger ? À Jérusalem-Ouest » et « Où boire un verre ? Où sortir ? ».

Old Kurd Quarter and Mahane Yehuda Market *(vieux quartier kurde et marché de Mahané Yehuda ; plan centre, A1)* **:** partir sur la rue Agripas pour

trouver, au bout de quelques centaines de mètres, sur la droite, le vieux quartier kurde. Le charme du passé. Sur *rehov HaCarmel,* une succession de demeures de style ottoman (avec encorbellements), ombragées par de grands eucalyptus. Places à l'atmosphère méditerranéenne, distillant une joyeuse douceur de vivre. Maisons basses, jardinets, mômes frondeurs et tous les acteurs des vieux quartiers populaires (notamment, ne pas rater le petit *square Levin,* sur Agripas).
Le *marché de Mahané Yehuda* ravira les photographes et les amoureux d'authenticité. Allez-y dans l'effervescence qui précède le shabbat, ou le soir en semaine, à l'heure bénie de l'arak ou de la bière, quand les marchands de légumes ont ramassé leurs cagettes et que la jeunesse se retrouve dans les bars pour refaire le monde. Tous les vendredis, avant la fin d'après-midi, un religieux en habit traditionnel, déboulant de nulle part, courant entre les allées bondées, souffle dans une corne rugissante pour annoncer le début du shabbat. Il prévient ainsi chacun de la nécessité (ou de l'obligation ?) de cesser toute activité, tout travail, de débrancher son portable et de rentrer à la maison. Le marché redouble alors d'intensité. Les dernières affaires se font, les stocks se bradent dans une ultime bousculade. Depuis quelques années, une nouvelle clientèle bourgeoise et jeune, familles ou copains, aime s'y attarder pour boire un verre ou y prendre un repas. Parallèlement aux petites adresses traditionnelles s'y développent donc pas mal de restos branchés. Voir plus haut « Où manger ? ».

Sherover-Haas Walk *(HaTayelet ; hors plan centre par B3)* **:** *à Talpiot, au sud de la vieille ville. Pour s'y rendre, bus nos 7, 71, 72, 74 ou 75.* Colline complètement aménagée en promenade d'où l'on a la plus belle vue sur Jérusalem et la vallée du Cédron *(Kidron Valley).* Bar et terrasse. Une curiosité : de l'autre côté de la route, surplombant une autre vallée, un vestige de la conduite d'eau qui alimentait la ville au temps du 2d Temple. La promenade Haas est prolongée par la promenade Gabriel qui offre d'autres points de vue.

Les plus beaux points de vue sur Jérusalem

Vues de la vieille ville

– *Au-dessus du Cardo : un petit escalier métallique, à l'angle de Habad Rd et de Saint Mark St, mène aux toits qui surplombent le Cardo.* Point de frontière entre 3 quartiers : juif (derrière vous), musulman (toits avec une multitude d'antennes), chrétien (les clochers à gauche).
– *Lutheran Guesthouse :* quand on sort du Saint-Sépulcre. Immense clocher de forme carrée *(visite tlj 10h-22h).* Une vue magnifique sur toute la ville. Vaut le détour. On peut aussi y prendre un verre (lire plus haut).
– *La citadelle de David :* du haut de la tour Phasael, la vue panoramique est magnifique *(accès 15 Shk).* Un support appréciable : nombreuses maquettes et cartes de la ville.
– *L'hôtel des Sept-Arches :* au sommet du mont des Oliviers. La vue la plus sublime sur la vieille ville (particulièrement pour les photos au lever du soleil).

Vues de la ville nouvelle

– *La tour du YMCA 3 Arches Hotel : ascenseur payant mais prix raisonnable.*
– *Le jardin des Tombeaux de la famille d'Hérode : derrière l'hôtel* King David. Vue sur la porte de Jaffa et l'église de la Dormition sur le mont Sion.
– *Abu Tor : près de la gare ferroviaire.* Vue sur le mont Sion et la vallée de la Géhenne. C'est d'Abu Tor que Titus a lancé l'assaut sur la ville en 70 apr. J.-C.
– *La promenade Sherover-Haas :* appelée aussi *HaTayelet* (« la promenade »). Au sud de la ville.
– *Le mont Scopus : bus nos 48 ou 275 depuis la gare des bus arabes.* Une colline qui porte bien son nom. Superbe panorama. Éviter d'y traîner le soir.

DANS LES ENVIRONS DE JÉRUSALEM

ABU GOSH

Gros bourg arabe à une vingtaine de kilomètres à l'ouest de Jérusalem, le village tient son nom d'un cheik bédouin qui s'est rendu célèbre au XIXe s en rançonnant les pèlerins qui voyageaient à Jérusalem (Chateaubriand et Lamartine en ont fait les frais). Le village est connu aujourd'hui pour sa tranquillité, la neutralité de ses habitants dans les conflits israélo-arabes et les prix bon marché pratiqués par ses bouchers et ses marchands de légumes. Compte tenu du nombre de restaurants ouverts les jours de shabbat, c'est le rendez-vous des Hiérosolymitains le samedi. Pour un touriste, pas grand-chose à y faire à part visiter l'abbaye bénédictine ***Sainte-Marie-de-la-Résurrection.***

➢ Bus *Egged* n° 185 (sauf shabbat) 6h30-23h30 ; départs fréquents.

Church of the Resurrection *(abbaye bénédictine Sainte-Marie-de-la-Résurrection)* **:** *sur la gauche, en contrebas de la rue principale qui monte en ville (suivre le fléchage « Crusader Chapel »). ☎ 02-534-27-98. Accolée à une mosquée. Tlj sauf dim et fêtes 8h30-11h, 14h30-17h30.* Cette église du temps des croisés, qui abrite aujourd'hui un monastère bénédictin, est considérée comme l'une des plus belles œuvres romanes de la Palestine. 3 absides en cul-de-four. Le site est apprécié pour la qualité de ses fresques de facture byzantine datant de la fin du XIIe s. Dans les absides (Jugement dernier), sur les murs (dormition de la Vierge), ainsi que sur les piliers (Jean-Baptiste et son père Zacharie). Une partie des visages ont été effacés pendant l'occupation musulmane. À l'extérieur, un vrai havre de paix : une source, un jardin magnifique planté d'arbres centenaires et l'atelier des moines... On peut également assister à la messe chantée en grégorien à 11h30 ainsi qu'aux vêpres à 17h. L'office dure environ 40 mn. Mais c'est certainement la rencontre avec frère Olivier qui vous laissera le meilleur souvenir. Breton d'origine, jovial, affable, le verbe franc, laissez-le vous raconter comment il fabrique son *limoncello* ou en quelle langue il a béni une trentaine de pasteurs papous venus lui rendre visite. Dans un territoire en proie à bien des tensions entre communautés, cet homme est un monument de sagesse.

QUI NE TENTE RIEN N'A RIEN

Abu Gosh est décidément un village hors du commun, peuplé presque exclusivement de Palestiniens. Certains sont d'origine tchétchène, alors ils ont décidé d'écrire à Ramzan Kadyrov, dictateur tchétchène. Ni une ni deux, l'allié de Poutine leur adresse un chèque de 6 millions de dollars. Voilà pourquoi aujourd'hui la plus grande mosquée du Proche-Orient après celle d'El-Aqsa trône au milieu du village !

EIN KEREM

Ein Kerem, « la source des vignes » en hébreu, est aussi « la source généreuse » en arabe. C'est ici que, d'après la tradition chrétienne, la Vierge Marie aurait rendu visite à sa cousine Élisabeth, la femme de Zacharie. Aujourd'hui, ce charmant et bucolique petit village, accolé à la banlieue de Jérusalem, est le point de rendez-vous des familles le week-end. Certains artistes y possèdent un atelier qu'ils ouvrent aux promeneurs principalement aux beaux jours. Les pèlerins en quête de repos trouveront à s'héberger au ***couvent Notre-Dame-de-Sion*** *(23, HaOren St ; ☎ 641-57-38 ; • notredamedesion.org • ; compter env 470 Shk pour 2).* Plusieurs restaurants dans le village. Visite audioguidée en anglais à télécharger sur *• einkaremtour.com •*

➢ Bus n° 28 (tlj sauf shabbat).

Church and monastery of Saint John the Baptist *(église et monastère Saint-Jean-Baptiste)* **:** *☎ 632-30-00. Lorsqu'on arrive de Jérusalem, prendre la petite rue qui monte sur la droite. Tlj 8h-12h, 14h30-17h45 (16h45 oct-mars).* Église franciscaine du XVIIIe s possédant des vestiges byzantins, croisés, de beaux tableaux et un petit musée.

Mary's Fountain : le village s'est développé autour de ce point d'eau (d'après la tradition populaire, Marie s'y serait rafraîchie). Elle est dominée par le minaret de la mosquée d'Ein Kerem.

Church of the Visitation *(église franciscaine de la Visitation)* **:** *☎ 641-72-91. Passer devant la fontaine de Marie, l'église est juste après le couvent des sœurs du Rosaire (prendre les escaliers). Tlj 8h-11h45, 14h30-18h (17h oct-mars).*
Des statues de bronze à l'entrée représentent Élisabeth et Zacharie, les parents de saint Jean-Baptiste. Sur les murs de la cour à droite se trouvent des panneaux de céramique traduisant en 47 langues le Magnificat (la prière exprimée par Marie portant en son sein l'Enfant Jésus). Belles mosaïques sur la façade de l'église.
Site sur 2 niveaux. En bas, salle croisée et chapelle de la Visitation. Dans cette dernière, une niche sur la droite contient un rocher qui, selon la tradition chrétienne, est celui au creux duquel saint Jean-Baptiste fut caché lorsque les soldats d'Hérode poursuivaient les nouveau-nés.

Synagogue at the Hadassah Medical Center *(synagogue du centre hospitalier universitaire hébraïque de Hadassah)* **:** *☎ 677-62-71. • hadassah.org.il • Bus no 27 depuis la gare routière principale. Dim-jeu 8h-16h30. Dernière admission 1h avt. Téléphoner avt de venir. Audioguide en français. Possibilité également de demander une visite guidée en français : 20 Shk.* Inaugurée en 1962, la synagogue est illuminée par un éclairage en suspension et par les rayons du soleil filtrant à travers les 12 vitraux réalisés par Marc Chagall. Cette œuvre, à laquelle Chagall et son assistant Charles Marq ont consacré 2 années, relève d'une technique toute particulière en ce qui concerne l'application de la couleur sur le verre. Pour s'assurer que chaque vitrail recevait la lumière qui lui convenait, l'artiste est venu à Jérusalem examiner et tester le futur emplacement de chacun d'eux. D'inspiration biblique, les vitraux représentent les 12 fils de Jacob, le patriarche duquel sont issues les 12 tribus d'Israël.

BEIT GUVRIN ET LE TEL DE MARESHA

À 34 km de Jérusalem. Prendre la route de Beit Shemesh en venant de Jérusalem (ou même de Tel-Aviv) ; dépasser Beit Shemesh jusqu'au ***Beit Guvrin – Maresha National Park.*** *☎ (08) 681-29-57. • old.parks.org.il • Tlj 8h-17h (16h oct-mars). Entrée : 29 Shk ; réduc.*

Situé à un ***carrefour important du commerce entre la Mésopotamie et l'Égypte,*** le site a été occupé du VIIIe s av. J.-C. jusqu'à l'époque des croisés. Il s'étend sur environ 5 km^2 et n'abrite pas moins de 3 500 pièces souterraines. Le tel de Maresha se trouve sur la partie haute. Sous chaque maison il y avait des citernes ou des greniers où les habitants pressaient et stockaient l'huile d'olive et où ils entreposaient également la nourriture et le vin. Ces grottes font l'objet de fouilles régulières, mais elles sont vides car tous les produits des fouilles sont aujourd'hui au Musée archéologique d'Istanbul.
À voir notamment l'***immense columbarium,*** et la tour de garde au bas de l'acropole. Il y a également des ***grottes mortuaires,*** en particulier celle ***des Sidoniens*** (IIIe-IIe s av. J.-C.), restaurée et dont les parois sont recouvertes d'***animaux mythiques*** : Cerbère, le chien à 3 têtes gardien du monde souterrain, un

phénix rouge vif qui symbolisait la vie après la mort, un coq qui chante pour éloigner les démons... L'église Sainte-Anne date de l'époque byzantine et a été reconstruite par les croisés. Il ne reste que l'abside. Quant à l'***amphithéâtre romain*** (IIe s av. J.-C.), qui pouvait recevoir 3 500 spectateurs, il n'a été découvert qu'en 1990.

Beit Guvrin est une ville en contrebas, qui s'est développée après la destruction de Maresha (époque romaine byzantine et début de l'époque arabe). Il en reste quelques ***superbes grottes en forme de cloches*** éclairées par un puits de lumière.

PALESTINE UTILE

ABC de la Palestine

- ***Population :*** 5 574 000 hab., dont 3 120 000 en Cisjordanie, 2 100 000 dans la bande de Gaza, 354 000 à Jérusalem-Est (et 668 700 colons juifs répartis entre Jérusalem-Est et la Cisjordanie).
- ***Superficie :*** Cisjordanie, 5 655 km², dont 18 % sous contrôle total de l'Autorité palestinienne et 20 % sous contrôle partiel ; bande de Gaza : 365 km².
- ***Villes principales :*** Jérusalem-Est, Naplouse, Hébron, Ramallah, Bethléem.
- ***Densité de population :*** 522 hab./km² en Cisjordanie, 5 375 hab./km² à Gaza, ce qui en fait le territoire à la plus forte densité de population au monde.
- ***Président :*** Mahmoud Abbas.
- ***Religions :*** musulmans sunnites (98 %), chrétiens (1,2 %), et des sectes minoritaires comme les samaritains (à Naplouse).
- ***Monnaie (provisoire) :*** le shekel ; le dinar jordanien et le dollar américain sont aussi couramment utilisés.
- ***Salaire mensuel minimum :*** 1 450 Shk, soit environ 337 €.
- ***Espérance de vie :*** 74 ans pour les hommes, 78 ans pour les femmes.
- ***Indice de développement humain :*** 0,708 ; soit 115e sur 189 pays.

AVANT LE DÉPART

Adresses et sites utiles

– Pour les ***informations touristiques,*** se reporter au site officiel (en anglais) : • *travelpalestine.ps* •

En France

■ ***Mission de Palestine :*** *14, rue du Commandant-Léandri, 75015 Paris. ☎ 01-48-28-66-00. • contact@palestine-diplo.com • fremb@mfae.gov.ps • Ⓜ Convention ou Boucicaut. Lun-ven 9h30-16h. Téléphoner de préférence avt de se déplacer.*

En Belgique

■ ***Mission de Palestine auprès de l'UE :*** *289, av. d'Auderghem, 1040 Bruxelles. ☎ (02) 735-16-39. • secretariat@palestinedelegationbrussels.eu • Lun-jeu 10h-14h (affaires consulaires).*

En Suisse

■ ***Mission de Palestine :*** *Elfenstr., 3, 3006 Berne. ☎ 031-352-14-07. • gdpalestine@swissonline.ch • Lun-ven 9h-15h.*

Au Canada

■ ***Délégation générale de Palestine :*** *18, The Driveway, Ottawa (Ontario) K2P 1C6. ☎ 613-736-00-53. • palestinegd@gmail.com • consular.palgd@gmail.com • Lun-ven 9h30-15h30 (lun-jeu 11h-14h pour le service consulaire).*

Sur Internet

- *routard.com* • Le site de voyage n° 1 avec 750 000 membres et des millions d'internautes chaque mois. Partagez vos expériences avec la communauté de voyageurs : forums de discussions, avis, bons plans et photos. Pour s'inspirer et s'organiser, plus de 250 fiches pays actualisées avec les infos pratiques, les incontournables et les dernières actualités, ainsi que des reportages terrain et des carnets de voyage. Enfin, vous trouverez tout pour vos vols, hébergements, activités et voitures pour réserver votre voyage au meilleur prix. Routard.com, votre voyage de A à Z !
- *travelpalestine.ps* • En anglais. Le site officiel de l'office de tourisme palestinien.
- *visitpalestine.ps* • En anglais. Site très bien conçu avec fiches et photos sur les lieux à visiter, liste et coordonnées des hôtels par ville, etc.

Formalités

Les formalités sont les mêmes que pour entrer en Israël. Se reporter au début du guide.

ARGENT, BANQUES, CHANGE

Même si la Palestine a possédé une monnaie sous le mandat britannique, la livre palestinienne *(Palestinian pound)* équivalant à une livre sterling, la monnaie actuellement en service est la même qu'en Israël : le ***shekel*** (pluriel en hébreu *shekalim*). Cela dit, concrètement, les Palestiniens jonglent avec 3 monnaies car, selon leur emploi, ils peuvent être payés en dinars jordaniens, dollars américains ou shekels. En règle générale, la vie quotidienne se paie en shekels, le loyer en dollars et les frais universitaires en dinars jordaniens... bref, on passe son temps à changer de devise.

> ***Attention :*** si la monnaie utilisée est la même côté israélien et côté palestinien, évitez toutefois d'utiliser en Palestine la pièce de 10 agorot (0,10 shekel), qui arbore un chandelier à 7 branches ; elle y est mal accueillie, voire refusée.

On trouve des ***distributeurs*** dans toutes les grandes villes. Mais attention, ils ne délivrent pas tous des shekels. Dans les banques jordaniennes, on retire des... dinars jordaniens (JD). Devise qu'on convertit ensuite soit au guichet de la banque, soit dans un bureau de change. Pour obtenir des shekalim (ce qui évite tout de même plusieurs frais de change), opter pour la *Bank of Palestine*, l'*Arab Bank* ou *HSBC* : on a alors le choix entre des shekels, des dinars jordaniens et des dollars américains. Ça surprend au début ! En général, il est possible (même dans une boutique, sauf petite épicerie) de payer en dinars jordaniens ou en dollars américains. Le change est établi selon le cours du jour, mais la monnaie est toujours rendue en shekels.

- Le ***taux de change*** pratiqué dans les banques et les bureaux de change est quasi similaire. Il était d'environ 4 Shk pour 1 € mi-2021.
- Les ***cartes de paiement*** sont acceptées dans de plus en plus d'endroits (hôtels, restaurants...), mais très rarement dans les épiceries et les snacks.
- Pour ***le transfert d'argent en cas de besoin,*** se reporter à la partie « Israël utile », rubrique homologue.

ACHATS

La Palestine possède un bel artisanat et un véritable savoir-faire ancestral dans plusieurs domaines. Ne pas manquer les beaux souks traditionnels de Naplouse et d'Hébron. On marchande assez peu, sauf dans les boutiques de souvenirs de Bethléem où, pour des produits parfois made in China, on vous demandera 2 à 3 fois le prix normal.

– ***Céramiques :*** toute la production de plats à dominante bleu et blanc aux motifs floraux vient d'Hébron, dans le sud de la Cisjordanie.

– ***Verre soufflé :*** tout comme la céramique, Hébron s'en est fait une spécialité. La fabrication du verre fut inventée en Mésopotamie au IIIe millénaire av. J.-C. ; il faut attendre 1 500 ans pour qu'il devienne translucide et presque autant pour qu'apparaisse la technique du verre soufflé au Ier s av. J.-C., probablement grâce aux Syriens qui mettent au point la canne à souffler. L'invention voyage ensuite en Italie, en Gaule et en Espagne.

VERRE L'ESSENTIEL

Aux alentours du Ier s av. J.-C., alors que les classes populaires utilisaient de la vaisselle de piètre qualité, les artisans orientaux découvrirent la possibilité d'étirer la pâte de verre. Une fois la pâte soufflée, le travail devenait plus facile et donc le tarif plus abordable. Réservés autrefois aux élites, les objets en verre soufflé devinrent alors accessibles à toutes les couches de la société.

– ***Broderie :*** robes, sacs, napperons, petits porte-monnaie, etc., les tissus brodés en coton révèlent aussi bien la provenance que l'origine sociale par leurs couleurs et motifs. Voir notamment le beau Musée ethnographique de Birzeit. La broderie constitue souvent une source d'émancipation pour les femmes, qui se réunissent en coopérative pour fabriquer et vendre leur production.

– ***Mosaïques :*** les vestiges en témoignent, la région a formé et inspiré de nombreux mosaïstes. Une école existe même à Jéricho non loin du site archéologique du palais Hisham où se trouvent parmi les plus belles œuvres du Proche-Orient. À Sebastia, dans le nord de la Cisjordanie, on peut acheter des réalisations récentes.

– ***Savon de Naplouse :*** à base d'huile d'olive, il est réputé dans tout le Proche-Orient, comme le savon d'Alep (qui ajoute de l'essence de laurier). La fabrication du savon est toujours liée à la culture de l'olivier, puisque traditionnellement, dans les villages, les familles utilisaient les restes d'huile d'olive pour produire du savon. Les croisés auraient ensuite rapporté le procédé à Marseille.

– ***Keffieh :*** la coiffe traditionnelle des hommes chez les Bédouins qui l'ajustent sur le crâne à l'aide d'une cordelette noire nommée *aqal*. À carreaux noirs et blancs ou rouges et blancs dans leur version historique, ils se sont aujourd'hui modernisés et se déclinent de toutes les couleurs. Très pratique comme écharpe, châle ou pour se protéger du vent et de la poussière. La dernière fabrique de keffiehs palestiniens se trouve à Hébron (dans le sud de la Cisjordanie). Il y a de grandes chances pour que ceux des magasins de souvenirs soient importés de Chine.

– ***Produits alimentaires :*** le *halawé* (pâte de sésame vendue nature, au chocolat ou aux pistaches, assez roboratif, mais délicieux) ; le *malban* (feuille de pâte de raisin, original), l'*huile d'olive,* base de l'alimentation, délicatement parfumée et de très bonne qualité, les *épices* dont une des plus couramment utilisées est le *zaatar* (mélange de sumac, sésame et thym) que les Palestiniens mangent aussi au petit déjeuner sur du pain préalablement trempé dans de l'huile d'olive. Dans certaines échoppes, le *zaatar* s'achète mélangé à de l'huile d'olive (mais du coup, on ne connaît pas la qualité de cette dernière).

– ***Vêtements en toile de jute :*** confectionnés par les associations de femmes, notamment à Hébron.

BUDGET

La vie est relativement chère (surtout à Ramallah), de nombreux produits étant importés. Elle l'est toutefois un peu moins qu'en Israël. Mais, si l'on circule en bus et que l'on se contente de falafels et de *mezze* dans les petites gargotes

(ce qui nourrit largement mais peut lasser à la longue), on limite les dégâts, quitte à faire une entorse de temps en temps.
Sur le plan culturel, on est gâté : de nombreux sites sont gratuits ou peu chers (plus onéreux en principe quand ils sont gérés par l'Autorité israélienne des parcs et de la nature).
Les prix que nous indiquons le sont à titre indicatif et peuvent changer, bien entendu, au regard des aléas économiques (taux de change, inflation, etc.).

Hébergement

Les fourchettes mentionnées équivalent au prix d'une chambre double, petit déjeuner généralement compris, ou d'un lit en dortoir (pas toujours bon marché d'ailleurs).
- ***Bon marché :*** moins de 120 Shk (30 €).
- ***Prix modérés :*** de 120 à 250 Shk (30 à 62,50 €).
- ***Prix moyens :*** de 60 à 100 $ (environ 55 à 90 €).
- ***Chic :*** de 100 à 150 $ (environ 90 à 135 €).
- ***Plus chic :*** plus de 150 $ (135 €).

Nourriture

Les prix correspondent à un plat, souvent suffisamment copieux pour constituer un repas. Notez que les *mezze,* inscrits sur toutes les cartes de restos traditionnels, se commandent à la coupelle (autour de 10 Shk). Souvenez-vous que le *hommos* (houmous) et le *muttabal* (purée de pois chiche et d'aubergines, base de tous les *mezze*), dans lesquels on trempe le pain, sont assez roboratifs. Une ou 2 salades à côté et on est calé.
Il est d'usage, mais non obligatoire, de laisser 10 % de pourboire.
- ***Bon marché :*** moins de 30 Shk (7,50 €).
- ***Prix moyens :*** de 30 à 60 Shk (7,50 à 15 €).
- ***Chic :*** plus de 60 Shk (15 €).

CHECK-POINTS

Avec le mur et les colonies, les barrages militaires sont une autre conséquence très visible de l'occupation de la Cisjordanie. Y sont postés un ou plusieurs soldats armés, parfois accompagnés d'officiers de sécurité (en uniforme bleu) employés par des sociétés privées. On recense en Cisjordanie 71 check-points permanents et 108 check-points « volants ». Seulement 16 d'entre eux se trouvent effectivement sur la « ligne verte » (la ligne d'Armistice de 1949 reconnue internationalement) et servent dans les faits de « frontière » entre Jérusalem-Est, Israël et la Cisjordanie. Ceux-là, comme Qalandya, Bethléem, Hizma ou Bisan, sont de grosses structures. Les autres jalonnent les routes de Cisjordanie, et obstruent le passage entre les villages et les villes palestiniennes. Avec plus de 400 autres obstacles physiques (monticules de terre ou blocs de béton qui ferment l'accès à certaines routes, etc.), ils font partie intégrante du système de restrictions de mouvements imposé par Israël depuis 1988, et justifié par des raisons sécuritaires. Notez qu'il est pour l'instant impossible pour les touristes de se rendre à Gaza, un « terminal de sécurité » en limitant l'accès. On ne parlera donc ici que de la situation en Cisjordanie.

Passage, mode d'emploi

Passer un check-point peut paraître impressionnant à 1re vue, mais c'est le lot quotidien de nombreux Palestiniens. La durée de passage varie de quelques secondes à de longues minutes, s'il y a foule. Mieux vaut éviter, par exemple, Qalandya (entre Ramallah et Jérusalem) à l'heure de pointe (avant 8h du matin). Les règles varient en fonction du check-point, de son emplacement, de l'humeur du soldat et de la tête du client. En principe, dans les sens Cisjordanie-Jérusalem ou Cisjordanie-Israël (rarement dans l'autre sens), tout comme pour les check-points situés à l'intérieur de la Cisjordanie, on vérifie si votre passeport est estampillé d'un visa d'entrée valide (le cachet reçu à l'aéroport). Il est important de TOUJOURS AVOIR SON PASSEPORT SUR SOI pour voyager en Palestine, a fortiori pour passer entre Jérusalem-Est, Israël et la Cisjordanie.

Pour les check-points sur la ligne verte, tout dépend du moyen de transport.

– ***En voiture :*** aux check-points de Qalandya, Hizma, Bethléem et Bisan, on vous demandera de ralentir ou carrément de vous arrêter pour présenter votre passeport au soldat. Dans ce cas, l'ouverture du coffre et de la boîte à gants est exigée.

– ***À pied :*** les check-points de Qalandya et de Bethléem possèdent un terminal pour piétons. Il faut faire la queue à l'intérieur du terminal, traverser un portique avant de passer sous un détecteur à métaux et de mettre son sac dans un scanner, comme à l'aéroport. Présenter ensuite son passeport au soldat pour continuer son chemin.

– ***En bus :*** la règle varie souvent. Le mieux consiste à suivre les instructions du chauffeur, au fait des derniers changements. En général, pour les barrages routiers, on reste dans le bus et le soldat monte à bord vérifier les passeports. Parfois, au niveau des grands check-points, comme celui de Qalandya, il faut descendre et traverser à pied (voir ci-avant) avant de remonter dans le bus.

– *Ne pas confondre :* des petites barrières régulent l'entrée des colonies. A priori, on ne vous laissera pas pénétrer à l'intérieur de ces « villes » sans raison, à moins que vous n'alliez rendre visite à un résident.

CLIMAT

Le climat est méditerranéen (tropical dans la vallée du Jourdain). L'été dure d'avril à octobre, il est chaud et sec, caniculaire au bord de la mer Morte où la température peut facilement atteindre les 40 °C, voire friser les 50 °C. Entre Ramallah et Jéricho (à 30 km de distance et à - 240 m sous le niveau de la mer), on peut facilement ressentir une différence de 5 à 7 °C. Très agréable en hiver. Attention au soleil, particulièrement fort en juillet et août. Lire les recommandations dans la rubrique « Santé ».

L'hiver peut être froid et pluvieux (sauf dans la vallée du Jourdain, donc) surtout quand le vent souffle au sommet des collines.

La meilleure période pour se rendre en Palestine se situe donc entre les 2 : à l'automne et au printemps.

En règle générale, toujours prévoir une petite laine, car la température chute la nuit, même en été.

Il commence à faire sombre dès 16h en hiver (bien programmer ses visites en conséquence car c'est souvent l'heure à laquelle les sites ferment). En été, le soleil se lève à 4h (à partir de juin).

DANGERS ET ENQUIQUINEMENTS

Dans un contexte calme, et sous réserve de toujours se renseigner avant le départ sur la situation, il n'y a pas de problème particulier en termes de sécurité en Cisjordanie (Gaza n'étant pas accessible). Les check-points fixes ou volants exigent parfois un certain recul et détachement de la part des voyageurs face aux questions et à l'attente, voire une grande zénitude, mais il faut faire avec.

On peut se promener tranquillement dans les grandes villes, y compris les filles seules. En revanche, mieux vaut opter pour des vêtements assez couvrants, surtout à Naplouse et à Hébron, même la tenue short-débardeur pour les hommes ne serait pas du meilleur goût.

Si les vols sont rares, comme partout, veillez à ne rien montrer de façon ostensible et à porter votre sac sur le devant quand il y a du monde.

ÉLECTRICITÉ

Le courant utilisé est le même qu'en Israël, soit du 220 V. En principe, pas besoin d'un adaptateur.

FÊTES ET JOURS FÉRIÉS

Pendant les jours fériés, les administrations ferment, mais les commerces sont ouverts et les transports fonctionnent, hormis pour les fêtes musulmanes et surtout l'*Aïd el-Fitr* et l'*Aïd el-Kebir* où tout est fermé.
Sont fériés les ***1er janvier*** (Jour de l'an), ***1er mai, 15 novembre*** (fête nationale), ***24 et 25 décembre*** et les ***fêtes religieuses musulmanes.***
Elles sont déterminées d'après le calendrier lunaire et, de ce fait, leur date varie chaque année. L'ère musulmane a commencé le 16 juillet 622 (ou le 20 septembre 622, selon certains), année de l'Hégire. Les dates que nous indiquons pour 2022 et 2023 sont valables à 2 ou 3 jours près.
– ***Ramadan :*** *2 avr 2022 et 23 mars 2023.*
– ***Aïd el-Fitr :*** *3 mai 2022 et 22 avr 2023.* Marque la fin du ramadan.
– ***Aïd el-Kebir :*** *10 juil 2022 et 29 juin 2023.* C'est la fête du Sacrifice.
– ***Nouvel An*** *(ou* ***Ras el-Am, le 1er muharram) :*** *30 juil 2022 et 19 juil 2023.*
– ***Al-Mawlid an-Nabawi :*** *8 oct 2022 et 27 sept 2023.* Célèbre la naissance du Prophète.
– *À noter :* pendant toute la durée du ramadan, on se réfugie dans les restos des grands hôtels ; sinon, il n'est pas du tout évident de se nourrir avant la tombée de la nuit. Certains restos arabes ferment tout un mois, d'autres n'ouvrent qu'à partir de l'*Iftar* (rupture du jeûne). Éviter de rouler avant l'heure de la rupture du jeûne, car les gens deviennent nerveux et pressés. Après, en revanche, c'est idéal : personne sur les routes ou dans les rues.
– Sans oublier les ***fêtes chrétiennes*** : Noël grec orthodoxe *(6 janv),* arménien *(18 janv),* mercredi des Cendres *(fév),* Vendredi saint, lundi de Pâques, Vendredi saint orthodoxe, lundi de Pâques orthodoxe, Ascension et Assomption *(15 août).*

HÉBERGEMENT

L'infrastructure hôtelière est inégale selon les villes, souvent insuffisante, et fonction de leur ouverture plus ou moins récente au tourisme.
Si on ne rencontre aucun problème pour crécher à Bethléem (ça serait un comble !) quel que soit son budget, ce n'est pas le cas à Naplouse (plus d'hôtels petits budgets que d'hôtellerie de luxe, mais ça devrait bientôt changer) ou à Jéricho, à l'inverse, souvent cantonnés à du moyen et haut de gamme. Il faut parfois s'éloigner de quelques kilomètres, pour trouver dans les petits villages alentour des structures beaucoup plus abordables et intéressantes. Quant à Hébron, l'hébergement s'organise, pour l'instant, surtout chez l'habitant.
N'hésitez pas également à consulter ces sites spécialisés :
• ***palestinehotels.com*** • Facile d'utilisation, le site de l'*Arab Hotel Association* procure une bonne liste d'hôtels (adhérents) par ville avec leurs coordonnées et sites internet.
• ***palestineguesthouse.com*** • Pour une liste et un descriptif d'hébergements « alternatifs » en Cisjordanie et à Nazareth.

LANGUE

Vous n'aurez aucune difficulté à vous faire comprendre en anglais, mais rien ne vous empêche d'apprendre quelques mots d'arabe. C'est le moyen idéal pour entrer en contact avec la population et puis ça impressionne toujours votre interlocuteur.

L'arabe

Il faut distinguer l'arabe littéraire, classique (de la période antéislamique jusqu'au XIXe s), puis standard moderne (désormais langue officielle des pays arabophones et des médias), de l'arabe du Proche-Orient, qui est un ensemble de dialectes utilisés dans la vie quotidienne aussi bien en Palestine, qu'en Jordanie, en Syrie et au Liban. Bien que ces dialectes varient d'une région ou d'un groupe social à l'autre, tous les locuteurs se comprennent.

À EN PERDRE SON LATIN

La langue française est truffée de mots issus de l'arabe et cela peut parfois surprendre, car cette origine linguistique n'est pas toujours évidente. Petite sélection, en vrac : alcôve, almanach, amiral, avarie, bled, boutre, camelot, caramel, fanfare, flouze, goudron, hasard, jaquette, jupe, magasin, massage, matraque, nacre, orange, raquette, sorbet, timbale, toubib... zob.

Dans la vie de tous les jours, on s'exprime en arabe (dialectal) palestinien, mais on rédige en arabe littéraire.
Avec seulement 3 voyelles (a, i, u) mais 26 consonnes, dont certaines difficilement prononçables pour nous, l'arabe, littéraire ou dialectal, est une langue difficile, à l'oral et plus encore à l'écrit, puisque les voyelles ne s'écrivent pas. Impossible de prononcer un mot si on ne connaît pas la règle qui le régit et qui indique à la fois l'emplacement et la sonorité de la voyelle. Allez, un petit coup de main phonétique !

Prononciation

Toutes les lettres se prononcent.
Le signe *'* provoque un arrêt bref de la prononciation.
Le *h* se prononce comme le h anglais.
Un accent sur une voyelle allonge la voyelle.
Le *e* se prononce « é ».
Le *r* est roulé comme en espagnol.
Le *w* se prononce « ou » comme dans « kilowatt ».
Le *y* se prononce comme dans le mot « Yonne ».
Le *sh* se prononce « ch ».
Le *kh* se prononce comme la jota espagnole.
Il faut insister sur les lettres doublées.
Le *gh* est un « r » français.

Orthographe

Note pour les pointilleux qui remarqueront des incohérences dans ce guide : l'orthographe des mots arabes francisés n'existe pas ! Les noms s'écrivent comme ils se prononcent : c'est la seule règle...

Vocabulaire

Pour vous aider à communiquer, n'oubliez pas notre ***Guide de conversation du routard en arabe du Proche-Orient.***

Politesse

bonjour (le matin)	*sabah el kheir ou marhaba (salut)*
(on répond :)	*sabah en nour*
bonjour (l'après-midi)	*mesa el kheir*
(on répond :)	*mesa en nour*

que la paix soit sur toi (le salut à toute heure adressé à un musulman)	*salam wa aleïkoum*
(on répond :)	*wa aleïkoum salam*
bonne nuit	*leïla saîda*
comment vas-tu ?	*kifak ?* (masc.) ; *kifek ?* (fém.)
(on répond :)	*Alhamdoulila mnih (masc.) ou mniha (fém.)* (louange à Dieu, soit : ça va bien)
au revoir	*ma'asalama*
à bientôt	*illa lika*
s'il te plaît	*men fadl-ak* (masc.) ; *men fadl-ek* (fém.)
merci	*choukran*
je vous en prie (de rien)	*afuan*
bienvenue	*marhaba* ou *ahlan wa sahlan*
(on répond :)	*ahlan bik*
pardon ; je suis désolé(e)	*ana asif* (dit un homme) ; *ana asfé* (dit une femme)

Oui, non, peut-être

oui	*na'am* ou *'aywa*
non	*la'*
peut-être, possible	*mumkin*
c'est impossible	*mish mumkin*

Pays, nationalité, nom, langue

la France	*Firansa*
je suis française	*ana firansawiya*
je suis français	*ana firansawi*
quel est ton nom ?	*chou ismak ?* (masc.) ; *chou ismek ?* (fém.)
je m'appelle	*ismi*
je ne parle pas l'arabe	*ma bahki arabi (en dialecte) ou la 'atkallam al arabia (classique)*
je ne comprends pas	*mish fahem*
parlez-vous l'anglais ou le français ?	*btahki inglesi aou fransi (en dialecte) ou tatakallam al inglezia, aou el faransia ?*

Transports, situation

gare routière	*mehattat el basat* (ou *garaj*)
bus	*bas*
taxi	*taxi*
aéroport	*mataar*
voiture	*siyara*
ambassade	*safara*
billet	*tazkara*
place	*midan*
rue	*shara'a*
près de	*janb* (ou *had*)

Argent

je n'ai pas d'argent	*ma'ish massari*
banque	*bank*
(vente, achat) combien ?	*addesh ?*
à combien ?	*bi kam ?*

Au restaurant

restaurant	*mata'm*
pain	*khobez*

eau minérale	*maï maadanieh*
thé	*chaï*
café	*awa*
lait	*halib*
addition	*hesab*

Personnes et personnages

mère	*oum*
père	*abou*
frère	*akh*
sœur	*okht*
fille	*bint*
garçon	*walad*
mari	*zaouj*
femme	*zaouja*
je suis marié(e)	*ana mitjawez (masc.) / mitjawzé (fém.)*
j'ai deux enfants	*'aindi waladin*
ami	*sadiq*

Les jours

lundi	*el-ethneyn*
mardi	*al-thoulathâ*
mercredi	*al-arbou'a*
jeudi	*al-khamis*
vendredi	*al-jouma'a*
samedi	*al-sebt*
dimanche	*al-ahad*

Nombres cardinaux ; correspondance des chiffres de 0 à 10

Les chiffres se mettent dans le même ordre qu'en français. Pour vous entraîner, regardez les plaques d'immatriculation des véhicules !

0	*sifr :*	10	*'ashara*
1	*wâhed ; (fém.) wahda :*	19	*tesa'tâsh*
2	*ethneyn :*	20	*'ashrîn*
3	*thalâtha :*	21	*wâhed wa 'ashrîn*
4	*arba'a :*	22	*ethneyn wa 'ashrîn*, etc.
5	*khamsa :*	50	*khamsîn*
6	*setta :*	100	*miyya*
7	*saba'a :*	*200*	mitên
8	*thamanya :*	1 000	*alf*
9	*tesa'a :*		

Pensez à l'appli ***Google Traduction*** qui permet de scanner des mots et d'obtenir lour traduction quasi immédiate.

LEXIQUE

- ***Autorité palestinienne :*** née des accords d'Oslo en 1993. Il s'agit du gouvernement composé du président (actuellement Mahmoud Abbas) et d'un conseil législatif dont est issu le 1er ministre, nommé par le président.
- ***Calife :*** successeur de Mahomet, à la fois chef religieux et politique des musulmans.
- ***Chiites :*** nés du schisme (le nom vient de là) de 658, ce sont les « légitimistes » de l'islam. Fidèles à Ali, gendre du Prophète, ils considèrent les 3 premiers califes et surtout les suivants comme des usurpateurs et ne veulent d'autre guide (imam) qu'un de ses descendants.

– ***Coran :*** livre sacré des musulmans. Le texte serait l'expression des paroles de Dieu même, que l'archange Gabriel aurait soufflées à Mahomet.
– ***Droit au retour :*** la résolution 194 de l'Assemblée générale de l'ONU en décembre 1948 consacre le droit des réfugiés palestiniens à revenir sur leurs terres « le plus tôt possible » ; une résolution jusque-là restée lettre morte. Depuis, le nombre de réfugiés atteindrait désormais 5 millions de personnes (entre 700 000 et 750 000 à l'origine).
– ***Fatah :*** créé en 1964 par Yasser Arafat, c'est la principale composante de l'Organisation de libération de la Palestine (OLP). Le Fatah (comme l'OLP) a reconnu Israël.
– ***Fedaï*** (pluriel : *fedayin*) ***:*** « combattant » en arabe. Désigne les combattants palestiniens.
– ***Hadiths :*** avec le Coran révélé par Dieu, ces « dits », où la tradition met en scène le Prophète et ses compagnons, constituent les 2 grandes sources d'inspiration des sunnites. Les chiites les récusent...
– ***Hadj :*** nom honorifique donné en signe de respect à un musulman qui a entrepris le pèlerinage à La Mecque. On dit *Hajjé* pour une femme. D'une manière générale, on nomme ainsi une personne âgée pour lui témoigner son respect, même si elle ne s'est pas rendue dans la Ville sainte.
– ***Hamas :*** abréviation de *Harakat al-Mouqawama al-Islamiya* (mouvement de résistance islamique), créé à Gaza en 1987 par Sheikh Ahmed Yassin. Il se prononce contre l'occupation de la Palestine historique et rejette les accords signés entre Israël et le Fatah. La majorité de ses partisans se trouvent dans la bande de Gaza.
– ***Hégire :*** émigration de Mahomet à Médine, en 622. Cette date marque aux yeux de l'islam ce qu'est pour les chrétiens la naissance de Jésus : le début de l'ère musulmane.
– ***Imam :*** l'homme qui, dans une mosquée, dirige la prière.
– ***Intifada :*** soulèvement insurrectionnel déclenché une 1re fois dans les territoires occupés en décembre 1987 et relancé en septembre 2000.
– ***Jamaa :*** mosquée.
– ***Jebel :*** montagne ou plus largement un massif.
– ***Khan :*** un caravansérail, une auberge fortifiée, située autrefois dans les villes ou le long des routes caravanières, composée de chambres pour les voyageurs et d'abris pour les animaux.
– ***Madrasa :*** littéralement le « lieu où l'on étudie ». Historiquement, on y enseignait les matières religieuses et aussi profanes (notamment les sciences, la philosophie et la poésie). Aujourd'hui, elle désigne toujours l'école.
– ***Mahdi :*** le « Messie » qu'attendent les musulmans. Pour les sunnites, ce sera Mahomet lui-même ou encore Jésus. Pour les chiites, l'imam caché.
– ***Maqam :*** mausolée.
– ***Mihrab :*** cette niche, dans la mosquée, indique la direction de La Mecque, vers laquelle toute prière doit s'orienter.
– ***Minbar :*** chaire à prêcher d'une mosquée.
– ***Muezzin :*** membre de la mosquée qui, 5 fois par jour, va psalmodier l'appel à la prière. Dans les grandes villes, il est de plus en plus remplacé par une cassette audio.
– ***Naqba :*** terme arabe désignant la « catastrophe », c'est-à-dire l'exil des Palestiniens pendant la guerre de 1948, suite à la création de l'État d'Israël.
– ***OLP :*** Organisation de libération de la Palestine. Mouvement créé en 1964 et regroupant une fédération de partis politiques dont le plus important est le Fatah. Elle représente tous les Palestiniens de l'« intérieur » comme de l'étranger. C'est l'interlocuteur d'Israël et de la communauté internationale lors des négociations pour la paix. Mahmoud Abbas est à sa tête.
– ***Oumma :*** communauté des croyants, ou l'islam comme nation.
– ***Sour :*** le mur de séparation.

– ***Sunnites :*** par opposition aux chiites, cette tendance majoritaire de l'islam révère le Coran, mais aussi les hadiths. Ils jugent ainsi suivre la « sunna », c'est-à-dire la tradition prophétique.
– ***West Bank :*** appellation anglaise de la Cisjordanie qui signifie « rive ouest », sous-entendu du Jourdain.

LIVRES DE ROUTE

Histoire et religions

– ***Palestiniens : lignes de vie d'un peuple*** (2018), de Mélinée Le Priol et Chloé Rouveyrolles, éd. Henri Dougier. Une galerie de portraits de Palestiniens dressée par 2 journalistes ayant couvert l'actualité palestinienne pendant plusieurs années. Entre diaspora, discontinuité territoriale et exil, quels liens lient ces membres d'un même peuple ?
– ***Histoire des relations entre juifs et musulmans*** (2013), ouvrage collectif codirigé par Abdelwahab Meddeb et Benjamin Stora, Albin Michel. • *juifsetmusulmans.fr* • Une véritable encyclopédie sur l'histoire des 2 communautés depuis les débuts de l'islam. Une œuvre gigantesque qui se souvient de la proximité des peuples et permet d'éclairer sous des angles multiples les conflits actuels.
– ***De quoi la Palestine est-elle le nom ?,*** d'Alain Gresh, Actes Sud, coll. « Babel » (2012). Le directeur adjoint du *Monde diplomatique* de l'époque questionne les enjeux du conflit et ses interprétations dans un monde en mutation. Du même auteur, ***Israël-Palestine, vérités sur un conflit*** (Fayard, 2001, rééd. enrichie Hachette, coll. « Pluriel », 2017), retraçant son historique dans un cadre élargi. Clair et passionnant.
– ***Boire la mer à Gaza*** (2001), d'Amira Hass, La Fabrique. Amira Hass, israélienne, correspondante de *Haaretz* à Ramallah, travailla à Gaza de 1993 à 1996. Elle livre ici un extraordinaire carnet de bord de ses 4 ans passés à Gaza, avec un œil d'ethnologue et d'analyste politique tout à la fois. En observatrice aiguë de la société arabe, à travers la vie quotidienne de cette ville en état de siège, elle fait tomber bien des clichés sur la société palestinienne, bien plus plurielle et contradictoire qu'on ne le pense. Les faits, rien que les faits sur les réalités, les failles, voire les scandales aussi d'une armée d'occupation, les problèmes et souffrances d'un peuple divisé, avec souvent une réelle empathie pour nombre de ses interlocuteurs(trices). Ils trouvent suffisamment de fierté et d'humour pour exprimer l'exil, les désillusions, un espoir désespéré. Le livre a reçu, en 1999, le prestigieux *World Press Freedom Award.* Un de nos grands coups de cœur !
– ***Pour l'amour de Bethléem*** (2016), de Véra Baboun, Bayard. Maire de Bethléem depuis 2012, Véra Baboun se bat au quotidien pour donner à ses administrés une vie la plus décente possible... malgré le mur et l'enfermement. L'ouvrage a reçu le Grand Prix de l'Œuvre d'Orient en 2016.
– ***Les Années perdues. Intifada et guerres au Proche-Orient, 2001-2006*** (2006), de Charles Enderlin, Fayard. Le correspondant permanent de France 2 en Israël connaît comme personne les acteurs du conflit israélo-palestinien : il livre ici son témoignage sur les années qui ont vu s'éloigner l'espoir de la paix. À lire aussi : ***De notre correspondant à Jérusalem – Le journalisme comme identité*** (2021), Seuil, dans lequel il revient sur ses 50 ans passés à couvrir la région.
– ***Dictionnaire amoureux de la Palestine*** (2010), d'Elias Sanbar, Plon. L'enfant de Haïfa, réfugié de 1948, livre ici de façon subjective et très affective sa vision de la terre natale et de son avenir. À travers l'histoire de sa famille, les souvenirs d'enfance, ses amis, des personnages emblématiques (comme Jean Genet ou Jean-Luc Godard) et bien sûr la politique, l'analyse du processus de paix, les avancées, les reculs, la culture et même des recettes de cuisine... Bourré

d'anecdotes vivantes et souvent insolites ou peu connues, ce dictionnaire parvient à créer avec le lecteur une relation sincère, intime et chaleureuse.
- ***Ô Jérusalem !*** (1971), de Dominique Lapierre et Larry Collins (histoire-reportage), Pocket (2006). 14 mai 1948, le jour même de sa naissance, l'État d'Israël lutte pour sa survie contre 5 armées arabes. Lapierre et Collins, qui ont bénéficié d'une documentation aussi abondante qu'exclusive, font revivre presque heure par heure le déroulement du conflit, apportant une réelle dimension humaine à ce qui n'est pas uniquement un problème géopolitique. Ce pavé, au rythme soutenu, est devenu un classique du grand reportage.
- ***Jérusalem : Histoire d'une ville-monde des origines à nos jours*** (2016), ouvrage collectif dirigé par Vincent Lemire, Flammarion. Un livre passionnant et particulièrement documenté sur cette ville nourrie de tous les échanges, façonnée par tous les conflits. Son histoire y est relatée de façon synthétique et claire. Une lecture indispensable avant un voyage à Jérusalem.

D'occasion ou en bibliothèque

- ***Ramallah Dream*** (2011), de Benjamin Barthe, La Découverte. Le journaliste dresse un tableau de la « bulle palestinienne » sous perfusion financière de la communauté internationale, où l'afflux de capitaux est censé compenser leur impuissance diplomatique. C'est aussi le portrait d'une population palestinienne dépolitisée et extrêmement vulnérable, même à Ramallah.
- ***Les Palestiniens dans le siècle*** (1994), d'Elias Sanbar, Gallimard, coll. « Découvertes » (rééd. 2007). Par le fondateur et rédacteur en chef des *Études palestiniennes,* traducteur de Mahmoud Darwich et ambassadeur de la Palestine auprès de l'Unesco. En 1920, l'autorité anglaise succède en Palestine au joug de l'Empire ottoman. En 1993, la signature de la Déclaration de principes et l'échange de lettres de reconnaissance mutuelle laissent augurer de la résolution du conflit. Entre ces 2 dates, Elias Sanbar décrit l'itinéraire d'un peuple durement frappé par l'exil et la guerre.
- ***Cappuccino à Ramallah : journal de guerre*** (2004), de Souad Amiry, Stock. Comment continuer à vivre lorsqu'en 2001 l'armée israélienne entre dans Ramallah ? Le récit d'un quotidien fait d'angoisse et d'attente.
- ***Jérusalem. Le sacré et le politique*** (2000), ouvrage collectif dirigé par Farouk Mardam-Bey et Elias Sanbar, Actes Sud, coll. « La Bibliothèque arabe » (rééd. 2004). De cette ville où le sacré et le politique sont constamment mêlés, les auteurs mettent en avant l'universalité et la diversité, base pour envisager un statut équitable.
- ***Histoire de l'autre*** (2008), collectif, éd. Liana Levi. L'ONG *Prime* a demandé à 12 professeurs d'histoire (6 Palestiniens, 6 Israéliens) de se pencher sur 3 moments clés de l'histoire contemporaine et de livrer leurs points de vue croisés. Une excellente initiative.
- ***L'Europe et la Palestine. Des croisades à nos jours*** (2000), de Bichara Khader, L'Harmattan. Cet ouvrage resitue la Palestine dans l'Histoire, explore ses relations avec l'Europe, sous-tendues au cours des siècles par des intérêts tant religieux, diplomatiques que commerciaux, contribuant à dessiner un territoire et des identités.

Les grands classiques

- ***Comprendre le Coran*** (2015), de Malek Chebel, Payot.
- ***Les Croisades vues par les Arabes*** (1999), d'Amin Maalouf, J'ai lu. Les manuels d'enseignement nous avaient familiarisés avec les chroniques chrétiennes ; ici, l'envers du décor vu par des témoins et historiens arabes, une version orientale de l'épopée de Nour ed-Din et Salah ed-Din (Saladin), face à l'invasion des croisés en territoire arabe ; le tout rédigé avec brio par l'auteur du prix Goncourt 1993, pour *Le Rocher de Tanios.*

– ***Itinéraire de Paris à Jérusalem*** (1806 ; rééd. Gallimard, coll. « Folio classique », 2005), de François René de Chateaubriand. Le livre de route par excellence ; les Lieux saints revus par un classique du XIXe s. « Ce peuple a assisté 17 fois à la ruine de Jérusalem, et rien ne peut l'empêcher de tourner ses regards vers Sion », nous dit ce pèlerin en Orient.
– ***La Bible de Jérusalem*** (2000), sous la direction de l'École biblique de Jérusalem, Pocket (2003).

Romans, poèmes et B.D.

– ***Arabesques*** (1991), d'Anton Shammas, Actes Sud, coll. « Babel » (2009). Un Palestinien de Galilée évoque son village, les réfugiés, le désarroi, le déracinement, la guerre, l'exil. Le roman fut rédigé en hébreu par son auteur, Palestinien de renom.
– ***Pourquoi as-tu laissé le cheval à sa solitude ?*** (1996), de Mahmoud Darwich, Actes Sud, 1999. L'errance, ce célèbre poète (1941-2008) l'évoque en connaissance de cause. La guerre pousse sa famille sur la route alors qu'il n'est encore qu'un petit garçon. En 1970, pour échapper à l'assignation à résidence, il choisit l'exil au Liban. Après tant de déracinement, le seul retour aux sources possible est celui du langage ancestral. Après avoir traversé les mythes du Grand-Orient, Darwich renoue avec les odes de l'Arabie préislamique, les *mu'allaquat.* Du même auteur, *La Palestine comme métaphore* (1997), *Le Lit de l'étrangère* (2000), *La terre nous est étroite et autres poèmes* (2000), trad. par Elias Sanbar, Poésie/Gallimard.
– ***Chroniques de Jérusalem*** (2011), de Guy Delisle, Delcourt G. Productions, coll. « Shampooing ». Cette volumineuse B.D. est un reportage en Israël et en Palestine de l'auteur, qui suit sa femme en mission pour MSF. Vie quotidienne, émotions, rencontres. Tout y passe avec beaucoup de tact et de justesse.
– ***Et il y eut un matin*** (2006), de Sayed Kashua, Le Seuil, coll. « Points » (2008). Le retour dans son village d'un journaliste arabe mis à l'écart par le journal israélien qui l'emploie ; le village aussi s'avère être un monde clos excluant tout contact, ce pour des raisons sécuritaires, avec l'extérieur. Le roman d'un inexorable enfermement. À lire également, du même auteur, ***Les Arabes dansent aussi*** (2015), éd. de l'Olivier, sur sa quête d'identité en tant qu'Arabe israélien. Excellent !
– ***Une terre pas si sainte*** (2014), de Pierre Pouchairet, Jigal (2021). Un polar qui se déroule dans les territoires occupés. Une famille de colons juifs vient d'être assassinée. La police israélienne enquête. Elle devra composer avec Maïssa, flic palestinienne, elle aussi sur l'affaire, puis avec un flic français fraîchement débarqué pour démanteler un réseau de trafic de stupéfiants. Les 2 affaires sont-elles liées ?

POSTE

Les territoires palestiniens émettent leurs propres timbres, mais sachez qu'une lettre mettra 3 à 6 semaines pour être acheminée jusqu'en Europe, contre 3 ou 4 jours depuis Israël et Jérusalem. Les bureaux ouvrent en principe de 8h à 14h30 ou 15h.

POURBOIRE

Dans les ***bars*** et ***restaurants,*** le service n'est pas compris dans l'addition. Il est donc d'usage (mais non obligatoire) de laisser environ 10 % de pourboire. De même, un petit pourboire dans les ***hôtels*** est toujours apprécié.
Pour ceux qui voyagent avec une agence, il est conseillé de donner en fin de parcours entre 5 et 10 $ par personne et par jour au ***chauffeur.***

SANTÉ

Renseignement sur le Coronavirus au ☎ 1-800-000-888 (nº gratuit). Voir aussi le texte sur la pandémie dans la rubrique « Santé » du chapitre « Israël utile ».

Vaccinations

- Aucun vaccin n'est exigé pour les voyageurs en provenance d'Europe à l'heure où nous bouclons ce guide.
- Les ***vaccins « universels »*** (tétanos, polio, diphtérie, coqueluche et hépatite B) doivent être de préférence à jour.
- Le vaccin contre l'***hépatite A*** (*Avaxim* ou *Havrix 1440*) est fortement recommandé par l'OMS, car c'est une des maladies qui se contracte le plus facilement (par l'alimentation). Le vaccin contre la ***fièvre typhoïde*** est conseillé.

Situation générale

- L'***hygiène alimentaire*** est plutôt défectueuse. Les risques d'hépatite A, de typhoïde sont réels et les parasitoses intestinales, fréquentes. L'eau du robinet n'est pas potable en raison de sa forte teneur en chlore.

Pour diminuer sa consommation de plastique, on peut purifier son eau grâce à un procédé individuel et économique : une paille d'ultrafiltration de poche à 0,01 micron, qui, à travers 5 étages de filtration, piège absolument tous les parasites, virus et bactéries avec une capacité de 2 000 l d'eau purifiée. Grande autonomie, donc. Ni pile, ni substance chimique et un embout qui permet de fixer la paille à d'autres bouteilles, transformées alors en gourde, pratique !

En cas de ***diarrhée*** ou de turista, mangez léger (par exemple du riz sans matière grasse), buvez beaucoup (eau et soda). Prévoyez un bon antibiotique intestinal, type azithromycine (*Zithromax®* ; 2 comprimés en une seule prise, une seule fois), allié à un ralentisseur du transit intestinal, tel que l'acécadotril (*Tiorfan®* ; une gélule d'emblée, puis une gélule 3 fois par jour, si possible avant les 3 principaux repas ; durée maxi : 7 jours). ***Attention,*** si une diarrhée s'accompagne de fièvre, d'émissions de pus, de glaires ou de sang, il est urgent et indispensable de consulter un médecin.

Renseignez-vous auprès de votre médecin avant de partir.

- Les ***ressources médicales*** n'atteignent pas une qualité acceptable selon les standards occidentaux. Méfiez-vous aussi des probables circulations de ***contrefaçons pharmaceutiques.***

Précautions particulières

- Attention au ***soleil*** ! Ne pas oublier chapeau, lunettes de protection et crème solaire. En été, les zones à basse altitude (mer Morte) se transforment en fournaise : évitez de sortir aux heures les plus chaudes, sous peine d'insolation ! Comme le temps est très sec, les personnes fragiles des yeux penseront à apporter du collyre ou des larmes artificielles (surtout pour les porteurs de lentilles). S'hydrater régulièrement (boire 2 à 3 l d'eau par jour et par personne). Prévoir également le désagréable contraste entre l'***air conditionné,*** souvent trop violent, et l'air extérieur.

En hiver, c'est du ***froid*** qu'il faudra se protéger (sauf dans la vallée du Jourdain). On s'enrhume vite sans une petite laine.

Méfiance sur les sites archéologiques, ***scorpions*** et ***serpents*** peuvent se cacher dans les zones caillouteuses. Marcher d'un pas bien sonore. Les ***moustiques,*** quant à eux, ne provoquent pas le palu, mais peuvent être à l'origine de quelques cas de leishmaniose ou propager le virus du Nil. Autant se protéger des piqûres de ces vilaines bêtes.

- ***Le sida :*** l'usage de préservatifs demeure naturellement indispensable (on en trouve dans toutes les pharmacies).

■ ***Catalogue Santé Voyages :*** les produits et matériels utiles aux voyageurs, assez difficiles à trouver, peuvent être achetés par correspondance sur le site de *Santé Voyages* ● *astrium.com* ● Infos complètes toutes destinations, boutique web, paiement sécurisé, expéditions So Colissimo (48h) ou Chronopost (24h). ☎ *01-45-86-41-91.*

TÉLÉPHONE ET COMMUNICATIONS

Comment téléphoner ?

– ***France → Palestine :*** composer le 00 (tonalité) + 970 (mais le 972, code pour Israël, fonctionne aussi la plupart du temps) + indicatif de la ville (sans le 0, réservé aux communications intérieures) + numéro du correspondant.
– ***Palestine → France :*** composer le 00-33 + numéro à 9 chiffres du correspondant (c'est-à-dire le numéro à 10 chiffres sans le 0 qui précède l'indicatif de la région).
– ***Palestine → Israël ou Palestine → Palestine :*** pour téléphoner d'une ville à l'autre, il est nécessaire de composer l'indicatif de la ville. Exemple : de Bethléem à Tel-Aviv, ne pas oublier le 03, suivi du numéro du correspondant. En revanche, dans une même ville, on ne compose que le numéro du correspondant, sans l'indicatif de la ville (sauf depuis un portable). L'indicatif est indiqué dans le bandeau des villes ; on ne le répète pas pour chaque numéro.
– ***Renseignements téléphoniques :*** ☎ *144.*

Les portables

Lire la rubrique dans « Israël utile », en ajoutant cette spécificité pour la Cisjordanie : le réseau est occupé par *Jawwal* et *Wataniya.*
Attention, une carte SIM palestinienne ne fonctionne ni en Israël ni à Jérusalem. L'inverse n'est pas vrai, une carte SIM israélienne fonctionne en Palestine, mais le coût de la communication revient plus cher et il sera impossible (sauf à Bethléem avec *Cellcom*) d'acheter une recharge.
– N'oubliez pas qu'il faut composer l'indicatif de région quand on appelle un téléphone fixe depuis un portable.

TOURISME ALTERNATIF ET SOLIDAIRE

Ce tourisme alternatif et solidaire, né dans les années 1990, visait dans un 1er temps à capter l'attention des organisateurs de voyages pour pèlerins. Jusqu'alors tout se préparait via Israël, qui choisissait les sites à visiter et l'histoire associée. Aujourd'hui, grâce à ces ONG, ce sont les Palestiniens qui partagent leur histoire et leur culture avec les touristes (religieux ou non). Un choix pour mieux comprendre la vie quotidienne des habitants et plus globalement la situation dans les territoires occupés.
En plus de faire appel à des ONG, il est également possible de loger dans les *guesthouses* de certains camps de réfugiés et d'y faire du bénévolat. On en mentionne plusieurs. Mieux vaut prendre contact avec eux suffisamment à l'avance.

■ ***ATG*** *(Alternative Tourism Group)* ***:*** *74, Star St, à Beit Sahour, dans l'agglomération de Bethléem.* ☎ *(02) 277-21-51.* ● *atg.ps* ● *Lun-sam 9h-16h (13h sam).* ATG est une ONG spécialisée dans le tourisme alternatif pour encourager la découverte de la Palestine autrement. Elle organise des visites guidées plus orientées vers l'histoire, la politique, la population ; des excursions d'une journée entre Jérusalem et Bethléem ou Hébron, ou des randonnées plus longues, comme le *Abraham Path* de 2 à 4 jours ou le *Nativity Trail* de 12 jours entre Nazareth et Bethléem. Elle favorise la rencontre et l'échange avec différentes communautés (musulmanes, chrétiennes et juives) et a développé dans cette perspective l'accueil chez l'habitant. Elle propose ainsi une centaine de chambres dans les familles de la région, de 1 nuit à plusieurs semaines. Volontariat possible pour la récolte des olives (mi-octobre) ou la plantation d'arbres (en février), entre autres. ATG a également édité un guide alternatif en français fort bien documenté, *Palestine et Palestiniens,* et son application mobile.

■ ***Diwan Voyage :*** *Al-Awda St, Oweidah Commercial Center Building, à Ramallah.* ☎ *(02) 298-55-87.* • *diwan voyage.net* • Archéologue et historien, Sabri propose un tourisme tourné vers les habitants, leur culture, leur histoire et leurs traditions. Il concocte des itinéraires faits de rencontres et d'échanges, tout en valorisant le patrimoine des villes et des campagnes. Sabri est en outre l'auteur du (très bon) guide *Palestine et Palestiniens,* diffusé par Le Philistin / Fipsouk.

■ ***Siraj Center :*** *35, Old City St, à Beit Sahour.* ☎ *(02) 274-85-90.* • *siraj center.org* • *walkpalestine.com* • *Siraj Center* propose aux pèlerins, mais aussi à tous les visiteurs curieux de parcourir la Palestine hors des sentiers battus, d'aller à la rencontre des habitants et de leur culture. L'hébergement est proposé chez des familles de la région, des sorties thématiques (historique, politique, religieuse) sont organisées, tout comme des excursions à vélo et à pied (dont le célèbre *Masar Ibrahim,* un sentier de 330 km qui traverse la Cisjordanie de Jenine à Hébron, un sacré périple !).

■ ***Hla Tours*** *(Holy Land Adventure Tours)* **:** *Manger St, PO Box 106, à Bethléem.* ☎ *(02) 275-53-20.* • *hla-tours.net* • Cette agence francophone organise des circuits et séjours en individuel ou en groupes, avec logement chez l'habitant, en hôtel 1 à 5 étoiles, auberge de jeunesse ou dans des communautés religieuses. Son équipe propose un tourisme culturel, religieux et de randonnée sur le sentier d'Abraham, dans une optique solidaire et durable.

■ ***AIC Palestine*** *(Alternative Information Center Palestine)* **:** *111, Main St, souk Al-Sha'ab, à Beit Sahour (près de la Bank of Palestine).* ☎ *277-54-45.* • *aicpalestine.org* • *Ouv 8h-14h ; fermé ven et dim.* Cette ONG israélo-palestinienne, en plus de ses actions militantes, organise des ateliers, séminaires, visites, programmes sur une semaine. Voir aussi plus loin, à Beit Sahour, dans les environs de Bethéem.

TRANSPORTS INTÉRIEURS

Il n'existe pas de continuité géographique entre la Cisjordanie et Gaza ou entre Jérusalem et Gaza (et de toute façon, les touristes ne peuvent pas se rendre à Gaza). Par ailleurs, les possibilités de se rendre à Jérusalem depuis la Cisjordanie sont, depuis la construction du mur, rendues difficiles (check-points) et restent conditionnées au moyen de transport utilisé. Se reporter à la rubrique « Arriver – Quitter » de chaque ville.

Les transports collectifs

Les bus

Les horaires ne sont pas publiés, mais on vous renseignera dans les gares routières. Les bus relient les grandes agglomérations entre elles à heure fixe, certains rejoignent même Jérusalem. Mais, d'une manière générale, les liaisons et les fréquences sont moins nombreuses que les taxis *services.* C'est la solution la moins chère. Entre Jérusalem et Ramallah, compter environ 10 Shk.

Les taxis collectifs ou « services »

Il s'agit en fait de minibus de 7 places, repérables à leur couleur jaune orangé. Ils partent une fois pleins, mais il est toujours possible de payer la part de la personne manquante pour que le chauffeur accepte de partir plus vite. Prix fixes, un peu plus chers que le bus (environ 20 Shk entre Ramallah et Naplouse). Ils relient les grandes villes, mais aussi les petits villages. Attention, il peut exister plusieurs gares routières ou de simples arrêts selon les destinations.

Individuels

Les taxis privés ou « specials »

Jaune citron et pour vous tout seul. Le compteur est rarement enclenché en ville (mais le tarif n'excède en principe pas 25 Shk). Prix à négocier sérieusement avant le départ, surtout si c'est pour relier une autre ville. Le mieux étant de se renseigner au préalable sur le prix de la course pour avoir une base de négociation.

La voiture

Distances en km	BETHLÉEM	NAPLOUSE	HÉBRON	JÉRICHO	JÉRUSALEM	GAZA	TEL-AVIV	RAMALLAH
BETHLÉEM	0	72	26	43	10	86	73	23
NAPLOUSE	72	0	99	78	63	134	57	50
HÉBRON	26	99	0	67	37	94	100	55
JÉRICHO	43	78	67	0	36	136	98	30
JÉRUSALEM	10	63	37	36	0	92	59	15
GAZA	86	134	94	136	92	0	82	85
TEL-AVIV	73	57	100	98	59	82	0	75
RAMALLAH	23	50	55	30	15	85	75	0

Location de voitures

– Pour louer une voiture en Cisjordanie, il faut être âgé de 24 ans minimum, et, selon les compagnies, avoir le permis depuis au moins 1 ou 2 ans. Le permis de conduire national suffit.

Avant d'opter pour ce mode de transport, posez-vous au moins 2 questions : avec ou sans chauffeur ? Pour circuler où ?

– En Cisjordanie, la plupart des ***panneaux signalétiques*** sur les grands axes gérés par Israël sont écrits en latin, mais ils n'indiquent que les sites touristiques

(fléchage marron) ou les colonies. Les villages palestiniens sont rarement mentionnés. Or, l'intérêt d'une voiture réside justement dans la liberté qu'elle procure et la possibilité de circuler partout dans la région.
Il faut donc soit avoir un excellent sens de l'orientation, soit connaître l'emplacement des implantations pour pouvoir se diriger, soit se greffer un GPS dans le cerveau. Sans blague, il n'existe pas de système adapté aux territoires palestiniens, qui serait d'ailleurs très compliqué à mettre à jour avec les routes dédiées uniquement aux Israéliens, d'autres seulement aux Palestiniens et les obstacles qui changent sans cesse ; des applis embarquées ont déjà donné des sueurs froides à quelques conducteurs. Demander son chemin régulièrement, car sur le réseau secondaire (palestinien), le nombre de panneaux est très insuffisant. Un vrai casse-tête ! Toujours se renseigner avant de rejoindre un point sur le meilleur itinéraire à suivre.
Pour toutes ces raisons, louer une voiture seul requiert quelques compétences, mais revient nettement moins cher qu'une voiture avec chauffeur, qui, il est vrai, vous facilitera grandement la vie. Pour vous donner une idée, il faut compter à partir de 120 Shk par jour pour une voiture sans chauffeur ; 500 Shk avec.
- L'***essence*** coûtait environ 6,5 Shk le litre de SP 95.
- Vient ensuite la ***question de la double assurance*** qui permet de circuler à la fois en Cisjordanie et en Israël. La plupart des grandes compagnies situées en Israël n'assurent pas les véhicules en Cisjordanie en dehors de la zone C (sous contrôle exclusif israélien). Renseignez-vous avant de signer le contrat.
Pour rejoindre ensuite les zones A et B, il faut se garer en zone C et prendre un taxi. Pas très pratique. Mieux vaut s'adresser à des petits loueurs de Jérusalem-Est ou de Ramallah (voir les « Adresses utiles » de ces villes) en leur faisant bien préciser s'ils possèdent la double assurance.
De même en Cisjordanie, si vous louez une voiture à plaque blanche (écriture verte), vous ne pourrez pas passer en Israël, il faut là encore louer auprès d'une agence qui possède la double assurance et vous fournira une voiture à plaque jaune (se dit *yellow plate* en anglais).

Les applis de cartes embarquées

- ***Maps.me :*** carte de la ville ou de la région à télécharger avec connexion, puis fonctionne sans. Opérationnel en Cisjordanie.
- ***Openstreetmap.org :*** bonne carte, mais pas toujours efficace pour les itinéraires.

Notez que l'appli israélienne *Waze* ne fonctionne pas dans la région et que *Google Maps,* quand il reconnaît les adresses, est peu précis.

L'avion

Notez que, pour l'instant, ni la Cisjordanie ni la bande de Gaza ne possèdent d'aéroport fonctionnel. Pour relier la Palestine, il faut impérativement passer par l'aéroport Ben Gourion à Tel-Aviv ou par la Jordanie.

URGENCES

- ***Police :*** *☎ 100 (à Jérusalem).*
- ***Consulat de France à Jérusalem :*** *☎ 629-85-19 (en cas d'extrême urgence).*
- ***Ambulances :*** *☎ 101.*
- ***Pompiers :*** *☎ 102.*
- ***Hôpital Hadassah de Jérusalem :*** *☎ (02) 584-41-11.*

Pour les cartes de paiement

En cas de perte, de vol ou de fraude de votre carte, le plus simple est de faire opposition en ligne via le site de votre agence bancaire ou leur application mobile, ou en les appelant directement. Sinon, voici les numéros des centres d'assistance des différentes cartes :

– Pour une ***carte Visa,*** il faut appeler un numéro aux États-Unis en PCV : *☎ (001) 967-10-96. ● visa.fr ●*
– ***Carte MasterCard :*** *n° aux États-Unis en PCV, ☎ (001) 636-722-71-11. ● mastercard.fr ●*
– ***Carte American Express :*** *n° d'urgence, ☎ (00-33) 1-47-77-72-00. ● americanexpress.com ●*
– Il existe sinon un ***serveur interbancaire*** d'opposition à carte bancaire: *☎ 0892-705-705 (service 0,34 €/mn + prix d'appel).*

Pour les téléphones portables

– Voir dans la partie « Israël utile » la rubrique homologue.

LA PALESTINE

Le mot « *Palestine* » (*Falasteen* en arabe) vient des Philistins, peuple indo-européen, qui embarquent du côté de la Grèce au XIIe s av. J.-C. pour envahir le pays de Canaan.
Jusqu'en 1948, le terme désignait l'ensemble du territoire sous mandat britannique. Pendant cette période, les musulmans, juifs et chrétiens bénéficiaient tous de la citoyenneté palestinienne, disparue de facto avec le retrait des troupes de Sa Majesté le 14 mai 1948 et la déclaration de l'État d'Israël.
À partir de cette date, le mot « Palestinien » s'applique aux Arabes, chrétiens et musulmans, issus de la Palestine mandataire et à leurs descendants, qu'ils se trouvent en Israël, dans les territoires ou en exil. Tandis que la « Palestine » regroupe aujourd'hui, sous sa dénomination Jérusalem-Est, la Cisjordanie et la bande de Gaza.
63 ans après la création de l'État d'Israël et quelques conflits plus tard, la Palestine a obtenu une reconnaissance internationale en adhérant à l'Unesco fin 2011, à défaut d'un siège à l'ONU en tant que membre à part entière.
Contrairement à ce qui a pu être parfois dit, cette demande n'avait rien d'unilatéral, bien au contraire : quoi de plus multilatéral qu'une démarche entreprise dans le concert des Nations, soumise à la décision de... 193 États ?
Une mise en lumière qui a permis d'éclairer sous un jour nouveau cette bande de terre disputée depuis tant de siècles, de s'apercevoir que la très grande majorité des Palestiniens, qu'ils soient de Cisjordanie, de Gaza ou de Jérusalem-Est, aspiraient tout comme la très grande majorité de leurs voisins israéliens à vivre dans des conditions décentes et sereines.
Même si, pour l'instant, il n'est pas possible pour les touristes d'entrer à Gaza, se rendre en Cisjordanie et à Jérusalem constitue le meilleur moyen de comprendre la situation débattue depuis si longtemps au fil des colonnes. Bien sûr, les tensions étant toujours latentes, il convient de se tenir informé sur le contexte politique avant de partir.

LA CISJORDANIE

• Carte *p. 12*

– Pour Jérusalem-Est, se reporter au chapitre consacré à Jérusalem, en milieu de guide.

Avertissement : en août 2021, le ministère des Affaires étrangères français recommandait la prudence lors des déplacements en Cisjordanie et dans certains secteurs comme aux environs de Naplouse ou à Hébron et ses alentours, ainsi qu'aux abords des colonies. Suivre les infos régulièrement mises en ligne sur • *diplomatie.gouv.fr* •, rubrique « Conseils aux voyageurs », puis « Sécurité ».

Jusqu'en 2002, les frontières de la Cisjordanie étaient délimitées à l'est par le Jourdain, et sur ses autres contours par la ligne verte, tracée suite à la guerre de 1948 et reconnue internationalement. Depuis, un « mur de séparation » empiète sur le territoire, par ailleurs constellé de colonies. Autant de

faits auxquels le voyageur est confronté quand il se rend en Cisjordanie. Mais au-delà de toutes considérations politiques (qu'on aurait tort de négliger ou de sous-estimer, même et surtout en tant que touristes), la Cisjordanie dévoile d'étonnantes richesse et diversité culturelles et naturelles.
Des vieilles villes de Bethléem, Hébron ou Naplouse aux montagnes arides et à la beauté sauvage à l'est (Jerusalem Wilderness), dernier rempart avant une immersion dans la mer Morte, de la ferveur religieuse sur le lieu de naissance du Christ à la découverte des sites archéologiques de 1er ordre comme à Jéricho ou Sebastia, sans oublier le cosmopolitisme de Ramallah offrant encore une autre facette de la région, les surprises procurées aux pèlerins, archéologues en herbe, ou tout simplement aux visiteurs curieux qui sillonneront cette terre, ne manquent décidément pas. Alors, ne boudons pas notre plaisir.

BETHLÉEM

29 000 hab. IND. TÉL. : 02

• Plan *p. 395*

« Le Christ est un anarchiste qui a réussi. C'est le seul. »
André Malraux

À 8 km au sud de Jérusalem, Bethléem est une ville où il fait bon se poser, une ville singulière, hérissée de minarets et de clochers d'églises, une ville à la population mixte, musulmane en grande majorité, chrétienne en partie, sans compter les pèlerins du monde entier et autres voyageurs venus découvrir la basilique de la Nativité.

> **SACRÉ ROUTARD !**
>
> *Si Jésus a grandi à Nazareth, c'est bien à Bethléem, à 200 km de là, que l'enfant est venu au monde. Les Romains procédaient à un recensement qui, à l'époque, s'effectuait dans le village natal du père. Or Joseph était originaire de Bethléem. Marie, enceinte, a donc parcouru tout le trajet depuis Nazareth avant de donner naissance à son fils.*

Si Bethléem peut en effet s'enorgueillir d'être la ville de Cisjordanie la plus touristique, sa visite se résume bien souvent au lieu de naissance du Christ. Dommage, car la vieille ville, ses ruelles pavées et son souk, ses quelques musées et son atmosphère chaleureuse valent largement le détour. Même le mur qui transperce la cité y joue un rôle... détourné. « Frontière » insupportable côté pile, moyen d'expression particulièrement créatif côté face.
La ville a été bâtie avec de bien belles pierres dorées et lumineuses, provenant de carrières de la région. Une pierre réputée au-delà des frontières au point qu'elle a par exemple été utilisée dans la construction de l'aéroport new-yorkais JFK, et pour l'aménagement d'une célèbre place romaine. Aujourd'hui encore, son exportation est une source d'emplois pour les Palestiniens.

Aucune difficulté pour se loger ou se restaurer à Bethléem, d'autant que le rapport qualité-prix y est bien souvent meilleur qu'à Jérusalem. De plus, la ville peut constituer un bon point de départ pour rayonner dans la région.

UN PEU D'HISTOIRE

L'histoire de Bethléem est marquée par celle des religions, ancrées dans cette Terre 3 fois sainte.
L'Ancien Testament évoque la cité sous le nom d'Ephrata, où règne le roi David. Selon la tradition juive, David serait né ici (au Xe s av. J.-C.), tandis que Rachel, épouse de Jacob, aurait été enterrée non loin, à l'entrée de la ville sur la route de Jérusalem, après avoir mis au monde Benjamin. Rachel est vénérée à la fois par les juifs, les musulmans et les chrétiens, mais sa tombe se trouve désormais de l'autre côté du mur, dans une zone militarisée avec check-point.
Après la naissance de Jésus, il faut attendre le IVe s pour que le christianisme soit reconnu religion officielle de l'Empire romain d'Orient par l'empereur Constantin, faisant de la ville un haut lieu de pèlerinage. C'est Hélène, la mère de Constantin, qui, en visitant la Terre sainte en 326, décide d'ériger une basilique à l'emplacement présumé de la grotte de la Nativité. Saint Jérôme, dès 384, anime la vie théologique de la cité et produit une nouvelle traduction latine de la Bible (la Vulgate). En 529, les Samaritains, en révolte contre Byzance, détruisent de nombreux édifices religieux, dont la basilique de Bethléem. Mais ce fait est contesté. On doit sa reconstruction à l'empereur Justinien dès 540. À partir de cette date, le Lieu saint sera « miraculeusement » épargné par les conflits successifs.

ET L'ÉGLISE CHOISIT LE 25 DÉCEMBRE

Pendant le solstice d'hiver, le Soleil est le plus éloigné de la Terre. À partir du 25, il commence à revenir. Voilà pourquoi, au IVe s, l'Église choisit cette date pour la Nativité afin d'occulter la fête païenne du même jour, dédiée au Soleil.

Bethléem, la miraculée

En 614, les Perses envahissent la Palestine, détruisent Jérusalem, mais épargnent Bethléem. Les soldats auraient aperçu dans la basilique une mosaïque représentant les Rois mages vêtus d'habits perses. Comme quoi, le destin d'une ville tient parfois à peu de choses... En 638, avec la conquête arabe, le calife Omar s'empare de Jérusalem, rebaptisée Al-Quds. Il tolère le christianisme tant que ses adeptes paient un tribut au souverain. En 1009, l'excessif et pour le moins illuminé calife égyptien El-Hakim persécute les chrétiens, rase le Saint-Sépulcre, mais... sauve Bethléem. On raconte qu'une intervention miraculeuse l'aurait arrêté dans son élan destructeur ou, plus prosaïquement, qu'il aurait voulu continuer à percevoir l'impôt des « roumis ».
Un siècle plus tard, sous les croisés, la ville est fortifiée et accède en 1110 au rang d'évêché. C'est à cette époque que la basilique est restaurée et embellie. Au XIIIe s, la victoire de Saladin et

L'ÉVÊCHÉ DE BETHLÉEM... EN FRANCE

Au XIIe s, les croisés craignaient, à juste titre, que Bethléem ne retombât entre les mains des musulmans. Guillaume IV de Bourgogne offrit alors un bâtiment à Clamecy, dans le Morvan, pour accueillir l'évêché de Bethléem. L'évêque s'y installa donc lorsque les Arabes reprirent la Terre sainte. Il y resta 5 siècles jusqu'à la Révolution française.

surtout l'arrivée des Mamelouks affaiblissent la communauté chrétienne. La basilique est préservée (encore une fois !), mais les murailles sont détruites.

De l'occupation à l'autonomie

Lorsque les Ottomans débarquent au XVIe s, un pèlerin décrit une ville « en pauvre état » avec des « édifices ruinés ».
Bethléem connaît un regain de prospérité au XIXe s alors que plusieurs congrégations religieuses viennent s'installer dans la ville. Plus tard, les conditions de vie sous le mandat britannique favorisent d'un côté l'immigration, de l'autre une montée du nationalisme arabe. En 1948, les réfugiés palestiniens arrivent massivement dans la région et s'installent dans des camps, dont le plus vaste est celui de Dheisheh, qui compte encore de nos jours près de 17 000 habitants sur moins de 1 km^2.
Après l'annexion de la Cisjordanie par Israël en 1967, Bethléem devient finalement autonome en décembre 1995, suite aux accords d'Oslo. Aujourd'hui, il suffit de monter sur une terrasse suffisamment haute pour s'apercevoir que la ville est cernée par les colonies israéliennes.

Comment assister à une messe de Noël ?

Pour assister à une messe de Noël à Bethléem, à l'église Sainte-Catherine, il faut en faire la demande (gratuite) auprès du *Christian Information Center (CIC)* à Jérusalem *(☎ 627-26-92 ; • cicts.org •).* Remplir le formulaire sur leur site. Comme la demande est toujours bien supérieure à l'offre, mieux vaut s'y prendre dès l'ouverture de la réservation, soit tout début septembre. Vous recevrez la confirmation définitive courant décembre.
Si jamais votre demande n'est pas retenue, sachez qu'au *Shepherds' Field West,* à Beit Sahour, des messes privées sont célébrées toutes les heures et les célébrations qui ont lieu la veille sont tout aussi intéressantes. Enfin, pour trouver une messe célébrée dans sa propre langue, contacter la veille le *CIC.*
Noter que la messe de Noël est célébrée 3 fois à Bethléem (correspondant aux 3 églises en charge de la basilique) : le 25 décembre pour les catholiques, le 7 janvier pour les orthodoxes (grecs et russes) et le 19 janvier pour les Arméniens (dates fixes).
De nombreux événements sont programmés autour de Noël dès début décembre (spectacles, marché de Noël...) ; renseignez-vous auprès de l'office de tourisme ou de *VisitPalestine.ps* (voir plus loin).

Arriver – Quitter

Gare routière principale *(zoom,* ***1****)* **:** *Manger St, à env 200 m de la basilique de la Nativité. Sous le centre commercial* Bethleem City Center *; accès par le centre, utiliser l'ascenseur au fond de la galerie à gauche et descendre au sous-sol B4.* Les taxis *services* partent une fois pleins, en principe 7h-19h. Il est possible de payer pour les places inoccupées (7 sièges en tout) si on ne veut pas attendre.
Liaisons avec :
➢ ***Hébron*** (trajet : 40 mn), ***Ramallah*** (1h), ***Jéricho*** (1h), ***Naplouse*** (changer à Ramallah, sauf si tous les passagers se rendent à Naplouse).
➢ Pour le monastère de ***Mar Saba,*** prendre un taxi privé et prévoir 150-200 Shk A/R, attente sur place comprise, et 20 mn de trajet.
➢ ***Bethléem-Jérusalem :*** au départ de Jérusalem (gare routière centrale près de la porte de Damas), bus n° 231, ttes les 20 mn env, 6h30-19h, jusqu'à Bab El-Zqaq à Bethléem (arrêt à l'intersection des routes pour Hébron et Beit Jala, à 2,5 km du centre ; *plan A2,* ***2***) ou bus n° 234, jusqu'au check-point piéton

(*hors plan par A1* ; appelé *Bethlehem check-point, CP 300* ou encore *Container* par les Palestiniens ; *Gilo checkpoint* par les Israéliens). Compter ensuite 25 Shk en taxi privé pour rejoindre le centre de Bethléem, à 3 km. Pour retourner à Jérusalem, dernier bus nº 234 à 19h du check-point (bien se renseigner, car les horaires peuvent évoluer).

Possibilité de rejoindre Jérusalem ***en taxi,*** plus tard, mais dans ce cas, demander à votre hébergement ou resto d'en appeler un et prévoir environ 1h d'attente. En effet, le taxi doit venir de la Ville sainte, aucun taxi de Bethléem n'ayant l'autorisation de rouler jusqu'à Jérusalem.

Adresses et infos utiles

– Attention aux ***jours de fermeture*** dans la ville : en principe le vendredi et soit le samedi, soit le dimanche.

Tourist Office (*office de tourisme ; zoom,* ***3***) **:** *Manger Sq, dans le Peace Center. ☎ 277-68-32. Tlj sauf ven et dim 8h-15h.* Infos sur la Cisjordanie. On peut s'y procurer (en principe) un plan de la ville, parfois des brochures et petits catalogues sur Bethléem et la Palestine.

VisitPalestine.ps (*zoom,* ***4***) **:** *accès par Manger St et Star St. ☎ 277-19-92. • visitpalestine.ps • Face à la gare routière principale, au milieu des escaliers, côté droit en montant. Tlj sauf dim 9h-18h. Pour les tours, résa à l'avance demandée (voir l'agenda sur leur site).* Dans cette demeure datant de 2 siècles et magnifiquement restaurée, on trouve toutes les infos pour planifier son voyage en Palestine : plans de ville, brochures, peut aider à trouver un hébergement, à obtenir des infos sur les moyens de transport et autres. Ne pas hésiter non plus à consulter le site internet, très bien conçu. Pour compléter le lieu, belle boutique d'artisanat palestinien et de productions locales, un café avec une terrasse agréablement fleurie où l'on peut aussi avaler une salade, un sandwich ou un plat. De plus, le centre organise des circuits à vélo et des visites guidées de Bethléem et de Battir, un adorable village agricole dans les environs, mais aussi de toute la Cisjordanie, jusque dans le nord, avec Naplouse, Sébastya et Jénine.

@ ***Visitor Information Center*** (*zoom,* ***5***) **:** *sur Manger Sq, près de la poste. ☎ 275-42-34. • vicbethlehem.wordpress.com • Tlj sauf dim 9h-16h.* Créé par la fondation Jean-Paul-II, le centre fournit des cartes des principales villes de Cisjordanie et des brochures.

■ ***Farayek :*** *• farayek.com • Compter 200 Shk/pers, déj inclus, ainsi que le transport pour le tour* Granny's Yummies *et petit sachet d'épices offert à la fin. Durée : 3h30-4h. Résa en ligne, min 1 j. avt. Paiement en ligne ou sur place. Groupe 5-8 pers. Pas de tour au marché le ven (jour de fermeture). Départ de* Hosh al-Syrian Guesthouse *(lire plus loin « Où dormir ? »).* Vivre la cuisine palestinienne de l'intérieur grâce à un cours dispensé par des grands-mères, chez elles, à Bethléem ou Beit Sahour, juste à côté (*Granny's Yummies* ; en anglais), une façon de conserver les vieilles recettes, de les transmettre aux générations suivantes et aussi de créer des liens. Ou en faisant le marché avec un chef franco-palestinien (*the Old Market Experience* ; en français), qui en profite pour parler de sa ville, de l'histoire, sa population. Puis, on va se régaler de ses petits plats à l'heure du déj. Une approche belle et gourmande de la ville, comme on les aime.

■ ***Banques :*** *plusieurs banques sur Manger Sq (plan B2 et zoom).* Le distributeur de la *Bank of Palestine* (jouxte le *Visitor Information Center* ; *zoom B2,* **5**) permet de retirer des dollars ou des shekalim. Attention, avec celui de la *Cairo Amman Bank* (près de la poste), on ne reçoit que des dinars jordaniens ; il faut ensuite faire le change aux guichets de la banque *(tlj sauf ven-sam 8h30-14h30)* ou dans les ***bureaux de change*** (*zoom,* **6**). Sinon, à l'***Arab Bank*** *(plan B2,* ***7*** *; dim-mer 8h30-14h30, 15h30-17h ; jeu 8h30-13h30 ;*

fermé ven-sam), sur Manger Street (200 m après la gare routière, côté gauche en venant du centre), le distributeur délivre au choix dollars, dinars ou shekalim.

■ ***Change*** *(zoom,* ***6****)* **:** *bureaux de change dans la rue bordée d'échoppes de souvenirs, qui longe la mosquée d'Omar. Mêmes horaires (tlj sauf ven-sam 8h30-14h30) et quasi même taux que les banques voisines.*

■ ***Police touristique*** *(zoom,* ***3****)* **:** *dans le Peace Center.* ☎ *277-07-50.* On pourra vous répondre en anglais.

Où crécher ?

Si l'offre en matière d'hébergement est large et peut convenir à tous les budgets, il est tout de même conseillé de réserver longtemps à l'avance lors des fêtes chrétiennes.

Bon marché (moins de 120 Shk / 30 €)

Ibdaa Cultural Center Guesthouse *(hors plan par A2,* ***11****)* **:** *dans le camp de Dheisheh, au niveau de l'entrée principale (env 25 Shk en taxi depuis le centre).* ☎ *277-64-44.* ● *ibdaa48.org* ● Guesthouse *ouv aux volontaires comme aux touristes de passage. Compter 60 Shk/pers, petit déj en sus. Résa à l'avance conseillée.* Fondé en 1994, le centre culturel développe plusieurs projets pour venir en aide aux enfants et aux familles du camp de réfugiés (établi en 1949) : il abrite de très bons clubs féminins de volley et de basket, la 1re radio du camp, et vend de l'artisanat fabriqué au sein d'une coopérative. Loger ici permet de mieux appréhender le quotidien des habitants : une vie certes rude, mais aussi souvent créative et solidaire. Dortoirs de 4 à 6 lits superposés, avec salle de bains, ventilo et chauffage. Resto sur place. Organise aussi des tours en anglais à Bethléem, Hébron et Naplouse, entre autres.

Phoenix Center *(hors plan par A2,* ***12****)* **:** *dans le camp de Dheisheh, à l'opposé du centre Ibdaa.* ☎ *275-10-05 ou 06. Prévoir env 50 Shk/pers, petit déj compris. Les contacter à l'avance.* Centre socioculturel créé pour répondre aux besoins de la communauté à travers des projets très divers (programmes d'éducation, labo informatique, centre d'aide psychologique, artisanat, théâtre et musique, etc.). La *guesthouse* accueille en priorité les volontaires du centre, mais rien ne vous empêche de demander s'il leur reste des places disponibles. Dortoirs de lits superposés pour 4 à 12 personnes, salle de bains commune.

Prix moyens (60-100 $ / 55-90 €)

Casa Nova Palace Hotel *(zoom,* ***15****)* **:** *Manger Sq, à côté de la basilique de la Nativité.* ☎ *274-27-98.* ● *casanovapalace.wordpress.com* ● *Compter 85 $ pour 2, petit déj compris. Ascenseur.* Un endroit qui donne envie de se poser, avec son petit jardin devant, ouvert à tous, où on peut venir prendre un verre. Chambres très propres, plutôt spacieuses et à la déco contemporaine, dont 2 avec une sorte de bow-window. Elles sont aussi bien équipées. Bonne atmosphère et très bon rapport qualité-prix.

Dar Al Majus *(zoom,* ***14****)* **:** *Star St.* ☎ *274-91-61.* ● *daralmajusguesthouse.proterrasancta.org* ● *À 2 pas de Manger Sq. Double env 80 $, petit déj compris.* Seulement 6 chambres pour cette *guesthouse* de charme, dont 3 dans la partie ancienne, toutes différentes. Une attention particulière a été portée aux matériaux et à la déco, avec une dimension sociale : les keffiehs qui recouvrent les lits sont tissés par les adhérentes de l'*Arab Women Union*. Les mosaïques proviennent de l'école de mosaïstes juste à côté. On a un faible pour la chambre n° 3, très spacieuse avec son salon ; la n° 1, pratique, est équipée d'une kitchenette. La famille palestinienne qui vit sur place s'occupe du petit déj, servi au dernier étage dans une salle agréable et lumineuse. Une belle adresse.

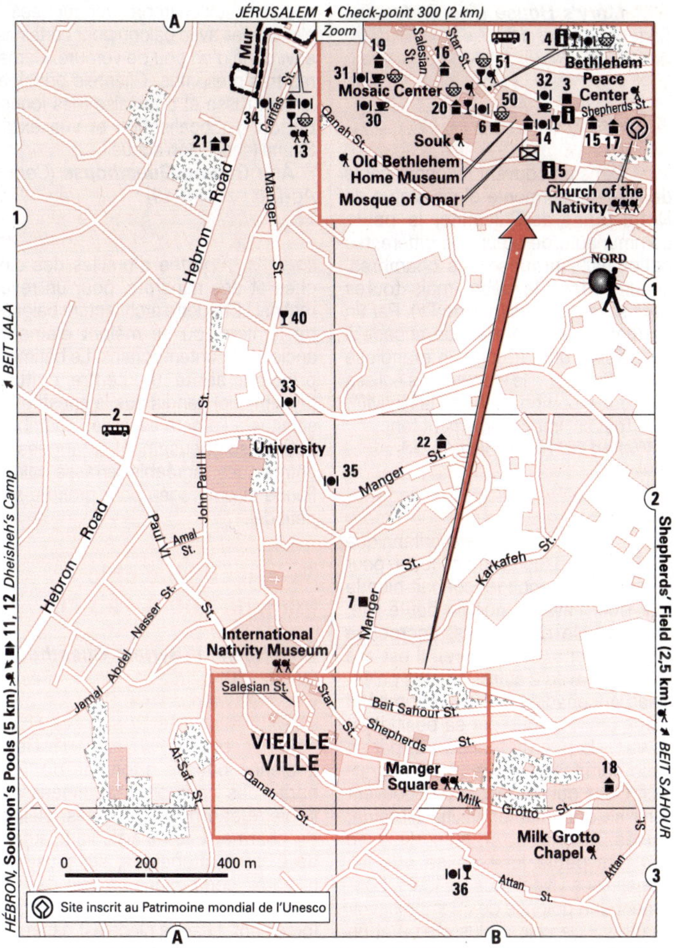

BETHLÉEM

Adresses utiles

- 1 Gare routière principale (zoom)
- 2 Bus pour Jérusalem (A2)
- 3 Tourist Office et police touristique (zoom)
- 4 VisitPalestine.ps (zoom)
- 5 Visitor Information Center (zoom)
- 6 Bureaux de change (zoom)
- 7 Arab Bank (B2)

Où crécher ?

- 11 Ibdaa Cultural Center Guesthouse (hors plan par A2)
- 12 Phoenix Center (hors plan par A2)
- 13 Walled Off Hotel (A1)
- 14 Dar Al Majus (zoom)
- 15 Casa Nova Palace Hotel (zoom)
- 16 Mary's House (zoom)
- 17 Casa Nova Hotel (zoom)
- 18 Pilgrim Residence (B2)
- 19 Abu Gubran Guesthouse (zoom)
- 20 Hosh al-Syrian Guesthouse (zoom)
- 21 Jacir Palace Hotel (A1)
- 22 Mount David Hotel (B2)

Où manger ? Où prendre son petit déj ?

- 13 Piano-bar du Walled Off Hotel (A1)
- 14 Tel Star (zoom)
- 20 Fawda Café & Restaurant (zoom)
- 30 Mahbaz Shweiki (zoom)
- 31 Daoudi-Naboulsy (zoom)
- 32 Afteem (zoom)
- 33 Shawerma House (A1)
- 34 Abu Eli (A1)
- 35 Abu Shanab (A-B2)
- 36 Wij al Amar (B3)

Où boire un verre ?

- 4 Visit Palestine.ps (zoom)
- 13 Piano-bar du Walled Off Hotel (A1)
- 20 Fawda Café
- 21 Bar du Jacir Palace Hotel (A1)
- 36 Wij al Amar (B3)
- 40 Rewined (A1)
- 51 Bellevue Café (zoom)

Achats

- 4 VisitPalestine.ps (zoom)
- 13 Wall* Mart (A1)
- 31 Daoudi-Naboulsy (zoom)
- 50 Orient Mill (zoom)
- 51 Bab idDeir Art Gallery (zoom)

Mary's House (The Bridgettine Sisters ; zoom, **16**) : *hosh al-Qattan. ☎ 275-03-60. • brigidabet@gmail.com • De Paul VI St, emprunter les escaliers entre les nos 58 et 62. Compter 250 Shk pour 2 avec petit déj ; également des triples. Dîner possible sur résa.* Dans un couvent reconnaissable de loin, car surmonté d'une statue de Notre-Dame-de-Palestine, la petite communauté de sœurs de différentes nationalités propose des chambres, simples dans la déco, mais toutes avec salle de bains (pas de TV). Par un système de passerelles, on accède à 2 terrasses offrant une vue grandiose (divine ?) sur la ville et toutes les églises alentour, y compris celle de la Nativité. Et le tout est impeccablement tenu.

Walled Off Hotel (plan A1, **13**) : *182, Caritas St. ☎ 277-13-22. • walledoffhotel.com • Réservez tôt ! Lit en dortoir 60 $/pers + caution de 200 $ (pour les œuvres d'art).* L'artiste britannique Banksy, internationalement connu pour son *street art* engagé, connaît bien le mur pour l'avoir tagué (la petite fille, qui s'envole par-dessus, accrochée à des ballons, est célèbre). Il est allé plus loin : avec 2 autres artistes palestinien et canadien, il a ouvert un hôtel « emmuré », unique par sa position et sa vue « la pire du monde » et par sa déco composée des œuvres du graffeur. Ceux qui n'y logent pas peuvent venir se documenter, visiter (librairie, musée, galerie) et en ressortir avec une très petite idée de ce que les Palestiniens vivent tous les jours. Également une poignée de chambres (voir ci-après « De chic à plus chic ») et un piano-bar.

Casa Nova Hotel (zoom, **17**) : *Manger Sq (jouxte la basilique). ☎ 274-39-81. Mêmes direction et prix que le Casa Nova Palace Hotel (voir plus haut).* Plus austère que son voisin, mais tout aussi impeccablement tenu et accueil adorable. Chambres confortables, progressivement rénovées. Celles des étages supérieurs profitent d'une vue sur la place de la Nativité.

Pilgrim Residence (plan B2, **18**) : *73, Milk Grotto St. ☎ 276-60-40. • pr.rusdm.ru • Double env 90 $; plus des suites pour 4. Plus cher à Pâques et à Noël.* Un hôtel bien tenu aux volumes spacieux aux chambres moquettées et climatisées avec balcon pour certaines, environné d'un peu de verdure. Caméras très présentes. Clientèle principalement russe et polonaise (des icônes partout !). Localisation et vue extra. Sauna (cher). Bon accueil.

Abu Gubran Guesthouse (Centre Ad-Dar ; zoom, **19**) : *109, Paul VI St. ☎ 277-00-47. • diyar.ps • Doubles avec sdb env 70-100 $, petit déj compris.* À portée d'oreilles des cloches et des minarets, pour un réveil matinal ! Chouette architecture baignée de lumière, où se mêlent éléments anciens et contemporains. Le bâtiment principal abrite un centre culturel (dynamique), tandis que la *guesthouse* se situe à l'arrière avec des chambres sobres soigneusement arrangées et entretenues. Agréable terrasse calme, fleurie et ombragée pour prendre son petit déj.

De chic à plus chic (plus de 100 $ / 90 €)

Hosh al-Syrian Guesthouse (zoom, **20**) : *Star St. ☎ 274-75-29. • hoshalsyrian.com • Doubles avec sdb 80 $ (seulement 2), puis 110-130 $, petit déj compris. Ni TV ni wifi.* Cette ancienne bâtisse ottomane de 1739 abrite des chambres façonnées par la pierre et ornées de voûtes, pleines de charme. Elles s'articulent autour de 2 cours intérieures, sur plusieurs niveaux, composant un vrai dédale. Avec une architecture aussi atypique, forcément, chaque pièce est différente en volume, déco et forme, mais toutes arborent de beaux tapis de Bethléem apportant de la chaleur à l'ensemble. On aime bien les chambres avec terrasse pour un farniente inondé de soleil. D'ailleurs, dès qu'il fait beau, le petit déj est parfois servi dans la grande cour, tout comme le dîner. On y fait aussi des projections en plein air. Le proprio, un Franco-Palestinien très engagé dans la vie locale, est aussi le chef du *Fawda Café & Restaurant* (voir plus bas).

Walled Off Hotel (plan A1, **13**) : *182, Caritas St. ☎ 277-13-22. • walledoffhotel.com • Doubles 165-265 $,* *petit déj compris. Résa longtemps à l'avance. Caution de 1 000 $ demandée lors du check-in, en raison de la valeur des œuvres exposées dans les chambres. Voir aussi plus haut « Prix moyens ».* On entre dans la partie hôtel par une porte dérobée (fausse bibliothèque) qu'on actionne électroniquement avec sa clé. De quasi toutes les chambres, vue sur le mur et/ou le mirador, ça calme ! Tout, ici, est consacré à la barrière de béton et au conflit. Intérieur très étudié : objets vintage, recyclés..., œuvres qui donnent une impression d'enfermement (les tableaux sont derrière un grillage). Certaines chambres sont sombres... forcément, mais le confort est très moderne et la déco des plus originale, parfois même exubérante, comme la suite présidentielle qui évoque une jungle. Les bénéfices sont reversés à des projets locaux.

Jacir Palace Hotel *(plan A1,* ***21****) : Hebron Rd. ☎ 276-67-77. • jacirpalace.ps • Doubles env 100-125 $ pour les supérieures.* Le château fut construit en 1910 par Suleiman Jacir, un riche marchand bethléemite, puis transformé en prison par les Britanniques au début des années 1940, avant de devenir une école publique. Inutile de dire que l'architecture ne passe pas inaperçue. Les chambres se trouvent à l'arrière, dans 2 bâtiments modernes. Grande piscine paysagée. Vaste espace, déco de très bon goût, salle de fitness, spa (et massages). Un très bon rapport qualité-prix.

Mount David Hotel *(plan B2,* ***22****) : Manger St. ☎ 276-65-11 à 13. Non loin de l'autre centre animé de la ville. Prévoir 120 $, petit déj inclus.* Chambres assez spacieuses avec le côté cosy que procurent les couettes. Confort de standard international.

Où dormir ? Où manger dans les environs ?

Shams Al-Aseel : *à* ***Beit Jala,*** *dans le wadi Makhrour. • shams.alaseel.palestine@gmail.com • Facebook. Bus n° 231 (celui de Jérusalem), descendre à l'arrêt DCO, à 6 mn de marche du resto. 059-461-60-11 (Monzer). Tlj 10h-minuit (cuisine 22h). Compter 75 Shk/pers dans les différents hébergements, petit déj compris. Possibilité de camper : prévoir 60 Shk/pers, tente, sac de couchage et matelas fournis (apporter son sac à viande), petit déj inclus. Plats env 50-60 Shk. Possibilité de volontariat à la ferme en échange des repas et/ou nuitée.* Dans une vallée entre Beit Jala et Jérusalem, la ferme bio cultive des fruits et légumes, servis directement dans l'assiette du resto. Il est installé dans une ancienne bâtisse à la déco chaleureuse, avec cheminée, et propose des plats traditionnels selon les recettes des grands-mères de la région. C'est bon et copieux. Belle terrasse pour profiter d'une vue sans pareille sur la vallée, faisant (presque) oublier la proximité du gigantesque check-point de Bethléem tout proche. Déco récup' et sans chichis. Plusieurs types d'hébergements : dans une hutte troglodyte étonnante, dans une sorte de borie, cabane de berger ronde, ou perché dans les arbres *(tree house).* Une chouette adresse à la campagne, à 2 pas de la ville, pour découvrir les belles initiatives de la région.

Tal Al-Qamar : *à 10 km à l'est de Bethléem, dont 2 km de piste caillouteuse en parfait état, dans la région de* ***Jerusalem Wilderness.*** *059-790-35-00 ou 056-890-35-02. • alkarmel48@hotmail.com • Transport possible depuis les locaux de l'AICP à Beit Sahour (voir « Dans les environs de Bethléem »); sinon, compter env 70 Shk et 25 mn de Beit Sahour. Résa obligatoire au moins 4 j. avt. Compter 120-150 Shk/pers en ½ pens.* Un endroit atypique. Tout est parti du projet d'Ahmad, aidé de son frère, qui voulait mettre en valeur les terres familiales pour s'aménager une sorte de « refuge », où il viendrait se ressourcer, seul, en famille ou entouré de ses amis. Et finalement, c'est tout naturellement qu'il en a ouvert les portes (enfin, si l'on peut dire, car des portes, il y en a peu justement !) aux touristes de passage. L'espace est très progressivement aménagé, et compte désormais des chambrettes, des sanitaires communs. Également quelques tentes avec matelas (prévoir son sac à viande) ou la possibilité de dormir à la belle étoile après avoir admiré le coucher du soleil, la mer Morte et la Jordanie au loin. Un environnement sauvage de toute beauté où la roche ocre forme comme des dunes. Ahmad peut préparer un repas traditionnel avec des musiciens, ou aussi vous proposer une balade à la journée. Pour ceux qui cherchent une expérience « bout du monde ».

Abrahams Herberge : *dans le centre de* ***Beit Jala.*** *☎ 274-26-13. • abrahams-herberge.de • Compter env 75 $ pour une double avec petit déj, et 25 €/pers en dortoir.* Une construction récente réussie où la belle pierre locale a été généreusement employée. Une structure 2 en 1 tenue par une congrégation luthérienne : un hôtel de 28 chambres, et une auberge de jeunesse avec quelques dortoirs de 8 à 24 places. L'ensemble est impeccable, et l'accueil vraiment charmant, de Mohammed notamment. Belle terrasse, accès au toit. Et un resto sur place pour compléter le tout. On rejoint Bethléem en une petite demi-heure à pied, sinon on peut emprunter les nombreux minibus bien sûr.

Où manger ? Où prendre son petit déj ?

Sur le pouce

Petits commerçants du souk : rue Al-Fawaghra, chez **Mahbaz Shweiki** *(zoom, 30 ; tlj sauf ven 7h-19h),* on achète le pain au blé complet, soit *shraq* (large galette plate), soit *taboun* (type pita) – un établissement qui fait aussi œuvre sociale, puisque les habitants qui n'ont pas les moyens, prennent le pain gratuitement. On file ensuite en face, chez l'épicier **Daoudi-Naboulsy** (zoom, **31**), où, quand on lui demande gentiment, Samer peut préparer un sandwich en tartinant le pain de son excellent *laban* (sorte de fromage blanc fermenté). Choix de pickles aussi et de *halawé* (pâte de sésame) à différents parfums (chocolat, nigelle, nature), que l'on peut aussi savourer en sandwich (bon, ça bourre un peu !).

Bon marché (moins de 30 Shk / 7,50 €)

Afteem (zoom, **32**) **:** *Manger Sq. ☎ 274-79-40. De Manger Sq, 1re petite rue qui descend sur la droite après le Peace Center. Tlj sauf dim 8h-22h30.* Une institution à Bethléem, pensez donc, depuis 1948 *Afteem* régale ses habitués et les touristes de *mezze* bien frais, de falafels croustillants ou encore de *fatteh* (plat à base de viande hachée, de pois chiches et de pain) goûteux. Cuisine ouverte sur la salle en pierre voûtée et accueil très aimable. Idéal aussi pour un petit déj local. Un excellent rapport qualité-prix-situation.

Tel Star (zoom, **14**) **:** *Star St, la rue des souvenirs, à quelques mètres de Manger Sq, sur la droite. Tlj sauf dim 8h30-15h.* Connu pour ses *shawerma* et ses escalopes de poulet servies avec des frites. Bons jus de fruits frais également.

Shawerma House (plan A1, **33**) **:** *Manger St. ☎ 275-01-70. Tlj 10h-minuit.* Une galette posée sur le plateau (façon self), garnie de viande, avec frites et salade à volonté. Bon, archi-copieux, populaire et très bon marché.

Prix moyens (30-60 Shk / 7,50-15 €)

Abu Eli (plan A1, **34**) **:** *Manger St ; en haut de la rue en allant vers le check-point. ☎ 274-18-97. Tlj sauf mar de 12h jusque tard.* Connu pour ses grillades et son agneau préparés selon les règles de l'art. Les végétariens (les quoi ?) se rabattront, comme d'habitude, sur les *mezze.* Service très aimable. Terrasse.

Abu Shanab (plan A-B2, **35**) **:** *Manger St. ☎ 274-29-85. Tlj sauf lun 11h30-22h30.* Dans le genre grillades et *mezze,* « *Le Moustachu* » se pose là (à voir les bacchantes du proprio – un personnage –, on comprend vite le choix du nom !). Les audacieux pourront même commander des testicules de mouton (selon dispo), les autres des côtelettes d'agneau ou un kebab. Pas mal de groupes, mais les individuels sont les bienvenus.

Piano-bar du Walled Off Hotel *(plan A1, **13**)* **:** *182, Caritas St. ☎ 277-13-22. Voir plus haut « Où dormir ? ». Sert de l'alcool.* Music live *le sam 20h-22h.* Banksy et ses acolytes ont ouvert l'hôtel en 2017, à l'occasion du centenaire de la déclaration de Balfour qui marqua le début « d'un siècle de confusion et de conflit », selon l'artiste. Comme pour rappeler par qui tout a commencé, la déco de la salle évoque l'empire colonial. On peut même y savourer un *afternoon tea* avec des scones. Le piano mécanique joue des partitions préenregistrées tous les soirs à 19h, histoire de créer l'ambiance pour boire un verre, picorer un *mezze* ou avaler une salade. Enfin, ne pas oublier de faire un tour au musée et à la galerie de l'hôtel.

Wij al Amar *(restaurant-bar de l'hôtel* Innova8ion *; plan B3, **36**)* **:** *Attan St. ☎ 276-88-68. Tlj 12h-minuit. De prix moyens à chic.* Au dernier étage d'un hôtel moderne, le cadre est plutôt plaisant avec ses grandes baies vitrées et la cuisine ouverte. La ca... se veut internationale (entrecôte e... duxelles de champignons), tendance (thon *teryaki*), plus abordable (pâtes), mais aussi locale *(mezze),* légère (salades) ou rapide (sandwichs). Vous l'aurez compris, il y en a pour tous les palais et les budgets. Ce n'est pas de la grande gastronomie, mais ça reste correct.

Chic (plus de 60 Shk / 15 €)

Fawda Café & Restaurant *(resto de la* Hosh al-Syrian Guesthouse *; zoom, **20**)* **:** *Star St. ☎ 274-75-29. Cuisine tlj 12h30-14h, 18h30-20h30, sur résa min 1 j. avt. Menu fixe 150 Shk/pers.* Fadi, le chef franco-palestinien, fait chaque jour son marché auprès des meilleurs commerçants et producteurs locaux pour composer des recettes très originales. Sa viande est excellente, le choix des légumes soigné. Son inspiration part toujours des plats palestiniens traditionnels, puis vogue autour des épices, s'attarde avec les herbes et voyage vers des associations de saveurs et de textures pour des plats inédits, sans cesse renouvelés. Une vraie expérience culinaire !

Où boire un verre ?

Fawda Café *(zoom, **20**)* **:** *voir plus haut « Où manger ? Chic ».* Dans cette adresse intimiste et de charme, on s'installe au bar ou mieux, à l'extérieur.

Rewined *(plan A1, **40**)* **:** *Manger St. 059-858-30-17. Jeu-dim 19h-1h.* Un des rares vrais bars de la ville. Pas étonnant que la jeunesse branchée de Bethléem s'y retrouve. Sélection de vins à accompagner de snacks. Terrasse couverte en hiver. Bonne ambiance.

Bellevue Café *(zoom, **51**)* **:** *au-dessus de la* Bab idDeir Art Gallery, *dans un beau bâtiment qui fait l'angle. Tlj sauf ven et dim 10h-18h. Sert de l'alcool.* On y boit un verre en avalant un sandwich ou une salade. Terrasse sur le toit vraiment agréable.

Au bar de l'hôtel ***Jacir Palace Hotel*** *(plan A1, **21*** ; voir « Où dormir ? »), au ***Piano Bar du Walled Off Hotel*** *(plan A1, **13**)* et au ***Wij al Amar*** *(plan B3, **36**)*, dans le jardinet de ***VisitPalestine.ps*** (ou en salle, mais très enfumée ; *zoom, **4***).

Achats

Orient Mill *(zoom, **50**)* **:** *Paul VI St. Tlj sauf dim 8h-18h.* Ici, on vend des épices depuis 1936, du café torréfié maison et du *freakeh* (blé vert, excellent, mais à trier avant de consommer).

Wall* Mart *(plan A1, **13**)* **:** *Caritas St.*

…ut « Où manger ? ». Tlj 10h-… y trouve entre autres des …s et des bombes aérosol pour … le mur…

… Daoudi-Naboulsy (zoom, 31) : lire plus haut « Où manger ? Où prendre son petit déj ? ». Bonne huile d'olive et du *halawé* (pâte de sésame) de qualité.

Bab idDeir Art Gallery *(zoom, 51) : Manger St. ☎ 276-98-88. • babiddeir.ps • Tlj sauf ven et dim.* La petite boutique de la galerie vend des bijoux, des sacs et des tee-shirts de l'artiste Yasmine Majaali, qui s'est fait connaître avec son slogan féministe « *Not your habibti* » (« Pas ta chérie »).

Mosaic Center *(zoom) : Star St. Du haut de Star St, le centre se trouve après l'arche, côté gauche. Tlj sauf ven 8h-17h.* Une école de mosaïstes avec un atelier à l'arrière où l'on voit les étudiants à l'œuvre. Bijoux réalisés à base de mosaïque, des savons de Sebastya (près de Naplouse), des céramiques et de l'artisanat confectionné par les Palestiniennes.

À voir

Manger Square *(place de la Nativité ; plan B2)* **:** la place principale de Bethléem est flanquée de la basilique d'un côté, et de la mosquée Omar (l'unique édifice musulman de la vieille ville, érigé en 1860) de l'autre. En tant que centre névralgique et point de repère, on y trouve les offices de tourisme, plusieurs banques et restos. Dommage toutefois qu'elle serve de parking aux voitures.

Church of the Nativity *(basilique de la Nativité ; zoom) : Manger Sq. ☎ 274-24-40. Tlj sauf dim mat 6h30-19h30 (5h30-18h oct-mars) ; grotte fermée dim mat. GRATUIT. Avoir une tenue correcte.*

Il s'agit de la plus ancienne basilique du pays et du 2e Lieu saint des chrétiens après Jérusalem. Elle est construite en 326, à l'initiative d'Hélène, la mère de Constantin, au-dessus de la grotte où Jésus serait né. Naissance relatée dans les Évangiles selon saint Luc (II, 7) : « […] et elle mit au monde son Fils premier-né. Elle l'enveloppa de langes et le coucha dans une grande mangeoire parce qu'il n'y avait pas de place pour eux dans la salle des hôtes. » On peut toujours admirer la nef et les 4 alignements de colonnes datant du IVe s. Le reste subit ensuite de nombreuses transformations. Après sa destruction par les Samaritains en 529, Justinien entreprend sa reconstruction. Il conserve le plan original mais ajoute 3 absides et le narthex. Il la veut belle et spacieuse, à même de rivaliser avec les plus beaux sanctuaires de Jérusalem. On raconte que, déçu par le résultat, il accusa l'architecte d'avoir détourné les fonds et le fit décapiter !

Au XIIe s, les croisés la protègent avec une muraille qui lui confère depuis une allure de forteresse. Cette période correspond à un âge d'or pour l'embellissement de la basilique : les Francs la couvrent d'un plafond de cèdre, de pavements de marbre blanc, de peintures et de mosaïques. Mais à partir du XIIIe s avec les Mamelouks, puis les Ottomans, le monument est négligé.

Au XVe s, les Franciscains renforcent le plafond en bois par des lames de plomb, volées en partie par les Ottomans à des fins militaires (le plomb servait à fabriquer des balles !) ; si bien que la toiture doit être à nouveau restaurée par les Grecs au XVIIe s. Le marbre au sol et aux murs subit le même sort : piqué par les Turcs pour embellir leur propre mosquée. L'intérieur perd petit à petit ses ornementations et sa richesse. Et, malgré une restauration au XIXe s, il est aujourd'hui difficile d'imaginer la splendeur passée de l'édifice.

LES ROIS MAGES : UN MYTHE ERRANT

Ils n'étaient pas rois. Leurs noms Gaspard, Melchior et Balthazar sont inventés au VIe s. En fait, il ne faut retenir que la symbolique des offrandes : l'or signifie que le nouveau-né est d'origine divine, la myrrhe indique qu'il est homme, et enfin l'encens qu'il sera religieux.

La modification de l'accès principal date probablement de l'époque ottomane. On aperçoit encore l'arche d'origine. Il faut aujourd'hui se courber pour passer par une porte haute de 1,20 m.

Aujourd'hui, la porte franchie, on débouche sur la nef centrale traversée par 4 rangées de colonnes. Son dallage a été percé après la découverte en 1934 des mosaïques d'origine. Admirer les saints illustrés par les croisés sur les colonnes en calcaire rouge, ainsi que les restes de mosaïques murales au-dessus, figurant les ancêtres de Jésus. Côté droit, un font baptismal date du VIe s.

LA FIN D'UN PRIVILÈGE

Depuis des temps ancestraux, les papes accordaient à certains rois et seigneurs méritants l'honneur de pénétrer dans une église à cheval... Bizarre mais prestigieux. Craignant que les musulmans ne profanent les lieux saints avec leurs chevaux par provocation, on réduisit l'entrée à une porte minuscule, qui existe toujours.

À droite du chœur, des escaliers conduisent à la ***grotte de la Nativité*** (on remonte de l'autre côté). L'endroit est assez exigu, et les visiteurs ne disposent que de peu de temps pour apercevoir l'autel et l'étoile d'argent à 14 branches, fixée par les latins en 1717, qui marque le lieu de naissance du Christ. C'est désormais une copie. Remarquer la porte au bout du couloir. Elle donne sur un tunnel qui débouche sur les grottes situées sous l'église Sainte-Catherine. C'est par là que les Franciscains passent tous les jours.

– Pour accéder à l'***église Sainte-Catherine*** *(ouv tlj sauf dim mat 6h30-19h ; 5h30-18h oct-mars),* 2 possibilités : en ressortant de la grotte, en face, ou par la nef, à l'entrée de la basilique, par une porte sur la gauche via le ***cloître*** datant de l'époque médiévale. Il est planté de 4 orangers (comme dans les jardins islamiques). L'église est construite à la fin du XIXe s au-dessus d'un réseau de grottes dans lequel on peut descendre par des escaliers situés sur le côté droit de la nef. Il abrite les tombes de sainte Paule et de sa fille sainte Eustochie, les 2 patriciennes (riches Romaines) qui ont accompagné saint Jérôme en Palestine. Elles jouxtent la sépulture du saint.

Saint Jérôme vécut à Bethléem de 386 à 420 et, pendant 34 ans, traduisit dans une grotte la Bible en latin (la Vulgate) à partir de l'original, en hébreu ancien, et de la Septante (la 1re traduction, en grec). La Vulgate est ensuite devenue la base de toutes les traductions occidentales de la Bible. Pour ressortir, on traverse de nouveau le cloître où se dresse la statue de saint Jérôme. Il est présenté tenant une plume et un livre, avec un crâne à ses pieds pour lui rappeler sa mortalité et la tâche qui lui reste à accomplir avant sa mort.

C'est dans cette église que se déroule la messe de minuit, pour ne pas endommager la grotte voisine de la Nativité.

PEACE AND LOVE

Comme la basilique du Saint-Sépulcre à Jérusalem, celle de Bethléem est partagée entre les Arméniens, les Grecs orthodoxes et les Latins. Il fallut même un décret, pris par l'Autorité ottomane en 1852, pour établir strictement ce partage. Tout y est codifié : le parcours des processions, les heures des messes, l'entretien des tapisseries, l'attribution des chandeliers... Toute restauration doit être acceptée par les 3 communautés, ce qui est loin d'être simple. D'ailleurs, il est déjà arrivé que des religieux se bagarrent à coups de balai !

Milk Grotto Chapel *(grotte du Lait ; plan B3)* **:** *à 200 m au sud-est de la basilique de la Nativité ; contourner la basilique par la droite et suivre la ruelle bordée de boutiques de souvenirs, la grotte est un peu plus loin sur la droite. ☎ 274-38-67. Tlj 8h-17h45 (16h45 oct-mars) ; pause 11h45-14h le dim. GRATUIT.* Il s'agit de la grotte où, traditionnellement, Marie aurait allaité son enfant avant de partir en Égypte. La Sainte Famille s'y serait cachée des soldats d'Hérode... Quelques gouttes du lait seraient tombées sur le rocher, devenu alors tout blanc. Depuis, les femmes enceintes et les jeunes mères, aussi bien chrétiennes que musulmanes, le vénèrent pour ses propriétés particulières (il stimulerait la lactation). Mais pour que ça fonctionne, elles sont censées ingurgiter un morceau de roche. Une chapelle, édifiée par les Franciscains au XIXe s, couronne la grotte.

Old Bethlehem Home Museum *(Arab's Women Union ; zoom)* **:** *Paul VI St. ☎ 274-25-89. Tlj sauf jeu et dim 8h-13h, 14h-17h. Entrée : 10 Shk.* Le musée présente les arts et traditions populaires des XIXe et XXe s dans 2 anciennes maisons de la vieille ville. Dans la 1re, photos d'époque, reconstitution d'un salon, de la cuisine (avec le puits, les différents ustensiles). Dans le 2d bâtiment, plus ancien, un espace taillé dans la roche abritait les animaux. À l'étage se trouvait la seule pièce de la maison. Bijoux et costumes traditionnels y sont aujourd'hui exposés. Encore au-dessus se trouve la chambre construite à la fin du XIXe s. On y découvre des tissus et tapis du début du XXe s. Le musée fait partie d'un centre socioculturel fondé par les femmes de la région avec pour but de créer des emplois et de faire revivre l'artisanat palestinien (notamment la broderie). Vente sur place.

International Nativity Museum *(musée international de la Nativité ; plan A2)* **:** *Salesian St. ☎ 274-24-21. 059-891-15-55. • internationalnativitymuseum.com • Tlj sur résa 8h-21h30. Entrée : 20 Shk ; réduc. Visite guidée possible. Bénéfices investis dans des projets éducatifs.*
Établi au rez-de-chaussée du couvent des Salésiens (un ordre religieux originaire d'Italie), sous l'égide de l'Unesco, le musée rassemble 200 crèches du monde entier, des plus riches aux plus humbles, des plus classiques aux plus farfelues, des plus anciennes aux plus modernes, dans des matériaux aussi diversifiés que la lave de volcan, le bois d'olivier ou la céramique. Au hasard, on notera une crèche autrichienne figurant un personnage à lunettes (sans doute le seul de toute la collection), celle donnée par Jean-Paul II, une autre de Provence composée de santons. Admirer aussi l'histoire de Marie, conçue par 5 artistes espagnols, qui se déroule comme un film. Une salle est consacrée aux crèches palestiniennes réalisées par les étudiants du centre que gèrent les Salésiens. Noter comme la vision de cet événement universel diffère selon qu'elle est chinoise, rwandaise ou indienne d'Amérique. Un véritable panorama de l'art populaire mondial.

NAISSANCE DE LA CRÈCHE

On attribue la 1re crèche vivante à saint François d'Assise, venu célébrer Noël à Greccio, un petit village italien. On est en 1223 ; la messe doit se dérouler dans une grotte, qui est alors aménagée : on remplit une mangeoire de foin, fait venir bœuf et âne, tandis que les villageois jouent les personnages de Joseph, Marie et des Rois mages. L'événement marqua à ce point les esprits que la reconstitution de la crèche reste une tradition encore vivace 8 siècles plus tard.

Bab idDeir Art Gallery *(zoom,* ***51****)* **:** *Manger St. ☎ 276-98-88. • babiddeir.ps • Tlj sauf ven et dim.* Une petite galerie indépendante, qui organise des expos temporaires d'artistes palestiniens et internationaux. Elle soutient aussi les jeunes designers de Gaza et de Ramallah. Voir aussi la boutique. On en parle plus haut dans la rubrique « Achats ».

Mosaic Center *(zoom)* **:** *voir plus haut la rubrique « Achats ».* Ce n'est pas qu'un lieu de vente, puisqu'on peut voir la technique utilisée par les élèves mosaïstes pour réaliser leurs pièces. On peut aussi y récupérer des brochures sur les treks.

Bethlehem Peace Center *(zoom)* **:** *Manger Sq. Tlj 9h-18h (17h en hiver).* Abrite l'office de tourisme, des expos temporaires et une permanente sur les crèches du monde entier.

Le musée et la galerie d'art du Walled Off Hotel *(plan A1,* ***13****)* **:** *182, Caritas St. ☎ 277-13-22. • walledoffhotel.com • Tlj 10h-20h. Entrée au musée : 15 Shk (gratuit pour les résidents de l'hôtel) ; accès libre pour la galerie.* Pas de check-point pour venir visiter la galerie... librement. 2 expos sont organisées simultanément, plus une permanente sur le conflit. Très bel espace, qui apporte un vrai complément culturel à la ville.
Le musée est, quant à lui, dédié à l'histoire du mur et plus largement d'Israël à travers les témoignages de soldats israéliens sur les actions militaires, notamment l'opération « barrière protectrice » à Gaza. Le volet économique est évoqué sous un autre angle : comment le conflit apporte une visibilité sur le savoir-faire israélien en matière de sécurité et d'armement. Ici, tout est testé grandeur nature. Le parcours est jalonné de citations d'hommes politiques. Pas très grand, mais une muséographie claire et marquante, avec des mises en situation pour mieux appréhender la situation. Voir également la librairie qui présente une sélection d'ouvrages sur la Palestine et le mur.

***Les peintures murales* :** *Caritas St et vers le check-point 300 (piéton).* Sur le mur, graffitis ou dessins satiriques hyperréalistes et poignants. Les immenses portraits en noir et blanc du rabbin, du prêtre et de l'imam, réalisés en 2007 par le duo franco-suisse JR et Marco, s'effacent gentiment, au profit de nouveaux dessins qui occupent l'espace au fil des mois. Et depuis décembre 2011, des témoignages de femmes palestiniennes ont été placardés sur le mur, après le check-point à pied (CP 300) en allant vers le centre. Ils relatent de courtes bribes de leur vie quotidienne, exprimant souffrance et peur, mais aussi force et courage.
Lire aussi le texte sur le *street art* dans la rubrique « Arts » de « Palestine : hommes, culture, environnement ».

Le souk *(plan A-B2)* **:** *dans la vieille ville ; depuis Manger Sq, remonter la rue des bureaux de change et grimper les escaliers, c'est plus haut, sur la gauche. Tlj sauf ven 7h-15h.* Marché de petits producteurs vendant leurs fruits et légumes. Si en bas, le souk est plus récent, l'étage date, lui, de 1929. Voir notamment le *Butcher's souk* (*lahamin souq* en arabe).

DANS LES ENVIRONS DE BETHLÉEM

Solomon's Pools *(vasques de Salomon ; hors plan par A2)* **:** *à env 5 km de Bethléem, sur la route d'Hébron. • solomonpools.com • S'y rendre en taxi collectif, en bus (direction Artas, à prendre près des bus pour Jérusalem de Bab El-Zqaq), ou taxi.* Les 3 bassins servaient autrefois à alimenter Jérusalem et l'Hérodion via un aqueduc datant de l'époque d'Hérode (Ier s av. J.-C.) : ils ont été creusés 6 m l'un sous l'autre pour utiliser la déclivité du terrain. D'autant plus ingénieux et efficace que ce système hydraulique a fonctionné jusqu'en 1946. De l'autre côté de la route, le sultan ottoman Soliman le Magnifique (XVIIe s) a ordonné la construction d'une forteresse (Murad Castle), à la fois pour protéger les vasques et pour héberger les pèlerins et les marchands qui se rendaient à Jérusalem. L'ensemble est situé dans une pinède, dont le charme bucolique vaudrait à lui seul la balade, si ce n'était les ordures qui jonchent le sol. Quel dommage !
La forteresse, très joliment restaurée, abrite le *Murad Castle Museum,* une collection ethnographique palestinienne.

➢ Ceux qui sont motorisés peuvent revenir à Bethléem par le ***wadi Artas,*** vallée fertile et verdoyante. Le village d'Artas abrite le couvent des sœurs de Notre-Dame-du-Jardin ainsi que le couvent Hortus Conclusus. Impressionnant !

***Cremisan Winery** (vignoble de Cremisan) : à **Beit Jala,** à env 4 km du centre de Bethléem. ☎ 274-48-25. En taxi depuis Bethléem, compter 60-70 Shk avec attente de 30 mn. Tlj sauf dim 8h-16h (12h sam). Résa obligatoire min 4 j. avt. Tours 20 mn avec dégustation : 50 Shk/pers. Compter 1h.* Selon la période, on visite une étape du procédé de fabrication ou une autre. Le vignoble fut créé à la fin du XIXe s, peu de temps après le monastère, sous la houlette des Salésiens. On y cultive du cabernet sauvignon et d'autres cépages locaux pour des vins rouges, blancs secs et même des vins de messe, plus doux...

– Il faut savoir que la vallée de Crémisan se trouve sur le tracé du mur de séparation. Depuis des années, les habitants et surtout les agriculteurs, mais aussi l'Église, portent l'affaire devant les tribunaux pour ne pas être séparés de leurs terres et des champs. Les conséquences y seraient terribles. En 2016, ils ont perdu en justice. Mais si des routes et une partie du mur ont déjà été construites, le mur ne traverse pas encore la vallée. Si bien qu'on ne sait pas encore de quel côté tomberont les vignes et le monastère (israélien ou palestinien ?).

***The Herodium** (Hérodion) : à env 6 km au sud-est de Bethléem. ☎ 595-35-91. • parks.org.il • Prendre un taxi privé en lui demandant d'attendre sur place : compter 150-200 Shk, avec env 45 mn d'attente sur place (ce qui est court pour visiter, sachez-le). Depuis le parking, accès par une grande volée de marches... érodées (facile !). Tlj 8h-17h (16h oct-mars) ; dernière admission 1h avt. Sur résa en ligne seulement. Accès : 29 Shk ; réduc. Site (en zone C) géré par les autorités israéliennes. Petit film de 10 mn.*

On voit de loin cette montagne aride, sans deviner qu'elle est creusée de l'intérieur, tel un volcan. Son cœur renferme en effet le palais-forteresse d'Hérode le Grand, érigé entre 23 et 15 av. J.-C. Étonnant procédé puisque la terre déblayée au centre servit de remblai à l'édifice, créant au final une montagne artificielle de 758 m d'altitude. Au sommet, outre les vestiges (thermes, salles de réception, citerne...), on découvre une vue grandiose sur Bethléem, les montagnes, la mer Morte et jusqu'à la Jordanie par temps clair. On a du mal à imaginer la luxuriance des jardins, irrigués par les vasques de Salomon (à 8 km de là) et qui entouraient à l'époque le palais. Une ville s'étendait au pied de la forteresse. Selon Flavius Josèphe, Hérode aurait été enterré ici ; les autorités israéliennes affirment avoir découvert le mausolée de la famille royale en 2007, sur la pente nord-est de la montagne.

Par la suite, l'Hérodion a été occupé par des Juifs en insurrection contre l'Empire romain, d'abord au Ier s apr. J.-C. par les zélotes, puis lors de la révolte de Bar Kokhba au IIe s. Le site serait devenu une léproserie au Ve s.

Panneaux explicatifs et dessins très bien faits.

***Mar Saba Monastery** (monastère de Mar Saba) : à 18 km à l'est de Bethléem. ☎ 277-31-35. Y aller en taxi depuis la gare routière de Bethléem ; compter autour de 150-200 Shk l'A/R, attente sur place comprise (bon, moins de 30 mn quand même). Tlj, sauf mer et ven, 9h-14h. Interdit aux femmes et aux non-orthodoxes.*

Même si on ne peut entrer à l'intérieur du monastère, la balade vaut le coup. Fondé au Ve s par saint Sabas, le monastère s'agrippe à la falaise, dans une vallée aride et encaissée, se fondant littéralement dans le paysage, si ce n'étaient ses coupoles grises et dorées qui se détachent de la roche ocre. Il subit plusieurs destructions au cours des siècles. L'actuel bâtiment date de 1840 et fut financé par les tsars de Russie. Au creux du canyon coulent les eaux usées en provenance de Jérusalem (!), bordées de végétation.

On profite du panorama depuis la tour des Dames érigée en face (ne se visite pas), dont la terrasse permet aussi d'admirer la vue jusqu'en Jordanie. De l'autre côté, on aperçoit d'anciennes grottes utilisées autrefois par les ermites, dont le fondateur du lieu. Un endroit à la beauté austère. Si l'édifice abrita jusqu'à 5 000 moines, aujourd'hui seule une dizaine de religieux vivent encore ici. Prévoir de l'eau (rien sur place) et éventuellement de quoi faire un pique-nique à l'ombre des quelques oliviers.

BEIT SAHOUR *(IND. TÉL. : 02)*

Partie intégrante de l'agglomération de Bethléem, Beit Sahour possède une charmante vieille ville, bien rénovée depuis peu. La localité s'est distinguée lors de la 1re Intifada par sa désobéissance civique en refusant de payer des impôts à Israël. Leur slogan : « Pas de taxation sans représentation, pas d'impôt sans gouvernement ». La répression fut rude.
Aujourd'hui, elle accueille plusieurs agences et organisations alternatives comme pour mieux prendre son destin en main. Loger à Beit Sahour peut être une bonne solution, proche de Bethléem avec des prix plus raisonnables et une atmosphère de village. D'autant que les restos du coin offrent, eux aussi, de belles surprises.
➢ Presque tous les taxis collectifs y vont pour une poignée de shekalim. Sinon, compter 20 mn de marche.

Adresses utiles

Pour plus de détails sur les ONG *ATG* et *Siraj Center,* se reporter plus haut à la rubrique « Tourisme alternatif et solidaire », dans le chapitre « Palestine utile ».

■ ***ATG :*** *74, Star St. ☎ 277-21-51. • atg.ps • Lun-sam 9h-16h (13h sam).*
■ ***Siraj Center :*** *35, Old City St. ☎ 274-85-90. • sirajcenter.org •*
■ ***AIC Palestine*** *(Alternative Information Center Palestine)* ***:*** *111, Main St, souk Al-Sha'ab, près de la Bank of Palestine. ☎ 277-54-45. • aicpalestine.org • Ouv 8h-14h ; fermé ven et dim.* Cette ONG israélo-palestinienne œuvre à la construction d'une société libre, pluraliste, démocratique et équitable. Elle se veut inclusive en favorisant la parole des jeunes, des femmes, des ruraux et citadins, Bédouins et réfugiés, des différents groupes religieux. Elle milite contre la colonisation et le racisme et organise des tours en Cisjordanie. Elle accueille aussi des volontaires (à condition de rester un peu) dans le but de faire connaître la situation des Palestiniens au plus grand nombre.

Où dormir ?

El Beit Guesthouse : *Arab Women's Union St. ☎ 277-58-57. En taxi (compter 20 Shk de Bethléem), demander Women's Union. Prévoir 40 $ pour 2, avec petit déj.* Une quinzaine de chambres dans cette maison impeccablement tenue, qui aide à financer le syndicat des femmes, dont le siège est juste en face. Chambres doubles ou triples, toutes avec clim et salle de bains. TV dans la pièce commune, machine à laver à dispo (payant) et terrasse pour profiter de ce quartier résidentiel très calme. Accueil attentionné.

Voir aussi les ***logements chez l'habitant*** proposés par *ATG* et *Siraj Center* *(compter en moyenne 30 $/pers en ½ pens).* Pour découvrir leurs projets, se reporter plus haut à la rubrique « Tourisme alternatif et solidaire », dans le chapitre « Palestine utile ».

Où manger ? Où boire un verre ?

Singer Café : *en face de l'église catholique, et juste à côté de la mairie ; entrée discrète. ☎ 277-11-71. Tlj sauf lun 8h-21h.* Un chaleureux café ouvert par un couple hollando-palestinien, dans une maison ancienne restaurée. Kristel et Tariq ont voulu créer un lieu d'accueil et d'échange avec les Palestiniens ; ils aident d'ailleurs volontiers les voyageurs à organiser leur voyage en amont. Dans cette vénérable demeure, les amateurs de déco recyclée seront à la fête : raquette de tennis transformée en miroir, abat-jour pinces à linge... Bref, une déco personnelle et chaleureuse. On peut y prendre un verre et manger un morceau. Une chouette escale. Des tours politiques de Bethléem sont aussi organisés, en principe le dimanche à 11h, au départ du café.

Al Jisser : *juste à côté du centre Edward Saïd et près du souk Al-Sha'ab. Tlj 17h-minuit.* Plébiscitée aux beaux jours pour sa terrasse dans l'allée piétonne. Sinon, ce bar de poche est vite enfumé. Quelques tables à l'étage posées sur une passerelle pour grignoter des snacks ou une pizza en écoutant de la bonne musique (rock alternatif, jazz), avec parfois des groupes qui jouent de la musique internationale ou palestinienne.

Café du AIC Palestine : *voir plus haut « Adresses utiles ». • aicpalestine.org • À partir de 18h ; fermé ven et dim.* Petit café dans les salles voûtées en pierre situées sous le centre. L'ONG organise régulièrement des soirées débats en anglais ou des conférences politiques. Consulter le calendrier sur leur site.

À voir

Shepherds' Field West *(champ des Bergers ; Siyar el-Ghanem ; hors plan par B2) : à env 2 km de Beit Sahour. ☎ 277-24-13. Lun-sam 8h-17h ; dim 8h-11h45, 14h-17h.*

Selon la tradition, il s'agit du lieu où l'ange serait apparu aux bergers endormis pour leur annoncer la naissance de Jésus. (Re)lire l'Évangile selon saint Luc (II, 8-20). « Il y avait dans la même région des bergers qui passaient la nuit dans les champs pour y garder leur troupeau. Un ange du Seigneur leur apparut et la gloire du Seigneur resplendit autour d'eux. Ils furent saisis d'une grande frayeur. Mais l'ange leur dit : N'ayez pas peur, car je vous annonce une bonne nouvelle qui sera une source de grande joie pour tout le peuple : aujourd'hui, dans la ville de David, il vous est né un Sauveur qui est le Messie, le Seigneur... » Ici ont été retrouvés un pressoir et les restes d'objets agricoles, qui attesteraient de l'établissement d'une communauté à l'époque du Christ. Beau jardin où l'on voit encore les vestiges de 2 monastères, l'un du IVe s, l'autre du VIe s. Notez aussi l'oratoire creusé sous le rocher avec la reconstitution d'un habitat partagé entre hommes et animaux, jarres de l'époque romaine. L'église franciscaine, qui domine le site, date de 1953. L'architecture évoque le campement des bergers, tandis que la clarté qui traverse la coupole doit rappeler la lumière apparue lors de l'annonce de l'ange.

Les Grecs orthodoxes situent l'événement un peu plus loin, à Deir-er-Rawat *(Shepherd's Field East).* Ils y ont construit une église en 1989.

HÉBRON (AL-KHALIL)

200 000 hab. IND. TÉL. : 02

Avertissement : en août 2021, le ministère des Affaires étrangères français recommandait la prudence à Hébron, ville régulièrement soumise à des tensions. Suivre les infos sur *• diplomatie.gouv.fr •*, rubrique « Conseils aux voyageurs », puis « Sécurité ».

Hébron est une ville passionnante à plus d'un titre : par son histoire ancienne, empreinte de ferveur religieuse, qui se reflète dans sa grande richesse culturelle et patrimoniale ; par le dynamisme d'un artisanat florissant (céramique, verre soufflé, entre autres), d'une agriculture ancestrale (vignes et oliviers) et d'une industrie majeure dans la région (l'extraction de pierre et de marbre). Des atouts qui ont érigé Hébron en capitale économique de la Cisjordanie. Et

l'accueil des Palestiniens y est formidable. Mais Hébron, c'est aussi une ville un peu à part en raison de sa situation politique très complexe.
Depuis 2017, la vieille ville est inscrite sur la liste du Patrimoine mondial en péril de l'Unesco.
– N'oubliez pas d'adopter une tenue vestimentaire suffisamment couvrante, la ville est assez conservatrice.

UN PEU D'HISTOIRE

Al-Khalil en arabe, signifie l'« Ami », le « Bien-aimé de Dieu », nom donné à Abraham, père du monothéisme. La présence de son tombeau fait d'Hébron un lieu très saint à la fois du judaïsme, du christianisme et de l'islam. D'où le gros problème. La tradition juive y situe également le couronnement du roi David, qui régna ici vers 1000 av. J.-C. pendant 7 ans, puis s'installa à Jérusalem.
C'est l'une des plus anciennes villes du monde, carrefour des routes d'Orient et d'Occident, du nord et du sud. Au fil des siècles, Hébron oscille entre embellissement et destructions : au Ier s av. J.-C., Hérode fait construire une enceinte sacrée sur la grotte d'Abraham, mais 3 siècles plus tard la ville est détruite lors de la révolte des Juifs contre les Romains. Au VIe s, l'empereur Justinien pare la ville de nombreux monuments religieux qui ne résistent pas à la guerre contre les Perses quelques décennies après. À partir du VIIe s, elle devient tour à tour lieu de pèlerinage pour les musulmans, évêché à l'époque des croisés, à nouveau musulmane (et prospère) sous les Mamelouks. On trouve d'ailleurs encore de nombreux témoignages de cet âge d'or dans la vieille ville. Hébron poursuit son développement en tant que plaque tournante commerciale de la région, avant que le mandat britannique ne bouleverse les équilibres.

Une situation politique complexe

Petit historique

Pour comprendre la situation actuelle, il est nécessaire d'opérer un petit retour en arrière, jusqu'à la période du mandat britannique, suivi de quelques dates charnières qui ont modifié considérablement tant la structure que l'atmosphère de la ville.
Au cours des années 1920, Hébron est le théâtre de nombreux affrontements entre Juifs, Arabes et Britanniques. Si la violence atteint son paroxysme en 1929, les heurts continuent jusqu'en 1936, à la suite de quoi les Juifs doivent quitter la ville ; leurs habitations sont alors occupées par les Palestiniens.

> **LE MASSACRE D'HÉBRON**
>
> *En août 1929, lors de fortes tensions et suite à des fausses rumeurs sur une attaque présumée de Juifs contre la mosquée Al-Aqsa, des musulmans s'en prirent aux Juifs dans l'ensemble du pays. À Hébron, ils tuèrent 67 Juifs, tandis que 435 autres furent cachés et sauvés par la police britannique ou par des Palestiniens au risque de leur vie, les protégeant ainsi du massacre. Ils furent honorés pour ces actes de courage.*

Avec le contrôle israélien de la Cisjordanie en 1967, la colonie de Kiryat Arba s'implante à l'est de la vieille ville. De là part un chapelet de 5 colonies implantées au sein même de la vieille ville depuis les années 1980, reliées entre elles par la rue Shuhada (rue des Martyrs). Près de 500 colons juifs sont aujourd'hui protégés par 2 000 soldats israéliens. Ce type de colonisation est unique, car habituellement les colonies surplombent les centres urbains du haut des collines avoisinantes, mais n'occupent pas le cœur de la cité, comme ici.
En 1994, Baruch Goldstein, un colon de Kiryat Arba, pénètre à l'intérieur du tombeau des Patriarches, tire sur la foule, tue 29 Palestiniens et en blesse 200 autres.

Depuis ce massacre, les autorités israéliennes ont fermé la rue principale qui relie le centre-ville à la vieille ville, ainsi que plusieurs lieux de rassemblement, comme la gare routière ou le marché au gros.

H1 et H2

La ville est alors divisée en 2 zones, conformément au protocole d'Hébron de 1997. H1 se retrouve en territoire palestinien et H2 sous contrôle israélien, soit 20 % de la cité où vivent 45 000 Palestiniens. Cette 2de zone, qui comprend essentiellement la vieille ville et ses 5 implantations (plus la colonie de Kyriat Arba), est sillonnée par des routes (comme la rue Shuhada) auxquelles les véhicules et/ou les piétons palestiniens n'ont parfois plus accès. Ce qui occasionne de nombreux détours. Trajets allongés ou ralentis à cause de la centaine de blocages (barrières ou check-points) qui jalonnent la zone. Les Israéliens justifient entre autres le contrôle sur H2 par l'existence de plusieurs bâtiments de l'ancienne communauté juive. Au cours de la 2de Intifada, entre 2000 et 2003, les habitants ont subi 600 jours de couvre-feu. Si bien que, peu à peu, logements et boutiques ont été désertés. Aujourd'hui encore, un tiers des bâtiments sont toujours abandonnés.

« Nouvelle zone militaire fermée »

Depuis novembre 2015, les forces israéliennes ont encore restreint l'accès aux Palestiniens qui vivent à l'intérieur de H2 et plus particulièrement dans le quartier de Tel Rumeida et Al-Shuhada Street, déclaré « zone militaire fermée ». Cela concerne environ 2 000 personnes. Seuls les résidents enregistrés auprès de l'armée, avec, sur leur carte d'identité, un numéro écrit à la main, peuvent se présenter aux 2 check-points pour rejoindre leur maison (depuis 2016, les Israéliens et les étrangers sont autorisés à passer). Sauf pendant les fêtes religieuses juives au cours desquelles la zone est hermétiquement bouclée pour tout le monde (sauf les colons), obligeant les Palestiniens à rester enfermés chez eux ou les empêchant de regagner leur foyer s'ils ne sont pas arrivés à temps.

190 obstacles de déplacement ont été mis en place dans la ville, dont 101 dans la zone H2. Le principal check-point a été transformé en véritable « forteresse », selon les Nations unies. Ces restrictions non seulement aggravent les conditions de vie des habitants et des enfants qui se rendent à l'école, mais séparent les familles à l'intérieur d'une même ville et compliquent, voire empêchent, l'accès aux services (comme les eaux usées) et à certains matériaux (les check-points sont équipés de détecteurs métalliques). Lire le rapport annuel du Haut Commissariat des Nations unies publié en mars 2017. Par ailleurs, les voitures ne sont pas autorisées dans la zone.

Cette situation a créé une nouvelle escalade de tensions dans la ville. Ainsi, les forces israéliennes interdisent régulièrement le tombeau des Patriarches aux Palestiniens âgés de 16 à 30 ans. En 2016, un soldat a tué un jeune, à terre, blessé et désarmé, qui venait d'attaquer au couteau un autre soldat israélien. La scène a été filmée. L'auteur du meurtre a écopé de... un an et demi de prison.

Arriver – Quitter

Hébron est à environ 21 km au sud de Bethléem.

➢ ***De et vers Bethléem :*** taxis *services* de Bab el-Zqaq (sur la route d'Hébron). Arrivée à Bab Ezawieh, à 5 mn de marche de la vieille ville.

➢ ***De et vers Jérusalem :*** taxis *services* de la porte de Damas à Jérusalem.

Adresses et infos utiles

– Attention, toujours avoir son passeport sur soi, ici plus qu'ailleurs.

ℹ ***Tourist Information Center :*** *dans la vieille ville. Dim-jeu 8h30-14h30.* Peut fournir un plan de la ville, quelques brochures et des infos.

■ ***Solidarity Hebron*** : *un bureau dans la vieille ville, Kantarat al-Shallodi (près de l'office de tourisme) ; un autre face à l'université ; les contacter avt. ☎ 222-48-11. • solidarityhebron.org* • L'Association d'échanges culturels Hébron-France et l'Association d'Hébron pour le développement socioculturel sont 2 associations palestiniennes non gouvernementales, qui effectuent un travail formidable de valorisation du patrimoine et d'assistanat social, notamment à travers une ludothèque, une bibliothèque, une aide psychologique, du soutien scolaire (très important alors que les écoles ont été fermées pendant 6 mois au cours de la pandémie en 2020 et n'ont repris qu'à mi-temps ensuite), des activités culturelles et des partenariats avec des écoles. Elles sont tournées vers les enfants, mais aussi vers les adultes, à qui sont dispensés du soutien scolaire, des cours de musique, d'informatique, de français, ou encore de yoga. Des visites guidées thématiques de la ville et des sites archéologiques des environs sont organisées avec des guides parlant le français, qu'ils ont formés. Environ 250 Shk (jusqu'à 5 personnes) le tour d'au moins une demi-journée. De plus, le centre édite un guide historique, culturel et pratique sur la ville et ses environs, extrêmement bien documenté. Ceux qui souhaitent aider le centre peuvent acheter des kits scolaires, des jeux, apporter crayons de couleur, cahiers... Mais le mieux est encore de leur demander quels sont les besoins du moment.

■ ***Hebron Rehabilitation Committee*** *(HRC)* **:** *vieille ville ; suivre le fléchage « Ibrahim Mosque ». ☎ 222-69-93 et 94. • hebronrc.ps • Dim-jeu 8h-15h.* Organisation palestinienne de sauvegarde du patrimoine culturel, architectural et historique de la ville. Le comité a déjà rénové 900 bâtiments de la vieille ville, ce qui a incité la population à revenir habiter sur place. Il propose aussi des visites guidées le samedi, sur demande, et peut aussi arranger un hébergement dans une famille. Sur son site, le comité rend aussi compte de la situation politique à Hébron en recensant mois par mois la liste des violations commises par les soldats israéliens et les colons à l'encontre des habitants.

■ ***Christian Peace Maker Team :*** *• cptpalestine.com* • Chrétiens volontaires du monde entier qui protègent les Palestiniens des colons et des soldats, parfois en accompagnant les enfants à l'école ou en faisant de l'observation aux check-points. Lire aussi leurs rapports trimestriels sur les exactions dont sont victimes les enfants palestiniens.

■ ***Youth Against Settlements :*** *📱 059-942-43-37 (WhatsApp). • friendsofhebron.com* • Un groupe de jeunes d'Hébron milite pour la réouverture de la rue Shuhada et du quartier de Tel Rumeida, où sont installés leurs bureaux – plusieurs fois détruits par les forces israéliennes (lire plus haut « Nouvelle zone militaire fermée »). Ils manifestent, mènent des actions de plaidoyer auprès des médias, donnent des cours d'anglais et de vidéo pour permettre aux habitants de filmer leur quotidien, et assurent les patrouilles civiles que le TIPH n'a plus le droit de faire. Aux étrangers, ils proposent des visites de la ville *(env 50 Shk/pers)* et peuvent aider à trouver un hébergement.

■ ***TIPH*** *(Présence temporaire internationale à Hébron)* **:** cette organisation internationale mettait en place des patrouilles civiles dans Hébron pour les mêmes raisons, depuis 1994 (idée très relative de « temporaire » !). Toutefois, l'autorisation requise pour sa présence en ville, qui était soumise à une demande tous les 6 mois, n'a pas été reconduite par les autorités israéliennes début 2019.

Où dormir ? Où manger ?

Logement chez l'habitant : *Hébron-France* et *Hebron Rehabilitation Committee* (voir coordonnées plus haut dans « Adresses et infos utiles ») proposent des logements chez des familles *(avec Solidarity Hebron, prévoir 150 Shk/pers en ½ pens).* Un des membres de la famille est, en principe, francophone. Notez que tout l'argent va à la famille. Le *HRC* loge les visiteurs dans une famille de la vieille ville *(40 Shk/pers ou 80 Shk en ½ pens).* Également possibilité de manger chez l'habitant.

H2 Hostel Hebron : *Bab Al-Zawiya Sq. 059-550-52-69. • hostelinhebron.wixsite.com • Dortoirs 8 lits (non mixtes) 50 Shk/pers, double 200 Shk, sdb commune ; petit déj inclus.* À 10 mn à pied de la vieille ville. Si l'*hostel* se trouve en H1 (en territoire palestinien), H2 n'est jamais loin, omniprésent dans les esprits et la vie quotidienne. Dans ce quartier animé et commerçant, l'auberge symbolise en quelque sorte le point de rencontre entre les 2. Elle organise des tours dans la vieille ville et propose un hébergement simple, mais clean. Les parties communes sont un peu datées, mais les dortoirs et les chambres ont été rafraîchis. Cuisine à dispo. Bon accueil.

King of Falafels *(Malik al-Falafel)* ***:*** *Aïn Sarah St, dans la ville nouvelle, en face de l'immeuble Al-Haras. Tlj 6h-21h. Prix moyens.* C'est le roi et on veut bien le croire. En tout cas, sandwichs bons et copieux, idéal pour un en-cas sans se ruiner.

Abu Mazen : *Nimra St, dans la ville nouvelle. ☎ 221-38-33. Prix moyens.* Resto assez touristique (si l'on peut dire) qui propose *mezze* et plats traditionnels.

Achats

Il serait dommage de venir à Hébron sans acheter ce qui fait la renommée de la ville : céramiques, verres et, de façon plus confidentielle, les keffiehs.

Ateliers de céramiques et de verres : la technique du verre soufflé existe depuis le Ier s av. J.-C. et serait arrivée à Hébron au cours du XVe s. Aujourd'hui, les souffleurs utilisent du verre recyclé et des oxydes tels que le cobalt. La céramique se serait développée plus tardivement, au XIXe s, grâce aux Arméniens. Les boutiques attenantes aux ateliers présentent un beau choix de formes et de coloris. On peut même admirer les artisans souffler le verre près de leurs fourneaux. Prix raisonnables.

– À l'entrée nord de la ville moderne, ***plusieurs ateliers, notamment celui d'Al-Salam*** : *dim-jeu 8h-20h ; ven 8h-12h, 15h-20h.*

– ***Ard Canaan :*** *dans la vieille ville, non loin du tombeau des Patriarches. ☎ 225-59-38. Tlj 5h-18h.* On a un peu l'impression d'entrer dans une grotte. En fait, une fois à l'intérieur, il s'agit plutôt de la caverne d'Ali Baba : de la verrerie partout, du sol au plafond, à usage décoratif ou usuel de toutes les couleurs, ou presque.

Fabrique de keffiehs Hirbawi : *Nemrah St, dans la ville moderne. 059-929-70-28 (WhatsApp). • kufiya.org • (pour l'achat en ligne). Demander à un taxi de vous y conduire (difficile à trouver). Tlj sauf ven 7h-20h.* Fondée en 1961, il s'agit de la dernière fabrique encore en activité en Palestine. Le célèbre tissu est aujourd'hui concurrencé par l'importation chinoise. N'hésitez donc pas à lui rendre visite, les rares touristes qui viennent ici sauvent pour l'instant la modeste usine de la fermeture. Outre le damier noir et blanc, on trouve désormais une grande diversité de couleurs. Jusqu'à faire du traditionnel keffieh un accessoire de mode ? Mais symbole politique, il le restera.

Women in Hebron : *dans le souk. 059-807-22-67. • womeninhebron.com •* Des femmes des villages environnants se sont regroupées pour entretenir le savoir-faire local : broderies, sacs, tapis, robes ou encore trousses. De belles réalisations.

LA PALESTINE

À voir

Haram-el-Khalil (c'est-à-dire le « sanctuaire de l'Ami » en arabe) ou ***Ma'arat HaMakhpéla*** (en hébreu, la « grotte des Doubles »), ou le ***tombeau des Patriarches :*** *toujours ouv, sauf pdt les prières, ainsi que lors des fêtes religieuses*

juives et musulmanes. Il est précédé par un check-point israélien (présenter son passeport). À l'intérieur, retirer ses chaussures, les femmes doivent enfiler une cape (à disposition). Il s'agit de la seule mosquée qui se visite en Palestine.
Selon la tradition (au XVIIIe s av. J.-C.), Abraham cherchait un lieu de sépulture pour sa femme Sarah et acheta cette grotte. Il y fut à son tour inhumé aux côtés de son épouse, tout comme son fils Isaac et sa femme Rebecca, leur fils Jacob et sa 1re femme Léa (le tombeau de sa 2e épouse, Rachel, se trouve près de Bethléem). Pour protéger cette réunion de famille, Hérode construit une enceinte, dans laquelle les Byzantins érigent une basilique, tandis qu'une synagogue est bâtie à côté. La basilique détruite par les Perses est remplacée par une mosquée au VIIIe s, avant d'être transformée en église par les croisés, puis... rendue au culte musulman à la fin du XIIe s. On s'arrête là ! Enfin, pas tout à fait puisque, aujourd'hui, le sanctuaire est divisé en 2 parties, musulmane et juive.
Les Mamelouks accolent une autre mosquée au XIVe s, appelée « Jawliya » et la séparent du sanctuaire par des murs recouverts de marbre. Côté musulman, c'est désormais par cette mosquée que l'on pénètre dans le tombeau des Patriarches où reposent les cénotaphes d'Isaac (à droite) et de Rebecca (à gauche). Un baldaquin surmonte la grotte, absolument inaccessible. C'est là que seraient enterrés les 6 patriarches et matriarches. On peut juste jeter un œil par un trou au fond duquel luisent des bougies, ce qui permet d'évaluer la profondeur de la cavité. Remarquer le minbar, apporté d'Ashkelon (Ascalon en arabe) par Saladin. Il est constitué de bois et de marqueterie. À gauche du mihrab, ce qui ressemble à l'affichage des taux de change bancaires est en fait un tableau des heures de prière, certes très moderne. Le cénotaphe d'Abraham se trouve dans une pièce au fond à droite, derrière des grilles. Tout comme celui de Sarah, il peut être vu à la fois par les musulmans et les juifs.
En sortant de la mosquée, à droite des escaliers, se dresse le bâtiment aux ablutions. Il date de l'époque mamelouke. Noter les versets du Coran calligraphiés sur la façade.
– Les étrangers peuvent accéder à la synagogue, dont l'entrée se trouve donc de l'autre côté. Descendre la rue, et emprunter les escaliers sur la gauche. Plus petite et modeste que la mosquée. Les premiers cénotaphes visibles sont ceux d'Abraham (à droite) et de Sarah (à gauche). Puis dans la grande pièce, ceux de Jacob (à gauche) et de Léa (à droite).
Les 2 parties (musulmanes et juives) sont réunifiées lors des fêtes religieuses respectives. Chaque communauté occupe alors la totalité de l'espace l'équivalent de 10 jours dans l'année chacune.

Old City *(vieille ville)* **:** elle date principalement de la période mamelouke (XIIIe-XVIe s) et ottomane et s'organisait en quartiers, selon les affinités religieuses, ethniques ou corporatistes. Des passages couverts relient toujours les quartiers entre eux. La plupart des maisons sont surmontées de dômes, architecture typique de la région. Ils procurent à la fois une meilleure ventilation et de l'espace.

RUE FANTÔME

Lorsqu'on voit un groupe de militaires israéliens faire leur jogging sur un axe principal absolument désert au cœur de la ville comme s'il s'agissait d'un terrain d'entraînement, on se demande quelle catastrophe a bien pu frapper ce périmètre. Naturelle ? Humaine ? Sur les 2,5 km de la rue Shuhada, 1 014 maisons ont été fermées, 1 823 magasins ont baissé le rideau. Les Palestiniens ont interdiction d'emprunter la rue, barrée à chaque extrémité, les obligeant à des détours interminables. Pas les étrangers, ni les Juifs israéliens. Le parcours est jalonné de pancartes (en anglais) rappelant l'histoire juive de la ville, on imagine pour justifier l'implantation de toutes les colonies visibles le long de la rue.

Avant 1994, le quartier comptait 10 000 Palestiniens ; en 1996, ils n'étaient plus que 500. Aujourd'hui, 5 500 personnes sont revenues y vivre. Face à elles, ou plutôt au-dessus d'elles, 500 colons se sont installés au 1er étage des maisons de la vieille ville, tandis que les commerçants (palestiniens) se trouvent au rez-de-chaussée. Ils représentent des cibles faciles pour les Israéliens d'en haut qui leur jettent allègrement des ordures et des pierres. Du coup, un filet a été tendu pour recueillir les projectiles en tout genre. Il n'y a qu'à lever les yeux pour voir jusqu'à quel point les rapports entre les 2 communautés peuvent être déshumanisés. Dans l'ancien souk de l'or (une petite rue perpendiculaire à la rue principale, côté droit), pas de filet, mais une rue barrée et jonchée de détritus jetés par les colons au-dessus.
La vieille ville est surveillée en permanence par 100 miradors et plus de 20 check-points à l'intérieur de H2. Dans le souk, près de 80 % des boutiques ont fermé depuis 2000, soit sur ordre militaire, soit faute d'activité. Les rares commerces encore ouverts reçoivent peu de visiteurs (palestiniens ou étrangers). La situation économique dans la vieille ville est catastrophique. On s'en rend d'ailleurs compte, car plus on avance dans la rue principale en direction du tombeau des Patriarches, moins il y a de monde.
Et pourtant, ça a été pire. Car, grâce à la campagne de réhabilitation menée par le *HRC* (voir plus haut dans « Adresses et infos utiles »), certains bâtiments ont retrouvé de leur superbe et quelques familles ont pu réinvestir les lieux.
N'hésitez pas à déambuler dans ses ruelles voûtées pour découvrir ce qui fait la richesse d'Hébron : les produits dérivés du raisin (spécialité de la ville, il en existe 12 variétés), comme le *dibès* (sirop), le *malban* (une feuille de pâte de raisin) ou la confiture. Dans la série petites douceurs, ne pas manquer non plus l'atelier de fabrication des loukoums (demander *Halkoum*) près du tombeau des Patriarches, avant le check-point. Le proprio n'a jamais fermé son magasin, même pendant les périodes les plus troublées. La cité est aussi connue pour le travail du cuir et la confection de chaussures. Quelques boutiques d'artisanat également (voir celle de *Women in Hebron,* dont on parle plus haut dans la rubrique « Achats »).

Hammam : *dans le souk, Al-Qazzazin Market, Qantarat al-Hammam. Ouv 8h-15h ; fermé ven-sam et j. fériés. GRATUIT.* Hammam à l'architecture mamelouke datant du XIIIe s, magnifiquement restauré par le Hebron Rehabilitation Committee. Belle salle chaude notamment, avec à chaque coin, une pièce surmontée d'une coupole ornée de verre teinté. En dessous se trouvait le foyer pour chauffer le sol.

– À l'est de la vieille ville, la colonie de Kiryat Arba, fief du *Goush Emounin,* un des mouvements politico-religieux israéliens les plus extrémistes. Elle abrite plus de 7 500 colons.

JÉRICHO

21 000 hab. IND. TÉL. : 02

• Plan *p. 415* • Les environs de Jéricho *p. 419*

***Er-Riha* en arabe, *Yerikho* en hébreu.**
Oasis fertile (la « cité des palmiers » dans la Bible) au climat tropical, Jéricho, nichée dans la vallée du Jourdain et la dépression du Rift, est la ville la plus basse du globe, à 248 m sous le niveau de la mer. C'est aussi l'une des plus anciennes cités du monde, comme l'attestent les fouilles réalisées

à Tell-es-Sultan, à 2 km de la ville moderne, qui datent les premières occupations humaines à environ 9000 av. J.-C.
La Bible raconte que vers 1200 av. J.-C., au terme de leur exode depuis l'Égypte sous la conduite de Moïse puis de Josué, les Hébreux s'emparent de la ville, en écroulant les murailles au son des fameuses trompettes.
Plus tard, les habitants de Jérusalem et de Bethléem s'y réfugient pour sa douceur, tandis qu'au Ier s av. J.-C. les rois en font un enjeu de leurs rivalités : Cléopâtre s'en empare en 35 av. J.-C. avec la bénédiction de Marc Antoine, avant qu'Octave ne restitue la terre à Hérode le Grand.
La création de l'État d'Israël en 1948 engendre un afflux de réfugiés palestiniens dans la région, qui passe sous contrôle israélien en 1967. Jéricho est la 1re ville palestinienne à accéder au statut d'autonomie en 1994. Elle a toutefois beaucoup souffert pendant la 2de Intifada. Avant cela, tout Israël venait prendre du bon temps à Jéricho, profiter de l'animation autour de la récolte des dattes ou des oranges, se balader à vélo dans les rues. La synagogue est aujourd'hui désertée et le casino fermé, mais la ville reste un lieu de détente pour de nombreux Palestiniens, notamment en hiver, quand les températures affichent une douceur bien agréable. Parcs d'attractions et plage artificielle complètent ses atouts naturels.
La ville moderne assez étendue – mais le centre est petit – vaut surtout le détour pour le palais Hisham, ses environs, et notamment une magnifique balade dans le wadi Qelt, un superbe et aride canyon rocailleux. Et, aux abords de la ville, un paysage verdoyant grâce aux nombreuses sources qui permettent la culture des palmiers dattiers (dattes medjoul, réputées les meilleures !), des agrumes, bananes, figues, raisins dans les fermes tenues en grande majorité par les colons... Attention, l'été, il peut faire excessivement chaud dans la vallée (autour de 40 °C). Prévoir chapeau, suffisamment d'eau, et démarrer la journée à l'aube !
– Check-point palestinien (Qalandya) à l'entrée de la ville.

Arriver – Quitter

Jéricho se trouve à env 40 km au nord-est de Bethléem et à 25 km à l'est de Ramallah.

Gare routière *(plan B2)* **:** *non loin de la pl. principale, près de l'ancienne mosquée (Jama'a Al-Qadima).* Taxis *services* en principe 7h-20h (plus tard en été).

Liaisons avec :
➢ ***Ramallah*** (compter 1h de trajet), ***Naplouse*** (1h20), ***Jénine*** (1h40). Pour ***Bethléem*** (1h), changer à Abou Dis. Bus pour ***Jérusalem*** de Béthanie.
➢ Pour la ***Jordanie*** via le pont Allenby, se reporter en début du guide au chapitre « Arriver – Quitter ».

Adresses et info utiles

Sultan Tourist Center *(plan A1)* **:** *☎ 232-15-90. • info@jericho-cablecar.com • Situé en face du site de Tell-es-Sultan, au pied du téléphérique (cable car en anglais). Tlj 8h-18h min. Également dans le centre, sur la pl. principale (Main Sq ; plan B2). Tlj 8h (10h ven-dim)-17h.*

■ ***Arab Bank*** *(plan B2,* ***1****)* **:** *Hisham Palace St. Tlj sauf ven-sam 8h30-14h (13h30 jeu).* Distributeur délivrant shekalim, dollars et dinars jordaniens.

■ ***Palestine Bank of Investment*** *(plan B2,* ***2****)* **:** *Hisham Palace St.* Distributeur délivrant shekalim, dollars et dinars jordaniens.

■ ***Supermarché Sabasi*** *(plan B2,* ***2****)* **:** *tlj 8h-minuit.* Impeccable et bien approvisionné en produits de base. Un petit espace de poche permet de s'attabler pour avaler une salade ou un snack et un café.

LA PALESTINE

■ ***Police touristique*** *(plan A1,* ***3****) : elle est présente presque quotidiennement à l'entrée de Tell-es-Sultan.*

■ ***Loueurs de vélos*** *: l'un sur la pl. principale (plan B2), l'autre à une dizaine de mètres, dans Jericho St. Compter 20 Shk/j.* VTT en plutôt bon état, mais pas de casque fourni.

■ ***Hantourism*** *(• hantour.ps •)* propose une virée culinaire, à la rencontre de cultivateurs et producteurs. On goûte, on achète, puis on repart cuisiner le tout avant d'en partager le résultat !

Où dormir ?

Peu d'hébergements en général et d'adresses pour petits budgets en particulier.

De bon marché à prix modérés (moins de 250 Shk / 62,50 €)

Auberg-Inn *(plan A1,* ***11****) : Al Nakheel St 12, Al-Dyook Al Tahta. 056-896-60-10 ou 052-350-00-41 • auberginn.ps • 4 chambres doubles et 1 dortoir (max 8 lits). Compter 90 Shk/pers en dortoir ; doubles env 330-380 Shk sans ou avec sdb, petit déj inclus. Chambres et dortoirs chauffés/climatisés. Repas possible sur demande.* Tout près du mont de la Tentation et à 20 mn à pied du centre. Les chambres sont simples et bien tenues. Grand balcon couvert à l'étage pour surplomber les environs et profiter des jolies couleurs d'une fin de journée. La maison est entourée d'un jardin avec frangipaniers, bougainvillées, petit potager, palmiers dattiers et autres arbres fruitiers. Et, le règne animal est aussi bien représenté, avec les ânes Amanda et Rasputin, les chats, les poules... Plein de beau monde ! Petite piscine hors sol. Location de vélos possible.

Prix moyens (60-100 $ / 55-90 €)

Chambres d'hôtes chez Norma et Abed Majrouh *(connu sous le nom d'Abu Rami, l'ancien pharmacien,* pharmacist ; *plan B2,* ***12****) : Ketf El wad area, Papay St. 0595-431-517 (précédé de l'indicatif 00-970 en appelant de l'étranger) ou 0598-714-998 (indicatif 00-972 de l'étranger). • lovesweety1975@gmail.com • Prévoir 80 € pour 2, petit déj inclus, 40 €/pers dans la chambre à 4 lits simples.* Heureux parents d'une famille nombreuse, Abed et Norma, anglophones et charmants, ouvrent la porte de leur maison aux touristes depuis que leur progéniture a quitté le nid. Ils proposent à l'étage 2 chambres impeccables, avec entrée indépendante, salle de bains et salon partagés. 2 chambres supplémentaires, au rez-de-chaussée, en dépannage.

De chic à plus chic (plus de 100 $ / 90 €)

Oasis Hotel *(plan Les environs de Jéricho) : Jerusalem St, à l'entrée de la ville. ☎ 231-12-00. • oasis-jericho.ps • Doubles env 100-175 $ selon confort, avec petit déj. Pour les non-résidents, accès à la piscine env 100 Shk ; réduc. Également spa (sauna, hammam, massages) ouv à tous.* Un luxueux hôtel, pas tout à fait intimiste : 180 chambres, toutes identiques ; plusieurs restos, 2 piscines. Tout pour les sportifs (salle de gym, terrain de tennis...), jeux pour enfants. Très bien tenu ; un peu excentré.

Où manger ? Où boire un verre ?

Jéricho comptant parmi les étapes de groupes organisés venus en voyage - pèlerinage, les restos sont calibrés pour accueillir du monde ; rien d'intimiste donc...

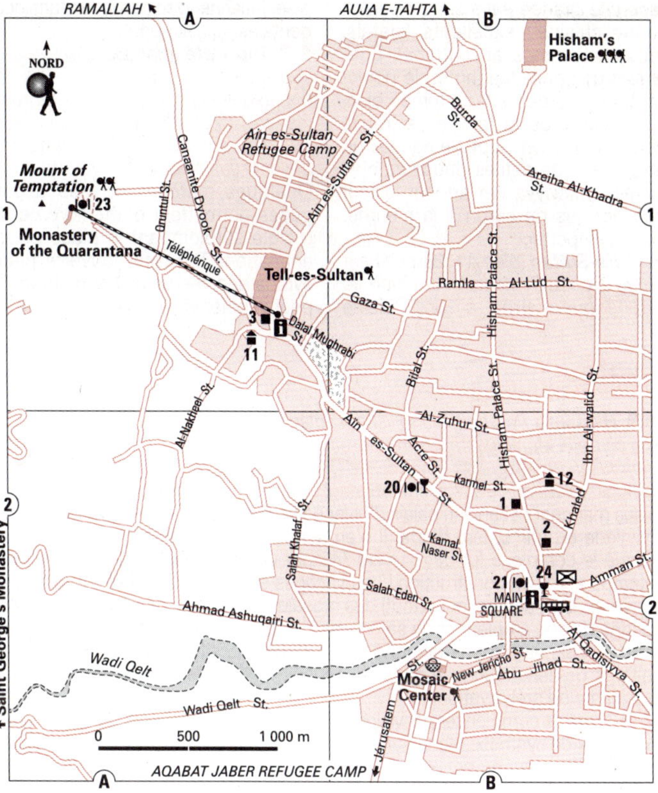

JÉRICHO

Adresses utiles

- Sultan Tourist Center (A1 et B2)
- **1** Arab Bank (B2)
- **2** Palestine Bank of Investment et supermarché Sabasi (B2)
- **3** Police touristique (A1)

Où dormir ?

- **11** Auberg-Inn (A1)

Où manger ? Où boire un verre ?

- **20** Green Valley (B2)
- **21** Abu Omar Sweet & Rest (B2)
- **23** Es-Sultan (A1)
- **24** Top Café (B2)

Prix moyens (30-60 Shk / 7,50-15 €)

Green Valley *(Mata'am Akhdar ; plan B2,* ***20****) : Aïn es-Sultan St. ☎ 232-23-49. Avt Tell-es-Sultan, sur la gauche, en venant du centre. Tlj 9h-23h. Sert de l'alcool.* Resto familial de bonne réputation, où il est agréable de s'attabler en terrasse au milieu des quelques plantes. Viandes grillées, demi-poulet façon *musakhan* (avec des épices), *kofte*, *mezze*, etc. Ensemble bien tenu et service pro. Un très bon rapport qualité-prix.

Abu Omar Sweet & Rest *(plan B2,* ***21****) : Aïn es-Sultan St. Tlj 6h-2h. Pas d'alcool.* On s'attable à toute heure, dans une grande salle sur 2 niveaux. Bonne cuisine : excellents falafels, goûteux *hommos* et *muttabal*. Également des grillades (hmm, le poulet rôti !). Pour le dessert, ça tombe bien, la pâtisserie de la famille se trouve juste à côté. On peut demander un assortiment de petites douceurs bien sucrées *(halwiyyat)* et arroser le tout d'un bon jus de citron à la menthe. Vente à emporter.

Es-Sultan *(plan A1, **23**)* : *en haut du mont de la Tentation. Attention, le téléphérique s'arrête à 20h.* Cuisine palestinienne avec des incursions occidentales. Vue superbe.

Top Café *(plan B2, **24**)* : *dans le centre, sur la pl. principale. Prendre les escaliers qui jouxtent le resto Issawi, c'est au... 5e étage ! Tlj de 10h30 jusqu'au dernier client. Pas d'alcool (jus ou boisson chaude donc).* Quelques marches un peu déglinguées permettent d'atteindre ce nid d'aigle surplombant la place et son animation. Terrasse couverte plutôt sympa décorée de bric et de broc. On peut y fumer le narguilé.

À voir

Hisham's Palace *(palais Hisham ; plan B1)* : *à env 3 km au nord de Jéricho. De la pl. de la Municipalité, suivre tt droit la rue Qasr Hisham, le site est derrière le Jericho Resort Village. ☎ 232-25-22. Tlj 8h-17h. Entrée : 10 Shk. Des panneaux en anglais jalonnent le site. Demander aussi un plan au guichet. Film en anglais.* Ne pas manquer cet ancien palais d'hiver édifié par Hisham bin Abd al-Malik, calife omeyyade du VIIIe s, féru d'arts. Il n'en reste malheureusement que des ruines, puisque le complexe fut détruit vers 749 par un tremblement de terre, soit peu de temps après sa construction ! Les vestiges sont très partiellement remontés, mais ils abritent encore (et surtout) des mosaïques de toute beauté. Ce qui donne une idée de son ampleur et de sa richesse. Saladin a bien essayé de le restaurer au XIIe s, mais ça n'a pas fait long feu : inhabité, le site a servi de carrière aux habitants de Jéricho jusque dans les années 1930, date à laquelle a débuté un programme de préservation.

Le mieux est de commencer par visionner le court film en anglais (12 mn), qui, grâce aux images de synthèse, donne une bonne idée de ce que fut la splendeur du lieu. Faites aussi un tour au petit *musée archéologique*, situé à l'entrée. On accède au palais par une entrée flanquée de niches et de colonnettes doubles sculptées. On débouche ensuite sur une grande cour intérieure où trône la fameuse « Étoile de Jéricho », une imposante sculpture en forme d'étoile à 6 branches qui devait surmonter une des fenêtres du palais. D'une grande élégance, elle est représentative du début de l'architecture islamique. Descendre les escaliers métalliques situés derrière l'étoile pour admirer la mosaïque qui pavait le petit hammam.

La partie nord du complexe (vers la droite) accueille les thermes. Dans la salle hypostyle, de beaux chapiteaux ont été remontés sur des colonnes d'origine, tandis que d'autres colonnes ont été restaurées plus grossièrement. À l'heure où vous lirez ces lignes, espérons que vous pourrez admirer l'immense et délicate mosaïque qui pave les bains sur 850 m². Il s'agirait de la plus vaste mosaïque du Proche-Orient – peut-être du monde – dans un état de conservation exceptionnel ! Une succession de passerelles surplombées par un toit en forme de dôme devrait être prochainement aménagée grâce à des financements japonais, permettant enfin au plus grand nombre de découvrir cette splendeur sans l'endommager.

Pour l'instant, la plus belle mosaïque du palais, accessible la plupart du temps, se trouve dans ce qui était sans doute la pièce d'amis ou la salle de réception du calife. On l'aperçoit (mal) soit

AMUSANTE ORIGINE

Dans l'Antiquité, le terme « mosaïque » signifiait « grotte des muses ». On ornait de pierres multicolores ces lieux qui abritaient les statues vénérées par les Grecs et les Romains. Le terme « musée » a la même étymologie.

à niveau, derrière des grilles, soit par des escaliers à l'arrière. On la surplombe alors à l'envers. Elle abrite le célèbre Arbre de vie ou Arbre de la cruauté humaine. Cette splendide mosaïque figure un grenadier avec d'un côté 2 gazelles mangeant les feuilles, de l'autre une 3e se faisant dévorer par un lion. Elle symbolise la vie et la mort, la guerre et la paix. Les 15 fruits que porte l'arbre représenteraient les 15 pays conquis par les Omeyyades. Au-dessus de la mosaïque, de magnifiques stucs laissent imaginer la splendeur du lieu. D'autres exemplaires se trouvent désormais au musée Rockefeller de Jérusalem (voir cette partie).
En continuant vers l'est, on découvre une mosquée (le mihrab est toujours visible) et une fontaine composée de colonnes corinthiennes et surmontée d'une coupole qui ornait autrefois la place du palais. Noter la finesse de la décoration.

Tell-es-Sultan *(plan A1)* **:** *à 2 km au nord-ouest de la ville moderne. Tlj 8h-17h (18h en été). Entrée : 10 Shk ; réduc.*
On peut y découvrir les vestiges de l'ancienne ville de Jéricho, la plus basse ville connue (258 m au-dessous du niveau de la mer), et la plus ancienne ; rien que ça ! La lecture du site n'est pas facile pour les néophytes...heureusement, la projection d'un film (15 mn) aide un peu, mais il manque des panneaux sur place, et il reste surtout énormément à fouiller. Son importance archéologique est néanmoins majeure.
On retient qu'il s'agit du 1er lieu d'occupation humaine qui ait été retrouvé. Vers 8000 av. J.-C., des communautés de chasseurs-cueilleurs s'installent au cœur d'un écosystème apparemment favorable, une zone fertile pourvue d'eau en abondance, et développent pour la 1re fois l'agriculture et l'élevage. C'est le début de la maîtrise de l'environnement.
Depuis un siècle, la colline a été complètement taraudée pour entreprendre les recherches. Les archéologues ont découvert pas moins de 23 couches dans le tell (colline formée par l'accumulation de vestiges), des villes bâties les unes sur les autres et abandonnées pour une raison ou pour une autre. La plus ancienne remonterait à 7300 av. J.-C. et comprendrait le 1er système de fortification connu au monde. Dans la tranchée no 1 *(trench 1),* on distingue clairement une tour datant de cette période et sans doute les premiers escaliers au monde. Un 2e rempart aurait été érigé en 3000 av. J.-C.
Quant à l'épisode de la Bible selon lequel les murailles de la ville se seraient effondrées au son des trompettes, les archéologues ne peuvent l'attester, car, selon les fouilles, Jéricho aurait été détruite en 1500 av. J.-C. par les Égyptiens. A priori, la cité n'existait plus à l'arrivée de Josué 3 siècles plus tard (où seules quelques habitations subsistaient). Mais rien n'empêche le visiteur de conserver une lecture biblique de l'ensemble et de se référer au livre de Josué, VI, 1 à 27 : « L'Éternel dit à Josué : [...] Faites le tour de la ville, vous tous les hommes de guerre, faites une fois le tour de la ville. Tu feras ainsi pendant 6 jours... le 7e jour, vous ferez 7 fois le tour de la ville ; et les sacrificateurs sonneront des trompettes. Quand ils sonneront de la corne retentissante, quand vous entendrez le son de la trompette, tout le peuple poussera de grands cris. Alors la muraille de la ville s'écroulera... ».
– Sur ce, retour au XXIe s : resto, boutiques, dans le bâtiment en face de l'entrée du Tell.

Mount of Temptation and monastery of the Quarantana *(mont de la Tentation et monastère de la Quarantaine ; Jebel Quruntul ; plan A1)* **:** *à env 3 km au nord-ouest de Jéricho. ☎ 232-28-27. Accès à pied depuis le parking de Tell-es-Sultan (env 30 mn de montée) ou en téléphérique (départ face à Tell-es-Sultan) : tlj 8h-18h. Prix : 60 Shk A/R. Il est possible de rester dîner là-haut, au resto-bar panoramique : auquel cas, faire la résa auprès de l'office de tourisme (● res@jerichocablecar.com ●) de sorte que les horaires de fonctionnement du téléphérique soient prolongés !* Selon la tradition chrétienne, Jésus y passa 40 jours, charmé par Satan (Matthieu, IV, 1 à 11 : « Alors Jésus fut emmené par l'Esprit au désert, pour être mis à l'épreuve par le diable. Après avoir jeûné 40 jours et 40 nuits, il eut faim. Le tentateur vint lui dire : Si tu es Fils de Dieu, ordonne que ces pierres deviennent

des pains. Il répondit : Il est écrit "L'être humain ne vivra pas de pain seulement, mais de toute parole qui sort de la bouche de Dieu"... »). Le texte complet est affiché dans l'église. Le monastère orthodoxe de la Tentation, incrusté comme celui de Saint-Georges dans un flanc de montagne, marque l'emplacement présumé de cet épisode. Il fut construit en 1895 à l'emplacement d'une église croisée (XIIe s). Une cave du monastère est considérée depuis le IVe s comme l'endroit où Jésus se réfugia lors de son jeûne. Un sentier, au départ du monastère, mène au sommet de la montagne et aux ruines d'une forteresse datant du IIe s av. J.-C. On est 350 m au-dessus de Jéricho. Belle vue sur la vallée et la mer Morte.
Grand resto-bar sur place qui offre différentes terrasses, abritées ou non. Jus de fruits pressés et narguilé.

Mosaic Center (plan B2) : *tt de suite à gauche après avoir franchi le pont au-dessus du wadi Qelt. 059-527-82-23. • mosaiccentrejericho.com • Fermé jeu ap-m et ven. Atelier mosaïque de 2h sur résa (compter 120 Shk/pers).* Il s'agit d'une association palestinienne dont le but est de protéger et promouvoir le patrimoine palestinien. Le centre forme principalement des jeunes à la restauration de mosaïques et à la création de nouvelles, qui reprendraient des motifs anciens, ou au contraire très contemporaines. L'idée étant de créer des emplois tout en préservant un savoir-faire hérité des siècles passés. On peut se lancer dans la création d'une petite mosaïque, ou bien observer le travail des mosaïstes et choisir un petit souvenir. Vente également de savons à l'huile d'olive, petites lampes à huile, confitures, miel... Borne d'où envoyer une carte postale personnalisée avec la représentation de l'une des mosaïques au choix, rigolo. Organise aussi une balade d'une journée (environ 12 km) dans le désert, guidée par un Bédouin. Location de vélos ; sympa si la température se prête à une balade le nez au vent !

DANS LES ENVIRONS DE JÉRICHO

LE WADI QELT ET LE MONASTÈRE SAINT-GEORGES

2 possibilités pour rejoindre le monastère :
➢ ***En taxi*** (compter 50 Shk et 10 mn de route) jusqu'au parking qui surplombe le monastère (très belle vue), puis descendre environ 15-20 mn (attention, la remontée est rude !). Prévoir de l'eau. Avis à ceux qui viendront avec leur voiture de location : vols fréquents.
➢ ***En marchant dans le wadi Qelt,*** ce que l'on conseille, d'autant que le coin est absolument superbe (compter environ 1h). Mieux vaut partir très tôt en saison chaude pour ne pas trop souffrir dans cet environnement aride, et apporter suffisamment d'eau. Prévoir aussi de bonnes chaussures, un chapeau et de quoi se couvrir les jambes pour entrer dans le monastère.
Si on décide de randonner, mieux vaut solliciter l'aide d'un guide (les Bédouins qui vendent des souvenirs sur le parking du monastère ont l'habitude d'accompagner les marcheurs, négocier le prix de la balade avant).
Plusieurs approches sont possibles :
– il n'est plus possible de partir de Jéricho. En taxi, emprunter l'ancienne route romaine (cette route, en mauvais état, continue en fait jusqu'au parking du monastère mais est obstruée par des blocs de béton juste avant) et s'arrêter dans un petit village à quelques kilomètres de Jéricho. On se retrouve dans le *wadi* qu'il faut traverser pour emprunter le chemin sur le versant opposé. De là, il reste encore 1h de marche (selon condition physique) avec un peu de dénivelée. La balade est grandiose, riche en faune et flore (surtout au printemps). Ayez l'œil, vous croiserez sans doute des hyraxes (ou damans), sortes de grosses marmottes qui peuplent la région, mais qui se confondent avec la roche. Tout le long, restes d'un aqueduc romain, nombreuses grottes qui ont abrité des ermites. Le *wadi* est en effet connu

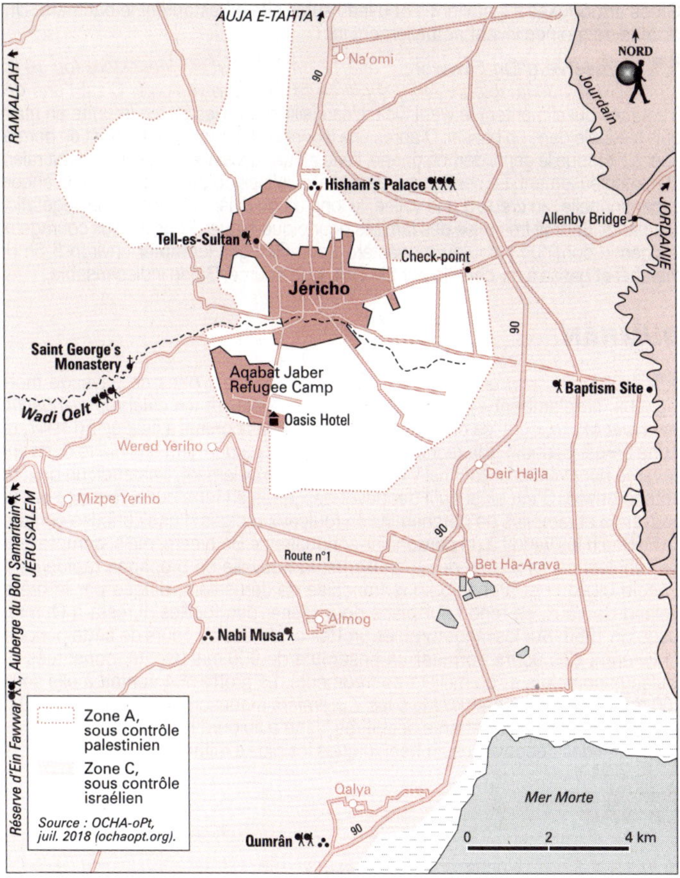

LES ENVIRONS DE JÉRICHO

pour avoir été une région monastique de 1re importance dès le IIIe s. Mais parmi tous les monastères construits à partir des Ve et VIe s, seul le monastère Saint-Georges est demeuré.

– La marche la plus longue débute à Ein Fawwar (voir ci-après).

– ***Saint George's Monastery*** *(monastère Saint-Georges)* **:** *tlj sauf dim 9h-13h. GRATUIT. Les femmes sont admises... en jupe longue (à prévoir car pas de prêt sur place) et épaules couvertes ; les hommes doivent porter un pantalon.* Le monastère orthodoxe fut fondé au Ve s par Jean le Kozibite, un Égyptien de Thèbes (actuelle Louxor). Accroché à la falaise, l'édifice est niché dans une nature de toute beauté, marquée par les récits bibliques : Élie se serait retiré dans une grotte des alentours, tandis que saint Joachim y aurait appris d'un ange que sa femme stérile donnerait naissance à Marie. En 614, les Perses envahissent le pays, détruisent le monastère et tuent les moines. Il est reconstruit au XIIe s, puis abandonné au départ des croisés jusqu'à la fin du XIXe s, date à laquelle les

Grecs orthodoxes s'installent à nouveau sur le site et restaurent le bâtiment. Une dizaine de moines vivent actuellement ici.

La réserve d'Ein Fawwar : *à env 12 km à l'ouest du monastère (ou 10 km à pied !), près de la colonie Alon, sur la route 458. Être véhiculé.* C'est l'une des 3 sources qui alimentent le wadi Qelt. L'eau jaillit toutes les 20 mn (montre en main) puis s'écoule dans un bassin. D'après une légende, 2 démons s'affrontent en permanence : lorsque le gentil démon gagne, l'eau afflue, si c'est le mauvais, le débit ralentit miraculeusement. Le sentier, qui démarre ici, s'insinue dans une nature là encore exceptionnelle, au creux d'une vallée, le long d'une rivière bordée d'une végétation luxuriante. Endroit très prisé des familles pour pique-niquer. Pour les plus courageux, le chemin continue jusqu'au monastère Saint-Georges (compter environ 5-6h de marche) et passe à mi-chemin par Ein Qelt, la 2e source. Guide indispensable.

QUMRÂN

À 20 km au sud de Jéricho, par la route 90. C'est dans ce paysage montagneux, surplombant « le lac salé », que l'on découvrit les célèbres *manuscrits de la mer Morte,* dont les plus vieux textes bibliques connus à ce jour. En 1947, un jeune berger bédouin, à la recherche d'une chèvre perdue, jeta une pierre dans une caverne pour vérifier si l'animal y était. Au lieu d'un bêlement, il entendit un bruit de poterie brisée. C'est ainsi qu'il découvrit des jarres en terre cuite, fermées par un couvercle et remplies de parchemins en rouleaux rédigés d'une curieuse écriture. Le Bédouin les vendit à un cordonnier-antiquaire de Bethléem, mais, compte tenu de l'ancienneté probable des manuscrits, la nouvelle se propagea rapidement. L'école biblique et archéologique française de Jérusalem, dirigée par le prêtre Roland de Vaux, se rendit sur place pour mener des fouilles. Il resta à Qumrân jusqu'en 1956. Sur les innombrables grottes explorées au cours de cette période, 11 livrèrent des écrits, formant un ensemble de 900 manuscrits, constitués de rouleaux complets et de milliers de fragments. La grotte nº 4 abritait à elle seule 400 rouleaux... en confettis. Mais les 7 premiers manuscrits découverts en 1947 s'avéreront les plus importants déchiffrés jusqu'à aujourd'hui.
Voici l'une des découvertes archéologiques les plus exaltantes de tous les temps.

Le site

☎ (02) 994-22-35. • parks.org.il • Sam-jeu 8h-16h (17h avr-sept), ven et veilles de j. fériés 8h-15h (16h avr-sept). Fermeture des caisses 1h avt. Résa en ligne obligatoire. Entrée : 29 Shk ; réduc.
Le site de Qumrân est mis en scène en partant du postulat que les Esséniens sont les auteurs probables des manuscrits de la mer Morte. Tout est très balisé. Un film (de 7 mn), dans le genre docu-fiction, leur est consacré. Puis l'écran se lève, un rien théâtral, sur la suite du parcours. Les explications sur la vie de la communauté s'égrènent le long d'un couloir avant de continuer à l'air libre vers une passerelle et la dizaine de bains purificateurs découverts lors des fouilles.
Au fond du site, un point de vue permet de voir les grottes où ont été découverts les rouleaux. Beau panorama également sur la mer Morte.

Les manuscrits de la mer Morte

Que contiennent ces rouleaux ?

Environ le quart des manuscrits (soit un peu plus de 200) représentent à eux seuls des textes de la Bible hébraïque, c'est-à-dire de l'Ancien Testament (livre d'Isaïe, le livre des Psaumes, le Lévitique...), exception faite du livre d'Esther. La plupart ont été rédigés en araméen, en hébreu et parfois en grec, entre le IIe s av. J.-C. et le Ier s apr. J.-C. D'où leur importance : ils sont antérieurs de 1 000 ans aux textes bibliques du Moyen Âge (rédigés vers l'an 1000 de notre ère) et qui servaient jusqu'alors de référence.

La 2e partie est formée de livres apocryphes (non reconnus et donc absents de la Bible). Ils traitent aussi bien de l'exorcisme (mais ne trouve-t-on pas des épisodes liés à cette pratique dans la Bible chrétienne ?), de l'astrologie, et même d'un trésor ! En 1952, un archéologue français découvre dans une des grottes 2 feuilles de cuivre enroulées et gravées. Le déchiffrage n'est pas simple, mais le résultat est surprenant : les inscriptions révèlent une véritable carte au trésor indiquant 60 caches d'or et d'argent (plusieurs centaines de tonnes !) éparpillées dans la région. Malgré les précisions données sur les rouleaux, rien n'a jamais été trouvé. Les archéologues pensent qu'il pourrait s'agir tout simplement d'un récit imaginaire. Tout le monde a le droit de rêver !

Enfin, la dernière partie des textes fait référence à une communauté religieuse ayant vécu dans la région de Qumrân. Or, des récits datant du Ier s de notre ère mentionnent les Esséniens. Ils sont décrits comme une secte juive menant une vie ascétique au nord-ouest de la mer Morte. Pour le père Roland de Vaux, qui a mené les recherches à Qumrân dès 1949, pas de doute : les Esséniens ont bien occupé le lieu, probablement dès le IIe s av. J.-C. ; les fouilles ont en effet révélé les traces d'un centre religieux communautaire. De plus, certaines descriptions trouvées dans les manuscrits, notamment dans celui intitulé *Les Règles de la communauté,* rappellent les anciens textes dépeignant les Esséniens. Du coup, certains chercheurs ont émis l'hypothèse que les auteurs des manuscrits ne seraient autres que les Esséniens eux-mêmes. Mais rien n'est moins sûr, car à aucun moment le nom de la secte n'est cité dans les rouleaux ni dans le Nouveau Testament. L'hypothèse se révèle donc peu probable.

Pourquoi autant de manuscrits en un lieu ?

La région est connue pour avoir abrité un centre littéraire et religieux florissant dès l'Antiquité. Des témoignages, effectués entre le IIIe et le Xe s de notre ère, rapportent l'existence de jarres près de Jéricho contenant des écrits. Il n'est donc pas très étonnant que, lors des fouilles au XXe s, des jarres et du tissu qui enveloppait traditionnellement les rouleaux aient été découverts vides... les pilleurs étaient déjà passés par là. Était-ce pour les protéger des différentes invasions et notamment des Romains, qui ont détruit le site en 68 apr. J.-C., qu'on les aurait cachés dans des grottes quasi inaccessibles ? Ou s'agissait-il d'une sorte de bibliothèque, comme semblent plutôt le penser les archéologues ?

Il aura fallu 60 années d'études pour reconstituer, interpréter et finalement publier les 900 manuscrits de la mer Morte. Il faut dire qu'ils ont changé de mains à plusieurs reprises, d'abord ballottés par les trafics de marchands et d'antiquaires, puis par les aléas des dominations successives (britannique, jordanienne, israélienne). Le manque de moyens des scientifiques a aussi contribué au retard de la publication des textes. La rumeur a même affirmé que le Vatican faisait de la rétention car les écrits remettaient soi-disant en cause les fondements de la foi chrétienne. À partir de 1991, les travaux se sont accélérés et, 10 ans plus tard, l'ensemble des textes était publié.

Une partie des rouleaux est aujourd'hui exposée au Sanctuaire du Livre, dans le musée d'Israël, à Jérusalem.

NABI MUSA (MAQAM AL-NABI MUSA)

Pour s'y rendre depuis Jéricho, prendre la route en direction de Jérusalem. Arrivé sur la route 1, prendre à gauche, puis tt de suite à droite vers le sud sur env 2 km. Y aller en taxi. Tlj 7h-18h. GRATUIT ; pourboire à discrétion pour le gardien qui vous accompagne. Mosquée et caravansérail fortifiés, situés dans un endroit assez sauvage. C'est là que, selon la tradition musulmane, Moïse reposerait. Mais selon l'Ancien Testament, Moïse gît quelque part sur le mont Nébo (en Jordanie), là où pour la 1re fois il vit la Terre promise ; cela dit, son tombeau n'a jamais été retrouvé. Commencé en 1269 sous le règne du sultan Baïbars, le bâtiment a subi plusieurs transformations à partir de 1475. Aujourd'hui, il aurait sérieusement besoin d'une restauration. Ses 2 étages ne comprennent pas moins de 120 pièces, entourant une vaste cour, au centre de laquelle se trouvent 2 puits. Les chambres étaient réservées aux riches voyageurs, tandis que les plus modestes montaient leurs tentes à l'extérieur de l'enceinte. Voir aussi le cénotaphe de Moïse dans une petite pièce connectée à la mosquée. L'immense cimetière tout autour est celui des pèlerins ayant fait le vœu d'être enterrés dans ce lieu sacré. Beau panorama sur les montagnes environnantes.

BAPTISM SITE (SITE DU BAPTÊME DU CHRIST ; QASR EL-YAHUD)

À env 10 km à l'est de Jéricho, au bord du Jourdain. ☎ 650-48-44. Ouv en principe sam-jeu 8h-16h, ven et veilles de fêtes 8h-15h (ferme 1h plus tôt en hiver). GRATUIT. En zone militarisée, check-point israélien. Les églises qu'on aperçoit de la route sont érigées côté jordanien. Le fleuve, devenu un mince filet d'eau, sépare la Cisjordanie de la Jordanie. De ce côté, juste un ponton où parfois les croyants viennent se faire baptiser en s'immergeant dans cette eau bien polluée. Le Christ aurait été baptisé en face par saint Jean-Baptiste, fait contesté par Israël et l'Autorité palestinienne. Le déplacement papal dans le royaume hachémite qui a eu lieu en mai 2009, ainsi que la bénédiction par Benoît XVI des premières pierres qui ont servi à la construction de nouvelles églises sur la rive orientale, ont apporté une reconnaissance officielle aux thèses des archéologues. Boutique de souvenirs sur place.

THE INN OF THE GOOD SAMARITAN (AUBERGE DU BON SAMARITAIN ; KHAN AL-AHMAR)

Parfois indiqué ***khan El-Hatruri*** *sur les cartes routières. Sur la route 1, env 5 km après la route menant au wadi Qelt en direction de Jérusalem et avt la colonie de Ma'ale Adumim, fléché sur la gauche. ☎ (02) 633-82-30. • parks.org.il • Sam-jeu 8h-17h, ven et veilles de fêtes 8h-16h (ferme 1h plus tôt en hiver). Fermeture des caisses 1h avt. Résa en ligne obligatoire. Entrée : 22 Shk ; réduc.*

Le site avait été identifié par les Byzantins comme étant lié à la parabole du bon Samaritain (Luc, X, 25-37). Pour ceux qui auraient séché les cours de religion, petit rappel des faits et méfaits : sur la route, un homme est blessé par des brigands. Alors qu'un prêtre juif et un Lévite passent sans l'aider, un Samaritain lui porte secours. Or, depuis le schisme des Israélites au Xe s av. J.-C., les Samaritains étaient rejetés par les Juifs, car considérés comme impies. Jésus montre par cette parabole que les actes sont plus importants que la pratique religieuse, expliquant ainsi le sens du commandement « tu aimeras ton prochain comme toi-même ».

À cet emplacement, une église avait été édifiée (on peut en voir la mosaïque à l'extérieur), une auberge (au VIe s), ainsi qu'une citerne, des écuries et des quartiers résidentiels. Les croisés ont ensuite restauré l'auberge et bâti une forteresse (ruines encore visibles sur la colline). Aujourd'hui, le musée, qui occupe un poste de garde de l'époque ottomane, abrite des mosaïques provenant des édifices religieux (synagogues, églises) de Cisjordanie et de Gaza. Il s'agit soit de reconstitutions (on les repère assez facilement à l'intérieur, comme à l'extérieur), soit d'œuvres originales (notamment sous la verrière et quelques-unes dehors). Il manque des repères chronologiques et géographiques.

RAMALLAH

32 000 hab. IND. TÉL. : 02

• Plan p. *424-425*

À seulement 16 km au nord de Jérusalem, mais séparée de la Ville sainte par le mur, Ramallah s'est forgé une identité propre. Siège du gouvernement de l'Autorité palestinienne et de nombreuses ONG, elle attire de plus en plus par son cosmopolitisme. Elle accueille en revanche peu de touristes – les pèlerins y faisant moins halte qu'ailleurs en Cisjordanie – et plutôt des voyageurs indépendants. Un peu trop occidentale et commerçante pour certains, pas assez culturelle pour d'autres, la ville n'en demeure pas moins dynamique et incroyablement vivante. Avec Al-Bireh, la ville voisine, dans sa continuité, elle forme une communauté de près de 70 000 habitants. Nombreuses ONG et vitrine de la Palestine obligent, les prix (loyers, vie quotidienne) y sont d'ailleurs assez élevés. En somme, et bien sûr sans que la comparaison aille au-delà, Ramallah est, comme Tel-Aviv, une sorte de « bulle » en Palestine.

On apprécie à la fois l'atmosphère traditionnelle de la vieille ville, ses petits bouis-bouis où l'on avale *hommos* et falafels debout sur le trottoir avec les habitués, et aussi les endroits éclectiques, branchés, ouverts sur l'extérieur et répondant aux désirs d'une clientèle internationale. D'autres lieux combinent avec justesse les différents apports, renouant avec la terre de brassage qu'elle a toujours été. Et son climat peut aussi être un atout quand le soleil brûle ailleurs : à 900 m d'altitude, on n'y étouffe pas (en hiver il peut même faire froid), et la végétation y est différente de celle des arides collines de la région : pins de Norfolk et toits pentus indiquent que la neige peut être au rendez-vous.

Et puis la ville se trouve pile au centre de la Cisjordanie, ce qui en fait un carrefour quasi incontournable pour se déplacer d'une ville à l'autre en bus.

PARENTS SACRÉMENT ÉTOURDIS

Ramallah servait autrefois d'étape aux caravanes et aux pèlerinages reliant Jérusalem à Naplouse ou à la Galilée. De retour de Jérusalem où ils avaient célébré la Pâque juive, Joseph et Marie s'arrêtèrent à Ramallah. C'est alors qu'ils s'aperçurent de la disparition de leur fils Jésus, âgé de 12 ans. Ils retournèrent à Jérusalem et y trouvèrent le jeune prophète au Temple, prêchant depuis 3 jours au milieu de docteurs de la Loi impressionnés. Pour la version originale, se reporter à la Bible (Luc, II, 41-51).

Arriver – Quitter

Gare routière principale *(plan C1,* ***1****)* **:** *Al-Nahda St, non loin d'Al-Manara Sq, à l'étage d'un vaste parking. Services* (7 pers max) pour :

➢ ***Naplouse*** (5h30-21h, dernier bus au départ de Naplouse vers 18h ; trajet : 45 mn), ***Jénine*** (7h30-18h ; durée : 1h30), ***Bethléem*** et ***Hébron*** (6h-20h ; env 1h30 jusqu'à Hébron).

Arrêts pour :

➢ ***Jérusalem :*** le bus n° 218 part d'Al-Nahda Rd *(plan C1,* ***2****)*, en face de l'hôtel *Al-Wehdeh*. 6h-20h30 (23h en été). Trajet : 20 mn. Et plusieurs dizaines de minibus/j. (lignes n°s 19, 27 et 50) selon trafic. Il faut min 10 passagers. Compter 30 mn-1h de trajet.

➢ ***Jéricho :*** les *services* (minibus)

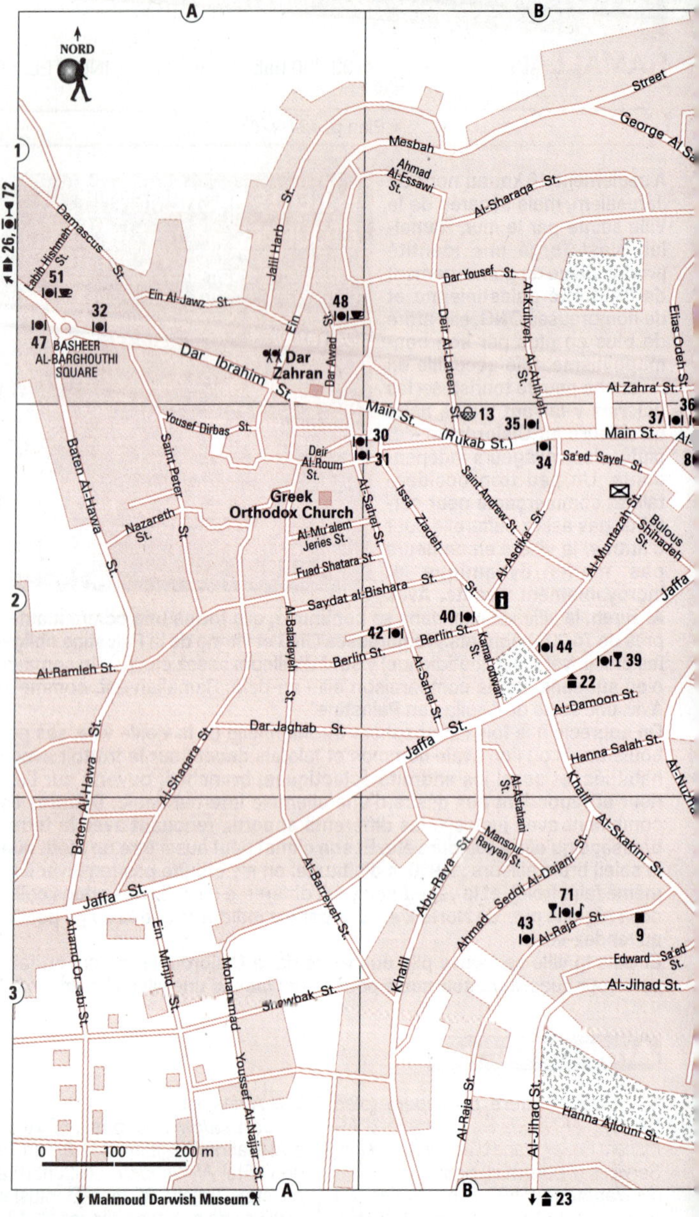
NORD
Damascus St.
Labib Hishmeh St.
Ein Al-Jawz St.
Dar Ibrahim St.
Jalil Harb St.
Ein St.
Dar Awad St.
Dar Zahran
Mesbah
Ahmad Al-Essawi St.
Al-Sharaqa St.
George Al Sa
Street
Dar Yousef St.
Deir Al-Lateen St.
Al-Kuliyeh Al-Ahliyeh St.
Elias Odeh St.
Al Zahra' St.
Main St.
(Rukab St.)
BASHEER AL-BARGHOUTHI SQUARE
Yousef Dirbas St.
Deir Al-Roum St.
Saint Peter St.
Baten Al-Hawa St.
Greek Orthodox Church
Nazareth St.
Al-Mu'alem Jeries St.
Fuad Shatara St.
Al-Sahel St.
Issa Ziadeh St.
Saint Andrew St.
Al-Asdika' St.
Sa'ed Sayel St.
Al-Muntazah St.
Bulous Shihadeh St.
Saydat al-Bishara St.
Berlin St.
Kamal odwan St.
Jaffa St.
Al-Ramleh St.
Al-Baladeyeh St.
Al-Damoon St.
Dar Jaghab St.
Hanna Salah St.
Al-Shaqara St.
Khalil Al-Skakini St.
Al-Nuzha
Al-Asfahani St.
Mansour Rayyan St.
Abu-Raya St.
Ahmad Sedqi Al-Dajani St.
Al-Raja St.
Edward Sa'ed St.
Al-Jihad St.
Al-Barreyeh St.
Ein Minjid St.
Ahand Or abi St.
Mohammad Youssef Al-Najjar St.
Showbak St.
Khalil
Al-Raja St.
Al-Jihad St.
Hanna Ajlouni St.
0 100 200 m
26, 72
A B 1 2 3
30 31 32 34 35 36 37 39 40 42 43 44 47 48 51 71 9 13 22 8
Mahmoud Darwish Museum
23

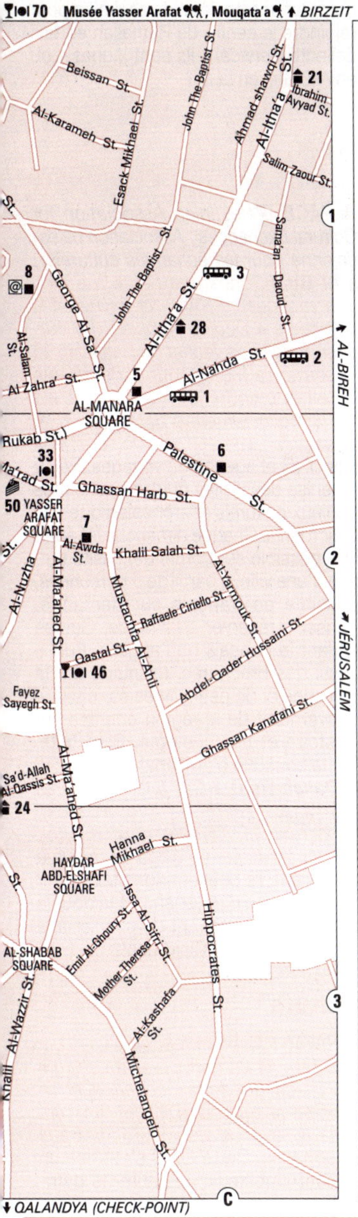

Adresses utiles

- Tourist Information Center (B2)
- 1 Gare routière principale (C1)
- 2 Bus pour Jérusalem (C1)
- 3 Bus pour Jéricho (C1)
- 5 Arab Bank (C1)
- 6 Bureau de change Ajjouli (C2)
- 7 Diwan Voyage (C2)
- @ 8 Centre culturel franco-allemand (C1)
- 9 Khalil Sakakini Cultural Center (B3)

Où dormir ?

- 21 Al-Hambra Palace (C1)
- 22 Royal Court Suites Hotel (B2)
- 23 Caesar Hotel (hors plan par B3)
- 24 Lavender (C2-3)
- 26 Crown Suites (hors plan par A1)
- 28 Al Manara (C1)

Où manger ?

- 30 Bandali (A-B2)
- 31 Abu Jamal (A-B2)
- 32 Abu Khalil (A1)
- 33 Mayseream (C2)
- 34 Beit Mana'eesh (B2)
- 35 Mata'am al Nasra (B2)
- 36 Saba (B2)
- 37 Zeit ou Zatar (B2)
- 39 Sangrias (B2)
- 40 Za'rour (B2)
- 42 Darna (B2)
- 43 Orjuwan (B3)
- 44 Pronto (B2)
- 46 Café La Vie (C2)
- 47 Épicerie Kulshi Sha'i (A1)
- 48 Beit Ardi Café (A1)

Où manger une bonne pâtisserie ? Où boire un bon café ? Où prendre son petit déj ?

- 50 Al Omara (C2)
- 51 Zaman Café (A1)

Où manger une bonne glace ?

- 80 Rukab Ice Cream (B2)

Où boire un verre ? Où sortir ?

- 39 Sangrias (B2)
- 46 Café La Vie (C2)
- 70 Snowbar (hors plan par C1)
- 71 Garage (B3)
- 72 Reef (hors plan par A1)

Achats

- 13 Sabah Al Asal (B2)

RAMALLAH

partent d'Al-Isterha'a St *(plan C1, **3**)* ; compter 40 mn.

En venant de Jérusalem, une fois franchi le check-point de Qalandya, compter une poignée de shekalim pour rejoindre le centre de Ramallah en taxi collectif *(service)* – ils sont jaunes – ou env 40 Shk en taxi.

Adresses et infos utiles

Tourist Information Center *(plan B2)* **:** *en face de la mairie, à côté de Pronto. ☎ 294-55-55, ext. (poste) 123. • tic@ramallah.ps • Tlj sauf ven 8h-18h. Visites guidées (min 6 pers) : 30 Shk/pers. Durée : 3h.* Un des premiers lieux à visiter en arrivant à Ramallah. On y obtient de nombreuses infos pratiques, souvent en français d'ailleurs, sur l'hébergement, les sites, le programme mensuel des événements en ville, des documents. L'office organise également des visites guidées thématiques en français (et en anglais) sur l'histoire et les traditions (tous les jeudis matin), la nature, ou plus orientées sur la politique et la société. Bref, plein de bons conseils et de renseignements à glaner pour mieux comprendre la ville et la région. Vente de souvenirs, et au sous-sol, petite pièce pour lire et se détendre. Accueil pro.

– ***Visites guidées* :** l'office de tourisme en propose (lire ci-dessus).

– ***Wifi* :** gratuit dans toute la ville en se connectant sur *Ramallah Smart City.*

■ ***Banques et change* :** *Arab Bank (plan C1, **5**) avec distributeur sur Al-Manara Sq. Le taux le plus intéressant qu'on ait trouvé est chez **Ajjouli** (plan C2, **6**), un bureau de change sur Palestine St ; tlj sauf ven 8h30-16h30.*

■ ***Police touristique* :** *☎ 240-46-94.*

Agences de voyages et de location de voitures

■ ***Diwan Voyage*** *(plan C2, **7**)* **:** *Al-Awda St, Oweidah Commercial Center Building, près du Yasser Arafat Sq. ☎ 298-55-87. • diwanvoyage.net •* Agence de voyages créée par Sabri, un Français, grand connaisseur de la région, qui met en avant un tourisme responsable. Voir plus haut, la rubrique « Tourisme alternatif et solidaire » dans le chapitre « Palestine utile ».

■ ***PACE*** *(Palestinian Association for Cultural Exchanges ; Association palestinienne pour les échanges culturels)* **:** *à **Al-Bireh,** dans une petite rue face à la mosquée Al-Aïn. ☎ 240-76-11. • pace.ps • Depuis Nablus Rd, bifurquer à droite en venant de Ramallah au niveau de la mosquée (rue de l'Al-Ain Hotel) et prendre la 1re à droite, c'est sur la droite. On entre par la boutique. Tlj sauf ven 10h-16h30 (20h l'été).* À la fois ONG et agence de voyages, PACE organise des visites guidées dans tous les lieux culturels et archéologiques de Cisjordanie. Chaque dimanche (et autre jour possible sur demande), visite guidée d'une ville, à partir de 5 personnes, possible en français sur demande. Penser à réserver à l'avance. Guides parlant le français ou l'anglais. Publie aussi des brochures, un guide sur la Palestine et de petits livres sur chaque gouvernorat de la région orientés sur l'histoire et l'archéologie. Bien faits. Petite boutique d'artisanat.

■ ***Dallah Rent a Car*** *(plan C2)* **:** *près du Yasser Arafat Sq (douar sa'a). ☎ 297-41-41. Dim-jeu 8h-17h. Loc à partir de 40 $/j.* Le siège se trouve à Jérusalem. Ils peuvent donc faire venir des voitures à plaque jaune à la double assurance, permettant de circuler à la fois en Israël et en Cisjordanie.

Culture

■ ***Riwaq* :** *Al-Sharafeh, Nablus Rd, à **Al-Bireh.** ☎ 240-68-87. • riwaq.org • Les chauffeurs de taxi connaissent en principe le quartier. Dim-jeu 8h-16h. Résa à l'avance pour participer aux randonnées.* Cette ONG s'est fixé un objectif ambitieux : restaurer le patrimoine culturel des territoires palestiniens occupés et recréer un réseau de 50 villages, aussi bien en Cisjordanie qu'à Jérusalem-Est et à Gaza, pour surmonter la fragmentation engendrée par la politique israélienne. Derrière ces rénovations, il s'agit de retisser les liens sociaux entre les habitants dispersés, de valoriser les bâtiments pour se réapproprier le passé avec fierté et de faire revivre ces villages. *Riwaq* organise des randos, dans un 1er temps autour de Ramallah, puis dans d'autres régions pour une approche socioculturelle de la situation. En 2013, *Riwaq* a reçu le prix Aga-Khan pour l'architecture, pour saluer son travail de réhabilitation et de revitalisation de Birzeit (tout près de Ramallah ; lire plus bas « Dans les environs de Ramallah »).

■ @ ***Centre culturel franco-allemand*** *(plan C1,* ***8****) : Al-Salam St. ☎ 298-19-22. • frenchgermanculturalcenter.org/fr • Facebook. À 2 pas de la pl. Al-Menara. Dim-jeu 9h-20h.* Un centre culturel dynamique qui permet à de nombreux étudiants palestiniens de suivre des cours de langues, d'assister à des débats, de visionner des films sur Arte ! Ciné-club, médiathèque et bibliothèque également sur place, ainsi que des expos. Bulletin mensuel avec les événements – riche programmation – organisés par le centre.

■ ***Khalil Sakakini Cultural Center*** *(plan B3,* ***9****) : 4, Al-Raja St. ☎ 298-73-74 et 75. • sakakini.org • Facebook. Tlj sauf jeu-ven 8h30-16h.* Centre culturel à but non lucratif installé dans une très belle maison bien rénovée, et qui affiche un beau portrait du célèbre poète Mahmoud Darwich laissé par un artiste français. Expositions, concerts, projections de films (parfois en français d'ailleurs)...

Où dormir ?

De prix modérés à prix moyens (120-350 Shk / 30-87,50 €)

Palestine Red Crescent Society Guest House : *sur la route de Jérusalem, à côté de Al Amari Camp, à* ***Al-Bireh.*** *☎ 297-85-24/41. • guest_house02@palestinercs.org • Double avec sdb 70 $, petit déj inclus. Accessible à tous.* Dans cet immense bâtiment du Croissant-Rouge, 3 étages sont occupés par des résidents de passage. 40 chambres élégantes dans les tons mauve et bleu, confortables, toutes avec balcon. Un bon rapport qualité-prix pour la région.

Al Manara *(plan C1,* ***28****) : Alaaraj Big, réception au 5e étage. ☎ 298-88-68. Double env 45 $; chambre familiale. Pas de petit déj.* Petit hôtel impeccablement tenu. Mieux vaut privilégier les chambres à l'arrière, plus calmes, même si elles n'offrent pas de vue dégagée. Service gentil comme tout.

Chic (100-150 $ / 90-135 €)

Lavender *(plan C2-3,* ***24****) : 24, Al-Nuzha St. ☎ 297-70-73. • lavenderboutiquehotel.com • Double 140 €, petit déj inclus. Ascenseur.* À quelques minutes à pied du cœur battant de la ville, une escale intimiste et charmante. Seulement 10 chambres à l'aménagement sobre et contemporain, dotées d'une confortable literie. Bon petit déjeuner, et, cerise sur le gâteau, une belle terrasse sur le toit. Équipe pro.

Al-Hambra Palace *(plan C1,* ***21****) : Al-Itha'a St. ☎ 295-62-26. À 5 mn à pied d'Al-Manara Sq. Doubles climatisées 100-150 $, petit déj inclus.* 10 chambres dans cette belle maison construite en 1926 et transformée en hôtel en 1947, avant de devenir une résidence étudiante jusqu'en 2009. Aujourd'hui il possède un certain charme avec ici et là son carrelage d'époque, beaucoup de pierre apparente, et ses chambres spacieuses à la déco un peu désuète mais impeccable. Agréable terrasse-jardin planté de pins, à l'avant, mais il ne suffit pas à atténuer le bruit de la rue très passante en semaine. C'était trop beau !

Crown Suites *(hors plan par A1,* ***26****) : Main St,* ***Al-Tireh.*** *☎ 297-40-02/03. • crownsuiteshotel.ps • Compter 120 $ la double, 160 $ la suite.* Un poil excentré (15 mn à pied) dans un quartier résidentiel chic, un hôtel récent de 40 chambres dont le confort est perceptible d'emblée : literie rebondie et atmosphère contemporaine et cosy à la fois. Au rez-de-chaussée, 2 terrasses, l'une côté route (mais le quartier est calme), et l'autre à l'opposé, avec un café en saison.

Royal Court Suites Hotel *(plan B2, **22**) : 24, Jaffa St. ☎ 296-40-40. • rcshotel.com • En face de la mairie. Double env 120 $, petit déj inclus ; également des suites.* Hôtel de petit luxe encore à dimension humaine, bien placé. Chambres de très bon confort, spacieuses et aux couleurs douces : clim, TV écran plat et même une kitchenette. Certaines avec grand balcon. Bon petit déjeuner-buffet et restaurant.

Caesar Hotel *(hors plan par B3, **23**) : Jerusalem St (Al-Quds). ☎ 297-94-00. • caesar-hotel.ps/en • Double 120 $; également des studios et des chambres familiales pour 4-5 pers.* Hôtel 4 étoiles au sud de la ville, décoré avec beaucoup de goût aussi bien dans les parties communes que dans les chambres (rare !). Grand confort. Les tons marron orangé distillent une ambiance chaleureuse. Sur place, café et resto. Amusez-vous à reconnaître sur la toile du hall d'entrée les grands personnages de l'Histoire. Drôle de tableau de famille ! Resto de sushis.

Où manger ?

Un vrai festival d'adresses, de la plus populaire à la plus branchée, reflet en quelque sorte de la ville qui tient à ses traditions, mais est ouverte à de nouvelles expériences. Il y en a pour tous les budgets et l'offre est variée.

Sur le pouce

Il existe tout un tas de petites adresses qui ne paient pas de mine, mais très connues des habitants pour un plat sur le pouce sans se ruiner. Ainsi, tous les bouis-bouis de la vieille ville (Ramallah Tahta) sont réputés pour leurs *hommos* et falafels. Attention, ils ouvrent à l'aube mais ferment la plupart du temps vers 12h. Essayer le très populaire **Bandali** *(plan A-B2, **30** ; tlj sauf dim 6h-12h)*, ou **Abu Jamal** *(plan A-B2, **31** ; tlj 4h-13h30)* où les gens du quartier viennent prendre leur petit déj. Belle salle voûtée en pierre. Propre. Un peu plus loin, au bout de Rukab Street, sur la droite, **Abu Khalil** *(plan A1, **32** ; tlj 7h-minuit)* propose lui aussi d'excellents falafels, à la pièce ou en sandwich ; pas de tables, et on complète soi-même son sandwich avec légumes et condiments (du coup, il y en a un peu partout...). À l'opposé, près d'Al-Manara Square, **Mayse-reem** *(plan C2, **33**)* est ouvert 24h/24 (pratique !). Entre les 2, sur Rukab Street, on s'offre une petite entorse chez **Beit Mana'eesh** *(plan B2, **34** ; tlj 8h-23h, jusqu'à 12h ven)* pour des pizzas et des... *mana'eesh* (avec huile d'olive et *zaatar*) au feu de bois. Juste en face, **Mata'am al Nasra** *(plan B2, **35** ; tlj 5h-22h, jusqu'à 11h ven)* : retour aux *hommos* et falafels. Grande salle propre pour se poser. Chez **Saba** *(plan B2, **36** ; tlj sauf ven 10h-21h30)*, on emporte. Pas d'enseigne, mais tout le monde connaît.

De très bon marché à bon marché (moins de 30 Shk / 7,50 €)

Zeit ou Zatar *(plan B2, **37**) : Rukab St. Tlj 8h-20h.* Littéralement « Huile et Thym », garniture de base des *mana'eesh* (sortes de pizzas, délicieusement roboratives). Également des *kubbeh* (boulettes de blé) version carnivore ou végétarienne (originale), des *samboussek* (pâtés fourrés aux épinards ou autres). Bref, l'endroit idéal pour se préparer un pique-nique ou s'attabler vite fait dans la salle à l'étage (clim). Nasser, le patron, est un sacré personnage. Une institution !

Épicerie Kulshi Sha'i *(plan A1, **47**) : dans le prolongement de Rukab St, après Ramallah Tahta, au niveau du grand rond-point, sur la gauche. Tlj 9h30-23h.* Épicier-traiteur pour se faire confectionner un sandwich avec les produits du magasin : fromage, dinde,

LA PALESTINE

laban, salami, *zaatar.* Bilal s'occupe de tout. Bon, pas cher du tout et boutique nickel.

Mata'am Samer : *Nablus St (la route principale), à* ***Al-Bireh.*** *☎ 240-53-38. Tlj sauf ven 7h-minuit.* Le plus connu (et sous le nom de « Samer » tout court), mais excentré, dans la ville voisine. Chaque jour un plat différent. Et aussi pizzas, sandwichs, falafels. Archi-populaire. Également à emporter. Impeccable. Pour le dessert, la pâtisserie de la famille se trouve juste en face. On en parle plus loin.

Prix moyens (30-60 Shk / 7,50-15 €)

Beit Ardi Café *(plan A1,* ***48****) : Ramallah Tahta, près de l'ancien musée de Ramallah. ☎ 296-47-23. Tlj 10h (17h ven)-minuit. Pas d'alcool.* Une adresse tout en baies vitrées qui mérite une escale. L'intérieur est cosy : plantes suspendues au plafond, pierre apparente et un joli bleu sur les autres pans de murs. Autant de soin est apporté aux assiettes. La courte carte n'est pas traduite en anglais, mais on se débrouille ! *Shakshuka,* omelette, *carrot cake...* Les 2 petites salles sont prolongées par une jolie terrasse verdoyante et calme. On peut y fumer le narguilé.

Café La Vie *(plan C2,* ***46****) : 5, Qastal St. ☎ 296-41-15. Tlj 12h (16h ven)-minuit. Sert de l'alcool.* Dans un cadre coloré, le couple palestino-américain et son équipe ont su créer une atmosphère zen et chaleureuse dans ce café-resto que Saleh a aménagé dans la maison familiale. Autant que possible, les plats (végétariens) sont cuisinés avec les légumes du petit potager bio cultivé... sur le toit, les œufs et le miel sont « maison », de même que certains fruits cueillis sur les arbres de la cour-terrasse verdoyante, également ombragée par quelques oliviers. À la carte, saumon orange-*teriyaki,* tacos, poisson le vendredi, salades, sandwichs... et un beau choix de desserts parfois originaux. Superbes pains à la farine bio et au levain à emporter. Musique live le mercredi, et projection de films dans la cour-jardin. Ils ont également aménagé une ancienne citerne romaine retrouvée sous la maison en bar à tapas et vins. Une escale qui a un supplément d'âme et porte bien son nom.

Sangrias *(plan B2,* ***39****) : Jaffa St. ☎ 295-68-08. Tlj 12h-23h (fermeture de la cuisine). Bar ouv jusqu'à minuit min. Sert de l'alcool.* Bonnes spécialités mexicaines (*tamales, quesadillas,* fajitas, etc.) et internationales aussi : salades, sandwichs et burgers. Très agréable aussi de venir y boire un verre. Très cosy le soir, avec les petites bougies sur les tables disposées sur une belle terrasse verdoyante. Chicha. Retransmission de matchs de foot, quelques soirées thématiques (consulter Facebook). Excellent rapport qualité-prix-cadre.

Za'rour *(plan B2,* ***40****) : au rond-point, face à l'office de tourisme. ☎ 295-67-67. Tlj 10h-23h. Sert de l'alcool.* Sur 2 niveaux de terrasses verdoyantes et couvertes, resto, au calme, réputé à juste titre pour ses grillades et sa cuisine palestinienne, en général. Clientèle d'habitués et de fonctionnaires (la mairie est juste derrière). Goûtez donc au *mosakhan,* à base de poulet, oignons confits et yaourt. Bon rapport qualité-prix. Familles bienvenues ; quelques jeux d'extérieur pour les enfants.

Chic (plus de 60 Shk / 15 €)

Darna *(plan B2,* ***42****) : Al-Sahel St. ☎ 295-05-90. Tlj 11h-23h. Sert de l'alcool.* Excellent resto de cuisine méditerranéenne prisé à la fois des familles et des officiels. Le cadre à lui seul a de l'allure : vaste volume, pierre apparente... À la carte, large choix de plats copieux, bien présentés, et bons ! On a aimé les feuilles de vigne, particulièrement goûteuses, ainsi que le poulet au citron et au thym aux saveurs bien dosées ; pas mal de poissons aussi. Mais tout vaut le détour. Pain maison fait dans le four à pizzas. Accueil et service charmants et pro, en uniforme, un peu *old school.*

Orjuwan *(plan B3,* ***43****) : Al-Raja St. ☎ 297-68-70. Tlj 16h-minuit.*

Sert de l'alcool. Brunch le ven. Resto à la déco plutôt éclectique et à la cuisine fusion réussie. Goûtez par exemple le *tabouleh al-Orjuwan* ou le *risotto mjadara,* quelques-unes des recettes traditionnelles savamment réinventées. Ils jouxtent sur la carte des plats palestiniens typiques, des raviolis maison, pâtes et pizzas pour ceux qui ne voudraient pas (plus) être dépaysés. Quelques plats vegan. Clientèle de Palestiniens et d'expats venus aussi pour l'ambiance chaleureuse, en hiver au coin de la cheminée ou en été sur la jolie terrasse verdoyante. Intime à coup sûr le soir, à la lumière des bougies. Belle carte de cocktails, et soirée DJ le jeudi (voir Facebook).

Pronto *(plan B2,* ***44****): Al-Rashid St. ☎ 298-73-12. À 2 pas du Royal Court Suites Hotel. Tlj jusque tard.* LA pizzeria de Ramallah ! Un des grands rendez-vous des ONG, avec sa populaire terrasse, sa chaleureuse salle intérieure et son non moins populaire patron, Basem Khoury, convivial Libanais, attentif à la qualité des mets et aux désirs de ses clients depuis des années. Copieux petit déj, fraîches salades et, vous l'aviez deviné, de croustillantes pizzas avec des *toppings* maison. Ses pâtes à la carbonara font des heureux ! Pour le dîner, plus de choix de plats « hors pâtes » (poulet, poisson frais...) qu'au déjeuner. Vins locaux et étrangers.

Où manger de bonnes pâtisseries ?

Où boire un bon café ? Où prendre son petit déj ?

Al Omara *(plan C2,* ***50****) : Ma'rad St. Tlj 8h-20h.* La pâtisserie traditionnelle la plus réputée de Ramallah ! On n'y parle pas l'anglais, donc il faut se lancer pour choisir. On peut s'y asseoir et accompagner les douceurs d'une boisson chaude ou fraîche.

Zaman Café *(plan A1,* ***51****) : au bout de la rue principale, après le grand rond-point sur la droite. ☎ 295-06-00. Tlj 6h-minuit.* Plusieurs formules petit déj, version branchée. Bon café. On peut aussi y manger.

Samer Sweets : *Nablus St, à* ***Al-Bireh.*** *En face du resto du même nom (voir plus haut le resto* Mata'am Samer *dans « Où manger ? De très bon marché à bon marché »). Tlj 10h-23h.* Cadre moderne pour cette pâtisserie populaire où l'on vient acheter son *knafeh* et ses baklavas, à emporter ou à consommer sur place. Le tout arrosé d'un expresso, cappuccino ou jus de fruits.

Où manger une bonne glace ?

Rukab Ice Cream *(plan B2,* ***80****) : Rukab St, en face du resto* Zeit ou Zataar. *Tlj 8h-minuit.* Ici, la glace est une histoire de famille depuis déjà 3 générations ; et, à voir le succès qui ne se dément pas, aucune raison pour que cela s'arrête ! Si les parfums sont achetés, la glace est bel et bien préparée sur place, avec de la gomme arabique, ce qui lui donne son élasticité et un petit goût prisé. L'ensemble offre une étonnante palette de couleurs ! Une poignée de sorbets pour les inconditionnels. Sur place ou à emporter.

Où boire un verre ? Où sortir ?

La fête, c'est incontestablement le jeudi soir, presque partout.

Garage *(plan B3,* ***71****) : Al-Raja St. ☎ 297-12-15. Tlj 10h-minuit. Facebook.* Atmosphère conviviale un poil bohème que ce dynamique *Garage,* niché au calme dans un quartier résidentiel sur les hauteurs de la ville. L'aménagement est hétéroclite, la déco décalée, et surtout, il s'y passe toujours quelque chose : petit marché

LA PALESTINE

aux puces, tournoi d'échecs, cours de cuisine, musique live, *DJ sets*... Très sympa ! Pour ceux qui voudraient caler une petite faim, beau programme aussi : aubergines farcies, tarte noix de pécan... Chouette terrasse. Galerie d'art contemporain à l'étage.

Snowbar *(hors plan par C1,* ***70****) : au nord du centre-ville, vers Ein Misbah. ☎ 296-55-71. Facebook. Un resto-bar saisonnier, ouv de mi-avr à mi-oct (ramadan inclus), tlj 11h-minuit. Entrée parfois payante jeu soir. Accès piscine à partir de mi-mai : 50 Shk ; réduc.* Niché à l'ombre d'une des rares pinèdes de Ramallah (*snowbar* signifie d'ailleurs « pin » en arabe), c'est l'adresse incontournable de cette ville cosmopolite : un bar-resto-piscine où les habitués se lovent dans les canapés posés dehors, autour d'un grand feu de camp s'il fait frais, ou devant un match de foot qui déchaîne les passions. Amine, le propriétaire féru de jardinage, a poursuivi le rêve de son père qui avait planté chaque pin afin de créer un espace « au vert » pour les familles. En journée, on vient se rafraîchir à l'ombre des arbres et passer un après-midi cool au bord de la piscine (bikini et alcool permis). Bonnes grillades (le burger est fameux). Le vin et les alcools sont un peu chers, mais on paie le cadre. Cours de yoga, zumba...

Café La Vie *(plan C2,* ***46****) : 5, Qastal St. ☎ 296-41-15. Tlj sauf 12h (16h ven)-minuit. Voir plus haut « Où manger ? Prix moyens ».* Cocktails parfois originaux et chaleureuse atmosphère. Retransmission de matchs sportifs.

Reef *(hors plan par A1,* ***72****) : Al-Teera. ☎ 296-60-96. Sur la devanture, chercher « Coffee shop & restaurant ». Tlj 8h-2h.* Un café-resto très spacieux au cadre verdoyant. Très populaire chez les Palestiniens, et pas de la jeunesse dorée pour une fois.

Sangrias *(plan B2,* ***39****) : Jaffa St. ☎ 295-68-08. Bar ouv jusqu'à minuit min. Voir plus haut « Où manger ? Prix moyens ».*

Achats

Sabah Al Asal *(plan B2,* ***13****) : Deir Al-Lateen St. ☎ 296-46-66. Tlj sauf ven 8h-18h (15h dim).* Le royaume de l'abeille : un choix de miels palestiniens et de bougies – fantaisie pour certaines –, gelée royale, pollen, gâteau au miel. On peut y observer une ruche de près, sous verre.

PACE : *à* ***Al-Bireh,*** *dans une petite rue face à la mosquée Al-Aïn, au rdc de l'ONG du même nom, citée plus haut. ☎ 240-76-11. Tlj sauf ven 10h-16h30.* Vente d'artisanat (broderies, colliers, objets en bois d'olivier, etc.), petits guides sur la Palestine, entre autres.

Hammam

■ ***Hammam The Turkish Bath*** *(hors plan par C1) : Al-Nijmeh Center, à* ***Al-Bireh.*** *☎ 242-82-81. • turkishbathpalestine.com • Tt près du tribunal (« the Court »). Prévoir maillot et shampoing ; serviette et chaussures fournies. Pour les femmes, tlj sauf ven 9h-20h (dernière entrée à 17h) ; pour les hommes, tlj 12h-minuit (dernière entrée 22h). Réserver (indispensable pour les femmes, succès oblige). Accès hammam : 60 Shk ; sinon, plusieurs forfaits 90-150 Shk, incluant un petit massage pour la plupart. Sauna et jacuzzi. Casiers individuels à clé dans le vestiaire.* Un hammam bien tenu, avec, aux commandes côté femmes, l'énergique et sympathique Rana, qui veille à tout, et commence par vous servir une tisane bien fraîche alors que la chaude vapeur du hammam vous ramollit. Puis on passe d'une pièce à l'autre, un agréable fond musical – un peu fort peut-être – parvenant aux oreilles. Un dernier thé ou jus de fruits frais et un narghilé, puis on sort, gommé, massé, délassé et délicieusement hagard...

À voir

Si la vieille ville donne l'occasion de faire une balade intéressante, et, un peu plus loin, de visiter le musée Yasser Arafat, Ramallah ne recèle pas de sites culturels majeurs. En revanche, poussez jusqu'à Birzeit pour découvrir le Musée palestinien, ainsi que le musée d'Art et d'Ethnographie de l'université (voir plus loin).

Dar Zahran Heritage Building (plan A1) : *dans la vieille ville, en face de l'Arab Bank. 059-951-18-00 (joignable de préférence par SMS). • dar-zahran.business.site • Tlj sauf dim 11h-19h.* Sans aucune aide publique, le sympathique Zahran a décidé de progressivement restaurer cette belle demeure, dans sa famille depuis 2 siècles, l'une des plus anciennes qu'on puisse encore découvrir dans la ville. On peut y voir l'exposition d'anciennes photos de Ramallah, en général présentées sous un angle thématique, une petite boutique d'artisanat et de produits locaux soigneusement sélectionnés, des expos-ventes d'artistes ou artisans... Au rez-de-chaussée, en lieu et place des animaux et du stock de denrées, on trouve de petites expos temporaires. Et puis on discute, on échange autour d'un thé, car Zahran illustre parfaitement le sens de l'hospitalité palestinien. Il aime les gens et les accueille chez lui en somme. Il projette l'ouverture d'un café culturel. Une entreprise de longue haleine qu'on n'a aucun mal à recommander et à soutenir tant l'homme est sympathique et le résultat actuel déjà intéressant.

Yasser Arafat Museum (hors plan par C1) : *Al-Itha'a St, au nord de la ville. ☎ 296-79-90. • yam.ps • Mar-dim 10h-17h (18h en été). GRATUIT. Audioguide en anglais.* Le récent musée consacré à l'ancien leader palestinien jouxte le mausolée qui abrite sa dépouille, veillée jour et nuit par 2 soldats. Le bâtiment est relié à la Mouqata'a (lire ci-après), son quartier général de Ramallah. Le portrait d'Abou Ammar – son surnom de guerre – est idéalisé, mais, à travers son parcours (1929-2004), c'est près d'un siècle d'histoire de la Palestine qui s'écoule, depuis la déclaration Balfour en 1917 à sa mort. Arafat reçut le prix Nobel de la Paix, conjointement avec Yitzhak Rabin et Shimon Peres, le 14 octobre 1994, pour sa contribution à la signature des accords d'Oslo. Le leader palestinien n'aura pas obtenu la création de l'État qu'il avait promis à son peuple. Le mystère qui entoure les circonstances de sa mort demeure, même si les juges français ont ordonné un non-lieu dans l'enquête pour assassinat par empoisonnement. Muséographie très bien faite, ponctuée de photos d'archives, de vidéos et d'effets personnels parmi lesquels, bien sûr, ses keffiehs, indissociables du personnage.

Mouqata'a and Yasser Arafat's Tomb (hors plan par C1) : *Al-Itha'a St, au nord de la ville. Tlj 9h-21h.* La *Mouqata'a* désigne les bureaux du gouvernement de l'Autorité palestinienne. C'est là, en 2002, au cours de la 2de Intifada, que Yasser Arafat est resté enfermé pendant 5 mois, assiégé à 2 reprises par les troupes israéliennes, alors que le bâtiment avait été en partie détruit. Décédé le 11 novembre 2004 à l'hôpital militaire Percy de Clamart en France, Abu Ammar repose désormais dans un mausolée en pierre et verre d'une grande sobriété. Son cercueil est gardé par 2 militaires.

Mahmoud Darwish Museum (hors plan par A3) : *Tokyo St, Al-Masyoun. ☎ 295-28-09. • darwishfoundation.org • Un peu excentré, à 20 mn du centre-ville à pied ou prendre un taxi. Tlj 8h-17h. Entrée : 5 Shk.* Un bâtiment contemporain très réussi et environné de verdure, qui offre une vue dégagée sur les alentours. Belle muséographie. Évidemment, comme le lieu est consacré à un homme de lettres, la visite pour un non-arabophone est ardue... Mais si vous êtes anglophone, n'hésitez pas à demander un feuillet explicatif. Et pour ceux qui voudraient entrer dans l'univers du grand poète au cours de leur voyage, sachez que ses livres sont en vente sur place, traduits en français (éd. Actes Sud).

DANS LES ENVIRONS DE RAMALLAH

BIRZEIT (*IND. TÉL. : 02*)

À environ 10 km au nord de Ramallah, Birzeit mérite un détour au moins à plusieurs titres : d'une part pour son université, créée en 1924, à l'excellente réputation internationale, qui abrite notamment un musée d'Art et d'Ethnographie, pour le Musée palestinien, tout près, ainsi que pour sa vieille ville, à 2 km du campus, réhabilitée par l'association *Riwaq* (voir plus haut les « Adresses utiles » de Ramallah), laquelle a d'ailleurs été primée en 2013 (prix Aga-Khan pour l'architecture, décerné tous les 3 ans). Au-delà d'un projet architectural, c'est tout le tissu socio-économique local qui a retrouvé un nouveau souffle grâce à cette réhabilitation. Un résultat qui plaît aux étudiants de l'université voisine, qui viennent y boire un verre ou avaler des falafels.
Bir zeit signifie « puits à huile », en référence au fait que les habitants stockaient leur huile d'olive fraîchement pressée dans des puits.

Où manger ?

Falafel Republic : *au centre de la vieille ville. ☎ 281-92-38. Tlj sauf dim 10h-17h.* Un petit resto au cadre sobre, avec, aux commandes, un duo mère-fils qui s'active dans la cuisine ouverte et au service. *Laban, shakshuka,* courgette farcie, poulet champignons, *psa'ha* (pizza oignons, épices ; essayez donc !)... Tout ça est bien propre et bien frais. Et un poil plus loin, quelques tables en terrasse, entourées de vénérables murs de la vieille ville.

Lyalina : *en face de l'école catholique. 059-992-52-10.* 2 salles différentes, la 1re plutôt pour boire un verre ou fumer la chicha, et l'autre, aménagée de façon plus soignée. Également une poignée de tables dehors, le long de la rue. Une carte classique et assez étoffée.

À voir

Ethnographic and Art Museum (*musée d'Art et d'Ethnographie*) **:** *sur le campus de l'université, bâtiment sur la droite à l'entrée. ☎ 298-29-76. • museum.birzeit.edu • Tlj sauf ven et dim 9h-16h. GRATUIT.*
Le musée partage alternativement ses activités entre des *expositions d'art contemporain* et une très intéressante *collection permanente de costumes traditionnels et d'amulettes.*
– *La section costumes :* elle est composée d'une centaine de robes et d'environ 150 accessoires (ceintures, manteaux, coiffes, bijoux...). Ces costumes traditionnels, portés par les femmes lors des cérémonies, des mariages, d'événements importants... témoignaient du rang de leurs propriétaires.
Les techniques utilisées, les matériaux et les couleurs correspondent à la région d'origine et révèlent la grande richesse de l'artisanat palestinien : tissage, broderie, fils de soie. Accessoires composés de perles, coquillages, verre, cuivre, agates, corail, ambre... montés ou incrustés sur divers matériaux tels que : cuivre, argent, fer, mais aussi tissus, laine, crins de cheval, etc. Les bijoux peuvent être martelés, fondus, moulés. On peut également voir quelques objets de vannerie, housses de coussins et des outils.
– *La section amulettes :* elle regroupe plus de 1 400 amulettes et talismans provenant de Palestine ainsi que de la région d'Alep en Syrie et datant de la période ottomane tardive. Sans doute la collection la plus originale du musée. Collectés par Tawfiq Canaan, médecin, chercheur et anthropologue du début du XXe s, ils faisaient parfois office d'honoraires lors de ses déplacements dans les villages.

Faits de matériaux tels du bois, du verre, des métaux divers, des tissus et des papiers, ils se présentent sous différentes formes : bijoux, pendentifs, boîtes, cartons pliés, savons moulés... On y trouve des ossements d'animaux, des graines, des pierres, des plantes...
Dans le folklore palestinien, ces objets étaient parés de vertus curatives ou prophylactiques et censés protéger leurs propriétaires contre les démons qui transmettent les maladies. Dans les croyances animistes ou polythéistes, ces pratiques, très proches du chamanisme, étaient réservées à des personnages puissants (ici principalement les cheikhs). Certaines de ces amulettes étaient destinées à des bébés, des enfants... d'autres permettaient de lutter contre la stérilité, de se protéger de la diphtérie, de la peste. Leur usage était codé et assorti de mots et de gestes qui leur conféraient un caractère magique. Beaucoup de ces amulettes portent des textes écrits, des dessins ou des signes.

The Palestinian Museum : *Museum St. ☎ 294-19-48. • palmuseum.org • Dim-jeu 8h30-16h30. Entrée : 40 Shk. Visite guidée en anglais sur résa.* Inauguré en 2016, le musée est né de l'initiative d'une ONG (Taawon-Welfare), financé par des donateurs palestiniens et des fondations internationales. Le bâtiment de verre et de pierre blanche se fond dans les collines alentour. À l'intérieur, des expositions temporaires thématiques reflétant la culture palestinienne d'ici et d'ailleurs, ainsi qu'une riche programmation : spectacles, ateliers...

JIFNA (IND. TÉL. : 02)

À env 8 km au nord de Ramallah, non loin de Birzeit. Village à majorité chrétienne, prisé des citadins qui viennent ici très nombreux le samedi, prendre l'air de la campagne et s'attabler dans un des restos de la localité et une des 3 piscines ouvertes à la période estivale. Pas mal pour une commune de 1 500 habitants !
➢ Pour s'y rendre de Ramallah, *services* depuis la station des bus pour Jérusalem *(plan C1, **2**)*, face à l'hôtel *Al-Wehdeh.*

Où dormir ? Où manger ?

Khouriya Palestinian Family Guesthouse : *sur les hauteurs de Jifna, dans le quartier d'Al-Bereh ; faites-vous indiquer le chemin. ☎ 281-14-85. ☎ 059-958-74-76. • rkhouriya@yahoo.com • Prévoir 70-90 $ pour 2, petit déj inclus. Repas sur demande.* L'occasion de partager le quotidien de cette adorable famille palestinienne qui accueille les visiteurs dans sa belle maison claire et bourgeoise. Elle abrite des chambres (dont une avec terrasse), pas très grandes, mais correctes, réparties sur 2 étages, ainsi qu'un appartement. Salle de bains commune. Plusieurs terrasses pour profiter d'une vue sur la campagne, et une cuisine à disposition. La famille organise aussi des tours dans toute la région.

Tabash Restaurant : *dans la rue principale. ☎ 281-09-32. Fermé ven.* Un des bons restos du village pour manger grillades (spécialité de *shish chicken*) et *mezze*, à l'extérieur (mais à l'abri). Jeux pour enfants.

TAYBEH (IND. TÉL. : 02)

Petit village juché à 930 m d'altitude, à 14 km au nord-est de Ramallah. Compter 20 mn en transports (bus ou taxi collectif). De Ramallah, départ des taxis collectifs Mouj jamah, Al-Malki, près de Abdel Nasser Mosque ; départs des bus en face de l'école Friends Boys School à Al-Bireh. Outre son environnement bucolique, Taybeh est connu pour n'abriter que des chrétiens – cas unique en Cisjordanie – (latins, melkites et orthodoxes) et pour sa brasserie, la seule de Palestine. Son *Oktoberfest,* qui, comme son nom ne l'indique pas, se déroule en septembre (comme à Munich), attire chaque année de plus en plus de monde (hors pandémie, bien sûr). Par ailleurs, le centre du village a été magnifiquement rénové sous l'égide de *Riwaq,* une association qui promeut le patrimoine culturel pour faire revivre les villages, et grâce à l'aide financière du gouvernement espagnol. Une petite halte à la fois paisible et agréable, loin du tumulte de Ramallah.

À voir

Taybeh Brewery *(brasserie)* ***:*** *☎ 289-88-68. • taybehbeer.com • Tlj, sauf dim, 8h-16h. Petite visite guidée de 30 mn gratuite avec projection de film, en principe 9h-14h30. GRATUIT. Résa conseillée.* Fondée en 1994 par la famille Khoury, installée aux États-Unis avant de revenir en Palestine suite aux accords d'Oslo. Elle brasse 5 types de bières, de la non-alcoolisée à la brune qui titre tout de même 6 % ; et une 6e, blanche celle-là, est en cours d'élaboration. Aucun conservateur ni additif dans les breuvages. En plus des bières, production et vente de vin (syrah, cabernet, merlot) ; la famille Khoury a d'ailleurs ouvert une belle cave dans le village ; également quelques produits fabriqués par une coopérative de femmes de Taybeh. Et dans le village, les Khoury ont également ouvert le *Taybeh Golden Hotel* ; quelle énergie !

Olive Brand Foundation : *infos auprès de l'église latine, à l'entrée du village, à l'opposé de la brasserie. ☎ 289-80-20. • madeinpeace.com •* La fondation regroupe plusieurs projets, dont la vente de « lampes de la paix ». Son but : unir par ces lampes 100 000 églises à travers le monde dans une prière pour la paix. L'atelier (dans le village), qui fabrique également des objets en bois d'olivier, emploie ainsi une vingtaine de personnes.

El-Khader *(Saint George's Church)* ***:*** *à l'entrée du village, côté mairie (à l'opposé de la brasserie).* Selon l'Évangile, Jésus aurait séjourné à Taybeh (alors appelé *Ephraïm*) avec ses disciples la veille de Pâques. Le lieu fut donc choisi au Ve s pour l'édification d'une église, abandonnée au VIIIe s. Plus tard, les croisés en érigèrent une nouvelle sur les vestiges de la 1re, et réemployèrent blocs sculptés et colonnes. Au cours des siècles suivants, l'édifice fut détruit, reconstruit, consolidé, transformé maintes fois, tant et si bien qu'il est toujours fréquenté par quelques familles du village, malgré l'état de ruines – très bien « entretenues » – dans lequel il se trouve. Au début du XXIe s, des archéologues français ont travaillé sur place. On peut voir, entre autres, plusieurs fragments de mosaïques dans l'aile nord et un baptistère des IVe-Ve s à « l'intérieur ». De l'église, belle vue sur la campagne.

NAPLOUSE

143 000 hab. IND. TÉL. : 09

• Plan d'ensemble *p. 438-439* • Zoom *p. 441*

Avertissement : en août 2021, le ministère des Affaires étrangères français recommandait la prudence dans les environs de Naplouse. Suivre les infos régulièrement mises à jour sur *• diplomatie.gouv.fr •*, rubrique « Conseils aux voyageurs », puis « Sécurité ».

Nichée au creux d'une vallée, la ville est dominée par le mont Garizim d'un côté et le mont Ebal de l'autre. C'est l'une des plus peuplées de Cisjordanie et des plus jeunes aussi, grâce à l'université an-Najjah, la plus grande des territoires palestiniens occupés.

L'histoire et l'identité de la ville sont marquées par des actes de résistance depuis le début du XXe s, d'abord contre les Britanniques et les sionistes, puis contre l'occupation israélienne au cours des 2 Intifadas. Ce qui lui a valu le surnom de Jebel en-Nahr (la « Montagne de feu »). Pendant la 2de Intifada, Naplouse a subi de nombreux bombardements israéliens et a été régulièrement soumise aux couvre-feux. La population, les bâtiments, mais aussi l'économie de la ville ont été gravement touchés pendant cette période.
Son souk plein de charme vaut vraiment le détour. Seule précaution, la tenue vestimentaire. Mieux vaut se couvrir les genoux et les épaules, surtout quand on se balade dans la vieille ville. Au pire, les habitants se contenteront de vous lancer des regards un peu appuyés.

Arriver – Quitter

***Gare routière principale** (plan d'ensemble, B1) : à l'ouest du centre, en contrebas de King Faisal St.* On y trouve bus et taxis *services*. Ces derniers partent en principe 6h30-17h30. Les bus mettent un peu plus de temps, mais sont moins chers.
Liaisons avec :

➢ ***Ramallah :*** en *services* (40 mn de trajet) et en bus, 6h20-16h, ttes les 30 mn (durée : 1h).
➢ ***Jéricho :*** *services* réguliers (env 1h), mais 1 seul bus/j., tôt le mat.
➢ ***Jénine :*** en *services* (40 mn) ou en bus (env 1h), ttes les 30-40 mn, 9h30-17h.

Adresses utiles

■ ***Distributeurs** (zoom C1, **1**) : dans le mall Cinema City. Arab Bank* avec possibilité de retirer des shekalim, dollars ou dinars jordaniens.
■ ***Project Hope** (plan d'ensemble, A1, **3**) : An-Najah Al-Qadim St, juste en face du CCF. ☎ 233-70-77. • projecthope.ps •* Cette grande association palestinienne accueille des bénévoles entre 5 semaines et 3 mois dans le cadre de projets destinés aux enfants, mais aussi aux adultes (ateliers artistiques, cours de langues et d'informatique, sports, etc.).

Hammams

Les 2 hammams de la vieille ville sont les plus anciens de Palestine.

■ ***Hammam Al-Shifa** (zoom B1, **4**) : An-Nasr St. ☎ 238-11-76. Pour les femmes, ouv seulement mar et dim 8h-18h (plus lun en été) ; pour les hommes le reste du temps et jusqu'à minuit. Env 35 Shk pour les serviettes, savon et gant, + 25 Shk pour le gommage-massage.* Très propre. Il remonte au XVIIe s.
■ ***Hammam El-Hana** (appelé aussi Al-Samara ; zoom B1-2, **5**) : non loin de la fabrique d'épices, mais pas évident à trouver dans le dédale des rues, demander. ☎ 238-51-85. Pour les femmes, ouv seulement mar 8h-14h ; les autres jours pour les hommes 8h-22h30, plus mar à partir de 14h.* Il date du XIXe s et a rouvert après restauration en 1994.

Où dormir ?

De bon marché à prix modérés (moins de 200 Shk / 50 €)

***Yafa Cultural Center** (plan d'ensemble, D2, **10**) : dans le camp de réfugiés de Balata, au sud de la ville, face à Tell-Balata. ☎ 232-45-53. • yafacenter.ps • Env 50 Shk/pers en dortoirs 3-8 lits non mixtes.* Un lieu plein de vie qui, en plus de ses projets socioculturels en faveur des habitants de Balata, accueille des volontaires et des voyageurs désireux de vivre près de la population et de comprendre le quotidien dans les camps. La partie *guesthouse* est en fait composée de 2 appartements

LA PALESTINE

(hommes et femmes séparés), chacun avec une cuisine, une machine à laver, une salle TV et la clim. Tout est moderne et nickel. Les repas, même le petit déj, peuvent être commandés chez des familles du camp.

Al Istiklal *(zoom C1, **11**) : Hittin St, presque à l'angle d'Al-Ghazzali St. ☎ 238-36-18. Env 40 Shk/pers en dortoirs 3-5 lits non mixtes.* Abu Ibrahim accueille chaleureusement ses hôtes (surtout des hommes) dans cette maison des années 1940 qui a conservé du carrelage et des mosaïques d'époque, ainsi que ses plafonds hauts. Un vrai potentiel, donc, toutefois gâché par l'entretien minime et la propreté trop limite. Mieux vaut apporter son sac à viande. Reste le prix, un des plus attractifs de la ville.

Beit Al-Sham *(hors plan d'ensemble par A1, **25**) : dans la ville moderne, Khamstash St, juste avt MSF (se dit « Atibaa bela hadood » en arabe). ☎ 237-62-95. Env 75 Shk/pers en chambre partagée de 4 lits, avec sdb ; double avec sdb 200 Shk ; petit déj inclus. Réduc pour les volontaires internationaux.* Cette auberge occupe une maison des années 1950. Elle abrite des chambres doubles avec salle de bains, ainsi que des triples et quadruples. Grande salle à manger en bois, éclairée par une verrière (resto sur place). Super terrasse ombragée par des orangers, des citronniers, et égayée par le chant des oiseaux. Cuisine à dispo. On se croirait à mille lieues d'un grand centre urbain.

International Friends Guesthouse *(plan d'ensemble, A1, **12**) : dans la ville moderne, An-Najah Al-Qadim St. 059-904-88-40. En redescendant vers Rafidia St. Prévoir 75 Shk/pers en dortoir 8 lits ; doubles 150-180 Shk ; également une chambre non mixte.* On dévale une volée d'escaliers pour atteindre cette maison agrippée à flanc de colline. Fréquenté surtout par des volontaires, mais accessible à tous. Plutôt *roots,* salle de bains commune un peu cracra. Agréable terrasse ombragée devant. Organise des excursions.

Crystal Hotel *(zoom C1, **13**) : King Faisal St. ☎ 233-24-85. Double avec sdb 180 Shk, petit déj inclus ; également des triples.* Ensemble un peu vieillot et poussiéreux, mais correctement équipé et meublé. Demander un drap du dessus. Accueil aimable.

Prix moyens (60-100 $ / 55-90 €)

Al Yasmeen Hotel *(zoom C1, **14**) : dans le centre-ville. ☎ 233-35-55. À 2 pas de la vieille ville, dans un quartier commerçant. Double avec sdb env 75 $, petit déj compris.* En l'absence actuelle de vraie concurrence, le *Al Yasmeen* profite de sa situation privilégiée pour pratiquer des prix surévalués compte tenu de la qualité des chambres, très inégales. En visiter plusieurs avant. Certaines sont mal entretenues (problème de plomberie, rideau de douche sale, moquettes non aspirées), d'autres sont plus acceptables. Elles sont en revanche toutes spacieuses, équipées d'une TV satellite et de la clim.

Où manger ?

Sachez que les restos de Naplouse ne servent pas d'alcool, même dans les hôtels.

De très bon marché à bon marché (moins de 30 Shk / 7,50 €)

Mr Baker *(zoom B-C1, **20**) : à l'entrée du souk, face à Al-Shuhada Sq.* Petit resto traditionnel qui jouit d'une bonne réputation. Produits frais grâce à un débit important assuré par les habitants du quartier. Salades, *hommos,* viande. Pas de surprise, mais propre et bon. Salle à l'étage pour les femmes et les familles.

Ajaj *(zoom B1) : dans la vieille ville, shara Salaheh, perpendiculaire à la rue Al-Khan ; tout le monde connaît. Tlj sauf ven 6h-15h.* Une véritable institution qui nourrit les habitants du quartier depuis 1936. *Hommos,* omelettes épicées (préciser si on veut sans épices), on vient à l'aube avaler son petit déj

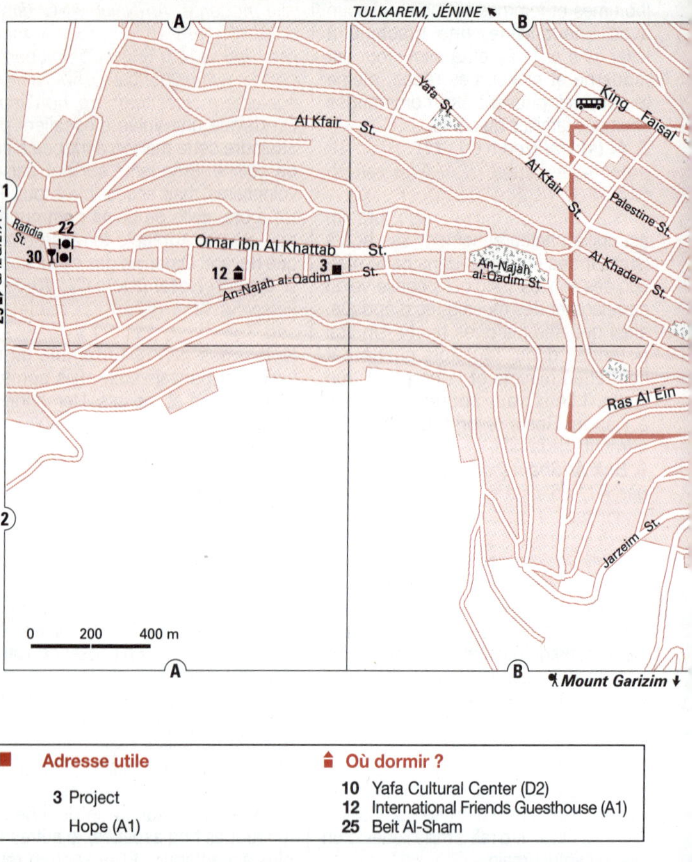

■ Adresse utile	Où dormir ?
3 Project Hope (A1)	10 Yafa Cultural Center (D2)
	12 International Friends Guesthouse (A1)
	25 Beit Al-Sham

dans cette petite salle carrelée. Accueil adorable.

Abou Imad Restaurant *(zoom C1,* ***21****) : An-Nasr Sq, dans le souk. Tlj 6h-18h.* Ce petit boui-boui, tenu par Fouad, un pétillant et vénérable papi, nourrit les habitués de grillades et de *hommos* depuis... 1938.

Beit Tayabeyyat *(plan d'ensemble, A1,* ***22****) : Omar ibn al-Khattab St, juste avt qu'elle ne devienne la rue Rafidia. ☎ 239-11-07. Tlj 10h-23h.* Bonnes pizzas maison, copieux sandwichs et salades à manger en salle ou sur l'agréable terrasse couverte.

Mata'am Maedah Tahabeyya *(Golden Table ; zoom C1,* ***23****) : dans le centre-ville. ☎ 238-34-23. À l'étage, accès par la ruelle à l'arrière.* Dans une grande salle sans beaucoup de charme, ce resto connu depuis belle lurette sert essentiellement des viandes grillées, mais les *mezze* ne sont pas mal non plus, et servis copieusement.

Prix moyens (30-60 Shk / 7,50-15 €)

As-Saraya Restaurant *(zoom C1,* ***24****) : Hittin St. ☎ 233-54-44. Tlj 8h30-22h.* Dans une ancienne et riche demeure datant de 1870 composée de 4 salons. Cuisine traditionnelle très bien exécutée, goûteuse, qui plus est servie dans un cadre de charme.

The 6th *(Selim Effendi Restaurant ; zoom C1,* ***1****) : au 6ᵉ étage du mall Cinema City. ☎ 238-11-18. Tlj*

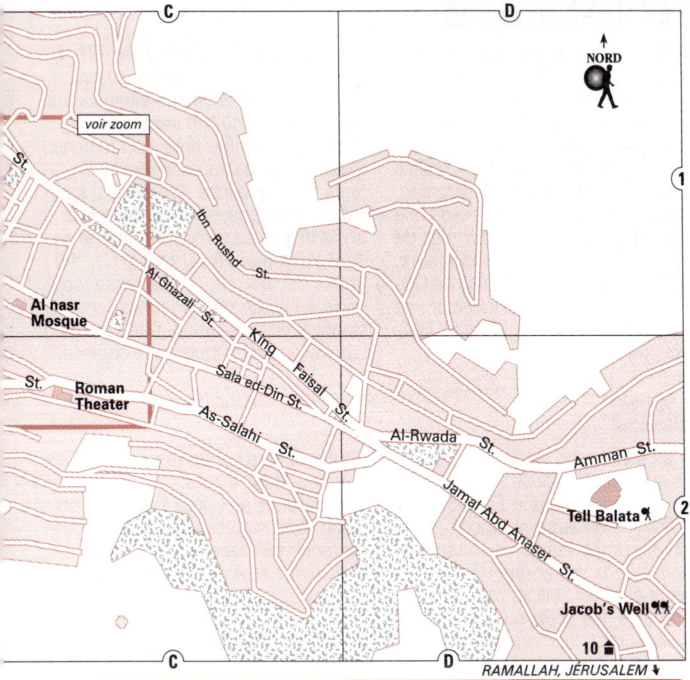

NAPLOUSE – PLAN D'ENSEMBLE

Où manger ?	**Où boire un verre ?**
22 Beit Tayabeyyat (A1)	**30** Ilikan (A1)

10h-23h. Resto réputé pour ses plats traditionnels : *mensef, musakhan,* grillades, mais aussi sandwichs et snacks pour déjeuner léger. Grande terrasse avec vue extra sur toute la ville.

Resto de l'hôtel Al Yasmeen *(zoom C1,* ***14****)* **:** *à l'étage, au niveau des chambres de l'hôtel.* Cuisine palestinienne traditionnelle.

Où manger dans les environs ?

Tawaheen Restaurant : ***wadi Al-Badan,*** *à 9 km à l'est de Naplouse. 059-957-70-77. Env 15 mn en taxi et 25 Shk (l'aller). Midi et soir, de mi-mars à mi-sept.* Au fond de la vallée, dans un environnement magnifique, le proprio a recréé tout un univers autour de l'eau. Elle ruisselle de partout, des bassins, des cascades, des rigoles et on l'entend bruire dans un brouhaha constant. Des tables sont même posées dans la rivière aménagée. Accès gratuit si l'on mange au resto, sinon possibilité de profiter des installations et de pique-niquer pour 15 Shk par personne. Bref, un peu surréaliste en Cisjordanie. Inutile de dire qu'en été c'est le rêve. Au resto, salades et grillades principalement. On peut apporter sa bouteille de vin ou d'arak.

Où boire un verre ?

Ilikan (*plan d'ensemble, A1, **30***) : *quasi au bout de la rue de l'université qui descend vers Rafidia St, sur la droite. Tlj 8h (16h ven)-minuit. Pas d'alcool.* Repaire des étudiants qui viennent dans ce petit café-resto aux 2 salles enfumées par les volutes de narghilés, papoter devant un café (expresso), une salade, un *mana'eesh* ou un plat de pâtes. Déco assez sympa, moderne, avec des photos en noir et blanc du Che et des dessins célèbres du mur (comme « Handala ») reproduits au plafond. Également une terrasse.

Cinema City Café (*zoom C1, **1***) : *dans le grand mall ; à l'entrée du ciné. Tlj 9h-23h.* Café à la déco contemporaine noire et rouge, où l'on vient boire un jus et manger éventuellement un morceau (pizzas). Rien de transcendant mais pratique, dans le centre. Par ailleurs, longtemps fermé à cause de l'Intifada, le ciné abrite désormais un nouveau lieu de vie.

Al Yasmeen Hotel (*zoom C1, **14***) : *voir « Où dormir ? ».* Terrasse couverte à l'étage où les jeunes femmes viennent en toute tranquillité siroter un café ou un jus de fruits entre copines.

Achats

Avec sa vieille ville, son souk typique et ses artisans, Naplouse était surnommée « la petite Damas ». Elle possède avec la Syrie un autre point commun : le savon. Impossible de passer à Naplouse sans visiter une des savonneries encore en activité dans la ville. Très réputés, les petits cubes s'exportent dans tout le monde arabe, au même titre que le savon d'Alep syrien. Naplouse est aussi connu pour son *knafeh,* pâtisserie orange sur le dessus (pâte effilée), blanche en dessous (fromage fondu), qui se mange chaude (ou tiède) pour que le fromage dégouline bien dans l'assiette (indispensable, l'assiette !).

Soap factory (*savonnerie ; zoom C1, **43***) : *Al-Shuhada Sq. Tlj sauf ven 8h-15h. Attention au sol et aux escaliers... glissants !* Une des 4 savonneries (assez centrale) encore en activité dans la ville. Le savon est composé d'huile d'olive, d'eau et de soude. Le mélange cuit pendant au moins 3 jours avant d'être étalé 2-3 jours par terre pour le séchage, découpé et estampillé. Treize litres d'huile sont nécessaires pour fabriquer 100 pièces. Les cubes sont ensuite empilés en colonnes d'environ 1 000 savons. Très photogénique ! Puis les ouvriers les empaquettent à raison de 4 000 par jour, destinés aux deux tiers à l'exportation. Bien sûr, vous pouvez vous laisser tenter sur place.

Knafeh al-Aqsa (*zoom C1, **6***) : *rue An-Nasr. Tlj de 8h au coucher du soleil (jusqu'à 12h ven).* Une véritable institution. Dans la vieille ville, c'est ici qu'il faut goûter à la pâtisserie emblématique de Naplouse. Depuis des décennies, la famille cuit les gâteaux dans sa cuisine ouverte (on peut les voir à l'œuvre) avant de traverser la ruelle et de servir les parts aux habitués attablés ou debout sur le trottoir. Les immenses plateaux sont vidés en l'espace de quelques minutes seulement.

Fabricant de halawé : *shara (rue) Shawayah, dans le souk, perpendiculaire à la rue El-Khan ; demandez, tout le monde connaît. Tlj 7h-18h (jusqu'à 13h ven).* Depuis le début du XIXe s, la famille de Oraïb Ayyesh maintient la tradition en fabriquant ce dessert assez sucré et nourrissant à base de pâte de sésame nature, aromatisée au chocolat (un délice !) ou parsemée de pistaches. Il est considéré comme le meilleur. Et après test, re-test et 3 kg plus tard, le verdict est tombé : on est d'accord !

À voir

Old City (*vieille ville ; al-Qasaba ; al-balad 'adima ; zoom B-C1*) **:** 16 entrées (ou portes) permettent d'accéder à l'intérieur de la vieille ville. Un pittoresque

NAPLOUSE – ZOOM

Adresses utiles

- **1** Distributeurs (Cinema City ; C1)
- **4** Hammam Al-Shifa (B1)
- **5** Hammam El-Hana (B1-2)

Où dormir ?

- **11** Al Istiklal (C1)
- **13** Crystal Hotel (C1)
- **14** Al Yasmeen Hotel (C1)

Où manger ?

- **1** The 6th (Selim Effendi Restaurant ; C1)
- **14** Resto de l'hôtel Al Yasmeen (C1)
- **20** Mr Baker (B-C1)
- **21** Abou Imad Restaurant (C1)
- **23** Mata'am Maedah Tahabeyya (Golden Table ; C1)
- **24** As-Saraya Restaurant (C1)

Où boire un verre ?

- **1** Cinema City Café (C1)
- **14** Al Yasmeen Hotel (C1)

Achats

- **6** Knafeh al-Aqsa (C1)
- **43** Soap factory (C1)

dédale de ruelles bordées d'échoppes et de passages couverts coupé par 2 axes principaux, la rue An-Nasr et la rue El-Khan (en partie couverte). Elle date principalement de l'époque ottomane, comme en témoigne la ***tour de l'Horloge*** *(Clock Tower ; zoom C1)* érigée place An-Nasr en 1906 pour l'anniversaire du sultan Abdul Hamid.

Depuis la place, remonter sur quelques mètres la rue An-Nasr et prendre à gauche. Au bout, dans la pénombre d'une bâtisse, se cache une ***fabrique de bonbons*** *(Sweet factory ; zoom C2 ; tlj 8h-17h, jusqu'à 18h en été)* datant de 1950. Sous les Ottomans et jusqu'au mandat britannique, elle abritait une geôle. Drôle de reconversion ! Continuer ensuite vers l'ouest et une autre place flanquée d'une ancienne savonnerie (la plus vieille de la ville) qui sert aujourd'hui d'entrepôt. Poursuivre tout droit jusqu'aux passages couverts qui mènent au quartier Yasmeen, habitat des Samaritains jusque dans les années 1990 et haut lieu de la résistance durant les deux Intifadas. On peut y déceler des vestiges de l'époque romaine.
Avant les passages, au carrefour des ruelles, sur la gauche, pénétrer dans l'une des plus magiques échoppes qui soient, une ***fabrique d'épices*** *(Braik family spices shop ; zoom B1),* véritable caverne d'Ali Baba. Le bâtiment date du début du XVIIe s et a abrité une savonnerie (encore une !), d'où le volume, avant d'être transformé en boutique. Depuis 1936, la famille Braik prépare différentes sortes de *zaatar,* moud le café (mélange incroyable d'odeurs), concocte des tisanes, du genre « Indian tea for women and men », certifié aphrodisiaque naturel, ou encore vend des citrons séchés (noirs) servant à la cuisson du riz. Ils ont même créé un petit musée au fond, constitué d'objets usuels un peu poussiéreux et parfois carrément kitsch, comme cette tour Eiffel en coquillages.
Par le dédale des ruelles, rejoindre le ***souk*** et les rues An-Nasr ou El-Khan (souk couvert). Les boutiques ouvrent en principe tous les jours de 8h au coucher du soleil, jusqu'à 12h le vendredi. Les nombreux artisans perpétuent la tradition de leurs pères avec leurs étals en tout genre, colorés et odorants. Pour une immersion totale dans la ville et la vie arabes. Les habitants vous aideront facilement à vous repérer, quitte à vous guider, et cela sans contrepartie. Commencer à rétribuer un renseignement ou une bonne volonté en viendrait à pourrir rapidement les relations entre les habitants et les futurs visiteurs étrangers.

Great Mosque *(Grande Mosquée ; Jama'a Al-Kebir ; zoom C1)* **:** *interdite aux non-musulmans.* Sur la trentaine de mosquées qui pointent au-dessus de Naplouse, celle-ci est la plus ancienne. Construite à l'emplacement d'une basilique byzantine, puis d'une église au temps des croisés.

Jacob's Well *(puits de Jacob ; plan d'ensemble, D2)* **:** *au sud de la ville. ☎ 237-51-23. Tlj 7h-12h, 14h-16h.* Selon la Bible, Jacob y aurait creusé un puits alors qu'il cherchait des terres dans la région, et Jésus y aurait révélé à une Samaritaine sa véritable nature. Une 1re église a donc été construite à cet emplacement au IVe s avant d'être détruite par les Samaritains en 529. Les croisés ont bâti à leur tour un édifice, tombé depuis en ruine. L'église actuelle date du XIXe s et appartient désormais à la communauté grecque orthodoxe. Le puits à partir duquel la Samaritaine aurait donné de l'eau à Jésus est toujours visible dans la crypte, et l'eau est potable (possibilité de boire dans un gobelet ou, mieux, apporter le sien). Il mesure 40 m de profondeur.

Roman Theater *(théâtre romain ; zoom C2)* **:** *demander les clés au ferronnier situé à droite (tlj sauf ven 8h30-17h). GRATUIT.* Construit sur les pentes du mont Garizim au IIe s. Il mesure 110 m de diamètre et pouvait accueillir jusqu'à 7 000 spectateurs. Il s'agirait d'un des plus grands théâtres romains de Palestine et sans doute du Proche-Orient. Admirez les colonnes et chapiteaux décorés. Aujourd'hui, sa partie supérieure est ensevelie sous les fondations de la ville moderne. De plus, le site n'est pas entretenu et de nombreux détritus jonchent le sol.

Tell Balata *(plan d'ensemble, D2)* **:** *à env 2 km au sud de la ville. • tellbalata.com • Tlj 8h-15h. GRATUIT.* C'est ici que se trouvent les vestiges de l'antique Sichem, implantée 4 000 ans av. J.-C. Aujourd'hui, peu de traces attestent de la prospérité de la ville. On sait toutefois que celle-ci, bâtie autour d'une source, attira la convoitise du pharaon Sesotris III au XIXe s av. J.-C., puis des Hyksos de Syrie qui la fortifièrent, jusqu'au retour des Égyptiens au XVIe s avant notre ère. Sichem devint un temps la capitale des Israélites, et Jéroboam consolida à nouveau ses remparts. Des 3 murs d'enceinte, on peut encore voir une partie de la

3e muraille (à l'opposé de l'entrée). La ville fut peu à peu abandonnée au profit de Flavia Neapolis, future Naplouse, fondée par les Romains en 72 apr. J.-C.

Sama Nablus : *à Blaibous, au sommet du Jabal-al-Shamali ; ts les chauffeurs de taxi connaissent (prévoir 10 Shk l'aller).* Les familles viennent pique-niquer sur les hauteurs de Naplouse (aire aménagée de tables et bancs), véritable nid d'aigle bien agréable en été. Vue sur toute la ville. Également très beau de nuit.

DANS LES ENVIRONS DE NAPLOUSE

MOUNT GARIZIM

(MONT GARIZIM ; hors plan d'ensemble par B2)

Accessible par 2 routes, l'une au-dessus de Naplouse (trajet plus court mais avec un check-point israélien), l'autre au sud, en venant de Ramallah (sans check-point, mais cela peut changer à tt moment). S'y rendre en taxi (compter env 15 Shk l'aller depuis Naplouse). Noter que le site étant habité par une communauté juive, il est protégé par l'armée israélienne. Selon les Samaritains, le mont Garizim aurait été désigné par Dieu. La Torah samaritaine exige le respect de ce lieu saint dans ses commandements.

LE MILLIARDAIRE DE LA PAIX

Intime d'Arafat, Munib al-Masri est l'homme le plus riche de Palestine. Il vit sur le mont Garizim, dans une villa d'inspiration palladienne dont tous les matériaux viennent de France. Ayant fait fortune dans le pétrole, c'est le plus grand employeur de Palestine. Il refusa le poste de 1er ministre. Ce philanthrope ne veut que la paix et l'indépendance de son peuple.

Les Samaritains

Les Samaritains sont les descendants du royaume antique de Samarie. Entre 931 et 922 av. J.-C. (selon les chronologies) meurt Salomon, roi d'Israël et fils de David. Une partie des 12 tribus d'Israël refuse que son fils, Roboam, lui succède et choisit Jéroboam comme roi. Un schisme a donc lieu qui sépare le territoire en 2 royaumes : au sud le royaume de Juda qu'occupent les tribus de Juda et Benjamin ; au nord le royaume d'Israël, appelé également royaume de Samarie, peuplé par les 10 autres tribus.
Jéroboam installe sa capitale à Sichem (ancien nom de Naplouse). Tandis qu'au sud Jérusalem est choisie.
Osée (732-722 av. J.-C.) est le dernier roi d'Israël. La région est alors sous domination assyrienne. Après quelques années de règne, Osée refuse de payer le tribut. Sargon II, l'empereur assyrien, annexe alors la Samarie et fait déporter une partie de la population (entre 20 000 et 30 000 personnes). Des Babyloniens, issus d'autres conquêtes assyriennes, auraient été déplacés vers la Samarie pour remplacer ces populations.
Après sa conquête par les Romains (30 av. J.-C.), la Samarie est rattachée au royaume d'Hérode le Grand, puis à l'Empire byzantin en 475. Exigeant la conversion des Samaritains au christianisme, Zénon, l'empereur, fait détruire le temple samaritain du mont Garizim. La tentative de soulèvement en 529 est durement réprimée par l'empereur Justinien. Des milliers de personnes sont tuées ou réduites en esclavage. Beaucoup se convertissent également pour échapper à la répression.
Au VIIe s, la région est conquise par les musulmans. Le statut de *dhimmi* (contre le paiement d'un impôt) est accordé aux Samaritains. À la fin du XIXe s, ils obtiennent un statut officiel, celui de *millet* (population officiellement protégée). Mais la communauté a fortement diminué.

Les principes religieux

Basée sur l'Hexateuque (Pentateuque mosaïque et livre de Josué), la pratique religieuse des Samaritains contient 5 impératifs : croyance en un seul Dieu ; Moïse, fils d'Amram, est le seul prophète ; croyance dans la Torah, les 5 premiers livres de Moïse ; le mont Garizim est le lieu sacré ; croyance au Jugement dernier.

– Les Samaritains ont leur livre de prières, le Defter. Le Memar sert aux enseignements. À leur tête, un grand prêtre est choisi au sein de la famille sacerdotale supposée descendre du fils d'Aaron, frère de Moïse. Il doit résider près du mont Garizim.

– Ils parlent tous l'arabe, mais utilisent un hébreu ancien dans leur pratique religieuse.

– Contrairement aux Juifs, leur religion est transmise par le père, ce qui autorise des mariages avec des femmes non samaritaines, à condition que celles-ci acceptent de se plier aux rites et traditions de la communauté. Il n'existe pas de véritable cérémonie de conversion ; toutefois les candidats sont tenus de suivre une formation. Le divorce est autorisé dans 3 cas : si l'un des époux a commis l'adultère ; si l'un des 2 est stérile et ne peut avoir d'enfants ; si l'un des 2 souffre d'une maladie chronique ou contagieuse.

– Le calendrier samaritain commence à l'arrivée des Israélites sur la terre de Canaan. Le calendrier, qui suit le rythme lunaire, ne comporte pas de noms mais des chiffres.

– L'un des devoirs des Samaritains est de visiter le mont Garizim lors de la fête de Pâques, principale fête, durant laquelle ils sacrifient l'agneau pascal. Ils célèbrent 7 fêtes, qui ne sont pas sans rappeler les fêtes juives, avec toutefois un calendrier différent.

– En lieu et place de la kippa (le couvre-chef juif), les Samaritains portent un turban rouge ou une sorte de toque de tissu rouge (qui rappelle un peu le fez). Lors des cérémonies, ils se couvrent également de longues robes de coton blanc.

Le musée

Au cœur du village. Tlj sauf sam 9h-15h. Entrée : 20 Shk. Il vise à préserver et à promouvoir l'histoire des Samaritains. Il contient des textes anciens, dont une version sur rouleaux de l'Ancien Testament supposée être la plus ancienne au monde (elle aurait plus de 36 siècles). À voir également, un exemplaire de la lignée des grands prêtres samaritains, des objets datant de l'époque romaine et byzantine, des bijoux, quelques éléments reflétant leurs pratiques, ainsi qu'une maquette des implantations du mont Garizim. Quand il a le temps, le grand prêtre délivre lui-même, en anglais, les informations relatives à sa communauté. L'occasion de côtoyer une très ancienne communauté qui a survécu à des siècles d'histoire et de répressions.

SEBASTIA *(IND. TÉL. : 09)*

À 13 km au nord de Naplouse. Quel plus bel endroit que cette ancienne cité royale perchée au sommet d'une colline pour couronner le nord de la Cisjordanie ? Les férus d'archéologie trouveront là de véritables trésors. Sebastia a en effet gardé de nombreuses traces de sa riche histoire malgré les destructions successives qu'elle a connues. 2 grandes missions archéologiques au début du XXe s ont permis d'excaver les principales ruines que l'on peut admirer aujourd'hui. Malheureusement, en raison du contexte politique actuel (le village et le site sont en zones administratives B et C, sous contrôle total ou partiel d'Israël), aucune fouille récente n'a pu être menée.

En plus de sa richesse archéologique, Sebastia vaut aussi le détour pour son environnement qui surplombe de belles vallées plantées d'oliviers et pour ses adresses, fort intéressantes.

Depuis plusieurs années, le village bénéficie d'un programme soutenu par les Italiens. Ces fonds sont destinés à la conservation des bâtiments et à la formation

professionnelle de la population. Les bâtiments les plus en danger ont ainsi pu être restaurés dans le respect de leur héritage historique et transformés notamment en chambres d'hôtes.
Attention, le village se situe à 400 m d'altitude, suffisamment haut pour se rafraîchir en été, mais aussi... en hiver et même dès l'automne. N'oubliez donc pas une petite laine pour le soir.

TOUT UN SYMBOLE

L'olivier est le symbole de la Palestine. Cet arbre, que les peuples de la région cultivent depuis l'époque néolithique, représente l'identité palestinienne, son enracinement et son lien à la terre. On estime d'ailleurs qu'il y en a plus de 12 millions, soit le triple de ses habitants !

Un peu d'histoire

Samarie (l'ancienne Sebastia) est construite vers 880 av. J.-C. par Omri, 6e roi d'Israël, qui en fait la capitale de son royaume. Son fils Achab lui succède. Il y construit un temple dédié à Baal, dieu phénicien de la Fertilité, pour satisfaire son épouse Jézabel, fille du roi phénicien de Tyr. Dans la Bible, Jézabel est accusée de détourner Achab du vrai Dieu et sera maudite par Élie. Au IXe s av. J.-C., le 10e roi d'Israël, Jehu, détruit le temple et ordonne la mise à mort de Jézabel.
En 722 av. J.-C., menés par leur empereur Sargon II, les Assyriens prennent la ville après plus de 2 ans de siège. L'élite du royaume de Samarie (environ 20 % selon les historiens) est déportée vers Babylone, tandis que Samarie est repeuplée par des Chaldéens et des Susiens conquis, eux aussi, par les Assyriens. C'est la fin du royaume d'Israël dont Osée a été le 19e et dernier roi.
Cependant, la ville continue à jouer un rôle de 1er plan dans la région, en tant que cité assyrienne, puis babylonienne (VIIe et VIe s av. J.-C.,) et enfin perse (Ve et IVe s av. J.-C.).
Vers 331 av. J.-C., la ville est conquise par l'armée d'Alexandre le Grand et transformée en cité hellénistique dans laquelle il installe un millier de soldats macédoniens.
Vers 108 av. J.-C., Jean Hircan Ier, roi de Judée (dynastie hasmonéenne), qui s'est emparé d'une partie de la Transjordanie, fait détruire le temple samaritain et raser la ville.
En 30 av. J.-C., alors que les Romains dominent la région, l'empereur Auguste cède la ville à Hérode le Grand qui la rebaptise Sébaste en son honneur (« Sébaste » signifierait « Auguste » en grec). La ville est enrichie d'un temple à la gloire de Rome, d'un stade, d'un théâtre, ainsi que d'autres bâtiments publics.
Au IIe s de notre ère, elle reçoit le titre de colonie romaine sous l'empire de Septime Sévère. Son périmètre s'agrandit et elle se dote d'un mur défensif et de grandes tours. Un forum, une basilique et une rue à colonnades (que l'on admire encore en contrebas) y sont construits.
Dès ses origines, Sebastia accueille des chrétiens. La tradition orthodoxe situe la mort de Jean-Baptiste à Sebastia. Il y aurait été décapité sur l'ordre de Hérode Antipas, et sa tête offerte à Salomé.
Son tombeau se trouverait ici auprès des prophètes Obadiah et Elisha. 2 sanctuaires sont dédiés à saint Jean-Baptiste, appelé Yahya par les Arabes, le 1er se trouve dans l'actuel village et le 2d au sud de la citadelle, dans le site.
Les Perses détruisent la basilique en 614, ainsi que d'autres bâtiments. 20 ans plus tard, la ville se soumet aux Arabes conduits par Amr ibn al-As. Les destructions entamées par les Perses se poursuivent en partie, et les usages se modifient. Des commerces s'installent dans la rue à colonnades. En 1099, les croisés occupent la ville. La cathédrale est reconstruite sur les ruines de l'église byzantine et une colonie rurale fortifiée s'installe.
En 1187, la ville est occupée par Husam ed-Din Muhammad, neveu de Saladin, et la cathédrale est transformée en mosquée dédiée à Yahya.

Adresse utile

Information Center : *à l'entrée de la vieille ville au-dessus de l'église des croisés. Tlj sauf ven 7h-15h.* Vend des livrets, quelques produits locaux et même des mosaïques fabriquées sur place.

Où dormir ? Où manger ?

Sebastya Guesthouse : *dans la vieille ville, descendre la rue derrière l'office de tourisme. ☎ 253-25-45, ou au centre de mosaïques (02) 232-63-42. 056-896-60-10. • cultural_centre2006@yahoo.com • sabastiaguesthouse.com • Pas de réception. Résa conseillée. En dortoir de 4 lits, 90 Shk/pers ; double 250 Shk avec petit déj ; familiales.* Adossée aux ruines de l'église de l'époque romaine découverte en 2007, la *guesthouse* occupe plusieurs maisons du village réhabilitées. Chaque chambre est différente, avec de grandes pièces voûtées, des éléments architecturaux d'époque intégrés à une déco actuelle, etc. On a un faible pour la triple avec sa terrasse, son alcôve, ses placards en bois ancien encastrés, sa salle de bains design construite autour d'un aqueduc en pierre, vraiment très originale. Mais toutes ont leur charme.

The Holy Land Sun Restaurant : *de la place devant le site où se trouvent ttes les boutiques de souvenirs, descendre par la rue de gauche (en regardant le site, c'est un peu plus loin sur la droite). ☎ 253-24-20. Résa conseillée. Repas complet 60 Shk.* Une cuisine palestinienne authentique, une des meilleures qu'on ait mangées dans la région. Excellent *magloubeh, musakhan,* et même goûteuse soupe au blé. Tout est frais et généreusement servi. On mange dans la grande salle ou sur l'agréable terrasse pour profiter d'une belle vue sur les collines. Très bon accueil de Hafez, le patron.

D'autres petits restos également près du site.

À voir

Tous les sites sont libres d'accès, mais manquent encore d'explications. Voici quelques repères.

Dans le village

À voir, l'*église de l'époque romaine* à laquelle est adossée la *guesthouse*. L'escalier en spirale date de la période croisée. Les différents niveaux témoignent des changements qu'a connus la cité ; on peut voir la marque des croisés gravée sur certaines pierres ; des colonnes romaines ont également été resculptées pour recevoir des symboles byzantins.

En contrebas de l'office de tourisme se dresse la *cathédrale des croisés*, transformée en *mosquée sidi Yahya* par les Ayyubides. Le tombeau de saint Jean-Baptiste s'y trouverait. Une 2de chapelle croisée y a été découverte en 2008, ainsi que des restes de fortifications. Depuis la nef centrale, un étroit escalier de pierre conduit à la tombe de Jean-Baptiste, entre celles des prophètes Elisha et Obadiah. Notez que la tradition en situe une autre à la mosquée des Omeyyades à Damas. Bref, on ne sait plus à quel saint se vouer !

Le sanctuaire a été transformé durant la période arabe. Husam ed-Din Muhammad fit ajouter un dôme et un mihrab (une niche indiquant la direction de La Mecque), dont on peut encore voir les restes dans l'aile sud. Le sol en marbre de la cathédrale date de l'époque byzantine.

– Pour monter vers le site, passer devant le charmant petit square ombragé avec ses bancs, puis traverser le village.

Le site

En haut du village, au fond de l'ancien forum romain (qui sert de parking) se dressent les vestiges d'une basilique. Monter par le chemin sur la droite pour atteindre le *théâtre romain* (65 m de circonférence, il date du IIIe s), le *temple d'Augustus* et le *palais d'Omri*. Plus haut sur la colline subsiste une partie du *temple* construit par Hérode le Grand pour rendre hommage à Auguste. On peut admirer l'escalier monumental qui conduisait à la cour surélevée, dont l'entrée était flanquée d'immenses colonnes aux fondations encore visibles.
Le *palais d'Omri*, situé un peu plus haut, date de la période israélite. La forteresse était construite pour supporter les assauts ennemis et était entourée d'un mur de retenue. La *rue à colonnades*, magnifique, que l'on voit en contrebas, était l'artère principale de la cité romaine. La rue mesurait environ 800 m de long, 12 m de large et alignait plus de 600 colonnes, bordée d'échoppes.
L'*église byzantine*, un peu plus loin, a été restaurée au Moyen Âge, alors qu'elle faisait partie d'un monastère chrétien érigé à la mémoire de saint Jean-Baptiste. Une *chapelle* de l'époque byzantine aurait recelé la tête décapitée de saint Jean-Baptiste. Descendre les quelques marches. Là encore, en Jordanie, on nous certifie que c'est bien à Machéronte (Mukawir, promontoire au-dessus de la mer Morte) que Jean-Baptiste aurait connu la même fin tragique. Allez savoir...
À l'extrémité ouest, *2 tours circulaires* datent de la période hérodienne.

UNE FEMME ENTÊTÉE

Lorsque Hérode épousa Hérodiade, sa belle-sœur et nièce, Jean-Baptiste ne se gêna pas pour critiquer le mariage, car la loi juive interdit d'épouser la femme de son frère. L'opposant fut jeté en prison, mais la sentence fut considérée trop douce par Hérodiade. Il se trouva que le roi avait promis à sa belle-fille Salomé de lui offrir ce qu'elle désirait en échange d'une danse. Elle exigea la tête de Jean-Baptiste. Après la fameuse danse des 7 voiles, Hérode fit donc décapiter Jean-Baptiste et apporter sa tête sur un plateau d'argent. Quand on dit que la vengeance est un plat qui se mange... froid !

JÉNINE *(IND. TÉL. : 04)*

Au nord de la Cisjordanie. C'est la ville citée dans la Bible sous le nom d'*En Gannim* ou sous le nom de *Ginaea*. Jésus y passait régulièrement au cours de ses navettes entre Jérusalem et Nazareth.
La ville, aujourd'hui dynamique et animée, s'est tournée notamment vers la culture pour jeter les bases constructives d'un avenir plus radieux. Tout le monde garde encore en mémoire les événements dramatiques de 2002, lors de la 2de Intifada (se reporter à la rubrique « Histoire » en début de guide). Le *Freedom Theater* veut symboliser le renouveau de la cité, aidé en cela par une jeune génération enthousiaste.
➢ Pour s'y rendre : bus et *services* de Naplouse, 6h30-17h. De Ramallah (trajet 1h40 env), 6h-16h (13h ven-sam). De Jéricho (trajet 2h), 5h30-14h. Pour Jérusalem, changer à Ramallah.

Où manger ?

Parmi les restos les plus populaires, citons ***Ali Baba Restaurant*** *(Yahya Ayash Circle ; tlj midi et soir)*, réputé pour ses grillades. Le ***Delicate Coffee Shop*** *(Az-Zaytoun St, près de la gare routière)* fait le plein d'habitués venus avaler un sandwich ou siroter un expresso. Les locaux plébiscitent également ***Awtar,*** dans la même rue. On y sert de la viande grillée.

À voir

– ***Freedom Theater*** *(Masra Houriyyeh)* **:** *dans le camp de réfugiés.* ☎ *250-33-45.* • *thefreedomtheater.org* • Arna Mer Khamis, une Israélienne engagée, avait ouvert à la fin des années 1980, pendant la 1re Intifada, le *Stone Theater,* un moyen pour les enfants d'exprimer leur anxiété, leur peur en ces temps troublés.
De même, au cours de la 2de Intifada, après la destruction d'une partie du camp par l'armée israélienne en 2002, les enfants ont été particulièrement affectés et éprouvaient de grandes difficultés à suivre une scolarité « normale ». Juliano Mer Khamis, le fils d'Arna, a voulu savoir ce qu'étaient devenus ces enfants, en retournant à Jénine. Il a réalisé *Les Enfants d'Arna* (plusieurs fois primé), puis rouvert le théâtre en 2006 avec un ami suédois. Des ateliers de cinéma, de photo, des cours de théâtre y sont ainsi proposés, et les œuvres présentées devant un auditoire aussi bien palestinien qu'israélien. Car le propos se veut contre l'occupation, non contre les Juifs. Les élèves sortent diplômés de l'école de théâtre. Une initiative et une démarche extraordinaires, stoppées en avril 2011 par le meurtre de Juliano Mer Khamis. Son assassin n'a pas été identifié. Aujourd'hui, le *Freedom Theater,* bien qu'endeuillé, tente de conserver l'héritage de son créateur. Les visiteurs et les volontaires sont les bienvenus.

– ***Le Cinema Jenin :*** *près de la gare routière.* N'existe plus. Et pourtant, son histoire mérite d'être racontée : ce vieux cinéma de la fin des années 1950 avait été fermé en 1983 par les autorités israéliennes. L'idée de le rouvrir est née avec la volonté de projeter *The Heart of Jenin,* un documentaire réalisé par Marcus Vetter et Lior Geller sur l'histoire d'Ismaël Khatib, dont le fils Ahmed fut tué par des soldats israéliens à l'âge de 11 ans. Son père décida de faire don de ses organes à 6 enfants israéliens. Un an et demi plus tard, il partit en Israël à la rencontre de ces enfants, faisant tomber (presque toujours) de nombreux préjugés. La ténacité de plusieurs Palestiniens, des réalisateurs du film, de nombreux dons, notamment du gouvernement allemand et de Roger Waters des Pink Floyd, ont permis la réouverture du cinéma en 2010, dans une version ultramoderne avec même un cinéma en plein air. Faute de moyens, le cinéma a de nouveau fermé ses portes en 2016. Il devrait être remplacé par un centre commercial... Cruel destin !

BURQIN *(IND. TÉL. : 04)*

À env 4 km à l'ouest de Jénine. S'y rendre en taxi. C'est à Burqin que, selon la tradition biblique, Jésus aurait guéri 10 lépreux qui vivaient dans une caverne à la sortie du village, comme l'évoque l'Évangile selon saint Luc, XVII, 12-19 : « Et alors qu'il entrait dans un village, vinrent à sa rencontre 10 lépreux qui se tinrent à distance ; et, élevant la voix, ils dirent : Maître Jésus, ayez pitié de nous ! Les ayant vus, il leur dit : Allez vous montrer aux prêtres. Et comme ils y allaient, ils furent guéris (...). »

👁👁 ***Saint George's Church*** *(église Saint-Georges)* **:** *téléphoner à Émile Sayegh pour qu'il vous ouvre les portes.* ☎ *243-65-94.* Au IVe s, Hélène, la mère de l'empereur Constantin, bâtit une église au-dessus de la grotte, sur le lieu du miracle. Un tremblement de terre la détruisit partiellement au XIe s, mais dans l'actuel édifice on peut toujours apercevoir des pierres du monument original qui

POURQUOI CROISE-T-ON LES DOIGTS ?

La croix est le symbole du christianisme. Croiser les doigts était un signe discret de reconnaissance. Lors des persécutions, c'était une chance de rencontrer un autre chrétien. Aujourd'hui, ce signe est réputé conjurer le mauvais sort et porter bonheur.

ont servi à la reconstruction. De même, la chaire daterait également du IVe s et serait la plus ancienne de Terre sainte. Remarquer aussi l'ouverture par laquelle on passait la nourriture aux lépreux. Les premiers chrétiens ont ensuite trouvé refuge dans cette grotte pour pratiquer leur foi. L'église est aujourd'hui de rite grec-orthodoxe. Son architecture, fidèle au 1er édifice, rappelle celle d'une synagogue, comme ce fut le cas pour la plupart des constructions religieuses jusqu'au VIe s.

Canaan Fair Trade Company : *Kufr Qud Rd. ☎ 243-19-91. • canaanfairtrade.com • En pleine campagne, y aller en taxi depuis Burqin ou Jénine. Tlj sauf ven 9h-17h. Visite guidée possible. Mieux vaut téléphoner avt de se déplacer.*
La compagnie travaille avec 2 000 agriculteurs répartis dans 52 villages de Cisjordanie, ainsi que 8 coopératives de femmes qui produisent notamment les tomates séchées, le *zaatar* (épices) ou le *maftoul* (semoule à gros grains). Elles sont toutes membres de l'association palestinienne de commerce équitable. Un moyen de garantir à la fois un prix juste et des conditions de travail décentes aux producteurs, et une qualité élevée aux consommateurs. La récolte a lieu en octobre, l'usine se charge ensuite du pressage des olives, du conditionnement et de la commercialisation de l'huile certifiée bio. 4 kilos d'olives sont nécessaires à la fabrication de 1 l d'huile.
On visite les installations modernes avec explications sur le procédé de fabrication et la démarche équitable. Vente sur place de différentes huiles issues d'arbres plus ou moins jeunes, mais aussi de condiments, épices, miel, savons... Une belle boutique pour des petits cadeaux savoureux.

LA BANDE DE GAZA

• Carte *p. 453*

L'accès à la bande de Gaza est actuellement interdit aux touristes. Plus d'infos sur • *diplomatie.gouv.fr* •

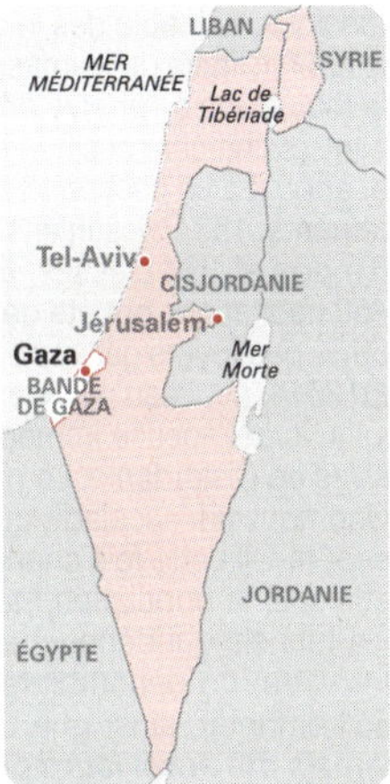

La bande de Gaza est longue d'environ 40 km et large de 5 à 12 km. Elle partage 51 km de frontières avec Israël, et 11 km avec l'Égypte. Ses 365 km² ont depuis le début du XXe s connu l'occupation ottomane, britannique, égyptienne et israélienne avant qu'elle n'accède à un statut autonome en 1994.
Gaza, au cœur de toutes les revendications, de tous les conflits, Gaza la rebelle, qui s'enorgueillit d'être le berceau de l'Intifada en 1987. C'est d'ailleurs sur ce petit bout de terre que Yasser Arafat, à la suite des accords d'Oslo (1993), érige 1 an plus tard son quartier général après 27 années d'exil.
Gaza pleine de contradictions entre sa bourgeoisie qui tire profit de la situation – et, concrètement, des trafics engendrés par le blocus israélien – et le petit peuple, dont 80 % vivent de l'aide humanitaire et restent sous le seuil de pauvreté, parfois dans des camps insalubres. La 2de Intifada, qui a débuté cette fois à Jérusalem, a trouvé un écho retentissant dans la bande.
Le territoire est actuellement rendu inaccessible aux touristes par les autorités israéliennes. Se renseigner au cas où la situation évoluerait.

UN PEU D'HISTOIRE

La ***position unique*** qu'occupe la région de Gaza entre l'Afrique et l'Asie en a, de tout temps, fait un lieu de rencontres politiques et commerciales. On y trouve des sites archéologiques représentatifs des cultures des 7 derniers millénaires. Rien que ça ! ***Chaque puissance ayant transité par le Proche-Orient y a laissé des traces.*** Alexandre le Grand a conquis Gaza en 332 av. J.-C., puis ce fut le tour des Romains. En 637, elle était déjà conquise par les musulmans. Les croisés ont envahi Gaza en 1100 et y furent vaincus par Saladin en 1187. Les Ottomans occupèrent le terrain en 1517 pour n'en partir que 4 siècles plus tard. Pendant la guerre de 1914-1918, Gaza fut le théâtre de nombreuses batailles, dont il ne reste aujourd'hui qu'un cimetière britannique. En 1948, à la fin de la 1re guerre israélo-arabe, le territoire fut occupé par l'Égypte avant qu'***Israël*** ne ***s'en empare en 1967 à l'issue de la guerre des Six Jours.*** La présence israélienne s'est alors concrétisée par l'installation de colonies qui ont été démantelées en partie en 1993, puis en totalité en 2005 dans le cadre de l'application de la feuille de route pour la paix. Mais Israël a continué d'exercer un contrôle extrêmement strict aux frontières.

En 2007, la bande de Gaza passe sous le contrôle du Hamas, vainqueur des élections législatives en 2006 : à la suite de violents combats interpalestiniens, les opposants au Hamas (essentiellement le Fatah) quittent le territoire pour gagner la Cisjordanie. En guerre contre le Hamas, Israël instaure comme mesure de rétorsion un ***blocus quasi total*** de la zone, une véritable punition collective. L'Égypte ferme également sa frontière.

L'***escalade de la violence*** tout au long de l'année ***2008*** conduit au déclenchement de l'***opération « Plomb durci »*** par Israël. Le bilan est très lourd : environ 1 400 morts et plus de 5 300 blessés, de nombreuses infrastructures anéanties, 60 000 familles touchées par la destruction totale ou partielle de leur domicile. Lire à ce sujet dans le chapitre « Histoire », en début de guide, « Une nouvelle donne. Gaza : la descente aux enfers ».

Depuis, le statu quo prévalait, Israël continuant à lancer de temps à autre des opérations militaires en réponse à l'activisme des membres du Hamas (tirs de roquettes lancées sur le sud d'Israël). Selon l'organisation israélienne des Droits de l'homme, B'Tselem, 271 Palestiniens et 4 Israéliens ont tout de même été tués entre 2009 et 2012, période considérée comme globalement calme. Mais suite à un regain de tensions, palpable dès le mois de juin ***2012,*** l'armée israélienne tue Ahmed Jabari, le chef militaire du Hamas, accusé par Israël d'activités terroristes, puis lance dans la foulée une ***offensive aérienne baptisée « Pilier de défense »*** (franchement, où vont-ils chercher ces noms ?). L'Égyptien Mohammed Morsi mène les négociations et aboutit à un cessez-le-feu 8 jours après le début du conflit. Au terme des affrontements, 158 Palestiniens ont été tués et 1 400 blessés. Côté israélien, on compte 6 morts et 224 blessés. Le bilan matériel est également lourd : dans la bande, 450 habitations ont été détruites. Compte tenu de la précarité déjà existante, c'est 80 % des foyers gazaouis qui ont besoin d'une aide urgente suite à la guerre.

En ***2014,*** nouveau pilonnement de la bande, cette fois suite au meurtre de 3 colons juifs. Israël accuse immédiatement le Hamas et procède à des arrestations massives en Cisjordanie. Le parti au pouvoir à Gaza répond par des tirs de roquettes. Une nouvelle escalade qui aboutit à l'***opération « Bordure protectrice ».*** Israël espère-t-il cette fois changer la donne ? L'économie est déjà exsangue, le blocus efficace, la population meurtrie par 2 guerres en 4 ans. Mais Israël veut détruire les tunnels qui débouchent dans le Sinaï. À l'issue de l'offensive aérienne, puis terrestre, on dénombrera 2 251 Palestiniens (parmi lesquels 1 462 civils, dont 551 enfants), ainsi que 67 soldats et 6 civils israéliens tués. ***Le bilan n'aura jamais été aussi lourd depuis 1967 !*** Une commission d'enquête indépendante mandatée par l'ONU conclut dans son rapport de juin 2015 que ***les 2 parties ont commis des violations des Droits de l'homme et du droit humanitaire international*** (6 000 frappes israéliennes, dont de nombreuses sans distinction entre les cibles militaires et civiles, utilisation d'armes explosives dans des zones

densément peuplées ; côté palestinien, exécution de Gazaouis soupçonnés de collaboration, 4 881 tirs de roquettes imprécis sur des villes, susceptibles de toucher des civils). 1 an plus tard, 17 600 familles étaient toujours sans abri et les trois quarts des usines étaient fermées faute de pouvoir importer du matériel.
Les conditions de vie ont encore empiré en 2017, lorsque les habitants n'avaient accès à l'électricité plus que 3h par jour, suite à l'arrêt de l'unique centrale de la bande.
Depuis mars ***2018,*** les habitants poursuivent une ***résistance pacifiste*** en manifestant près de la barrière de sécurité avec Israël. Mais les événements ont provoqué la mort de centaines de Palestiniens, tandis que des milliers d'autres ont été blessés par balles. En mai 2018, ***Médecins sans frontières tirait la sonnette d'alarme sur la situation sanitaire de la zone.*** Depuis, le bilan ne s'est pas amélioré. Il s'est même encore une fois empiré en 2020 et 2021 avec la ***pandémie*** de la Covid. État d'urgence et confinement à partir d'août 2020 ont dégradé les conditions de vie des habitants, alors que la densité de la population y est la plus élevée du monde. Le Programme alimentaire mondial a rapporté en septembre 2020 que 86 % des enfants qui vivent près de la frontière israélienne ne bénéficient pas d'un « régime alimentaire minimal » et que ***68 % des Gazaouis étaient en insécurité alimentaire,*** notamment en raison de la hausse du chômage et des difficultés d'approvisionnement.
Comme si les fléaux de l'enfermement et de la pandémie ne suffisaient pas, la population a encore payé un lourd tribut lors du ***conflit entre le Hamas et Israël en mai 2021.*** Selon l'OCHA, le bureau des affaires humanitaires de l'ONU, 256 Palestiniens (dont 66 enfants) ont été tués, probablement la moitié était des civils. Des familles entières ont été touchées. 2 257 personnes ont été blessées (dont environ 600 enfants et 400 femmes), 91 000 ont été déplacées, et 2 500 personnes ont perdu leur logement.
Avec le cessez-le-feu, les Gazaouis ont célébré leur survie, mais ils restent toujours prisonniers d'une bande de terre qu'aucun accès ne leur permet de quitter librement. Lire aussi la rubrique « Histoire » en début de guide.

LE PARADOXE DE LA PAIX

Depuis les accords d'Oslo en 1993, les conditions de vie à Gaza n'ont pas cessé de se dégrader. Entre 1993 et 2000, la bande de Gaza a été bouclée pendant plus de 300 jours (soit près d'un an d'inertie, d'emprisonnement). C'est énorme. Si Israël a bien retiré ses colonies en 2005, l'étau de la présence militaire n'a pas été desserré pour autant, et l'état de guerre quasi permanent entre Israël et le Hamas a des conséquences très lourdes.
Avant les accords, l'accès à Gaza était libre. Aujourd'hui, aucun homme ni aucune marchandise ne transitent sans l'autorisation d'Israël. Il faut passer par le check-point israélien d'Erez, qui marque l'entrée d'un processus pénible pour les Palestiniens : un couloir long de plusieurs centaines de mètres ponctué de points de contrôle. Les Gazaouis n'ont plus accès au marché du travail israélien.

UNE PRISON À CIEL OUVERT

La situation dans laquelle les Gazaouis vivent, ou plutôt survivent, est sans équivalent. Ce territoire, déjà exigu pour la population qui l'occupe (rappel : plus de 4 800 habitants au km²), est diminué en raison de l'existence d'une ***zone tampon terrestre*** avec Israël, instaurée par les

CIEL FERMÉ

Palestinian Airlines *ne vole pas en Palestine depuis la destruction de l'aéroport de Gaza en 2001. Les 3 avions de la compagnie décollent d'Al-Arish, à 60 km de Gaza, en territoire égyptien.*

accords d'Oslo, sous prétexte d'assurer la sécurité de l'État israélien. Problème, cette section, située en territoire palestinien, n'a cessé de s'étendre : de 50 m à l'origine, elle est passée à 300 m. 17 % du territoire de la bande de Gaza se retrouve donc interdit aux Gazaouis : ***les terres cultivées ont été abandonnées,*** des fermes détruites, et ceux qui tenteraient de revenir dans cette zone militaire exclusive mouvante, dont les limites sont fixées par l'état-major israélien, risquent leur vie.
Même phénomène en mer : avec ses 40 km de côtes, la bande de Gaza permettait à 10 000 pêcheurs de vivre de leur métier... avant les accords d'Oslo. Aujourd'hui, ***la zone de pêche autorisée est une variable d'ajustement, qui reflète le climat politique entre Israël et le Hamas*** (c'est aussi le cas de certains services comme la poste et la destruction ou non du courrier de et vers Gaza) : de 20 miles nautiques (36 km) au départ, elle est passée à 6 miles nautiques (11 km). Même à l'intérieur de cette limite, la marine israélienne confisque ou endommage régulièrement les bateaux. 90 % des pêcheurs ont dû cesser leur activité, et les prises des pêcheurs qui ont pu continuer sont ridicules en comparaison de ce qu'elles étaient auparavant.
Pêche et agriculture sinistrées (les productions existantes, comme les fraises, ne peuvent partir à l'exportation en raison du blocus), ***problème de ressources en eau : tout est fait pour conduire au désespoir les Gazaouis.*** Même s'ils ont souvent connu des conditions d'existence très difficiles (les deux tiers de la population descendent des réfugiés de la guerre de 1948 et vivent parfois toujours dans des camps), leur quotidien est une épreuve permanente. De son côté, ***le Hamas exerce une vraie pression sociale sur la population*** en imposant, entre autres, un statut rigide aux femmes et en contrôlant Internet dans les lieux publics (cybercafés...). En avril 2015, Israël a toutefois autorisé l'importation de certains matériaux, mais réduisait 2 ans plus tard sa distribution d'électricité.
Les Israéliens ont quitté Gaza mais, en partant, ils ont fermé la porte à double tour. De plus, ***les relations entre le Hamas et l'Autorité palestinienne,*** toujours tendues, ***compliquent encore la situation.*** Et ce sont les Gazaouis qui en font les frais. Mahmoud Abbas met régulièrement son homologue sous pression financière en refusant d'octroyer les sommes dues (salaires des fonctionnaires, par exemple).

UN PATRIMOINE À DÉCOUVRIR

Alors que les Palestiniens sont préoccupés par le présent et aimeraient se projeter dans l'avenir, les archéologues s'intéressent depuis peu au passé de la région. L'archéologie s'est en effet longtemps focalisée sur les lieux bibliques. Or Gaza, en dehors de l'épisode de Samson, est peu mentionnée dans le Livre saint. Bien sûr, la situation politique explique aussi l'engagement tardif des scientifiques. Mais, depuis qu'en 2011 la Palestine est devenue membre de l'Unesco, plusieurs sites, tels que Tell Umm Amer (à El-Nuseirat) ou le port d'Anthedon (au nord de la bande), pourraient faire l'objet d'une inscription en tant que Patrimoine mondial de l'humanité.
Un jour, peut-être, pourrons-nous découvrir ce patrimoine et aller à la rencontre des Gazaouis.

GAZA

450 000 hab. IND. TÉL. : 08

La fondation de la ville de Gaza remonterait à l'âge du bronze. D'anciens textes égyptiens la mentionnent comme ville importante. Les historiens ne sont pas d'accord sur la signification de son nom : certains l'attribuent aux Cananéens, il signifierait alors « force » ; d'autres aux Perses, qui l'appelaient

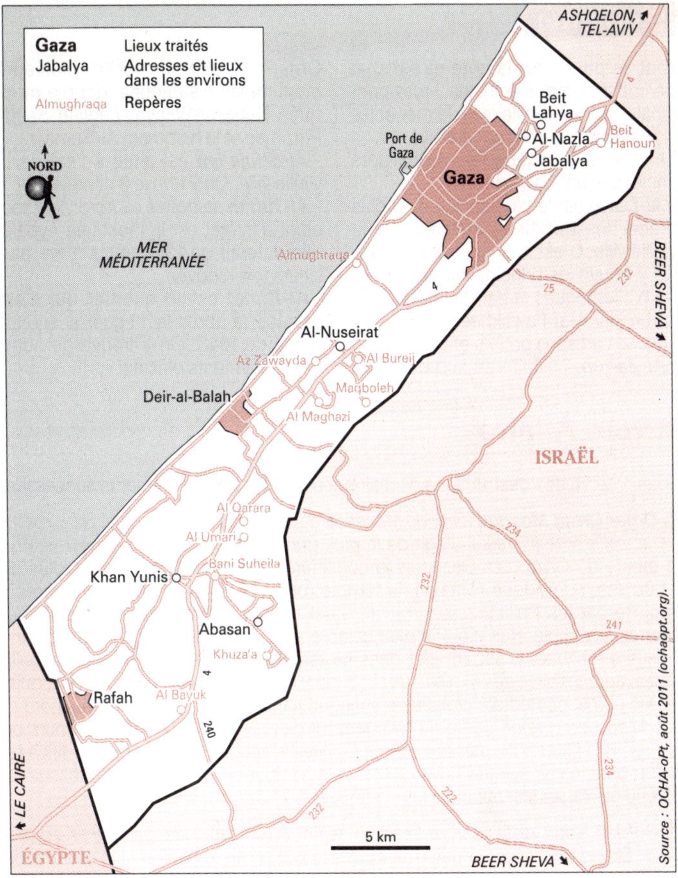

LA BANDE DE GAZA

Hazatote, ce qui veut dire « trésor », parce qu'ils croyaient qu'un trésor y était caché ! Quant aux Arabes, ils la nommaient *Gazat Hashim* car ils pensaient que l'arrière-grand-père du prophète Mahomet, Hashem (qui a donné son nom à la dynastie jordanienne des Hachémites), y était mort au cours d'un de ses voyages.

Aujourd'hui, Gaza est une ville incontestablement intéressante, foisonnante, qui s'est construite dans l'anarchie la plus totale.

ALORS, ÇA GAZE ?

Saviez-vous que la gaze était autrefois fabriquée à... Gaza, d'où son nom ? Le terme désignait au XVe s un léger tissu de soie, de coton ou de lin. Au XVIIe s, il prend un sens figuré, « ce qui adoucit la pensée, un fait », avant d'être employé au début du XXe s pour décrire le fin pansement que l'on connaît aujourd'hui...

S'orienter

Tout se passe sur la côte et dans un périmètre compris entre les 3 rues principales perpendiculaires à la mer et les 3 autres, qui lui sont parallèles.
La ville se partage en 4 quartiers anciens et un moderne :
- ***Al-Daraj*** est le plus ancien et le plus grand des quartiers, au cœur de la vieille ville. C'est le quartier des souks. On y trouve les principales mosquées, les bibliothèques et hammams. À l'est, la rue Harat-al-Fawakheer est célèbre pour ses artisans potiers et céramistes.
- ***Al-Zaitun,*** délimité au sud de la rue Omar-al-Mukhtar, abrite plusieurs monuments historiques, dont la mosquée Katib-al-Wilaya, l'église Saint-Porphyre et le hammam Al-Samara.
- ***Al-Shuja'iya*** est situé à l'est de la vieille ville. On y trouve 3 cimetières.
- ***Al-Tuffah*** se trouve au nord. Son seul point d'intérêt est la mosquée Aybaki. Elle daterait de 1353, mais a été plusieurs fois rénovée.
- ***Al-Rimal*** est le quartier qui s'est développé après la 1re guerre israélo-arabe de 1948. On y trouve de nombreux bâtiments officiels.

À voir. À faire

Sous réserve des destructions occasionnées par les bombardements successifs.

Omar Great Mosque *(Grande Mosquée d'Omar)* **:** *Omar al-Mukhtar St, au cœur de la vieille ville (Daraj).* Il s'agit de la plus grande et plus ancienne mosquée de la bande de Gaza. Les Gazaouis la considèrent comme sacrée depuis plus de 3 000 ans. À l'époque romaine, le temple rond de l'idole Marnas, dieu crétois importé par les Philistins, se trouvait à cet emplacement. Dédié par la suite à Jupiter, le temple était alors le plus célèbre au monde, au point de figurer dans l'histoire biblique. C'est en effet dans ce temple que Samson, trahi par la belle Dalila, aurait réalisé ses exploits. Au Ve s, on y éleva une basilique byzantine, puis, au XIIe s, une cathédrale croisée, et enfin, un minaret, ainsi que les portes nord et est. Mais une grande partie du bâtiment fut détruite par les Anglais au cours de la Première Guerre mondiale. Le Haut Conseil islamique a reconstruit l'édifice tel qu'on peut le voir aujourd'hui en 1926. La bibliothèque attenante compte plus de 20 000 ouvrages scientifiques et artistiques.

Golden Souk Al-Qissariya *(marché de l'or Al-Qissariya)* **:** *à gauche en sortant de la Grande Mosquée.* Petite rue couverte qui abrite le plus ancien marché de la ville : celui de l'or. Selon certaines sources, il daterait de 1476. Au milieu de la rue, une baie s'ouvre d'un côté sur une porte conduisant au *marché de l'huile,* aujourd'hui disparu. On est en présence d'un des plus beaux exemples de l'architecture mamelouke.

El-Sayyed Hashem Mosque : *dans le quartier Daraj, non loin de la Grande Mosquée d'Omar.* Hashem, l'arrière-grand-père du prophète Mahomet, y serait enterré. Il y passait chaque été lors de ses voyages d'affaires. À l'origine, il s'agissait d'une grotte, située contre le rempart de la ville et sur laquelle on a construit au XIIe s un dôme flanqué de plusieurs bâtiments. Un siècle plus tard, l'ensemble fut transformé en mosquée entourée d'une école et d'un caravansérail. Restaurée au XVIIe s avec des éléments d'autres mosquées (bel exemple de recyclage !), elle fait toujours l'objet d'un pèlerinage annuel, qui dure une semaine.

Qasr Al-Basha *(palais du Pacha ; aussi appelé fort Napoléon)* **:** *dans le quartier Daraj, à l'extrémité est de la rue Al-Wahda. Visites à discrétion, en dehors des heures de cours.* C'est l'un des plus beaux bâtiments anciens de la ville. Nul ne connaît son origine, on sait seulement qu'il a été restauré à de nombreuses reprises, notamment pendant les époques mamelouke et ottomane. L'édifice mesure environ 18 m de haut. Il est décoré en marbre de formes géométriques. On retrouve les mêmes formes d'architecture en Syrie et en Égypte. Le palais aurait été utilisé comme QG des troupes de Napoléon pendant le siège de Saint-Jean-d'Acre en 1799. C'est aujourd'hui une école secondaire pour filles.

Le hammam Al-Samara : *dans le quartier Al-Zaitun.* Il s'agit du seul hammam qui fonctionnait encore récemment à Gaza. Le nom Samara vient des Samaritains qui l'ont, sinon construit, du moins exploité au début. Il est bâti en pierre de sable et divisé en 3 parties : l'aile de la réception, la chambre chaude et les installations de service. Le rez-de-chaussée s'enfonce à 3 m sous le niveau de la rue. La porte s'ouvre sur un corridor voûté conduisant à une pièce carrée surmontée d'un dôme composé de lentilles de verre qui filtrent la lumière du jour. On dépose ses vêtements dans les estrades et niches prévues à cet effet et qui encadrent le traditionnel bassin octogonal. Pour accéder aux bains proprement dits, il faut suivre un petit couloir avant d'atteindre 4 pièces pavées de marbre. Le chauffage fonctionne à l'air chaud, sous le sol, et provient d'un fourneau situé sur le côté sud du bain. On peut observer la cheminée sur le mur nord. C'est le dernier bain de ce genre.

Saint Porphyre's Church : *rue Raz-al-Tali, dans le quartier Al-Zaitun.* Cette église grecque orthodoxe fut construite sous le règne de l'empereur Arcadius (395-420) par l'évêque de Gaza, saint Porphyrius. Seuls les soubassements des murs datent du Ve s, le reste a probablement été reconstruit au XIIe s. Le plan de l'église rappelle l'architecture byzantine avec un zeste de croisé. Le sol se trouve, lui, à près de 3 m sous le niveau de la rue. La tombe du saint patron se trouve près du mur nord. Une petite église calme et pleine de charme, entourée sur 3 côtés par un cimetière byzantin toujours utilisé par la petite communauté chrétienne de Gaza.

Cheikh Abu al-Azm Shrine *(sanctuaire du cheikh Abu al-Azm)* ***:*** *près de l'école islamique Al-Falah.* Certains pensent qu'Abu al-Azm serait le Samson de la Bible, d'autres penchent pour un cheikh venu du Maroc vers le IXe s.

Sultan Abdulhamid public fountain *(fontaine publique du Sultan Abdulhamid)* ***:*** *à quelques mètres à l'est du qasr Al-Basha, sur Al-Wahda.* Elle ne date « que » de 1900, mais est joliment construite en pierre de chaux et en marbre blanc.

LA PALESTINE

DANS LES ENVIRONS DE GAZA

La bande de Gaza est réputée pour ses trésors archéologiques, qui, un jour, seront peut-être inscrits au Patrimoine mondial de l'Unesco. En attendant de pouvoir les visiter, on les indique à titre historico-anecdotique.

AU SUD

Al-Nuseirat : *à 6 km au sud de Gaza.* La ville abrite un camp de réfugiés. Avec le mouvement des dunes, on a découvert en 1991 une jolie mosaïque, plusieurs colonnes byzantines, des chapiteaux corinthiens, des pièces de monnaie, etc. Après cette découverte, le bureau israélien des antiquités de Gaza a organisé des fouilles systématiques du site et a découvert un pavement de mosaïques colorées d'une église antérieure à 539.

Deir-al-Balah : *à 13 km au sud-est de Gaza.* La ville est connue pour les nombreux sarcophages et autres cercueils anthropoïdes, découverts dans un cimetière datant de la fin de l'âge du bronze. Il s'agit probablement de la nécropole des rois des Philistins. Les datations le situent entre 1400 et 1200 av. J.-C. C'est la plus grande collection de cercueils d'argile à couvercles amovibles découverte en Palestine. Ils étaient entourés de nombreux vaisseaux d'albâtre, de bijoux en or, de pierres précieuses, de scarabées, de poteries mycéniennes, chypriotes, égyptiennes et palestiniennes. Inutile de rêver, car malheureusement il n'y a plus rien à voir. Les fouilles menées de 1972 à 1982 ont été entreprises à l'initiative de l'Institut d'archéologie de l'université hébraïque de Jérusalem et de la Société d'exploration israélienne. Ils ont bien sûr tout emporté. On peut néanmoins admirer ces trésors au musée Rockefeller et au musée d'Israël de Jérusalem.

Khan Yunis : *à 25 km au sud de la ville de Gaza.* Il s'agit de la 2e plus grande ville de la région. Cette imposante forteresse *(khan)*, bâtie au XIVe s par un notable mamelouk appelé Yunis (qui donna son nom à la ville), servait de poste militaire. Les soldats surveillaient la route des pèlerinages vers Jérusalem et vers La Mecque. Sur la place, en face du *khan*, se trouve la Grande Mosquée.

Abasan : *à 5 km au sud-est de Khan Yunis.* Intéressant pavement en mosaïque d'Abasan-al-Kabira. Ce bel exemple d'art byzantin date du VIIe s et fut découvert en 1995. Au nord de la mosaïque, on trouve une tombe en pierre de sable, elle aussi byzantine. L'ensemble faisait probablement partie d'une chapelle ou d'un monastère dont on a retrouvé 2 petits piliers en marbre. Ces derniers se trouvent aujourd'hui à 6 km au nord, dans un petit temple de marbre et de pierre qui ne date que du début du XXe s (appelé *maqam Khalil-al-Rahman*). Abraham s'y serait arrêté lors de son voyage d'Égypte vers Hébron via Beer Sheva.

Rafah : *près de la frontière égyptienne.* Elle est connue pour sa situation géographique particulière. C'est à Rafah que fut célébré le mariage de Cléopâtre avec son frère Ptolémée XIII (avant qu'elle ne tombe dans les bras de Jules César, puis de Marc Antoine). On peut y voir les ruines des temples des dieux romains Artémis et Apollon.
Aujourd'hui, la ville comprend un grand camp de réfugiés, coupé en 2 en 1978 par la nouvelle frontière tracée, suite aux accords de Camp David, entre l'Égypte et Israël. La nouvelle frontière sépara des familles, coupa des maisons en 2 et rompit toutes les communications.
– Au sud de Rafah, on trouve le *village suédois*, construit en 1965 par un bataillon suédois de l'ONU pour accueillir les réfugiés palestiniens d'Ashqelon, pêcheurs pour la plupart. Le camp, sans aucune infrastructure, survit grâce à la volonté de ne pas céder devant les Israéliens.

AU NORD

Jabalya et Al-Nazla : *juste au nord de la ville de Gaza.* Les 2 villages sont dominés par le plus grand des 28 camps de réfugiés de Palestine.
On y a découvert un grand *cimetière romano-byzantin* sur le côté droit de la route de Gaza en allant vers Beit Hanoun. Les fouilles ont mis au jour de nombreux bijoux et pièces d'or, des bouteilles de verre, des lampes à huile, etc.
À une centaine de mètres du cimetière, une grande *mosaïque byzantine* du VIIIe s de 500 m², faite de carrés de marbre, de poteries, de verre, de basalte noir et de chaux, a été déblayée par des archéologues français. Elle représente des scènes agricoles, de chasse, des fruits et autres nourritures, des animaux divers et des scènes de la vie pastorale. Malheureusement, de nombreuses figures humaines et animales ont été endommagées. Et aucune aide internationale ne permet de protéger ce qu'il reste. Cette mosaïque semble faire partie d'un grand ensemble byzantin comportant une église, des bâtiments annexes et des locaux à usage profane. La grande dimension de l'ensemble, la haute technicité de la mosaïque, les 17 inscriptions en grec et la précision des détails des motifs décoratifs en font l'un des plus importants sites byzantins découverts à ce jour dans la bande de Gaza. La plus ancienne inscription découverte date de 444, mais il semblerait que l'église soit antérieure. De très nombreuses autres inscriptions sont très méchamment endommagées. On suppose que le village d'« Asalea » inscrit sur la célèbre

carte en mosaïque de l'église Saint-Georges à Madaba en Jordanie (VIe s) est l'actuel village d'Al-Nazla. Tout porte à croire qu'une petite ville byzantine existait jadis au nord de la grande ville de Gaza.

Beit Lahya : *à 7 km au nord-ouest de Gaza, et à 4 km de la côte.* Dans une vallée entourée de dunes. Représentée sur la fameuse carte de la Palestine qui se trouve à Madaba en Jordanie, *Bethelea* semble avoir été un important village, doté de plusieurs temples, à l'époque romaine. Mais aussi à la période byzantine, comme le confirme la grande quantité de poteries et de verreries trouvées sur le site de Tell-al-Dahab. C'est aujourd'hui un important village agricole. Dans cet environnement quelque peu hostile, les habitants parviennent à faire pousser toutes sortes de légumes et d'arbres fruitiers. Le lieu est d'ailleurs célèbre pour ses pommes et ses fleurs, produites en grande quantité pour l'exportation. Toutefois, le train n'est plus utilisé pour le transport des marchandises, même si la voie ferrée ottomane qui reliait Le Caire à Haïfa traverse encore le village. La ligne fut en effet abandonnée après la guerre de 1967.

PALESTINE : HOMMES, CULTURE, ENVIRONNEMENT

ARTS

Musique

Même si la Palestine n'a pas donné naissance à des chanteurs aussi populaires que ses voisins libanais ou égyptiens, la musique fait partie intégrante de la vie quotidienne et jaillit à tout moment des autoradios, des cafés et des haut-parleurs. Entre les grands noms classiques et la variété arabe, dont les jeunes raffolent, elle rythme la journée de toutes les générations.

Les enfants commencent leur journée de classe en chantant l'hymne national *Fida'i* (« Ma rédemption »). Les adultes optent pour un réveil en douceur avec la voix de Fairouz, divine chanteuse libanaise qui a chanté Jérusalem mieux que personne.

Le soir, on préfère Oum Kalthoum, la grande diva égyptienne qui s'est éteinte en 1975 après avoir hypnotisé les foules en chantant la nostalgie arabe. D'autres grands noms de la musique arabe comme les Libanais Farid el-Attrache et Marcel Khalifa sont aussi populaires ici que chez eux.

Parmi la nouvelle génération, Rim Banna chante du doux folklore palestinien, le Trio Jubran et Kamilya Jubran utilisent le luth traditionnel (oud) pour sonder l'âme. Plus festive, la musique folk palestinienne se joue avec tambours et *shebbaba* (une petite flûte) et accompagne tous les événements heureux de la vie sociale. Des naissances aux mariages en passant par la remise des diplômes, vous aurez sans doute l'occasion de découvrir l'incontournable *dabka,* la danse collective palestinienne. Un peu comme la danse irlandaise, les jeunes hommes ou les jeunes filles en habits traditionnels évoluent les bras entrelacés et sautent à l'unisson... sportif ! La troupe *Al Funoun,* de Ramallah, propose un folk palestinien endiablé. Les jeunes plébiscitent la pop arabe du Liban ou d'Égypte avec Tamer Hosny, Amrou Diab, Haifa Wahbi ou Nancy Ajram. Et dans une culture mondialisée, un Palestinien de Naplouse avait terminé 2e lors de l'édition arabe de la Star Academy.

Chansons à textes...

Dans la musique palestinienne, les paroles sont plus travaillées que les mélodies. D'ailleurs, souvent, les textes des poètes, virtuoses des mots (au cœur de la culture palestinienne), sont mis en musique. Du coup, on doit les plus belles chansons palestiniennes à une collaboration entre poètes et musiciens. Mahmoud Darwich, le Palestinien, et Marcel Khalifa, le Libanais, ont ainsi produit des merveilles, comme *Rita,* à propos des amours adolescentes de Darwich avec une Israélienne de Haïfa.

... version moderne

La rudesse d'un contexte mène souvent à une création artistique prolifique (comme thérapie ?). Ainsi, de jeunes artistes palestiniens suivent les traces de générations de chanteurs engagés, en investissant ou en détournant les genres modernes, sans compromettre la tradition palestinienne. À travers un mix de hip-hop, de pop, de rap, ceux-là chantent leur désir de liberté, la résistance et les problèmes sociaux de leur génération, et ont réussi à se hisser sur la scène internationale. Au choix, on écoute *DAM*, le groupe hip-hop palestinien venu de Lod ; *Slingshot* (le lance-pierre) hip-hop ; Shadia Mansour, la rappeuse palestino-britannique ; *Ramallah Underground* ou l'original *Checkpoint 303*, qui détourne les sons de l'occupation (voix des soldats dans les haut-parleurs, bruits des check-points ou des 4x4 militaires) pour recréer des morceaux à mi-chemin entre musique électronique et rap. *Shabjdeed* révolutionne le rap palestinien et arabe.

Street art (l'art de rue)

Pour les artistes de rue, le mur de séparation est une immense page blanche. Comme à Berlin ou à Belfast, cette séparation est devenue liberté d'expression. Sur le béton ont jailli des personnages imaginaires ou réels, des slogans, des brèches et des paysages rêvés en trompe l'œil.

Parmi les œuvres les plus connues et les plus originales, citons les immenses portraits en noir et blanc de l'artiste français JR et de son acolyte suisse Marco, qui en 2007 ont monté le projet « Face2Face », ou comment mettre côte à côte des Palestiniens et des Israéliens pour abolir les différences. On a tous en tête le triptyque du rabbin, du prêtre et de l'imam rigolards. Des portraits drôles et authentiques (qui s'effacent doucement...), placardés sur le mur de séparation, qui doivent nous faire réfléchir sur le sens du conflit. Dans cette même perspective de rapprochement, un projet a été lancé en 2011, la veille de la demande d'adhésion de la Palestine à l'ONU. Avec Inside Out, JR proposait aux Palestiniens et aux Israéliens de se photographier et de s'afficher en très grand des 2 côtés du mur. Impossible d'ignorer l'autre et son humanité.

Parmi les peintures célèbres, voir celles du village d'Al-Ram (qui, avant le mur, faisait partie intégrante de Jérusalem), où une lettre sud-africaine en solidarité avec les Palestiniens court sur près de 3 km de long. Son auteur, Farid Esack, est un militant antiapartheid, proche de Nelson Mandela. N'oublions pas la silhouette de cette petite fille accrochée à des ballons et prête à s'envoler par-dessus la barrière à Qalandya (près de Ramallah), peinte par Banksy, le fameux *street artist* britannique. Une des silhouettes récurrentes sur les blocs de béton est celle de Handala, gamin palestinien croqué de dos, apparu sous le crayon du caricaturiste Naji al-Ali en 1969. Aujourd'hui, lui aussi a pris possession du mur, symbolisant plus que jamais la résistance par la culture et le langage universel (voir également plus loin la rubrique « Personnages »).

Mais ceux qui « redessinent » le mur ne font pas l'unanimité, parce que détourner son but primaire revient à effacer son caractère inhumain et à couvrir de couleurs les symboles d'oppression qu'il représente.

QUI A VU BANKSY ?

L'artiste de rue le plus célèbre du monde se cache derrière ce pseudonyme, son identité réelle restant encore énigmatique. Ses graffitis et peintures engagés (comme ceux réalisés sur le mur de séparation Israël-Palestine) ne manquent pas d'humour. En 2018, son tableau Girl with Balloon *vendu aux enchères chez Sotheby's à Londres s'autodétruisit aussitôt que retentit le dernier coup de marteau !*

Cinéma

Le cinéma palestinien est relativement jeune comparé au cinéma arabe (surtout égyptien). Mais ces dernières décennies il a pris de l'ampleur et acquis une certaine reconnaissance internationale avec des films comme ***Amreeka*** (2009), de Shirine Dabis, qui relate avec humour l'épopée de Muna, mère de famille émigrée aux États-Unis ; ***Le Sel de la mer*** (2008), d'Anne-Marie Jacir, qui raconte l'histoire

d'une réfugiée à la recherche du passé paisible de ces ancêtres à Jaffa, et ***Paradise Now*** (Golden Globe 2005), de Hany Abu-Assad, qui donne un visage aux kamikazes palestiniens. En 2009, Eyal Sivan signe un documentaire, ***Jaffa, la mécanique de l'orange,*** qui relate l'histoire de l'ancienne ville de Jaffa (qui fait aujourd'hui partie de l'agglomération de Tel-Aviv) et le conflit palestino-israélien sous l'angle de la culture disputée de l'orange, millénaire dans la région.
En 2012, ***Héritage,*** de Hiam Abbass, pénètre au cœur des secrets et des conflits d'une famille palestinienne vivant à la frontière libanaise. Ces réalisateurs suivent les traces de Michel Khleifi et son ***Mariage en Galilée,*** prix de la critique à Cannes en 1987, ou d'Elia Suleiman, dont l'humour caustique rappelle les films du Serbe Kusturica. Il a réalisé ***Chronique d'une disparition*** (1996), ***Intervention divine*** (nommé pour la Palme d'or à Cannes en 2002), ***Le Temps qu'il reste*** (2009) et ***It must be Heaven***, d'Elia Suleiman, mention spéciale du Jury à Cannes, en 2019.
En 2013 est sorti ***Omar,*** de Hany Abu-Assad. Une intrigue amoureuse s'est nouée de part et d'autre du mur, faisant courir beaucoup de risques au jeune Palestinien. Le réalisateur a également tourné ***Le Chanteur de Gaza,*** sorti en France en 2017 ; l'histoire vraie d'un jeune Palestinien de Gaza qui franchit la frontière égyptienne pour participer à l'émission « The Arab Idol », l'équivalent en France de « La Nouvelle Star ». ***3 000 nuits*** (2015), de Mai Masri, parle de la maternité d'une Palestinienne dans une prison israélienne au cœur des années 1980. ***Tel Aviv on Fire*** (2018), de Sameh Zoabi, est l'histoire d'un quiproquo entre un Palestinien, stagiaire sur une série télé et un soldat israélien fan de la série qui l'arrête à un checkpoint. ***Gaza, mon amour*** (2021), des frères Nasser, évoque l'amour contrarié d'un pêcheur pour sa belle, et ***200 mètres*** (2021), d'Ameen Nayfeh, raconte le drame d'une famille séparée par le mur.
Quelques beaux films s'éloignent du sujet politique pour explorer les les liens familiaux, comme ***Wajib, l'invitation au mariage*** (2017), d'Anne-Marie Jacir et ***Personal Affairs*** (2017), de Maha Haj. Des réalisateurs étrangers s'intéressent aussi à la Palestine. ***Le Cochon de Gaza*** (2011), réalisé par le Français Sylvain Estibal, a remporté un beau succès critique et public : l'histoire d'un pêcheur gazaoui qui remonte dans ses filets un cochon et n'arrive pas à s'en débarrasser... On y découvre aussi 2 jeunes soldats israéliens qui ne comprennent pas trop ce qu'ils font sur le toit d'une maison palestinienne. Drôle ! Plus récemment, ***L'Apollon de Gaza*** (2020), du Suisse Nicolas Wadimoff, raconte l'enquête menée pour retrouver une statue antique découverte au large de Gaza et qui a mystérieusement disparu. Plus qu'une chasse au trésor, la quête d'un patrimoine et d'une reconnaissance.
Le documentaire ***Cinq caméras brisées*** (2012), d'Emad Burnat et Guy Davidi, filmé par un habitant de Bi'lin pendant 7 ans ; 7 années de lutte dans son village pour repousser le mur de séparation qu'est en train de construire Israël. Plusieurs fois récompensé, il a notamment reçu le prix de la réalisation au festival de Sundance..
Les 18 Fugitives, film d'animation de Paul Cowan et Amer Shomali (2014) évoque une histoire vraie. En 1987, des habitants d'un village de Cisjordanie s'organisent pour acheter 18 vaches laitières, et ainsi assurer l'indépendance de leur approvisionnement en lait vis-à-vis d'Israël. Une initiative qui irrite les Israéliens...

Le conflit comme épicentre

Les relations israélo-palestiniennes constituent une large source d'inspiration pour ces réalisateurs qui, par ce biais, transmettent leur vision du conflit, alertent l'opinion internationale et proposent une image de la société palestinienne au-delà des clichés véhiculés par les médias. En principe, les films sont doublés en anglais, en hébreu ou en français pour donner une dimension universelle à leur message et permettre à ceux qui sont de l'autre côté du mur de les visionner.
Parmi les productions « intérieures », citons une série de documentaires de grande qualité : ***Le Mur de fer (The Iron Wall)*** ou ***Jerusalem, East Side Story,*** de Mohamed Alatar, ***Bilin habibti*** (« Mon amour »), ***Jenin, Jenin,*** de Mohammad Bakri,

Les Enfants d'Arna, de Juliano Mer-Khamis et Daniel Daniel, tous disponibles en anglais, au moins sur Internet. Et ***Route 181, fragments d'un voyage en Palestine-Israël,*** documentaire français d'Eyal Sivan et Michel Khleifi.

BOISSONS

– L'**eau** *(mai)* n'est pas potable, car 500 fois plus chlorée que la normale. Acheter de l'eau en bouteille ou mieux, opter pour une paille de filtration (voir plus haut la rubrique « Santé » dans « Palestine utile »).
– ***Jus de fruits :*** avec tous ces arbres fruitiers, on aurait tort de se priver de leurs jus. Le plus fréquemment servi est le jus de citron auquel on peut ajouter de la menthe. Cela se dit : *asir limon (bi na'na), min fadlak* (s'il vous plaît) quand on est poli !
– ***Café*** *(awa)* **:** boisson très appréciée, le café est préparé à la turque. Ne le remuez pas et buvez-le à petites gorgées pour ne pas vous retrouver avec le marc dans la bouche ! À part ça, il est toujours très bon. Précisez si vous le voulez bien sucré, moyennement sucré ou sans sucre (ce qui donne en arabe : *helou, wasad* ou *bidoun suker*). On y ajoute de la cardamome, ce qui lui confère un parfum franchement particulier (on aime ou pas). Les personnes sujettes à la tachycardie et celles qui n'apprécient pas le café fort demanderont un *American coffee (Nescafé).*
– ***Thé*** *(chaï)* **:** autant consommé que le café, le thé consiste de plus en plus en un sachet insipide, plongé dans de l'eau bouillie...
– ***Vin :*** la production des vignobles palestiniens s'exporte largement dans les pays arabes voisins. Parmi les vins les plus répandus, citons Birzeit et Aboud (rouge) avec des vignes plantées au nord de Ramallah, Latrun (rouge et blanc) au nord-ouest de Jérusalem et Crémisan, à Beit Jala, près de Bethléem. Notez que Crémisan fait aussi du cognac. Le vignoble de Taybeh, près de Ramallah, gagne en qualité et mérite d'être découvert. Il produit un gouleyant cabernet-sauvignon Grande Réserve en rouge et en blanc, ainsi qu'un beau sauvignon blanc.
– ***Bière :*** il existe 3 brasseries en Palestine, dont 2 dans la région de Ramallah : la *Taybeh,* brassée par une famille chrétienne dans le village éponyme, proposée en 5 variantes ; la *Shepherds,* à Bir Zeit, déclinée, elle aussi, en plusieurs couleurs. Gros succès (justifié). Et *Wise Men Choice,* une micro-brasserie artisanale à Beit Sahour, près de Bethléem.
– ***Arak :*** sorte d'anisette proche de l'ouzo. Pas mauvais du tout, il accompagne en principe le repas, mais faire gaffe : malgré l'eau et les glaçons, ça soûle vite !

CUISINE

– ***Khobz :*** petite galette de pain, très plate et ronde, qu'on connaît sous le nom de *pita.* C'est l'aliment de base, en général excellent, surtout s'il est chaud. Il est rond, sous forme de galette, mais on trouve plusieurs tailles et épaisseurs, de cuisson différente. Le pain accompagne tous les plats, qu'il serve de cuillère pour manger les différents *mezze* ou de sandwich pour confectionner *musakhan* ou *chawarma* (on en parle plus bas).

DES INTERDITS ALIMENTAIRES BIEN PROCHES

Partout dans le monde, de nombreux musulmans achètent des aliments casher, s'il n'y a pas de produits hallal. En effet, ils correspondent aux mêmes exigences, notamment pour l'abattage des animaux. Beaucoup d'interdits sont identiques entre les 2 religions.

– Le petit déjeuner traditionnel se compose de ***zeit ou zaatar,*** c'est-à-dire d'huile et de *zaatar* (un mélange d'épices : sumac, sésame et thym). On répartit ces

ingrédients dans 2 petites coupelles pour y tremper son pain *(khobz),* d'abord dans l'huile d'olive puis dans les épices. Délicieux quand le *zaatar* est de bonne qualité.
– ***Hommos :*** pâte de pois chiches mélangée à de la *tahineh* et à des herbes, et arrosée d'huile d'olive. Délicieux avec la pita. À goûter obligatoirement.
– ***Tahineh :*** purée à base de graines de sésame rappelant vaguement la noisette.
– ***Falafels :*** petites boulettes de farine de pois chiches, aillées et persillées, frites à l'huile, enveloppées dans une pita. Vendues dans les rues. L'idéal pour les petits budgets.
– Remplissant la même fonction nourrissante que les falafels, on trouve des ***samboussek,*** petits pâtés triangulaires farcis aux épinards ou au fromage. C'est souvent bon, et surtout ça cale.
– ***Mezze :*** ce sont des entrées froides ou chaudes, d'origine libanaise, présentées dans différentes coupelles : ***hommos, tabouleh*** (tomates, menthe et persil hachés, et *boghol* – blé concassé – avec huile et citron ; mais sans semoule), ***foul*** (fèves à l'ail, assaisonnées d'huile et citron), ***baba ghanouge*** (caviar d'aubergines ; pour le ***muttabal,*** on y ajoute de la purée de sésame) et encore *labneh* (sorte de fromage blanc épais), ***koubbeh*** (boulette de viande au blé concassé servie chaude), etc.
– ***Chawarma :*** pain fourré au mouton (cuit à la broche) ou au poulet grillé, additionné d'oignons et de tomates, et nappé d'une sauce blanche. Très populaire, c'est le sandwich local. Idéal pour les petits creux : vous en trouverez à tous les coins de rue.
– Les carnivores devront faire face à un cruel dilemme. C'est simple : ***mouton*** (ou agneau) ou ***poulet*** ; avec un peu de chance, ce sera du poulet ou du mouton, et si vous tombez un jour faste, vous aurez droit à un *mix* (poulet et mouton ; alors... heureux ?). Mais trêve de mauvais esprit et revenons à nos... moutons. On le sert la plupart du temps sous forme de brochettes grillées : les fameux ***chich kebab*** (dire « *chougaf* »). Excellent. À ne pas confondre avec le ***kebab,*** justement : autre plat courant, celui-ci consiste en de la viande de mouton (toujours) hachée et mêlée d'herbes, moulée en une sorte de saucisse plantée elle aussi sur une brochette. Quant au poulet (on n'allait pas l'oublier), il est servi grillé par moitié (mais petite), rôti (*chawi* ou, au charbon, *faham*) ou en brochette ***(chich taouk).*** On trouve parfois du bœuf.
– Les légumes verts sont assez rares. La garniture la plus courante est le ***riz,*** mais les ***frites*** *(French fries)* ont conquis les restos.
– *Les pâtisseries :* à découvrir, mille et une sortes de ***baklavas,*** ces petites douceurs nappées de sucre qui engendrent les rondeurs... Variantes : avec noix, pistaches, amandes, etc. Très populaire, le ***knafeh,*** des cheveux d'ange d'un orange vif, fourrés au fromage de chèvre doux et fondu, qu'on découpe dans un grand plat. Il est servi chaud. C'est à Naplouse qu'on mange les meilleurs *knafeh.* Dans les souks, on trouve aussi les ***kataïefs,*** dessert frit constitué d'une sorte de pâte à crêpe fourrée de noix, fromage blanc ou crème de lait.
Sinon, les ***fruits*** les plus courants sont les dattes, figues, oranges, mandarines (en hiver), kakis, grenades, avocats, pommes, bananes, etc. Partout, on vous proposera des jus de fruits pressés, pas spécialement bon marché mais vraiment excellents.

Quelques plats palestiniens typiques

– ***Maklouba :*** le mot signifie « à l'envers » (on vous le dira souvent en anglais : *upside down*). On fait cuire le poulet dans une marmite, puis les légumes (souvent des aubergines et choux-fleurs, parfois à part) et le riz. Ensuite, on retourne le tout. La « Tatin arabe », en quelque sorte !
– ***Mensaf :*** c'est le plat de fête jordanien, hérité des Bédouins et adopté par les Palestiniens. Le *mensaf* se présente sous forme d'une grosse platée de riz couverte de pignons de pin, auquel on ajoute des morceaux d'agneau (ou de poulet)

mijotés en ragoût, le tout arrosé d'une étonnante sauce blanchâtre (genre yaourt chaud) à base de caillé de chèvre et de graisse. Un peu fort en goût la 1re fois, mais on s'y fait vite. Se mange traditionnellement avec la main droite, en confectionnant des boulettes avec le riz.
– ***Musakhan :*** galette de pain recouverte de poulet et d'oignons cuits à l'huile d'olive, saupoudrée d'épices.
– ***Warak dawali*** (ou *mahshi wara*) **:** feuilles de vigne enveloppant riz, viande hachée (mais pas toujours) et épices.

CURIEUX, NON ?

– Au Moyen Âge, le commerce (parfois le vol) des reliques fut une activité florissante. Saint Louis acheta ***la couronne d'épines*** pour la somme fabuleuse de 135 000 livres. Elle est aujourd'hui conservée à Notre-Dame de Paris.
– ***Au Saint-Sépulcre,*** à l'occasion du Samedi saint, un patriarche orthodoxe se glisse à l'intérieur du tombeau du Christ. C'est alors qu'une flamme jaillit d'un orifice. Ce miracle, signe de la résurrection du Christ, se reproduit depuis presque 2 000 ans. Saint Pierre l'apôtre en aurait été témoin.
– Dans la vieille ville de Jérusalem, lors de ses célébrations liturgiques, l'Église apostolique arménienne impose des règles très strictes, dont celle de ***ne jamais tourner le dos à l'autel.*** Si bien que les fidèles sont tenus de sortir à reculons.
– Suite aux accords d'Oslo, ***la Cisjordanie est découpée en zones,*** chacune soumise à un contrôle soit palestinien, soit israélien, soit mixte. La répartition a été établie non en fonction des parcelles existantes, mais au mètre près. Une maison peut donc appartenir à la zone B (sous contrôle mixte), et son jardin dépendre de l'État d'Israël (zone C).
– En 2013, une émission de télé-réalité palestinienne s'intitulait « ***Et si vous étiez président ?*** ». Les candidats devaient proposer des solutions à des problématiques données. Une façon d'éveiller la conscience politique d'une jeune génération et d'assurer la relève pour une résolution du conflit ?
– S'il y a bien 2 sujets dont on peut parler à bâtons rompus en Cisjordanie, c'est de ***géopolitique et*** de ***foot espagnol*** ! Ici, tout le monde soutient le Real ou le Barça. Les soirs de match, les rues se vident et les hommes se retrouvent au café pour supporter leur équipe dans une ferveur incroyable.
– ***L'une des 3 bières de Cisjordanie*** est produite à Taybeh, au nord de Ramallah, un village habité exclusivement par des chrétiens.

DIVISIONS ADMINISTRATIVES

En circulant en Cisjordanie, le voyageur est sans cesse confronté au statut des zones qu'il traverse, que ce soit sur le plan visuel (colonies) ou tout simplement pratique (notamment avec les routes de contournement ou les check-points placés parfois entre 2 zones).

Un territoire, 3 zones

C'est la signature de l'accord intérimaire d'Oslo en 1993 qui a instauré le principe des 3 zones administratives en Cisjordanie.
– La ***zone « A »*** (18 % du territoire, 54 % de la population) englobe les grandes villes palestiniennes. L'Autorité palestinienne y exerce une souveraineté complète.
– La ***zone « B »*** (20 % du territoire, 40 % de la population), majoritairement rurale, est sous administration civile palestinienne, mais sous contrôle sécuritaire (police et armée) conjoint (partage peu clair dans les faits).
– La ***zone « C »*** (62 % du territoire et 6 % de la population), soit la majeure partie de la vallée du Jourdain, reste sous contrôle complet (militaire et civil) israélien.

C'est là que la colonisation s'intensifie. Les accords d'Oslo stipulaient que cette zone serait progressivement transférée à l'Autorité palestinienne jusqu'en 1998, ce qui n'a jamais été fait.
À noter que les Israéliens n'utilisent plus le terme de « zones » mais dénomment « territoires palestiniens » les zones A et B, la zone C faisant, pour eux, partie d'Israël.
Loin d'être un découpage clair, ces zones s'entrelacent au mètre près. Ainsi, on peut avoir une maison en zone B, mais le bout de son jardin en C !
L'idée initiale consistait à transférer progressivement à l'Autorité palestinienne un territoire viable pour créer un jour un État sur l'ensemble des zones, au plus tard en 2000. Après plus d'une décennie, et de nombreux incidents dramatiques, non seulement il n'en est rien, mais ce découpage a renforcé la fragmentation de la Cisjordanie et le contrôle israélien sur plus de 60 % du territoire.

Particularités de la zone C

Lorsqu'on voyage en zone C, on se demande si on est encore en Palestine, tant la présence israélienne est visible. Chiffre éloquent : les Palestiniens sont moins nombreux dans cette zone que les colons, respectivement 313 000 contre 441 600 colons aujourd'hui (ils étaient 1 200 en 1972). Ce ratio s'explique à la fois par la constante augmentation du nombre de colons, mais aussi par la migration des Palestiniens poussés à vivre en zones A et B, administrées par l'Autorité palestinienne. En effet, tous les aspects de la vie civile quotidienne (en zone C) sont gérés par l'armée qui émet des « règlements » ayant force de loi. Or, l'application de ces ordres militaires successifs a rendu la vie quotidienne des Palestiniens ingérable. C'est, par exemple, un département de l'armée israélienne qui, dans les faits, régit l'aménagement du territoire. Depuis 1967, l'armée n'autorise les Palestiniens à bâtir que sur 1 % de la zone C (contrairement aux colons qui peuvent s'étendre et/ou s'établir partout dans la zone) ! Et comme toute construction doit être précédée d'une demande d'autorisation rarement accordée (91 % des demandes de permis de construire déposées par les Palestiniens sont refusées), nombre de bâtiments sont érigés sans permis et donc potentiellement « démolissables » : une situation kafkaïenne aux conséquences dramatiques. Il est ainsi courant que l'armée détruise maisons, écoles ou puits palestiniens, considérés comme « illégaux », surtout lorsqu'ils sont proches des colonies (c'est le cas de 60 % des structures rasées) ou des ressources hydrauliques.
Selon l'OCHA (Office des Nations unies pour la coordination et les affaires humanitaires), le nombre de démolitions survenues en 2020 a été le plus élevé depuis 2016, soit 849 bâtiments détruits (3 fois plus que l'année précédente) et 996 personnes déplacées. Un triste record avait en effet été établi en 2016 avec près de 1 100 bâtiments détruits ou saisis et 1 600 personnes déplacées. Dans certains villages palestiniens, comme celui de Susiya, près de Hébron, déjà entièrement démoli en 2001 et 2011, les habitants n'ont plus accès qu'à 30 % de leurs terres initiales (les deux tiers ayant été confisqués par la colonie qui s'est installée juste à côté). Insuffisant semble-t-il, puisque chaque année, les colons détruisent des milliers d'oliviers appartenant aux Palestiniens.
Par ailleurs, on note l'expansion de « zones militaires fermées » *(closed military zone),* sortes de camps d'entraînement militaires au milieu des villages palestiniens où les soldats tirent à balles réelles. Elles représentent aujourd'hui 18 % de la Cisjordanie, soit près de 30 % de la zone C. La moitié des démolitions de maisons ont lieu dans ces zones de tir... pour occuper le terrain. 6 200 Palestiniens vivent toujours dans ces zones.
Du coup, la zone C se vide de Palestiniens ; est-ce pour à terme n'être peuplée que de colons ? À noter que la pratique de démolition de maisons s'étend ailleurs qu'en zone C, et très largement à Jérusalem-Est.

Ajoutant au fardeau, les Palestiniens doivent payer la facture de démolition de leur propre habitat ou, perversion absolue, démolir eux-mêmes pour ne pas payer des sommes exorbitantes. Le contrôle de cette zone est stratégique à plus d'un titre : elle longe la frontière avec la Jordanie et possède les terres les plus fertiles ainsi que la majeure partie des ressources hydriques. C'est aussi la « pièce manquante » nécessaire pour une continuité géographique entre les enclaves palestiniennes que constituent les zones A et B. Des études de la Banque mondiale et de l'ONU ont démontré que cet espace était nécessaire à la viabilité d'un État palestinien, tant pour son expansion démographique qu'économique.

Les colonies

Les colonies font partie intégrante de la politique gouvernementale israélienne depuis la guerre de 1967. Les implantations ont commencé au sud de Jérusalem et le long du Jourdain, positions jugées stratégiques. Tous les partis ont contribué à leur expansion. C'est d'ailleurs Ehud Barak, le travailliste, qui en a construit le plus, avant d'être rattrapé par la coalition formée par la droite et les ultranationalistes des gouvernements Netanyahou. Le gouvernement, qui décide de la création ou de l'expansion de colonies en Cisjordanie, propose des subventions et autres aides financières aux candidats à la colonisation. C'est aussi pour protéger les colons qu'Israël justifie sa présence militaire continue en Palestine.
En sillonnant les routes de Cisjordanie, levez les yeux : elles sont facilement identifiables au sommet des collines. Petits hameaux ou gigantesques villes, ce sont des constructions proprettes, récentes et strictement agencées qui détonnent, en général, avec les habitats palestiniens des alentours. À l'heure actuelle, sur les 267 colonies, 65 se trouvent désormais du côté israélien du mur.
Selon l'ONG israélienne La Paix Maintenant, les autorisations de constructions dans les colonies ont augmenté de 48 % en 2019 par rapport à 2018, et de 90 % depuis 2017 et l'arrivée de Donald Trump au pouvoir. En signe de bonne volonté, un permis de construire pour 700 logements en zone C a aussi été accordé en 2019 aux Palestiniens. En juillet 2020, Benyamin Netanyahou n'a peut-être pas pu concrétiser l'annexion d'une partie de la Cisjordanie comme le prévoyait le « plan de paix » du président américain, mais il a multiplié les permis de construire comme jamais auparavant. L'ONG estime que 2020 fait figure d'année record. Elle a recensé 63 bâtiments publics et religieux (écoles, synagogues) et 197 bâtiments industriels ou agricoles, dont 58 % édifiés dans des colonies sauvages.
Ce cycle infernal d'expansion des colonies s'accentue aujourd'hui avec la montée de l'extrême droite. Cet électorat a été particulièrement choyé par les gouvernements Netanyahou. Chaque veille d'élections (et il y en a eu beaucoup à la fin de son mandat) s'accompagnait d'annonces funestes sur la construction de nouveaux logements. Rien n'était trop beau pour les séduire. La concentration s'est accrue ces derniers temps à Jérusalem-Est, quitte à attiser la haine entre les communautés et à entraîner une escalade de la violence, comme on l'a vu en mai 2021 : 35 % des terres ont été confisquées pour implanter des colonies, la moitié des logements érigés sans permis israélien (car difficile à obtenir) sont potentiellement « démolissables ». Sans parler des milliers d'habitations qui seront construites entre Jérusalem et Ma'ale Adumim, en zone C, quitte à déloger des villages entiers, comme celui d'Abu Nwar en 2015, où vit une des 46 communautés de Bédouins de Palestine.
Ces grandes manœuvres s'effectuent dans le cadre du ***plan baptisé « E1 »***, destiné à relier la Ville sainte à la plus grande colonie de Cisjordanie, coupant la région en 2 et éloignant un peu plus Jérusalem du reste de la Palestine. Régulièrement, l'UNRWA, l'ONU, l'Union européenne et les organisations de défense des Droits de l'homme exhortent Israël à stopper ces transferts forcés, en violation à la fois des Droits de l'homme et de la 4e Convention de Genève (comme le rappelait le secrétaire général de l'ONU en mars 2015).

Dans le reste de la Cisjordanie, les colonies se trouvent en zone C, entièrement sous contrôle israélien et bien souvent là où les ressources en eau abondent.
Si l'habitat des colons n'occupe que 3 % du territoire de Palestine, il va de pair avec une infrastructure sécuritaire massive : barrières, murs, tranchées, blocs de béton fermant une route (en tout, 593 obstacles recensés en 2020), sans compter les zones tampons qui les accompagnent, font que plus de 40 % de la Cisjordanie sont désormais inaccessibles aux Palestiniens. Des kilomètres de routes « de contournement » relient les colonies entre elles et au reste d'Israël et continuent d'être tracés. La plupart du temps, les Palestiniens ne sont pas autorisés à les emprunter (quelques exceptions comme la route 443 qui traverse la Cisjordanie et dont une ONG israélienne a contesté juridiquement l'inaccessibilité aux Palestiniens, invoquant la « punition collective » ; ils ont gagné devant la Cour suprême d'Israël). Résultat : la Palestine ressemble plus à un archipel qu'à un État viable et contigu.
Reste à voir si les nouveaux gouvernements israélien et américain changeront la donne.

Position ambiguë de la communauté internationale

Encore une question épineuse pour négocier la paix puisque les Palestiniens conditionnent la reprise des négociations au gel des constructions dans les territoires, qui, de fait, n'ont jamais cessé, et que le droit international (et l'Union européenne) qualifie les colonies israéliennes d'illégales. Mais la communauté internationale est, sur ce point, ambiguë. Ainsi, l'UE adopte un double discours : d'un côté, elle n'a de cesse de condamner le système d'annexion mis en place (environ 668 700 colons établis en Cisjordanie et à Jérusalem-Est), de l'autre, elle ne sanctionne pas l'État israélien pour la poursuite du processus. Au contraire, elle renforce ses liens économiques avec Israël sans différencier ce qui vient des colonies. Sans parler des entreprises étrangères qui investissent dans ces enclaves. En novembre 2019, la Cour de justice de l'Union européenne se prononçait en faveur d'un étiquetage spécifique sur les produits fabriqués dans les colonies. Lire aussi « Made in Israel » dans la rubrique « Économie » de la partie « Israël : hommes, culture, environnement ».
D'un autre côté, l'Europe verse toujours des subsides à l'Autorité palestinienne qui utilise, entre autres, cet argent pour payer les fonctionnaires. Et elle continue de financer des infrastructures humanitaires en Palestine, parfois démolies par l'armée israélienne (156 constructions financées par des dons étrangers, dont la plupart par l'UE, ont été rasées en 2020 : citernes, abris pour animaux, bâtiments agricoles, routes...), d'autres sont volées par des colons, menacées de disparaître ou confisquées et revendues par l'administration civile israélienne, comme le cas improbable en 2019 de cette école au nord-est de la Cisjordanie où des préfabriqués, financés par l'UE et implantés en zone C sur un site soi-disant biblique, ont été démantelés avant d'être vendus aux enchères. Les protestations européennes sont restées vaines. La Commission européenne estime que des milliers d'euros de fonds européens partent chaque année en fumée. Les exemples les plus emblématiques sont la destruction de l'aéroport de Gaza en 2001, construit par l'UE, et toutes les destructions lors de la 2de Intifada. Mais, jusqu'à présent, ni l'Europe ni aucune organisation n'a demandé un dédommagement ou la garantie d'arrêt de ces démolitions à Israël, même si la Belgique y songeait.

Les avant-postes

Il s'agit de la version « sauvage » des colonies, encore plus visibles. On compte aujourd'hui 135 de ces petites agglomérations de baraques et de caravanes que de nouveaux colons, souvent très jeunes, ont installées d'eux-mêmes, bien décidés à récupérer une partie de la « Terre promise ». Ils vivent là, sans accès au réseau d'eau et d'électricité. Si les colonies « classiques » sont illégales selon le droit international mais légales selon le droit israélien, les avant-postes étaient, jusqu'il y a peu, illégaux même aux yeux des autorités israéliennes. Mais en février 2017, la Knesset a voté une loi légalisant l'expropriation de terres appartenant à des Palestiniens pour la création de colonies. Un blanc-seing pour tout nouveau colon.

DROITS DE L'HOMME

En 11 jours, du 10 au 21 mai 2021, ***le conflit entre Israël et le Hamas,*** qui contrôle la bande de Gaza, aura fait 256 morts (dont au moins 66 enfants) et 2 257 blessés côté palestinien ; 12 morts (dont 2 enfants) et 357 blessés côté israélien, plus des dégâts matériels considérables. Le pire bilan depuis les frappes de 2014 (qui avaient été 10 fois plus meurtrières tout de même) et la répression des « Marches du retour » de 2018, qui avaient fait plus de 200 morts (voir aussi plus loin l'introduction » de « La Bande de Gaza »). En Cisjordanie, selon les sources, entre 5 et 25 Palestiniens auraient été tués par les forces israéliennes lors des affrontements de ces 11 jours de conflit.

D'un point de vue politique, le Hamas semble avoir remporté une certaine forme de victoire dans le camp palestinien, s'imposant comme la principale force d'opposition face à Israël. Avec plus de 4 000 roquettes tirées depuis la bande de Gaza, touchant plus de 2 000 habitations israéliennes, l'organisation a montré une puissance de feu inégalée, qui a parfois dépassé les capacités de réponse du dispositif antimissiles d'Israël, baptisé Dôme de fer. Des missiles de plus en plus nombreux et de plus en plus puissants en termes de portée, qui ont inquiété la communauté internationale.

Mais c'est une victoire à la Pyrrhus pour le Hamas. Outre le bilan humain, le niveau des destructions occasionnées à Gaza par les frappes israéliennes augure d'une longue et pénible période de reconstruction. 75 bâtiments gouvernementaux ou publics ont été détruits, mais aussi 3 mosquées et une église ont été endommagées, 2 500 personnes sont privées de logement, alors que la petite bande de Gaza était déjà totalement exsangue, avec une possibilité de développement économique quasi inexistante en raison du blocus aérien, terrestre et maritime toujours imposé par Israël. Au bout de 11 jours de conflit, 91 000 Gazaouis avaient été déplacés selon l'ONU.

Le Hamas règne plus que jamais sur un champ de ruines et sur une population désabusée. Et il règne d'une main de fer. L'opposition politique au Hamas est quasi impossible. Les procès politiques sont légion, et – au gré des tensions avec ***le frère ennemi du Fatah*** – les peines de prison ou les condamnations à mort pleuvent. De nombreux civils (opposants, critiques, journalistes, défenseurs des droits humains) ont été jugés, parfois par des tribunaux militaires. Selon la Commission indépendante des droits humains (CIDH), 118 arrestations arbitraires en 2020 ont été recensées dans la bande de Gaza. La réglementation d'exception imposée pendant la période de lutte contre la Covid-19 a encore restreint les possibilités de critiquer le parti.

Mahmoud Abbas, ***le leader du Fatah,*** qui dirige l'Autorité palestinienne en Cisjordanie, ***a renoncé en avril 2021 à organiser de nouvelles élections,*** officiellement parce qu'Israël refusait de les laisser se dérouler à Jérusalem-Est. Mais pour de nombreux observateurs, celles-ci s'annonçaient perdues pour lui et son organisation. Le coup a été rude pour les nombreuses formations politiques et la société civile, qui attendaient avec impatience la tenue de ce scrutin. Mais pour beaucoup, cette décision n'est que le résultat d'un ***glissement autoritaire du régime,*** qui a multiplié les arrestations arbitraires (environ 158 en Cisjordanie au cours de l'année 2020, selon le CIDH), visant bien sûr des membres du Hamas, mais aussi des militants anticorruption, qui dénoncent les pratiques opaques du gouvernement. Nizar Banat, un militant qui postait des vidéos critiques à l'égard de l'Autorité palestinienne, a plusieurs fois été arrêté, avant de mourir lors de sa

dernière arrestation le 24 juin 2021 dans des circonstances particulièrement suspectes. Au cours des manifestations durement réprimées, qui dénoncent l'autoritarisme du pouvoir, les femmes ont été spécialement ciblées (agressions sexuelles et verbales, diffamation, etc.).
Là encore, l'interdiction généralisée des rassemblements, en raison de la Covid-19, a été utilisée à des fins politiques. Les organisations dénoncent le ***recours excessif à la violence*** de la part des forces de sécurité. De nombreux cas de torture ont été rapportés. Enfin, le contrôle des activités et l'interdiction de sites – pro Hamas notamment – sur Internet sont plus que jamais une réalité.
Dans ce contexte, ***les violences faites aux femmes*** continuent de se commettre en toute impunité, à Gaza comme en Cisjordanie. Les crimes d'honneur (assassinats de femmes par des proches parce que celles-ci auraient « déshonoré » leur famille) ne font toujours pas l'objet de poursuites. Selon le Centre d'aide juridique et de conseil pour les femmes (WCLAC), près d'une quarantaine de femmes auraient été tuées en 2020, en raison de violences basées sur le genre.

Pour en savoir plus, n'hésitez pas à contacter :

■ ***Fédération internationale des Droits de l'homme*** *(FIDH)* **:** • *fidh.org* •
■ ***Amnesty International France :*** *76, bd de la Villette, 75940 Paris Cedex 19.* ☎ *01-53-38-65-65.* • *amnesty.fr* • Ⓜ *Belleville ou Colonel-Fabien.*

N'oublions pas qu'en France aussi les organisations de défense des Droits de l'homme continuent de se battre contre les discriminations, le racisme et en faveur de l'intégration des plus démunis.

ÉCONOMIE

Les ressources disponibles

Le capital humain est sans doute le meilleur atout de l'économie palestinienne : la population jeune possède un taux d'alphabétisation de 95 %. Un sol fertile, des sels minéraux uniques et du marbre de qualité sont autant de ressources naturelles potentielles, mais qui ne sont aujourd'hui pas toutes exploitables en raison des restrictions imposées par Israël. Pas grand-chose sur le plan énergétique, hormis la récente découverte d'un gisement de gaz naturel au large de la bande de Gaza, qui aurait le potentiel de booster l'économie palestinienne aujourd'hui en friche, avec 3 milliards d'euros annuels. Mais Israël en interdit l'accès.

Répartition par secteurs

Question emploi, le chômage atteint officiellement 17 % en Cisjordanie et 55 % à Gaza, les jeunes et les femmes étant les plus touchés. Inutile de dire que la pandémie n'a fait qu'aggraver une situation déjà catastrophique. La majorité travaille dans le secteur des services (21 % des employés travaillent dans le secteur public) et dans le commerce (petits magasins). L'agriculture et la pêche emploient 11,5 % de la population active, mais l'activité agricole ne contribue plus qu'à hauteur de 2,9 % du PIB. En cause : le morcellement du territoire et le mur de séparation qui a amputé la Cisjordanie de 10 % de sa superficie et qui rend difficile, parfois impossible, l'accès à leurs champs aux agriculteurs. À noter que l'huile d'olive compte pour 25 % des revenus agricoles et environ 100 000 familles dépendent chaque année de la récolte des olives. Un mauvais rendement comme en 2020 et c'est toute une partie de la population qui en souffre. À Gaza, le périmètre de pêche amputé de 85 % depuis l'imposition du blocus explique la disparition des deux tiers des pêcheurs depuis 2000.
La manufacture et la construction occupent 35 % des travailleurs, avec des entreprises de transformation agroalimentaire, la confection textile, l'industrie

pharmaceutique ainsi que l'exploitation de carrières (pierre et marbre). Le tourisme, quant à lui, se développe en fonction de la conjoncture. D'une manière générale, il y a peu d'investissements. Il existe quelques grandes entreprises en Palestine, mais les structures sont la plupart du temps petites, du style ateliers. D'autres travaillent en sous-traitance pour la production israélienne, augmentant la dépendance économique envers son voisin. Près de 10 % des Palestiniens, surtout des ouvriers, travaillent en Israël (près d'un tiers n'ont pas de permis) ou dans les colonies (environ 20 000 personnes). Et leur nombre ne cesse d'augmenter. Ils gagnent 2 fois plus que s'ils étaient employés par une entreprise palestinienne.

Une économie sous contrôle

L'économie palestinienne est largement affectée par le conflit et l'occupation ; la courbe de son développement se calque sur celle du conflit et des soubresauts politiques qu'elle subit. Ainsi, depuis la 2de Intifada et les attentats, une série de mesures ont été mise en place, lesquelles visent à restreindre de façon drastique tous les déplacements à l'intérieur du territoire, et notamment entre la Cisjordanie et Gaza d'une part, entre Israël et la Palestine d'autre part, avec (entre autres) l'instauration d'un système de permis. On estime que 150 000 Palestiniens qui travaillaient en Israël ont perdu leur emploi. Un rapport de la Banque mondiale datant de 2013, mais qui peut toujours être pris en compte, estime que « si les entreprises et les exploitations agricoles étaient autorisées à s'installer dans la zone C, le PIB palestinien gagnerait jusqu'à 35 points de pourcentage ». De plus, l'État israélien a la mainmise sur les ressources naturelles de plus de la moitié de la Cisjordanie (la zone C). Israël régit également la construction des infrastructures nécessaires au développement économique. Par exemple, l'exploitation des sels et des minéraux de la mer Morte, pourtant en partie en Cisjordanie, est interdite aux Palestiniens. Lire également la rubrique « Économie » dans la partie sur Israël, et plus particulièrement « Made in Israel » qui traite des produits fabriqués dans les colonies israéliennes.

L'État israélien contrôle aussi les imports-exports de Palestine ; or, tout refus de la part des autorités israéliennes ou retard impacte le développement de l'industrie et de l'agriculture. Les ressources économiques palestiniennes s'en trouvent gravement amputées.

Difficile dans ces conditions de développer un esprit d'entreprise, qui serait pourtant nécessaire pour passer d'une économie d'assistance à une économie dynamique valorisant le secteur privé.

La croissance palestinienne : succès ou leurre ?

Malgré les défis, la Palestine a connu un taux de croissance record entre 2009 et 2012 (5,9 % en Cisjordanie pour 2012 ; 21 % en 2011, 6,6 % en 2012 à Gaza). Il faut dire que l'ancien 1er ministre palestinien, Salam Fayyad, s'accordait sur ce point avec Israël et son président Shimon Peres. Tous 2 prônaient l'idée de « la paix par l'économie ». Ainsi, les institutions financières internationales, louant les progrès de l'Autorité palestinienne, ont estimé que les institutions financières et économiques palestiniennes étaient prêtes pour la création d'un État. En 2013, les États-Unis se sont invités dans le cercle supposé vertueux des partisans de cette théorie. John Kerry a souhaité initier un miniplan Marshall en encourageant de grandes sociétés américaines à investir en Cisjordanie. En 2019, Donald Trump a prôné la même stratégie, mais cette fois sans consulter les Palestiniens. Dans les 2 cas, il s'agissait d'un moyen de pallier l'absence de concessions politiques israéliennes.

Selon les experts, la croissance ne peut continuer à se développer sans secteur productif. Ce qui explique peut-être en partie pourquoi elle a si fortement chuté à partir de 2013 (0,7 % en 2018 et 2019 en Cisjordanie ; - 3,5 % en 2018 à Gaza et une croissance nulle en 2019 ; ***avant la pandémie, la Banque mondiale***

prévoyait une économie en récession pour 2020 et 2021). La faisabilité de ces investissements est en effet liée au contexte politique et aux concessions accordées par Israël en termes de liberté de circulation des biens et des personnes, d'accès aux terres, à l'eau et à la mer. Les investissements ont chuté en même temps que les recettes : diminution de l'aide internationale et perte de revenus fiscaux, captés par Israël (une manne équivalant à environ 3,7 % du PIB qui échappe à l'Autorité palestinienne). La Palestine, avec ou sans investissements extérieurs, ne peut prospérer dans un environnement sous contrôle (lire ci-avant). Les données de référence correspondent au lendemain de la 2de Intifada et de la guerre de Gaza, les périodes les plus noires de l'économie palestinienne.
Par ailleurs, si la petite corruption est peu répandue au quotidien, le népotisme, en revanche, est omniprésent, à tous les niveaux.

Un développement à 2 vitesses

La faible croissance va de pair avec une paupérisation accrue de la population. Si Ramallah représente une bulle économique, le reste de la Cisjordanie est à la traîne. Selon le bureau de coordination des affaires humanitaires de l'ONU (OCHA), 2,3 millions de Palestiniens se trouvent en situation d'insécurité alimentaire. Le taux de chômage est alarmant (dramatique à Gaza) ; quant au taux de pauvreté, à Jérusalem-Est, il s'élève à 78 %, plus qu'en Cisjordanie et à Gaza (70 % des habitants). Dans la bande côtière, le conflit de 2008, plus encore celui de 2014 et, dans une moindre mesure, celui de 2021 ont ravagé les trois quarts des industries, et celles qui restent peinent à se développer sous un blocus qui restreint l'entrée et la sortie d'une série de matériaux de construction et de pièces détachées. C'est qu'une série de biens potentiellement à double usage sont répertoriés sur liste noire et bannis d'entrée à Gaza. Il en va de même pour les produits chimiques et les engrais, dont Israël affirme qu'ils pourraient être utilisés comme explosifs.

Une économie de dépendance

Le paiement des salaires des 140 000 fonctionnaires du secteur public palestinien dépend quasi exclusivement de l'aide internationale, qui a fortement diminué ces derniers temps, et du reversement des droits de TVA palestiniens perçus par Israël, une mesure négociée lors du protocole de Paris et régulièrement suspendue par les Israéliens.
Il faut savoir que 80 % de la population gazaouie dépend de l'aide humanitaire. Cette extrême dépendance, combinée aux mesures de blocage par Israël et aux choix hasardeux du Hamas qui privilégie jusqu'à présent le conflit, rend l'économie très fragile et pèse sur les décisions politiques du pays, car, en cas de conflit ou de décisions contraires à certains intérêts, les donateurs peuvent arrêter le versement des subsides. En 2006, par exemple, la victoire du Hamas n'avait guère plu ni à Israël, ni aux États-Unis, ni à l'Europe. Résultat : le flot financier étranger s'était tari, créant un déficit de 45 millions d'euros chaque mois. Des milliers de fonctionnaires n'étaient plus payés. En quelques mois, le nombre de Palestiniens vivant sous le seuil de pauvreté aiguë avait doublé, menaçant aussi la stabilité politique de la région.

Quels accords entre les 2 entités ?

Le protocole de Paris, signé entre l'OLP et le gouvernement d'Israël en 1994, définit le cadre des relations économiques entre Israël et l'Autorité palestinienne en établissant une union douanière. Israël en contrôle les frontières extérieures, collecte les taxes à l'importation et la TVA dont il redistribue une partie à l'Autorité palestinienne... ou non. Quand les Israéliens désapprouvent une décision palestinienne, il leur arrive de suspendre le versement des droits de TVA perçus pour les Palestiniens. Par ailleurs, contrairement aux autres unions douanières, le protocole ne garantit pas la libre circulation de la main-d'œuvre. L'accord autorise

les Palestiniens à gérer (jusqu'à un certain degré seulement) leur économie et à réglementer le secteur financier (mais pas la politique monétaire).
L'Autorité palestinienne peut conclure des ententes commerciales avec d'autres pays, mais 63 % des accords s'établissent avec Israël. L'accord garantit aussi que l'Autorité recevra 75 % des taxes que paient les Palestiniens travaillant en Israël, en théorie. Notez que les échanges commerciaux entre Israël et l'Autorité palestinienne s'élèvent tout de même à 4 milliards de dollars par an.
En conclusion, les analystes estiment que le protocole de Paris ne parvient pas vraiment à corriger l'asymétrie et la dépendance des relations économiques israélo-palestiniennes, notamment parce que, dans les faits, Israël contrôle toujours la majorité des ressources naturelles en Palestine, ses frontières, la liberté de mouvement et la monnaie. Voilà pourquoi les Palestiniens souhaiteraient renégocier cet accord, mais pour l'instant Israël ne veut pas en entendre parler.

Une économie doublement entravée par la Covid-19

L'économie palestinienne, soumise en temps normal à des freins administratifs et militaires par les autorités israéliennes, et déjà bien morose depuis les 3 dernières années, a eu peu de marge de manœuvre en 2020 et 2021 pour s'adapter aux contraintes liées à la crise sanitaire. Sans monnaie propre et sans accès aux emprunts extérieurs, elle n'a pu mettre en place de politique fiscale ou monétaire adéquate. De plus, l'arrêt du tourisme et le ralentissement des échanges commerciaux ont fortement diminué les rentrées fiscales pour le gouvernement, qui a dû, par ailleurs, soutenir le milieu médical privé pour faire face à la pandémie.
En 2020, la croissance palestinienne chutait de 11,5 %. Une légère reprise était attendue pour 2021 avec toutefois ***27,5 % de la population vivant toujours sous le seuil de pauvreté*** d'après les projections de la Banque mondiale.
Les confinements successifs et l'enseignement à distance, puis à demi-jauge, alors même que toutes les familles ne disposent pas des outils nécessaires, ont entraîné la déscolarisation d'une partie des lycéens, parfois encouragés par leur famille à travailler pour faire face à une baisse de revenus dans le foyer.

ÉCOTOURISME

Randonnées

La Cisjordanie se prête parfaitement aux randos. Il est possible d'organiser des balades de plusieurs jours en s'adressant à une agence spécialisée et reconnue. Voir la rubrique « Tourisme alternatif et solidaire » dans « Palestine utile ». Signalons aussi la démarche de l'ONG *Riwaq* qui conjugue l'écotourisme à l'acte citoyen en organisant des randonnées dans les villages situés (souvent en zone B) autour des grands centres urbains afin de recréer un tissu social fragmenté par les colonies et les contrôles israéliens. Une façon aussi de valoriser le patrimoine naturel et architectural de la région.

■ ***Riwaq :*** *Al-Sharafeh, Nablus Rd, à Al-Bireh, près de Ramallah. ☎ (02) 240-68-87. • riwaq.org •*

■ ***Siraj Center :*** *35, Old City St. ☎ 274-85-90. • sirajcenter.org •*

Masar Ibrahim

Le chemin de randonnée traverse la Cisjordanie du nord au sud, de Jénine à Hébron. 330 km pour mieux comprendre le pays, rencontrer sa population (l'hébergement s'effectue chez l'habitant, sous tente, en chambres d'hôtes ou dans les hôtels), 23 jours pour s'affranchir de tous les obstacles qui ponctuent habituellement un trajet par la route.
L'ONG *Siraj* organise ce périple 2 fois par an, en mars et en novembre.

Le sentier d'Abraham (Abraham's Path)

Un groupe de passionnés a entrepris au début des années 2000 le voyage entre le lieu de naissance d'Abraham à Urfa, en Turquie, et son lieu de décès, à Hébron, soit plus de 1 000 km à travers le sud de la Turquie, la Syrie, la Jordanie et la Palestine. Ce périple a donné naissance à une ONG (ni politique ni religieuse) qui, pas à pas, trace un sentier en Cisjordanie pour faire découvrir la richesse de ce territoire et son hospitalité. Un moyen aussi de soutenir le développement économique et social de la région, en assurant une continuité géographique. Le chemin peut être réalisé par tronçon, sur un ou plusieurs jours. Une belle aventure ! Plus d'infos sur le site • *abrahampath.org* •.

Réserves naturelles et parcs nationaux

Israël gère quelques réserves ou sites archéologiques situés dans la zone C, comme la réserve d'Ein Fawwar, entre Jéricho et Ramallah, les sites de Qumrân et l'Auberge du Bon Samaritain, à l'est, ou Hérodion, près de Bethléem.
L'entrée de ces parcs et réserves est la plupart du temps payante : selon le site, compter environ 24 à 30 Shk ; gratuit pour les 5-18 ans ; petite réduc étudiants. Pour ceux qui prévoient d'en visiter plusieurs et éventuellement de combiner avec des sites en Israël, il existe l'***Israel Pass,*** en vente en ligne *(• parks.org.il • israelpass.biz •),* à l'arrivée à l'aéroport (Ben Gurion ou Ramon-Eilat), de même qu'à Tel-Aviv, à Jérusalem *(Abraham Hostel)* ou à l'entrée des sites. Il est valable 2 semaines à partir de la 1re entrée, et au choix pour 3, 6 ou la totalité des sites. Son prix varie selon la formule : 78, 110 ou 150 Shk en version *Classic,* sans transport ou avec *(Israel Pass & Ride)*. Pour plus d'infos : • *parks.org.il* •

ENVIRONNEMENT

L'eau : le nerf de la guerre ?

Au Proche-Orient, les ressources aquifères disponibles sont limitées et le seront toujours davantage, réchauffement climatique oblige. La bataille pour l'eau cristallise donc tous les problèmes de la région. Après la guerre de 1967, les puits de Cisjordanie étant devenus l'or bleu à contrôler, Israël a déclaré les eaux des territoires palestiniens « ressource stratégique sous contrôle militaire ». Aujourd'hui, 40 % de l'eau dont dispose le pays provient de Cisjordanie. Pas étonnant que la maîtrise des ressources hydrauliques soit une de ses priorités stratégiques. Il suffit d'ailleurs de comparer 2 cartes, l'une recensant les sources et nappes phréatiques, l'autre l'implantation des colonies, pour s'apercevoir qu'elles coïncident étonnamment. La vallée du Jourdain en été illustre bien la disparité d'accès à l'eau entre Israéliens et Palestiniens. Sans vouloir être manichéen, on se rend compte clairement sur place de la répartition : dans les zones sous contrôle israélien, les taches vertes sont nombreuses. De fait, hormis la région de Jéricho, la vallée du Jourdain se trouve en zone C (sous contrôle israélien) et recense le plus grand nombre de colonies et les plus étendues du territoire. Aujourd'hui on parle même d'un « apartheid de l'eau ». Pas étonnant que Benyamin Netanyahou, encouragé par le « plan de paix » de Donald Trump, ait voulu annexer la région en 2020. Il y a finalement renoncé sous la pression des pays voisins et de la communauté internationale.

Les ressources disponibles

Israël a la mainmise sur le lac de Tibériade, qui fournit un tiers de l'eau consommée dans le pays mais qui s'amenuise au fil des ans en raison d'un taux d'évaporation élevé. L'État israélien dispose aussi d'un aquifère côtier, des sources du Golan, occupées depuis 1967, et partage celle du Jourdain avec la Jordanie. Israéliens et

Palestiniens se « répartissent » 2 principales sources d'eau : souterraine (appelée « aquifère de montagne ») et de surface (le Jourdain, principalement).
La 1re s'étend sur 130 km du Golan au Néguev, via la Cisjordanie, et fournit environ un quart de l'eau utilisée par les Israéliens (en Israël et dans les colonies) et la quasi-totalité de l'eau consommée par les Palestiniens. Son exploitation inégale engendre de vives inquiétudes aussi bien de la part des experts environnementaux que des Palestiniens, qui voient se tarir leur ressource principale. Israël pompe environ 80 % du potentiel estimé de la nappe phréatique et surexploite jusqu'à 50 % de sa capacité de recharge via le forage de puits profonds et le contrôle des sources en amont.
Quant à l'eau de surface, les Palestiniens n'ont aucun accès au Jourdain, sous contrôle israélien exclusif depuis 1967. Depuis les accords de paix entre Israéliens et Jordaniens, ceux-ci peuvent prélever les eaux du Jourdain. Avec le détournement de 90 % des eaux en amont du fleuve, celui-ci est devenu, entre le lac de Tibériade et la mer Morte (donc en Cisjordanie), un petit ruisseau boueux qui s'amenuise au fil des années (certains prédisent même sa disparition), charriant les eaux usées de 370 000 riverains et n'alimentant plus une mer Morte elle-même moribonde. Ailleurs en Palestine, l'eau de surface est souvent impropre à la consommation car polluée par les eaux usées. Entre Jérusalem et Bethléem, 17,5 millions de mètres cubes d'eaux usées de Jérusalem se déversent chaque année dans le wadi Nar (Kidron), en en faisant la vallée la plus polluée du pays. La situation à Gaza est encore plus dramatique, avec 95 % d'eau non potable, issue d'un aquifère côtier surexploité dans lequel s'infiltre aujourd'hui l'eau de mer. Depuis le milieu des années 2000 et compte tenu de sa position géographique, Israël a pu diversifier ses ressources hydriques grâce au dessalement qui assure 70 % de son eau potable (5 usines fonctionnent déjà sur le territoire, dont la plus grande au monde qui devrait être opérationnelle d'ici 2026), au recyclage (près de 90 % des eaux usées israéliennes le sont) et à l'utilisation des eaux saumâtres en agriculture. Israël cherche à pallier ce déficit qui va s'accroissant par la technologie : un procédé d'irrigation révolutionnaire a par exemple été mis au point, qui permet d'économiser l'eau en installant sur chaque plante un goutte-à-goutte hydratant uniquement les racines (procédé *Netafim*). Autant d'(e) (r)évolutions inenvisageables côté palestinien.

Une dépendance palestinienne accrue

Depuis le début de sa présence militaire en Cisjordanie (1967), Israël maintient aussi un contrôle exclusif sur le développement des infrastructures hydrauliques (et donc sur les nouveaux puits forés en Palestine) et impose des quotas à l'extraction d'eau pour les Palestiniens.
Les accords d'Oslo ont créé le Comité mixte (composé paritairement d'Israéliens et de Palestiniens) pour la gestion de l'eau, qui doit approuver les demandes palestiniennes pour le développement des infrastructures hydrauliques dans toute la Palestine. Mais on constate un dysfonctionnement lié aux rapports de pouvoir inégaux.
Cependant, dans les zones sous contrôle de l'Autorité palestinienne, des nappes aquifères profondes sont exploitées et les eaux tièdes recyclées, souvent avec des partenaires étrangers, dont la France.
En zone C (62 % de la Cisjordanie), Israël a émis (dès 1967) des règlements militaires qui établissent une procédure en 18 étapes pour l'obtention du permis de forage et de réparation. Résultat : depuis 1967, pas une autorisation n'a été délivrée aux Palestiniens pour le forage de puits dans l'aquifère ouest, le plus productif des 3 bassins de l'« aquifère de montagne ». Une centaine de puits palestiniens sont aussi devenus obsolètes, car ils n'ont pas reçu d'autorisation (israélienne) pour effectuer les travaux de réparation. Ailleurs, certaines citernes de stockage sont détruites faute de permis. Ces dernières années, des centaines de structures d'eau et d'assainissement (citernes, tuyaux, puits) ont été rasées ou confisquées par l'armée israélienne.

Une consommation inégale

Selon les standards régionaux établis par la Banque mondiale, les Palestiniens sont les plus démunis de la région face aux ressources en eau. Ils consomment en moyenne 70 l par personne et par jour (le standard recommandé par l'OMS en matière d'hygiène sanitaire est de 100 l quotidiens ; en France, la consommation s'élève à 150 l). Environ 40 000 Bédouins ne disposent que de 20 l par jour, soit l'équivalent d'une consommation de survie dans les camps de réfugiés du Darfour ! Les Israéliens utilisent autour de 250 l par tête et par jour. Les inégalités sont encore plus flagrantes dans la vallée du Jourdain, où Palestiniens et colons cohabitent. Dans les environs de Tuba, les Palestiniens consomment 30 l d'eau par personne et par jour, alors qu'à 10 km de là les colons de Beka'ot atteignent les 400 l quotidiens par personne.

L'accès est également source d'inégalités. Environ 10 % de la population de Palestine (70 % des Palestiniens résidant en zone C) n'est pas connectée au réseau de distribution et dépend de l'eau livrée par camion-citerne, qui coûte près de 10 fois plus cher tout en étant de moindre qualité. Ces familles les plus pauvres consacrent parfois près de la moitié de leur revenu pour accéder à l'eau potable. Quant aux agriculteurs, ils doivent payer l'eau pour irriguer leurs champs au prix de l'eau potable, soit 4 fois plus cher qu'un colon, qui, lui, bénéficie de subventions. Par ailleurs, le mur de séparation qui coupe les terres désorganise le système d'irrigation mis en place par les Palestiniens.

En 1982, Ariel Sharon avait transféré tous les systèmes d'approvisionnement en eau de la Cisjordanie à la compagnie nationale des eaux israéliennes, Mekorot, pour le prix symbolique de 1 Shk. Depuis, la moitié de l'eau nécessaire à la consommation domestique palestinienne est achetée à Mekorot qui, donc, revend à l'Autorité palestinienne au prix fort l'eau disponible dans son sous-sol... Un solide avantage économique pour les Israéliens.

La maîtrise de l'eau donne donc un plus stratégique évident à Israël : une guerre plus sourde que celle des armes mais tout aussi redoutable, les Palestiniens étant tentés de fuir pour échapper à ce manque criant de ressource vitale.

Quelles solutions ?

En 1993, lors de la signature des accords intérimaires d'Oslo, le règlement de la question épineuse du partage des ressources en eau avait été reporté aux négociations sur le statut final, qui devaient être conclues en 2000 mais... n'ont toujours pas vu le jour ! Depuis, certaines organisations citoyennes comme Les Amis de la Terre Moyen-Orient ont un projet de réhabilitation du Jourdain entre le lac de Tibériade et la mer Morte.

En attendant, puisque 70 % de l'eau pompée est destinée à l'agriculture, il conviendrait d'optimiser les ressources en eau grâce à un système d'irrigation plus performant. Ce qui permettrait de diminuer les fuites de l'ordre de 40 % dans les territoires, comparé au taux de moins de 10 % en Israël. Une coopération dans le domaine, tout comme dans le traitement des eaux usées, serait profitable. Israël est le pays qui retraite le plus ses eaux usées (à hauteur de 90 %, mais 60 % dans les colonies) et désalinise le plus aussi par rapport au nombre d'habitants.

La gestion des déchets

La (mauvaise) gestion des déchets constitue un vrai problème en Cisjordanie et une réelle menace pour l'environnement. Combien de décharges sauvages, de sacs en plastique volants peut-on voir sur le bord des routes ? Le moindre terrain vague des villes, jusque dans les sites archéologiques (à Naplouse notamment), recueille les détritus en tout genre. Si la gestion peut être mise en cause, les comportements individuels portent une grande responsabilité. La préservation d'un patrimoine naturel et culturel si chèrement défendu ne passe-t-elle pas aussi par une prise de conscience de cette richesse et par une éducation à l'environnement, même si on peut penser qu'il existe d'autres priorités ? Il est vrai que, dans le contexte actuel, avec l'occupation d'une grande partie du territoire par Israël, la mise en place d'un réseau global d'assainissement et de gestion des déchets n'est pas simple.

FAUNE ET FLORE

La flore

Partout, les arbres fruitiers jalonnent le paysage. Il n'y a qu'à se rendre dans les souks pour apprécier toute la diversité de la production locale : oliviers, amandiers, citronniers, orangers, abricotiers... Tandis que près du rift et à Gaza, dattes, bananes et fraises poussent en abondance.
L'odorat n'est pas en reste avec le chèvrefeuille et le jasmin. Les bougainvillées ajoutent des touches fuchsia, rouges, orange et blanches à la palette ocre et verte de la vallée du Jourdain. Un vrai festival de couleurs.

La faune

Si les gazelles dorcas peuvent être aperçues sur les collines de Cisjordanie, les bouquetins de Nubie (ibex) se trouvent plutôt au sud d'Hébron. Les damans (ou hyraxes), drôles de grosses marmottes, parcourent les canyons (notamment le wadi Qelt près de Jéricho) et se confondent avec la roche. On croise un peu partout les dromadaires avec leur démarche chaloupée. On peut parfois entendre des hyènes, en quête de randonneurs égarés et à bout de souffle (on plaisante !)...
La Palestine est aussi un endroit d'observation privilégié pour les oiseaux : près de 500 espèces transitent, notamment par la vallée du Jourdain au printemps et à l'automne.

LA BOSSE DU COMMERCE

Qu'y a-t-il dans la bosse des dromadaires ? Non, pas de l'eau, comme on le fait croire aux enfants, mais une réserve de graisse qui, par un savant processus d'oxydation, restitue à l'animal, au fur et à mesure, les éléments liquides dont il a besoin. Mais s'il peut boire tous les jours, il ne s'en privera pas. Il est alors capable d'avaler plus de 100 l d'un seul coup. À l'époque des grandes routes caravanières, les chapelets de dromadaires pouvaient ainsi parcourir plusieurs centaines de kilomètres pour acheminer leurs marchandises.

GÉOGRAPHIE

La Palestine est composée de 2 territoires discontinus : la Cisjordanie, en forme de fève à l'est d'Israël, qui possède une frontière non souveraine avec la Jordanie, et la bande de Gaza, une mince bande de terre de 45 km de long sur 8 km de large située au sud-ouest d'Israël, avec l'Égypte pour voisine. Le paysage se révèle d'une grande variété, avec le littoral méditerranéen bordé par la bande de Gaza à l'ouest, les collines de Cisjordanie qui recueillent la majorité des pluies hivernales et la vallée du Jourdain à l'est qui descend vers la mer Morte, le point le plus bas du globe (- 424 m).

HISTOIRE

Se reporter au chapitre en tout début de guide.

MÉDIAS

Presse

À l'exception du journal *Al-Quds,* fondé en 1951, les premiers médias palestiniens ont vu le jour après la signature des accords d'Oslo de 1993. En 1995 est adoptée la loi qui encadre les médias de presse écrite. Les premiers médias audiovisuels palestiniens ne se sont lancés qu'après la signature des accords d'Oslo II de 1995. La Palestine compte aujourd'hui environ une vingtaine de journaux. En Cisjordanie, 3 quotidiens sont distribués : *Al-Hayat Al-Jedida* (gouvernemental, voix de l'Autorité palestinienne), *Al-Ayyam* (semi-gouvernemental, dont le rédacteur en chef est un conseiller d'Abu Mazen) et *Al-Quds* (plus indépendant, mais peu connu pour ses prises de position critiques). Dans la bande de Gaza, seuls 2 quotidiens distribués : *Felesteen* affilié au Hamas et *Al-Istiqlal* qui appartient au Djihad islamique.

Radio

Il existe une soixantaine de stations de radio officielles, dont des micro-radios privées qui émettent dans certaines municipalités. La station de radio *Cool* FM (104 FM) ne diffuse ses programmes qu'en anglais. Pour la musique arabe et internationale, se brancher sur *Nissa* FM (96 FM) ou *Radio Ajyal* (103.4 FM). Jusqu'en 2008, calquée sur un modèle à succès en Afrique du Sud après l'apartheid, la radio palestino/sud-africaine *Ram* FM proposait des programmes en anglais, des talk-shows israélo-palestiniens et de la musique de qualité. Dans le même esprit, la radio israélo-palestinienne *All for Peace* (107.2 FM et 87.8 FM) proposait jusqu'en novembre 2011 des émissions en arabe et en hébreu pour jeter des ponts entre les 2 sociétés. Depuis, sur ordre des autorités israéliennes, cette radio ne peut plus émettre. En 2015, les autorités israéliennes ont fermé 4 radios locales à Hébron, au motif qu'elles incitaient à la violence.

Télévision

Allumée en permanence dans les foyers palestiniens, elle constitue la principale source d'information avec Internet. La plupart des familles possèdent le satellite, ainsi les chaînes les plus populaires sont-elles rarement palestiniennes, sauf pour regarder les fameux programmes politiques satyriques comme « Watan al Watar », dont la diffusion a été interrompue en 2011 sur décision de l'Autorité palestinienne. Les chaînes *Filasteen Al Youm* et *Al Quds* étaient les plus regardées. Mais *Al Quds* a dû fermer pour problèmes financiers. Quant à *Filasteel Al Youm,* elle s'est retrouvée dans la ligne de mire des autorités israéliennes. Les « tracasseries » occasionnées ont fini par affecter la qualité des reportages et entraîner une baisse d'audience. Pour l'information, *Al-Jazeera* ou *Al-Arabya* sont populaires ; pour la variété, plutôt MBC 2, 3 et 4, en provenance de Dubaï, qui proposent des programmes américains (Oprah Winfrey est d'ailleurs plus connue ici qu'en Europe), ainsi que des séries turques ou syriennes très populaires.

Presse en ligne

Malgré sa chasse aux scoops, l'agence de presse *Maan News Agency* est la référence côté palestinien (en arabe uniquement), avec le *Palestine Monitor* (● *palestinemonitor.org* ●). Le *Palestinian News Network (PNN)* propose, entre autres, des infos en français sur ● *french.pnn.ps* ● en mettant l'accent sur la résistance populaire non violente. *Middle East Eye* (en anglais et en français) ● *middleeasteye.net/fr* ● pose un regard critique sur la politique au Moyen-Orient. Le journal en ligne *Al-Resalah* est affilié au Hamas (● *english.alresalah.ps* ●). Le site +972 Mag (● *972mag.com* ●) diffuse des informations sur l'actualité israélienne et palestinienne, notamment sur les Droits de l'homme et l'occupation israélienne.

• *thisweekinpalestine.com* • En anglais. Version en ligne du magazine (mensuel) à consulter pour connaître l'agenda culturel, les numéros de téléphone utiles, etc. Également des reportages et des articles de fond (de société, politique ou artistique).
• *france-palestine.org* • En français. L'association publie des articles sur l'actualité de la région, les relations franco-palestiniennes, mais recense également les articles parus dans les médias français sur ces mêmes sujets. Elle mène aussi des campagnes en soutien à la population palestinienne et à l'action non violente. À consulter également • *paljourneys.org* • Plateforme documentaire interactive très bien faite, qui contribue à protéger la mémoire palestinienne. Les sujets, très divers, sont classés par thématiques politique, sociétale ou culturelle, étayés par des frises chronologiques et de nombreuses photos. Autant de clés pour percevoir de multiples facettes de l'identité palestinienne.

Liberté de la presse

Depuis la prise du pouvoir par le Hamas dans la bande de Gaza en juin 2007, les professionnels des médias palestiniens font les frais de la lutte que se livrent le Fatah et le Hamas dans les territoires palestiniens (interpellations, arrestations, emprisonnements). Ce qui complique fortement le travail des journalistes et pousse nombre d'entre eux à l'autocensure. Autocensure qui s'exerce aussi sur des sujets très sensibles liés notamment à la corruption et au népotisme.
Par ailleurs, depuis 2010, les autorités de Gaza ont interdit aux journalistes et reporters toute collaboration avec des médias israéliens, jugés hostiles. Ce n'est pas le cas en Cisjordanie.
Quant aux journalistes étrangers, ils ne peuvent se rendre à Gaza qu'après une autorisation préalable délivrée par le ministère de l'Intérieur de Gaza. La démarche prend, en principe, 48h.
Du fait de l'importance prise par les nouveaux médias, l'Autorité palestinienne et le Hamas ont renforcé leur surveillance de la Toile. Plusieurs journalistes et de militants ont ainsi été arrêtés, le plus souvent pour des commentaires postés sur Facebook, aussi bien en Cisjordanie (pour « offense au président » par exemple) qu'à Gaza (pour des critiques du Hamas). La ratification par l'AP au cours de l'été 2017 d'une loi sur les crimes électroniques fait craindre aux journalistes palestiniens des atteintes facilitées à la liberté de la presse en ligne. En 2018, le procès d'Abdelmusen Al Shalalah eut un fort retentissement. L'homme fut accusé sur la base de cette loi à la suite d'un article posté sur Facebook. Il a été blanchi. En mars 2019, le journaliste Amer Abu Arafeh, accusé de fausses informations contre l'Autorité palestinienne, a été innocenté par le tribunal. À noter que les 2 cas se passaient à Hébron. Au cours des manifestations contre le régime et la mort d'un activiste dans les locaux de la police palestinienne à l'été 2021, « au moins 35 journalistes » ont été « victimes de violence » selon Reporters sans frontières.
La Palestine occupe la 132e place (sur 180 pays) dans le classement 2021 de la liberté de la presse publié par Reporters sans frontières.
Ce texte a été réalisé en collaboration avec ***Reporters sans frontières.*** Pour plus d'informations sur les atteintes aux libertés de la presse, n'hésitez pas à les contacter :
■ ***Reporters sans frontières :*** • *rsf.org* •

MURS ET PASSERELLES

À l'heure où les négociations politiques sont dans l'impasse, comment coexistent les sociétés israélienne et palestinienne ? Entre « mur de séparation » et actions pour la paix, nous avons essayé de comprendre les liens qui unissaient encore (ou non) ces peuples si proches, si lointains. Lire la suite de cette rubrique dans le chapitre « Israël : hommes, culture, environnement ».

PERSONNAGES

– ***Yasser Arafat, dit Abou Ammar*** *(1929-2004)* **:** Mohammed Abdel Rahman al-Husseini (de son vrai nom) est né au Caire. Il est le fils d'un commerçant de Gaza, d'une Palestinienne de Jérusalem et le petit-neveu du Grand Mufti de Jérusalem. Il sera successivement ingénieur civil et soldat, avant de devenir la figure marquante de l'histoire contemporaine palestinienne.

Déçu par les régimes arabes après les défaites successives de 1948 et 1967, il croit fermement que l'indépendance doit être gagnée de l'intérieur. Il se fait donc architecte de la résistance palestinienne. En 1959, au Koweït, il crée le Fatah (*Harakat al tahrir al falestin* – le Mouvement de libération national de la Palestine), et en 1964 contribue à créer l'OLP (Organisation de libération de la Palestine), qui représente toujours aujourd'hui les intérêts palestiniens au niveau international. L'organisation le conduit vers un exil à répétition. Il dirige la lutte armée depuis la Syrie, la Jordanie, le Liban et finalement la Tunisie.

Sur la scène internationale, il marque des points lorsqu'en 1974, devant l'assemblée générale de l'ONU, il brandit un rameau d'olivier dans un poing, et un fusil dans l'autre : « Ne laissez pas le rameau d'olivier tomber de ma main ! » Longtemps considéré comme un terroriste par les dirigeants israéliens, il finit par devenir un interlocuteur incontournable. Il obtient le prix Nobel de la paix en 1994 aux côtés de Yitzhak Rabin et de Shimon Peres pour la négociation des accords de paix d'Oslo. Mais lorsque l'Intifada Al-Aqsa éclate en 2000, il est tenu responsable par Israël et les États-Unis de la 2de vague de violence. Il est isolé pendant des mois dans ses quartiers de Ramallah. Il décède en 2004 à l'hôpital militaire de Clamart, près de Paris, d'une infection sanguine d'origine indéterminée, qui laisse planer de nombreux doutes sur les causes réelles de sa mort. En 2012, un laboratoire suisse analyse les effets personnels de Yasser Arafat et découvre des « doses anormalement élevées de polonium ». Sa veuve, Souha Arafat (mariée à Yasser en 1990, elle est aujourd'hui recherchée par la justice tunisienne pour « soupçon de corruption »), ainsi que sa fille portent plainte contre X. Qui avait intérêt à sa disparition ? Celui qui rêvait d'être enterré à Jérusalem repose à la *Mouqata'a* de Ramallah, les Israéliens lui ayant refusé le droit d'être enterré dans la Ville sainte ; et désormais, attenant à la Mouqata'a, un musée lui est consacré.

– ***Mahmoud Darwich*** *(1942-2008)* **:** poète palestinien, porte-voix de toute une communauté exilée, opprimée et sans patrie, militant dans les rangs de la gauche communiste. Il s'était installé à Tunis et vivait une partie de l'année à Amman. Ses premiers recueils faisaient écho à la grande douleur des temps présents : *Assafir bila adjinhat* (« Oiseaux sans ailes », 1960), *Awraq al-zaytoun* (« Feuilles d'olivier », 1964). Il était au fond moins idéologue qu'insurgé de la liberté. Décédé le 9 août 2008 aux États-Unis, il est enterré à Ramallah, près du palais de la Culture, sur un emplacement d'où l'on aperçoit les environs de Jérusalem, future capitale rêvée des Palestiniens. Un musée lui est consacré à Ramallah.

– ***Handala*** *(« Amertume »)* **:** c'est peut-être le garçon palestinien le plus populaire de Palestine. T-shirts, badges, bijoux... sa silhouette est partout. Mais personne n'a jamais vu son visage. C'est que Handala, le va-nu-pieds vêtu de guenilles avec 3 cheveux hérissés comme seule défense, tourne le dos au monde, les bras croisés en signe d'impuissance. Peut-être parce qu'il se sent trahi ? Symbole de la résistance par la culture, le personnage de B.D. porte les espoirs de la société palestinienne et des enfants réfugiés du monde. Il n'a pas de visage parce qu'il est universel. Il a toujours 10 ans, depuis sa naissance en 1969 dans les pages du journal koweïtien *Al Siyassa* (« La Politique »). C'est aussi l'âge que son « père », Naji al-Ali, le caricaturiste politique, avait lorsqu'il dut quitter sa Palestine natale. Naji al-Ali est mort assassiné à Londres en 1987. Les auteurs de ce crime n'ont pas été identifiés. « Son » gamin lui a survécu, trouvant encore (et malheureusement) de nouvelles routes à sillonner. Ainsi, depuis 2004, il n'en finit pas d'arpenter celles du mur de séparation... côté palestinien. Pour en savoir plus, se reporter au site • handala.org •

– ***Abdelkader al-Husseini*** *(1907-1948)* **:** considéré comme un héros en Palestine, ce nationaliste, fils d'un ancien maire de Jérusalem, combat les Britanniques lors de la révolte arabe en 1936. Ces derniers l'exilent en 1938, mais il rejoint l'Irak où il participe à un coup d'État, qui échoue. Il se rend alors en Égypte, puis revient en Palestine début 1948. Il dirige l'*armée de la Guerre sainte* avant de mourir le 8 avril 1948 au cours de l'opération « Nahshon », une offensive lancée par le *Palmah* (forces clandestines juives) contre le village arabe d'Al-Qastal.

– ***Hind al-Husseini*** *(1916-1994)* **:** fille d'une illustre famille de Jérusalem et cousine du chef des armées arabes, Abdelkader al-Husseini, Hind est déjà active dans les causes sociales féministes quand elle voit débarquer une cinquantaine d'orphelins, survivants du massacre de Deir-Yassin, un village palestinien détruit durant la guerre de 1948. Elle les recueille dans la maison familiale, alors que d'autres affluent encore. La bâtisse devient *Dar al-Atfal* (la « Maison des enfants »), un orphelinat dont l'école pour jeunes filles existe encore aujourd'hui. L'histoire de Hind a fait l'objet d'un film, *Miral* (2010), de Julian Schnabel.

– ***Fadwa Touqan*** *(1917-2003)* **:** « poétesse de la Palestine », « maître de tous les poètes » selon Mahmoud Darwish, si vous vous rendez à Naplouse, vous entendrez sûrement parler de cette grande dame originaire de la ville, célèbre dans tout le monde arabe. Enfermée dans une éducation rigide et traditionaliste, dont elle a souffert, elle s'émancipa grâce à ses écrits. Ses poèmes prirent un tournant nationaliste à partir de la guerre des Six Jours et reçurent de nombreux prix. À Naplouse, elle fonda un centre de recherche sur la situation des femmes.

– ***Sari Nusseibeh*** *(né en 1949)* **:** fils d'un ancien gouverneur de Jérusalem, ce diplômé d'Oxford et de Harvard est aujourd'hui professeur de philosophie arabe médiévale, et président de l'université Al-Quds de Jérusalem. Engagé dans la résolution pacifique du conflit israélo-palestinien, il prône la création d'une forme particulière de fédération. Sa famille est l'une des 2 à détenir les clés du Saint-Sépulcre. Il est l'auteur de *Il était un pays. Une vie en Palestine* (Lattès, 2008).

– ***Edward Said*** *(1935-2003)* **:** musicologue et intellectuel progressiste palestino-américain né en 1935 à Jérusalem. Il rédige de nombreux essais sur le conflit israélo-palestinien, dont *L'Orientalisme* (1978 ; Le Seuil, 2005). Farouchement opposé aux accords d'Oslo mais partisan du dialogue, il crée avec son ami chef d'orchestre israélo-argentin, Daniel Barenboïm, un ensemble symphonique mixte qui promeut la paix et le dialogue par le biais de la musique classique. Il meurt d'une leucémie à 68 ans.

– ***Hanan Ashrawi*** *(née en 1946)* **:** née à Ramallah dans une famille chrétienne. Diplômée en littérature, elle crée en 1973 le département d'anglais de l'université de Birzeit où elle défend le droit à l'éducation lorsque l'université est contrainte de fermer durant la 1re Intifada. Porte-parole de la délégation palestinienne pendant les négociations d'Oslo et députée au Conseil législatif palestinien, elle devient ministre de l'Enseignement supérieur, avant de démissionner pour protester contre la corruption de l'Autorité palestinienne. En 1998, elle crée *Miftah* (« La Clé »), une ONG qui promeut la démocratie et les Droits de l'homme et qu'elle anime depuis.

– ***Elias Sanbar*** *(né en 1947)* **:** né à Haïfa, réfugié à 15 mois au Liban. Il suit des études à Paris avant d'enseigner à Princeton (USA). En 1981, il cofonde la *Revue d'études palestiniennes.* Il est membre du Conseil national palestinien, ambassadeur de Palestine auprès de l'Unesco et l'un des artisans de l'admission de son pays à l'ONU. Ami proche du philosophe français Daniel Bensaïd (disparu en 2010), c'est l'une des figures les plus chaleureuses, ouvertes et respectées de la résistance palestinienne. Également poète, écrivain et traducteur, il est notamment l'auteur du *Dictionnaire amoureux de la Palestine,* ouvrage très attachant et exprimant une grande charge émotive (voir plus haut la rubrique « Livres de route » dans « Palestine utile »).

– ***Juliano Mer Khamis*** *(1958-2011)* **:** Palestinien ou Israélien ? Les 2 ! Parachutiste dans l'armée israélienne, humoriste, acteur et réalisateur, il est le fils d'Arna Mer, une Israélienne engagée, et de Saliba Khamis, un Palestinien chrétien et communiste de Nazareth ! Juliano réalise *Les Enfants d'Arna,* un documentaire sur le travail de sa mère dans un atelier de théâtre avec les enfants du camp de réfugiés de Jénine (nord de la Cisjordanie). Pendant l'Intifada, il suit avec sa caméra les enfants devenus combattants lors de la bataille de Jénine (2002). Poursuivant l'œuvre de sa mère, il crée en 2006 le Freedom Theater (Théâtre de la Liberté) au cœur du camp de Jénine. Il est assassiné en avril 2011. Son meurtrier n'a toujours pas été identifié.

– ***Leila Shahid*** *(née en 1949)* **:** née à Beyrouth de parents palestiniens en exil, la 1re femme ambassadrice de Palestine vient d'une grande famille. Membre du clan Al-Husseini, impliquée de longue date dans le mouvement national palestinien, elle est la petite-nièce du Grand Mufti de Jérusalem, la cousine de Yasser Arafat et de Fayçal Husseini, et l'arrière-petite-fille du prophète bahaï Baha'u'llah. Diplômée de psychologie, elle poursuit un doctorat en anthropologie à Paris. Représentante de la Palestine en Irlande, aux Pays-Bas et en France durant 13 ans, elle occupe depuis 2006 la fonction de déléguée générale de la Palestine auprès de l'Union européenne.

POPULATION

Lire également la rubrique « Murs et passerelles. Les murs. Montre-moi ta carte d'identité, je te dirai qui tu es ! » dans la partie « Israël : hommes, culture, environnement ».

Les Palestiniens de Cisjordanie, de la bande de Gaza et de Jérusalem

Le nombre de Palestiniens est estimé à 5 574 000, dont 3 120 000 en Cisjordanie et 2 100 000 à Gaza, plus 354 000 à Jérusalem-Est. Ils forment une société composite de chrétiens (orthodoxes ou catholiques) et de musulmans, de paysans et de citadins aisés ou démunis, vivant encore parfois dans des camps de réfugiés dans la bande de Gaza ou dans les villes de Ramallah, Naplouse, Jénine ou Bethléem, entre autres. Une nation avec ses inégalités, ses problèmes, ses réussites aussi, et les espoirs mis dans la création d'un État palestinien. À l'heure actuelle, compte tenu de l'occupation israélienne partielle ou totale sur ces territoires, les habitants ne peuvent résoudre les graves problèmes économiques et de logement auxquels ils sont confrontés.

DROIT AU BUT !

Ce pays, qui n'est officiellement pas reconnu, possède sa propre équipe nationale de foot. Elle donne une image d'unité dépassant les luttes internes entre Hamas et Fatah. N'ayant pas d'installation à domicile, elle joue principalement au Qatar. Même quand les Palestiniens perdent, la Palestine gagne.

Lire également la rubrique « Murs et passerelles », dans « Israël : hommes, culture, environnement ». On y évoque les différents statuts des Palestiniens (« Montre-moi ta carte d'identité, je te dirai qui tu es ! ») et les conséquences sur la vie quotidienne de la population.

Les Palestiniens de nationalité israélienne

Lire plus haut la rubrique homologue du chapitre « Israël ».

Les réfugiés

L'ONU les définit comme « les habitants de la Palestine d'avant mai 1948 qui ont perdu terres, maisons et ressources dans le conflit ».
Après les affrontements suite à la création de l'État d'Israël, 50 % de la population arabe de Palestine part en exil, soit entre 700 000 et 750 000 Palestiniens d'après les organisations onusiennes. Selon les Palestiniens, les Israéliens les auraient forcés tant physiquement que psychologiquement à quitter leurs terres. Les Israéliens, quant à eux, avancent qu'ils seraient partis d'eux-mêmes ou à la demande de leurs dirigeants, désireux de laisser le champ libre aux armées arabes. Lire également à ce sujet le paragraphe consacré aux « nouveaux historiens » dans le chapitre « Histoire » au début de ce guide.
Quoi qu'il en soit, c'est une population paniquée et en plein désarroi qui trouve refuge en Jordanie et notamment sur la rive ouest du Jourdain (Cisjordanie), à Gaza, en Syrie, au Liban, dans les Émirats, mais aussi en Europe et en Amérique du Nord. Gaza se trouvait alors sous administration égyptienne, tandis que la Cisjordanie avait intégré le Royaume de Jordanie.
En 1967, avec la guerre des Six Jours et l'occupation de ces territoires par l'armée israélienne, les données changent. Ils font désormais partie d'Israël ou passent sous son contrôle. Une nouvelle vague de Palestiniens reprend la route de l'exil (autour de 450 000 habitants). On compte à la fois des réfugiés installés dans les territoires en 1948, obligés à nouveau de partir, et des personnes quittant pour la 1re fois leurs terres. Ces dernières ne sont pas considérées comme des réfugiés, mais comme des « personnes déplacées ». Ce petit arrangement avec les mots permet de limiter à la fois le nombre de réfugiés officiels et l'illusion d'un retour sur leurs terres, ainsi que d'alléger la charge déjà lourde de l'UNRWA (l'agence de l'ONU pour les réfugiés palestiniens au Proche-Orient). Depuis 1950, l'énorme structure humanitaire est chargée d'administrer les camps, les hôpitaux et les écoles pour réfugiés en Cisjordanie, à Gaza et dans les pays voisins.
Aujourd'hui, ils sont plus de 5 millions, enregistrés par l'agence onusienne pour les réfugiés palestiniens (UNRWA), à peupler la soixantaine de camps de Palestine, de Jordanie, du Liban et de Syrie (où la situation est encore plus dramatique). Ils sont issus de toutes les classes sociales. Les plus misérables vivent dans de denses camps de béton, les rangées de tentes ayant été remplacées depuis belle lurette par des constructions de parpaings qui s'agglutinent sur l'espace qui leur était dédié en 1948. On y construit tant qu'on peut, à la verticale, tout simplement pour faire face à l'accroissement démographique. Affirmer que les conditions de vie dans les camps, surtout pour le million de réfugiés de Gaza, ne sont pas reluisantes est un euphémisme. La densité de population y tourne à certains endroits autour de 4 500 hab./km^2. Une majorité de ces réfugiés vivaient de l'agriculture avant 1948. Paysans sans terre, c'est aussi une part de leur identité qu'ils ont laissée derrière eux.
Si en Jordanie les réfugiés sont bien traités et intégrés, c'est au Liban que leur condition est la plus mauvaise. Non seulement ils ne jouissent d'aucun droit civique, mais une loi leur interdit l'accès à certaines professions : médecins, ingénieurs ou avocats. L'UNRWA continue de gérer les réfugiés palestiniens tant que leur sort n'est pas réglé dans le cadre d'un accord de paix – qui se fait attendre, mais ses fonds ont dramatiquement baissé, depuis qu'en 2018, les États-Unis ont interrompu leur financement. Le sujet est éminemment sensible : la question du droit au retour des réfugiés, bien qu'entériné par la résolution 194 de l'ONU, constitue une des principales pierres d'achoppement du processus de paix.
Du coup, comme les Juifs avant eux, les Palestiniens deviennent un « peuple sans pays ».

Les colons

Lire plus haut la rubrique homologue du chapitre « Israël ».

RELIGIONS ET TRADITIONS

La religion musulmane

Mahomet

Le fondateur de la religion islamique est Mahomet (Muhammad, « le Loué »). Ce n'est pas un fils de Dieu. Il serait né vers 571 dans une famille de La Mecque. Orphelin très jeune, il doit travailler pour gagner sa vie. À l'âge de 25 ans, il est engagé par une riche commerçante, Khadija, qui le charge d'aller en Syrie vendre ses marchandises. Ce garçon, qui a l'habitude de se retirer dans une caverne pour méditer, n'en épouse pas moins sa patronne si l'on en croit la *sîra,* c'est-à-dire la biographie officielle du Prophète. N'ayant pas de descendance mâle de son union avec sa femme, qui a 15 ans de plus que lui, il adopte son cousin Ali et un esclave du nom de Zayd, qu'il affranchit. Il aura en revanche une fille, Fatima, qui épousera plus tard Ali et lui donnera 2 fils, Hassan et Hussein.

On raconte que durant sa jeunesse Mahomet a accompagné son oncle en Syrie. Ils ont été accueillis par des chrétiens à Bosra où un moine, Bahira, reconnaît en Mahomet un prophète et lui prédit une grande destinée.

Pendant une de ses retraites, vers l'an 610, l'archange Gabriel (*Jibril* en arabe) lui apparaît et lui dicte des versets que celui-ci répète d'abord à son entourage, puis transmet à des secrétaires pendant une vingtaine d'années. Ils formeront le texte du Coran (*coran* signifie d'ailleurs « récitation »).

Le Prophète commence alors sa vie publique et ses prédications. Les premiers disciples se rassemblent. Mais l'enseignement de Mahomet dérange la bourgeoisie mecquoise. Persécutions et guerres religieuses s'ensuivent, principalement dans sa tribu (celle des Qurayshs), qui lui est la plus hostile. La situation devenant intenable à La Mecque, il émigre le 16 juillet 622 à Yathrib, avec une soixantaine de partisans : c'est de cette émigration *(hégire)* que part l'ère musulmane. La ville est rebaptisée « la ville du Prophète », *Madinat al-Nabi,* connue sous le nom de Médine en français.

L'influence de Mahomet va très vite prendre une importance considérable. Il rentre triomphalement dans sa ville natale en 630 et brise toutes les idoles qui entouraient la Kaaba (grand cube noir au centre du temple de La Mecque). Le Prophète s'éteint 2 ans plus tard, le 8 juin 632. Sa succession est prise en main par ses compagnons, mais donnera lieu plus tard à une scission, Moawiya soufflant à Ali (au prix d'une guerre) la direction de la communauté des croyants. De ce schisme naîtra par la suite l'opposition entre ***sunnites*** et ***chiites,*** les 2ds (éclatés en une myriade de sectes) considérant Ali et ses descendants comme seuls chefs légitimes.

> **TOUS FRÈRES !**
>
> *Si Mahomet est le plus grand des prophètes puisqu'il apporta le Coran aux hommes, Jésus y a, lui aussi, une grande importance. Sans compter Moïse, Abraham et Adam, que l'on retrouve aussi dans l'Ancien Testament. La Vierge Marie est, quant à elle, la seule femme citée dans le Coran.*

L'islam

La doctrine prêchée par Mahomet s'appelle l'*islam,* c'est-à-dire « résignation à la volonté de Dieu ». Elle est consignée dans le Coran. Les musulmans croient aux Psaumes, à la Torah, à l'Évangile, mais considèrent que certains Livres révélés n'ont pas échappé à l'altération apportée par les hommes, altération qui a rendu l'unicité divine moins radicale. La mission de Mahomet est de rétablir la révélation divine dans son intégrité.

Le Coran

Rédigé en arabe en 634, le Coran est la ***transcription des paroles de Dieu dictées à Mahomet.*** Il enseigne que la durée de la création est de 6 jours. Les bonnes et les mauvaises actions des hommes, évaluées lors du Jugement dernier, méritent un paradis et un enfer où les félicités et les souffrances corporelles tiennent la plus grande place. Car c'est là un des traits dominants de l'islam : il n'y est pas fait abstraction des besoins et des passions du corps humain. Le fatalisme n'y est pas aussi absolu qu'on se l'imagine ; la globalité de ses actions a été écrite d'avance sur les tables de Dieu, mais l'homme peut en modifier la qualité, en bien ou en mal.

La morale, évidemment, tient une grande place dans la doctrine de l'islam. La 1re vertu est la piété ; sans elle, les meilleures actions ne sont pas agréables à Dieu. L'homme vertueux doit donner au pauvre (sous certaines conditions) une partie de son revenu épargné (2,5 %), sans ostentation. L'esprit de fraternité et d'égalité interdit le prêt à intérêt, atténue la condition de l'esclave, laisse la femme mariée gérer sa fortune, ne transmet pas les privilèges ni les titres. L'esprit de caste n'existe pas chez les musulmans ; ils vivent dans une sorte de théocratie.

La polygamie a été régulée et non créée par l'islam. La condition de la femme a même été l'objet de la sollicitude du législateur, qui lui assure sa part d'héritage dans la famille.

Les Cinq Piliers de l'islam

Il s'agit d'obligations fondamentales : la profession de foi, la prière, l'aumône légale, le pèlerinage à La Mecque et le jeûne du ramadan.

– ***La profession de foi*** *(shahada)* **:** il s'agit en fait d'une double profession de foi : d'un côté, le refus d'admettre qu'il puisse y avoir d'autres divinités que Dieu, et, de l'autre, l'affirmation que le Prophète est une référence indépassable, ayant reçu, comme « sceau des prophètes », une mission universelle. On doit la réciter chaque jour à l'heure de la prière et au moment de la mort pour se voir ouvrir les portes de l'au-delà.

> **PHRASE SACRÉE**
>
> *Il est difficile de se convertir au judaïsme. En revanche, pour devenir musulman, il suffit de prononcer 3 fois devant un témoin musulman une seule phrase, une profession de foi : « J'atteste qu'il n'y a pas de divinités autres qu'Allah et que Mahomet est son messager. »*

– ***La prière*** *(salât)* **:** elle a lieu 5 fois par jour (à l'aurore, au zénith du soleil, l'après-midi, au coucher du soleil et à la disparition de toutes lueurs à l'horizon, lorsque les étoiles apparaissent). L'heure de la prière est annoncée par le chant *(azân)* du muezzin, qui tournait jadis autour de la galerie du minaret ; cet appel est aujourd'hui diffusé par haut-parleurs. La prière doit être faite pieds nus ou en chaussettes. Le fidèle se tourne vers La Mecque pour prier. À force de poser son front contre le sol lors de la prière, il arrive qu'une petite callosité grise se forme. C'est une marque très respectée, car elle désigne un homme pieux. Dans la mesure du possible, la prière doit se faire dans une mosquée, mais elle peut avoir lieu dans un autre endroit propre, quand il est difficile de procéder autrement. Elle devient obligatoire dès la puberté.

– ***L'aumône légale*** *(zakat)* **:** impôt permanent qui permet de se purifier de la possession des biens de ce monde, réputés impurs. Elle représente en principe 2,5 % du revenu et elle est destinée à aider les plus défavorisés. Cette donation, qui efface en partie les mauvaises actions, doit être effectuée au bout de 1 an de non-utilisation de sa fortune (quand celle-ci dépasse une certaine somme). Chaque musulman remet la *zakat* à qui il veut.

– ***Le pèlerinage à La Mecque*** *(hadj)* **:** obligatoire au moins une fois dans la vie, mais les dispenses sont nombreuses. Il faut déjà pouvoir s'offrir le voyage jusqu'à

Djeddah. Autrefois, on s'y rendait en caravane. Il ne suffit pas de faire le trajet, le pèlerinage comprend un certain nombre de rites : tourner 7 fois autour de la Kaaba et dans le sens contraire des aiguilles d'une montre, parcourir 7 fois aussi un chemin entre 2 points, et si possible se rendre à Médine, mais ce n'est pas obligatoire. Le voyage, coûteux, dure généralement 2 semaines. Mais, au retour, le pèlerin est auréolé de gloire et bénéficie du titre très envié de *hadj,* désormais respecté par tout son entourage. Dans les villages égyptiens, il est de tradition de peindre sur la façade de la maison du pèlerin des scènes de son périple vers La Mecque (avion, autobus, bateau...). C'est au cours des rites du pèlerinage qu'a lieu le sacrifice du mouton, en souvenir d'Abraham qui sacrifia un bélier à la place de son fils Ismaël.

– ***Le jeûne du mois de ramadan :*** obligatoire à partir de la puberté, sauf pour les femmes enceintes, les malades et les voyageurs. Attention, ceux-ci doivent le pratiquer à leur retour. Ce serait trop simple de prendre ses vacances à ce moment-là ! L'abstinence s'étend à tous les aliments liquides et solides, à la fumée du tabac et à tout acte sexuel. On doit rester pur, même moralement. Le jeûne dure de l'aurore au coucher du soleil. Il est donc plus ou moins contraignant selon la saison à laquelle il tombe.

Le ramadan

Pour les voyageurs, c'est une période à la fois intéressante et difficile. Intéressante, car le ramadan rythme la vie de millions de personnes avec une précision étonnante. On y découvre une foule de traditions (notamment culinaires), et la vie est, le soir, encore plus animée que d'ordinaire. Difficile, car lorsqu'on ne jeûne pas, il n'est pas toujours simple de déjeuner (à Naplouse, Jéricho et Hébron, par exemple, mais pas de problème dans les villes à communautés mixtes comme à Bethléem et Ramallah). De plus, l'abstinence rend certaines personnes plus agressives et tout ferme pendant au moins 3h durant l'après-midi.

> **LES FESTIVITÉS DU RAMADAN**
>
> *À la différence des catholiques avec le carême, le ramadan est aussi un moment de fête. On prépare des repas joyeux avec sa famille et ses amis qu'on partage au moment de la rupture du jeûne, au coucher du soleil. Les soirées durent tard dans la nuit. Certains attendent le ramadan avec plaisir.*

La journée du jeûneur commence tôt, il faut se dépêcher de manger un peu avant que le soleil n'apparaisse. Puis le jeûneur peut se recoucher pour se lever un peu plus tard que d'habitude (dans les entreprises, on commence en général 1h plus tard que d'ordinaire). Ensuite débute une longue journée. C'est en été (comme actuellement et pour quelques années encore) que le ramadan est le plus dur : les journées sont longues et il fait très chaud. Imaginez un peu. Il n'est pas facile de travailler l'estomac vide, sans même un verre d'eau, un petit café ou une cigarette pour les plus accros. Alors, forcément, le travail en souffre ! Mais l'indulgence est généralement au rendez-vous. Soyez sympa, évitez de vous enfiler de grandes rasades et de tirer sur votre cigarette à tout-va.

Avant la rupture du jeûne, c'est l'affolement général. Il faut rentrer chez soi le plus vite possible, ce qui parfois génère des embouteillages pour que quelques milliers de personnes se retrouvent devant leur assiette à la même heure. Les retardataires foncent à toute allure, et il devient dangereux d'être piéton à cette heure-là. Puis retentit le signal tant attendu, donné par toutes les mosquées (pas forcément synchronisées).

Le repas *(iftar)* commence invariablement par un jus (*'amar ed-din* à base de pâte d'abricots séchés, jus de datte, jus d'orange...), puis se poursuit par une cuisine très familiale. Le ramadan revêt des allures de grand festin, car si les gens se privent dans la journée, ils se rattrapent d'autant plus le soir. Pendant ce mois, la consommation

nationale de sucre triple et, bien sûr, les prix augmentent ! On est bien loin du jeûne du prophète Mahomet qui se nourrissait de dattes, d'olives et de lait !
Pour les plus démunis ou ceux qui ne peuvent pas rentrer chez eux, de grandes tables sont dressées dans la rue. Les gens viennent s'y attabler et un repas leur est gracieusement servi. Ces tablées sont financées par les mosquées, par les riches du quartier, par des hommes politiques... Car le ramadan est avant tout une période de générosité et de partage, durant laquelle tous les musulmans vivent, l'espace de quelques heures, ce que les pauvres endurent toute l'année.
Pendant l'*iftar,* tout s'arrête : les rues sont désertes, les bus publics stationnent sur les bas-côtés, tous les magasins sont fermés. Au moins une bonne heure d'un calme irréel, avant que l'animation ne reprenne de plus belle. Car, le soir, on sort, on s'attarde aux terrasses des cafés, on se promène, on fait les magasins ou on dévore en famille les nombreux feuilletons, tournés spécialement pour l'occasion, aux interminables rebondissements. Et l'animation dure ainsi tard dans la nuit jusqu'au *sohour,* le dîner.
Les horaires des boutiques, administrations et musées changent à cette période.
– Les kiosques au coin des rues, les petits restos à *foul* ou à falafels prennent leurs vacances annuelles pendant ce mois-là.
Et inutile de pester en envoyant tout le monde au diable, car durant le ramadan, les musulmans qui meurent vont directement au paradis !

Les autres pratiques religieuses

– ***La circoncision :*** c'est une tradition en Orient ; la loi religieuse ne l'impose absolument pas. C'est plutôt une mesure d'hygiène qui prend ici un sens tout particulier car, comme le baptême chrétien, cela marque l'entrée du jeune garçon dans le monde des croyants. L'opération (qui consiste à exciser la peau du prépuce de la verge) est effectuée généralement entre 2 et 5 ans. Les familles qui en ont les moyens confient l'enfant à un chirurgien dans une clinique privée : l'acte chirurgical, effectué sous anesthésie, dure 5 mn environ. Les familles nécessiteuses s'adressent à un hôpital où les circoncisions se font à la chaîne. Elles sont faites par un chirurgien, sans anesthésie générale, mais sont gratuites. Dans les campagnes, il arrive encore parfois que ce soit le barbier qui procède à l'opération, sans aucune anesthésie, bien sûr, mais c'est de plus en plus rare. Cette cérémonie donne lieu à des festivités plus ou moins importantes selon les moyens de la famille. Lorsque la plaie est cicatrisée, après quelques jours, le jeune intronisé se rend au hammam pour se purifier.
– ***Les purifications ou ablutions :*** le croyant ne peut accomplir la prière sans s'être purifié, en se protégeant des souillures ou en les éliminant (tapis de sol pour prier, abandon des chaussures pour ne pas souiller la mosquée des poussières de la rue, ablution du visage, de la barbe, des pieds et des mains avant la prière). Avant de toucher ou de lire le Coran, les ablutions sont recommandées. Mais le Livre saint, qui pense vraiment à tout, signale qu'en cas de pénurie d'eau (dans le désert, cela n'a rien d'anormal) on peut se purifier avec du sable.
– ***Les aliments prohibés :*** ce sont la chair de certains animaux (porc, mulet, âne), des carnassiers (mammifères et oiseaux), certains reptiles, ainsi que le sang de tous les animaux. La viande doit être absolument exsangue pour être consommée.
– ***La fête de l'Aïd el-Adha*** (ou *Grand Baïram*) ***:*** c'est la « fête du Mouton », manifestation religieuse et sociale très importante. Elle a lieu tous les ans et commémore le sacrifice d'Abraham. Celui-ci, s'apprêtant à sacrifier son fils à Dieu, vit s'approcher de lui, à l'ultime minute, un mouton « envoyé du ciel ». En souvenir, chaque famille sacrifie son mouton après l'avoir câliné et bichonné pendant plusieurs jours. Ceux qui n'en ont pas les moyens achètent du mouton en morceaux la veille, pour faire « comme si »... C'est aussi prétexte à exprimer l'unité familiale et à réunir tout le monde. La veille de l'Aïd el-Adha, le jour même et le lendemain, les institutions ne fonctionnent évidemment pas. La fête a lieu 2 mois et 10 jours après la fin du ramadan.

Les mosquées

Masjid (en arabe) désigne le prétoire, le lieu où l'on se prosterne (devant Dieu). Ce peut être bien sûr la mosquée, mais également n'importe quel endroit, pourvu qu'il soit dans un état de propreté et de sacralisation : ainsi un tapis de prière est-il autant un *masjid* qu'une mosquée. Le mot « mosquée » se traduit d'ailleurs en arabe par *jamaa* qui a le sens de « rassemblement ». Le vendredi est le jour du rassemblement *(yôm el-jamaa)* et aussi le jour de la mosquée, puisque c'est là que l'on se rassemble pour la prière collective. La 1re mosquée fut érigée à Médine par le prophète Mahomet pour adorer Allah. Il institua ainsi dans ses grandes lignes ce nouveau style architectural. En général, la mosquée se compose d'une cour, au centre de laquelle se trouve souvent une fontaine pour les ablutions (celle-ci peut être à l'extérieur de l'édifice ou bien excentrée), et *diwan,* sortes de cours couvertes, de préaux, dont le plus éminent est orienté en direction de La Mecque. C'est là que les fidèles se mettent en lignes pour prier ensemble. La direction exacte du temple de La Mecque est indiquée par une sorte de niche, le *mihrab* (que l'on voit précisément représenté sur les tapis de prière). Pour effectuer le prêche à la communauté, l'imam monte sur une sorte de chaire que l'on appelle le *minbar.*

TÉLÉPHONE ARABE

Voici l'origine de cette célèbre expression : malgré l'excavation dans le mur du fond de la mosquée (le mihrab) pour faire caisse de résonance, la voix de l'imam ne portait pas toujours assez loin. Pour relayer ses paroles et que les fidèles du fond puissent bien écouter la prière, des « assistants » se tenaient un peu partout dans la mosquée. D'un bout à l'autre de l'auditoire, ils répétaient les prières de l'imam... Aujourd'hui, ce « téléphone arabe » a été remplacé par des haut-parleurs, qui ne jouent vraiment pas le jeu puisqu'ils répètent tout sans rien déformer !

Les mosquées, vues de l'extérieur, ne sont pas toujours très belles. Il est vrai que le Prophète recommande une construction aussi simple que possible.
Ce qui est extraordinaire, c'est le volume libre à l'intérieur. Assis, agenouillés un peu partout, des gens prient. Le plus souvent, les femmes prient dans un espace de la mosquée, séparées des hommes. Dans certaines mosquées, on voit des gens parler affaires, d'autres dormir... La maison d'Allah est une vraie maison.

Le christianisme

Environ 1,2 % des Palestiniens de Cisjordanie, de Gaza ou de Jérusalem-Est sont chrétiens catholiques ou orthodoxes. On les retrouve principalement à Bethléem, autour de Ramallah et à Jérusalem. Lire aussi le texte consacré à cette religion dans la partie Israël.

SAVOIR-VIVRE ET COUTUMES

Voici quelques règles élémentaires pour vous permettre de communiquer plus facilement et de ne pas vexer les gens qui vous invitent.
– Les Palestiniens sont toujours surpris (et flattés) de rencontrer des Occidentaux qui font l'effort de ***s'intéresser à leur langue.*** Quelques mots d'arabe (ne serait-ce qu'un simple bonjour) prononcés au bon moment raviront vos interlocuteurs.
– Le ***salut*** est très important et détermine souvent les rapports que vous aurez avec la population. Les traditionnels « salamalecs » (*Salam aleikoum* – réponse : *Aleikoum salam,* qui signifie « Que la paix soit avec vous ») peuvent être remplacés par un opportun et simple *Marhaba* (« Salut »).
On vous demandera souvent d'où vous venez *(« Where do you come from ? »),* puis on vous souhaitera la bienvenue (*welcome* est le mot le plus souvent

prononcé dans le pays, ou alors *Ahlan wa salan,* qui signifie la même chose en arabe). Répondez « merci » (*choukran* ou *ahlan fik* – *fiki* si vous êtes une femme –, ça impressionne toujours).
– En principe, ***une invitation*** lancée à un visiteur ***ne se refuse pas d'emblée*** (sauf et surtout si elle vous paraît louche). Si vous n'avez pas le temps de vous rendre chez quelqu'un, ne refusez pas brutalement. Commencez par remercier et inventez une excuse comme « Des amis m'attendent ». Si vous acceptez une invitation, sachez qu'il faudra vous plier aux cérémonies : boire du café, prendre le temps de discuter, etc. On ne rend pas une tasse non vidée. De même, manger avec appétit sera très apprécié. Vous reprendrez votre régime un autre jour ! S'exclamer, remercier avec effusion serait de la dernière impolitesse. Rien ne vous empêche d'offrir quelque chose à votre hôte (gâteaux, fruits, sodas, etc.), mais ne vous étonnez pas si votre cadeau est jeté dans un coin, sans avoir été ouvert. C'est assez surprenant mais ça ne veut pas dire que votre cadeau n'est pas apprécié.
– Pour les musulmans, ***la main gauche est impure*** (elle sert à faire sa toilette intime) : ne saluez pas et ne mangez pas avec (sauf avec des couverts, bien sûr, et sauf si vous êtes gaucher : ils le font aussi aujourd'hui).
– On ne jette pas le papier toilette dans la cuvette, mais dans une petite poubelle prévue à cet effet.
– Concernant les ***pourboires,*** notamment auprès des guides et des chauffeurs pour ceux qui voyagent par le biais d'une agence, se reporter plus haut à la rubrique « Pourboire » dans « Palestine utile ».

Spécial routardes

Nos amies routardes feront attention à leur tenue vestimentaire, particulièrement à Hébron et à Naplouse, des villes plus conservatrices. Il est clair que la minijupe n'est pas franchement à la mode dans la région... Le short non plus et même pas le débardeur à bretelles ! Principe fondamental : pas de décolleté plongeant. Éviter de montrer ses jambes au-dessus du genou, ses épaules et son dos. Un pantalon (ou pantacourt en été) et une chemise décente suffisent.
Dans les milieux les moins ouverts, ou à la campagne, où les seules personnes de sexe féminin qu'un homme est autorisé à côtoyer sont sa mère, ses sœurs, ses tantes et ses nièces, où une femme respectable ne croise jamais le regard d'un homme dans la rue, ne le salue pas même s'ils se connaissent, ne lui serre jamais la main, certains comportements devenus ordinaires chez nous sont à proscrire car ils risquent d'être mal interprétés. Une Occidentale, surtout si elle est jeune et même si elle est avec son compagnon ou mari, évitera toute proximité physique ou amabilité excessive. Il suffit juste d'adopter une distance de bon aloi, assortie de vêtements adéquats, afin de poser clairement la limite, et d'éviter tout malentendu.
Dans certains restaurants populaires, il n'est pas rare qu'une salle à l'étage soit réservée aux familles (c'est-à-dire aux femmes, accompagnées ou non). Tout cela peut avoir un arrière-goût de ségrégation un peu désagréable. Dans ces cas-là, inutile de protester : contentez-vous de choisir un autre endroit si besoin.

SITES INSCRITS AU PATRIMOINE MONDIAL DE L'UNESCO

Organisation des Nations Unies pour l'éducation, la science et la culture

En coopération avec le Centre du patrimoine mondial

Pour figurer sur la liste du Patrimoine mondial, les sites doivent avoir une valeur universelle exceptionnelle et satisfaire à au moins un des 10 critères de sélection. La protection, la gestion, l'authenticité et l'intégrité des biens sont également des considérations importantes.

Le patrimoine est l'héritage du passé dont nous profitons aujourd'hui et que nous transmettons aux générations à venir. Nos patrimoines culturel et naturel sont 2 sources irremplaçables de vie et d'inspiration. Ces sites appartiennent à tous les peuples du monde, sans tenir compte du territoire sur lequel ils sont situés. Pour plus d'informations : ● *whc.unesco.org* ●

– Désormais membre à part entière de l'Unesco, la Palestine a demandé et obtenu en 2012 l'inscription en urgence de ***la basilique de la Nativité,*** ainsi que de ***la route des pèlerins*** *(Star Street)* ***à Bethléem*** sur la liste du Patrimoine mondial en péril. Suite à sa restauration, la basilique a, depuis, réintégré la liste « classique » des sites à protéger. Mais le village de ***Battir,*** près de Bethléem, inscrit en 2014, y figure toujours. Son mode de culture ancestral unique, en terrasses, menaçait de disparaître sous la construction du mur de séparation et la situation reste fragile. La vieille ville d'***Hébron,*** son architecture et organisation mameloukes du XIIIe au XVIe s sont reconnues à leur tour en 2017 comme patrimoine en péril, suscitant la colère des Israéliens. D'autres sites comme les vieilles villes de Naplouse et Sebastia, mais aussi Tell-es-Sultan à Jéricho, la mer Morte ou encore Tell Umm Amer et le port d'Anthedon à Gaza font partie d'une longue liste de lieux et témoignages qui peuvent eux aussi prétendre à une inscription au Patrimoine mondial.

– ***La vieille ville de Jérusalem et ses remparts*** sont inscrits sur la liste du Patrimoine mondial en péril de l'Unesco.

les ROUTARDS sur la FRANCE 2022-2023

(dates de parution sur • *routard.com* •)

Découpage de la FRANCE par le ROUTARD

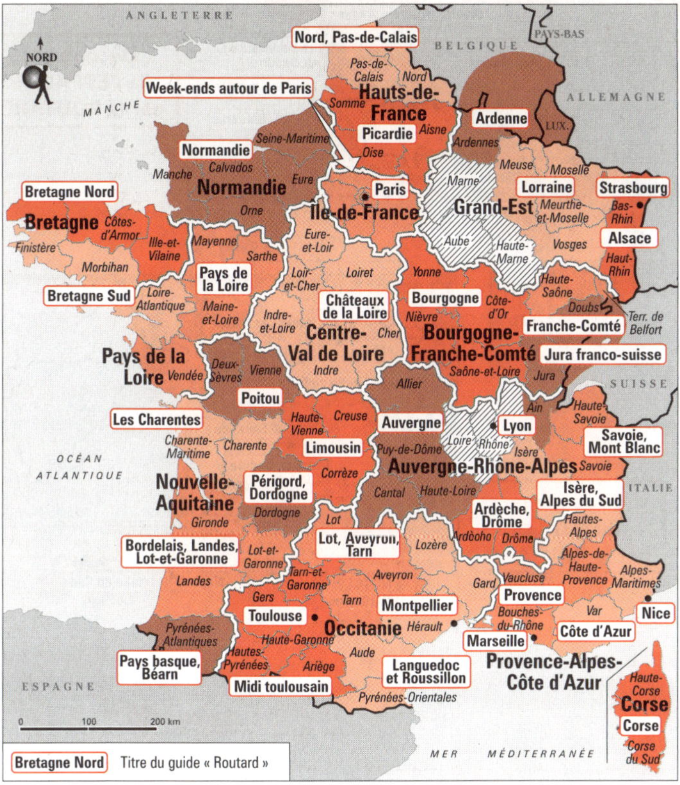

Autres guides sur la France

- Nos meilleurs campings en France
- Nos meilleures chambres d'hôtes en France

Autres guides sur Paris

- Paris
- Paris balades
- Restos et bistrots de Paris
- Le Routard des amoureux à Paris
- Week-ends autour de Paris

Le Routard à vélo

- EuroVelo6
- La Bourgogne du Sud à vélo
- La Flow Vélo
- La Loire à Vélo
- La Vélo Francette
- La Vélodyssée (Roscoff-Hendaye)
- Le Canal des 2 mers à vélo
- Paris Île-de-France à vélo
- ViaRhôna
- Les plus belles escapades à Vélo en France

les ROUTARDS sur l'ÉTRANGER 2022-2023

(dates de parution sur • *routard.com* •)

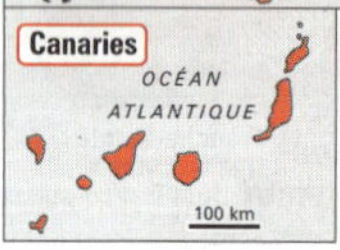

Découpage de l'ESPAGNE par le ROUTARD

Découpage de l'ITALIE par le ROUTARD

Autres pays européens

- Allemagne
- Angleterre, Pays de Galles
- Autriche
- Belgique
- Bulgarie
- Crète
- Croatie
- Danemark, Suède
- Écosse
- Finlande
- Grèce continentale
- Hongrie
- Îles grecques et Athènes
- Irlande
- Islande
- Madère
- Malte
- Norvège
- Pays baltes : Tallinn, Riga, Vilnius
- Pologne
- Portugal
- République tchèque, Slovaquie
- Roumanie
- Suisse

Villes européennes

- Amsterdam
- Berlin
- Bruxelles
- Budapest
- Copenhague
- Dublin
- Lisbonne
- Londres
- Moscou
- Naples
- Porto
- Prague
- Saint-Pétersbourg
- Stockholm
- Vienne

les ROUTARDS sur l'ÉTRANGER 2022-2023

(dates de parution sur • *routard.com* •)

Découpage des ÉTATS-UNIS par le ROUTARD

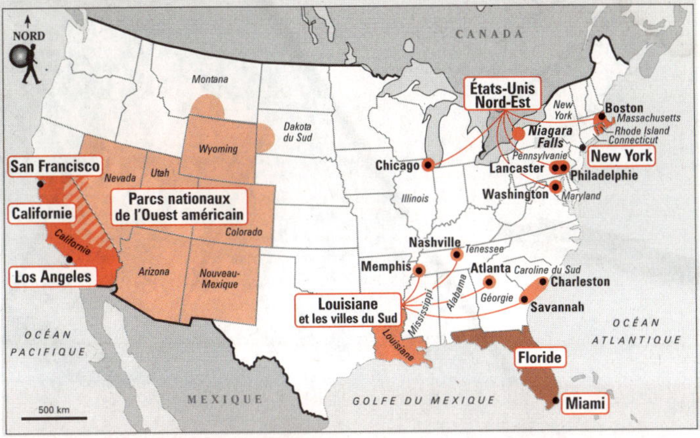

Autres pays d'Amérique

- Argentine
- Brésil
- Canada Ouest
- Chili et île de Pâques
- Colombie
- Costa Rica
- Équateur et les îles Galápagos
- Guatemala, Belize
- Mexique
- Montréal
- Pérou, Bolivie
- Québec et Ontario

Asie et Océanie

- Australie côtes est et nord + Red Centre
- Bali, Lombok
- Bangkok
- Birmanie (Myanmar)
- Cambodge, Laos
- Chine
- Hong Kong, Macao, Canton
- Inde du Nord
- Inde du Sud
- Israël et Palestine
- Istanbul
- Jordanie
- Malaisie, Singapour
- Népal
- Shanghai
- Sri Lanka (Ceylan)
- Thaïlande
- Tokyo, Kyoto et environs
- Turquie
- Vietnam

Afrique

- Afrique du Sud
- Égypte
- Kenya, Tanzanie et Zanzibar
- Maroc
- Marrakech
- Sénégal
- Tunisie

Îles Caraïbes et océan Indien

- Cuba
- Guadeloupe, Saint-Martin, Saint-Barth
- Île Maurice, Rodrigues
- Madagascar
- Martinique
- République dominicaine (Saint-Domingue)
- Réunion

Guides de conversation

- Allemand
- Anglais
- Arabe du Maghreb
- Arabe du Proche-Orient
- Chinois
- Croate
- Espagnol
- Grec
- Italien
- Japonais
- Portugais
- Russe
- G'palémo (conversation par l'image)

Livres-photos/Livres-cadeaux

- 50 voyages à faire dans sa vie
- 52 escapades nature en France (**nouveauté**)
- 52 week-ends coups de cœur en Europe (city trips)
- 52 week-ends coups de cœur en France
- 120 coins secrets en Europe
- 1 200 coups de cœur en France
- 1 200 coups de cœur dans le monde
- Cahier de vacances du Routard
- La France de Stéphane Bern
- Nos plus belles balades et randos en France (**nouveauté**)
- Road Trips Monde
- Road Trips en France
- Sacré : 100 lieux d'inspiration divine (**nouveauté**)
- Voyages
- Voyages : États-Unis
- Voyages : France
- Voyages : Italie

Nous tenons à remercier tout particulièrement Loup-Maëlle Besançon, Thierry Bessou, François Chauvin, Grégory Dalex, Fabrice Doumergue, Cédric Fischer, Carole Fouque, Nicolas George, Michelle Georget, David Giason, Claude Hervé-Bazin, Emmanuel Juste, Dimitri Lefèvre, Fabrice de Lestang, Romain Meynier, Éric Milet, Pierre Mitrano, Jean-Sébastien Petitdemange, Thomas Rivallain et Jean Tiffon pour leur collaboration régulière.

Guillem Aurenche
Jean-Jacques Bordier-Chêne
Gérard Bouchu
Camille Campet
Philippe Coupy
Agnès Debiage
Jérôme Denoix
Tovi et Ahmet Diler
Clélie Dudon
Agustina Ernesta
Alain Fisch
Hermine Frachon
Adrien et Clément Gloaguen
Simon Hafi
Chloé Iacono
Thelem Jolliot-Curie
Maeva Libessart
Marine Lucas
Lise Machu
Louis Nagot
Martine Partrat
Odile Paugam et Didier Jehanno
Orianne Pouchard
Alexia Poulain
Marva Prevost
Alexia Rambaud
Prakit Saiporn
Lara Tantawi
Sarah Toson
Emma Vadillo Quesada

Direction : Sidonie Chollet
Direction éditoriale : Élise Ernest
Édition : Matthieu Devaux, Olga Krokhina, Gia-Quy Tran, Julie Dupré, Pauline Janssens, Amélie Ramond, Margaux Lefebvre et Lucie Léna
Ont également collaboré : Catherine Hidé, Agnès Petit et Arianne Fort
Cartographie : Frédéric Clémençon et Aurélie Huot
Contrôle de gestion : Jérôme Boulingre et Yannis Villeneuve
Secrétariat : Julia Lorrain
Fabrication : Nathalie Lautout et Liza Sacco
Relations presse : COM'PROD, Fred Papet. ☎ 01-70-69-04-69.
● *info@comprod.fr* ●, Martine Levens (Belgique) et Maureen Browne (Suisse)
Marketing : Clotilde Tougeron
Couverture : le-bureau-des-affaires-graphiques.com
Silhouette du Routard : Clément Gloaguen (d'après Solé)
Maquette intérieure : le-bureau-des-affaires-graphiques.com, Thibault Reumaux et npeg.fr
Contact Partenariats : Jérôme Denoix ● *jeromedenoix@gmail.com* ●
Contact Partenariats et régie publicitaire : Florence Brunel-Jars
● *fbrunel@hachette-livre.fr* ●

INDEX GÉNÉRAL

JÉRUSALEM

K

L

LISTE DES CARTES ET PLANS

IMPORTANT : DERNIÈRE MINUTE

Sauf rares exceptions, le *Routard* bénéficie d'une parution annuelle à date fixe. Entre deux dates, des événements fortuits (formalités, taux de change, catastrophes naturelles, conditions d'accès aux sites, fermetures inopinées, etc.) peuvent intervenir et modifier vos projets de voyage. Pour éviter les déconvenues, nous vous recommandons de consulter la rubrique « Guide » par pays de notre site ● *routard.com* ● et plus particulièrement les dernières *Actus voyageurs*.

Remarque importante aux hôteliers et restaurateurs

Les enquêteurs du *Routard* travaillent dans le plus strict anonymat. Aucune réduction, aucun avantage quelconque, aucune rétribution n'est jamais demandé en contrepartie. Face aux aigrefins, la loi autorise les hôteliers et restaurateurs à porter plainte.

Avis aux lecteurs

Le Routard, ce n'est pas comme le bon vin, il vieillit mal. On ne veut pas pousser à la consommation, mais évitez de partir avec une édition ancienne. Les modifications sont souvent importantes.

Les réductions accordées à nos lecteurs ne sont jamais demandées par nos rédacteurs afin de préserver leur indépendance. Les hôteliers et restaurateurs sont sollicités par une société de mailing, totalement indépendante de la rédaction, qui reste donc libre de ses choix. De même pour les autocollants et plaques émaillées.

Avec routard.com, choisissez, organisez, réservez et partagez vos voyages !

✓ Rejoignez la plus grande communauté francophone de voyageurs : **plusieurs millions d'internautes.**

✓ Échangez avec les routarnautes : forums, photos, avis d'hôtels.

✓ Retrouvez aussi toutes les informations actualisées pour choisir et préparer vos voyages : près de 300 guides destinations, une centaine de dossiers pratiques et un magazine en ligne pour découvrir tous les secrets de votre destination.

✓ Enfin, comparez les offres pour organiser et réserver votre voyage au meilleur prix.

Les Routards *parlent aux* Routards

Faites-nous part de vos expériences, de vos découvertes, de vos tuyaux et de vos coups de cœur. Aidez-nous à remettre l'ouvrage à jour. Indiquez-nous les renseignements périmés. Faites profiter les autres de vos adresses nouvelles, combines géniales... On adresse un exemplaire gratuit de la prochaine édition à ceux qui nous envoient les meilleurs courriers, pour la qualité et la pertinence des informations.

Quelques conseils cependant :

- Envoyez-nous votre courrier le plus tôt possible afin que l'on puisse insérer vos tuyaux sur la prochaine édition.
- N'oubliez pas de préciser l'ouvrage que vous désirez recevoir, ainsi que votre adresse postale.
- Vérifiez que vos remarques concernent l'édition en cours et notez les pages du guide concernées par vos observations.
- Quand vous indiquez des hôtels ou des restaurants, pensez à signaler leur adresse précise et, pour les grandes villes, les moyens de transport pour y aller. Si vous le pouvez, joignez la carte de visite de l'hôtel ou du resto décrit.

En tout état de cause, merci pour vos nombreux mails.

122, rue du Moulin-des-Prés, 75013 Paris

• *guide@routard.com* • *routard.com* •

Routard Assurance *2022*

Enrichie au fil des années par les retours des lecteurs, *Routard Assurance* reste l'assurance voyage référence des globe-trotters. Tout y est inclus, même la **Covid** : frais médicaux, assistance rapatriement, bagages, responsabilité civile... Avant votre départ, appelez *AVI* pour un conseil personnalisé. Besoin d'une **attestation Covid**, d'un avis médical, d'une prise en charge dans un hôpital ? Téléchargez l'appli mobile *AVI International* pour garder le contact avec *AVI Assistance* et disposer d'un vaste réseau médical à travers le monde. *AVI Assistance* est disponible 24h/24 pour une réponse en temps réel. De simples frais de santé en voyage ? Envoyez les factures à *AVI* dès votre retour, ils vous remboursent sous une semaine. *Le Colisée Gardens, 10 avenue de l'Arche, CS 70126, 92110 Courbevoie Cedex. ☎ 01-44-63-51-00. • avi-international.com • Ⓜ La Défense.*

Édité par Hachette Livre (58, rue Jean-Bleuzen, CS 70007, 92178 Vanves Cedex, France)
Photocomposé par Jouve (1, rue du Docteur Sauvé, 53100 Mayenne, France)
Imprimé par Jouve Print (Quai n° 2, 733, rue Saint-Léonard, BP 3, 53101 Mayenne Cedex, France)
Achevé d'imprimer : novembre 2021
Collection n° 13 - Édition n° 01
53/4829/3
I.S.B.N. 978-2-01-713076-5
Dépôt légal : novembre 2021

PAPIER À BASE DE FIBRES CERTIFIÉES